■ 清华大学985名优教材立项资助

A NEW HISTORY OF WESTERN LEGAL THOUGHTS

新编西方法律思想史
（现代、当代部分）

高鸿钧　赵晓力　主编　/　马剑银　副主编

清华大学出版社
北京

内 容 简 介

本书是一本富有新意的西方法律思想史教材。作者阵容强大,均是该领域的专家,其成果代表了国内前沿水平,反映了国外最新研究成果。本书内容丰富,阐述清晰,分析深入;全书有总体布局的筹划,各章有专题研究的特色。

本书适合作为法学本科生的专业课教材;也适合法学研究生,其他相关专业的学生、教师、研究者以及对西方法律思想感兴趣的读者阅读。

本书封面贴有清华大学出版社防伪标签,无标签者不得销售。
版权所有,侵权必究。举报: 010-62782989, beiqinquan@tup.tsinghua.edu.cn。

图书在版编目(CIP)数据

新编西方法律思想史(现代、当代部分)/高鸿钧,赵晓力主编.—北京:清华大学出版社,2015(2024.10重印)
ISBN 978-7-302-40258-9

Ⅰ.①新… Ⅱ.①高… ②赵… Ⅲ.①法律-思想史-西方国家-教材 Ⅳ.①D909.5

中国版本图书馆 CIP 数据核字(2015)第 106322 号

责任编辑:李文彬
封面设计:傅瑞学
责任校对:宋玉莲
责任印制:丛怀宇

出版发行:清华大学出版社
网 址: https://www.tup.com.cn, https://www.wqxuetang.com
地 址: 北京清华大学学研大厦 A 座
邮 编: 100084
社 总 机: 010-83470000   邮 购: 010-62786544
投稿与读者服务: 010-62776969, c-service@tup.tsinghua.edu.cn
质量反馈: 010-62772015, zhiliang@tup.tsinghua.edu.cn
印 装 者: 三河市人民印务有限公司
经 销: 全国新华书店
开 本: 185mm×260mm   印 张: 32.25   字 数: 531 千字
版 次: 2015 年 9 月第 1 版   印 次: 2024 年 10 月第 10 次印刷
定 价: 98.00 元

产品编号: 062998-02

新编西方法律思想史

(现代、当代部分)

主　编　高鸿钧　赵晓力
副主编　马剑银

撰稿人(古代、中世纪、近代、现代、当代部分,以姓氏笔画为序)

马剑银	于　明	王　婧	仝宗锦	毕竞悦
刘　玮	刘素民	吕亚萍	许小亮	陈　颐
李红海	李欢乐	陆宇峰	沈　明	苏彦新
吴　飞	余盛峰	张　伟	张国旺	张文龙
泮伟江	杨静哲	易　平	於兴中	郑　戈
赵彩凤	赵晓力	周林刚	柯　岚	高鸿钧
徐霄飞	康家昕	章永乐	鲁　楠	谢鸿飞
赖骏楠	翟小波	霍伟岸	薛　军	鞠成伟

作者简介和分工

（以姓氏笔画为序）

马剑银　法学博士　北京师范大学法学院讲师（编者前言）
王　婧　法学博士　华东政法大学助理研究员（第七章）
毕竞悦　管理学博士　神华研究院研究人员（第十七章）
吕亚萍　法学博士　中国人民公安大学讲师（第十章）
陆宇峰　法学博士　华东政法大学助理研究员（第八、十四章）
沈　明　法学博士　上海财经大学法学院讲师（第十五章）
余盛峰　法学博士　北京航空航天大学人文与社会科学高等研究院讲师（第二章）
张文龙　法学博士　华东政法大学博士后研究人员（第一章）
泮伟江　法学博士　北京航空航天大学法学院副教授（第四章）
杨静哲　法学博士　华侨大学法学院讲师（第十九章）
赵彩凤　清华大学法学院在读博士生　广西桂林电子科技大学讲师（第二十章）
赵晓力　法学博士　清华大学法学院副教授（后记）
周林刚　法学博士　华东师范大学政治学系讲师（第五章）
柯　岚　法学博士　西北大学法学院教授（第十六章）
高鸿钧　清华大学法学院教授（导言、第十一、十二、十三、二十一章）
徐霄飞　法学博士　中国人民公安大学讲师（第十八章）
鲁　楠　法学博士　清华大学法学院助理教授（第三、九章）
赖骏楠　法学博士　上海交通大学凯原法学院讲师（第六章）

编者前言

思想史是一种"特殊的史学",它使用着"二阶语言"(second-order language),即对历史上以话语与文本为载体的"思想"进行再次叙述。"思想"流淌在历史长河中,而思想史的叙述却活在当下的心灵中。即使不用如柯林伍德所言"一切历史都是思想史"这样的论断,思想史的时代特征与语境意义也十分明显。思想史的研究者,最重要的任务是研究、诠释并表述"思想",会通古今,同情先贤,让经得起时间检验的智慧超越时空,与当下的人们进行心灵交流,并延续着这种思想的生产。

然而具体到当代中国的法律思想史而言,这种使用"二阶语言"的叙述却显得相当稚嫩。几乎所有的教材都会阐释"西方法律思想史"这个术语,无非表述为"自古希腊始"、"西方社会的(主要包括欧洲与北美)"、"有关法律的思想(包括观点、理论、学说;主要人物与经典文本)"、"产生与流变(过程及规律)"等等,似乎这门学科的研究与教授对象已经非常明确,但仔细观察"西方法律思想史"这个指称学科名的"术语",其中"西方"、"法律"、"思想"这三个词的含义本身就很难清晰地进行界定:何谓"西方",地理、政治还是文化,时空演变本就不确定;何谓"法律",整个法学从根本上都在回答这个问题,几千年来仍然没有定论;何谓思想,思想史学界还在为如何表述"思想史"而吵得不可开交。"西方法律思想史"这个术语蕴含的内涵与外延要形成共识,实际上非常困难。当然,从当代中国第一本以"西方法律思想史"为标题的正式出版物出版的1983年算起,①至今也不过短短32年,在此期间,前辈研究教学人员付出了极大的心血和

---

① 指的是"高等学校法学试用教材"《西方法律思想史》,同时配套编辑了一本《西方法律思想史参考资料》。参见张宏生主编:《西方法律思想史》,北京,北京大学出版社,1983;法学教材编辑部《西方法律思想史》编写组:《西方法律思想史资料选编》,北京,北京大学出版社,1983。

努力,初步建构起这一门学科,成为所有法学院中几乎都会开设的一门课程(虽然多以选修课的方式)。在20世纪80年代,"西方法律思想史"课程的开设是当时法学界拨乱反正的一部分,是"去苏化"的法学与政治学分离运动的一部分。与法理学逐渐从"国家与法的理论"中分离,法制史从"国家与法权通史"中分离一样,西方法律思想史也逐渐从西方政治法律思想史或西方政治法律学说史中分离出来。① 当然,这种分离是很粗疏的,甚至为了分离而分离,名实不符的现象也颇为严重。

三十多年来,随着法学成为显学,呈现出一片"繁荣"景象,作为西方法律/法学的继受主体,中国法学界在西方法律思想方面的研究、传播也颇有成果,不仅一大批西方历史中有关法律思想的经典文本和研究性著作被翻译成中文,国内直接研究西方历史上法律思想家、经典著作、法学流派和重要法律主题/理念的专著、论文也层出不穷,西方法律思想史成为法学理论专业或法律史专业的重要研究方向,相关博硕士学位论文也逐渐累积,蔚为大观。1990年,中国法律史学会成立了"西方法律思想史专业委员会"②,使得这一学科有了一个全国性的学术组织,并于1992年召开了首届年会。③

自20世纪80年代以来,西方法律思想史教材的编写也有了一些发展,几位前辈主编的教材一版再版,④一批中青年学者编著的教材也相继面世,⑤同时出现了一些较为深入的研究性教材。⑥ 这些教材,无论从体例上,还是在内容上,都有显著的进步,但也有一些共同的缺陷,例如中国学界有关西方法律思想

---

① 20世纪80年代几本典型的教材依然以"政治法律"史为标题,例如谷春德、吕世伦编写:《西方政治法律思想史》,沈阳,辽宁人民出版社,1981;吕世伦、谷春德编著:《西方政治法律思想史》(增订本)(上、下),沈阳,辽宁人民出版社,1986-1987。王哲:《西方政治法律学说史》,北京,北京大学出版社,1988。

② 有时候也称"西方法律思想史研究会",参见谷春德:《西方法律思想史建设的十年》,载《法律学习与研究》,1990(6),8~13页。

③ 参见徐爱国:《西方法律思想史首届年会综述》,载《中外法学》,1992(6),79~80页。

④ 例如谷春德教授主编的《西方法律思想史》已经出版了4版,由中国人民大学出版社分别于2000年、2002年、2009年和2014年出版(最后两版加入了史彤彪教授作为共同主编)。

⑤ 例如何勤华主编:《西方法律思想史》,上海,复旦大学出版社,2005/2009;徐爱国等著:《西方法律思想史》,北京,北京大学出版社,2002/2009/2014。政治学学者顾肃也两次出版了独著性教材《西方政治法律思想史》(南京,南京大学出版社,1994;北京,中国人民大学出版社,2005)。

⑥ 例如沈宗灵:《现代西方法理学》,北京,北京大学出版社,1992;张文显:《二十世纪西方法哲学思潮研究》,北京,法律出版社,1996;吕世伦主编:《西方法律思想史论》,北京,商务印书馆,2006等。

最前沿的研究成果,体现得不够充分,知识陈旧;叙述方式过于单一,无法展现西方法律思想的多元特征,深度与广度都有所欠缺;教材之间的重复性比较普遍,缺乏学术叙事的多样性和编写者的个性特征。当然,我们也可喜地看到一些新的动向:一些学者开始探索个性化的叙述方式,出现了具有个人化特征的教材,例如刘星教授的《西方法律思想导论》,便打破了传统教材的格局,以问题思路为线索安排内容,夹叙夹议;① 出现了将法律思想史融入到法律制度史之中的教材,思想与制度相结合,例如何勤华和贺卫方两位教授主编的《西方法律史》;② 出现了对西方法学流派的系统介绍,例如吕世伦教授主编的"西方法学思潮与流派丛书"等;③ 一些西方的教材直接翻译使用,例如爱尔兰法学家约翰·凯利的《西方法律思想简史》、英国法学家韦恩·莫里森的《法理学:从古希腊到后现代》等。④

三十多年来,与整个法学界一片"繁荣"的景象相辉映,对西方法律思想的研究同样十分繁荣,甚至成果斐然,但作为学科的西方法律思想史却显得有些尴尬,它从最初的二级学科变成了三级学科,甚至成为法学理论或法律史专业的一个研究方向,法学院分配给这门课程的课时也越来越少,基本以2学分32/36课时为主流。于是乎,对于讲授这门课的教师而言,也陷入两难境地,蜻蜓点水式的讲授除了一些人名、概念之外,难以让学生再有更深的印象,而选择原著进行导读,则无法让学生对西方法律思想的变迁有系统的认知,甚至,选择哪一本经典进行阅读的过程本身就是难题。

我们编写这部《新编西方法律思想史》的初衷就是试图走出这些困境,展现当代中国学界对法律思想史叙述的整体水平,体现当下的时代特征与语境意义,并充分给学生以阅读的选择权:

---

① 参见刘星:《西方法律思想导论》,北京,法律出版社,2007。本书的前身参见刘星:《西方法学初步》,广州,广东人民出版社,1997。
② 参见何勤华、贺卫方主编:《西方法律史》,北京,法律出版社,2006。
③ 该丛书由法律出版社出版,目前已经出版了自然法学、分析法学、社会学法学、历史法学等二十多种。
④ 参见[爱尔兰]J. M. 凯利:《西方法律思想简史》,王笑红译,北京,法律出版社,2002;[英]韦恩·莫里森:《法理学:从古希腊到后现代》,李桂林等译,武汉,武汉大学出版社,2003。此外还有一些译著的一部分也作为简要版教材,例如美国法学家博登海默《法理学:法律哲学与法律方法》的第一部分"法律哲学的历史导读",德国法学家考夫曼和哈斯默尔《当代法哲学和法律理论导论》的第二部分"历史话语:法哲学的问题史",参见[美]博登海默:《法理学:法律哲学与法律方法》,邓正来译,北京,中国政法大学出版社,1999;[德]考夫曼、哈斯默尔主编:《当代法哲学和法律理论导论》,郑永流译,北京,法律出版社,2002。

第一，改变西方法律思想史学界教材叙述风格单一的现状，丰富思想史书写的叙事模式；第二，借鉴国际上优秀且成熟的教材撰写模式，走出教材编写低水平重复的困境；第三，展现中国学界对于西方法律思想研究最前沿的成果，将之融入教材编写的过程，改变西方法律思想史研究与教学的断层；第四，发挥撰稿人的专业背景和知识结构特长，展现对西方法律思想认知的多重视角和多元叙事模式，更灵活地使用思想史"二阶语言"；第五，在内容上，为学生提供一份相对比较全面的导引地图，激发学生进一步学习西方法律思想的兴趣。

从2011年6月开始，《新编西方法律思想史》的撰写计划正式启动，由高鸿钧、赵晓力两位教授牵头，联系、汇聚国内各路专家，确定主题，分头撰写，历时四年，这项计划终于成为了现实。从最后呈现在大家面前的这两卷大部头来看，原先编撰本教材初衷或多或少得到了实现，有一些甚至超出了我们原初的预期，基本上没有辜负标题中的这个"新"字，与传统的教材有了那么一些不同。

第一，在思想分期上，虽然与传统教材相比，区别不大，依旧是古代、中世纪、近代、现代与当代这样的划分，但其中的内涵已经悄然发生了变化。例如本教材将中世纪与近代的分界放在了16世纪，视博丹为近代法律思想的第一人，这是因为博丹的主权理论是近代法律思想中具有开创性的意义，而相较而言，马基雅维利则更为多面一些；近代与现代的分野选择了19世纪后期的德国法学，历史法学和利益法学分别代表了19世纪和20世纪的法学，虽然这两大思潮具有承继关系，但利益法学开启了20世纪"社会法学"（the social）的大门，而历史法学是对19世纪德国浪漫主义与历史主义一次集大成的总结；当代的起点选择了"二战"之后的自然法复兴，"二战"引发了西方世界整体社会心灵的大断裂，这同样体现在法律思想上，"二战"之前，"社会法学"大行其道，国家、民族、社会、集体这些概念击败了西方法律思想的近代自由主义版本，但过于重视事实/现实效果而忽略了价值意义和多元性，"二战"之后，这些因素重新获得了回归，但这种回归又更具有复杂性。

由于内容丰富，体系庞大，本教材在出版时分为两卷：古代、中世纪与近代部分为一卷，现代与当代部分为另一卷；两卷合起来是一个有机整体，各自又保持了相对的独立性。

第二，本教材采取了多元化的书写方式，有的章节以重点人物的思想进行解读（如亚里士多德章），也有的章节对学派或思潮进行系统归纳（如司法能动主义章）。在书写重点人物的思想时，有的章节以人物的重要思想作为切入点（如弗里德曼章），也有以人物的重要著作作为切入点（如洛克章），甚至还有以关键词作为切入点（如卢梭章）。在古代、中世纪与近代部分，以重点人物的思想解读为主，越靠近当代，学派与思潮的介绍就越频繁。除了这两种主要书写方式之外，有的章节还对某国宪政思想系统介绍的章节（英国宪政思想章），对群体人物的思想进行介绍（如罗马法学家章），对历史上某个运动进行介绍（如罗马法学的复兴章）等。这种多元化的书写方式展现了本教材的撰写者学术背景和知识结构的多样性，同时也展现了思想史书写作为"二阶语言"的丰富多彩，思想史的书写本就是当代书写者各自心灵的展示以及与历史上思想家之间所实现的同情与共鸣，那些经得起时间检验的先贤智慧在当代的书写者心灵中重现，并在他们的笔下复活。

第三，与第二点相关联，因为书写方式的不同，本教材各章的写作风格也迥异，40位来自不同领域的专家一共撰写了51章，而对于文风、修辞、章节安排、篇幅长短等，主编在统稿时并不像传统教材那样追求各种一致，而是力求展现多元风格，展现作者之个性。在西方的思想史叙事模式中，有对思想之语境进行细描的剑桥学派，也有对文本进行字斟句酌挖掘的施特劳斯学派，不同学派各有特色，但无论是哪种学派，在各自的思想史书写中都力求将特色推到极致。本教材各章写作风格虽然不能说是多种学派的集合，但细心的读者可以读出诸位撰稿人在各自章节中所倾注的心血以及对各自研究领域的自信把握和良苦用心，章节最后设计的思考问题和阅读文献也可以看出诸位专家的学术视角与品味。

第四，无论是写作方式还是写作风格，说到底都体现着书写者自身的特色。本教材采取了国际上流行的专家撰稿方法，借鉴了剑桥诸史、布莱克维尔诸百科全书、施特劳斯《政治哲学史》等书写模式，邀请了一批学有所长的专家学者作为撰稿人，对于所撰写的章节而言，他们或是已经出版专著和发表专题论文，或是其博硕士学位论文就涉及相关主题，或是对相关人物的经典著作进行过翻译，有过深入的解读，有的学者甚至对所撰写章节的内容已经进行了长期的研究。他们来自不同的学科,除了法学理论和法律史的专家之外,还有来自民法学的薛军教授、谢鸿飞教授,来自宪法学的涂云飞博士,来自国际法学的易平博士等;除了法学学者,来自哲学界的吴飞教授、刘素民研究员、刘玮博士等,来自政治学界的霍伟岸教授等也应邀撰写了相关章节,他们在本教材中的贡献有目共睹;他们之中有学界名宿,例如於兴中教授,也有学术中坚,例如苏彦新教授、谢鸿飞教授、薛军教授、郑戈教授等,更多的是青年才俊,学有所长,视角新颖。老中青三代,共同之处就在于对各自所写章节之内容而言,都是名副其实的专家。本教材撰稿人的语言功底都比较强,除了英语、德语之外,例如刘玮博士、郑戈教授等熟悉希腊语或拉丁语,而於兴中教授、章永乐教授等则长期在海外学习、研究。因此本教材的书写基本达到了国内相关领域的最高水准,除了思想史书写的叙事模式多元化,作者的知识结构和学术背景也使得中国对西方法律思想研究的层次更为接近国际水平。

因此,本教材不仅内容丰富、风格多元,而且确实如一部西方思想的导游地图,引导学生(包括我们自己)去畅游,给学生以充分的阅读选择权。这份"地图"相对比较全面地介绍了西方历史上法律思想的流变及其不同的面向;它不能替代经典原著的阅读,但每一位撰稿人都从各自的视角对这些经典原著的理解做出了尝试,这些尝试不能说是范例,但却提供了很有价值的参考;它可能激发争论或者商榷,这是所有撰稿者真诚愿意看到的现象,对于同一文本的不同解读才是思想史的魅力所在。

因此,《新编西方法律思想史》之"新",才刚刚开始,我们期待随着本教材的出版,可以激发诸位撰稿人和其他学界同仁继续前行,例如可以根据自己的特色,结合教学,理出独特的视角与线索,撰写出更多具有个性特征、多元话语、独特文风的教材;也可以撰写更多有关流派与思潮、思想史问题与理念、断代思想史、部门法思想史等专题性教材,更多地去讨论法律思想史与法理学、部门法的关系,甚至在不久的将来,我们还能再次聚首,去绘制更为丰富的思想史地图,就如国际上已经出现的相关哲学史、政治思想史的多卷本著作一样,撰写多卷本的法律思想史教材,这是一项开放的事业,未竟之事业。

因为开放,因为未竟,所以我们不会停止追求、固步自封,思想史的生命力在于不同时空的书写者带有时代特征和语境意义的不断诠释,虽然诠释与否,历史中的思想都在那里,但正是因为不同时空的书写者不断的诠释,思想才可以超越历史,联结过去、现代与未来,成为人类共同的财产。

依照惯例,最后要向所有的撰稿人表示衷心之感谢,正是你们的参与,使得这本教材与众不同,"新"得过瘾;尤其要感谢来自哲学界和政治学界的吴飞教授、刘素民研究员、刘玮博士和霍伟岸教授,你们的加入,使得这本"法律思想史"具有了更为多元的话语体系;感谢清华大学出版社李文彬女士对本教材的支持,为本书的策划、审稿、编辑和整体设计倾注了大量的心血,没有她,本书不可能如此顺利问世。

编 者
2015 年 9 月 1 日

导言：西法思絮

宇宙之存，始于爆炸，天体遂成日月星辰之序；人类之生，源自进化，族群渐分黑黄红白之色。物竞天择，沧海退而桑田起；族兴群灭，文明增而野蛮减。游牧歇，农耕继；部落融，国家成；轴心聚，哲人出；理性显，神灵隐。苏美尔域，楔形文凹版而现；尼罗河畔，金字塔崛地而起。天竺神坛，吠陀之歌若诗；华夏帝都，甲骨之文如画。希腊半岛，邦国林立，群雄逐鹿；台伯河边，罗城崛起，傲视异族。

泰西之族，古时轴心之一，言必称希腊罗马；远洋之国，世界强主，盛当属欧陆英美。盖世英雄，怀深谋远虑，方获久强；贤明君王，执善道良理，始享长治。故器物之机，无典制相配，若枯木之株；法则之条，有心智运思，如活水之渠。未雨绸缪，晴阴无忧；居安思危，宠辱不惊。防微杜渐，常思千里之堤溃于蚁穴；慎思明辨，每念百年之业得自人心。

壹

英雄时代，史诗如画。特洛伊木马，巧陷敌城；阿尔戈帆船，勇搏骇浪。特尔斐神谕，人人敬畏；阿波罗预言，个个难逃。族带渐弱，血缘让位地域之国；神威递减，信仰服从理性之尊。秩序之哲思，始于轴心时代；制度之描摹，发乎希腊城邦。主体觉醒，人为万物之尺；客物分殊，数作百度之准。悖论出，飞鸟初影未尝动；吊诡生，尺锤中分永不竭。学堂哲人，苦索心内理念之真；洞穴囚徒，死守外物虚影之假。自然法之说，演化之则求恒常；理想国之景，哲王之治行正道；法律篇之言，法律之规限公权；政治学之论，治式之变谋善政。圣翁之智，自知所不知；哲师之义，独死宜当死。学园内，柏翁浮想联翩，正义存，秩序顺；讲坛上，亚氏箴言盈耳，体制正，国运久。合作典范，莫过共产共妻；节制美德，必至无娱无乐。分配正义，理应多劳多得；矫正公理，实当同罪同罚。君权独裁僭主生，贵族擅政寡头出，民主滥权暴民起。哲理之思，贵乎中庸之道；政体之稳，益在共和之制。

罗慕洛，狼育之子，雄称罗马之邦；亚平宁，海润之土，城起合伯之滨。王政之王，本为族首；部族之法，实乃俗规。暴君倒，共和兴，部落融，市民起。依产分级，贵贱不依血系；明法共治，赏罚悉据表法。官由民选，两位执政共主，逢年更换；法自众出，三重权枢分治，临事议决。元老院，贵族院之始；民众会，平民院之源；裁判官，大法官之母。市民法，本国公民之则，成于法学家之解答；万民法，外邦客人之规，发乎裁判官之告示。保民官之制，选自平民，共和国之重权；自然法之念，源出希腊，罗马法之宏旨。共和之邦，民为国家社会之基；法治之国，法乃公平善良之尺。民主君主之争，法学自分两派；私法公法之论，钦定公推五人。顾问解答，决疑解惑，民众求若良药；学者论说，审案断讼，法官用若成典。罗马内盛外强，得益法律发达；帝国神弱形衰，毁自政治腐败。前三头，后三头，帝制压倒共和，私法精神犹存；西罗马，东罗马，分治取代一统，国律篇章仍在。帝国灭亡，法律继续征服世界；律典失效，精义渐次传遍寰宇。

贰

东西两分，罗马国力锐减；南北互较，蛮族异军突起。几番交手，罗马方阵不敌蛮族战车；一朝溃败，帝国臣民沦为异邦俘虏。希腊哲学，曲终琴断；罗马法律，歌罢音歇。神学笼罩庙堂，圣父圣子圣灵三位一体，宗教枝叶繁茂；蛮俗满布朝野，国体国法国民四分五裂，法律花果飘零。治权二分，上帝之权归教廷，恺撒之权属王室；域城两立，天国之城施神法，尘世之城行俗规。永恒法与神意俱在，千载不易；自然法同人事共存，万民通用。共誓涤罪，以佐证人数定是非；神判断讼，按考验结果裁曲直；决斗止争，由对阵运气决胜负。国王不为非，君主自享法域特权；教皇无谬误，圣宗独垄神界真理。虔诚之徒，道成肉身，与天使比肩；异端之人，罪在魂灵，同魔鬼为伍。农奴少自由，听命领主；妇女无平等，服于男权。绞首架下，身首分离；火刑柱上，血肉模糊。

中古后段,城市起,商业兴,大学建;近代先期,市民现,法例增,国权强。教会法与世俗法,概分二域;欧陆法同英国法,各自一体。王权所至,王室法如影随形;城市所在,城市法枝繁叶茂;商人所聚,商人法茁壮成长;庄园所处,庄园法自我繁衍。英伦普通法,法官之子,独尊实用;欧陆共同法,学者之女,专注学理。程序优于实体,普通法之义;内容压倒形式,衡平法之理。王居万民之上,应尊法律权威,布氏之论;君秉千虑之智,却乏裁判技艺,柯君之辩。罗马法复兴,始于学院,遍及欧陆;教会法拓展,初由教士,扩至俗人。城市自治,后世宪政国家之先锋;商人合约,现代商业市场之前兆。

中古之末,泰西仍邦国林立,国中含国;现代之前,欧陆亦诸侯鹰扬,王下有王。内求统一和平,君主至上之论流行;外争独立富强,主权绝对之说得势。君权神授,朕即国家,人主当凶猛如狮;皇威天予,令乃法宪,陛下宜狡猾若狐。矫枉过正,药猛致病;过犹不及,食多损身。暴君伏地魔,恶法毒如蛇,肆意奴役臣民;国家利维坦,苛政猛于虎,疯狂吞噬社会。

叁

禁锢愈严,自由之呼愈急;压迫越强,反抗之力越大;独裁益烈,民主之求益迫。文艺复兴之风,唤醒人性自由;宗教改革之潮,抨击神权腐败;启蒙思想之光,照亮理性之路;革命运动之流,冲垮专制之堤。生而自由,人权天赋,自然法之理;有限政府,人民主权,契约论之义。分权制衡,司法独立,宪政之核;平等保护,正当程序,法治之理。不自由,毋宁死,醒世金句;无代表,不纳税,至理名言。无限野心无限疯狂,制度设计,宁存防范之心,以野心对抗野心;绝对权力绝对腐败,政府安排,当置约束之力,用权力制约权力。立法、行政与司法,权能各定;个人、社会和国家,界域分明;法律无授权,政府不可为;条规不禁止,公民皆能做。私约不损公法,公权不侵私益。宪法者,国家之纲常;立法者,人民之公意;法典者,自由之圣经;法官者,公正之裁判。寡头自由,必致少数独裁;大众民主,常随多数暴政。多嘴法官不动脑,怠惰公民无权利。有法律斯有权利,无衡平则无公道。武力行,法律止;暴政存,民主亡。法无明文不为罪,典无当刑不可罚。过期清偿为过少清偿,迟到正义乃减价正义。人保不如物保,私决逊于公断。半音失准,全曲不谐;一判不公,正义受损。法不溯及既往,审不扩至未然。生命之力在运动,法律之效在执行;君子之交在守信,正义之许在践约。众人之事众人决,民主之义;国家之法国家守,法治之理。

理性之神,科学之力,法律之治,现代社会三驾马车;民主之体,宪政之魂,人权之准,当世政治三块基石。不同流派,各有所本;相异学理,自圆其说。概念法学,重内外之别,法内有则;实证法理,守法德之分,法外无据。利益法学,法为目的而行动,为权利而斗争;社会法理,法由经济而决定,由社会而型塑。个人至上,自由主义法学之基,从身份到契约;多数考量,功利主义法理之本,由成功到幸福;传统主导,历史主义法学之旗,经民族到国家;社群本位,共和主义法理之旨,自群居到合作。遵守绝对命令,政治和平之路;追寻绝对精神,哲学终极之境。法律现实主义语出惊人:法律乃对法官判决之预测,法官感觉即判决温度计;批判法学流派道破天机:法律为政治决定之变体,政治利益为法律晴雨表。法律生命不是逻辑乃为经验,霍姆斯之名言;法律体系并非融贯而存矛盾,肯尼迪之论断。现实主义,仅昙花一现,幻化出激进之子;批判法学,只风光数载,衍生为反思之流。女权主义,直指男性霸权;种族批判,锋对白人傲慢。法律文化研究,重视法律观念和意识;经济法律分析,关注法律成本与效益。

肆

纸面之图,非现实之景;书本之法,无行动之效。经济脱嵌,魔鬼磨盘之下,优胜劣汰,平等几成海市蜃楼;市场放任,金钱恣肆,铁血机器之旁,弱肉强食,自由庶为水月镜花。文明含野蛮,进步寓倒退。面对现实不满,心向乌托邦;感到此界昏暗,梦飞太阳城;目睹陆邦乱象,魂迁大洋国。可欲未必可能,美梦醒来,黄粱未熟;可行难保可心,幻想破灭,红颜无影。权力之威震天,神通广大,法律之防弹衣,难以抵挡;金钱之霸天虎,威力无穷,道德之防火墙,不堪一击。以人民名义统治,统治愈益牢不可破;用解放理由奴役,奴役倍加理所当然。

前现代之末,终于但丁,神曲作结;后现代之初,始自尼采,哲学开路。道德谱系,偶像之黄昏;审美迷狂,悲剧之诞生;权力意志,快乐之知识。存在即本质,萨特之言;知识乃权力,福柯之语。疯癫与文明,文明制造疯癫;规训与惩罚,惩罚巧借规训。敞视监狱,遍布社会,囚徒脖上有枷锁;理性铁笼,一统天下,专家胸中无心肝。结构决定功能,形式理性之法,如投币货柜;功能决定结构,封闭系统之规,若变形金刚。法院大门常开,穷人有理难入;正义商品遍布,弱者无钱不售。

悲观预言,每自我兑现,权力意志变成元首意志;解构咒语,常递归指涉,审美迷狂生出暴民迷狂;反叛行动,多走向异化,革命精英转为权贵精英。法律代替革命,法律吸收革命能量,和平之道;革命代替法律,革命消解法律权威,动荡之途。

伍

两次世界大战,生灵涂炭;数载纳粹暴政,玉石俱焚。志士劫后余生,反思历史教训;仁人苦尽甘来,筹划未来方略。重建道德伦理,探寻公平正义之理;再筑民主法治,设计人权宪政之制。生命哲学,对抗科技理性;权利革命,超越生存斗争。政无道德之基,政如飘风;法缺正义之准,法若游魂。平等之自由,正义之根;自由之平等,公平之体。程序正义,实体公正,始能反思平衡;贯通传统,切中现实,方可视域融合。人权王牌,公民自由防护之本;国宪圣典,法律权威生发之源。疑难案件务求正解,赫拉克勒斯之力勤用;合宪审查意除歪规,达摩克利斯之剑常悬。主权与人权一致,宪政之真谛;代议同参与并重,民主之宗旨;国家和社会协调,善治之依归;公域偕私域互动,法治之基础。无人权则无牢固宪政,有法治斯有健康民主。国家吞没社会,个人自由荡然无存;公权压制私权,集体暴政不期而至。市场压倒民主,金钱政治在所难免;政府垄断市场,权力经济势之必然。交往理性压倒目的理性,生活世界导控功能系统;协商民主取代博弈民主,公民立法支配政府决策。

遁环时间、线性时间、倒计时时间,历史时间分段续变;地方法律、国家法律、全球化法律,现实法律交叠共存。社会联系纽带,随时而变;集体认同符号,因需而生。氏族部落,敬奉血族-神话;城邦帝国,重视政治-伦理;民族国家,尊崇科学-法律;全球世界,偏爱网络-代码。地球村,主权之墙变矮;跨国法,领土之线渐淡。信息乌托邦,网络无中心;网络共和国,代码即法律。后民族国家,超越主权,理应包容他者;新商人法律,摆脱国家,无法独证自身。福利国家,损于放任市场;实体经济,不敌虚拟金融。网路暴力与街头政治,此伏波起;虚拟犯罪同现实恐怖，前仆后继。消费有理，取代新教伦理，饕餮最后晚餐；现代缺德，压倒古典美德，傲视末日审判。景观社会，口号与广告，真假混杂；魔幻世界，模拟与仿真，虚实难分。政治激情坍塌成审美疲劳，乌合之众，集体无意识；超越理想分解为个别抵制，散兵游勇，公民不服从。

合作与竞争共存，机遇和挑战同在。风险社会，经济危机，牵一发而动全身，非全球合作不能治理；疾病威胁，恐怖隐患，染微毒而漫环宇，无跨国协调难以防范。

陆

耽迷理想，痴梦超越，荒诞若缘木求鱼，登高而跌重；缺乏想象，陶醉现实，愚钝如守株待兔，志固而用穷。不存理想，岂可超越现实；没有理论，何能构想未来。理想并非现实，却反映现实；实践有别理论，然蕴涵理论。时易则变法，以求因势利导；境迁则革新，当思因地制宜。多重选择，择善而从；数种可能，选优而行。千里之行，宜早筹划路径；百尺之垒，当先绘制蓝图。思想如流水，制度若土地，水流而土润；理论似绿叶，实践同根茎，叶绿而根固。法律昌盛，法学繁茂之基；法理发达，法治兴旺之兆。

西法东渐，始于清末；洋律华用，源自晚清。洋务运动，洋枪洋炮洋教洋律，涌入中土；戊戌变法，西政西法西学西理，试行华域。帝制之下，宪政与法治，胎死腹中；战乱之中，科学与民主，中途流产。救亡图存，迻译西法之理，思师夷以制夷；富国强兵，考察洋政之制，欲出蓝而胜蓝。三民主义之理，含洋法之义；五权宪法之制，有本土之因。启超游欧，经熊赴美，探索西方治道法理；庞德访渝，德翁来京，讲授欧美政教宪制。中西传统不同，照搬西法之制，愚如邯郸学步；华洋现实有别，套用洋律之式，丑若东施效颦。物极必反，绝对则谬。中西之宪制判分隔别，井蛙之见；夏夷之法理固守互斥，夜郎之怀。法不论中西，有效则用；律无分古今，可行则采；理弗辨华洋，有益则取。

改革以来，西法华鉴，制度移植多取泰西；开放至今，洋律中用，学理借镜常自欧美。欧美法理著述，接踵问世，有著有译；西方法学教材，相继出版，或编或撰。三十年间，分工日益精细；数百人中，研究渐趋深入。同道合作，历四载之功，编成一书；群贤支持，合众人之力，撰得两册。杀青之时，中国重启改革之航；付梓之日，华夏再议法治之道。他山之石，盖可攻玉；外河之水，或能滋田。诸君赐稿之德，文彬筹编之功，当笔致谢忱；晓力合作之诚，剑银惠助之劳，宜心存感动。不足之处，就正于方家；未尽之工，修补于未来。

　　　　　　　　　　　　高鸿钧
　　　　　　　　　　　　二〇一五年八月于清华园

目 录

编者前言 ………………………………………………………… I
导言：西法思絮 ………………………………………………… IX
第一编　现代法律思想 …………………………………………… 1
　第一章　利益法学 …………………………………………… 3
　第二章　狄骥的法律思想 …………………………………… 28
　第三章　马克斯·韦伯的法社会学思想 …………………… 49
　第四章　法律实证主义 ……………………………………… 75
　第五章　凯尔森与纯粹法学 ………………………………… 92
　第六章　施米特的政治神学与宪政思想 …………………… 106
　第七章　庞德的社会学法理学 ……………………………… 123
　第八章　美国的现实主义法学 ……………………………… 144
第二编　当代法律思想 …………………………………………… 159
　第九章　自然法的复兴 ……………………………………… 161
　第十章　罗尔斯及其正义理论 ……………………………… 181
　第十一章　德沃金的政治哲学和法律理论 ………………… 204
　第十二章　伽达默尔的解释学与法律解释 ………………… 251
　第十三章　哈贝马斯的政治哲学与法学理论 ……………… 281
　第十四章　卢曼的"自创生"系统论法学 ………………… 314
　第十五章　法律经济学 ……………………………………… 349
　第十六章　美国批判法学 …………………………………… 364
　第十七章　新共和主义 ……………………………………… 382
　第十八章　司法能动主义 …………………………………… 393
　第十九章　法律多元论 ……………………………………… 419
　第二十章　弗里德曼的法律文化思想 ……………………… 436
　第二十一章　桑托斯的法律现代性和法律全球化理论 …… 465
后记 ……………………………………………………………… 492

第一编　现代法律思想

第一章 利益法学

利益法学是西方19世纪后期兴起的一个重要法学思潮,它透过对"概念法学"的批判,一方面完成法学方法的现代转向;一方面开启了对法律的社会面向之思考。在理论上,20世纪欧陆的法社会学、自由法运动以及美国的现实主义法学都深受这一思潮的影响,从而构筑了第二波"法律全球化"的思想基础。在实践上,由于法官对利益法学方法的运用,现代法律体系的发展重新平衡了法律的形式意义与实质价值之间的内在张力,从而回应了资本主义市场经济与法律形式主义所带来的困境。总而言之,利益法学派的兴起是对20世纪全球法律范式转变的一个预告:从形式法范式转向福利法范式。

第一节 由概念法学到利益法学

20世纪初的利益法学,以对抗"概念法学"的姿态出现,是19世纪历史法学派之后,具有世界性影响的西方现代法学思潮之一。利益法学的主要创立者是海克(Philipp Heck,1858—1943),不过,利益法学的核心思想可以追溯到19世纪后期耶林(Rudolf von Jhering,1818—1892)之目的法学。正是受耶林思想之启发,海克的利益法学一方面延续了耶林对"概念法学"的批判;另一方面则深化和拓展耶林的目的思想,使之成为一个圆满而体系化的法学方法论。由概念法学到利益法学是一场学术典范的变迁,它反映了20世纪初以来私法的社会化之一般趋势。而透过利益法学之方法,法律的发展由形式主义的法范式突进到社会利益的政策衡量面向,由此,预示了未来福利国家政策协调之法范式出场。

一、概念法学的系谱

"概念法学"这一词语是由耶林发明的,用来嘲讽当时以普赫塔

(Georg Friedrich Puchta)、早期耶林自己和温德夏特(Bernhard Windscheid)为代表的德国"学说汇纂主义"(即潘德克顿法学)。据归纳，"概念法学"具有三项特征：(1)实在法是无漏洞的。(2)实在法可以追溯一个以形式逻辑联结的概念体系(即概念金字塔)。(3)实在法可以经由逻辑演绎从上位的法律概念中推导出来，而该上位的法律概念是通过归纳法发现的，又称为"逆向论法"。① 可见，这种"概念法学"是以数学公理体系为其观念模型，尤其注重"概念计算"的形式逻辑技术，而忽略具体的生活事实。

从历史谱系来看，上述"概念法学"演变自18世纪的理性自然法学说，尤其是克里斯蒂安·沃尔夫(Christian Wolff)之思想，此公可谓"概念法学"之鼻祖。因为他认为法学可以模仿数学那样，根据若干公理命题而推演出整个法律体系："从较高的公理一直到最小的细节，所有自然法的语句都应该依照无漏洞的演绎方式推论出来。"② 而且，19世纪之后，当时自然科学和数学都是最成功的学术典范，所以，以公理体系之方法进行学术研究之观念尤其流行。当时萨维尼创立的历史法学派，借助康德的理性批判理论，征服了"自然法"，并且从理性自然法学说中吸收一切不与康德批判相矛盾的公理、体系和概念建构，比如，学说汇编体系、体系与概念建构的方法以及由体系与概念逻辑性推导出裁决、学说汇编学中的基本概念(如，客观法、主观权利、意思表示、法律行为等)、法之一般伦理性规定的前提，等等。③ 与此同时，萨维尼又结合当时德国浪漫主义的民族精神，从法的渊源之历史性中追溯法律的民族精神，认为法律的起源和发展都是受到国民之确信所支配。萨维尼透过法学的"历史性"与"哲学性"之结合，前者提供了研究的对象——在历史上先行存在的素材，如罗马法，后者则提供了整理这些素材的体系—逻辑方法，从而将法律素材纳入实证法学(即法教义学)体系之中，使之成为一个前后融贯的法秩序。可是，随着德国私法学的学术实证主义发展，历史法学派的内在矛盾就日益凸显：如果法律是民族精神的产物，那么，当时德意志民族继受罗马法的正当性就产生问题了。实际上，当德意志民族面临选择何种法源来建构未来的民法典这一问题时，历史法学派的内部分裂——罗马法与日耳曼法之间的冲突——就已经无可避免。④

当时萨维尼的学生普赫塔从历史的浪漫主义转向了学术性的实证主义，他认为法条不是民族精神或者国民确信及其行动之产物，而是透过科

---

① [德]汉斯·彼得-哈佛坎普：《概念法学》，纪海龙译，载《比较法研究》，2007(5)，155～160页。
② [德]弗朗茨·维亚克尔：《近代私法史：以德意志的发展为观察重点》，上册，陈爱娥、黄建辉译，315页，上海，上海三联书店，2006。
③ [德]弗朗茨·维亚克尔：《近代私法史：以德意志的发展为观察重点》，下册，陈爱娥、黄建辉译，362～365页，上海，上海三联书店，2006。
④ 同上书，395～397页。

学体系的演绎建构而产生的。① 这样,历史法学派的学说汇纂体系就经由他发展成为一种法学实证主义,即"学说汇纂主义"②。在普赫塔看来,法律概念是独立的、具有自我生产能力的"智慧存在"③。法学概念构成了一座金字塔,即"概念的系谱",并在其中"从公理出发向下无漏洞地创设出概念的上下阶层","向上一直追溯到每个法的'来源'到法的概念,再从这个最高的法的概念向下推导直达个别(主观的)权利为止"④。简言之,法的形成只是"概念的演变"。当时德国的"学说汇纂主义"代表人物,除了普赫塔之外,就是早期的耶林和温德夏特,耶林更是这种法学实证主义的顶峰。早期耶林在其《罗马法之精神》一书中,表明自己对普赫塔思想之推崇,并提出自己的"自然历史的方法",认为根据该方法就可以实现"较低层次的法学"向"较高层次的法学"之提升,使得法律条文和法律原则这些法律实体变成具有生命力的"法学身体"或"法律身体"。耶林认为透过这种"建构法学"的方法,所建立的体系就是实证法律素材最完美的形式,而且是新素材永不枯竭的来源。跟普赫塔一样,耶林认为,"概念是有生产力的,它们自我配对,然后生产出新的概念"⑤。

上述"学说汇纂主义"对于概念逻辑的崇拜,已经使得"概念法学"具有一种自我生产的图像。这种法律图像意味着法学家对法律创造的垄断,并且使得法学形式主义得以建立,因为法条的正当性取决于其在体系中的正确、逻辑上的真理与合理性。⑥ 所以,法学家无须关照生活事实,透过形式逻辑的涵摄技术,就可以获得正确的法条和判决。这种法学实证主义或形式主义,提供了最大的法律确定性,不仅是法典化时期的公器,更是创造了一个犹如制定法一般的法秩序。可是,极端的法律形式主义对法律与社会的割裂,必然引起反向的思想潮流与之对抗。

二、利益法学的出场

在利益法学的历史出场之前,耶林就已经提出对"概念法学"的讽刺与批判。耶林对"概念法学"的幻灭是由于一个具体案件导致的,这个案件让耶林面临学术生涯最为严重的理论危机,甚至是信念危机。因为耶林自己的旧理论遭到生活事实的"解构"。面对自己的法感,他选择收回

---

① 吴从周:《概念法学、利益法学与价值法学》,35 页,北京,中国法制出版社,2011。
② [德]弗朗茨·维亚克尔:《近代私法史:以德意志的发展为观察重点》,下册,陈爱娥、黄建辉译,415~437 页。
③ [德]魏德士:《法理学》,丁晓春、吴越译,205 页,北京,法律出版社,2007。
④ [德]弗朗茨·维亚克尔:《近代私法史:以德意志的发展为观察重点》,下册,陈爱娥译,387 页。
⑤ [德]耶林:《罗马法之精神》,第 1 册,29 页,转引自吴从周:《概念法学、利益法学和价值法学》,39 页。
⑥ [德]弗朗茨·维亚克尔:《近代私法史:以德意志的发展为观察重点》,下册,陈爱娥译,387 页。

自己的旧理论,并重新考虑案件的解决办法。他发现法学的任务必须是探究那些法条并没详细说明之理由与目的。透过这种法律之目的探究,耶林认为权利并不是抽象的意思表示,而是法律所保护的利益。而对利益的分析,又使得他从主观权利进入到客观法,并且需要从根本上去讨论法律的起源和演化的问题。这样,耶林就通过目的探讨进入到法律的社会面向之思考:法律的发展是由社会的目的与利益因素所导控的,法律只是实现目的之手段,最终的目的是社会存在本身。

透过耶林的思想,海克看到利益冲突是法律的起源和基础。他把耶林之利益思想概括为"起源的利益理论",并做了重构性的阐述。不过,他认为耶林的目的思想并没有细化出一个可以帮助法官获得法规范和便于法学研究的方法论。他把这样一个法学方法论称之为"生产的利益法学"①,并认为根据这个法学方法可以生产出"法律诫命"。受耶林思想之启发,海克创立了"利益法学",而且,他继承了耶林对"概念法学"进行批判之思想,认为对"概念法学"的批判是利益法学的起点和主要内容。海克认为"概念法学"之方法是一种颠倒的方法,因为这种方法完全颠倒了法条与概念之间及其概念之间的产生程序。最要紧的是,"概念法学"之方法对生活利益的视而不见,必然影响到法律的正确适用。而20世纪初德国民法典的实施,可以说是利益法学出场的重要历史背景。② 因为民法典的实施,逐渐显示了旧有的概念法学之方法已经不能适应当时德国社会的发展及其司法需要。虽然"概念法学"的思想激励了19世纪的德国法学家,并为未来的民法典制定提供了建构的概念与体系,但是,随着民法典实施,德国私法史由法学实证主义进入到了一个法律实证主义阶段,③在这个阶段,法律的正确适用之问题日益凸显。如果没有正确的法律方法,法律适用的错误概率肯定很高,并且必然带来对法律的权威和尊严之减损。然而,温德夏特的"学说汇纂主义"对于德国民法典的深刻塑造,使得旧有的概念法学之方法,依然在学术界和实务领域享有权威之地位。④ 因此,海克的利益法学必须对旧方法给予严厉的批判,才可能为德国民法典的正确实施提供方法和规则。由此,这场法学方法的争论意味着一场学术典范的变迁:由概念法学到利益法学。

---

① P. Heck, "The Formation of Concepts and the Jurisprudence of Interests", in M. M. Schoch(ED.), *The Jurisprudence of Interests*, Harvard University Press, 1948, p. 125.
② J. Binder, "Remarks on the Controversy about Legal Method in the Science of Private Law", in ibid. , p. 279.
③ [德]弗朗茨·维亚克尔:《近代私法史:以德意志的发展为观察重点》,下册,陈爱娥、黄建辉译,441~448页。
④ M. Rümelin, "Development in Legal Theory and Teaching during My Life-time", in M. M. Schoch(ed.), *The jurisprudence of Interests*, pp. 1-27.

三、典范变迁的实质

由概念法学到利益法学的学术典范转变,其实质不仅仅是一场法学方法论更新的问题。因为法学方法之争论背后,实质上是法范式之历史变迁问题。19世纪的历史法学派及其学说汇纂主义,透过法教义学的方式,将一个多义的和矛盾的罗马法整理成一个方便适用的、自由的商品交易法,满足了当时德国工业革命及资本主义自由市场经济发展的需要。而且,19世纪的市民社会和自由法治国,为了保障私法自治和契约自由,尤其强调法律的技术形式面向,以此对抗教会、王权和其他社会利益的代表。① 然而,随着工业资本主义发展带来的不利社会后果,比如,企业主对契约自由的滥用,导致劳工阶层处于遭受剥削和贫困化的地位。因此,有必要根据社会需要对私权进行限制,企业主与劳工之间的契约由个人转向集体,以此调控劳资双方之间的利益冲突,即为适例。透过私法的社会化,原来强调个人主义、私法自治和契约自由的形式主义法范式逐渐转向对社会利益进行政策衡量。由此可见,利益法学的出场是对形式主义法范式的一种突破:私法的实质化。私法的实质化,或者说私法的社会化,乃是20世纪私法史演进的一般趋势,由此,社会政策的利益衡量逐渐渗透到私法运作之中。因此,从法范式演进来看,利益法学似乎是对未来福利国家注重政策利益协调之法的一个预告。

第二节 耶林目的法学之思想

鲁道夫·冯·耶林出生于德国的一个法律世家,并由于追随这个家族传统而学习法律。耶林是萨维尼之后最具世界影响力的德国法学家,不仅是德国学说汇纂主义法学的代表人物,更是目的法学的创始人,其法律思想开启了利益法学、自由法运动、法社会学、美国法律现实主义等深刻影响20世纪法律史发展的现代思想流派。耶林虽然通常被认为是一个"过渡性的理论家",但是,他的思想洞见,使得他成为其时代的法学先知。犹如其同辈的马克思,看到了法律的社会面向对法律自身的结构性影响及其功能要求。耶林一生著述丰富,尤其擅长罗马法研究,其未完成的巨著《在其不同发展阶段中之罗马法精神》(以下简称《罗马法之精神》),至今仍是经典的罗马法著作。而让耶林的思想享誉全球的著作,则是其脍炙人口的维也纳演讲——《为权利而斗争》,这篇演讲阐述了耶林

---

① [德]汉斯·彼得-哈佛坎普:《概念法学》,纪海龙译,155~160页。

思想转向后的基本立场。最后,让耶林思想达到其顶峰的论著则是《法律中之目的》,这部专著也是未完成的皇皇巨构,却预示了德国现代法律思想的新生与危机。

耶林一生以罗马法之学术为业,一以贯之追求"罗马法之精神"。即便"大马士革经历"之后,发生思想转向,① 其职志从未改变:"透过罗马法,超越罗马法。"② 耶林对罗马法之研究,在整个学术生涯有三个基本的面向:(1)法哲学的面向,探求现实世界法律之起源与效力得以成立之终极基础;(2)法律史的面向,追溯法律的发展和演化之道路,并为未来提供可能的指引;(3)法教义学的面向,透过对法律的认识与掌握,而获致法律暂时之高点与终点,同时汇集经验与事实,并基于实用目的而安排这些素材,进行科学的表述。③ 而这些面向使得耶林更为自觉地进行理论之自我批判:由概念法学转向目的法学。早期耶林推崇普赫塔的"学说汇纂主义",甚为"概念法学"之自我生产图像所吸引,并提出"自然历史的方法"。他认为透过这样的"建构法学"之方法就能够生产出具有生命力的"法学身体"或"法律身体"(即法律制度和法律概念)。而根据形式逻辑之技术,法学家就能够从这些"法学身体"或"法律身体"中再生产出新的法律条文与原则。④ 这种自我生产的"悖论"一旦遭遇生活事实难题,便面临被"解构"的风险。耶林对"概念法学"的觉醒,就是始于现实生活的案件。具体的案件实践迫使耶林从高估了的法律逻辑面向,转向到法律的目的与利益面向,也就是重新衔接法律与社会之间的沟通与互动。接下来,主要透过耶林两本代表性著作《为权利而斗争》和《法律中之目的》来介绍其目的法学之思想。

一、为权利而斗争⑤

耶林从"法学的概念天国"返回到人间的实践土地上,接着就开始嘲讽那些没有生命的、生活在黑暗领域的法学概念及其法律逻辑⑥。这种反讽的目的,在于揭露"概念法学"的技术逻辑与社会生活的疏离及其危

---

① 关于耶林思想转向过程的具体讨论,参见吴从周:《概念法学、利益法学与价值法学》,56~64页。
② [德]耶林:《罗马法之精神》,第1册,14页,转引自吴从周:《概念法学、利益法学与价值法学》,77页。
③ [德]耶林:《法学是一门科学吗?》,李君韬译,86页,北京,法律出版社,2010。
④ 吴从周:《概念法学、利益法学与价值法学》,84~98页。
⑤ 在德文语境中,Recht一词既有权利之意思,也有法律之意思,故耶林之断语"Der Kampf ums Recht",一直以来就有很多不同的译法,如"为法律而斗争"、"为权利而斗争"、"为法权而斗争",等等。而在中文语境中,法学界同仁大都习惯了"为权利而斗争"这个表述。因此,虽然这个译法未尽其意,但因其在学界中已经约定俗成、深入人心,所以,笔者仍沿袭这个表述,以便大家理解的统一。
⑥ [德]耶林:《法学的概念天国》,柯伟才、于庆生译,17页,北京,中国法制出版社,2009。

险：如果不管法条所引起的后果和不幸，而一味纯理论地适用它，将可能是一件毫无价值的事情。耶林认识到法律对生活的作用，以及这种作用对法律自身产生的影响：公众对法律的权威与尊严之维护，是透过法律本身对公众权利之保护来维系的。当然，徒法不足以自行，法律自身的运作与实施，不是一种抽象的规则统治，而是一种人格的统治。这不只是说法律机器是由人操控的，而是说法的生命和源泉是根植于人类的良知和实际需求。① 这个动力可以概括为这样三个相互关联的命题：斗争是法的生命；为权利而斗争是权利人对自己的义务；为法律而斗争是权利人对社会的义务。

耶林对法律的观察由技术逻辑面向转向到法律之目的设定与正当化理由，这种观察方式的转变产生了一个极为重要的结论："权利的概念是以法律上对利益之确保为基础，权利是法律上所保护之利益"②，简言之，"利益构成了权利的目的与前提"③。借由"利益的概念"，耶林指出权利中的意思要素和实力要素都是为了实现利益这个目的。此外，耶林认为"利益概念"的语意指涉不只是限于经济上的财产，它还含括在财产之上的具有更高伦理形式的利益，比如，人格、自由、名誉、家庭关系。而且，这些利益都是无法以金钱或财产价值来衡量，甚至没有这些利益，那么外部可见的利益也将根本失去价值。④ 由于权利是法律保护之利益，所以，一旦发生侵犯权利的不法行为，利益的计算就成了主张权利的一个重要的实践动机和理由。当然，利益的计算也可能使得这样的权利主张被抑制，当权利人发现自己主张权利而得不偿失的时候。不过，耶林认为法的首要源泉是人类的良知，即其法感，利益（即实际的需求）只是法的第二的、次要的动力。因此，在耶林看来，权利人主张自己的权利，并非仅仅出于其利益需求，而是出于其自身的法感。透过"法感"这个媒介，"为法权而斗争"这个命题才获得展开的动力与现实性。

斗争是法的生命。耶林认为："法权的概念是一个实践的概念，即一个目的概念。"⑤根据这个目的的概念，不仅需要说明法的目的，还要说明实现法的目的之手段。而在法的概念中，这种目的与手段的对立正好体现在和平与斗争之间——和平是法律的目标，斗争则是实现目标的手段。而一切法律目的都是通过对不法之不懈斗争来实现的。如果没有这种斗争，即对不法的反抗，法自身就会遭到否定。"世界上一切法权是经由斗争而获得的，每一项既存的法律规则，必定只是从对抗它的人手中夺取的。每一项权利，无论是民众的还是个人的，都是以坚持不懈地准备自己

---

① ［德］耶林：《法学是一门科学吗？》，李君韬译，62~63页。
② ［德］耶林：《罗马法之精神》，第3册，第1部分，339, 351页，转引自吴从周：《概念法学、利益法学与价值法学》，111页。
③ 同上书，345页，转引自吴从周：《概念法学、利益法学与价值法学》，113页。
④ 同上书，339页，转引自吴从周：《概念法学、利益法学与价值法学》，112页。
⑤ ［德］耶林：《为权利而斗争》，郑永流译，1页，北京，法律出版社，2013。

去主张它为前提。这种法权不是逻辑的,而是一个力的概念。"①因此,正义女神常常是一手拿剑,另一只手举着天平,去维护法权。耶林还认为法权的斗争是与通过劳动而获得财产一样,都需要艰苦不懈的努力。在耶林看来,斗争是伴随着法的成长,而同时体现两个相互联系的方面——客观法和主观权利。就前者而言,斗争伴随着历史上抽象法的产生、形成和进步,就后者而言,斗争是为了实现具体的权利。通过这种斗争,法的实践是一个自我否定的过程:"法是吞噬自己孩子的撒旦","法只有通过与自己的过去决裂才能使自己变得年轻"。因此,"法律观念是永恒的生成,但已经生成的必须让位于新的生成,这原是:——所形成的一切,是值得毁灭的"②。可见,法的生命起源不是一个自生自发的、民族精神逐渐涌现之过程,毋宁说是一个激烈的利益斗争过程,"法的诞生如同人的诞生,通常伴随着剧烈的分娩阵痛"③。

为权利而斗争是权利人对自己的义务。耶林认为,当人们的权利遭到侵害时,抵抗不法侵害,就是一种自我维护的义务。这种义务根植于一种深刻的生存本能:维护自我生存是生物界的最高法则。这种自我维护的本能,对于人类而言,不仅是维持其生命,而且是关乎其道德的存在。在耶林看来,权利是人类的道德存在之条件。"在权利中,人类占有和捍卫其道德的生存条件——没有权利,人类将沦落至动物的层面,那么,恰如罗马人从抽象法立场出发,始终不渝地把奴隶与动物同等看待。"④所以,主张权利是道德的自我维护的义务,放弃此义务,无疑是道德上的自杀。他人对权利的不法侵害,不仅是对权利人利益的侵犯,而且是对其道德人格之否定,这必然引起主体内在的道德上之痛苦感觉,从而促使权利主体起来反抗不法侵害。权利与人格的关联,使得权利主张变成一种人格的自我维护。这种人格的自我维护,是根植在于人类的"法感"上。"法感"实际上是一种关于公正与正确的道德情感或者道德直觉。在耶林看来,"权利的全部秘密都隐藏在法感的病理学之中"⑤,即权利人遭到不法侵害后其感受到的痛苦。耶林认为衡量一个人的"法感"是否健全,有两个标准:(1)敏感性,即感受到权利受到侵害的痛苦之能力;(2)行动力,即对不法侵害给予拒绝的勇气和决心。⑥ 透过上述权利、人格和"法感"的道德关联,为权利而斗争就从利益的计算上升到一种理想价值,即人格及其道德条件。简言之,为权利而斗争是权利人对自己的道德义务。

为法律而斗争是权利人对社会的义务。在耶林看来,主观权利与客

---

① [德]耶林:《为权利而斗争》,郑永流译,2页。
② 同上书,6页。
③ 同上书,8页。
④ 同上书,13页。
⑤ 同上书,22页。在原译本中,德文词"Rechtsgefühls",郑永流先生原译为"是非感",但在本文的引用中是改为"法感",特此说明。
⑥ 同上书,23页。

观法之间是相互联系和互为前提的,"具体的权利不仅仅从抽象的法中获得生命和力量,而且它也还抽象的法以生命和力量。法的本质在实际的实行。"①换言之,抽象的客观法不能自动运行,即便有一套国家官僚体系,法律运行之动力也需要依赖公众对于法律权利之主张。公众的权利主张和法律诉讼,一方面可以启动法律的运作,防止法律陷于"死亡的边缘"——如果一个法律规范从来没有得到过实施和应用,它就不配称为法。另一方面,抵抗不法的权利主张和法律诉讼,不仅是捍卫了权利人自己的利益,它同时也捍卫了其他人乃至整个社会的利益,因为它使得他人避免遭到类似或相同的不法侵害。此外,耶林认为,如果一个社会可以召集权利人与外来敌人作斗争,与此相应,为了社会的利益,也可以召集权利人反抗内部的敌人。"法律与正义在一个国家成长发育,不仅仅是通过法官持续地坐在其椅子上待命,警察局派出密探,而且是每一个人必须为此做出自己的贡献,每一个人有使命和义务,每当任意妄为和无法无天的九头蛇,敢于出洞时,就踩扁它的头。"②而且,这种为权利而斗争的实践,从本质上就是捍卫法律的权威和尊严,这种尊严和权威是一个社会良好秩序的基础。简言之,为权利而斗争就是为法律而斗争。在这个意义上,为法律而斗争是整个社会的正义理念之实现,所以,为法律而斗争是权利人对社会的一种道德义务。

最后,耶林指出为法权而斗争不仅存在个人与个人之间,还存在个人与国家之间,甚至是国家与国家之间。因此,在耶林看来,一个国家必须呵护其民族的"法感",因为它是社会这棵大树的根基所在。暴政、不公正的制定法和腐败的法律制度都会对公众的"法感"产生毁灭性影响,而且最终损害到国家的健康和权威。因为伤害其国民,实质上是伤害国家自身。由此,一个民族的道德力量和"法感",才是一个国家抵御外敌的真正堡垒。这样,透过"为法权而斗争",耶林就将国家权力和法律的正当性置于社会公众的"法感"之检测中,并透过这样的运作来导控法律体系之发展。简言之,"法感"是法律权威的保障和根基。③

二、法律中之目的

在耶林看来,如果说斗争是法的生命,那么,目的就是法律的创造者。透过主观权利之斗争,并与法律之斗争相互扣连,从而使得法律与社会之间的沟通与互动得以展开,但是,对这种展开之观察,耶林是通过目的之概念来获得。简言之,斗争指涉目的,并透过目的刺激斗争的生产。由

---

① [德]耶林:《为权利而斗争》,郑永流译,25页。
② 同上书,28页。
③ N. Duxbury, "Jhering's Philosophy of Authority", 27 *Oxford Journal of Legal Studies*, 2007, pp. 23-47.

此,法律的起源、发展和演化就是一个受目的导控的过程。对此,可以概括出三个相互关联的命题:(1)目的是整个法的创造者;(2)法之最终目的是社会存在;(3)法是实现目的之手段。

早期耶林对罗马法之研究,就已经看到法之目的面向,只是这种目的面向当时还没有被论题化,即没被问题化并给予回答。在对罗马法的考察中,他认识到罗马民族之所以没有哲学,并不是由于罗马人没有哲学动力和天赋,而是这些潜能已经在法学中获得满足并得到宣泄,由此,耶林将罗马民族的法学称之为"实践目的的哲学"①。不过,后期耶林对法律之目的进行论题化,并不是要全盘推翻过去对法学技术的思考,他认为对法律的形式技术面向之强调,并不与下述这项认识相冲突:"法学的最终目的——也就是所有理论上的与教义学的研究的最终目的——是一个实践的目的。"②因此,他对法律之目的探究,只是相对形式法学与先验哲学之观点,而让法律实践的观点发挥作用,并将其学术任务设定为:去发现法律制度与法律条文之实践动机。透过目的之论题化,即对法律之目的为何的追问,耶林必须对目的之概念先行做一番探问与解答,并由此扣连到法律之目的面向。

关于目的之概念,耶林首先是将其与原因之概念进行区分:"目的律"与"因果律"。根据"充足理由律",事物的发生有其先后之秩序,并有其原因,即先行发生之事物。由此,产生了"因果律"。同样,意志的运动也是要有充足之理由,否则,犹如没有原因的物质运动一样,是难以想象的。耶林认为目的对于意志是不可或缺的,没有目的就没有意志或行动。由此,产生了"目的律"。除了发生作用的方式和领域不同,即"因果律"支配物质运动,而"目的律"则支配生命的意志活动,尤其是人类的意志活动,两者在时间面向也是极为不同,"因果律"是指向过去的,而"目的律"则是指向未来的。简言之,"目的是这样的理念,即意志尝试实现的未来事件。"③在目的与原因的关系上,耶林认为:"目的能够推导出因果律,而因果律则不能推导出目的(Purpose can give forth the law of causality, the law of causality cannot give forth purpose.)④,"因此,在他看来世界的驱动力量不是原因,而是目的。此外,他还认为世界之目的预设就是关于上帝的预设,即上帝设定了世界之目的。透过"因果律"与"目的律"之区分,耶林进一步认为受"目的律"支配的意志是整个世界的创造力,这种力量首先是上帝的创造力,其次模仿上帝的人类的创造力。而目的是这

---

① [德]耶林:《罗马法之精神》,第2册,第2部分,389页,转引自吴从周:《概念法学、利益法学与价值法学》,99页。
② [德]耶林:《法学上的诙谐与严肃》,9页,转引自吴从周:《概念法学、利益法学与价值法学》,100页。
③ R. von Ihering, *Law as a Means to an End*, trans. & ed. I. Husik, *The Boston Book Company*, 1913, p. 7.
④ Ibid., p. lvii.

一创造力量的杠杆。由此,人、人类、历史都包含在目的之中。简言之,"目的律是最高的世界构成原理"①。

目的是整个法的创造者。根据达尔文的理论,一个物种是从另一个物种发展而来的,同样,耶林认为一个法律目的必然是由另一个法律目的而产生。透过这样的演化,法律的发展通过抽象作用而得出普遍的事物:法律理念、法律制度和法感。简言之,"不是法感产生了法律,而法律产生了法感"②。而且,耶林认为法律只知道一个来源,即目的作为实践之来源。因此,在他看来,整个法律其实就是一个独一目的之创造行为。对此,耶林进一步区分了实践目的之动机类型:自利与利他。耶林认为透过利益之结合,利己动机能够服务于利他目的,简言之,目的之一致性。而根据利益的利己驱动,耶林认为人类的自我主张有三种类型:(1)身体上的自我主张,主要是指维持个人自身生存的需要。(2)经济上的自我主张,是人类为满足自身生存需要,而产生的对财产的需求。(3)法律上的自我主张,则是为了保障人的自身生存和财产安全,而产生的对法律的需要和要求。透过上述利己动机的演化,耶林认为:"生命维持的目的产生了财产,因为没有财产就没有对未来存在的保障,这两者结合的目的就产生了法律,没有法律就没有生命和财产的保障。"③简言之,法律的起源是利己动机的社会演化产物。而且,耶林认为从个人和财产推导出法律,从法律推导出国家,并非由于概念的逻辑,而是由于实践冲动的必然性。④

法之最终目的是社会存在。耶林认为"法律不是世界的最高事物,不是其本身的目的;只是实现目的的手段,最终的目的是社会存在"⑤。根据耶林的观点,人类的目的系统包括:个人目的和社会目的。个人的目的主要是维持自身的存在,自利是其主要内容。社会的目的,则是关涉到人类作为一个整体的存在。"没有人类生命的存在仅为自身,每个人同时也是为了世界而存在。每个人都是人类文化目的之合作者。"⑥因此,个人的生命存在,始终是跟他人相互扣连在一起,相互影响,由此形成的人类生活就是社会生活。社会作为人类生活的一般形式,是个人基于实现共同目的之联合。对此,耶林将个人在世界中地位,也就是个人与社会的关系,表述为三句格言:(1)我为自己而存在,(2)世界为我而存在,(3)我为世界而存在。⑦ 前两句表示个人所拥有的权利,最后一句则表示个人对于社会的义务。而整个社会的权利和义务之分配和实现,则是透过四

---

① R. von Ihering, *Law as a Means to an End*, trans. & ed. I. Husik, *The Boston Book Company*, 1913, p. lviii.
② Ibid., p. lviix.
③ Ibid., p. 49.
④ Ibid., p. 56.
⑤ Ibid., p. 188.
⑥ Ibid., p. 60.
⑦ Ibid., p. 51.

个"社会杠杆"机制来实现,它们分别是奖赏、强制、责任感和爱。① 这四个"社会杠杆"分别产生不同的社会运行机制,比如,奖赏产生社会的商业机制,强制会产生国家和法律的机制,责任和爱则产生社会的伦理道德机制。而这些社会运行机制都是为了实现社会的目的。而这个社会的目的,也就是法律之目的,耶林称为"社会生活的条件"。他认为,人类社会生活有四个基本需要:生活的维持、生命的繁衍、劳动和交易。② 而且,这些目的和需求背后又有三个强有力的动机在起作用,它们分别是:自我维持的本能、性冲动的本能和获取的本能。③ 不过,生活的条件当然不止这些基本需求,耶林曾经这样写道:"什么是生活的条件?如果生活只是身体的存在,那么,它就被局限在一个狭隘的生活必需品上——吃、喝、穿、住。即便如此它仍保留一种相对性,因应个体需要而显得十分不同。一个人需要的东西比别人多,或者需要不同的东西。"④因此,在耶林看来生活条件就其广义而言,是对生活的主观要求。这种主观的要求不仅包括身体的存在,还包括所有从主观判断而言对生活具有价值的利益和享受,这些利益和享受不只是感官和物质上的,也包括非物质的和理想的,它涵盖了几乎所有人类奋斗与努力的一切目标:荣誉、爱情、工作、教育、宗教、艺术和科学。

法是实现目的之手段。耶林这样定义法律:"法律是通过国家权力获得而保障社会生活条件的形式。"⑤在耶林看来,法律作为实现目的之手段,其方式既不同于商业机制的奖赏,也不同于道德伦理上的责任感和爱,而是一种强制的方式。这种社会强制是以国家形式进行组织和运作,而且,国家的强制力量是法律识别的绝对标准。因此,耶林认为:"国家是法律的唯一渊源。"⑥从法律的结构——功能来看,耶林认为法律包括两个面向:一个是形式要素的面向——规范和强制,一个是内容要素的面向——法律所服务的社会目的。简言之,"法律只是一种目的之强制"。而进一步分析,耶林认为规范和强制体现了同一法律结构的不同面向:(1)规范是法律的内在面向,它的内容是一种理念、一个法律命题(法律规则),也就是说具体指导人们行为的一种实践类型命题。质言之,规范就是诫命,包括积极的命令和消极的禁令。但是,诫命有抽象与具体之分,唯有抽象的诫命才是与规范一致。(2)强制是法律的外部面向,它是由国家实现的强制系统,因为强制机器是由国家力量来进行组织和行使。⑦

---

① R. von Ihering, *Law as a Means to an End*, trans. & ed. I. Husik, *The Boston Book Company*, 1913, p. 73.
② Ibid., p. 330.
③ Ibid., p. 338.
④ Ibid., p. 331.
⑤ Ibid., p. 330.
⑥ Ibid., p. 238.
⑦ Ibid., pp. 247-251.

但是，纯粹的暴力本身不是法律。耶林认为，法律与国家力量之间是相互渗透，互为彼此之前提条件，并且法律驯服了国家的强制力量，使之成为一种法律的力量。这意味着国家权力应该尊重它自己提出的法律。"只有以这样的方式在规范应用之中驱逐偶然性，法律的一致性、安定性和可靠性才取代任意性。"①简言之，法律在实现社会目的之时，要追求正义的理念。耶林的正义观，反映了其所处时代的精神，他认为正义的实践目标就是平等，而且，正义的理念在自由之上。这种社会正义观使得耶林认为，私权的行使要受到社会需要的限制，"所有私法权利，即使首先将个人作为它们目的，都受到对社会关注的影响和约束"②，"保障个人的善本身不是目的，它只是保障社会善的手段"③，"自由因此是依赖社会的允许"④，"在将来犹如过去一样，立法将根据实践的需要而非抽象的学术公式来限制个人自由"⑤，甚至"当国家面临牺牲法律或牺牲社会的选择时，国家不仅被授权，而且负有责任去牺牲法律，而保存社会"。简言之，"法律为社会而存在，而不是社会为法律而存在"⑥。

从概念法学到目的法学，是耶林思想理论危机的产物。这场危机使得耶林看到法律系统仅注意技术形式的逻辑面向，不足以解决现代法律生活的社会问题，旧有的概念法学只见概念而不见目的之方法，断然无法整合未来社会冲突而导致法律统一性的崩解。耶林的洞见促使其思想从方法论转向法哲学，从法律的技术逻辑面向转向法律的社会目的面向，这一思想转向虽然带来了耶林对自己早期思想的批判和讽刺，但是，并没有导致他全盘推翻自己早期的思想，而是以法的实践目的引导这种技术逻辑面向。耶林似乎已经洞见到法律与社会之间共同演进的关系，对于如何引导法律的发展，耶林将眼光投向未来和目的，但是脚步却是踏在历史和现实的基础上——基于当代罗马法的研究，以此例证自己的法律演化理论。耶林对现实的敏感性使得他深知法律是"镶嵌"在社会之中，法律总是受到社会目的之批判，并适应社会发展的目的要求。耶林后期的目的法学思想，一方面，他固然看到私法社会化的趋势，试图以目的之思想，来缓解这一趋势所导致的法律统一性之崩解。比如，强调国家权力对于社会目的之法律实现的重要性，批判立足自然法思想和社会契约论的三权分立思想，不足为训。另一方面，他还看到现代社会中公众的力量。他认为法律的权威和尊严，不仅取决于国家权力对自己所提出的法律之尊重，更取决于公众能够为权利而斗争，继而为法律而斗争。因为法律的保

---

① R. von Ihering, *Law as a Means to an End*, trans. & ed. I. Husik, *The Boston Book Company*, 1913, p. 267.
② Ibid., p. 396.
③ Ibid., p. 405.
④ Ibid., p. 406.
⑤ Ibid., p. 409.
⑥ Ibid., p. 317.

障最终是依靠国民的"法感"之力量。这种为权利而斗争的实践不仅培养了公民的法感,而且还将法律的正当性和目的置于国民的"法感测试"之中。耶林明确区分了"法感"和利益,并认为"法感"超越利益,从而促使权利主体对不法侵害进行抵抗。"法感"是关于公正与正当的一种道德情感,在耶林看来这种道德感或者价值感并非与生俱来,而是一种历史的产物,是人类的批判精神从法律经验中获取的一种能力。① 因此,从法的演化来看,"不是法感产生了法律,而是法律产生了法感"。"法感"和目的之思想,固然避免了法律对生活的疏离和违逆,并使得利益的评价能渗透到法律运作之中,使得法律系统能更好地回应社会发展的利益需要。这一点确实是为后来利益法学和自由法运动更新20世纪法学方法论奠定了基础,不过,同样也埋下了德国现代法律思想危机的种子:法律是实现社会目的之手段,可能意味着目的理性对法律系统的殖民化,而且可能导致法律实用工具主义思想大行其道。② 所以,如果没有法律系统对社会目的设定限制——比如,宪法规定的人权保障条款及其司法化,那么,法律系统之目的功能将可能"谋杀了正义",最终践踏法治和人权,而产生"价值暴政"——目的理性对"法感"的"绑架"。德国恐怖的纳粹法律史,正是这样的暴政之典型例证。③

第三节　海克利益法学之方法

菲利普·海克生于圣彼得堡的一个海外德国人家庭,1889年在柏林大学获得法学博士学位,其后在柏林、葛来夫斯瓦德、哈勒和杜宾根等大学任教。海克深受耶林思想之影响,不仅接续耶林对"概念法学"的批判,更是将耶林目的法学思想整理成一个圆满而体系化的法学方法论。海克在1905年《利益法学与法律忠实》一文中首先提出"利益法学"一词,并阐述其思想的基本观点。此后,他分别撰写了《法律获得之难题》、《法律解释与利益法学》、《概念形成与利益法学》和《利益法学》等文章,这些纲领性的文献构成了利益法学的方法论体系。此外,海克还撰写了《债法纲要》和《物权法纲要》两部法教义学体系书作为展示其利益法学之方法的实用性著作。20世纪初利益法学的崛起,一方面是以对概念法学的方法批判为中心任务另一方面则与当时自由法运动进行论战,逐渐在魏玛共

---

① [德]耶林:《法权感的产生》,王洪亮译,载《比较法研究》,2002(3),103~117页。
② 关于法律实用工具主义的崛起,参见 B. Z. Tamanaha, *Law as a Means to an End: Threat to the Rule of Law*, Cambridge University Press, 2006, pp.1-7.
③ [德]英戈·穆勒:《恐怖的法官:纳粹时期的司法》,王勇译,北京,中国政法大学出版社,2000。

和末期,奠定其在学术界和实务领域的权威地位。随着纳粹政权上台,利益法学遭到当时基尔大学宾德(Julius Binder)、卡尔·拉伦茨(Karl Larenz)等民法学者的批判,"二战"后虽然有短暂复兴,但很快被评价法学(即价值法学)所取代。

海克的利益法学是耶林"目的法学思想"之继续和深化。在海克看来,耶林已经认识到法律的创造者不是概念,而是利益和目的,因此,他将耶林称为"目的论方向以及含有该方向的利益法学之奠基者"①。不过,海克认为,耶林的理论有以下两项不足:第一,他的"目的思想"并没有在法学方法上得到完全的贯彻,虽然法律发现的旧方法——"概念法学"——遭到耶林的批判和讽刺,但是,他并没有完全推翻这种法学技术方法,只是借由法律实践目的来导控法律技术。第二,耶林虽然承认法律之目的是对社会生活条件之保障,但是,他并没有对这种目的进行细分,简言之,法律之目的探究是不足够的。因为法律的目的只是彰显了获胜的利益,然而,法律规范的"诫命内容"则是一种利益冲突的决定,所以,必须透过利益细分的准则来加以深化,继而对冲突的利益进行衡量。② 接下来,我们打算从三个方面对海克的利益法学之方法进行介绍。

一、利益法学的任务

海克认为法律方法论之研究是为了实用法学(法教义学)之目的,而实用法学之最终目的则是透过法律判决来塑造生活关系。③ 因此,根据这一目标,法学方法是一个操作理论(a theory of doing),它需要的是实用知识,而不是漫无目的之沉思。④ 简言之,法学方法之目标是对决定案件之法律规则的建立。根据上述目标,海克认为利益法学之方法是一种法律方法,或者说"一个给法学实务的方法论。它要确定法官在判决案件时应该遵守的原则"⑤。所以,海克认为其利益法学并不是一种生活哲学,也不是法哲学的一个部分,而是"一个纯粹的方法理论",简言之,它不是"一个实质的价值理论"。它"完全独立于任何意识形态,并对任何意识形态都同等有用"⑥。故而,在海克看来利益法学之方法不是透过对哲学或者其他科学的模仿而产生,而是基于经验和法律研究之需要。这样,海克就提出了"利益法学作为法律方法之独立性"命题。⑦ 根据该命题,海克提出了利益法学之方法在私法上有三项主要任务:对抗"概念法学"和自由法运动,以及对利益法学的学说进行阐述。⑧

---

① [德]海克:《利益法学》,吴从周译,载吴从周:《概念法学、利益法学和价值法学》,611页。
② 同上书,612页。
③ P. Heck, "The Formation of Concepts and the Jurisprudence of Interests", p. 113.
④ Ibid., p. 115.
⑤ [德]海克:《利益法学》,吴从周译,载吴从周:《概念法学、利益法学和价值法学》,604页。
⑥ P. Heck, "The Formation of Concepts and the Jurisprudence of Interests", p. 123.
⑦ Ibid., p. 120.
⑧ Ibid., p. 107.

海克认为对抗概念法学是利益法学的起点和主要内容。虽然20世纪初德国民法典的实施,使得德国私法史的发展从法学实证主义进入到法律实证主义阶段,但是,法学实证主义的理论权威——德国学说汇纂主义——仍然支配着当时德国法律人的思想。简言之,概念法学之方法仍然受到学术界和实务人士的青睐。但是,随着民法典实施,旧有的概念法学之方法,逐渐显得不能适应当时德国社会的发展及其司法需要。虽然耶林对"概念法学"之批判,指出了法律的社会目的与利益面向对法律发展的导控与影响,但是,他并没有从根本上推翻原来的"建构法学",即"自然历史的方法"。因此,海克接续耶林对"概念法学"的批判,并在方法论上指认"概念法学之方法"是一种颠倒的方法。这种颠倒主要体现在以下两个方面:首先,在法条与概念之间的关系上,概念法学认为概念是具有生产力的,概念的逻辑演绎能够产生新的规则,而实际上,概念是从法条中归纳出来的,概念的建构本身并不能产生新的规则,而误认概念是法条的来源,这是概念法学在方法论上的第一个颠倒。其次,在概念之间的关系上,概念法学认为概念体系是一个金字塔式的封闭体系,概念之间存在一种因果关系,并且上下位的概念能通过逻辑演绎之方法推导出来。因此,概念法学往往先建构体系,然后由体系推导出法律概念。但是,实际上体系并不具有这样的生产能力,体系的建构是一个归纳的过程,是从法律概念中寻找一些共同的特征要素或典型要素来辨识概念之间的逻辑关联,这样的关联往往是经验性的,并不具有必然的因果关系。因此,应该先建立概念,再归纳体系,而不是借由体系建构演绎出概念,这是第二个颠倒。这两个颠倒导致概念法学之方法,将法官的功能定位为一种"逻辑涵摄机器",换言之,法官的功能就是将事实涵盖到法律概念之下,并由此得出法律判决。① 与此相反,利益法学认为法官对法律的适用并不只是一个逻辑涵摄的过程,而需要考虑生活的要求。立法的目的是保护生活利益,因此,法律适用要考虑立法者所要保护的利益,并且对案件事实所涉及的利益状态进行分析和衡量,从而平衡法律的普遍性与个案的妥当性,最后得出具有合理性的法律判决。

利益法学除了与"概念法学"进行对抗之外,它还有另一个重要的对手就是自由法运动。自由法学派同样深受耶林目的与利益之思想所影响,但它并没有一个一致性的理论而是一个松散的思想学派,比如埃利希、康特洛维次和拉德布鲁赫等都属于这一思想阵型的法学家。比较一下利益法学与自由法学派,可以发现它们有着共同的立场,比如,对概念法学的方法进行批判,都将法律漏洞的填补作为方法论的中心问题,等等。不过,利益法学与自由法学派的分歧主要体现在以下两个方面:(1)在"法官是否应该受到制定法之拘束"这个问题上,自由法学派认为法官对于案件可以自由判决,而不受制定法之拘束。与之相反,利益法学则

---

① P. Heck,"The Formation of Concepts and Jurisprudence of Interests", pp. 102-103.

认为法官应该受到制定法之拘束,并且遵循立法者在法条中的价值判断。(2)在法律解释的问题上,自由法学派采取客观解释的理论,认为法律的含义应该根据社会的客观情势来进行解释。与此相反,利益法学认为法律的含义应该考虑立法者的意图,即应该从历史上的立法资料,来探求立法者对利益的保护意图,一旦找到立法者对利益的价值判断,就应该适用立法者的利益决断。从上述两个问题,可以看到自由法运动过于强调法官的能动性,过于注重个案的实质妥当性,而忽略了法律的安定性问题。与自由法学派不同的是,利益法学似乎看到了法官的宪法责任,即现代法治国分权理念之要求。根据这一要求,法官必须遵守立法者在法律规定中的价值判断。① 换言之,法官不能根据个人的法律感觉来做出判决,他对案件的利益分析和利益衡量,都必须根据制定法的价值判断来进行。否则,就会危害到法律的可预测性和安定性。

从上述的方法论战中,可以看到利益法学的方法论,既反对概念法学之逻辑崇拜而对生活利益视而不见,也反对自由法学派之过度诠释而忽略了法律的安定性。在海克看来,法学方法论应该为法律适用提供正确的方法,这种方法既要关照生活利益,同时也要兼顾法律的安定性。对此,海克认为利益法学之方法学说的发展有两个阶段:一是"起源的"利益理论;一是"生产的"利益理论。②

二、起源的利益理论

耶林透过法律之目的与利益面向,开启了对法律的社会功能面向之考察。海克的利益法学之方法首先就是建立在这样的观察基础上。对此,海克透过区分"诫命概念"与"利益概念",而获得一种对法律的双重观察方式:"诫命概念"与"利益概念"是法律这枚"硬币"的两面,前者指涉法律的内容,是对法律进行"结构式"的观察,后者指涉法律的目的,是对法律进行"功能式"的观察。法律的"诫命面向"与"利益面向"是相互作用:每一个法律诫命都有一个利益概念相对应,"法律诫命"反映了立法者对利益冲突的决定。在海克看来,法律是属于诫命的世界,而诫命则是划分利益的正当观念。③ 这样,法律的两个面向在相互区分的同时,又能够相互衔接在一起。此外,海克还对"诫命概念"与"利益概念"做了进一步的概念细分,他认为法律的"诫命概念"可以分为"事实构成"与"法律后果",比如,法律交易的概念就属于"事实构成"的范畴,而权利的概念则属于"法律后果"的范畴。与之相应,法律的"利益概念"也可以进一步分为

---

① [德]海克:《利益法学》,吴从周译,载吴从周:《概念法学、利益法学和价值法学》,619～621页。
② P. Heck, "The Formation of Concepts and the Jurisprudence of Interests", p. 125.
③ Ibid., p. 142.

"利益状态"和"利益后果"①。而且,海克还指出在"诫命概念"与"利益概念"之上,还存在一个"整体的制度概念",这个制度概念是对"诫命概念"与"利益概念"的综合。比如,民法中的诚实信用原则、债法中的瑕疵原则和程序法当中的当事人主义原则,都是属于上述制度概念的范畴。②

虽然海克的"利益概念"是受到耶林的目的思想之影响,但是,他认为"目的概念"不能取代更为一般的"利益概念"。因为"利益概念"是对"目的概念"的细分,而且,透过"利益概念"才能将耶林的目的思想整理成一个圆满而体系化的法学方法论。耶林认为法律之目的是对社会生活条件之保障,而海克则将这样的"生活条件"细分为各种利益,比如,根据利益的主体可以细分为:个人利益、团体利益、公共利益、国家利益、人类利益等,还可以根据利益的内容或领域细分为:经济利益、宗教利益、伦理或道德的利益、法律利益等。海克认为"利益概念"是一个非常广泛的语意,它既指涉物质或经济上的财货,也包括理想的社会价值,比如,正义、道德、宗教、伦理、衡平等。③ 虽然"利益的语意"非常广泛,但是,利益法学的主要任务是建立法律规范,并对由此获得的法律规范进行整理。因此,在规范形成的意义上,利益法学的"利益概念"主要指涉三种利益:(1)生活利益,指涉的是立法者保护的社会利益,它涵盖了各种生活需求与欲望。(2)实用利益,指涉的是立法者将其实质的价值判断表达成一个法律诫命时,必须考虑该诫命的可适用性。此外,法律的安定性也属于此种实用利益的范畴。(3)描述利益,指涉的是立法者不仅是要颁布一个可适用的法律,而且是要颁布一个容易适用的法律。简言之,就是基于概观和便于容易理解之需要。后两种利益,又被海克称为"法律技术的利益"④。由此,透过"利益概念",利益法学之方法将法律的"技术面向"与"生活面向"相互扣连一起,而使得法律系统可以借由"利益的语意"对社会生活的利益要求进行回应。

透过上述"诫命概念"与"利益概念"的区分,海克将耶林的理论进行了重构,提出了其"起源的利益理论"。以制定法的产生为例,海克认为"法律诫命"的产生是一个利益冲突的决定及其表达之过程。这个过程则包括两个阶段:第一个阶段是做出实质的决断,即对受规整的生活关系和利益冲突进行观察和评价。第二个阶段是表达,又可以细分为概念的形成和语言的表述。概念的形成主要包括诫命的观念或诫命概念的形成。其中,事实构成要件的建立则是透过抽象的方式来完成:在被考察的众多生活关系中,把那些受到同一诫命规整的生活关系挑选出来,它们共同的相关特征得以强调,并被置于一个共同的事实构成要件之下。然

---

① P. Heck,"The Formection of Concepts and Jurisprudence of Interests", p. 144.
② Ibid., pp. 145-146.
③ Ibid., pp. 130-133.
④ Ibid., pp. 133-134.

后，所获得的诫命观念则透过对共同要素的浓缩和筛选而得到进一步的加工，而这些共同要素则是以法律陈述加以说明。在概念形成之后就是语言表述，也就是挑选字词，必要时创造新的字词以及使用让诫命观念得以被理解的语句。① 可见，每一个法律诫命都是一个对利益冲突的决定。在海克看来，法律诫命是各种要求承认——物质的、国家的、宗教的和伦理的——的利益相互角逐的产物。② 这种利益角逐本身就是一个立法者对利益进行评价的过程，也就是一个价值判断的过程。这种价值判断或者利益衡量的标准，是以一个具体的社会理想或者价值理念为基础。③ 海克认为这种社会理想或价值理念，就是法律共同体的整体利益。④ 简言之，利益法学的方法论只应该考虑现行法秩序的法律共同体之价值判断，或者必要时以法官的个人价值判断进行补充。

三、生产的利益理论

透过指出"利益是法律诫命的原因"⑤，即利益及其评价是法律的起源和规范基础，海克认为，法律的适用和续造同样应该根据利益衡量之方法进行操作。而且，法学的概念与体系之建构，也应该根据利益分析的方法进行。由此，海克提出了"生产的利益法学"，主要包括两个部分：一个是司法过程；一个是法学建构。前者的内容是关于法官对案件进行判断的方法与原则，后者则是关于法学概念与学术体系建构之方法与原则。

关于司法的过程，海克认为法官对案件的判决，要遵循以下几项方法与原则：(1)法官受制定法之拘束。⑥ 根据现代法治国的分权理念，法官遵循立法者的利益决断，是其宪法责任。因此，法官在适用法律时，应该首先运用逻辑涵摄的技术去探知制定法中立法者的价值判断。(2)法官的"思考性服从"⑦。对于立法者的价值判断，海克认为法官不是盲目服从的，而是需要独立的思考，甚至是像立法者一样，面对案件涉及的利益进行衡量。海克还认为法官在寻找立法者之利益决断时，可以运用自己的"法感"，不过，他反对像自由法运动那样不受制定法之拘束，而任凭法官个人主观的"法感"来自由形成司法决定。简言之，法官的"法感"本身要受到理性检验，即便是在没找到制定法中的价值判断，也应该透过法律

---

① P. Heck,"The Formation of Concepts and Jurisprudence of Interests", p. 159.
② Ibid. , p. 158.
③ Ibid. , p. 134.
④ Ibid. , p. 132.
⑤ Ibid. , p. 157.
⑥ ［德］海克：《利益法学》，吴从周译，载吴从周：《概念法学、利益法学和价值法学》，619 页。
⑦ P, Heck, "The Formation of Concepts and the Jurisprudence of Interests", p. 178.

共同体的一般价值判断,来做出司法决定。(3)法律的历史解释原则。①由于法官在解释法律时,要寻找立法者的意图,因此,海克认为法官对法律之解释应该采取历史的解释方法,而非根据"客观解释的理论"。他认为"客观解释的理论"是把法律文字从历史脉络中切割出来,但是,这样的解释导致对法律的调适固然注意到了时代的需要,但很可能是以损害法律安定性的利益为代价的。而借由历史的方法,则可以同时兼顾法律的安定性与社会的生活利益要求。(4)利益探究与漏洞填补之原则。② 海克认为法官不应该只是机械地适用法律,而应该关照法律的生活面向。由于现代社会的复杂性与立法者预见能力之有限,法律本身肯定存在各种漏洞,有些漏洞是立法者故意设置,并透过授权条款赋予法官自由裁量的权力,有些漏洞则是立法者预见能力有限导致的,这个时候,法官就应该进行利益探究并对漏洞进行填补。海克认为法律的漏洞类型分为两种:第一次漏洞,即法律产生时就存在的漏洞。第二次漏洞,是指由时间变迁导致的法律漏洞。比如,由于社会技术或者价值理念的变迁产生的漏洞。此外,法律诫命与价值秩序往往可能产生冲突,由此产生漏洞,海克称之为"碰撞漏洞"。对上述这些漏洞进行填补,海克认为法官应该"评价地形成诫命补充",即"必须由法官先掌握到与判决相关的利益,然后对这些利益加以比较,并且根据他从制定法中或其他地方得出的价值判断,对这些利益加以衡量。然后决定较受该价值判断标准偏爱的利益获胜"③。简言之,根据"利益汇集的同一性"(the identity of the constellation of interests)而运用类比方法,④并透过"制定法价值判断之远距作用"而获得"新的法律诫命"。

法学的建构,主要是一个概念分类和整理的过程。关于"建构",海克主要区分了立法建构与法学建构,前者主要形成了法律概念(包括诫命概念、利益概念和制度概念)和法律制度(由诫命构成的内在一致的体系,简称"内在体系"),后者主要是一个描述性的分类体系,包括描述性的概念建构和学术性的概念体系(简称"外在体系")。海克还认为,司法决定形成可以算是第三种建构。⑤ 借由上述"建构"的概念区分,海克认为法学的建构只是具有描述与概观的功能,它并不能够产生"法律诫命",因此,"概念法学"透过概念体系建构而自行生产出新的法律规则,无疑是一种"颠倒的程序"。但是,利益法学对"概念法学"的反对,并不等于它否定法律概念的形成与运用,更不意味着它反对科学性的学术概念形成。事实上,没有概念是不可能进行思考的。海克认为法律思考主要解决三项问

---

① P. Heck, "The Formation of Concepts and Jurisprudence of Interests", p. 179.
② Ibid., pp. 178-179.
③ [德]海克:《法律解释与利益法学》,225 页,转引自吴从周:《概念法学、利益法学与价值法学》,299 页。
④ P. Heck, "The Formation of Concepts and the Jurisprudence of Interests", p. 180.
⑤ Ibid., pp. 153-154.

题:一是法律规范的建立,即规范化的难题;二是对事实的认知,即认识论的难题;三是对诫命规范化与事实认识的结果进行整理与排序的问题,即表述化的难题。与前述难题对应的是,产生三类概念:一是"应然概念",主要是解决规范问题;二是"实存概念",主要是解决认识论问题;三是"分类概念",主要解决表述问题。① 透过上述的概念形成,法学就可以对法律素材进行整理与描述。因此,分类概念或描述概念是法学概念建构主要部分。而法学的概念体系则根据文献目的而有所差异,不过,海克认为外部体系只是对内在体系的描述,即便存在风格或者表述的差异,依然存在建构上等值的可能性。② 比如,法人的概念有拟制与实在两种学说建构,这两种建构都只是一个表述的差异问题,并不存在一个绝对的正确问题。简言之,两种学说在建构上具有同等的利用价值。

第四节 利益法学的兴衰及其评价

如果严格地从海克算起,利益法学在德国本土的存在史可谓是"昙花一现"。不过,从世界法学史的变迁来看,利益法学的思想史则可以适当推前至耶林的后期思想,并且从效果史来看,也起码可以延续到"二战"之后新自由主义兴起之前。这就是利益法学崛起的历史范畴,也是利益法学思潮透过民族国家的方式全球散播的时代。一直以来,利益法学由于海克与纳粹历史的纠葛,使得其在世界法学史上的重要性被严重低估。对于现代法律史,人们可能更多地谈论萨维尼、耶林、狄骥、凯尔森、施塔姆勒、拉德布鲁赫、霍姆斯、卡多佐、庞德、卢埃林等,而利益法学曾经的辉煌及其历史贡献则被掩盖在不堪回首的纳粹法律史尘埃之下。

一、利益法学的兴衰过程

20世纪初利益法学的出场,是世界法范式之历史变迁在法学图像上的象征。利益法学的奠基者是耶林,而海克则是利益法学的创立者和领导者,此外,海克在杜宾根大学的同事马克斯·鲁墨林(Max Rümelin)和海恩里希·斯托尔(Heinrich Stoll)都认同海克的利益法学之方法,并参与利益法学的学说之建立、解释和发展。他们三人学术思想之紧密扣连,使得利益法学成为一个具有理论一致性和攻守协同的思想学派,因此,它

---

① Philipp Heck, "The Formation of Concepts and the Jurisprudence of Interests", pp. 148-149.

② Ibid., pp. 235-243.

又被称为"利益法学的杜宾根学派"①。虽然利益法学的方法学说是产生于私法发展的基础上,但是,这种法律解释的方法,透过利益与目的之探求,使得"法律形式主义"对生活的疏离与违逆得到调适,从而使得法律系统能够有效回应社会发展及其司法需求。因此,其他法律领域,如刑法、宪法、行政法等公法,在调适法律与社会之间的紧张关系时,都试图参考利益法学之方法,比如,德国刑法学家李斯特(Franz V. Liszt)就提出了"刑法的目的观念",透过"法益"的概念,阐述了犯罪的反社会性以及刑罚的社会功能。② 虽然凯尔森提出的"纯粹法学理论",为20世纪后期的"公法形式主义"提供了学说基础,但是,利益法学的观点对宪法和行政法的运作仍产生了极为深刻的影响,以美国罗斯福新政的"权利革命"为例,社会福利与各种社会利益之政策衡量,已经渗透到整个美国法的运作体系之中。此外,庞德的社会法学更是利益法学思想在美国的发展和深化,因为庞德将利益法学之方法发展成一个庞大的"社会工程"学说。③ 不过,20世纪30年代,随着"纳粹政权"上台后,利益法学在德国本土的发展就面临衰落的形势。当时德国出现了以"纳粹精神"进行法律更新的要求,而海克试图论证利益法学之方法能够实现这样的更新,可是却遭到了基尔大学"纳粹化"的民法学者宾德和拉伦茨等人的批判,在此次法学方法的论战中,海克的利益法学被贴上了各种标签:"法律实证主义"、"唯物主义"、"理性主义"和"个人主义",并最终以海克的论战失败而告终。方法论战的最终结果,不仅是海克失去了方法论大师的声望,而且是利益法学之方法完全从德国法学方法中被排挤出去。④ 战后德国虽然出现了利益法学之方法的短暂复兴,但是,随着新自然法复兴的时代到来,法学问题的焦点从方法论转向对法律之价值探求,而一贯拒绝价值问题之探讨的利益法学,最终被评价法学(即价值法学)所取代。究其原因,主要是因为利益法学在方法论上的两个缺陷:(1)混淆了法律评价的对象与评价标准,在利益法学中,利益既是评价对象,又是评价标准。(2)对于利益与目的之评价标准,缺乏清晰和明确的界定,简言之,缺乏一个实质的价值体系。由此,利益法学难免最终倒向实证主义和法律实用工具主义,更难以抵抗纳粹的"价值暴政"。实际上,在20世纪后期,新自由主义的兴起就已经开始对利益法学之思潮做总的清算工作,利益法学不仅遭到了强而有力的理论挑战,比如,罗尔斯的正义论、德沃金的权利论和哈贝马斯的商谈论,都旨在建立超越利益的普世价值,而且,公法领域的法律形式主义的兴起也预示了实践的新趋向,由此,世界法律史的发展进入到了一个"后利益法学的时代"。

---

① 吴从周:《概念法学、利益法学与价值法学》,217~224页。
② [德]李斯特:《德国刑法教科书》,徐久生译,5~10页,北京,法律出版社,2006。
③ [美]罗斯科·庞德:《法理学》,第3卷,廖德宇译,4~279页,北京,法律出版社,2008。
④ 吴从周:《概念法学、利益法学与价值法学》,363~430页。

二、利益法学的历史评价

利益法学的思想由兴起到衰落,经历了将近百年的激荡,从19世纪中叶耶林的思想转向开始,到20世纪海克将其发展成一个完整的法学方法论,其后对西方两大法系的发展产生极为深远的影响,尤其是透过欠发达国家的法律文化移植实践,从而成为20世纪第二波"法律全球化"最为有力的法学思潮之一。从法律史的角度,评价利益法学的历史贡献,主要有以下五个方面:(1)利益法学开启了法律的社会面向之思考。从18世纪理性自然法学说,到19世纪的历史法学派,法律思考之问题主要是法律自身的稳定性问题,以及这种稳定性给全社会带来的效益。但,随着历史法学派的"学说汇纂主义"过于注重形式逻辑的技术方法,从而导致法律与社会之间的疏离与脱节,及至耶林对自身理论及信念的自我批判,才改变过去对法律的观察方式,即透过目的与利益的探究,观照到法律与社会之间的互动与沟通。这种基于社会面向的法律观察,促使法社会学的诞生。(2)利益法学实现了法学方法论的更新。耶林的目的与利益思想,经由海克的发展和深化,被整理成一个圆满而体系化的法学方法论。它透过对"概念法学"的批判,以及跟"自由法运动"的论战,奠定了德国民法典实施的方法论基础。透过利益法学之方法,传统的法教义学得以有效调适法律与生活之间疏离,并使得法律能够回应当时私法实质化的趋势。(3)利益法学预示了社会治理模式的转变。虽然利益法学强调"法官应受制定法之拘束",但是,当法律出现漏洞之时,海克认为法官应该"思考性服从",甚至是根据利益分析和利益衡量之方法,透过"制定法价值判断之远距作用"形成"新的法律诫命",从而保护社会生活利益。利益法学已经看到现代社会的复杂性和立法者预见能力之有限性,因此,强调法官具有能动的面向。由此,开启了国家治理模式从19世纪的立法治理向20世纪的司法治理转变。美国的司法能动主义和德国的宪法法院,即是适例。(4)利益法学开启了第二波"法律全球化"。第二波"法律全球化"大约从1900年至"二战"之后,并在第三世界国家和国际上延续到60年代。① 利益法学的出场对西方两大法系——欧陆法系和英美法系——的发展都产生了极为深远的影响。在德国及法国地区,利益法学实现了法学方法及法教义学之更新;而在美国,由于霍姆斯法官、卡多佐法官、罗斯科·庞德、卡尔·卢埃林、杰罗姆·弗兰克等人深受耶林及利益法学、自由法运动、法社会学等德国现代思想的影响,由此,产生了美国本土第一个法学巨擘——现实主义法学。从而对20世纪美国法的历史发展和法学地貌产生了极为深远之塑造,即便今日繁荣的美国法学市场,依然可

---

① [美]邓肯·肯尼迪:《法律和法律思想的三次全球化:1850—2000》,高鸿钧译,载《清华法治论衡》,第12辑,2009,47~117页。

见利益法学思想之身影,比如,法律的经济分析、法律实用工具主义,等等。此外,在第三世界国家和国际上,由于德国民法典的移植实践以及耶林和利益法学思想的全球传播,使得利益法学成为极具世界性影响西方法学思潮之一。(5)利益法学推动了世界法范式之转变。透过利益法学之方法,法律的发展从形式主义的法范式突进到社会利益的政策面向,使得利益分析与利益衡量渗透到私法运作之中,从而回应私法实质化带来的实证主义危机。后来福利国家注重政策利益协调之法范式出场,正是对利益法学的一个回应。

思考题

1. 20世纪初为什么发生了"由概念法学到利益法学"这场学术典范转变?
2. 试分析一下耶林思想中,"法感"与目的的关系。
3. 简析一下"利益法学"与"目的法学"的联系与区别。

阅读文献

1. [德]鲁道夫·冯·耶林:《为权利而斗争》,郑永流译,北京,法律出版社,2013。
2. [德]鲁道夫·冯·耶林:《法学是一门科学?》,李君韬译,北京,法律出版社,2010。
3. [德]鲁道夫·冯·耶林:《法学的概念天国》,柯伟才、于庆生译,北京,中国法制出版社,2009。
4. [德]鲁道夫·冯·耶林:《罗马私法中的过错要素》,柯伟才、于庆生译,北京,中国法制出版社,2009。
5. 吴从周:《概念法学、利益法学与价值法学》,北京,中国法制出版社,2011。
6. R. von Ihering, *Law as a Means to an End*, trans. & ed. I. Husik, The Boston Book Company, 1913.
7. R. von Ihering, *The Struggle for law*, trans. & ed. J. J. Lalor, C. Callaghan & Company, 1915.
8. M. Magdalenda Schoch(ed.), *The jurisprudence of Interests*,

Harvard University Press, 1948.

9. N. Duxbury, "Jhering's Philosophy of Authority", 27/1 *Oxford Journal of Legal Studies*, 2007, pp. 23-47.

10. W. Seagle, "Rudolf Von Jhering: or Law as a Means to an End", 13/1 *The University of Chicago Law Review*, 1945, pp. 71-89.

# 第二章　狄骥的法律思想

狄骥是20世纪西方法律思想的重要代表人物。20世纪伊始,欧美的国家形态与社会结构发生巨变,伴随行政国家与组织化资本主义的兴起,19世纪古典自由主义法律范式受到社会法学运动的全面冲击。其中,又尤以狄骥的社会连带法律思想影响最为深远。它涉及整个西方法律领域的概念术语、理论框架、推理模式、运作策略的转变。私法领域的所有权神圣、契约自由和主观责任原则,以及公法领域的宪法与行政法传统都经历了影响深远的转变。狄骥社会连带法学的出现,既是一场应对资本主义现代性危机的跨国法律意识运动的产物,又是一场针对古典法律范式危机的改革运动。社会连带法学试图通过法律的社会嵌入性改造,以相对温和的法律改革运动来回应时代挑战,并避免当时正在西方酝酿的社会主义激进革命。但在狄骥法律思想的内部,也始终面临国家、社会与个人之间的深刻张力,保护个人自由与加强社会治理之间的矛盾并未得到成功调和,这也使自由主义底色的狄骥法律思想悖谬地成为此后法西斯主义兴起的重要理论资源。

第一节　生平与著作

莱昂·狄骥(Léon Duguit,1859—1928),法国思想家、法学家,社会连带主义法学的创始人和公法理论"波尔多学派"的主要代表人物。狄骥1859年2月14日出生于法国夷龙省(Cironde)里蓬县(Libourne),1882年在法国波尔多大学获得法学博士学位,同年获大学助教资格。1883年开始在卡昂(Caen)大学的执教生涯,1886年,狄骥担任波尔多大学助教,在这里,他与伟大的埃米尔·涂尔干(Emile Durkheim,1858—1917,1887年受聘于波尔多大学)成为同事。1892年,狄骥升任法学院宪法及行政法教授,1919年出任法学院院长,直到1928年12月18日仙逝。

狄骥是一位高产的思想家,在其成名作《1789年之分权制与国会》

中,狄骥就以批判三权分立制度开始了他卓绝的学术生涯。其主要著作有《公法研究》(共2卷,第1卷《国家、客观法和实在法》出版于1901年,第2卷《国家、政府及代理人》出版于1903年);《宪法论——法律规则和国家问题》(1911年初版),1928年,狄骥在撰写第3版第2卷时遽归道山。《宪法论》是狄骥最重要的著作,除此之外,《法国之宪法及重要政治法令汇集》(1898)、《国家、政府和执行者》(1903)、《社会权利、个人权利和国家的变迁》(1908)、《从拿破仑法典以来私法的变迁》(1911)、《法律与国家》(1917～1918)、《公法的变迁》(1913),均引领一时风潮。狄骥的国际影响力在其身前就已出现,曾先后在美国、阿根廷、葡萄牙、罗马尼亚、埃及等国讲学,体现在《法律实用主义》(1923年西班牙科英布拉[Coimbre]大学讲稿),《公法讲业》(1926年埃及大学讲稿)。

"在人类的思想史上经常看到,一个学说的影响力大小并不代表它的正确程度。17、18世纪的自然法学学说和社会契约学说是一个例证,狄骥的学说也是同样情况。"①狄骥著作在民国时期就开始对中国产生重要影响,早在20世纪30年代,狄骥的许多作品就被译为中文,并广为传播。1933年,唐树森翻译了狄骥的《法国宪政通诠》,同年上海商务印书馆出版发行徐砥平译《私法的变迁》,1938年发行张明时译《宪法学》,1940年杨肇熉翻译《公法要义》并由长沙商务印书馆发行。不仅是翻译规模的全备,当时许多一流法学家也都纷纷加入回应狄骥思想的行列,如张君劢《政治学之改造》、王伯琦《狄骥的实证主义》、章渊若《狄骥氏的私法革新论》等。其时,由于和三民主义的思想亲和力,整个中国法学界都难以摆脱狄骥的影响,"泰西的法律思想,已从刻薄寡恩的个人主义立场上头,一变而为同舟共济、休戚相关的连带主义化了"②。"二战"之后,由于狄骥思想与法西斯主义的暧昧关系,其著作影响力迅速下降。但这一切,都与那个作为思想家的狄骥无关。

第二节 狄骥的时代处境与问题意识

一、20世纪初叶国家与社会的巨变

在狄骥著述所在的20世纪初叶,西方国家正在经历一场新的革命,传统的国家与社会形态面临巨变。19世纪晚期以来,欧洲国家大量增加它们的文职范围和人员,韦伯(Max Weber)所描述的官僚科层理性化从

---

① 王名扬:《法国行政法》,767页,北京,中国政法大学出版社,1988。
② 吴经熊:《新民法和民族主义》,37页,载吴经熊:《法律哲学研究》,上海,上海法学编译社,1937。

19世纪80年代开始加速,到1900年,法国就大致完成了它的官僚机构化进程。到"一战"前,法国的全国性官僚制度和行政体系已具雏形。与此同时,19世纪后半叶开启的第二次工业革命带来铁路业的繁荣,这使得古典资本主义形态发生巨变,民族经济和官僚制度紧密结合,而工业化和城市化进程迅速增加了社会的物质密度和精神密度,"社会"概念伴随社会共同性的增强开始流行,作为"社会科学"的社会学开始建制化。① 在其背后,是行政国家正在捆扎并收紧它的铁笼,国家专制能力的削弱同时也意味基础渗透能力的增强,大部分立法融合了控制社会的动机、福利事业和国家公共服务功能的加强。②

在古典权利之外,马歇尔(T. H. Marshall)意义上的"社会公民权"正在萌芽。③ 铁路、邮政、大型企业与学校体制的加强,也导致民族概念和具有新型动员能力的阶级概念的锻造。阶级关系的出现,国家与资本主义企业、劳工的新型关系都需要整个法律实践模式的重新调整。国家不再是传统的守夜人形象,传统的主权理论面临危机,伴随行政国家和福利国家的兴起,古典权利意志论再也无法提供对现实法律发展的正当化说明。市民社会的政治化进程,也从根本上打破了19世纪以降公法与私法的传统划分,在国家和社会之间,不再存在森严分明的界线。

梅因(H. J. S. Maine)所描述的近代"从身份到契约"的历史运动,似乎正在经历一种反转,建基于主观权利意志论的孤立自然人形象,伴随契约目的论和社会化解释的流行,正处于土崩瓦解之中。那些从过去的家庭、氏族、封建与庄园结构中挣脱出来的个人,正在社会一体化的进程中,重新成为各种行业联合会、工会组合体与社会职业团体的身份性成员。相对分权的工业扩散,则不断刺激法国工联主义与社会主义运动的兴起。公民身份面临从道德主体向社会主体的转变,在整个私法领域,古典的所有权神圣、契约意思自治、侵权主观责任原则都必须对此做出重新调整。而原先建基在自然个体的社会契约论之上的整个公法哲学,也在经受来自左右翼阵营的挑战。而这一切,也伴随以威斯特伐利亚民族国家体系、殖民帝国主义、垄断资本主义最深层次的危机,可以想见,这一切都在呼唤新时代新的法律范式的诞生。

二、作为跨国法律意识运动的社会连带法学

正是在这个意义上,以狄骥为代表的社会连带法学的出现,实际上正

---

① 有关社会学的兴起,见[美]华勒斯坦等:《开放社会科学》,刘锋译,20页,北京,生活·读书·新知三联书店,1997。
② 关于20世纪初期欧洲行政国家的兴起,可详参[美]迈克尔·曼:《社会权力的来源》,第2卷·下,陈海宏等译,11~14章,上海,上海世纪出版集团,2007。
③ See T. H. Marshall, *Citizenship and Social Class*, Pluto Press, 1987.

是一场应对资本主义现代危机的跨国性法律意识运动的产物。这是一场针对古典法律范式危机的改革运动。正因此,狄骥对西方法律思想史的贡献,绝不是通常意义上的法律哲学流派所能概括,他的理论学说体系,也不能简单放置在传统自然法学派或实证主义法学派的光谱中处理。20世纪初期开始全面得势的社会导向的法律思潮,也不仅只是对自由放任思想的政策性批判纲领,与它所要批判的对手一样,它所要带来的同样是一场跨国性法律运动,以此建立一幅迥异于古典法律范式的新型图景。以狄骥为代表的社会法学派运动,牵涉整个法律领域的概念术语、学术框架、推理模式、运作策略的转变。这场法律革命在所有法学领域都得以体现,从国际法、宪法、行政法到家庭法、社团法、民事诉讼法、契约法、物权法、侵权法概莫能外。因此,即使狄骥本人的思想未必十分深刻,但这完全不影响他在一场法律范式转型运动中的奠基性地位。

邓肯·肯尼迪(Duncan Kennedy)曾敏锐指出1900—1968年间社会法学派的得势代表了法律全球化运动的第二波,它取代了1850—1914年第一波法律全球化运动——古典形式主义法范式——的统治地位。① 如果说,以德国萨维尼(F. C. von Savigny)为代表的潘德克顿法学是古典法范式的集大成者,那么,法国社会法学潮流则代表了1900—1930年之间的全球法律文化霸权。正如狄骥所宣称的,"'一战'不是两个国家集团的冲突,而是两种观念的冲突。德国全体的公法学家和法学家所肯定的权力国家观念,同以法国为先驱的合作国家观念发生了冲突"②。狄骥所代表的20世纪社会法学派运动,拥有当时一批最富思想力的同僚的共同参与,以萨莱伊(R. Salleilles)、惹尼(F. Geny)、朗贝特(E. Lambert)、格维奇(G. Gurvitch)等为代表,他们共同促成一场规模宏大、气势磅礴的思想运动,并提供了一个区别于当时正在流行的社会主义左翼的理论方案。伴随法国工业化1830年之后的突飞猛进,工人阶级大量兴起,以圣西门、傅立叶、卡贝(E. Cabet)、普鲁东为代表,法国社会主义左翼思潮也对狄骥产生了重大影响。

三、社会连带主义与社会主义的貌合神离

社会连带主义与社会主义共享了某些理论前提,狄骥与其他社会主义者一样,都认为古典的法律主体意志论只是适合于19世纪上半叶之前资本主义的历史性方案,而不是放之四海而皆准的超越性理论。在古典

---

① [美]邓肯·肯尼迪:《法律与法律思想的三次全球化:1850—2000》,高鸿钧译,载《清华法治论衡》,第12辑,2009,47页以下。
② [法]狄骥:《宪法论:法律规则和国家问题》,钱克新译,第2版序言,9页,北京,商务印书馆,1959。

自由主义法律范式那里，主观权利意志论是自然权利正当性的逻辑后果，洛克、康德等都为主观权利理论奠定了缜密的先验性论证根基。狄骥同社会主义者一样，他试图通过对古典法律意志论的祛魅，进而把古典法律体系视为一种寄生于社会"基础"的上层建筑，并把矛头指向19世纪后期欧洲法律主流中的形式主义推理方法以及"个人主义"的法律想象。在狄骥看来，20世纪初期的帝国主义战争代表以主权意志论为基础的均势国际秩序的危机，同样道理，以私人产权神圣为根基的古典私法神话也正在失灵。①

但是，不同于马克思主义的激进立场，狄骥并不否定个人意志的独立性，"在公法上和私法上都没有什么集体人，法律主体总是个人"②。对于马克思主义来说，资本主义所有制已经异化了自然个体的主观意志，因此，只有通过阶级斗争的方式掀翻整个自由主义体制才能获得解放。而对于狄骥来说，作为"基础"的应当是"社会"，"社会"的出现正是为了克服19世纪后期以来由城市化、工业化、组织性资本主义、市场全球化所引发的个体存在的危机。对于马克思主义来说，法学和法律是一个有待超越的领域，它只是阶级斗争历史进程中的过渡阶段；而对于社会连带法学，法律则是维护社会团结不可或缺的黏合剂。对于马克思主义，资产阶级法权是击碎自由主义体制的障碍，而对于社会连带法学，重构古典法律范式的目的则在于从自由主义拯救自由主义。因此，虽然狄骥经常自称社会主义者，但他并不把矛头指向资本主义生产关系，而是希望通过对古典法律范式的重新调整，对陷入整体危机的资本主义做出回应。通过把充满风险的现代工业纳入整体化的社会结构，使个人与个人的自由空间得以协调，进而为转型时代更大范围的社会有机连带的进化，提供法律机制的支持。对于马克思主义，革命是扫荡资本主义法律的利器，而对于社会连带法学，法律则是改造资本主义的密钥。如果说社会主义左翼试图消解一切法律的神圣根基，社会连带主义则希望通过重新发现"社会"，为游弋在资本主义四周的个体幽灵提供一个栖息安顿的家园。

正是因此，狄骥的"社会连带"概念，它所承担的功能，与意志、权利和过错这些概念在古典法律思想中扮演的角色并无不同。在"社会"这个口号之下，社会法学创造出了一系列新的意象：社会有机体、社会目的、社会功能、社会权利、社会立法、社会福利、社会民主等。表面上，社会连带主义和社会主义都在质疑古典法律范式的先验模式，但是，通过狄骥对古典法律的社会本体化的改造，古典法律范式也实际重新获得了适应于新型资本主义形态的根基。狄骥成功地吸收了当时正在法国和欧洲大陆上

---

① 详见[法]狄骥：《〈拿破仑法典〉以来私法的普通变迁》，徐砥平译，北京，中国政法大学出版社，2003。

② [法]狄骥：《宪法论：法律规则和国家问题》，钱克新译，491页。

蓬勃兴起的社会理论和法律哲学,通过其极具耐力的工作,最终汇入新时期新的法律范式的哲学根基之中。

第三节　狄骥法律思想的三大理论根源

一、涂尔干：狄骥的精神导师

作为波尔多大学的同事与同龄人,丝毫没有影响狄骥将涂尔干视为他精神上的导师。狄骥的理论灵感,很少超出于涂尔干所提供的范围。而涂尔干的社会理论大致概括,即主张社会的第一性和个人的第二性。在涂尔干看来,社会学是一个有其自主方法论基础的学科,社会整体解释优于个体主观解释,而社会总体不能被理解为社会成员的数量加和,存在一个不能化约的"社会"领域。只有通过社会,才能对社会现象做出解释。①

涂尔干认为,人类社会始终维系于两种连带关系:古典时代的机械连带和现代社会的有机连带,而一切法律机制都必须服务并适应于这种连带关系。比如,刑罚就不能建立在威慑理论基础上,它的作用不是要使人害怕,而在于使共同意识得到满足,共同意识被集体成员的犯罪行为伤害,它就要求一种补偿,对罪犯的惩罚就是对所有成员的感情给予补偿。② 现代社会也并非奠基在契约之上,契约只是社会结构的派生物,现代契约源自于现代社会的集体意识,由功能分化所形成的劳动分工是现代契约得以存在的根本条件。③ 对于涂尔干,社会问题已经演变成有关于个体的社会化问题,这可以解释为何涂尔干将那么多的精力放在教育问题上。他意识到,要使个人变成集体的一员,就要反复教育他们尊重社会的指令、禁令和各项义务,否则,集体生活就不可能存在。④ 可以发现,涂尔干与19世纪法国社会主义有相当密切的联系。但是,涂尔干的社会主义,其目标在于构建现代社会的伦理担纲者——职业团体,而不是走向告别法律的激进路线。涂尔干从来没有寻求改变私有财产的法律地

---

① 详见[法]迪尔凯姆:《社会学方法的准则》,狄玉明译,北京,商务印书馆,1995。
② 详见[法]涂尔干:《社会分工论》,渠东译,第2章,北京,生活·读书·新知三联书店,2000。需要注意的是,有关"social solidarity",在涂尔干著作的中译本中一般译为"社会团结",而在狄骥著作的中译本通常译作"社会连带",这大概是称谓"社会团结法学"不妥帖所致。
③ 详见同上书,第7章。
④ 详见[法]涂尔干:《道德教育》,陈光金等译,上海,上海人民出版社,2006;[法]涂尔干:《职业伦理与公民道德》,渠东、付德根译,上海,上海人民出版社,2006。

位。① 对于涂尔干来说，法律是现代社会团结和有机连带最为重要的媒介，资本主义现代化正在瓦解曾经捍卫社会团结的传统资源，而作为重建社会团结的关键，既不是国家和阶级，也不是个人和家庭。作为现代国家和个人之间的纽带，法律具有和职业团体相同的重要功能。在这一点上，狄骥完全继续了涂尔干的观点。

对于涂尔干和狄骥，他们面临一个相同的现代性难题：即如何在现代工业社会中控制经济活动的外部性、由个人欲望无限膨胀对社会连带性的冲击，以及古典自由主义在工业资本主义时代面临的危机。对于涂尔干，重建法人团体是遏制自我中心个人主义的途径，而对于狄骥，他也将希望寄托在工团主义国家的模式之中。对于涂尔干，代议制、选举、政党都不过是"社会"的表面现象，而对于狄骥，主权国家、多数代表制、消极人权也都无法为现代社会的法律模式提供具有说服力的解释。他们都抱着欧洲法律处于危机之中的感觉，并认为资本主义社会正在经历一场潜在的革命演变。

他们都对狭隘个人主义忧心忡忡，预见到现代资本主义将使个人与国家直接面对，如果无法通过社会中间体的重建加以平衡，其结果将导向革命和专制的道路。对于狄骥，民主不应该只是公民个体的投票机制，而应该如涂尔干所设想，民主是一种能使社会达到最纯洁的自觉状态的政治形式。② 现代性与工业化进程是不可逆的，但是，社会进化的不可避免，有机连带的普遍扩展，都无法自然地许诺一个美好的社会。应对社会危机，出路在于重构社会的道德结构，而法律机制的范式转换则是其中最为关键的所在。在狄骥的社会规范体系中，法律规范就被赋予超出于经济规范和道德规范的中心地位。③ 因为，狄骥和涂尔干所希冀的社会团结，并非借助全能国家或是机械连带的总体性社会，它不能建立在自然因果律和目的理性的基础之上，也无法寄托于崩解之中的传统道德框架，而必须通过对古典意志论法律模式的重构，通过围绕于新型法律范式的社会连带关系的重建，为现代社会的秩序与自由的结构性矛盾寻找到一个可以持续化解的运行机制。

狄骥和涂尔干都希望职业团体能在现代社会担当中枢角色，这并非出自他们对于中世纪封建行会式国家温情脉脉的想象，他们观察到，现代职业团体正在取代个人与家庭，成为现代社会最基本的经济和政治单位。现代法律机制的中心不再主要是孤立的公民个体，而是规模庞大、高度专业、盘根错节的经济生活所带来的根本转变。新型法律范式必须取得将职业团体纳入古典法律之中的能力。把职业团体纳入法律和通过职业团体重组法律是重构古典法律一体两面的工程。狄骥和涂尔干没有选择激

---

① ［法］雷蒙·阿隆：《社会学主要思潮》，葛智强等译，259页，北京，华夏出版社，2000。
② 同上书，260页。
③ ［法］狄骥：《宪法论：法律规则和国家问题》，钱克新译，66～74页。

进的去法律的革命路线,而是试图通过对法律再社会化的改造,实现法律与社会的良性互动。他们没有在个体和国家之间做出一个非此即彼的抉择,也没有停留在对社会神秘体的浪漫召唤,而是希望通过社会中间体的重建,填平个人与国家之间正在不断加深的裂缝。他们希望借助古典法律范式,能以尽量小的代价重构新型的法律范式,以应对不断加深的法律现代性危机。

最后,对他们而言,法律的社会之维和个人之维并非不可调和的范畴,法律与社会关系的重构并不需要采取激进的阶级斗争、生产资料公有化、社会生产集体化与国家中心主义的形式,古典的法律主体、法律行为、所有权、契约、意思自治等概念,可以通过重构性诠释再次焕发活力。围绕社会团体的法律建构完全可以在更好地承认和保护个人意志的前提上进行。对古典个人主义法范式的重建,能使公民的权利、利益和尊严不再完全依赖于原子化个人的运思方式,通过社会的团体化力量,可以更好捍卫个体,以平衡它与国家之间的三角关系。而这一切,也正是建基于狄骥和涂尔干对欧洲以及法国的多元主义和法团主义传统的考察和借鉴。

二、法律多元主义:对古典法律范式的围攻

(一) 古典一元论法律观的危机

20世纪初叶,作为跨国法律意识运动的社会法学派,以多种形式对古典法律一元论形成围攻态势。除了以狄骥、涂尔干为代表的法国社会连带法学派,在德国有埃利希(E. Ehrlich)、耶林(R. von Jhering)和基尔克(O. von Gierke),在美国则有卡多佐(B. N. Cardozo)、庞德(R. Pound)、卢埃林(K. N. Llewellyn)等,他们从不同方向汇聚成一股力量庞大的冲击古典法律模式的法学阵营。

在近代西方,绝对王权是从中世纪教会、神圣罗马帝国以及大封建领主那里获得独立,进而诞生近代主权观念的。这样一种法律主权观念适应于绝对主义时期君主—民族国家建构的需要,但是,在进入19世纪中后期之后,随着日趋复杂的工业社会不断的功能分化和阶层分化,这个古典的形而上主权概念已经不敷使用。跨国性社会法学思潮正是基于这一历史逻辑的挑战。

在狄骥看来,古典法律模式提供的是国家和个人两相对造的机械想象:一方是国家主权学说,认为国家主权的主体是作为一个人格享有者的国家;另一方是个人权利学说,认为个人享有与国家主权相抗衡的不可让渡、不可侵犯的天赋权利。基于这种模式,古典法律体系建基在主观意志结构之上,它的逻辑结果则是将国家视为法人并享有自由发布法律命令的主观权利。[1] 一切法律的生产和效力都被放置在国家主权者意志

---

[1] [法]狄骥:《公法的变迁》,郑戈译,3页,北京,中国法制出版社,2010。

那里,国家垄断了全部的制定法律的权力,社会被剥夺了生成法律规范的可能性。狄骥意识到,这一切,显然是与19世纪后期以来西方国家与社会形态的转变背道而驰的。而当时整个社会法学派的跨国运动,也正是要取代在古典法律模式中由民族主权垄断法律生产的现状,用社会和阶级这些范畴来取代传统的民族和主权概念。在当时的西方世界,法国社会理论正在取代德国国家理论产生对20世纪世界法律思想的统治影响力。当时整个社会法学派的范式想象,就是希望扬弃古典法律模式先验主义的论证方式,试图通过重新界定事实/社会/实然与规范/法律/应然的辩证关系,为现代西方法律危机寻求拯救方案。从社会实然的科学分析出发,推导出法律应然的改革方案。通过实证主义与社会科学方法,跨越社会实然与法律应然的古典鸿沟,通过否弃纯粹的形式演绎,采取实用主义的工具方法,以促进社会有机连带、回应时代危机的需要。

(二)作为"第三条道路"的社会连带法学

因此,对于狄骥在法律思想史上重要地位的认识,就必须放置在这样一个世界跨国性意识运动的脉络中认识,而不能仅仅视其为简单的法律哲学流派的言说。它在西方法律思想史上,提供了当时正在趋于激化的自由主义和社会主义法范式之外的第三条道路。

狄骥的社会连带法学倡导一种"和谐的意识形态",他展现了在个体/社会—国家/阶级对抗模式之外的一种可能性,无疑适应于当时资本主义社会发展的时代要求。20世纪西方国家的行政国转向要求一种与之相符的法律模式。国家职能正与行政效用相互融合,主权形态也在与资本彻底结合,现代国家正在加紧与市民社会相互镶嵌的进程。整个西方都在面临从19世纪的控制型国家向20世纪治理型国家的演变,主权国家与古典范式正在经历向公共服务国家与社会范式的变迁。狄骥敏锐地意识到,大革命时代发展起来的僵硬而又抽象的法律体系已经无法适应这种发展。一种全国性的经济已经取代家庭经济,经济组织复杂性操作中一瞬间的困难就会威胁到整个社会存在的基础。在这个时期,国家职能必然得到大幅度拓宽,组织战争、治安和司法已经不足以概括国家的功能。国家所需要的已经不再是发布命令的权力,而是满足不同社会需要的义务。此时,所有的社会意志都具有同等效力,并不存在意志之间的等级关系。而衡量各种法律意志之间差异的标准只有它们所服务的社会目的,公共服务概念正在取代主权概念。①

这个历史时期的资本主义社会,不再需要形而上学的主观法律模式,而要求打通传统的国家与社会的壁垒,建立一种依托于内在化运行模式的法律控制机制。国家不再是人格化的神秘实体,而要求成为一种可以回应治理社会与经济需要的非集权化的运行形态。告别古典个人主义与形式主义,也意味传统债法不再具有古典法律的中心地位,随之崛起的是

---

① [法]狄骥:《公法的变迁》,郑戈译,6~7页。

大量的行政规章与社会立法。法律模式的转变，自然要求法律范式的转变，狄骥的社会连带法学因此正是时代产物。

（三）"社会"的诞生

应当注意到，狄骥笔下的"社会"，其实并不是一种原初和自然的实在，社会法学派所要求的"社会连带"，其实也正是福柯（M. Foucault）所说的现代治理技术学之下的历史产物。① "社会"作为一个特殊的自然领域的兴起，也是19世纪晚期以来越加发达的国家治理术的产品。在这个意义上，狄骥社会连带法学的诞生，正是20世纪初期国家治理形态进化的产物。在狄骥和涂尔干那里，"社会"被理解为一种历史—自然的恒量，它是政治权力的母体，也是法律进化的动力。但在其背后，实际却反映出20世纪初期国家、社会与个体之间法律关系的深刻变化。在古典法律范式那里，"社会"是公民个体展开竞争的自由进出的场所，它只具有抽象的时空含义，即指由一系列法律主体与法律行为所构成的时间之流和空洞的法律空间。对于古典法律范式，只有国家和个人才具有真实的法律意义。而在狄骥的社会连带法学这里，"社会"获得了全新的法律维度，并开始承担重要的法律功能。

一方面，"社会"要充当公民个体的创造力量和国家主权的超越力量之间的协调者，"社会"要在众多的法律主体和一个超越的主权实体之间展开双向的法律沟通过程。社会的职业团体作为法律主体行动的引流器，它们要将法律行为的动能收集提升到具有凝聚力的统一性的高度，进而再指向国家立法与司法，随后，"社会"再像灌溉机器那样产生回流，将统一性的国家法律在全社会领域弥散开来。社会在国家权力主导下实现法律规范层面的组织，国家又通过法律的社会渗透展开其治理机制。社会和国家经过狄骥社会连带主义的改造，呈现为一种更具适应力的法律运行模式。

此时，"社会"不再是古典法律范式中那个空洞的过渡环节，而是新型法律范式下法律主体与国家主权双向沟通必经的中转场所。"社会"确实正像狄骥所说，它不是一个形而上学的构造，而具有可以实证观察的物质基础。② 以狄骥经常引以为例的工会劳工运动与工会立法为例，这些法律现象的出现，也正建立在资本家与劳工联盟围绕于企业建制所展开的社会空间之上。行政国家、资本家与劳动力所构成的社会空间，是社会有

---

① 可详见［法］福柯：《生命政治的诞生》，莫伟民、赵伟译，上海，上海人民出版社，2011；［法］福柯：《安全、领土与人口》，钱翰、陈晓径译，上海，上海人民出版社，2010。
② ［法］狄骥：《公法的变迁》，郑戈译，63页。

机连带发生的重要前提。

三、作为工团主义者(syndicalist)的狄骥

(一)工团主义法律理论及其实践

涂尔干追溯了自罗马共和国早期直至中世纪以降的古典法团,他意识到法团对于公共精神的塑造作用:在法团中,人们的生产交换、权利分配、情感依从都被统合起来,法团将私人利益与公共利益加以调和,从而为法律奠定社会的集体情感和集体意识的基础。① 现代"法团"正是对抗现代"阶级"的关键。作为对自由主义和社会主义法范式的替代,狄骥继承了涂尔干的法团主义思想,并成为20世纪初叶法国工团主义法律观的重要代表。20世纪初叶以降,劳资冲突正在不断演变为阶级冲突,狄骥试图寻找适合于现代工业社会的法律权利与义务的分配与运作体系,以弥合法律与社会的结构性冲突。工团主义作为一个利益代表系统,承担了沟通国家法律与社会利益的重要功能,以实现国家与社会的协调和整合。狄骥希望通过工团主义模式,能够将不同法律主体的利益得到有序的集中、协调和组织,以将法律主体的组织化利益整合到国家的法律结构之中。

这不仅是一种特定的政治观念,也是一项实际的法律制度安排。狄骥的工团主义法律观,实际上是要将古典的法律主体从自然人那里扩展到组织化的工团单位,在这个意义上,正是狄骥为现代社团的法律主体地位奠定了理论基础,并由此从古典的法人模式过渡到社会连带的团体模式。古典法律的意象是自然个体与主权国家的二元结构,团体也是通过自然人的想象被拟制为法人。但是,在狄骥的工团主义法律设想中,法律系统要被重组到一个具有明确义务的、有层级秩序的、功能分化的结构安排之中,法人概念也将被社团概念取代。这些组织性的社会团体,将作为社会连带法最为基础的能动单元,它们替代古典法律模式的个人,成为一个个自我调节的法律单元。

对于狄骥来说,这不是走向法律的无政府状态,"我们的法律概念没有什么无政府主义的内容"②。相反,狄骥非常清楚,现代国家设计了大量的、对组织公用事业进行规制、并保障这些公用事业正常和不间断发挥效用的规则。而在这个意义上,现代公法的基础不再是命令,而是组织。公法也逐渐变成了客观的,正像私法也不再建立在个人权利或私人意思自治的基础之上,而是代之以一种每个人都承担的社会功能的观念一样。

---

① 详见[法]涂尔干:《职业伦理与公民道德》,陈光金等译。
② [法]狄骥:《宪法学教程》,王文利等译,82页,沈阳,辽海出版社/春风文艺出版社,1999。

正因如此,政府也就具有某些必须实现的社会功能。① 在社会连带法学范式下,国家权威要对法律控制提出更精确的要求,必须保障高度分工、功能分化情形下的社会利益整合,法律技术专家的作用也将愈加凸显。

(二) 工团主义的阴暗面

狄骥已经注意到,工团正在成为政治和法律权力的核心因素,"在工团主义中必须看到有一种趋势正设法赋予不同社会阶级以一个确定的法律结构"②。工会、雇主团体、资本家组合、都市小工商者协会、农业协会都是不可忽视的政治力量,而狄骥所设想的"工团国家"即由这些团体经由整合构成,希望由此形成一个稳定的法律体系结构,"设法调整阶级并且使它们结成一种阶梯,总之,要使它们之间产生出一系列权力和相互义务"③。而除了企业与工厂,行业组织、职业团体、医院、监狱、大学,这些实际都构成20世纪早期社会法学派笔下的"社会连带"的实体。社会连带法学提供的多元主义法律图景,打破了社会实然与法律应然截然二分的传统界限,这也正出自20世纪国家与社会紧密结合的现实。也正是基于此点,福柯将社会法学派的构想驳斥为一种规训体制,在其背后则是军事—工业—福利—行政型国家的形象。④ 也正是基于此点,批评家把狄骥的社会连带主义和工团主义法律思想视为政治上的实用主义者墨索里尼的哲学,是霍布斯主义、马克思主义和法西斯主义的结合,是对理性主义和立宪民主的背叛,因为单纯从事实出发无法奠定规范的根基。⑤

确实,对于狄骥来说,法治原则可以仅仅建立在事实基础之上,即那种可以通过观察而得出的社会的相互依赖。⑥ 作为对古典法律范式的批判,他试图以客观法的概念取代古典法学的主观权利体系,进而解构整个古典权利概念。在他看来,法治原则之所以是客观的,则是因为:必须去做那些本身具有社会性的事情;而不要去做具有反社会性的事情。法治原则因而被他转化为一条要求人们与社会事实保持一致的训诫。社会事实是法治原则的真正基础,而社会事实则是永远客观的。⑦ 对于狄骥而言,要实现社会连带与工业和平,就必须通过这一法治原则把个人意志纳入到一种确定的客观状态之中,他甚至提出,个人不享有依照自我理解开展自由活动的权利。如果他们的行为与社会连带发生冲突,掌权者就必然要介入来压制这类行为。⑧ 因此,难怪在萧公权看来,狄骥的"客观法"

---

① [法]狄骥:《公法的变迁》,郑戈译,46页。
② [法]狄骥:《宪法论:法律规则和国家问题》,钱克新译,475页。
③ 同上。
④ [美]邓肯·肯尼迪:《法律与法律思想的三次全球化:1850—2000》,高鸿钧译,103页。
⑤ 参见萧公权:《政治多元论:当代政治理论研究》,周林刚译,尤其是第9章,北京,中国法制出版社,2012。
⑥ [法]狄骥:《法律与国家》,冷静译,215页,北京,中国法制出版社,2010。
⑦ 同上书,217页。
⑧ 同上书,220页。

体系其实是霍布斯利维坦国家的复活。① 对于狄骥而言,法律体系的重组不应是形而上理念的构筑,也不能基于主观权利体系的演绎。连带法则表面上是一切法与政府的基础,是社会的最高规范,国家也必须无条件服从。但狄骥和霍布斯一样都解构了法律的道德向度,道德权利的"主观"或"形而上"的维度都被客观法取代了。正如萧公权所指出的,假如"社会连带"失去了价值标准,服从的根据就只能依赖数量优势,最终也就只能将公民推向全能国家的怀抱。②

正像涂尔干是从孔德那里汲取营养,狄骥则从涂尔干那里获取社会理论的灵感。对于涂尔干而言,国家不是在地上行走的神,相反,它处在社会连带的包围之中,国家所承担的法律功能并不要求自己成为利维坦。③ 但是,在涂尔干那里,国家和社会的关系也始终存在内在的张力,因为,涂尔干把国家视为协助社会实现连带最为重要的机构,只有借助国家的权力结构,社会才能实现其目标。正因此,一些学者才批评涂尔干为意大利的法西斯主义提供了理论来源,④而继承了涂尔干的狄骥也被认为应对墨索里尼的法律政策负责。在狄骥和涂尔干的思想体系中,都嵌入了一个内在的张力——社会概念的双重性:社会"既被解释为环境或从外部观察到的社会整体,又被理解为理想的中性和尊敬、热爱的对象"⑤。作为事实的社会和作为规范的社会,因此就具有两种迥异的与法律结合的模式与效果,自此也在社会连带法学内部埋下两种亚范式冲突的祸源。因此,尽管狄骥本人是一个真诚的自由主义者,但在狄骥法律思想体系的内部,实际同时容纳了通向自由与集权两条完全相反的道路。

第四节　狄骥法律思想的创见及其张力

一、"社会连带主义"的双刃性

狄骥虽然被冠以"社会连带法学"的发明者,但其社会连带思想其实几乎是对涂尔干理论的照搬。在涂尔干看来,社会连带是一种社会事实,该事实独立于个人之外。而社会连带的精神基础是集体意识,其物质基

---

① 萧公权:《政治多元论:当代政治理论研究》,173 页。
② 同上书,175 页。
③ [英]吉登斯:《资本主义与现代社会理论》,郭忠华、潘华凌译,100 页,北京,北京大学出版社,2007。
④ See Bellah, *Introduction of Emile Durkheim on Morality and Society*, The University of Chicago Press, 1973, p. xxxi.
⑤ [法]雷蒙·阿隆:《社会学主要思潮》,葛智强译,264 页。

础则是社会分工。他进一步将社会连带分成"机械"与"有机"两种。在机械社会，人们具有共同的价值、信仰与规范，同质性促成强烈的集体意识，它犹如强大的机械力将社会成员固定在相对恒定的位置。在机械社会中，惩罚主要针对破坏社会同质性的行为，故大多是压制性法律。伴随文明扩张，社会职能日益扩大，物质（每平方公里人口数）与道德（社会交往频率）密度增加，产生激烈竞争状态，如果不用战争解决压力，就只有通过社会分工维持社会稳定。日趋复杂的社会分工，不同集团的人逐渐相互依赖，社会因而转入"有机团结"。涂尔干认为，机械连带到有机连带是历史必然趋势，也因此，从压制性法律到恢复性法律也是时代必然。①

正是由于涂尔干的启发，狄骥也认为法律科学理论必须就此重大变化的事实做出描述和解释。他意识到，20世纪初叶的时代巨变将对公法、私法、家庭法、契约法和物权法理论造成全面冲击。一种注重实际的、社会化的法律制度正在取代早先那种具有抽象性和个人主义两种特性的制度。② 狄骥也同样观察到，职业差别正在构成新的社会等级制度，建立在共同的职业利益、工业利益、商业利益、共同的科学项目、艺术、文学作品或其他工业基础上以及建立在互相扶助诺言基础之上的许多社会集团，已经成为当时最突出的社会现象。③ 根据涂尔干的机械连带与有机连带的划分，狄骥也同样认为有两项因素构成了社会连带：（1）需求的相似性，这是连带的基础（对应于涂尔干的机械连带）；（2）需求与能力方面的差异，这种差异造成各种服务之间的交换成为必要，并且，既通过有机的相互依赖，又通过劳动分工建立起社会连带（对应于涂尔干的有机连带）。④ 狄骥坚定地认为，这两种连带是任何社会都无可争辩的事实，而每种连带关系都能解释不同的法律现象。比如，所有的社团都是一种相似性基础上的社会连带性状态。⑤ 区别只在于，随着社会发展阶段的不同，两种连带关系呈现出不同的地位和作用。

因此，对于狄骥，新的法治原则就应当是：不要去做那些可能损害社会的相互依赖的事情。⑥ 作为来源于人类共同自觉意志的客观法，它的存在是不以人的意志为转移的。在狄骥看来，古典的个人主义化约论已经陷入困境：它不是否认政治主权而陷入无政府状态，就是否认个人自由而陷入专制主义。⑦ 因此，"社会人的概念是法学理论的唯一可能的出发点"⑧。狄骥似乎认为，他已经找到了解决古典法律二元难题的答案：

---

① 详见［法］涂尔干：《社会分工论》，渠东译，第1卷。
② ［法］狄骥：《公法的变迁》，郑戈译，2页。
③ ［法］狄骥：《宪法学教程》，王文利等译，46页。
④ ［法］狄骥：《法律与国家》，冷静译，214页。
⑤ ［法］狄骥：《宪法学教程》，王文利等译，230页。
⑥ ［法］狄骥：《法律与国家》，冷静译，214页。
⑦ 同上书，29页。
⑧ 同上书，27页。

社会连带学说以一种尽可能准确的方式确立了法治原则的来源及范围，这一原则既为统治者的职责与权力建立了基础，也因此限制了他们的行为以及向他们施加积极的义务。① 狄骥清醒地意识到，社会连带法学不应当寻求那个类似于形而上国家的"社会"，他强调自己并不是要肯定一种区别于个人意识的社会意识的存在，"做出这样的肯定，无异于进行某种危险的、形而上学的冒险"②。

法律规则从其本质上具有社会性，是因为人在社会中生活。但是，法律规则又具有个人性，因为它存在于个人意识中，狄骥拒绝了任何有关社会意识的假设。在这一点上，狄骥其实比涂尔干更为保守，在涂尔干那里，"社会"始终带有某种神秘色彩，而对狄骥来说，社会连带学说只是要解决关于主观意志论形而上学观念的自相矛盾，并为法治原则寻找到一个新的根基。

但是，狄骥在法律的社会实然和道德应然之间的抉择，进而宣称法治原则仅仅建立在事实基础之上，这也使狄骥的社会连带法学陷入了自由的吊诡。正如狄骥毫不犹豫指出的，法治原则是要做具有社会性的事情，不做反社会性的事情；③个人没有自由活动的权利，如果这种活动与社会连带冲突的话；④根据社会连带法，国家有义务制定法律强制所有人劳动。⑤ 而为了解决古典法律模式下无法证成国家积极义务的难题，狄骥同时也认定个人不享有任何权利，而只承担社会义务。⑥ 每个人都负有根据其所处位置协作维持两种形式的社会连带，以及不去做那些对社会连带构成损害的事情的义务。⑦ 在这里，"社会连带主义"透射出它的幽暗面：它既可以促进自由的深化，也可能成为自由的深渊。

二、对主权、民族与权利概念的解构

古典法律范式建立在国家主权与自然权利这两个核心概念之上。它围绕于"主观意志论"展开其体系构建，提供了一幅国家主观权力与个人主观权利相对峙的法律图景。古典法律模式下的自由主义就希望能在主观权利的基础上，建立起对主权的限制以及为国家设定的义务。在狄骥看来，这是一套抽象的体系，因为它赖以为基的主观权利是一种形而上学的概念。它暗示统治者可以独揽组织为一个国家的民族所享有的"治

---

① ［法］狄骥：《法律与国家》，冷静译，212 页。
② ［法］狄骥：《公法的变迁》，郑戈译，42 页。
③ ［法］狄骥：《法律与国家》，冷静译，217 页。
④ 同上书，220 页。
⑤ ［法］狄骥：《宪法学教程》，王文利等译，171 页。
⑥ 同上书，173 页。
⑦ ［法］狄骥：《法律与国家》，冷静译，219 页。

权",其具体表现就是控制发布命令的权利。① 从近代欧洲历史来看,绝对主义时期的君主将罗马法上的"治权"(imperium)和封建时代的领主权融合到一起,确立了近代的法律主权地位。这一理论构成了古典法律模式的基础。狄骥认为,古典法律对主权概念的建构,实际上沿袭了个人所有权的观念,并因此构成了世袭论的国家观。② 大革命时期的法律主权概念依然是新瓶装旧酒,不同的只是,在那里用"民族"取代了"君主"的地位。古典法律主权预设了国家与民族之间的对应一致,狄骥认为这正与事实相悖;另外,古典法律主权被定义为单一和不可分割的,这经常也就意味在全国范围内对所有独立行动的群体的某种钳制。③

为了批判古典法律主权观念,狄骥进一步将矛头指向卢梭和黑格尔。在他看来,卢梭是雅各宾专制主义和恺撒式独裁主义的理论提供者。卢梭虽然巧妙地结合了公意的至高无上性与个人的自治性,但它们实际上需要通过在国家那里才能得以协调。黑格尔则毫不掩饰他对国家的推崇,只有在国家之中,个人才是自由的,只有通过国家,个人的意志才可与普遍意志相融合。狄骥意识到,在这种形而上学国家观念之下,无法为政治权力的法律限制建构起一个坚实的基础。它也无法保证新时代背景下公共服务组织和运作的有效进行。④

因而,在主权国家概念与高于国家并限制国家行动的法律规则概念之间存在着不可化解的矛盾。古典法律主权不仅无法解决对内集权的问题,在国际法领域,民族主权意志的协调问题也面临困境。正是因此,狄骥严厉指责了从康德到耶林、耶利内克(E. Jelinek)的19世纪德国公法学说要对"一战"爆发承担责任。在这里,狄骥对20世纪初叶的国家暴力与帝国主义征伐,表现出令人钦佩的批判意识,他通过大量笔墨试图批判古典主权和民族法律主权观的统治意识形态。国际法的效力不应当来自于国家意志,而应当来自于社会连带关系。国际法的主体不应是国家,而应是各国的个体成员。在这里,狄骥将古典主权概念作了功能论的改造,主权不再是一种发布命令的主观权利,权力不再是一种权利,而纯粹是一种行为能力。与此同时,狄骥也拒绝承认存在具有意识和意志的被视作一个个体的民族,在他看来,民族只不过是国家所产生的社会环境。正是因此,狄骥认为投票选举制并不是行使主权的一种手段,而只是民族生活的一种功能,对于狄骥,民族生活理论业已取代了民族主权理论。⑤ 古典民族主权概念已被现代社会功能概念取代了。

但是,民族主权概念的解构也预示了古典自然权利主观向度的瓦解。从主观权利向客观法的过渡,从权利意志论到权利功能论的演变,使得古

---

① [法]狄骥:《公法的变迁》,郑戈译,5页。
② 同上书,11页。
③ 同上书,21页。
④ 参见[法]狄骥:《法律与国家》,冷静译,45页;[法]狄骥:《公法的变迁》,郑戈译,19页。
⑤ [法]狄骥:《法律与国家》,冷静译,209页。

典法律范式所捍卫的个人权利不可支配的道德根基遭致崩解,古典法律范式的权利原则转变为社会法律范式的义务本位。狄骥的社会法范式攻击了古典法的形式主义弊端,也连同颠覆了古典法律的自然权利根基。社会学的教化,在给予我们现实感和玩世不恭之间,往往只有一墙之隔。从自由主义拯救自由主义的狄骥方案,也诱使自由主义走上了一条危险的道路。

三、社会宪法学:波尔多学派的奠基者

19世纪中后期以来,西方国家大量介入到公共服务事业之中,公共教育、济贫法、公共工程、照明系统、邮政系统、电报电话系统以及铁路运输,国家对于社会的频繁介入,需要得到一套公法制度的规制与调整,而这套制度已经无法再建立在古典主权理论基础之上。狄骥正是根据当时由法国"行政法院"做出的丰富判例所提供的公法素材,提出以"公共服务"概念取代"主权理论",自此为整个法国现代公法(行政法)制度奠定了基础,也由此开创出影响深远的"波尔多学派"①。

在这里,狄骥对整个西方现代公法做出了重构性的理解,他认为,公法不再是规制主权国家与其臣民之间关系的规则体系,毋宁说,它是对于组织和管理某些服务来说必不可少的规则体系。行政行为在过去由于来源于行政机构的公务人员而被披上主权的外衣,而现在,它被视为一种个人行为,它的主权性质仅仅来自于它所为之服务的目的。② 19世纪晚期以来,与政府公共服务分散化趋势并行,政府活动的产业化也在不断拓深。这也就需要对古典法律模式中的制定法中心论做出调整,公法体系的统一性不再仅仅建立在制定法的普遍性特征之上,也需要奠基在制定法所要实现的目标基础之上。而所谓统一的目标,即指围绕于确保政府公共服务运营的职责。另外,伴随行政规章的大量出现,制定法与行政规章的区分也趋于消失,狄骥也预见到,制定法将如同行政规章那样必须受制于法院的控制,司法审查的趋势已经指日可待。③

整个公法正在脱离古典国家责任的传统范围脱缰奔离。现代公法已经转变为一种满足公共需求,并确保现代团体生活能够协调进行的政府法律。基于这种时代转型,国家责任原则就必须重新定位并得到普遍承认,应当借助以公共资金为后盾的公共保险,以对抗公共服务中所包含的风险。在古典法律范式中,行政案件面临如何界定主体权利的问题,行政法是基于主观主义原则运行的。而在狄骥看来,法国行政法院逐渐类型化的"越权行为"之诉,其基础就不已再是个人主观权利,而是一种客观

---

① 其成员包括热兹(G. Jeze)、博纳尔(R. Bonnard)、罗兰(L. Rolland)等。
② [法]狄骥:《公法的变迁》,郑戈译,112页。
③ 同上书,72~73页。

法——对公共管理和公共服务法的维护。①

20世纪初叶的法国之所以迟迟未能引入司法审查制度,其原因就在于古典法律范式的束缚:作为国家主权意志体现的制定法,必须不受限制,并且不加保留地实施,而这正与当时授予法院司法审查权的趋势相背离。作为波尔多学派的狄骥,其潜在对手是邻国的德意志学派,狄骥认为,波尔多学派是唯一可以给法治国以坚实理论基础的学说。② 公务员已经不再是传统国家理论下的公仆,而国家也已经成为分化的强有力的制定、颁布法律、组建和控制公用事业的部门。狄骥意识到,国家理论已经进入新纪元,公法理论也需要一场新的革命。

在这同时,狄骥观察到法国已经出现了两股统治力量:成年男性的数量多数与行业工会或职业联合体。③ 古典代表制理论借助于多数决原则运行,而狄骥试图构建代表者和被代表者相互连带的公法学说。代表者和被代表者的连带关系,体现在被代表者提供最高权力和代表者行使国家职能。正是基于此种相互连带及其合作状态,才形成以此为依据的客观公法。在这里,狄骥不仅解构了古典国家主权观念,也对近代民主的多数决原则提出了挑战。他倡导以比例代表制和职业代表制逐步取代多数代表制。与此同时,他也大胆设想由众议院代表个体,参议院代表社会团体的宪政尝试。④

狄骥以其卓越的公法学造诣,为现代公法制度的转型做出了理论探索。但是,公共服务理论是否能够为现代公法制度提供充分的说明?以社会目的论作为衡量和评价一切行政行为和团体行动的依据,是否同样投下了全能国家的阴影?可以注意到,狄骥甚至把宗教也视作一项公用事业,在他看来,宗教的存在,只有当它能满足于绝对的全体需要或当宗教成为实现相似性社会连带性的必要条件时才有可能。⑤ 而狄骥对多数代表制的攻击,也对近代民主制度形成了冲击,在他看来,要实现真正的平等,就应依据个人能力和个人可能或事实上为社会做出的服务分配给相应的公共权力。⑥ 但是,由于一切社会连带都有赖于国家的导控,因此,对于个人能力及其服务的衡量,最终也只能交付给国家的裁断。

四、对古典私法体系的重构

狄骥对于近代私法学说的冲击同样剧烈。在古典个人主义私法中,有三项不可撼动的基本原则:所有权的不可侵犯性、契约自治的强制性

---

① [法]狄骥:《公法的变迁》,郑戈译,151页。
② [法]狄骥:《宪法学教程》,王文利等译,57页。
③ 同上书,53页。
④ 同上书,137页。
⑤ 同上书,219页。
⑥ 同上书,179页。

和不法侵害的主观责任原则。狄骥对于这三项古典私法原命题都做出了极其激进的批评。因为,在他看来,个人主义的危险性不比任何其他伦理体系更小。① 通过之前对古典自然权利的解构,他已经为攻击古典私法准备好了武器。

  在狄骥看来,整个古典私法都必须应对社会现实做出全面性的调整。私法已经不能再建基在古典自然权利基础之上,而必须通过科学观察,并围绕于法律义务展开重组。私法的社会化运动与私法的目的性解释相互联系。在狄骥看来,所有权已不再是个人的主观权利,而正趋向于成为动产及不动产持有者的社会职能。所有权对财富持有者来说,包含了利用所有权增加社会财富的义务。② 所有权在这里被赋予社会职务的要求,所有权—职务概念取代了古典的所有权—法权概念。而在契约法领域,狄骥则认为法律行为的效力只应该从是否符合社会目的的角度予以考虑。一项意思表示只有通过外部行为表示出来(即公示),才具备社会属性并获得社会的承认。③ 狄骥展现出一种现实主义者的态度,"法律行为不可能自行产生一种法律的效果,法律行为只是适用客观法的条件。说某乙欠某甲 100 法郎,这只是说,如果某乙不偿还 100 法郎,他就将违犯支配执行约言的法律规则"④。

  附从契约、集合契约的大量出现,也使狄骥认为侵权法正在面临从主观责任到客观责任的转型。古典侵权理论通常将责任概念与过错概念联系在一起,而狄骥认为,这种以独立意志人格为前提的责任概念是一种过时的形而上学,这一原则难以解决集体与集体之间的关系。⑤ 狄骥也进一步瓦解了古典的法人概念,并代之以社团概念。狄骥认为,法人既没有事实上客观的自身利益,也没有自觉的意志行为能力,所以它只是一个目的概念,而不具有权利能力。不必假设社团是一个执掌权利的人格,而只要客观法能保护这种合法目的的行为就足够了。⑥

第五节 社会连带法学:未完工的遗产

  狄骥的法律理论展现出在他的思想世界中,时刻面临国家、社会与个人关系深刻的张力。他试图调和自由主义和社会主义有关于人和法律的

---

① [法]狄骥:《公法的变迁》,郑戈译,40 页。
② [法]狄骥:《宪法学教程》,王文利等译,239 页。
③ [法]狄骥:《〈拿破仑法典〉以来私法的普通变迁》,徐砥平译,勘校者导言,18 页。
④ [法]狄骥:《宪法论:法律规则和国家问题》,钱克新译,228 页。
⑤ [法]狄骥:《公法的变迁》,徐砥平译,166 页。
⑥ [法]狄骥:《宪法论:法律规则和国家问题》,钱克新译,364 页。

想象,但他没有成功处理有机社会中自由扩展与规训加强之间的矛盾。狄骥经常面临社会和个人关系的两难,他的调和也总是充满了矛盾。这一点,在他有关法律渊源的论述中就集中表现出来。

一方面,狄骥把法律区分为客观法和实在法。实在法包括习惯、判例和制定法。狄骥认为,客观法是实在法的基础,实在法只是对客观法的发现和陈述,不符合客观法的实在法是不正义的法律,也不是真正的法律。另一方面,狄骥在否定公法和私法的古典划分中,又指出只有个人才是客观法的主体,在公法和私法中都没有什么集体人。法律主体总是个人,而没有任何其他法的主体。①

在这里,狄骥既把社会作为一个特殊的"自然"事实领域,以构造出一个类似于古典法律范式下的自然法概念,"社会"是这个"自然客观法"的基础;但与此同时,作为自由主义者的狄骥,又始终坚持要把个人作为唯一的法律主体。这一矛盾,体现在狄骥法理学体系的各个部分。譬如,在他看来,法律规范来源于一种自然的社会因素,而这种自然社会因素可以归结为人类的"双重感觉"——社交的感觉(连带的感觉)和公平的感觉(个人主义的感觉)。② 对于这种"双重感觉",狄骥都不想偏废。在言辞上,他始终坚持个人自律的首要性,但在其理论深处,他又始终赋予社会连带以压倒一切的重要性。狄骥既坚持法律规范所适用的是目的律,而不是自然的因果律,但他又转而肯定法律规范在客观实在性方面与因果律没有什么区别。③ 社会连带对狄骥就表现为一种致命的吊诡:它既不能对个人意志的自主性加以任何干涉,又要时刻以自然事实的名义对个人意志做出宣判。法律规范既高于经济规范和道德规范而处于最高地位,但其本身又没有任何固定的内容,它最后只是归属于后者,区别只是制裁方式的不同而已。④

对于这种思想上的挫败,狄骥选择以一种乐观进化论的态度面对。在他看来,没有一种法能接近于理想的、完善的法,而只是在某一阶段某一种法较其他法而言更适应这个民族的需要和发展趋势。⑤ "我们自己的这一套现实主义的、社会性的以及客观性的法律体系只是历史长河中的一朵浪花,在它尚未最终形成之际,未来的明锐的观察者们就将看到它正在迈向一种我们所未能设想到的更新的模式"⑥,他最终以不无轻佻的历史态度悬置了其思想体系中的终极矛盾。

---

① [法]狄骥:《宪法论:法律规则和国家问题》,钱克新译,491页。
② 同上书,89页。
③ 同上书,65页。
④ 同上书,66~74页。
⑤ [法]狄骥:《宪法学教程》,王文利等译,7页。
⑥ [法]狄骥:《公法的变迁》,郑戈译,196页。

思考题

1. 狄骥的社会连带法学与马克思主义法学有哪些异同点?
2. 20世纪初叶,为何狄骥所代表的社会法学思潮开始在全球流行?
3. 狄骥对于古典法律范式做出了哪些方面的批评与重构?
4. 为何福柯会把狄骥的社会连带主义视为"规训"体制?
5. 狄骥社会连带法学的内在张力有哪些方面?

阅读文献

1. [法]狄骥:《宪法论:法律规则和国家问题》,钱克新译,北京,商务印书馆,1959。
2. [法]狄骥:《公法的变迁》,郑戈译,北京,中国法制出版社,2010。
3. [法]狄骥:《法律与国家》,冷静译,北京,中国法制出版社,2010。
4. [法]狄骥:《宪法学教程》,王文利等译,沈阳,辽海出版社/春风文艺出版社,1999。
5. [法]狄骥:《〈拿破仑法典〉以来私法的普通变迁》,徐砥平译,北京,中国政法大学出版社,2003。
6. [法]涂尔干:《社会分工论》,渠东译,北京,生活·读书·新知三联书店,2000。
7. [法]福柯:《生命政治的诞生》,莫伟民、赵伟译,上海,上海人民出版社,2011。
8. 萧公权:《政治多元论:当代政治理论研究》,周林刚译,北京,中国法制出版社,2012。

第三章 马克斯·韦伯的法社会学思想

马克斯·韦伯(Max Weber,1864—1920),19世纪后期和20世纪初期德国著名社会学家,与卡尔·马克思、埃米尔·涂尔干(Emile Durkheim)并称为西方现代社会理论的奠基人,其社会理论议题广泛,内容宏富,方法精当,对现代资本主义社会的起源、发展与命运有着独具一格的见解。作为韦伯社会理论的组成部分,法律社会学占有独特的位置,在世界范围内产生了重要影响。

第一节 生平与著作

韦伯于1864年4月21日出生于德国图林根的埃尔福特市。1882年,从柏林的中学毕业后,他在海德堡大学学习法律,并于1889年以中世纪商业合伙史为题的学位论文获得优异成绩,被授予博士学位。1891年,韦伯以古罗马农业史为题的论文获得大学任教资格,并于次年接替导师著名商法史学家哥德史密特在柏林大学的教职。此后,韦伯先后在弗莱堡大学(1893)、海德堡大学(1896)和维也纳大学(1918)担任教授。自1897年开始,严重的精神疾病使韦伯陷入职业生涯的一段黑暗时期,直到1904年以后方逐步好转,此后虽有部分参与现实政治的经历,但其主要工作是在学术领域,直到1920年6月14日因肺炎病逝。[①]

作为西方现代社会理论的奠基人之一,韦伯的著述极其丰富,但学术

[①] 关于韦伯的生平的详尽介绍,参见[德]玛丽安妮·韦伯:《马克斯·韦伯传》,阎克文等译,南京,江苏人民出版社,2002;[德]迪尔克·克斯勒:《马克斯·韦伯的生平、著述及影响》,郭峰译,北京,法律出版社,2000。

旨趣一以贯之。在 1898 年之前,其主要作品有《中世纪商业合伙史》(1889)①,《罗马农业史对国家法和私法的意义》(1891)以及《东易北河地区农业工人状况调查》(1892)等,研究的主要领域是商法史和经济史,议题多与早期资本主义的兴起与演进过程相关。病愈之后,韦伯先后撰写了其人生中最为声誉卓著的作品,包括《新教伦理与资本主义精神》(1904—1905)②以及"世界宗教的经济伦理"中关于《儒教与道教》(1916)、③《印度教与佛教》(1916)④和《古代犹太教》(1917)⑤的部分,研究的重点在于,通过对世界主要宗教所涉经济伦理的比较考察,回答何以工业资本主义起源于西方,尤其是在信仰新教的欧洲地区得到充分发展这一问题。韦伯病逝之后,其生前未予发表的大量手稿由其遗孀玛丽安妮·韦伯整理,于 1922 年以《经济与社会》⑥为题出版,其内容涵盖了经济社会学、支配社会学和法社会学等丰富内容。

在以学者身份从事研究的同时,韦伯也曾有过短暂的参与现实政治的经历,并为此撰写过一系列政论性文章,有若干次演讲产生过重要影响。其研究性作品与政论性文章的之间的内在关系及隐含的冲突,历来引起后世研究者的争论。韦伯出生于德国形成现代民族国家并参与世界竞争的时期,并亲身经历第一次世界大战。作为一个现代世界体系中的"迟到民族",德国所面临的政治、经济和外交问题引起了韦伯深入而广泛的思考,其中比较著名的包括,1894 年韦伯去弗莱堡大学担任政治经济学教授时发表的就职演说《民族国家与经济政策》,⑦以及 1917 年 11 月和 1919 年 1 月韦伯应慕尼黑大学学生之邀发表的《学术作为一种志业》和《政治作为一种志业》两篇演讲等。⑧

---

① [德]马克斯·韦伯:《中世纪商业合伙史》,陶永新译,上海,东方出版中心,2010。
② [德]马克斯·韦伯:《新教伦理与资本主义精神》,康乐、简惠美译,桂林,广西师范大学出版社,2007。
③ [德]马克斯·韦伯:《中国的宗教 宗教与世界》,康乐、简惠美译,桂林,广西师范大学出版社,2004。
④ [德]马克斯·韦伯:《印度的宗教——印度教与佛教》,康乐、简惠美译,桂林,广西师范大学出版社,2005。
⑤ [德]马克斯·韦伯:《古犹太教》,康乐、简惠美译,桂林,广西师范大学出版社,2007。
⑥ [德]马克斯·韦伯:《经济与社会》,第 1、2 卷,阎克文译,上海,上海世纪出版集团,2010。
⑦ [德]马克斯·韦伯:《韦伯政治著作选》,[英]彼得·拉斯曼、罗纳德·斯佩尔斯编,阎克文译,1~23 页,上海,东方出版社,2009。
⑧ [德]马克斯·韦伯:《学术与政治》,钱永祥等译,桂林,广西师范大学出版社,2004。

第二节　理解社会学的方法论

德国著名哲学家亚斯贝尔斯(Karl Jaspers)曾经在悼念韦伯的一次演讲中说道："……这些包罗万象的著作,不是靠一些兴之所至的观察随意堆砌出来的;相反的,每个题目都以社会学为核心,如果韦伯最后能有系统地整理出他的社会学理念,我们就能清楚地看出他对社会学用心之深了。"①而作为其包罗万象的社会理论中的一部分,法律社会学无疑也被统摄于其整个社会学的基本概念和方法之中。理解韦伯社会学的基本框架,是打开其法律思想大门的一把钥匙。

韦伯将其社会学方法论称为"理解社会学"。他认为,"社会学是一门科学,其意图在于对社会行动进行诠释性的理解,并从而对社会行动的过程及结果予以因果性的解释"②。这种理解社会学的方法论有以下四个方面的特点：

第一,理解社会学以社会行动作为理论出发点。在社会学理论中,大体有两种研究进路,一种为整体主义的,即从宏观主体,如组织、结构或系统的角度进行研究;另一种为个体主义的,即从个人及其互动的角度进行研究。③ 韦伯的研究属于后者,他将个体的"行动"(Handeln)作为其理论出发点,并主张,"个人是主观可理解性行动唯一的承载者"④,它既是一切社会学研究的逻辑起点,也是其最终的落脚点,一切社会现象,包括法律在内,都应被视为个人之间社会行动的内在模式与外部限制。其中,行动不同于纯粹外显的行为(Valherten),而是意指那种行动个体对其赋予主观意义的行为。⑤ 当个体的行动关涉他人,形成意义相互联结的互动时,这种行动才具有进行社会学研究的价值。

根据社会行动背后的意义得以建立的形式,韦伯区分了四种类型的社会行动,分别为(1)目的理性行动,是指行动者为了达到本人所追求的、经过理性计算的目的,而冷静考察周遭环境和自己对他人行动的期待,以此作为"条件"或"手段"来采取行动,经济学上的"理性人"盖属其类;(2)价值理性行动,是指行动者有意识地坚信某些终极价值,这种终极价

---

①　[德]雅斯贝尔斯：《论韦伯》,鲁燕萍译,3页,台北,桂冠出版社,1992。
②　[德]马克斯·韦伯：《社会学的基本概念》,顾忠华译,3页,桂林,广西师范大学出版社,2005。
③　关于社会行动理论的发展,参见[澳]马尔科姆·沃特斯：《现代社会学理论》(第2版),杨善华等译,17~61页,北京,华夏出版社,2000。
④　[德]马克斯·韦伯：《社会学的基本概念》,顾忠华译,17页。
⑤　同上书,3页。

值可能是伦理的信念、审美的追求、宗教的信仰,并出于这种终极价值而行动,不计这种行动能否成功,也对其后果在所不问;(3)情感行动,尤其是为情绪所主宰的行动,是指行动者通过当下的情感和感觉状态所决定的行动;(4)传统行动,是通过根深蒂固的习惯所决定的行动。①

在对社会行动的概念和类型基础上,韦伯进一步提出社会关系的概念,将其方法论由个体行动带入了社会主体之间的复杂互动,使社会学的分析能力得到了提升。他认为,"所谓'社会关系',依它的意义内容而言,乃是由多数行动者互相考虑对方,因此指向彼此联系的行为",而这种社会关系"基本上完全建立在人们可以就一种(有意义的)特定方式从事社会行动的机会(Chance)上"②。而在社会关系中,当行动者相信存在可决定的准则,从而引导乃至决定其行动时,便存在所谓"正当的秩序"③。而这种秩序的正当性,与行动背后的动机有着密切的关系。

在韦伯看来,仅仅依靠强制,任何社会秩序都无法稳定化,因此对社会秩序的建构和研究,都应从"秩序的正当性"基础来入手,这种秩序的正当性端赖秩序的承受者主观是否接受它,以及这种主观的依据是什么。在他看来,秩序的正当性基础有四种,分别为:(1)传统:其效力在于原先便已接受的权威;(2)情感:新的宣誓与被认为是值得仿效的模范所形成的效力;(3)价值理性:被视为绝对价值者所具有的效力;(4)基于具有合法性的成文规定。④ 而这四种秩序的正当性基础恰与社会行动的四种类型相互对应。

围绕着社会行动—社会关系—社会秩序这三组递进的概念,韦伯构建了其社会学大厦的基本结构。而这一理论蓝图,以社会行动为起点,终于社会秩序,为分析高度复杂的现代社会奠定了基础。⑤

第二,理解社会学通过"诠释性理解"的方式把握社会行动背后的意义。韦伯认为,与自然科学研究所面对的客观世界不同,社会学乃至整个人文社会科学所面对的是充满意义的社会世界,只有理解行动背后的意义,对社会行动的观察才变得可能。在这一问题上,韦伯批判吸收了新康德主义思想家李凯尔特与历史学家狄尔泰的思想,试图寻找一种与自然科学不同的,能够建立社会研究之客观性的一般方法。⑥ 如何确保研究者对意义的理解是可以确证的? 在韦伯看来,一切行动者所秉持的意义,实际上都与其行动背后的动机密切相关,而这种动机首先需要在行动所

---

① [德]马克斯·韦伯:《社会学的基本概念》,顾忠华译,31~32页。
② 同上书,35页。
③ 同上书,41~42页。
④ 同上书,48~49页。
⑤ 因此,有学者认为,韦伯的社会学实质上超越了行动理论,而具有了整体主义面相,对后世社会学家,如帕森斯、哈贝马斯和卢曼产生了影响。参见[澳]马尔科姆·沃特斯:《现代社会学理论》(第2版),杨善华等译,19页。
⑥ 参见顾忠华:《韦伯学说》,144~150页,桂林,广西师范大学出版社,2004。

要达到的目的,以及选取的手段的相互关系中予以把握。韦伯说:"一切关于人类有意义行动的基本成分的思考首先与'目的'和'手段'这两个范畴直接联系在一起。"①当行动者在目的与手段之间能够建立起一种合乎逻辑的关系时,便是研究者最便于理解的行动模式,韦伯认为这种行动模式是理性的。与一般的文化研究不同,韦伯对行动"意义"的理解抱有冷峻的态度,在他看来,在很大程度上,"意义"就是"动机",而这种动机与行动者的明确意识或者表达往往并不一致,故而需要深入其社会情境作诠释性的理解,当面对复杂社会关系时,尤其是在对社会秩序的研究中,只能采取类型化的方法执简驭繁,分门别类进行考察。

第三,理解社会学借助"理想类型"(ideal type)这一概念工具来实现对社会事实的分析。韦伯认为,社会学研究是借助思想图像驾驭复杂现象的过程,而通过概念和逻辑建立这样一种思想图像便可称为理想类型,"这种思想图像将历史活动的某些关系和事件联系到一个自身无矛盾的世界之上面,这个世界是由设想出来的各种联系组成的,这种构想在内容上包含乌托邦的特征,这种乌托邦是通过在思想中强化实在中的某些因素而获得的"②。这些理想类型具有以下几个特点:首先,理想类型是一种概念建构物,而非社会实像,它既是一种对社会事实的简化,也是一种对社会事实的提炼,是经过加工之后形成的概念工具。韦伯说:"这种思想图像因其概念的纯粹性不可能经验地存在于任何实在之中,它是一个乌托邦。"③其次,理想类型不是作为目的,而是作为方法而建构起来的。作为一种研究方法,理想类型是研究者所构造的一种严格合乎逻辑的思想实验,它以一种精确、严格的方式将现象予以分门别类,厘清其界限差别,使其呈现出一种可供理解的次序。最后,理想类型并非一成不变,而是随着研究对象的不同、研究内容的扩展以及研究者志趣的改变而调整。④

第四,社会学研究者应以"价值无涉"的态度面对研究对象。韦伯认为,研究者将其价值准则带入对于研究对象的观察,会遮蔽甚至扭曲被研究的行动者背后所取向的意义,造成研究者无法准确地把握社会事实。因此,保持"价值无涉"是研究者应予坚持的工作准则。这要求研究者以观察者而非参与者姿态涉入社会事实。⑤而在这一工作准则的背后,同时体现了韦伯所信奉的哲学原则和他对现代社会的诊断。首先,由于受到新康德主义思想的影响,韦伯认为,应然与实然,事实与价值之间存在着鸿沟,而研究者只能在事实的领域内发言,不应涉入对于价值正误与优

---

① [德]马克斯·韦伯:《社会科学方法论》,韩水法、莫茜译,4页,北京,中央编译出版社,1995。
② 同上书,39页。
③ 同上书,40页。
④ 同上书,53页。
⑤ 同上书,136~182页。

劣的判断；其次，韦伯意识到，随着现代社会的高度理性化，价值多元已不可避免，世界观之争乃理所当然，"世界的各种价值领域，互相处在无可消解的冲突之中"①，因此，研究者尤须在事实的领域内从事工作，将价值选择的权利留给行动者，而非卷入价值的诸神之争。

基于以上方法论，韦伯的法律思想表现出一系列独特的取向。

第一，韦伯法律思想的基本着眼点既不同于以规则为中心的传统法律实证主义研究，也不同于以价值为中心的自然法研究，而是以社会行动、社会关系与社会秩序为着眼点进行的社会事实研究。在韦伯眼中，法律既是一种社会现象，也是社会秩序的一种形式，因此法律的概念、逻辑、技术与体系都可经由社会学的反思性观察还原成为社会秩序的内在需要。

第二，韦伯的法律思想既不同于一般的法律史学研究，也不同于历史哲学研究。一般的法律史学研究旨在对历史事件及其因果关系加以还原，而韦伯则试图借助理想类型的概念工具，总结出人类社会组织、演进、变化的可能模式，以及在这一过程中法律变化的内在机理。韦伯所主张的是基于社会秩序演进过程的回溯性观察，一种充分认识人类法律文明多样性的比较研究。与此同时，韦伯并不认为，人类历史的发展是某种先验理念——如民族精神、自然法等引领的结果，更不存在可以横跨一切人类法律文明的历史铁律。法律的变迁毋宁说是在特定的社会条件下，人们行动及其意义关系的改变所带来的后果，而新的法律又为新的社会行动开辟空间，同时设定界限，因此，法律及其背后意识形态的变迁是社会变迁的组成部分。

第三，在韦伯的法律思想中，理想类型的概念工具发挥了突出的作用。正如韦伯区分四种行动类型与社会秩序类型一样，韦伯也将人类历史与当下的法律区分成不同的理想类型，以此对不同法律文明和人类历史不同阶段的法律现象进行横跨式研究。恰恰是理想类型的存在，才使得这种研究成为可能。理想类型是解读其法律思想的关键所在。同样，由于韦伯在不同的问题域划分出诸种不同的理想类型，这些理想类型之间究属怎样的逻辑关系，历来引起争论。我们不能排除在某些理想类型，如合法的秩序类型与法律的类型之间存在着关系，而这种关系也透射出韦伯对法律与经济、政治之间关系的独特理解。

第四，韦伯坚持以价值无涉的观察者态度进行法律现象的研究，这与法律职业人以参与者态度进行的研究有所差异。后者是以法律人的内部视角进行建构，是规范性的、评价性的，而前者则是以外部视角进行的观察，是事实性的、经验性的，而这种观察也涵括了对于法律职业人所从事工作所赋予之意义的"理解"。但毫无疑问，韦伯的基本立场、叙事与风格都不同于一般的法学研究，而是一种法律社会学。

---

① ［德］马克斯·韦伯：《学术与政治》，钱永祥等译，179页。

第三节 法律的概念

法律社会学是韦伯社会学体系中的重要组成部分,它与韦伯关于社会秩序的理解,关于统治合法性的论述密切相关,同时在这些论述背后,也暗藏着韦伯对于人类法律演进过程的深刻洞察,以及现代社会法律发展趋势的独到见解。

韦伯认为,法律是一种依靠执行人员运用强制手段确保社会秩序的机制,这种机制具有以下四个方面的特点。

第一,法律是一种机制,而不仅仅是命令或规则。与认为法律是一种命令或规则的法律实证主义观点不同,韦伯主张,法律的文本、逻辑、技术和规范都仅仅是它作为一种社会机制的外在表现,在其背后发挥作用的是一整套社会秩序,以及在社会秩序当中各种社会行动者、社会组织和身份团体之间的互动。法律既受到这些社会行动的影响,也为社会行动提供了机会与约束。由于在人类历史的不同阶段,在不同的文明形态中,社会秩序的安排方式各不相同,社会组织的形态各有差异,导致社会行动会沿着不同的方向变化,法律也表现出种种差异。

第二,法律包含外在强制。韦伯指出,秩序的正当性主要由两种方式来保证,一种是"纯粹内在的",即由情感的顺从、价值理性的信念或信仰的依赖加以确保;一种则是由对"特殊的外在效果的期待"来保证,即依赖于超越个人主观体验的机制来维持。而依赖于外在效果的机制包括两种:一种为惯例(convention),即在特定社群之中产生而被视为一种"有效的"共同意见得到遵守,当遭到违犯时,人们以普遍表示反对的方式来加以对抗;另外一种是,"若它的外在保证是通过下列机会,即靠着一群执行人员为了集体承诺或对违规的惩戒,而可能运用对个人生理或心理的强制"①,在这种情况下,便是法律。与对情感、价值或宗教信仰的依从不同,惯例与法律都依赖于某种外在效果稳定人们的行为期待,而这种外在效果往往表现为对违犯者施加强制的可能性。在韦伯看来,这种强制未必一定表现为生理上或经济上的惩戒,也包含心理上的巫术性强制。而这种强制之所以可能,往往与特定类型的权威对权力的使用联系在一起。需要指出的是,韦伯并不认为,运用法律就等于排除掉情感、价值理性或信仰,他承认,部分行动者出于"法感情"或者信仰服从法律,但这并非法律得以建立并约束不特定人群的基础。

第三,法律由执行人员来加以贯彻。惯例与法律之间的关键差异在

---

① [德]马克斯·韦伯:《社会学的基本概念》,顾忠华译,45页。

于,是否"有这么一种随时准备强制处理的执行人员"①。作为社会风俗的一部分,惯例并不依赖于一群执行人员的强制,而是主要依靠共同体内部成员的"共同意见"来加以贯彻,一旦这种惯例遭到违犯,就会引起部分成员,甚至多数成员的非正式反对与制裁。而法律则与此不同,它依赖于从共同体中分化出来的专门人员来执行,因此法律依赖于"有组织的强制"②,它一开始便是社会分化的一种成就。当然,这种执行人员是否为我们惯常理解的"法官"并不重要,在不同的社会秩序中,执行人员有着多种不同的面目,从军事共同体中的军事首领,到氏族内部的祭司,从商人共同体中推举出来的仲裁人,到现代国家中的专门法官都属其类。随着这种专门人员的分出和专门化,会形成形态各异的法律性"身份团体"(status group),如古罗马时期的法律家阶层,英国的律师行会等,而这些与法律相关的身份团体的荣誉准则、职业伦理、思维模式与利害关系又会对法律的发展变化产生深远影响。

第四,法律既是一种维持社会秩序的手段,也是一种特定的社会秩序类型。从个体行动者服从社会秩序的动机出发,秩序的正当性基础有基于传统、情感、价值理性与合法的成文规定四种类型。而从超越个体行动者的视角观察,社会秩序涉及运用权力所形成的支配,以及使这种支配稳定化的正当性资源。因此法律与权力、支配以及支配的正当性联系在一起。韦伯主张,所谓权力,是指在社会关系内,行动者具有可以排除各种抗拒以贯彻其意志的可能性,③当权力的运用面向群体,并具有得到服从的可能性时,便形成支配。④ 在韦伯看来,"……每一种真正的支配形式都包含着最起码的自愿服从的成分"⑤,而"每一个支配系统都企图培养及开发其'正当性'"⑥,从这一点出发,韦伯将正当性支配分为:(1)传统型支配(traditionale Herrschaft);(2)卡理斯玛⑦型支配(Charismatische Herrschaft);(3)法制型支配三种类型(legale Herrschaft)。所谓传统型支配,是指"确信渊源悠久的传统之神圣性,及根据传统行使支配者的正当性"⑧;所谓卡理斯玛型支配,则是指"对个人,及他所启示或制定的道德规范或社会秩序之超凡、神圣性、英雄气概或非凡特质的献身或效忠"⑨;而法制型支配则是"确信法令、规章必须合于法律,以及行使支配

---

① [德]马克斯·韦伯:《社会学的基本概念》,顾忠华译,46页。
② D. M. Trubek, "Max Weber on Law and the Rise of Capitalism", *Wisconsin Law Review*, 1972, p. 726.
③ [德]马克斯·韦伯:《经济与历史支配的类型》,康乐等译,297页,桂林,广西师范大学出版社,2004。
④ 同上。
⑤ 同上书,298页。
⑥ 同上书,299页。
⑦ 卡理斯玛(charisma),是早期基督教的词汇,即"天赐恩宠"之意。参见同上书,304页。
⑧ 同上书,303页。
⑨ 同上。

者在这些法律规定之下有发号施令之权利"①。在前两种支配类型中,法律也可以成为一种维持社会秩序的手段,但其正当性与传统的神圣性或个人的超凡魅力联系在一起,都是建立在人格化的基础上,属于人治的范围。而唯有在法制型支配中,法律才成为这种新型秩序的核心与正当性基础,而这种秩序恰恰是客观的、非人格化的,属于法治的范畴。因此可以说,法律既是一种维持社会秩序的手段,也是一种特定的社会秩序类型。

第四节 法律的理想类型

为了更好地展现人类历史中法律发展变化的多样性,捕捉其一般趋势,韦伯建立了一组关于法律的理想类型。这一理想类型建立在形式/实质、理性/非理性两组二元对立的逻辑差别基础上,分成:(1)形式非理性法;(2)实质非理性法;(3)实质合理性法;(4)形式合理性法。

一、法律理想类型的划分标准

在韦伯的语境下,"形式"是指"采用内在于法律体系的判决标准",即法内标准,并"借此衡量法律的体系自主性"②。它或者依赖于法律的某种外在表征作为判准,例如做出某种动作,说出某种话语,或者签名盖章,或者特定的诉讼格式等,或者依赖于法律自身表现出的体系化与逻辑化;"实质"是指使用法外标准,如诉诸道德、宗教、政治或伦理的裁决。"理性"是指"遵循对所有相似案件都予适用的某种判决标准",并以此来"衡量法律体系采取规则的一般性和普遍性"③,亦即裁决案件的依据明确可察,合理可喻;"非理性"则与之相反,如诉诸灵魅、情感或未经反思的传统等,实际是没有确定的依据和标准。④

在这里,形式与实质区分的关键在于,法律裁判是否依据法内标准,是否容许非法律的标准成为裁判的依据。而理性与非理性区分的关键在于,法律是否具有明确性、确定性,对于行动者而言具有合理的可预期性,在这里,韦伯赋予"理性"(rationality)的含义与一般哲学意义上的理性(reason)并不相同,它更多的是指那种能够在目的与手段之间建立起合乎逻辑、符合现实之关系的尺度,是指"技术性的方法与计算"⑤,即"可计

---

① [德]马克斯·韦伯:《社会学的基本概念》,顾忠华译,303 页。
② D. M. Trubek, "Max Weber on Law and the Rise of Capitalism", p. 729.
③ Ibid.
④ 高鸿钧:《无话可说与有话可说之间——评张伟仁先生的〈中国传统的司法和法学〉》,载《政法论坛》,2006(5),99 页。
⑤ [德]马克斯·韦伯:《学术与政治》,钱永祥等译,168 页。

算性"①。因此当法律明确、稳定足以使理性的行动者能够据此安排实现特定目的之手段时,法律才是合理的。

二、法律的四种理想类型

(1)所谓形式非理性法,是指"为了顺当处理法创制与法发现的问题而使用理智所能控制之外的手段,譬如诉诸神谕或类似的方式"②,其典型例子是氏族社会的神明裁判。在神明裁判中,一方面,依赖于严格的仪式主义才能使裁判成立,丝毫的仪式错误便会遭致裁判失效,这使神明裁判具有高度的形式性格;另一方面,诉诸神谕或其他方式超乎理智控制,导致不确定性,因此又是非理性的。③ 在人类很多文明的早期,神明裁判的形式大量存在,它们都与早期氏族社会的巫术信仰联系在一起,并借助巫术信仰加以稳定化。

(2)所谓实质非理性法,是指"全然以个案的具体评价——无论其为伦理的、感情的或政治的价值判断——来作为决定的基准,而非一般的规范"④,在这种情况下,"法官"在原则上并不依照同案同判的要求,做出前后一致的判决,而是以一事一议的方式解决问题,因此无法形成法律的确定性,是非理性的;另外,与形式非理性法不同,裁判不再依赖于原始巫术崇拜中的仪式主义,其所依据的标准是伦理、感情或政治价值判断等法外标准,是实质的。韦伯认为,其典型的例子包括,雅典直接民主制时期的人民审判(heliaia)⑤、英国的陪审员⑥和治安法官⑦。伊斯兰法中的"卡迪司法"(Kadijustiz)⑧,犹太历史传说中的"所罗门式审判"⑨也是这种

---

① [德]马克斯·韦伯:《新教伦理与资本主义精神》,康乐、简惠美译,11页。
② [德]马克斯·韦伯:《法律社会学》,康乐、简惠美译,28页,桂林,广西师范大学出版社,2005。
③ 同上书,151页。
④ 同上书,28页。
⑤ 是指古希腊伯里克利时代及其稍后一段时期,雅典采取直接民主制,组织人民法庭,每年以抽签选出 6000 名陪审员,再由其中抽签决定应出席某案件的陪审员。出席陪审员的数目视案件的重要性而定,私法案件通常为 400~500 人,政治案件则有时超过 1000 人。在人民法庭中,"判决表面上是以'实质的'公道为依据——实际上则是基于情绪、阿谀奉承以及煽动性的嬉笑怒骂等"。参见[德]马克斯·韦伯:《法律社会学》,康乐、简惠美译,200页,注释 34。
⑥ 关于对英国陪审制的评价,同上书,336~337页。
⑦ 关于治安法官裁判的实质非理性,参见同上书,225页;[德]马克斯·韦伯:《支配社会学》,康乐、简惠美译,176~185页,335页,桂林,广西师范大学出版社,2004。
⑧ 卡迪是指古代伊斯兰教国家沙利亚法院的正式法官,依据《古兰经》与圣训断案,具体参见高鸿钧:《无话可说与有话可说之间——评张伟仁先生的〈中国传统的司法和法学〉》,99~100页。
⑨ 关于所罗门式审判,参见《旧约圣经·列王纪上》(3:16~28),内容是关于两个妇人相争一个男孩的故事。在两造各执一词的情况下,所罗门王吩咐人拿刀将男孩劈成两半,一人得一半。真正的母亲"为自己的孩子心里急痛,就说,求我主将活孩子给那妇人罢,万不可杀他",另一人则说"这孩子也不归我,也不归你,把他劈了罢",所罗门王据此判决孩子应给不忍孩子被劈的妇人。参见[德]马克斯·韦伯:《法律社会学》,康乐、简惠美译,269页,注释 21。

类型。

（3）所谓的实质合理性法，按照韦伯的说法，是指"特质别具的规范——有别于透过逻辑性的通则化（亦即经抽象的意义解明）而得来的规范——对于法律问题的决定理应具有影响力"①，而这种"特质别具的规范"，包括伦理上的绝对命令、功利的或其他目的取向的规则、政治准则等。在这里，韦伯的意思是指，依据外在于法律的宗教、伦理准则，或者政治上的实质性目标，创造或者运用法律。其中依据宗教或伦理准则者，包括在某种情况下实现了体系化的宗教法，如欧洲中世纪的教会法；②而根据政治准则者，其典型表现为现代早期欧洲绝对君主制时期的法典，如《普鲁士普通邦法》③即是其例。

（4）所谓形式合理性法，则是指"借着逻辑手段，将一个个被承认有效的法律规则统合起来，理性化成为一个毫无内在矛盾的、抽象法命题的综合体"④，这种法律类型一方面是形式的，因为一切标准皆为逻辑严密的抽象规则所笼罩，表现为概念化的种种法律规范，将一切"法外标准"排除在外；另一方面它也是理性的，具有高度的逻辑性和体系性。韦伯指出，这种法律类型具有以下五个特征：第一，具体案件的判决都是将抽象的法律规则适用于具体事实的过程；第二，法官借助法律逻辑推理能够从抽象的实在法规则出发做出前后一致的判决；第三，实在法明确和潜在构成了"完整无缺"的规则体系；第四，凡是未被"建构"成法律的理论、规则或观念都不具有法律的效力；第五，每一种社会行动都受到法律的调控，且行动者能够感受到自己在遵守、违反或适用法律规则。⑤其中，前两个特征是指法发现，亦即司法过程。其中法官严格地将其角色约束为对法律规则的具体"运用"，而非从事立法的工作。因此在具体的裁判过程中，法官实质性的伦理道德考虑，包括其个人偏好被彻底排除，只能依据法内标准断案，因此是形式的。与此同时，法官严格遵守同案同判的要求工作，力图做到同样情况同样对待，因此是合理的。韦伯用"自动售货机"⑥的比喻来形容形式合理性法中的法官形象，"人们从上头丢入事

---

① ［德］马克斯·韦伯：《法律社会学》，康乐、简惠美译，269页。
② 韦伯认为，在人类主要宗教中，唯有西方基督教的教会法因对罗马法理性传统的继承，和教会职员理性、官僚制的官职性格，而具有理性化的特征，但是，"对整体生活样式作实质性的支配，这个原则上毫无限制的要求，是教会法与所有的神权政治的法律所共通的"，因此属于实质合理性法。具体参见同上书，251～256页。
③ 韦伯指出，"在近代'福利国家'的古典纪念碑——普鲁士的《普通邦法》里，家父长制更加肆无忌惮地运作……而其最显著的特色则是体系性的理性主义——不是形式的，而是，在这类情况下更是，实质的理性主义。"同上书，290页。
④ 同上书，29页。
⑤ 高鸿钧：《无话可说与有话可说之间——评张伟仁先生的〈中国传统的司法和法学〉》，99页；［德］马克斯·韦伯：《法律社会学》，康乐、简惠美译，29页。
⑥ 不同的译本措辞略有差异，有的译为"自动贩卖机"，有的译为"投币自动售货机"。参见［德］马克斯·韦伯：《法律社会学》，康乐、简惠美译，326页；［德］马克斯·韦伯：《经济与社会》，第2卷，上册，阎克文译，1023页，上海，上海世纪出版集团、上海人民出版社，2010。

实(加上费用),他自下头吐出判决(及其理由)"①而第三、第四个特征则是指法创造的过程,即立法工作依照在逻辑上毫无漏洞的、严密的法律规范体系运作,从而形成无接缝的法网,覆盖于社会生活之上。通过这种法网的编织,将未能纳入其中的所有习惯法,将其他社会组织、阶级或身份集团中的特殊规范一盖排除,从而一切的标准都来自于法网本身,是法内标准,因此是形式的。而另一方面,立法所形成的抽象规则严格地逻辑化与体系化,因此是合理的。形式合理性法的第五个特征,指的是从一般的社会行动者,即守法者的角度来看,人们越来越依据法律来从事行动,并且越来越期待他人也依据法律来与其互动。在这种情况下,法律已经成为社会行动者稳定行为期待的主要方式,因此也在社会秩序的建立和维持中处于中心地位,现代社会的法制型支配由此产生。在韦伯看来,形式合理性法的经典实例便是《德国民法典》。

第五节 法律的历史演进

与同时代许多马克思的拥护者不同,②韦伯并不认为,在人类历史发展的背后,存在像生产力决定生产关系、经济基础决定上层建筑这样的"铁律",人类的历史是包括经济在内多种因素交互作用的产物。我们不能排除其中某些因素对于特定的结果而言具有亲缘关系,但这种因素也是在其他因素同时发挥作用的情况下产生影响。另外,韦伯也不认为,依靠某种形而上学的理念便可以勾画出法律发展的一般轨迹。只有将法律的演进视为对人类法律经验的历史性回溯来进行后设性考察,这一问题才具有价值。

基于这样的立场,韦伯认为,西方法律发展的历史,大体经历了由形式非理性法,经由实质非理性法和实质合理性法,迈向形式合理性法的演进过程。这一过程绝非局限在法律这一领域,在政治、经济、文化艺术等诸多领域,西方都明显地呈现出"理性化"的精神气质,③这种气质既表现为高效的工业资本主义经济、建立在官僚制基础上的现代国家形式,也表

---

① [德]马克斯·韦伯:《法律社会学》,康乐、简惠美译,326页。
② 马克思的社会学思想与韦伯思想之间的联系与差异,历来引起争议。一般认为,韦伯与马克思的观点与方法是针锋相对的,韦伯virtually并不否认经济在历史演进过程中的重要作用,但并不认为经济是唯一的决定因素。关于这一方面的争论,参见 I. M. Zeitlin, "Max Weber's Sociology of Law", 35 *University of Toronto Law Journal*, 1985, pp. 190-202;洪镰德编著:《从韦伯看马克思》,台北,扬智文化事业股份有限公司,1999;[英]安东尼·吉登斯:《资本主义与现代社会理论:对马克思、涂尔干和韦伯著作的分析》,243~250页。
③ [德]马克斯·韦伯:《新教伦理与资本主义精神》,康乐、简惠美译,1~13页。

现为独一无二的形式合理性法。而与此相对,在西方之外的其他文明和法律传统中,类似的理性化趋势要么没有出现,要么曾经出现,但表现得并不充分,要么这种理性化被引向了其他的方向。这便不可避免地引起了三个彼此相关的问题。第一,在西方,主要是指欧洲,法律通过何种方式,以怎样的过程迈向形式合理性法?第二,在这一过程中,究竟是哪些可能的因素发挥了作用?第三,为什么西方之外的其他法律传统未能迈向形式合理性法?

一、西方法律发展的历史过程

在《法律社会学》中,韦伯谈到,"法律与诉讼的一般发展,按照理论上的'发展阶段'整理的话,是从'法先知'的卡理斯玛法启示,发展到法律名家的经验性法创造与法发现(预防法学与判例的法创造阶段),进而发展到世俗的公权力与神权政治的权力下达法指令的阶段,最后则为接受法教育者(专门法律家)体系性的法制定、与奠基于文献和形式逻辑训练的专门的'司法审判'阶段"①。而法律形式的发展阶段,"则是从原始的诉讼里源于巫术的形式主义和源于启示的非理性的结合形态,时而途径源于神权政治或家产制的实质而非形式的目的理性的转折阶段,发展到越来越专门化的法学的、也就是逻辑的合理性与体系性,并且因而达到——首先由外在看来——法之逻辑的纯化与演绎的严格化,以及诉讼技术之越来越合理化的阶段"②。其中前一段话指的是司法的一般发展过程,后一段话指的是立法的一般发展过程。

尽管韦伯并不认为,这种"经由理论建构起来的合理性的阶段",能够在历史现实中找到整齐划一的发展次序,③但借助这种理论,仍然能够为理解西方法律发展过程提供重要的线索。

根据这条线索,在司法上,西方经历了由早期氏族社会的神明裁判,④到古希腊直接民主制下的人民审判,到古罗马时期法律家的经验性解答,⑤经由中世纪受到教会法训练的法律"博士"和"接受罗马法为真正的交易法"的意大利公证人(Notare),⑥发展成为现代专业化的法学专家的发展过程。在立法上,大体类似的过程也同样出现,由早期巫术信仰所确保和启示的高度仪式化的法创造,经由《十二铜表法》的过渡形态,到古罗马帝国时期的大规模法典编纂,经由为中世纪教会法所留存的罗马法遗产,和现代早期绝对君主制时期起草的法典,如《普鲁士普通邦法》,借

---

① [德]马克斯·韦伯:《法律社会学》,康乐、简惠美译,319页。
② 同上书,319~320页。
③ 同上书,320页。
④ 同上书,156~157页。
⑤ 同上书,207页。
⑥ 同上书,195~196页。

助罗马法的复兴,在市民社会兴起的影响下,最终发展成为概念精确、逻辑严密、体系完整的《德国民法典》。在这一过程中,西方法律发展的历史河流不断汇入新的支流,并不断地出现分叉。其中汇入的支流包括早期日耳曼人军事共同体内部采取的司法集会人团体的诉讼形式,① 以及日耳曼诸王国时期编纂的一系列蛮族法典,而出现的分叉则以英国法独立而独特的发展最为典型。② 在这里,韦伯所尤其注重的,并非法律的外部形态的变化,而是其思想特质的变化过程。这一思想特质的变化大体表现为以下几个方面:

首先,在这一过程中,人类在法律领域逐步超越巫术灵魅、个人魅力、宗教信仰和君主专断意志的影响,寻求前后一致、合理可喻的法律形式;在形式非理性法中,法律与巫术灵魅彼此混合,在实质非理性法中,法律往往与个人魅力相互绑定,在实质合理性法中,法律往往受意识形态左右或君主专断意志的掌控,皆无法全然实现自治性与彻底的精确性,唯有在形式合理性法中才达到这种状态。

其次,在这一过程中,基于血缘身份制特权身份制的法律逐步瓦解,被基于契约身份制的法律所取代。在传统法律中,法律往往与个人或特定群体的身份特权联系在一起,是对以特权身份进行的社会分工秩序的稳定化,是依据特权逻辑加以组织的;而在以形式合理性法为代表的现代法律中,法律与平等的主体人格联系在一起,乃基于平等的契约关系建构,因此是依据平权逻辑加以组织的。在《法律社会学》中,韦伯从主观权利设定的角度,指出西方经历了由"身份契约"向"目的契约"转化的过程,其中前者是指基于身份特权而建立起来的相互关系,而后者则是指基于商业交易而建立起来的相互关系,③ 而后者之所以能够取代前者,实由"两大理性化力量"④所促成,一为市场的扩大,尤其是货币的利用;二者为"共识共同体的机构行为的官僚体制化",也就是官僚制的发展。市场要求不计身份进行便捷交易,官僚制则要求抹除差别进行高效管理,二者共同促成在主观权利上人人平等的形式合理性法的出现。

复次,在这一过程中,法律与宗教、经济、政治等功能领域逐步分化开来,开始具有某种自主性,法律内部也逐步分化,开始具有某种体系性。韦伯认为,法律从一开始便是社会分工的成就,由专门的人员负责执行是法律与惯例区别的一项重要原因。但是,在形式非理性法中,法律并未从

---

① 韦伯颇为重视日耳曼军事共同体内部的司法集会人团体的司法,在他看来,这种司法介于形式非理性法与实质非理性法之间,一方面借助于巫术卡里斯玛的权威进行法律宣告,保留了大量的仪式主义外观,另一方面这种法律宣告需要经过司法集会人团体的认可,因此迫使巫术卡里斯玛的权威需要在司法集会人群体面前提供有"说服力"的证明,从而暗藏着使司法超越巫术灵魅的潜力。具体参见同上书,179~180 页。
② 关于英国法的独特性,参见同上书,165~167、332~336 页。
③ [德]马克斯·韦伯:《法律社会学》,康乐、简惠美译,39~40 页。
④ 同上书,87 页。

巫术灵魅中脱离出来,法律人员往往是军事首领、巫师祭司或者氏族长老等具有巫术性卡里斯玛的人,法律的形式表现为一系列的巫术性仪式,法创造与法发现也彼此难以分开;而到了实质非理性法阶段,法律与巫术灵魅有所分离,却与实体道德准则仍混合一处,法律体系自身的分化仍处于初级阶段;到了实质合理性法阶段,法律体系自身的分化有了相当发展,但法律体系仍系于最高的宗教、政治或伦理准则,未能自成一体。唯有到了形式合理性法阶段,法律在外在与内在两个方面才实现彻底分化,一方面与经济、政治、道德、伦理彼此分开,另一方面内部也形成法创造与法发现的彻底分化,实现法律的高度体系化。

最后,目的合理性取向的行动类型逐步"脱颖而出",处于支配地位。在韦伯看来,西方之所以最终迈向形式合理性法,虽由于市场的扩展与官僚制的出现等多种原因促成,但在其背后,发挥作用的是目的合理性行动类型的胜出。正是以目的为导向,为了达到目标而理性安排手段的行动类型,才要求高度理性化的、体系化、精确化的法律体系与之适应,因为唯有这样的法律体系,才能为目的理性行动者的"计算"提供严格的行为期待,从而使之能够合理、高效地安排生产生活。正是目的合理性行动,将传统放逐,将情感抹除,将价值祛魅,使现代社会引向效率导向的快车道。那么,随之而来的问题是,韦伯是否认为,目的合理性行动的胜出是西方整体理性化过程的原因?还是与之相反,目的合理性行动是西方理性化过程的表现或结果?这需要我们深入韦伯关于法律发展背后历史因素的论述来予以回答。

二、法律发展背后的历史因素

韦伯指出,在不同地域,不同社会、文化条件下,法律发展过程差异极大,不能一概而论,而背后发挥作用的一般因素,除了马克思所着意强调的经济因素之外,还包括:(1)政治权力关系的不同;(2)神权政治的权力相对于世俗权力的关系;(3)对于法律的形成具有决定性力量的法律名家之结构的不同,此种结构上的不同亦强烈取决于政治的状况。① 在这里,政治、宗教与身份团体等因素都得到了韦伯的强调,而它们都不能简单地被化约为经济因素的附庸。

首先,韦伯承认,无论在传统社会还是在现代社会,经济因素对法律发展都有作用。他指出,所谓的"经济"现象,不仅包括"为经济目的有意识地创造出来或被利用的各种制度",即狭义的"经济"事件或制度,还应包括因为"某些从经济角度着眼而发生兴趣的结果"而被认为在经济上"意义重大"的现象,例如宗教制度;以及本身虽无经济属性,却"受经济

---

① [德]马克斯·韦伯:《法律社会学》,康乐、简惠美译,320页。

制约的现象",例如艺术审美现象等。① 因此经济现象至少包括三个维度,即经济的、具有经济意义的和受经济制约的社会现象。韦伯认为,在对经济因素的考虑中,要同时考虑到这三个维度,而非局限于狭义的经济事件或制度。在他看来,经济因素反映的是人们为生存而进行的物质斗争,这种斗争贯穿于任何一种社会秩序中。因此,在任何社会,都会出现基于强烈的盈利和贪欲聚敛财富的行动,故而人类主要文明都曾出现商业的繁荣和经济的发展,但是,唯有欧洲发展出了现代工业资本主义。这种类型的资本主义并非简单建立在贪欲的基础上,而是有着世俗禁欲主义的、理性化的生活方式和伦理观念的支持。② 韦伯认为,它与新教伦理关系密切。尽管这一观点受到很多学者的质疑,但多数学者都赞同的是,现代工业资本主义的兴起在很大程度上建立在目的理性导向的经济行动、理性化的经济组织以及形式合理性的法律基础上。在对西方历史的考察中,韦伯特别指出,古罗马帝制时期与欧洲中世纪后半叶商业资本主义的兴起,对西方现代法律的产生具有特别意义。恩格斯便曾认为,罗马法是"商品生产者社会的第一个世界性法律",但通过对罗马经济史的考察,韦伯看到,古罗马的经济和贸易仍然建立在"兵营式存在结构"③的基础上,因此其经济虽然对罗马法的理性化不无作用,但绝不可能达到现代工业资本主义那样的理性化程度,古罗马的经济并未突破传统主义藩篱,而促使罗马法理性化的因素毋宁说是古罗马法学家的解答在发挥作用,但它并不能促使古罗马法臻于形式合理性法的状态,法外标准无法被彻底隔离出去。而关于经济因素影响法律的另外一个例子,是欧洲中世纪后期商业资本主义的兴起,聚居于城市的商人阶级也形成了自己的法律,其中包括了后世得到广泛应用的很多经济制度的雏形。但是,韦伯仍然认为,这一时期的法律也未能达到适于工业资本主义兴起的条件,一来整体上基于身份特权的属人法并未破除,二来即使在中世纪商人法的内部,出于交易便利的功利主义考虑,商人只需要达到一定理性化程度的法律,而对其形式方面并无特别的要求,唯有在近代早期绝对君主制兴起的时期,依靠政治强力摧破身份特权,商人寻求与绝对君主结盟,并接受近代国家的属地法,才使现代法律迈向了有利于工业资本主义发展的形式合理性道路。

其次,韦伯认为,政治组织的形式与政治权力的运用对法律的理性化程度也有很大的影响。一般而言,在三种支配类型中,卡里斯玛型支配依赖于卡里斯玛型权威的个人魅力,因此对体系化、逻辑化的法律具有抑制作用,它更加依赖于个人的英明决断。传统型支配依靠对"永恒之昨日权

---

① [德]马克斯·韦伯:《社会科学方法论》,韩水法、莫茜译,15页。
② [德]马克斯·韦伯:《新教伦理与资本主义精神》,康乐、简惠美译,1~16页。
③ [德]迪尔克·克斯勒:《马克斯·韦伯的生平、著述及影响》,郭峰译,43页。

威"的依从,无论是在结构较简单的家父长制,①抑或发展出相当复杂的管理团队乃至官僚体系的家产制国家②中,都是"对传统的恭顺与对支配者的恭顺"③在发挥作用,其中目的理性行动为传统性行动所压抑,高度理性化的法律也难以产生。唯有到西方近代,欧洲诸国的家产制王权出于争霸战争的效率考虑和随之而来的财政压力,发展出理性化的官僚系统、在领土范围内将武力的使用权与立法、司法权尽行垄断,并寻求与自治城市中的商人共同体结盟以打破境内的封建势力,才逐步催生出迈向法律理性化的内在需要。但是在这一时期,由于君主专断意志的影响,理性化的法律仍然停留在实质合理性的阶段,无法将君主的政治意志排除出去,④唯有经历现代工业资本主义的兴起,一种不同于传统政治模式的现代官僚制逐步产生。与传统政治模式不同,现代官僚制建立在非人格化的专业管理基础上,依靠法律或行政规章所明确赋予的"权限"行事,官僚体系内部形成层级制与审级制,层层授权,层层负责,依赖于正式的文书档案进行管理,其职务人员以彻底的专业训练为前提,业务的执行以明确的、多少是全面包罗的以及可以学习的规则为标准。⑤ 在这种现代政治体制之中的技术性官僚无疑更加倾向于明确、完整、体系化的法律形式,从某种程度上讲,现代官僚制所赖以支撑的便是法制型支配。因此,现代官僚制的出现,是形式合理性法产生的一个重要原因。

复次,韦伯主张,在法律发展的过程中,宗教的因素同样不可忽视。在他看来,法律的理性化在某种程度上意味着逐步摆脱宗教世界观,尤其是巫术世界观的影响。因为,一方面,在宗教世界观的笼罩下,目的理性行动难以从宗教世界观的约束中释放出来,因为宗教世界观所主张的毋宁说是一种价值理性的行动,它要求行动者的目的考虑必须符合宗教价值,对其经济效率和后果在所不计;另一方面,对于法律体系而言,宗教教义或戒律构成了不得不予参照的"法外标准",法律的规则要受到宗教伦理的约束和检验,"……教士(及近乎教士之流者)之于法律所追求的并非法律的形式理性化,而是法律的实质理性化"⑥,这也使在法律形式理性化的过程中,宗教因素发挥着阻碍作用。但韦伯也看到,与很多非西方的宗教法传统不同,欧洲中世纪的教会法具有特殊性。第一,教会法的一大部分,基本上比其他的神圣法要来得理性,在法的形式上也有较高度的发展;第二,教会法与世俗法的关系,从一开始就采取较为明确的二元论

---

① 所谓家父长制,是指"……基于一种严格的、个人性的恭顺关系,家父长制乃源于家长对其家共同体的权威",参见[德]马克斯·韦伯:《支配社会学》,康乐、简惠美译,90页。
② "当君侯以一种人身的强制,而非领主式的支配,扩展其政治权力于家产制之外的地域与人民,然而其权力的行使仍依循家权力的行使方式时,我们即称之为家产制国家",参见同上书,103页。
③ 同上书,93页。
④ [德]马克斯·韦伯:《法律社会学》,康乐、简惠美译,220页。
⑤ [德]马克斯·韦伯:《支配社会学》,康乐、简惠美译,22~24页。
⑥ [德]马克斯·韦伯:《法律社会学》,康乐、简惠美译,189页。

立场；第三，在教会本身的行政里，罗马法的理性传统仍然存活着；第四，对教会制定法规特有影响的，是教会职员理性的、官僚制的性格。[1] 因此，"虽然，在许多个别情况下，教会法也未能免除神权政治的法律建构所具有的性质，亦即实质的立法动机和实质的伦理目的，与法规的形式相关要素混合，也因此造成精确性的降低，然而，教会法毕竟是所有的神圣法中，最以严格形式的法律技术为取向的法律体系"[2]，因而，随着西方现代社会迈向世俗化的道路，教会法的理性性格便可以为形式合理性的现代法律提供历史性基础。

最后，法律身份团体的组成、利益、法教育模式和意识形态对于法律的理性化程度也有重大影响。这些因素包括，第一，在历史上是否形成了以法律为生，在政治上拥有一定权力和地位的"法律望族"，如果形成了这种法律望族，出于自身经济利益和名望的考虑，法律身份团体会倾向于使法律向成熟、完整、独立的技艺方向发展，而如果在历史上并未形成这种法律望族，或者并没有以法律为生的身份团体专门从事法律的"职业"，则法律的理性化程度将十分有限，在这里，韦伯特别举出古罗马的法律望族和欧陆中世纪后期的公证人作为实例。在他看来，通过古罗马法学家阶层对罗马法的解答与加工，才使得"罗马法从最初强烈的经验性格（尽管概念精微），逐渐发展成技术越来越赋予合理化且具学术精纯性的法律体系"[3]。而与古罗马法学家类似，在中世纪的城市中同样作为在政治上拥有一定地位的法律望族，公证人也扮演了与古罗马法学家相类似的角色，正是他们对证书实务的垄断，以及应对急速增长的贸易的需要，促使公证人将精力放在罗马法的现代适用改造与实际参与上，从而为欧洲法律的理性化提供了助力。[4] 这一复兴罗马法的潮流，借助脱胎于教会的大学得到了推进，在欧陆走向现代国家的过程中，使法律望族转变为专业化的、受到抽象、系统学问训练的现代法学家，而这种法学家职业阶层是现代形式合理性法的重要承担者。第二，在法教育模式上，是采取由实务家进行的经验性法教育，还是采取由特别的法律学校进行的理论性法教育？若采取前者，则法律容易陷入具体的决疑论当中，较难形成抽象的、逻辑化的法律体系，若采取后者，则较易在以理性且系统化的方式探讨法律的过程中，形成抽象的、概念化的法律思维；第三，法律身份团体所秉持的意识形态是宗教的，还是世俗的，若采取前者，则宗教对法律思维自身的理性化具有制约作用，以印度法为例，韦伯指出，尽管印度法也是学术理论的产物，因而具有某种体系性，但"此种体系性，并非法学的体系性，而是从身份观点来看或从实际的人生问题的观点来看的体系性"[5]，法律无

---

[1] ［德］马克斯·韦伯：《法律社会学》，康乐、简惠美译，251~255页。
[2] 同上书，254页。
[3] 同上书，209页。
[4] 同上书，196页。
[5] 同上书，194页。

法阻挡实质的伦理观念借助宗教原则渗入。而若采取后者,则在某种程度上可以避免这样的问题。韦伯指出,在现代西方法律理性化的过程中,自然法观念作为基督教世界观的替代者出现功不可没,正由于自然法观念本身具有形式上追求普遍平等的一面,使近代法学家利用自然法观念塑造成现代法律中的主观权利,并使之融入客观法之中。

三、非西方法律传统未能迈向形式合理性法的原因

正像韦伯认为,现代工业资本主义的兴起是西方,尤其是欧洲的独特现象那样,韦伯也主张,唯有西方内生出了与现代工业资本主义相适应的形式合理性法律秩序,也就是法制型支配。那么,为什么非西方法律传统未能迈向形式合理性法?其历史原因究竟在哪里?

精于法律史的韦伯从一系列的制度安排中发现了西方法律传统的独特因素。他讲到,"唯有西方认识到完全发展的司法集会人团体的审判,以及家产制的身份定型化;也唯有西方见证到理性经济的发展,此种经济的担纲者起先是为了打倒身份制的诸权力与君主的势力结盟,后来再以革命来对抗君主;因此也只有西方知道所谓的'自然法';唯有西方经历了法的属人性和'自发性法律破除普通法'的命题之去除净尽;唯有西方有罗马法这样一种独特的形态,并经历承袭罗马法的那种过程"[①]。以此看来,似乎韦伯认为,西方形式合理性法的兴起是诸多独特的社会安排在复杂因果关系的作用下机缘凑合的结果。

但若通观韦伯整体社会学理论的精神旨趣,便不难发现,韦伯关于此一问题具有根本意义的解释乃在于,在人类四种行动类型当中,目的理性行动在何种秩序安排之下才得以胜出。在韦伯看来,唯有在西方独特的法律演进过程中,目的理性行动才逐步摆脱了传统权威、宗教灵魅以及个人的人格化魅力的约束,最终成为主导的行动类型。而在其他文明的法律传统中,其秩序模式和法律安排并未给目的理性行动的脱颖而出提供最佳条件。一些非西方文明的法律传统,或者受制于宗教世界观,无法实现世俗化,如印度法[②]与伊斯兰法;[③]或者停留于家产制的政治形式,无法形成具有现代意义的专业化官僚系统;[④]或者其制度安排本身倾向于抑制以货币为媒介的商业交易,如中国法;或者并未形成像罗马法学家那

---

① [德]马克斯·韦伯:《法律社会学》,康乐、简惠美译,320页。
② 韦伯认为,"印度的法发现呈现出巫术性要素与理性要素的一种独特形态的混合——一方面对应于宗教信仰的性格,另一方面对应于神权政治——家长制的生活规制",参见同上书,230页。
③ 在伊斯兰教中,"没有任何一个生活领域里的世俗法律发展之路,未受神圣规范的要求所阻碍",参见同上书,232页。
④ 韦伯认为,中国的家产制虽因治水而发展出了庞大的官僚体制,但这种官僚体制的基座却是家产制的,这造成在传统中国对形式法律的发展毫无兴趣,似乎也根本没有特殊的法律教育可言。参见同上书,231~232页。

样专业化的法律身份团体,或者即使出现类似的身份团体乃至学派,它们却全然笼罩于宗教世界观之下。恰恰是因为这些复杂多样的原因,才使得西方在迈向现代资本主义经济和现代国家的道路上领先一步,将其他的文明甩在了身后。

值得指出的是,韦伯并未抱持着任何一种形式的文化优劣观,也无意将进步与落后的简单进化论带入跨文化比较研究。作为欧洲文化之子,尽管其提问方式与历史叙述与研究不可避免地以西方,尤其是欧洲的法律状况为中心,但其对现代形式合理性法律兴起的事实观察与历史分析仍然是客观公允的。

第六节　近代法律的反形式化

韦伯认为,工业资本主义的经济与现代国家的官僚制都需要一种形式合理性的法律与之相匹配,而这种类型的法律能够为目的理性行动者提供精确的行为期待,从而使现代经济与政治体制都能得到高效运行。但生活在19世纪末20世纪初的韦伯,却发现他所身处其中的资本主义社会正在发生重大转型,尤其是在1904年8月他游历美国之后,看到处于"黄金时代"的美国正在发生的由工场资本主义向大工业资本主义的转变,以及暴露出来的种种社会问题,加之对西方兴起的社会主义运动的观察,使他意识到,形式合理性的法律也在发生某种反形式化的趋势。

这种趋势表现在以下几个方面:

第一,在证据法领域,受形式束缚的证据法为"自由心证主义"所取代,而对证据形式束缚的破除是实质理性的产物,将法官的个人意志带入了司法过程。

第二,在法律思维的内在发展领域,尤其是法律解释的过程中,开始让当事人的"真正意图"发挥效用,将当事人之间关系的核心建立在其行动背后的"心态"基础上,这促使法律解释由过去以文意解释为中心,转向了目的解释,而在对目的的考量中,已经含有了伦理、道德与政治目标的实质考量。

第三,在刑法中,法律开始追问伦理的或功利的"刑罚目的",而非单纯考虑形式化的犯罪构成。

第四,在私法领域,"诚实信用"与"善良风俗"等具有实质伦理内容的法律原则引入了司法裁判,这些原则虽然为成文法所规定,却因非常抽象而依赖于法官根据具体情况,尤其是价值判断来进行运用,从而使法律具有实质理性化的倾向。

第三章 马克斯·韦伯的法社会学思想

第五,随着社会主义的兴起,以及某些资本主义国家向福利国家迈进,开始提出含有激进伦理要求的"社会法",使法律成为达成某种实质伦理目标或社会理想的工具。而且在这种社会法当中,特定的身份,尤其是像劳工等弱势群体的身份被识别出来加以特别对待,这造成在形式合理性法中已经实现的平等对待所有人的一般法"退回"到基于特殊身份的特别法的现象。

第六,在法律职业阶层中,也随之出现认为像自动售货机式的司法工作有失尊严、缺乏创造性的意见,不论是德国的自由法学派还是北欧或美国的法律现实主义,都要求法律进行具体的价值判断,甚至进行政策性考量,这同样使法律呈现出实质化的面貌。①

对于以上提及的这种法律的反形式化趋势,韦伯不无忧虑。

首先,法律的实质化会使法律深深地卷入社会各种利害相关人的价值之争,而在现代社会恰恰对此无从作出正确与否的判断,在现代社会法律之所以能成为法制型支配的支柱,恰恰在于其正当性完全建立在其形式性之上,而非建立在实质性的伦理道德观念之上,而卷入价值纷争,暗藏着削弱法制型支配正当性的潜在危险。

其次,在韦伯看来,选择何种价值观实乃个人自由,若实质化的法律代替个体行动者进行价值判断,甚至约束或强令个体服从其所支持的价值,则容易使法律滑向专制之法。

再次,当在司法过程中允许法官突破法律的形式性格,进行实质性价值判断的时候,将不可避免地破坏法律的理性化,将法官的个人意志和价值判断带入司法过程,造成难以实现同案同判的结果,以至于出现非理性的情况,韦伯说,"一套法律若是要依照这样的理想而行,有鉴于价值冲突的不可避免性,事实上,就不得不常常要全然抛开这些抽象的规范,并且,至少在价值冲突的场合时,必得承认具体的价值判断,亦即不只是非形式的,而且是非理性的法发现"②;此外,允许法官进行实质性的价值判断,也将法官置于立法者的角色之上,从而将法律体系内部形成的立法与司法的分化模糊化,造成破坏法律体系性和逻辑性的效果。

最后,在韦伯看来,不论是自由法学派还是法律现实主义关于法律实质化的主张都已经成为"国际性的现象",但它最强烈地显露出来的是在德国与法国,这一思潮的兴起固然有着复杂的时代背景,但也应看到,它与法律理论家与实务家提升自身威望的考量不无关系。

究极言之,韦伯所看重的,是形式合理性法所追求的"同样情况同样对待"的效果,而近代法律的实质化却主张法律应满足"不同情况不同对待"的要求,尽管二者都有道理,但两种要求之间的紧张关系始终存在。韦伯所担心的,恰恰是实质性的考量引入法律,破坏法律的体系性和逻辑

---

① [德]马克斯·韦伯:《法律社会学》,康乐、简惠美译,321~326 页。
② 同上书,328 页。

性,使"同样情况同样对待"这一对现代资本主义发展至关重要的要求无法实现。

第七节　韦伯法律思想的意义及反思

韦伯的法律社会学内容丰富、思想深刻,但由于所涉知识极其复杂,横跨诸多法律领域和诸多法律传统,且作者似乎并不十分在意写作的整体秩序,导致韦伯去世之后,围绕其法律社会学和整个社会学思想产生了大量争议,美国学者克朗曼便指出,韦伯的法律社会学难免给人带来"一大堆理念与观察组成的大杂烩"(a vast hodge-podge of ideas and observations)①的印象。但正是这样的"大杂烩"却暗藏着深邃的洞见,其内在逻辑与韦伯整体的社会学思想联系在一起,随着时间推移,通过后世学者不断的挖掘和阐释,韦伯的法律社会学产生的影响与日俱增。总体而言,后世学者对韦伯的影响和意义并无疑义,但对其观点却赞誉与批评并存。

一、韦伯法律思想的意义

首先,学界普遍承认,韦伯是一位百科全书式的学者,奠定了现代社会学理论的基本结构,他从行动理论出发,将之扩展至对于社会秩序的整体分析,使社会学兼具了微观分析与宏观考察的能力,沿着韦伯所开创的道路,后世的社会学研究者部分着眼于行动理论进行阐发,如德国社会学家许茨、哈贝马斯等,部分学者则着眼于整体社会结构进行理论创造,如美国社会学家帕森斯、卢曼和托依布纳等。不仅如此,韦伯拥有极为丰富的历史学识,对其他文明的历史与制度有着惊人的了解和把握,加之受到严格的法律训练,使他得以从事高质量的跨法律文化的比较研究,而正是这一点,使后世研究法律与发展问题的学者,如美国法学家戴维·楚贝克、劳伦斯·弗里德曼、邓肯·肯尼迪等都曾专门致力于对韦伯法律思想的研究。

其次,韦伯对现代性的诊断充满洞见,预见了现代社会的理性化过程带来的悖论式后果。韦伯认为,从传统社会向现代社会转变的一个重大趋势即是"理性化",即人们摆脱传统习俗、宗教灵魅与特权身份的束缚,走上目的理性化的道路。从某种意义上讲,这一趋势使人获得前所未有的解放,但另外,随着目的理性行动成为主导的行动类型,就会随之而来地带来效率导向的资本主义经济、科层化管理的现代官僚体系、专注于形

---

① A. T. Kronman, *Max Weber*, Stanford University Press, 1983, p. 2.

式平等的形式合理性法律,而在这种非人格化的整体社会秩序当中,个体的生命特性、价值选择、人伦关怀都难免被抹除净尽,从而使现代人陷入理性的"铁笼"①之中。韦伯说,"我们的时代,是一个理性化、理知化,尤其是将世界之谜魅加以祛除的时代;我们这个时代的宿命,便是一切终极而崇高的价值,已自社会生活隐没,或者遁入神秘生活的一个超越世界,或者流于个人之间直接关系上的一种博爱"②。作为一个自由主义思想家,韦伯既对现代社会摆脱传统社会的那些束缚而欢欣鼓舞,又对理性铁笼对自由的再次"收编"充满忧虑。在他看来,在目的理性化的现代社会,"专家没有灵魂,纵欲者没有心肝,这个废物幻想着它自己已达到了前所未有的文明程度"③。这使韦伯对于现代社会的诊断染上了一抹悲观的色彩。在韦伯所身处的时代,社会主义思潮在欧洲兴起,马克思所提出的革命方案引起了将其付诸实践的种种社会实验,但韦伯认为,这种以激进的追求实质伦理目标的方式打破资本主义经济模式不可避免地要以官僚体系的强化为代价,而后者同样有着没收自由的巨大能力。从这一点来看,韦伯好像古犹太教历史中专门预言坏事的先知耶利米,尽管其预言不受欢迎,却每每不幸言中。

最后,韦伯处于西方资本主义社会的转变时期,在世界范围内,资本主义正在由工场资本主义向大工业资本主义转变,而国家形式也在向福利国家的方向发展,这在法律上和法律思想上带来了一系列的转变,美国法学家邓肯·肯尼迪便认为,20世纪初,尤其是1900—1914年,正是古典法律思想向社会导向法律思想转变的时期。④ 而韦伯的法律思想恰恰处在古典法律思想和社会法思想的交叉点上,他既对古典法律思想,尤其是对其代表——德国的潘德克顿法律体系有了集大成的论述,也捕捉到了以法国为发源地的社会法思想的端倪,尤其是社会主义思潮所带来的冲击。他已经意识到,形式合理性的古典法律思想过于注重形式平等,追求同样情况同样对待,对实质平等与特殊情况缺乏关注,这势必带来相应的反动,使法律出现追求实质价值的趋势,但与此同时,他也对这一趋势对法律一致性与稳定性的破坏表示忧虑,但由于时代的限制,他并未提出超越形式合理性与实质合理性,兼容形式平等与实质平等的方案。

---

① [德]马克斯·韦伯:《新教伦理与资本主义精神》,康乐、简惠美译,187页。
② [德]马克斯·韦伯:《学术与政治》,钱永祥等译,190页。
③ [德]马克斯·韦伯:《新教伦理与资本主义精神》,康乐、简惠美译,188页,原句翻译略有差异,也参见[德]马克斯·韦伯:《新教伦理与资本主义精神》,于晓等译,106页,西安,陕西师范大学出版社,2006。
④ [美]邓肯·肯尼迪:《法律与法律思想的三次全球化:1850—2000》,高鸿钧译,载《清华法治论衡》,第12辑,2009,48页;[美]邓肯·肯尼迪:《逻辑形式法律理性的"祛魅"或韦伯关于西方法律思想现代模式系统的社会学研究》,载[美]查尔斯·卡米克等编:《马克斯·韦伯的〈经济与社会〉:评论指针》,王迪译,309~355页,上海,上海三联书店,2010。

二、对韦伯法律思想的反思

尽管韦伯的法律思想体大思精,影响深远,但在一些重要的方面,未尝没有一些观点值得反思,甚至批评。

首先,韦伯所提出的关于秩序正当性的理念有失偏颇。在他看来,所谓秩序的正当性,是从被支配者的角度,看何种意义资源能够使之接受支配者的统治,而不论此种正当性资源是出于社会共识,还是出于欺骗,这是从统治效果的角度进行的定位。从观察者的角度来看,韦伯的正当性理论具有这样的性质不足深怪,但作为现代社会的参与者,尤其是作为政治法律共同体的成员,若以此来衡量秩序的正当性则存在问题,因为在现代社会,一切统治都须经过被支配者的反思性检验,或者说加以同意方能成立,而这一过程不能被简单化为使统治具备正当性的形式化要求。

其次,由于韦伯对于秩序正当性的独特理解,使他在对法制型支配的论述中,将此种支配的正当性托付于一个抽象的、非人格化的、首尾一贯的法律体系上,或者说,托付于法律自身的形式性上,而这种法律是一种形式合理性的法律,其正当性来源于其自身。这便造成了以合法性(legality)取代正当性(legitimacy)的效果①,从而使韦伯的法律思想透射出法律实证主义的面貌,在法律的外行者看来,这种形式上的合法性不过是以形式和程序的方式将合法化过程延长。② 德国思想家哈贝马斯便批评道:"合法化过程的延长,并不意味着,合法性信仰就可以彻底取代对法律体系的正当性的信仰,认为规范的有效性要求在法律系统成员的意识中很容易就可以形成,而且对法律系统的存在没有产生任何重大的影响,这个观点在经验上是站不住脚的。"③之所以出现这种情况,乃在于韦伯认为,在价值之维现代人之间并无共识,而法律只能立基于目的理性行动者彼此协调的功能性要求,故而法律无法在价值层面给出任何规范性承诺。从某种程度来讲,韦伯过分夸大了现代社会的价值分歧,而没有看到在某些关乎人的尊严的基本权利的层面,仍有一些底线性的共识存在,而对于这些基本权利的保障是法制型支配正当性的重要来源。此外,在韦伯关于法制型支配的整体论述中,法制型支配毋宁说立基于资本主义经济与官僚体制的需要,民主的政治过程与法治之间似乎并无密切的联系,这折射出"二战"之前整个德国"法治国"思想的共同缺陷,而这一缺陷直到"二战"以后,现代民主法治国思想在民主、人权与法治三者之间实现同源同构才予以克服。

---

① R. Cotterrell, *Law's Community: Legal Theory in Sociological Perspective*, Clarendon Press, 1995, pp.140-141.
② [德]尤尔根·哈贝马斯:《交往行为理论》,第1卷,曹卫东译,258页,上海,上海世纪出版集团、上海人民出版社,2004。
③ 同上。

最后,韦伯对目的理性行动的强调使他忽视了现代社会的另外一种解放潜力。在韦伯看来,现代社会的理性化便意味着目的理性的胜出,而这一结果带来了在目的理性导向下的经济系统和政治系统,引发了现代人意义丧失与自由丧失的结果,单从目的理性行动之中,并无破解理性铁笼的办法,而依靠个人性卡里斯玛的周期性出场,或依据价值理性的驱动,都不足以在维持社会秩序的基础上为人的实质性自由寻找出路。德国思想家哈贝马斯认为,破解理性铁笼的方法在于,应当认识到在理性化的过程中,在目的理性与价值理性之外,尚有人们从日常生活的交往之中寻求共识并指导行动的交往理性,而正是这种交往理性,才能为现代社会寻找到新的解放之路。①

思考题

1. 韦伯区分了四种法律类型,分别为形式非理性法、实质非理性法、实质合理性法与形式合理性法,其中形式/实质与理性/非理性的标准是什么?

2. 形式合理性法具有哪些主要特征?

3. 韦伯认为,形式合理性法与法制型支配的出现是西方的独特现象,其原因在哪里?

4. 在中国的家产制王朝中,也曾形成庞大的官僚系统,为什么没有形成现代意义的形式合理性法?

5. 韦伯认为,现代社会的理性化意味着目的理性的胜出,而这一过程会形成理性的铁笼,最终会造成现代人的意义丧失与自由丧失,这一困境如何破解?

6. 随着西方资本主义迈向福利国家阶段,出现了许多韦伯所担忧的法律的反形式化现象,你如何看待这种新趋势,韦伯关于这种新趋势可能破坏法律一致性的担忧是否多余?

阅读文献

1. [德]马克斯·韦伯:《法律社会学》,康乐、简惠美译,桂林,广西师范大学出版社,2005。

---

① [德]尤尔根·哈贝马斯:《交往行为理论》,第1卷,曹卫东译,281页。

2. [德]马克斯·韦伯:《支配社会学》,康乐、简惠美译,桂林,广西师范大学出版社,2004。

3. [德]马克斯·韦伯:《新教伦理与资本主义精神》,康乐、简惠美译,桂林,广西师范大学出版社,2007。

4. [德]马克斯·韦伯:《社会学基本概念》,顾忠华译,桂林,广西师范大学出版社,2005。

5. [德]马克斯·韦伯:《经济与社会》,第1、2卷,阎克文译,上海,上海世纪出版集团、上海人民出版社,2010。

6. [美]莱因哈特·本迪克斯:《马克斯·韦伯思想肖像》,刘北城等译,上海,上海人民出版社,2002。

7. R. Cotterrell, *Law's Community: Legal Theory in Sociological Perspective*, Clarendon Press, 1995, pp. 134-159.

8. A. T. Kronman, *Max Weber*, Stanford University Press, 1983.

9. D. M. Trubek, "Max Weber on Law and The Rise of Capitalism", *Wisconsin Law Review*, 1972, pp. 721-753.

第四章 法律实证主义

法律实证主义理论是 20 世纪西方法理学中最重要和主流的一个思想学派,它的核心命题是法律与道德分离命题,也即强调区分实际存在的法律与应该存在的法律,因此,法律实证主义也强调法律的自主性,经常被看作是自由主义法哲学的代表。在方法论层面,法律实证主义强调描述性的方法和分析性的方法,注重法律的形式面向。

法律实证主义最重要的代表人物有奥斯丁(John Austin)、哈特(H. L. A. Hart)、拉兹(Joseph Raz)与科尔曼(Jules Coleman)。其中,奥斯丁被认为是法律实证主义理论的奠基人,而哈特则被认为是法律实证主义理论传统最重要的复兴者,拉兹和科尔曼则被认为是仍在世的最重要的法律实证主义理论家,代表了法律实证主义理论在哈特之后的两个最重要的发展方向。

第一节 法律实证主义产生的历史背景

法律实证主义理论最早产生于英国,这并不是偶然的。英格兰既是一个特别崇古的民族,又是第一个发生资产阶级革命和工业革命的国家,因此也是第一个迈入现代世界,最早拥有从传统社会向现代社会转型经验的国家。法律实证主义意识的萌发与成熟,恰恰与这种转型的经验相关。这种意识萌发于英国资产阶级革命前后,并在英国工业革命发生之时真正形成,最后由奥斯丁的《法理学的范围》进行了明确、清晰和系统的表述。

在法律实证主义产生之前,英国法律理论的主流是由普通法学者阐述的历史法学理论以及由之发展出来的自然权利理论。英国的历史法学传统源远流长,与英国的宪政史同源共生,柯克大法官是其集大成者,黑尔法官和布莱克斯通等为代表的普通法理论家则对其做了系统的阐述,代表着英国普通法法官的职业意识形态。这种历史法学理论强调普通法的"古老的宪法"传统,强调英国普通法所具有的神圣起源以及因此而获得的与自然正当的神圣秩序之间的本质性联系。① 这种"古老的宪法"的神话在英国革命中扮演了重要角色,但在工业革命时代,却成为法律改革的绊脚石。布莱克斯通曾经公开宣称自己是改革"决绝且坚定的敌人"②。

法律实证主义意识的形成与成熟,最初的动因乃是英国进入现代新世界后对传统普通法的守旧性格的不满。在《哲学家与英格兰法律家的对话》中,霍布斯对普通法的保守意识形态进行了猛烈的批判,提出要从功能的角度来理解法律,法律的本质乃是主权者的命令。③ 这其实是对普通法法理学的国家理论表达了不满,提出了现代民族国家的理论。此后,休谟在《人性论》中提出功利原理乃是人类道德的第一原理,提倡将一切道德的拟制,都还原到实在的人类功利原理。④ 这进一步打击了普通法法理学的自然法理论。最后,对普通法法理学不满集中体现于边沁的功利主义法理学对布莱克斯通的经典著作《英国法释义》的系统清算。布莱克斯通对英国普通法的系统化整理工作,其实已经为普通法的改革做了准备,但是在他的著作里所流露出来的那种浓厚的反对改革,美化中世纪习惯法的思想,却遭致了边沁的严重不满和批评。⑤ 这种批判必然激发边沁对法律本质的思考和系统研究。功利主义理论为边沁批判中世纪习惯法提供了重要的理论支点,而法律实证主义理论则是边沁批判中世纪习惯法的副产品。⑥ 在《政府片论》中,边沁认为法学家的工作应该是"严格地服从,自由地批判"(to obey punctually, to censure freely),⑦ 同时,他对解释和评论所做的区分,⑧也被一些人看作是应然法与实然法区分的前身。

---

① See J. G. A. Pocock, *The Ancient Constitution and the Feudal Law: A Study of English Historical Thought in the Seventeenth Century*, Cambridge University Press, 1957.
② [英]菲利普·斯科菲尔德:《邪恶利益与民主:边沁的功用主义政治宪法思想》,翟小波译,152页,北京,法律出版社,2010。
③ 相关论述参见[英]霍布斯:《哲学家与英格兰法律家的对话》,姚中秋译,上海,上海三联书店,2006。
④ 相关论述参见[英]休谟:《人性论》,关文运译,北京,商务印书馆,1980。
⑤ 相关论述参见[英]布莱克斯通:《英国法释义》,第1卷,游云庭、缪苗译,上海,上海人民出版社,2006。
⑥ See G. J. Postema, *Bentham and the Common Law Tradition*, Clarendon press, 1986.
⑦ [英]边沁:《政府片论》,沈叔平等译,99页,北京,商务印书馆,1997。
⑧ 同上书,97页。

第二节 奥斯丁的法律实证主义理论

虽然政治哲学家霍布斯与功利主义哲学家边沁都曾经先后阐述过法律实证主义的重要命题,但公认的法律实证主义的奠基人仍然是边沁的学生奥斯丁。这既考虑到法律实证主义传统的真实历史发展过程——因为真正对早期的法律实证主义传统发生历史效果的是奥斯丁的著作,同时也考虑到奥斯丁坚持法律实证主义理论独立于任何一种政治哲学理论与伦理学理论的理论自觉,另外奥斯丁对法律实证主义理论核心命题阐述之明确、清晰与系统,也是霍布斯与边沁所不及的,在后二者那里,法律实证主义理论往往被他们更加宏大的政治哲学与伦理学所淹没了。

奥斯丁的《法理学范围》可以被看作边沁工作的一个延续,而正是在这部著作中,法律实证主义的核心命题,即法律与道德分离的命题,得到了最直接和最清晰的表述:

> 法律的存在是一回事,而法的优劣则是另外一回事。法律是什么或者不是什么,这是一回事,法的存在是否符合某个假定的标准,这又是另外一回事。某项法律,如果它真实存在,就是法律,尽管我们碰巧不那么喜欢它,或者它偏离了我们用以指导自己好恶的神圣文本。①

这种新的法律理论尤其强调研究对象的实在性,以及用恰当的概念准确地把握和分析这种实际存在的法律。按照奥斯丁的概括,人们日常使用和理解的广义的法,包括如下四类:

第一,神法或者上帝法,即上帝对人类设定的法;第二,实际存在的由人制定的法(positive laws),即我们时常径直而且严格地使用"法"一词所指称的规则,这些规则,构成了普通法理学的真正对象,以及特定法理学的真正对象。第三,实际存在的社会道德,亦即实际存在的社会道德规则,或实际存在的社会伦理规则;第四,隐喻意义上的法,或者比喻意义上的法,亦即人们仅仅在比喻或比喻的意义上使用"法"一词所指称的对象。②

在奥斯丁看来,法理学研究的对象是第二类,即"实际存在的由人制

---

① J. Austin, *The Province of Jurisprudence Determined*, 157 页,北京,中国政法大学出版社,2003(影印版);中译本见[英]约翰·奥斯丁:《法理学的范围》,刘星译,208 页,北京,中国法制出版社,2002。

② [英]约翰·奥斯丁:《法理学的范围》,刘星译,2~3 页。

定的法",而第一类、第三类和第四类,乃是属于"实际存在的由人制定的法"之外的"其他社会现象",它们都由于人们较为贴切或十分牵强的类比式修辞活动,与第二类法产生相互联系。① 奥斯丁认为自己的任务就是澄清"实际存在的由人制定的法"和"其他社会现象"之间的联系和区别。这种澄清的工作,一方面是揭示四种类型的法概念各自的本质特征,另一方面则是揭示"实际存在的由人制定的法"和"其他社会现象"之间的联系。②

在限定法学研究的范围是实际存在的由人制定的法之后,留给早期法律实证主义者的一个任务,就是对该实际存在的由人制定的法的内涵进行更加精细的研究。在这方面,边沁和奥斯丁都借鉴了霍布斯的政治哲学,强调法律就是由主权者制定的普遍性的命令,而人们遵守法律则由于对主权者命令的习惯性服从。在接受霍布斯的这种主权命令说的同时,边沁和奥斯丁也对霍布斯的理论做了改动,将英国的议会,而不是英国的国王当作是统治英国的真正主权者。这样一种实证法的立场,可以被概括为成文法实证主义,既同工业革命后期的潮流相适应,也同当时英国议会至上权威的树立相契合。

自奥斯丁在《法理学的范围》中明确而系统地提出法律与道德分离之命题,并提倡用分析性的方法来研究法理学以来,法律实证主义就一直稳稳地占据了英国法理学的主流。法实证主义传统通过实际存在的法律与应然的法律的区分,既告别了任何形式的自然法思维,同时也通过严格界定法律概念的方式,告别了古老的中世纪习惯法传统。这大大推动了英国的法律改革,使得英国法律改革能够与资产阶级革命后的政治形式,以及工业革命后的社会形式相符合。法律实证主义理论增加了现代法律的反思性,使得现代法律能够较好地适应现代社会高速变迁和复杂性不断增加的特性。这是英国法律实证主义理论最重要的历史贡献。

同时,从边沁和奥斯丁开始,英国法律实证主义传统就强调和提倡分析性的研究方法。这样一种方法论预设存在着一种外在于研究者,不以研究者意志而改变的客观存在的法律现象。同时,这种研究也追求语言的精确性,试图通过明确概念与事实之间的联系,最大限度地精确界定研究对象。这样一种研究方法有助于提升法学研究的科学性,极大地改变了英国法学教育的结构与形态,也对英国法律改革做出了重要的贡献。

---

① [英]约翰·奥斯丁:《法理学的范围》,刘星译,4页。
② 同上书,5页。

第四章 法律实证主义

第三节 哈特对法实证主义的改造和复兴

英国法律实证主义传统的生命力源于其理论内核与西方世界17世纪以来的法律现代性转型密切相连,并且促进了法律现代性转型的发生和深化。然而,随着西方社会现代性的日益深化,英国法律实证主义传统无论是在内容还是方法论层面,都逐渐落后于西方社会现代性问题的发展步伐。自"二战"以来,西方社会已由18世纪的工业社会转变为后工业的风险社会,而随着现代社会变迁的加速和深化,现代西方法治也正发生着深刻的变革。而英国法律实证主义传统却固守自身传统,对社会变革的新局面缺乏敏锐感知,因此很难解释风险社会中法律所出现的一些新特征。很显然,无论是从现实的时代背景,还是从知识立场上看,"二战"以后,法律实证主义都岌岌可危,失去魅力。对此,麦考密克的一段话颇能说明问题:

> 19世纪的两大思想潮流已经变得陈旧。一方面是分析法学传统,边沁是精神先行者,更主要是约翰·奥斯丁出版的《法理学范围的限定》与《法理学讲座》。另一方面是历史法学派……前一种思潮在学术教育和写作中占据主导地位,但是一定程度上也斩断了它自身的哲学根源。对其感兴趣的仅仅是对哲学感兴趣的法学家以及对法学感兴趣的哲学家。在大学里,法理学变成了对经典文本和教科书循规蹈矩的阅读和再阅读。除了一些少得可怜的杰出例外,整个学科濒临死亡。①

社会结构和法律形态的改变,需要有新的法律理论来传达出现代法律的自我理解,进行新的法律理论的启蒙运动。承担起全面复兴法律实证主义传统重任的是牛津大学的法理学教授哈特。英国法律实证主义传统的新秀比克斯尝言,哈特在当代英美法律实证主义传统中的地位犹如柏拉图在整个西方哲学史中的理论地位,即所有当代英美法律实证主义理论的探索都是对哈特理论的注脚。② 就哈特对法律实证主义复兴之贡献而言,此言并不为过。哈特在某些前提性的问题上推翻边沁和奥斯丁的理论主张,并果断引入新工具,重新激发了英国法律实证主义的内在活力和基本洞见。

首先,哈特放弃了边沁和奥斯丁所坚持的立法实证主义立场,这意

---

① [英]尼尔·麦考密克:《大师学述:哈特》,刘叶深译,45页,北京,法律出版社,2010。
② B. Bix, "Legal Positivism", in M. P. Golding & W. A. Edmundson(eds.), *Blackwell Guide to Philosophy of Law and Legal Theory*, Blackwell publishing Ltd., 2005, p. 32.

着从边沁激烈反对普通法的立场后退。考虑到边沁的法典化事业并没有取得成功和改革后的英国普通法传统仍然风光无限,这样一种退让是必要的。更重要的是,在哈特之前,奥地利著名法律实证主义者凯尔森提出了一种以新康德主义哲学为基础的法律实证主义理论,区分了法律的规范有效性与事实有效性,进一步将法律科学的研究范围与政治科学的研究范围进行了清晰的划分。① 将法律实证主义理论与政治哲学切割开来,强调法律体系相对于政治的自治性。而边沁与奥斯丁师徒区分法律与道德,是以将法律理论依附于政治理论为代价的。哈特对法律实证主义立场的理解,深受凯尔森的影响,因此也继承了凯尔森理论的这个核心观点。

由哈特所带来的英国法律实证主义传统的这种立场变化,并不仅仅是在普通法和法律实证主义两个传统之间位置的摆动,更牵涉到对边沁和奥斯丁所借助的霍布斯主权论政治哲学和休谟功利论道德方法论的放弃。但哈特对凯尔森的新康德主义哲学基础并不满意,被哈特用来替代上述几种哲学理论的是当时方兴未艾的英国语言哲学传统。这一传统由后期维特根斯坦所创立,并迅速引发了哲学上的一场新的哥白尼式革命,哈特的同事哲学家另一个奥斯汀(John Langshaw Austin,1911—1960)是这场语言哲学革命中牛津学派的代表人物。

借助语言哲学的方法论,哈特部分克服了英国法律实证主义传统无视法律规范性的毛病。哈特提出法律规范作为一种义务而存在,并对法律义务的结构进行了初步的探索。尤其值得肯定的是,哈特的分析澄清了规范性的义务与习惯之间的区别。在此基础上,哈特还试图在社会理论的层面上提出一套完整的法律理论,强调与简单社会不同,现代复杂社会的法律乃是一套由初级规则和次级规则组成的规则体系。法律规则又分成核心区域和阴影区域,在核心区域,法官的任务就是严格解释和适用这套规则体系,而在阴影区域,法官享有自由裁量权。下面我们再具体地展开论述哈特的一些基本观点。

一、规则的内在方面

哈特是通过检讨奥斯丁的法律强制说而完成这个工作的。奥斯丁的法律强制说实际上是由两个命题构成。一个命题是"法律是主权者的命令",简称命令说。命令"只是一个人强制或禁止他人做某种行为的愿望的表达,与该愿望表达所伴随的是威胁,即不服从者将受到惩罚"②。另外一个命题是服从习惯说,作为命令说的补充:

---

① See H. Kelsen, *Pure Theory of Law*, trans. M. Knight, University of California Press,1967.
② [英]哈特:《法理学与哲学论文集》,支振锋译,66 页,北京,法律出版社,2005。

如果下面两个条件得到满足,那么命令就是法律:第一,它们必须是一般的;第二,这些命令(如边沁与奥斯丁都主张的)命令必须由存在于每一个政治社会中的某一个人或者一些人构成的团体而发布——无论该社会有着何种政治体制,易言之,也就是由这样一个人或团体发布命令,这个人或团体接受来自社会绝大多数人的习惯性服从,却从不服从他人。①

针对奥斯丁的这种"主权者命令+服从习惯说"的法律概念,哈特模拟了一个强盗情境,对此展开了分析:强盗说"把钱交出来,否则,老子杀了你"。强盗情境和奥斯丁的法律概念唯一区别是"在法律体系中,'强盗'的对象是大量的习惯于被勒索和服从的民众"②。

从语言哲学的角度来讲,不同的语境中,命令具有不同的含义。例如,强盗抢劫银行的时候,对银行职员说:"把钱交出来,否则,老子杀了你。"我们会说强盗对银行职员所说的话,是一种命令,而不是一种乞求。因为隐含在这句话后面的是这样一个意思:强盗表达了希望银行职员把钱交给他的愿望,银行职员必须服从这种愿望,否则就会有他非常讨厌或者非常害怕的事情发生。在银行职员明白并且相信这个意思必然会发生之后,他就会满足强盗的愿望。但是,同样在银行抢劫的例子中,也有可能出现另外一种形式的命令。强盗对他手下的同伙说:"守住房门!"按照我们日常的理解,这显然也可以被看作是一种命令。但是和前面一种命令稍微有些不同的是,后面这种命令包含了一种"发布命令的权利和权威",暗示了某种具备一定等级结构的组织。而这种"发布命令的权利和权威",在前面一种形式的命令中并不存在。这种区别,在人们描述两种情境的时候,也能够得到显示。例如,一般人们会说前面一种情形是:强盗命令而不是请求,更不是恳求银行职员交出钱来。对后一种情况,人们则会说,强盗向他手下"下了一个命令"。显然,后面一种命令结构更加符合日常了解的法律。③

通过两种命令观念的对比,哈特从法律的概念中驱逐了"强制性"这一要素,而引入了"权威性"这个要素。通过权威性这个概念,哈特真正想做的,其实是指出早期法律实证主义对法律规范性内涵的忽视。当然,仅仅从批评的角度来指出法律规则中具有规范性内涵,还是不够的。哈特接下来要做的工作,就是运用新的理论工具来揭示法律规则的这种规范性内涵究竟为何。这就涉及哈特的另外一个很重要的概念,就是"规则的内在方面"。

哈特是通过男人进教堂前脱帽子和周末去电影院两个例子的对比,阐明"规则的内在方面"这个概念的含义:"就一个群体,说他们有某一习

---

① [英]哈特:《法理学与哲学论文集》,支振锋译,66页。
② 同上。
③ [英]哈特:《法律的概念》,张文显等译,23页,北京,中国大百科全书出版社,1996。

惯,例如周六去看电影的习惯,和说男人进教堂要脱帽子是对他们立定的规则,这两种说法之间有什么区别呢?"①

首先,作为一种习惯,如果某人周六没有到电影院去看电影,通常情况下,他不会受到其他人的任何批评。但是如果某人违反了一个规则,例如某个男人在进教堂前并没有脱帽子,那么他就要受到其他人的批评和指责。其次,当一个人违背社会规则的时候,其他人的批评和指责是有着正当理由的,而规则正是这一批评的正当理由。最后,也是最重要的是,规则具有一个"内在方面",而习惯则没有。所谓规则的内在方面,就是:

> 在偏离行为现实存在或出现预兆时,体现为对他人的批评和对他人提出服从要求;在接受别人的批评和要求时,体现为接受这种批评和要求的正当性。为了表达这种批评、要求和承认,一系列"规范性"语言被人们采用。如"我(你)不应该那样……我(你)必须那样……那样是对的,那样是错的"。②

"规则的内在方面"概念代表了哈特希望通过一种"描述性的社会学"来解释法律的规范性内涵的开始。也就是说,哈特的这种理论尝试,既坚持了此前由凯尔森著名的效力和实效的区分,因此坚持了法律的规范性,同时又通过新的理论工具的选用,而避开了凯尔森分析路径中必然要遇到的效力来源的虚妄性的问题。同时,哈特的这种"描述社会学"的方法还具有一种重大的理论启示意义,即"规范"也可以被当作社会学考察对象进行描述。且这种对规范的社会学描述,无法被直接归入凯尔森所谓规范的实效性之中。

二、承认规则与法律的实证性

当然,要证实法律规则的规范性内涵,仅仅通过揭示规范的内在方面远远不够,哈特必须在坚持法律规则具有规范性的前提下,说明法律规范的实证性。凯尔森之理论事业,恰恰就是在这一点上遭遇到了重大挫折。因此哈特进一步地提出了法律规范要素理论,即第一性规则和第二性规则之间的结合。在《法律的概念》第三章中,哈特指出,民事法律规则中存在着一种授权规则,是奥斯丁的法律概念所无法包容和解释的,是一种第二性规则。什么是第一性规则和第二性规则呢?它们对法律理论有何重要性?哈特给出的定义是:

> 按照可以被认为是基本的或第一性的那类规则,人们被要求去做或不做某种行为,而不管他们愿意与否。另一类规则在某种意义

---

① [英]哈特:《法律的概念》,张文显等译,57页。
② 同上书,59页。

上依附于前者或对前者来说是第二性的,因为它们规定人们可以通过做某事或表达某种意思,引入新的第一性规则,废除或修改旧规则,或者以各种方式决定它们的作用范围或控制它们的运作。第一类规则设定义务,第二类规则授予权力,公权力或私权力。第一类规则涉及与物质运动或变化有关的行为,第二类规则提供了不仅引起物质运动或变化,而且引起义务或责任的产生或变更。①

第一性规则和第二性规则之结合,乃是复杂的现代社会法律的一个主要特征。简单社会只有第一性规则,没有第二性规则。这些第一性规则具有不确定性、静态性和维护这些规则的分散的社会压力的无效性。第二性规则的出现,是为了弥补简单社会的规则所具有的这些缺陷。这是法律对现代社会的复杂性、高速流动性和抽象性的一种回应。

通过重新将规范性因素引入法律实证主义理论内部,哈特成功地驱逐霍布斯的主权论政治哲学,更为准确地将法律现代性问题放到社会理论的视野下进行理论。哈特将简单社会和复杂社会的法律进行对比,并且在此基础上将复杂社会的法律体系分成第一性规则和第二性规则,在新的社会理论的视野下,重述了边沁的法律实证主义哲学和法律改革的历史经验的内涵。

引入社会理论以改造传统的法律实证主义,仅仅让哈特获得了一种全新的视野。哈特更重要的工作,是在这种新的视野的指导下,建构一个全新版本的法律实证主义理论。从哈特理论的内部构造看,第一性规则和第二性规则类似于动态规范理论在凯尔森理论大厦中的作用,即通过强调法律的体系性说明法律的规范性。而承认规则的理论,则类似于凯尔森的基础规范理论。哈特规范要素理论能否成功解决法律规则之规范性与实证性之紧张,就要看承认规则理论能否经受得住质疑。

从这个意义上说,承认规则的问题,构成了哈特理论中最重要、最精彩同时也最含混不清的一部分。哈特认为:

> 对第一性规则体制的不确定性的最简单的补救,就是引入我们称之为"承认规则"的东西。这将具体指明某一或某些特征,一个拟议中的规则拥有这些特征,就可以被决定性地认证为这一群体的、由它所施加的社会压力为后盾的规则。这样一个承认规则的存在可以采取各种各样的,或简单或复杂的形式。……有决定意义的是承认对这一书面或碑文的引证具有权威性,即承认为消除对规则存在的怀疑的适当方式。②

很显然,哈特从功能角度定义承认规则。这种功能角度所带来的一

---

① [英]哈特:《法律的概念》,张文显等译,83页。
② 同上书,95～96页。

个直接后果,便是承认规则的重要性,按照哈特自己的话来说,这是"一个法律制度的基础"。如此一来,承认规则在哈特的理论中,就具有类似"基本规范"在凯尔森的理论中的重要地位,要承受哈特整个法律实证主义理论大厦的重量。承认规则究竟能否承受这个重量呢?与凯尔森的"基础规范"不同,承认规则是一种切切实实的具体存在,因此并不是一种虚构或者是假设。一方面,承认规则可以生产或者辨识出具有内在规范性的法律规则;另一方面,承认规则自身的实在性,又可以保障法律规则的实在性。如果说,凯尔森的基础规范是悬在半空中的,那么承认规则则建立在坚实的大地之上。那么,承认规则究竟如何完成了凯尔森基础规范理论无法完成的任务呢?

哈特对承认规则的解释,非常接近于普通法的惯习主义的解释。他对"规则的内在方面"和作为"社会规则"的承认规则的描述和阐释,非常类似于韦伯对惯习(convention)的解释。惯习性规则的一个重要特点,在于它存在的确然性,也就是说,惯习性规则的存在是确确实实的"是",而不是一种应然。然而,受惯习性规则拘束的人们对待惯习的态度,却是地地道道的规范性态度。因此,惯习性规则乃是一种"社会规则"。从这个角度来看,哈特之所以能够在新型法律实证主义奠基工作中比凯尔森走得更远,同他对"规范"的这种描述社会学的意识紧密联系。既然是描述社会学的方法,就表明其考察对象是社会现实存在的问题,因而并不仅仅是一个虚无缥缈的应然存在。就好比"内在的陈述",虽然是一个和规范性密切相关的问题,然而规则具有内在陈述这个特征,却切切实实地通过一些相应词语的标准用法而体现出来,从而也是一个社会事实的问题。这种不同于凯尔森纯粹规范性的"内在视角"既非纯粹实效性,又没有放弃凯尔森规范性立场,能够同时揭示社会规则的规范性和实证性。对哈特来说,存在这种社会规则的一个重要证明,就是:

> 通过查明(作为一个事实)一定的行为模式是否实际上被接受为一个标准,是否具有(如我们已看到的)把社会规则与纯粹的趋同习惯区别开的特征,来检验这个规则的。……在英国,有进入教堂时必须脱帽的规则,虽然它不是一个法律规则。如果我们发现这样的规则存在于一个社会团体的实践中,关于它的效力,是没有问题的,虽然它们的价值或合意性受怀疑。①

承认规则就是这样一种社会规则,所以哈特认为"承认规则只能作为法院、官员和私人依据一定标准确认法律这种复杂而通常又协调的实践而存在。她的存在是一个事实问题"②。也就是说,如果一个社会中大部分法官的行动都认为某些规则是法律规则的话,则这种法官的实践就是

---

① [英]哈特:《法律的概念》,张文显等译,110页。
② 同上书,111页。

一种承认规则。所以,法官裁判的惯例,就构成了一种类似于承认规则的存在。

第四节 后哈特时代的法律实证主义及其未来走向

哈特的这套理论推出之后,引起广泛争议,也吸引了大量的研究和评论。一直以来,哈特分别与德弗林勋爵、拉德布鲁赫、富勒、德沃金、菲尼斯等世界范围内众多顶尖的法哲学家,就法律实证主义理论的核心问题展开了公开和旷日持久的争论。这些争论又进一步地把法律实证主义的命题推向深入,并且使得法律实证主义越来越成为一个世界范围内的关于法律的主流理论。围绕着哈特著作及其所引起的各种论战,一批优秀的法理学家投入到对哈特理论的研究、批评、辩护和发展之中,涌现出了以拉兹、科尔曼为代表的一大批杰出的法律理论人才,他们都是法律实证主义的研究者和拥护者。这不能不说是哈特理论的成功和英国法律实证主义传统的重大胜利。

在哈特的众多批评者之中,最重要的批评者是德沃金。德沃金对法律实证主义理论的规则模式提出质疑,强调法律的本质是规范性,而规范不仅表现为成文的字面规则,也包括不成文的,以及在法律解释过程中发挥作用的原则。而哈特的承认规则理论却无法容纳和解释法律原则的地位和作用。哈特的法律实证主义理论因此是有实质缺陷的。[①] 德沃金进而从方法论层面对哈特的语用学分析提出批评,指出哈特以来的法律实证主义在方法论层面的一个根本缺陷是将司法裁判中出现的真实的理论争议曲解为一种概念使用的争议,从而误解了司法裁判和法律的本质。在此基础上他提出了关于法律的整体性解释的理论,强调必须将法律看作是一种具有连贯性的事业,是对诸如平等关心与尊重等根本性政治道德立场的展开和扩展。[②]

围绕着德沃金的批评,哈特理论的接受者和捍卫者又沿着哈特的理论路径对德沃金进行了回应和反批评,进一步发展出各种版本的法律实证主义理论。其中最有影响力的是以拉兹为代表的排他性法律实证主义(exclusive legal positivism)和以科尔曼为代表的包容性法律实证主义

---

① 相关论述,参见[美]德沃金:《认真对待权利》,信春鹰、吴玉章译,30~70页,北京,中国大百科全书出版社,1998。
② 相关论述,参见[美]德沃金:《法律帝国》,李常青译,北京,中国大百科全书出版社,1996。

(Inclusive legal positivism)。① 排他性法律实证主义强调,鉴别规则是否为法律规则的承认规则是实存的社会事实,并不包含任何的道德内容。② 拉兹的权威理论和夏皮罗(Scott J. Shapiro)的实践差异理论,构成了排他性法律实证主义的支撑理论。③ 而包容性法律实证主义则强调承认规则可以有限度地包含道德内容,但这对承认规则作为一种社会惯习而存在的性质并不产生实质影响,法律实证主义理论的核心命题也仍然可以成立。④ 布莱特曼(Michael E. Bratman)的"共享的合作行为"(shared cooperative activity, SCA)理论对包容性法律实证主义提供了基础的理论支持。⑤

一、拉兹的排他性法律实证主义

拉兹对德沃金批评的回应,实际上可以从拉兹对哈特《法律的概念》中一个重要的概念,即权威性的阐释和强调得到理解。前文在分析哈特对奥斯丁的主权者命令说的批评时,曾经提到过这个概念。权威性的概念主要包含着两层含义:一层含义是,在碰到有些问题的时候,不必自己做出决定,而是由相关的权威者代替我们做出决定;另外一层含义是,别人替代我做出决定,这种做法是被合理接受的,也就是说,他人替我做出的这种决定,本身的合理性应该是能够得到保证的。如前所述,德沃金对哈特自由裁量权的批评,也就是对哈特将法律视为规则的批评。这一命题又与承认规则概念有本质性的联系。拉兹通过强调权威性以回应德沃金,也是从这里出发的——对权威性概念的强调,其实就是对法律是一种规则这一命题的捍卫。捍卫了这一命题,则承认规则的概念也就在很大程度上得到了捍卫。具体而言:

首先,拉兹引入了实践理性的概念,并且通过这个概念来说明规则对于个人行动的意义。从实践理性的角度来看,任何个人行动的理由都可

---

① 包容性实证与排他性实证主义的区分最早由加拿大麦克斯特(MacMaster)大学的瓦卢乔(Wil Waluchow)教授在《包容性实证主义》一书中首次提出,并被包容性实证主义的代表人物科尔曼与排他性实证主义的代表人物拉兹所接受。参见 W. J. Waluchow, *Inclusive Legal Positivism*, Clarendon Press, 1994, pp. 80-141.

② 相关论述,参见[英]约瑟夫·拉兹:《法律的权威:法律与道德论文集》,朱峰译,北京,法律出版社,2005; A. Marmor, "Exclusive Legal Positivism", in J. Coleman & S. Shapiro (ed.), *The Oxford Handbook of Jurisprudence and Philosophy of Law*, Oxford University Press, 2002, pp. 108-109.

③ 相关论述,参见[英]约瑟夫·拉兹:《法律的权威:法律与道德论文集》; S. J. Shapiro, "The Difference That Rules Make", in B. Bix(ed.), *Analyzing Law: New Assays in Legal Theory*, Clarendon Press, 1988.

④ 相关论述,参见[美]朱尔斯·科尔曼:《包容性法律实证主义》,载[美]朱尔斯·科尔曼:《原则的实践》,丁海俊译,134~154 页,北京,法律出版社,2006。

⑤ See M. E. Bratman, "Shared Cooperative Activity", 101/2 *Phil. Rev.*, 1992, pp. 329-331.

以区分为两个层次,一个层次被拉兹称作一阶理由,也就是具体论证行动合理性的各种理由;另外一个层次的行动理由则是权威,即不问具体的行动理由,仅仅由于权威的存在,即遵照权威的指示展开行动,这被拉兹称作二阶理由。二阶行动理由的这种排斥个人自主反思和判断空间的特征,拉兹概括为权威的断然性特征。一阶行动理由强调个人理性的自主性,带有强烈反思性,与康德以来的启蒙哲学一致。然而,二阶行动理由在个人行动中所占据的地位也不容忽视,如果仅仅依赖于一阶行动理由,个人实际上寸步难行。

> 它调节着深层理由与具体决定之间的关系。它们为正常情况下的决策提供了中间水平的理由。这一水平的理由自身的合理性可以通过参照它们所依据的深层次的关注而得到证明。通过规则的媒介正常行动的好处是巨大的。它使得一个人能够事先就反复发生的情况的一般方面加以考虑并形成某种看法。使得一个人能够获得只有通过对相关的一系列行动的事先承诺才能获得的结果,而无须对各种情形进行逐一的考察。①

拉兹对个人行动二阶理由的揭示,其实是在用新的理论资源再次重申早期法律实证主义者及其先驱所强调的社会维度对于个人行动的重要性。拉兹认为,规则就是最重要的二阶行动理由。作为行动权威的规则具有不问规则内容的合理性,仅仅因为规则存在就构成个人行动理由的权威性特征,符合法律实证主义的核心命题,即法律和道德相分离的命题。从实践理性的角度论证了规则的断然性特征,某种程度上也就回应了德沃金在批判哈特时所提出的原则问题,因为原则是讲分量的,依赖于权衡,很难具有如此坚硬的断然性特征。

在此基础上,拉兹进一步在承认规则的问题上为法律实证主义命题辩护。德沃金对哈特的一个重要批评,就是规则的具体内容本身可能是有争议的,因此是不确定性的。规则的这种不确定性带来的一个后果,便是辨认规则之身份的承认规则也是不确定的、模糊的。然而,承认规则最重要的功能,就是确定规则,弥补小型社区中惯习性规则的不确定性。如果规则的不确定性连带影响了承认规则的不确定性,那么承认规则自身的地位就岌岌可危了。德沃金因此主张,当承认规则出现争议时,道德考量不可避免,承认规则必然包含道德,法律与道德的严格区分难以成立。拉兹要捍卫的,就是承认规则是一种确定的社会事实,并不包含道德考量的因素。用拉兹自己的话来说,就是"如果法律内容及其存在的确认无须诉诸于道德论证,那么法律拥有渊源。法律渊源是指那些鉴别法律有效性及其内容的事实"②。权威性法律理由便可以被看作是一种渊源论。

---

① [美]约瑟夫·拉兹:《自由的道德》,孙晓春等译,57页,长春,吉林人民出版社,2006。
② [美]约瑟夫·拉兹:《法律的权威》,朱峰译,42页。

在渊源论看来,法官的法律解释工作主要是寻找各种不同的法律渊源,而非对这些法律进行创造性的解释。

拉兹的法律权威理论对该问题的解决,主要是通过区分法律约束力和法律效力,否认部分原则的法律属性。在拉兹看来,实际存在的、对于法官具有拘束力的标准与具有法律效力的标准并不一样。这尤其体现在国际私法领域,法官所援引的其他国家或国际组织之行为标准,并非是法官所在国之法律的组成部分,它们仅仅由于冲突规则的存在而成为裁判的根据①。同理,法官在疑难案件中所适用的原则,未必表明该原则具有法律的效力,而仅仅表明该原则根据冲突规则而被适用,从而在该个案中对法官具有拘束力而已。

当拉兹用权威性行动理由的理论来说明承认规则的社会渊源命题时,其实抛弃了哈特理论的一笔重要遗产,即通过引入普通法的惯习主义,说明法律的内在面向。哈特后来在《论边沁》一文中接受拉兹的权威性行动理由理论,并用其来描述裁判现象学,也犯了同样的错误。德沃金对哈特批评的重要贡献,就在于重申了法官的内在视角对于法律规范性问题的重要性。在后凯尔森时代,这是实证主义者说明现代法律实证性时必须坚守的前提。拉兹运用权威性行动理由来说明裁判现象学,既放弃了在坚守规范内在面向的前提下说明现代法律实证性的理论事业,也否认了司法裁判保障法律规则内在面向的特殊重要性。

从这个角度来理解拉兹的一个重要命题,即公民没有守法义务的命题,就显得更清楚了。从实践理性的角度来看待规范,其实是从功能论角度来理解规范,这在早期法律实证主义者那里十分常见。功能论视角带来的一个结果,便是从功利角度理解法律,则是否遵守规则,端赖规则是否有用。因此,拉兹必然会否认遵守法律规则的义务性。但是,如果从凯尔森的纯规范性角度看,拉兹的命题便会显得很奇怪:法律乃是作为一种规范而存在的,而规范最本质的特性,便是作为一种义务而存在。因此,凯尔森会说,规范的效力是公民应该受规范的拘束,哈特会说,规范的内容就是规定你应该如何如何。说公民有不遵守法律规范的义务,无疑就是说,"公民没有义务去施行他应该去履行的义务",无疑自相矛盾。因此,拉兹对德沃金批评的回应,是放弃了凯尔森、哈特和德沃金共同遵守的前提,即法律的规范性内涵是法律的本质这一命题,重新转身拥抱早期法律实证主义之功能论的结果。如此一来,德沃金的问题,自然也就不成其为问题了。

二、科尔曼的包容性法律实证主义

科尔曼的辩护构成了对拉兹功能论立场的重要纠正。广为接受的一

---

① J. Raz,"Legal principles and the limit of law",81/5 *The Yale Law journal*,1972,p. 844.

个说法是,科尔曼的包容性法律实证主义承认,当法律规则的解释存在争议时,法官可能基于内在视角,根据道德考量来裁定该规则是否为法律规则,但并不否认承认规则作为一种社会惯习,乃是具有稳定性的社会事实。① 科尔曼因此而两头不讨好,德沃金不明白他为何明明承认法律之中包含道德,却又仍然要徒劳无功地论证承认规则的存在,排他性法律实证主义者则认为他代表了法律实证主义立场向德沃金批评的一种温和退让。②

科尔曼论证的起点,是区分"规则"与"规则的适用"。首先,科尔曼指出,德沃金所强调的关于规则的争议仅仅存在于疑难案件中,而在常规案件中,无论是关于规则还是关于规则的适用,法官们的意见都是一致的。即使在疑难案件中,法官们争议的也并非是规则本身,而是规则的具体内容,也即对规则的解释:"有时候我们都确切地知道规则是什么,但是对于其对我们的要求是什么却有不同意见。"③如此一来,德沃金所指出的道德权衡,都可以被解释成规则适用的争议,但是规则本身不存在争议。承认规则作为一种惯习性的社会事实这个命题,并不因为将道德因素纳入到对规则适用的考量而被否定。这也捍卫了法律实证主义的核心命题,即法律和道德不存在概念性联系。科尔曼的论证意图值得赞赏:规范既可以包含规则,同时也包含原则。当出现关于规范之具体内容的争议时,争议双方共同承认规范的存在。通过引入道德因素权衡规范的具体内容,并且将承认规则看作是德沃金意义的规范性的规则,争议双方对规范的承认不是减轻了,反而是加强了。④ 正是在这一点上,科尔曼强调承认规则作为"生效规则"的属性,而非排他性法律实证主义所强调的"辨识规则"属性。⑤

这种论证的思路延伸到科尔曼对社会惯习问题的解释上,并进一步地清晰化了。科尔曼首先正确地说明,社会惯习并非是纯粹是一群人行为的一致性,因此并非是纯粹的社会事实,相反,社会惯习乃是一群人受规范指引的"共享的社会合作行为"(shared cooperative activity, SCA)。⑥ 说承认规则是一种社会规则,指的是承认规则的存在依赖于法官群体的反思性实践而被接受,而作为社会惯习的法官行为之所以能够证实承认规则的存在,乃是因为法官对于他们所应用的承认规则具有一种"共享的理解和把握"⑦。"该实践不仅需要法官们过去的实践符合该

---

① [美]朱尔斯·科尔曼:《原则的实践》,丁海俊译,102~119页。
② 同上书,92~93页。
③ 同上书,115页。
④ 因为哪怕争议双方对规范的内容存在争议,但是双方各自行为的态度仍然是规范性的态度。如果双方并不持这样一种规范性的行动态度,那么争议双方也就没有必要争论,可以直接采取认知性的行动。
⑤ [美]朱尔斯·科尔曼:《原则的实践》,丁海俊译,165页。
⑥ 同上书,126页。
⑦ 同上书,108页。

规则,而且还需要他们共享着一个理解,即如何在包含了规则的未来行为中去'继续'或'反映'该规则。"①如此一来,一部分法官对承认规则的具体内容有争议,是完全可能的,但这并不影响他们对自己的行动采取内在观点,即假设自己的行动是在承认规则的指引下展开的。正是在这个意义上,科尔曼将内在观点鉴定为行动者对自己的行动的态度,而非对规范的态度。这样做就保证了如下逻辑路线图的可能性:行动者对承认规则具体内容的争议,并不否认行动者对自己的行动持内在观点的态度,这种态度必然预设了他们共同接受承认规则的指引。惯习性共识与信念的共识之间的实质性差别,就在于惯习性共识并不仅仅强调各种信念内容的重叠,而是强调不同行动者影响彼此行动的相互性。例如,如果所有其他人都选择靠右行驶,这就构成了一个理由,使得我也选择靠右行驶。因此,哪怕我更习惯靠左行驶,我也不得不选择靠右行驶。信念性的共识以绝对的个人主义为前提,个人的行动仅仅受个人内心观念的指引,而惯习性共识则强调个人的行动是社会性的,乃是一种社会行动;信念性的共识更像是康德意义的道德,其根基是个人的自由,而惯习性的共识则是一种遵守社会规则的行动共识,无法被还原到个人的绝对自由。社会行动这个概念意味着,同时行动着的不同个人之间的行动相互影响,甚至互为前提。② 这里的共识概念,则可以被看作是一种行动中所持有的规范性的态度。信念共识中的规范性态度依赖于个人道德推理的能力,而惯习性共识中的规范性态度,则依赖于社会性规范的存在。

思考题

1. 简述奥斯丁的法律实证主义理论的基本内容。
2. 简述哈特的法律实证主义理论的基本内容。
3. 简述哈特、德沃金、拉兹、科尔曼等人围绕"承认规则"问题所进行的讨论。

---

① [美]朱尔斯·科尔曼:《原则的实践》,丁海俊译,108 页。
② [德]马克斯·韦伯:《经济与社会》,第 1 卷,阎克文译,92~114 页,上海,上海世纪出版集团、上海人民出版社,2010。

阅读文献

1. ［英］约翰·奥斯丁：《法理学的范围》，刘星译，北京，中国法制出版社，2002。
2. ［英］哈特：《法律的概念》，张文显等译，北京，中国大百科全书出版社，1996。
3. ［美］德沃金：《认真对待权利》，信春鹰、吴玉章译，北京，中国大百科全书出版社，1998。
4. ［英］拉兹：《法律的权威》，朱峰译，北京，法律出版社，2005。
5. ［美］科尔曼：《原则的实践》，丁海俊译，北京，法律出版社，2006。
6. ［英］麦考密克：《哈特》，刘叶深译，北京，法律出版社，2012。
7. B. Bix, "Legal Positivism", in M. P. Golding & W. A. Edmundson (eds.), *Blackwell Guide to Philosophy of Law and Legal Theory*, Blackwell publishing Ltd., 2005.

第五章 凯尔森与纯粹法学

汉斯·凯尔森(Hans Kelsen,1881—1973)被认为是20世纪最杰出的法学家之一,在公法、国际法、法律哲学及政治理论领域均做出了重大贡献。庞德在1934年誉之为"当今法学的领军人物",哈特称他是"当代最令人鼓舞的分析法学大家"。更有人将他和马克斯·韦伯相提并论,认为他同韦伯是对20世纪社会科学影响最为深远的思想家。但是,如同许多伟大的思想家一样,凯尔森的法律理论也受到了完全相反的评价。有英美学者便毫不客气地把他的纯粹法学视为毫无用处的逻辑游戏。① 然而,颇为讽刺的是,同时期的德国公法学家卡尔·施米特(Carl Schmitt)一方面对凯尔森的纯粹法学嗤之以鼻,另一方面却大费周章地与之激烈论辩。可见,即便是在它的反对者眼中,纯粹法学也绝非无用的逻辑游戏。

凯尔森是犹太人,出生在布拉格,3岁时随父母移居到维也纳。1906年在维也纳大学获得法学博士学位,1911年在该校获得公法与法哲学讲师资格,并出版他的教授资格论文《公法理论主要问题》。1919年获得维也纳大学公法与行政法全职教授资格。在奥地利时任总理卡尔·伦纳(Karl Renner)的指示下,凯尔森领衔为奥地利第一共和国起草了新宪法,并于1920年通过。该宪法设立了专门的宪法法院,成为与美国模式并列的一种违宪审查制度,凯尔森也被后人誉为"宪法法院之父"。宪法通过后,凯尔森被委以宪法法院法官的终身职务。到了1930年,由于政治气候的变化,凯尔森被解除了这一职务。同年,他接受了德国科隆大学的教授职务,但到了1933年纳粹掌权,他又被解除了教职。此后,他移居瑞士的日内瓦,并于1934—1940年在那里教授国际法。1934年第一版

---

① 有关这些毁誉不一的评价,参见斯坦利·保罗森(Stanley L. Paulson)为第1版《纯粹法学》英译本写的导言:S. L. Paulson, "Introduction", in H. Kelsen, *Introduction to The Problems of Legal Theory*, trans. B. L. Paulson & S. L. Paulson, Clarendon Press, 1992, pp. xviii-xlii. 中译本参见[奥]凯尔森:《纯粹法理论》,张书友译,3~4页,北京,中国法制出版社,2008。

《纯粹法学》出版。1940年凯尔森移居美国,先后在哈佛法学院、加利福尼亚大学等校任教,并开始用英语写作。1945年出版了用英语写成的《法与国家的一般理论》。一直到迟暮之年,凯尔森都在求知之路上不懈地探索。《一般规范理论》是他留下的最后一部巨著。

纯粹法学一方面是德语圈内公法理论中实证主义思想传统结出的一颗硕果,另一方面,凯尔森吸收一般哲学和人文社会科学的思想,尤其是新康德主义哲学,锻造了他的方法论—哲学基础。不过新康德主义只是凯尔森思想一个阶段的特征,为了解决基础规范理论的疑难,凯尔森先后发生过几次重大的思想转变。这一点也是凯尔森热情不减的求知欲的表现。从1911年出版他的教授资格论文算起,凯尔森的学术创作生涯超过一个甲子。如果从1905年他出版第一部作品《但丁的国家理论》起算,这个期间则有将近七十年之久。在这样一个漫长时段,凯尔森保持了持久的探索激情和充沛的创作能力。他的思想影响力并没有随着20世纪的过去而消逝,相反,这一影响力反而有增强的趋势。这一点,不仅是因为他的民主理论,还因为纯粹法学一直是法律实证主义的一个重要分支。因此,在德国,出现了"凯尔森复兴"的思潮,与此同时,这位"世纪法学家"的著作也开始被整理成《凯尔森全集》出版,总篇幅预计有34卷之巨。①而另一方面,在英美世界,哈特、拉兹以及斯坦利·保罗森或许是凯尔森学说最著名的阐发者和批评者。

第一节 纯粹法学的纯粹性

凯尔森创立纯粹法学,把不属于法学认识对象的异质因素都排除在法学的范围之外,目的是要把法学建成一门独立的科学。这包含了两层含义。

首先纯粹法学是一门科学,是对其研究对象的纯粹的认识。科学的典范是自然科学。纯粹法学要像自然科学那样来研究它的对象,就好像

---

① 参见钟芳华:《应然与实然之关系作为纯粹法学的难题——论Hans Kelsen实证法理论的演变与分期问题》,《中研院法学期刊》,2009(4),81~150页。在汉语世界,1957年即出版了由雷崧生先生节译的《纯粹法学》第1版(台湾"司法行政部",1957年版),而该书的英译本直到1992年才出版。凯尔森著作的其他中文译本罗列如下:《布尔什维克的政治论》,吴恩裕译,北京,商务印书馆,1962;《共产主义的法律理论》,王名扬译,北京,商务印书馆,1962;北京,中国法制出版社,2004;《法律与国家》,雷崧生译,台北,中正书局,1976;《国际法原理》,王铁崖译,北京,华夏出版社,1989;《法与国家的一般理论》,沈宗灵译,北京,中国大百科全书出版社,1996;以及《纯粹法理论》,张书友译,此即第1版《纯粹法学》的全译本。在《法与国家一般理论》一书中译本的末尾附有凯尔森著作的一份不完全目录,读者可以通过这份目录对凯尔森的主要著作有一个大致的印象。

它的对象和研究者之间没有任何关系似的。这要求一个前提,那就是纯粹法学的对象也应该像自然科学的对象那样,是可以客观地加以认识的。为此,纯粹法学以实在法为对象。换句话讲,纯粹法学研究法律实际上是什么,而不研究法律应当是什么、法律应当如何来制定。它从结构上去描述实在法,但不对实在法的优劣好坏进行评价。关于实在法的评判问题、关于法律应当如何制定的问题,不是一个可以科学地加以确定的问题。因为道德(自然法、正义等评判实在法优劣好坏的标准)是主观价值判断。主观价值判断总是相对的,在某个具体问题甚至根本问题上,往往存在不同的、甚至互相矛盾的主观价值判断。不存在客观的、绝对的道德法则。因此,纯粹法学为了成为科学,必须把道德排除在自身的范围之外。这同样也意味着纯粹法学把法学同政治区分了开来,因为,政治的领域是行动的领域,而行动的根本条件之一就是主观价值判断。① 主观价值判断根源于"意志"而非"认识",根源于意识中的"情感"而非"理智",它产生于对真理的兴趣以外的兴趣。凯尔森以颇具戏剧性的口吻宣告,在科学的基本原则即真理,与政治的最高理想即正义之间,存在"一个真正可悲的矛盾"②。因此,凯尔森断言:"为了保存科学的客观性,就必须把科学和实际政治分开。"③

其次,纯粹法学是对一种特殊对象的科学认识。凯尔森说:"只有法律规范才能成为法学认识的对象——这个命题其实是一个同义反复,因为法律这一法学认识的唯一对象就是规范。"④实在法规范是一种特殊的存在,它不同于心理的、生理的或物理的事实(为方便起见,我们在这里把这些统称为自然事实)。自然事实是通过因果关系连结的,而规范则通过自己的标准——归责(imputation)关系——赋予现实独特的意义。把某个制裁结果赋予某种制裁条件,就是归责。通过归责,在法律规范的条件和结果之间便形成一种特殊的逻辑的关系,即"应当":某个为法律设定的条件出现,其结果就"应当"随之而来。例如,刑法可能规定犯有盗窃行为的人应当处以某种刑罚。假如实际上某个盗贼逃脱了法律的制裁,这条刑法规范仍然有效,盗窃行为与其处罚之间的关系仍然存在。与之相对,假如既有的某条自然法则指出某原因必有某结果出现,而实际的观察发现该原因并未带来预期的结果——哪怕只是一次——则这条自然法则就被推翻了,或者法则本身需要修改。由于法律规范是这样一种特殊的存在,就必须以与之相适合的方法来研究它。凯尔森承认,法律社会学是科学,但他认为,法律社会学研究的并非法律自身。法律社会学并非法

---

① [奥]凯尔森:《布尔什维主义的政治理论》,吴恩裕译,9页。
② [奥]凯尔森:《法与国家的一般理论》,沈宗灵译,5页。
③ [奥]凯尔森:《布尔什维主义的政治理论》,吴恩裕译,9页。
④ H. Kelsen, *Introduction To The Problems Of Legal Theory*, p.11. 比较比克斯的说法:"人们甚至可以毫不夸张地说,解释法律的规范性质乃是凯尔森理论的唯一目标……" B. Bix, *Jurisprudence: Theory and Context*, Sweet & Maxwell, 1996, p.56.

学,而是社会学。社会学研究的其实是自然事实,本质上与自然科学相同;法律社会学即研究与规范世界平行的事实领域内可能的因果关系。这样,纯粹法学便把社会学的因素也排除了出去。在此意义上,凯尔森认为纯粹法学比英美世界的分析法学更彻底地坚持了自己的科学立场,因为在分析法学的脉络中,残留了社会学的因素。

凯尔森对于纯粹法学的主张不仅仅是出于方法论上的考虑。它还有社会—政治的理由。一种排除了政治的法学,恰恰有其政治的含义。凯尔森承认,独立的法律科学无法像自然科学那样为人们提供"直接的利益",但它的确具有政治后果。① 他指出,它们具有否定的(negative)性质,即纯粹法学由于恪守法学与政治的分离而实行"自我克制"的做法,至少能够使人避免政治上的错误。② 这类政治错误的重要根源与表现之一,或许就是政治法律传统中对国家的神秘化。在纯粹法学看来,除了法律意义上的国家概念之外,没有任何其他意义上的国家:"国家是——集权化的——法律秩序。"③这就是说,国家无非是一丛集中的法律规范体系。当凯尔森断言"所有法律皆是国家-法,因为,所有国家都是法治国"时,④他的意思也就是国家与法律秩序的等同。这一立场在政法思想上的重大含义,在于它为"国家"思想祛魅。进一步,当国家只不过是一个法律规范体系的时候,主权也成了多余的"政治虚构",因为国家最终的权威也在于某条终极的规范,而不是某个人或某群人。纯粹法学的这种祛魅的功能,使我们可以理解在凯尔森法学作品中的一个现象,那就是他不断地在和传统的政治理论争夺"地盘"。⑤

另外,纯粹法学其实也构建出了一个特殊的"世界"。根据上述对"纯粹性"的界定,实在法规范具有一种双重的属性:与自然事实相对,它是遵循另一种逻辑的"应当"的世界,是规范;与正义或道德规范的主观性相对,它是客观的、对整个共同体都有效的价值判断。因此,实在法是客观的规范、客观的价值判断。⑥ 作为规范,其效力是不能从事实推出的,现实政治中的权力不能从自身获得权威或合法性;作为客观的规范,它对共同体全体有效——它不是私人意见,而是公共事物。这个独特的公共世界触及现代政治—法律思想的核心议题之一:在多元的世界中,人们如何共同生活?可以认为,基础规范是凯尔森处理这个问题的一个独

---

① H. Kelsen, *Introduction to the Problems of Legal Theory*, p. 3.
② 关于这个问题,可以参见 D. Dyzenhaus, "Pure Theory in Practice: Kelsen's Science of Law", in D. Dyzenhaus, *Legality and Legitimacy: Carl Schmitt, Hans Kelsen and Hermann Heller in Weimar*, Clarendon Press, 1997, pp. 102-160。
③ [奥]凯尔森:《法与国家的一般理论》,沈宗灵译,212页。
④ [奥]凯尔森:《上帝与国家》,林国荣译,载刘小枫选编:《施米特与政治法学》,327页,上海,上海三联书店,2002。
⑤ 这一点从《法与国家的一般理论》具体的章节安排就可以看出。
⑥ 关于实在法是客观的价值判断的命题,参见 H. Kelsen, *Pure Theory of Law*, trans. M. Knight, University of California Press, 1978, pp. 7-8。

特理论。但在评价基础规范是否能成功处理这个问题时，我们必须认识到，基础规范只是凯尔森解决这个现代问题的资源之一，要完整地理解凯尔森的思想，还要配合他的政治理论才有可能。

第二节 基础规范

法律规范是一种特殊的存在。说一条法律规范存在，意思就是说它对它所调整的那些人具有"约束力"，或者说是"有效的"。效力就是法律规范的存在。① 这就好比说存在一条逻辑规则的意思，就是说那条逻辑规则包含的命题是成立的。那么一条法律规范为什么有效呢？因为它符合另一条更高的法律规范。而这条更高的法律规范又是从比它还高的法律规范那里获得其效力的。如此倒推，最终到达整个法律秩序的顶点，我们就遇到了基础规范（basic norm，Grundnorm）。

不过，"基础规范"本身的具体所指，并非确定无疑。有时，在国内法的层面上，凯尔森明确地将具体秩序的宪法称为它的基础规范。宪法无疑是实在法。但是，这似乎就和凯尔森另外的说法相冲突了。根据凯尔森，追溯实在法效力来源的过程在"历史上第一个宪法"的位置终止。②"历史上第一个宪法"的规范性"是被预定的，这种预定的公式表示就是这一法律秩序的基础规范"③。凯尔森解释说，纯粹实在法的观念具有局限性：④"历史上的"第一个"造法行为"没有可资运用的另一条实在法来赋予其效力，在实在法的范围内，它是一个纯事实，甚至是一个违法行为，例如革命或者政变。于是，纯粹法学认为，唯有假设性的（hypothetical）基础规范才使它披上规范性的外衣。⑤ 从这个意义上说，作为基础规范的宪法的具体内容取决于某一特定的事实，⑥并且基础规范总是"特有的基

---

① ［奥］凯尔森：《法与国家的一般理论》，沈宗灵译，32页。
② 同上书，130～131页。这里所谓的"历史"特指一个有效法律秩序自己的历史，而不是全部历史。一部宪法可能被以政变、革命这样的"违法"行为推翻，代之以另一部宪法，这时，新政权的"历史"就开始了。对它而言的"历史上第一部宪法"就是取代了旧宪法的宪法，而不是旧宪法或旧宪法秩序中的历史上第一部宪法。
③ 同上书，132页。
④ ［奥］凯尔森：《自然法学说与法律实证主义》，载同上书，437～438页。
⑤ "基础规范是一个不可缺少的推定，因为没有它，基本历史事件的规范性也就不能成立。"同上文，第432页。比较康德的说法："因此人们可以设想仅仅包含实在法的外在立法；但在这种情况下，一条设立立法者之权威（即将其单纯的选择确立为约束他人的权威）的自然法也必须预先存在。"See I. Kant, *The Metaphysics of Morals*, trans. & ed. M. Gregor, Cambridge University Press, 1996, p. 17.
⑥ ［奥］凯尔森：《法与国家的一般理论》，沈宗灵译，136页。

础规范"①,也就是特定法律共同体的宪法,这是宪法实在性的一面;但就宪法的规范性一面言之,宪法的效力是被法学认识所预定的(presupposed),基础规范的说法只是将"预定"这一"法学思想的中立活动"②以特定的公式予以表达,所以基础规范只是宪法被预定的法律意义。一个实在法体系的基础规范就是作为规范的宪法。既然"实证主义并不超越这一起初的宪法之外而去制造一个法律秩序的实质的和绝对的根据",它"就在那一点停止"③。实在法是一个具有具体内容的规范体系,它的实在性在宪法的层次上已经终止。说宪法是实在法,这是针对它的实在性、也就是它的具体历史内容的人为性质而言的;但就其作为规范而言,它的成立却不由历史上的某个立法者的意志这种实在性因素所决定。一般说来,任何实在法规范都同时具有实在性与非实在性(即规范性)。④唯有如此,实在一法这个术语才不是一个矛盾,也不会是一个反复。基础规范的非实在性,恰恰表明,法律的规范性,或者"法律应当得到遵守"这一义务并非人为,更非任意——用自然法的说法,它是符合自然的;用凯尔森的说法,它是法学逻辑的前提。

但有时,"基础规范"又有超出宪法的意义。⑤ 其一,基础规范设定了比实在宪法更"多"的内容。"后法胜前法"、"高级规范优于低级规范"即使未被明文规定,也为基础规范所设定。其理由是,法学作为认识,必须排除矛盾,以便将经验材料整理成一个有意义的统一整体。⑥ 其二,基础规范事实上表达了宪法获得效力的具体标准。凯尔森区分了法律规范的效力(validity)和实效(efficacy)。效力是法律规范的属性,而实效则是人们实际的行为的一种特性,它表示人的实际行为与法律规范的描述相符。⑦ 效力的根据在某个更高的规范,而不在于实效。人们不能从实效

---

① [奥]凯尔森:《法与国家的一般理论》,沈宗灵译,134页。
② 这个说法转自[德]卡尔·施米特:《政治的神学:主权学说四论》,刘宗坤译,14页,载施米特:《政治的概念》,刘宗坤等译,上海,上海世纪出版集团、上海人民出版社,2004。
③ [奥]凯尔森:《自然法学说与法律实证主义》,432页。
④ "法律同时体现为'应当'和'是',而在逻辑上,这两个范畴是相互排斥的。"同上书,429页。
⑤ 斯通与哈特指出基础规范学说存在暧昧不明的缺点是有道理的。哈特认为,从某种意义上说,基础规范是一条规范,它总是具有相同的内容,例如,应当像宪法规定的那样行为;而如果宪法就是被假定的有效性标准,那么这样一条规范就是不必要的重复(并且我们也可以说,基础规范不是一条,而是一组规范)。参见[英]哈特:《法律的概念》,张文显等译,257页,北京,中国大百科全书出版社,1996。斯通则问道:"凯尔森的基础规范公式究竟具有什么样的重要意义?它是想表达法律秩序的一条统一的规范呢(例如,'法律意义上的宪法应当被遵守')(这里我们将其称为'第一个版本'),还是仅仅想表达一个有待不同的法律秩序来予以填充的框架呢?"See J. Stone, "Mystery and Mystique in the Basic Norm", 26 *The Modern Law Review*, 1963, p. 46.
⑥ [奥]凯尔森:《自然法学说与法律实证主义》,438~439页。凯尔森强调说,基础规范是简单分析实际的法学陈述的结果。因而,基础规范只对法学来说是必要的,与实在法倒似乎没有什么关系。参见[奥]凯尔森:《法与国家的一般理论》,沈宗灵译,132页。
⑦ [奥]凯尔森:《法与国家的一般理论》,沈宗灵译,42页。

推出效力。并不是某种行为反复多次被人践行，它就成了法律规范，除非有一条法律规定如此。但是，效力和实效又不是全然无关联的不同概念。凯尔森说："规范只能在属于一个规范体系、属于一个就其整个来说是有效的秩序的条件下，才被认为是有效力的。因而，实效是效力的一个条件；它只是一个条件，而不是效力的理由。"① 也就是说，法律秩序的总体实效是法律规范效力的一个条件。但是，如果说法律秩序的实效是效力的条件，那就意味着基础规范规定，唯有大体上获得实效，宪法才是有效的——即使不考虑国际法，单就国内法而言，总是必须有一条判别何为法律的标准。效力作为法律后果，只有在基础规范设定的构成要件（实效）被满足的时候，才归诸宪法。因此，真正被推定的，不是宪法的法律性质，而是实效性原则。②

即使就基础规范作为"历史上第一部宪法"之法律属性（即作为最初的"应当"）的推定而言，凯尔森对它的说明也经历了多次的转变。凯尔森起初追随康德的先验哲学，将"归责"视为思维的范畴，就如"因果"范畴在自然科学中的地位一样，"归责"关系构成法学的前提。"归责"作为范畴，不可归约（irreducible）：思维至此已经不能再往下分解，它必须就此打住。因为范畴不是证明的对象，而是思维的条件。③ 但这一理论策略是不成功的。凯尔森的逻辑是，法学陈述的对象是规范，所以，若非预设"应当"这一范畴的存在，这种思维就是不可能的；因此"应当"就是被预定的。④ 然而，很明显，凯尔森是在循环论证。他首先假定法律是一个规范体系，然后证明"应当"范畴成立；但恰恰只有在"应当"范畴成立之后，才有可能将法律视为一个规范的体系。假如"应当"只是一个虚构，那规范就只是骗人的把戏了。⑤ 斯坦利·保罗森在其为凯尔森第一版《纯粹法学》的英译本所撰写的《导言》中，比较了康德在论证因果范畴时所运用的论证过程与凯尔森在证明归责范畴时所运用的论证过程之间的差别。保罗森证明，康德的先验论据比凯尔森对先验论据的模仿，更有说服力。另外，凯尔森承认说："纯粹法学对此了然于心，即特定物质事实的特殊规范性意义，也就是被标志为'法律'的意义，并不是必然的解释，而是一个

---

① ［奥］凯尔森：《法与国家的一般理论》，沈宗灵译，44~45页。
② "如果只考察国内法而不管国际法，那么，国内法效力的最终理由就是将'宪法缔造者'当作创造法律权威的一个假设性规范。然而如果将国际法也考虑在内，那么我们就发现这一假设性规范可以从国际法律秩序的一个实在规范：实效性中得来。"同上书，402页。如果这里只存在推定与实在法之间的区别，那么前一个推定的内容，就是实效原则。再者，凯尔森所指认的国际法的基础规范，实质上同样是实效原则，这条规范就是："各国应当像它们习惯地行为那样行为。"同上书，404页。
③ See generally H. Kelsen, *Introduction to The Problems of Legal Theory*, chap. Ⅲ.
④ S. L. Paulson, "Introduction", in H. Kelsen, *Introduction to The Problems of Legal Theory*, p. xxxiv.
⑤ See ibid..

可能的解释；唯有给定一个特定的基本预定之后,这种解释才是可能的。"①这个"基本假定"指的就是基础规范的预设。这说明凯尔森在第一版《纯粹法学》中并没有意识到自己所面临的问题。因为问题不在于由于基础规范是假定的,所以规范性解释只是一个"可能的"而非"必然的"解释——事实上,凯尔森自己将这个假定认为是必要的,所以它就成了一个"必然的可能性";问题在于他的循环论证。

凯尔森后来在第二版《纯粹法学》中引入了完全与康德主义相悖的休谟式的经验论据,将"归责"视为一种思维的习惯。② 1963年以后,凯尔森又经历了第三次理论转向。他最终引入一个虚拟的意志来解说基础规范。这意味着法律的"应当"被置于某个逻辑上必要的意志之下。③ 我们看到,凯尔森对基础规范的论证经历了一个从强立场(先验论证)到弱立场(经验论证)再到引入意志这个一直被排斥的因素的过程。但不论凯尔森的论证方法如何变动,他对基础规范本身的坚持却是不变的。而基础规范学说表达了一个坚定的信念,即法律规范的效力独立于事实,也独立于道德。这正是纯粹法学作为法律实证主义一个重要流派的含义所在。迄今为止,这仍是法学论争、同时也是政治理论当中最具分量和争议的命题之一。

第三节 法律的概念

凯尔森关于法律的概念的理论有其自身独有的特色。他把法律的概念区分为静态的法律概念和动态的法律概念。这是观察法律的概念的两种不同方式,④也是将法律区别于其他现象的两个方面。为简便起见,这里以道德作为法律的对比项来说明法律的概念。

法律是一种强制秩序。⑤ 这是从静态结构上使法律区别于道德的一个标准。这个包含了两个方面。首先是"强制"的性质。凯尔森认为,从本性上说,要求人们自愿服从的道德规范本身是不规定强制的。法律规范规定的是：如果一个人杀人,那法律秩序所决定或曰规定的另一个人就应对杀人者适用法律所规定的强制措施。而道德规范则使自己限于要

---

① H. Kelsen, *Introduction to The Problems of Legal Theory*, p. 34.
② H. Kelsen, *Pure Theory of Law*, p. 103.
③ 参见[英]韦恩·莫里森：《法理学：从古希腊到后现代》,李桂林等译,361页,武汉,武汉大学出版社,2003。
④ 参见[奥]凯尔森：《法与国家的一般理论》,沈宗灵译,139~140页。
⑤ 同上书,19页。

求"汝不得杀人"①。但实际上,道德规范作为规范,适用与法律规范同样的"归责"概念。因为道德规范也可以被表述为:杀人行为应当被给以否定的评价或谴责。② 所以道德规范与法律规范的结构是可以完全相同的。而且,谴责或者褒扬都属于强制,尽管是心理学意义上的强制。道德规范运用作为直接动因的自愿服从技术,③但这并不能否定道德规范的强制特征。因此,说强制是法律的标准,意思其实是说法律运用特种强制技术,即法律最终是由暴力或武力的运用作为保证的:违反其意愿剥夺所有物,必要时使用武力。④

其次,法律的强制是组织起来的、以特定的方式被垄断的。这一点与道德的自主适用形成对照。不过,凯尔森所谓的"垄断"与一般理解的不同。他是在规范的意义上使用"垄断"这个概念的,指的是武力只有根据一个规范秩序的规定才被许可。⑤ 这样,"垄断"在具体的执行技术上,既可以是集中的,也可以是分散的。⑥ 例如,国际法在目前为止主要还是一套分散的机制,而国内法则通常是集中程度极高的机制。但它们的共同前提是,无论国际法还是国内法,都被认为有一套共同有效的实在规范作为判断是否适用强制的标准(这一点与共同体中的道德分歧形成对照)。凯尔森更是援引原始法律秩序作为例证,⑦说明一个既无特别的立法机关,也无特别的司法机关的社会,可以是一个法律的社会,因为在其中,武力的运用都是以被行为人预定的(法律)规范——例如血亲复仇这样一条规定了强制的规范——为根据的。凯尔森对"垄断"的这种界定方式颇为独特,这使他的法律作为使用武力之垄断的命题作为法学命题,而区别于马克斯·韦伯的社会学命题,但也很容易引起争议。

凯尔森还在另一种意义上使用"静态的"一语。每一种规范体系都有其自身的基础规范。法律秩序有法律秩序的基础规范,道德秩序也有其自身的基础规范。但两种基础规范的特征有巨大的差别。凯尔森根据这种差别,将规范体系区分为静态的规范体系和动态的规范体系。所谓静态的体系,指这个体系是从基础规范出发的一个推导体系,这个基础规范规定的是某种具有自明性和固有魅力的实体内容,接受它的人不会再进

---

① [奥]凯尔森:《法与国家的一般理论》,沈宗灵译,20页。照此,"欠债还钱,杀人偿命"这一规范的后半部分,也属于法律规范了!

② "例如:道德命令说,假如某人需要帮助,他就应当得到帮助;假如某人遵守这个命令,他的行为就应当得到赞许;假如他不遵守这个命令,他的行为就应当受到非难。"See H. Kelsen, *Pure Theory of Law*, p. 93.

③ [奥]凯尔森:《法与国家的一般理论》,沈宗灵译,15~16页。

④ 参见同上书,18~20页。

⑤ "如果一个社会秩序规定,强迫行为只能在其所决定的某些条件下并由其所决定的某些个人作出,而且如果我们把这些个人看作该社会所构成的共同体的机关,那么,我们可以说,该社会秩序将武力的使用保留于共同体。这样的社会秩序就确立了共同体的武力垄断。"[奥]凯尔森:《国际法原理》,11页。

⑥ 同上书。

⑦ 参见[奥]凯尔森:《法与国家的一般理论》,沈宗灵译,372~373页。

一步去质疑它。① 这样一种规范体系的展开依靠的是智力的作用。与之相对,法律则是一个授权体系,其基础规范设立的是某种权威。基础规范授权这个权威去创设具体的内容。② 这个被设立的权威又可以进一步进行授权。这样,法律秩序就是一套授权体系。它建立的是一个创设相应级别法律规范的权威系列,其具体内容的展开依靠的是人的意志行为。在这个意义上,凯尔森将法律秩序称为动态的规范体系。

法律作为动态规范体系的概念突出了法律的实在性,也就是法律的具体内容是由人来制定或废除的。③ 但凯尔森并不将这个概念作为界定法律的根本标准,因为在这个授权体系中产生的决定,未必都是法律,例如有关授予某人荣誉的决定。不过,这个动态体系的概念对法律概念的探讨来说,仍然有某种辅助的作用。以宪法为例。宪法的条款通常并没有规定强制或制裁,从这个角度看,宪法就不符合法律是一种强制秩序的定义。但凯尔森指出,由于宪法是法律规范的效力来源,是创制具体法律规范之权威的最终设立者,因此,尽管宪法就本身来看并不是完整的法律规范,但它是所在法律秩序所有法律规范的内在组成部分。④

如果将两种界定法律概念的方式结合起来考虑,那么一个完整的法律规范的正确表述就应当是这样的:"在一个专门程序中,如果,此人在其最后陈述当中被认定曾经偷盗、杀人,他将受到惩罚。"⑤

第四节 规范等级体系

从动态规范体系的角度看,法律秩序呈现为一个从宪法经由一般规范、条例直至最后的个别规范的等级体系。⑥ 这一点已经成了我们法律观念当中的一个基本常识。不过,纯粹法学对这个问题的论说仍有值得注意之处。

凯尔森把法律秩序界定为一个动态体系。但这个动态体系往往充满了实体内容。也就是说,静态体系在一定程度上也存在于法律秩序之中。因此,如果说在这个等级体系当中,高级规范相对于低级规范具有优越性的话,⑦那么这种优越性应该具有两个层面的含义:高级规范或者在动态

---

① 参见[奥]凯尔森:《法与国家的一般理论》,沈宗灵译,126~127页。
② 参见同上书,127页以下。
③ 参见同上书,128~129页。
④ 同上书,162页。
⑤ [奥]凯尔森:《上帝与国家》,林国荣译,323页。
⑥ 参见[奥]凯尔森:《法与国家的一般理论》,沈宗灵译,第11章。
⑦ [奥]凯尔森:《自然法学说与法律实证主义》,439页。

的、程序的意义上优于低级规范,或者在静态的、实体内容的意义上优于低级规范。根据凯尔森,这种优先性表现为:高级规范与低级规范之间具有前者决定或约束后者的关系——高级规范或者同时在程序与内容两个方面,或者仅仅在程序方面决定低级规范的创造。但是,规范不可能规定所有的情形与细节,①所以,这种决定不可能是完全的;相反,高级规范必定会留下裁量的空间,以使新法的创制成为可能,也使自身能够适用于具体的案件。② 这都说明,在规范等级体系内,规范的确定性与不确定性都不是绝对的,两者相辅相成。

假如在这个等级秩序中,下级权威在创制规范的时候违反了它的高级规范,怎么办呢? 比如,在没有违宪审查机制的法律秩序中,低级规范违反宪法设定的内容,这对一个规范等级体系来说,意味着什么呢? 凯尔森的解释实际上根本取消了这类法律冲突问题。他的解释的核心在于提出"高级规范的选择性质"命题:"决定低级规范的高级规范的选择性质就排除了高级规范与低级规范之间的任何实在的矛盾。"③它的意思是说,假如一个低级规范以违反高级规范的方式被创造出来,却仍然有效(也就是说,在法律秩序内部没有一个纠正这一错误的法定机制,或者即使存在这种机制,它也没有被启动来纠正这个错误),这只能意味着,高级规范在规定某一条件应当给以某一后果的同时,也规定了法律适用/创制者可以选择以不同于高级规范所规定的(不论程序的或者实体上的)内容的方式来创造该等级的规范。④

这样解释或许达到了知识－逻辑的无矛盾原则的要求。它的确把法律体系认识为一个统一体系。但是,"高级规范的选择性质"却破坏了规范所具有的"应当"的意义。因为可选择的并且其选项在原则上并没有具体限制的"规范",事实上就等于没有规定任何内容是"应当的"。如此一来,高级规范与低级规范的等级关系也很难维持。相反,却必须将这个等级体系颠倒过来。只有低级规范才是"应当":相对于宪法,一般规范是真正的"应当",它可以不顾宪法的规定而获得效力;相对于一般规范,个别规范才是真正的"应当",它同样可以不顾立法或者条例的规定而获得效力。面对低级规范的时候,高级规范总是没有决定意义的,一点也没有。或许可以说,高级规范的说法在法律上是多余的——高级规范只是在每一次创造出特定的低级规范之后才被法学认识附加上去的,它们无非是一些"事后解释"。决定的关系正好与规范等级体系的正式表述相反。

这一悖论在维持宪法在国内法体系中作为最高规范的问题上,具有

---

① H. Kelsen, *Introduction to The Problems of Legal Theory*, p. 88.
② Ibid., p. 78.
③ [奥]凯尔森:《法与国家的一般理论》,沈宗灵译,182 页。
④ 参见同上书,173~182 页。

特殊的意义。凯尔森设计宪法法院的根据就与此有关。但是,他把是否设定某种违宪审查机制当作一个政治上明智与否的问题,因为,这在他看来,显然属于应当怎样制定法律的问题。然而人们也可以这样来看:假如不存在有效的违宪审查机制,那么作为最高级规范的宪法,就可能减弱甚至丧失自身的最高级地位。相反,按照"高级规范的选择性质"这种解释,高级规范是什么这个问题,只有低级规范来回答。那么高级规范的"高级"体现在哪里?为了保证这个等级体系能够维持,有效的审查机制就是必需的。

对于纯粹法学本身而言重要的是,按照"高级规范的选择性质"的解释,纯粹法学的规范性就可能不保。狭义法律科学(与包含一般理论在内的法律科学相对)的任务在于以"如果如此这般的条件具备,如此这般的制裁就应随之而来"这样一种形式来描述实在法的内容。① 对于狭义法律科学来说,合法与非法的界限,必须存在。如果法律规范规定的内容可以意味着相反的事物(所谓的选择性),那么狭义法律科学的陈述就根本不是"应当",而只能是可能性;② 甚至不是可能性,而只是对过去法律决定的历史性描述。如果它的陈述只表示可能性,那纯粹法学就滑向了社会学(对可能性的预测);如果它的陈述只是对过去法律决定的回顾,那纯粹法学就成了历史学。总之,它不再是一门独立的法律科学了。

第五节 结语

纯粹法学的内容极为丰富,因为它实际上能够覆盖整个法律思维领域的所有内容。它系统地表达了法学的世界观。说起来颇有些悖谬的意味,因为这一点不但体现在它对权利、义务、责任、违法行为等一般法律概念的阐释,更是体现在它对自己所划定的研究范围的突破。例如,纯粹法学把正义问题排除在法学的恰当研究对象之外,但实际上,它又透过自己的视角,提出了有关正义的、合乎法学立场的观点。他指出,关于"正义",有一个"在经验基础上可以提出的理论",即只有一种寻求多元利益相互妥协的法律制度,才能比较永久地存在。这就是"和平理想":"虽然这里所说的原来意义的正义理想,是与和平理想完全不同的,但却也存在着使这两种理想等同起来或至少使和平理想代替正义理想的趋势。"③正义首

---

① [奥]凯尔森:《法与国家的一般理论》,沈宗灵译,49页。
② 凯尔森提到"可能的非法性"。参见[奥]凯尔森:《上帝与国家》,林国荣译,323页。同理,不妨补充上"可能的合法性"。
③ [奥]凯尔森:《法与国家的一般理论》,沈宗灵译,13页。

先变形为和平。但正义同时又被转换成合法性(legality),而且这种转换被认为是与和平理想的趋势齐头并进的。① 这两股趋势最终在下述论断中汇合:法律实质上就是(相对的)和平。② 法律与正义之间的断裂现在又根据科学的理由接合在了一起。正义＝和平＝合法性,在这个意义上,纯粹法学取消了正当性(legitimacy)与合法性的传统二分法,③而标举一种纯粹的合法性概念。

类似的理论线索还有许多,在此不能尽数。如果我们将这一理论努力放在一个现代的和多元的社会中来理解,或许我们既能认识到它对于一个系统分化的社会的建构意义,也能理解到它为谋求多元共存的共同体生活所做的苦心孤诣的理论努力。

思考题

1. 如何理解纯粹法学的纯粹性?
2. 基础规范具体指的是什么?
3. 在何种意义上,纯粹法学是一种法律实证主义的流派?
4. 试阐述凯尔森对法律的概念的界定。
5. 结合我国的法律现实,试阐述对规范等级体系的理解。

阅读文献

1. [奥]凯尔森:《法与国家的一般理论》,沈宗灵译,北京,中国大百科全书出版社,1996。
2. [奥]凯尔森:《纯粹法理论》,张书友译,北京,中国法制出版社,2008。
3. [英]哈特:《凯尔森之会》,载[英]哈特:《法理学与哲学论文集》,

---

① [奥]凯尔森:《法与国家的一般理论》,沈宗灵译,14页。
② 同上书,23页。
③ "当这些规范并不曾在法律秩序本身决定的方式下归于无效时,他们就继续是有效力的,这就是正当性(legitimacy)的原则。"同上书,132页。此处译文有改动,原译文将"legitimacy"译为"合法性"。凯尔森在这里使用"legitimacy"这个术语,但其含义显然从属于"legality",所以原译者将其译作"合法性",其实是恰当的。在另一处,凯尔森已经消解了"正当性"概念的意识形态功能。H. Kelsen, *Introduction to the Problems of Legal Theory*, p. 106.

支振锋译,301~323页,北京,法律出版社,2005。

4. J. Raz, "The Purity of the Pure Theory", in S. L. Paulson & B. L. Paulson(eds.), *Normativity and Norms: Critical Perspectives on Kelsenian Themes*, Clarendon Press, 1998, ch. 12, pp. 237-252.

5. S. L. Paulson, "Introduction", in Kelsen, *Introduction to The Problems of Legal Theory*, trans. B. L. Paulson & S. L. Paulson, Clarendon Press, 1992, pp. xviii-xlii.

第六章 施米特的政治神学与宪政思想

　　一个幽灵游荡在全球学术的台前幕后。作为20世纪西方政治法律思想界最受争议的人物之一,卡尔·施米特(Carl Schmitt)的作品曾一度被战后学界打入冷宫。借助这种悬置措施,自由主义法律理论得以暂时维护其尊严。可以想见的是,压制与隔离的代价可能是随后更剧烈的爆发,最近20余年英语学界的施米特研究热潮便是明证。与此同时,伴随着施米特的作品重新进入学者视野,围绕其生平和思想的争议再度显现。

　　在一本思想史教材中,用专门的篇章来阐述卡尔·施米特的作品,或许会引起争议。的确,施米特很难被界定为西方政治和法律思想中"里程碑式"的人物。他的思想甚至过于"独特",乃至于难以被归入任何一个常见的思想史"流派"。甚至,在思想史教材中将如此"反动"的人物与或多或少带有"进步"色彩的其他近代思想家相提并论,这种做法本身就可能引起部分读者纯粹情绪上的厌恶。然而,当今学界对施米特作品的浓厚兴趣,却又迫使我们不得不对这一趋势予以严肃对待。所以,在此占用一定的篇幅,对施米特的政治与法律思想做一大致勾勒,对于理解和回应我们时代的这一学术现象,或许不无裨益。

　　德国公法学家卡尔·施米特出生于1888年,去世于1985年。他最为活跃的年代是魏玛共和国时期(1919—1933)。在纳粹上台后,他曾发表若干鼓吹民族社会主义的言论,并一度荣膺第三帝国"桂冠法学家"的称号(这正是其生平中最受指责之处)。"二战"结束之际,作为证人和嫌疑犯,他被盟军带到了纽伦堡军事法庭,随后被释放。尽管失去了任何学术职务,并在声誉上蒙受巨大损失,但他在战后学术界一直保持潜在和长期的影响。他的重要作品包括《政治的浪漫派》、《论专政》、《政治的神学》、《政治的概念》、《宪法学说》、《宪法的守护者》、《合法性与正当性》、《霍布斯国家学说中的利维坦》、《大地的法》、《游击队理论》、《政治的神学续篇》等。限于篇幅缘故,本章内容不可能涉及以上所有作品,而是将以施米特在魏玛时期的作品为核心,对施米特政治与法律思想背后的根本性世界观-思维方式做一大致勾勒,并揭示这种思维方式在其具体的政治与法律主张中的重要体现。

第一节 "政治的神学":从人性论到威权主义

近代政治思想的根本出发点是对"人"的预设和描述,这是因为在脱离了神权的控制之后,政治秩序的建构主体也相应由"上帝"被转换成了世俗世界中的"人"。施米特政治观念的出发点也是如此。在他看来,所有的国家理论和政治观念,都涉及一个至关重要的前提性问题:人在本性上是恶的,抑或在本性上是善的?所有政治思想家都有必要回答:"人是否是一种危险的存在,他到底是一种危险的生物,还是一种无害的生物?"①正是从这一问题的不同解答出发,各种截然对立的政治观念才得以形成。

施米特选择将人理解为邪恶的存在,而"'恶'能够以腐败、软弱、懦弱、愚蠢或者'残忍'、肉欲、冲动、物理性等面目出现"②。在历史上,有大量的政治思想家,例如马基雅维利、霍布斯、费希特、迈斯特、柯特(Donoso Cortes)、丹纳(H. Taine)、黑格尔,都赞同人性充满问题这种观点。③施米特尤其青睐霍布斯的理论。在《利维坦》一书的描述中,身处自然状态下的自私自利个人,出于对自身安全状况的恐惧,用尽一切可能的办法攫取权力,并同时剥夺他人的权力,这导致人与人相争的最可怕局面,"对霍布斯这位真正有力而系统的政治思想家而言,'悲观主义'的人观乃是具体政治思想体系的根本前提。他同样正确地认为,每一方均称自己拥有真理、至善和正义的做法将导致最恶劣的后果,最终则导致一切人对一切人的'战争'"④。

在西方文化中,这种对人性的"幽暗意识"有其在基督教神学上的根源。与近代政治思想中的人性论相类似,这种人性预设也清晰地体现在神学的原罪教义中。在基督教的教义体系中,尽管作为上帝创造物的人类也分享有上帝的部分"神性",但被逐出伊甸园之后的人必然是堕落、有罪的,即使人能够通过赎罪方式涤荡自己的罪过,也永远不可能僭称自己的性质能达到与上帝等同的完善程度。被施米特反复引用的迈斯特、博纳德和柯特等"天主教的政治哲学家",在各自作品中都强调人性本恶这一事实。这其中以柯特的言辞最为激烈,在这位西班牙天主教学者看来,人是绝对有罪和堕落的,他们天性邪恶且毫无价值,以致连爬虫也远不及

---

① [德]卡尔·施米特:《政治的神学:主权学说四论》,刘宗坤译,载[德]卡尔·施米特:《政治的概念》,刘宗坤等译,138页,上海,上海人民出版社,2004。
② 同上书。
③ 同上书,141页。
④ 同上书,144页。

人卑劣。①

如果人是邪恶的,是危险的,那么由人所构成的任何具体政治秩序也必然是邪恶和危险的。这种邪恶和危险甚至可能导致由人构成的世界的毁灭。霍布斯政治学说中的人所带有的自私自利特性,即使在缔结社会契约进入国家和社会的状态后,也未曾消失,霍布斯从来未曾期待会有"公民美德"一类的东西带来国家的完善。神学家也对邪恶、盲目与无知的人类政治秩序表示悲观,在柯特笔下,"邪恶的胜利是不言而喻和理所当然的,只有上帝的神迹方能力挽狂澜"②。他对人类历史进程的描述口吻是彻底的悲观和恐惧:"人类盲目地穿行在我们称之为历史的迷宫之中,没有人知道这座迷宫的入口、出口的形状;人类好似一只在海上漫无目标的颠簸的船,它操纵在一群狂暴、粗俗、强行征募来的船员手中,他们号叫狂舞……"③

如果人类世界是充满危险的,那么,就不可能让万事万物各司其职,实现自我管理。因此,就不能让世界自行其是。一旦误入歧途的人类把世界带至毁灭边缘,就有必要引入外力予以干涉,从而强制人们重新走上不那么危险的道路。但危险是无法根除的,因为人本身就是危险的,所以就需要外力的再度出场。根据这种逻辑,一种超验的、外在的、人格性的统治权威便显得必需。这种外在的权威能够在各个关键时刻予以周期性的介入,从而避免世界走向彻底的堕落和毁灭。

在神权时代,上帝便是这个外在的统治权威。他并非时时刻刻都参与进现世的人类事务,但却在关键的时刻行使其至高的权力,对人类事务予以干预,其干预的方式便是神迹。《圣经》中记载了大量的神迹,这些神迹的共同特点便是原有的自然规律突然停止运转,世间万物任由上帝的意志来摆布,而这种摆布完全超出了人类对自然的理解。巴别塔的故事便是一个鲜明例证。兴旺起来的人们兴建通天高塔,认为自己无所不能,甚至挑战上帝的威严。于是上帝变乱了人类的语言,失去共同语言的人们无法沟通,修塔计划因而难以为继。世界随后恢复安宁。

然而,早期现代西方社会却必须接受神权逐渐淡出人类舞台这一趋势。上帝和神迹已不再被信仰,中世纪的整体性、有机性和普遍性思想方式开始解体。民族国家模式取代了基督教帝国,对绝对主义君主专制的推崇取代了对神权的膜拜。由此产生如下问题:如果没有了上帝,谁能够保证人类的各种政治组织形式能够有序运作而不至走向毁灭?以及,如何实现这种保证?

施米特由此提出了他所谓的"政治的神学"。在他看来,"现代国家理

---

① [德]卡尔·施米特:《政治的神学:主权学说四论》,刘宗坤译,载[德]卡尔·施米特:《政治的概念》,刘宗坤等译,37~38页。
② 同上书,38页。
③ 同上。

论中的所有重要概念都是世俗化了的神学概念"①。因此,这里的"世俗化",实际上意味着近代国家理论的概念结构与神学概念结构存在着类似性。在这种类比关系中,全能的政治统治权威,尤其是君主或立法者,类似于全能的上帝。这一权威在正常情形下隐而不现,而在必要的情况下,这一人间上帝可以对原本自主运行的政治体予以有效干预,而这正是类似于神学中的神迹。借助这种"政治的神学",施米特试图将中世纪神权统治思维方式转嫁到世俗国家当中,并由此来保证现实中的脆弱的政治体始终能处于一个外在权威的监视和潜在介入之下,从而使不可靠的、自我运行的政治体在遭遇重大危险时能够获得及时干预和保护。

施米特强调,其"政治的神学"只是一种在神学概念和政治学概念之间的"类比"②。由于上帝已经死去,或者被认为已经死去,容易走上歧途的人类政治秩序就面临失去外在权威的监督和约束的危险。因此,有必要在世俗的政治体之外和之上,再强加一个外在统治权威,来承担过去由上帝所承担的功能。政治永远都只能是一部分人统治另一部分人,而不可能实现被统治者与统治者的彻底同一性,亦即实现人们的自主治理。在施米特眼中,与"人民"相对的君主,便承担了这种人间上帝的职能。因此,从这种字面意义上看,"政治的神学"并非主张在中世纪神权和近代民族国家之间存在某种直接的正当性传承,并非认定君主的权威直接源自上帝,而应当是一种从人性论的预设(人性本恶)出发,按照世俗的法学——政治学思维推导出来的结论(需要有权威来统治人),这最终导致其与神学思维在结构上的类似性。

然而,值得进一步指出的是,这种类比观念支配下的"政治的神学"却令人产生一个疑虑:如果人是邪恶的,同时上帝又不存在,那么,如何保证同样是人的统治者不是邪恶的,甚至要在所有人都作恶时实施及时且正确的干预?这样的使命对于世俗统治者而言未免太过艰巨。施米特自己更是坦诚:"全能"的国家无非是全能上帝的"浅薄"世俗化而已。③这意味着,施米特在近代君主和准君主能否有效承担起过去由上帝所承担的职能这一问题上,并没有给出明确的肯定答复。要弥补这一缺陷,实际只存在两种方案:(1)回归全能的上帝统治的时代;(2)令统治者的权力直接源自神权,亦即让君主或统治者成为"上帝的肖像",带有神的品质,从而不同于一般民众。无论选择何种方案,实际都以一个全能上帝的存在为前提。因此,对施米特"政治的神学"做进一步推导,便将得出这一根本性的结论:"要信仰上帝"。

施米特投向政治神学的怀抱,这表明他对世俗化政治的深刻不信任,以及对人民主权和法治国理念(这种理念认定法律"机器"的完美运转能

---

① [德]卡尔·施米特:《政治的神学:主权学说四论》,刘宗坤译,24页。
② 同上书,24~25页。
③ [德]卡尔·施米特:《政治的概念》,刘宗坤等译,121页。

够取消具体的人对人的统治)的本能性抗拒。然而,在一个世俗化与人民主权盛行的时代,公开宣扬神权统治者必将沦为众矢之的。于是,施米特有意在文本中回避了这个结论,而只是强调"类比"。然而,这种"隐微"的写作方式却造成了上文表明的论证裂缝。由此,在某种意义上,"政治的神学"或许可被视作真正的政治神学,而非简单的"类比"。这层观察也提醒我们:施米特对现实的世俗政治与法律的描述和判断,或许更多是带有冷眼旁观的心态。

第二节　政治决断论:主权、政治与国家

施米特对"主权"的定义与这一概念的传统定义迥然不同。传统做法依据一种抽象的图式,将主权描述为一国内部最高的、永久的和绝对的权力。在施米特看来,这种抽象定义没有引起任何争议,是因为它本身不具有实质性意义。更具有意义的定义,应当关注主权是如何被实际运用的,亦即在涉及国家的利益、安全和秩序的关键时刻,由谁来为国家的命运做出最终性的决断。因此,"主权就是决定例外状态"①,以及在这种状态之下做出进一步的政治决断。而主权者就是有权就是否存在例外状态,以及在此状态下应采取何种措施做出决断的人。

这正是典型的"政治的神学"的思维。类似于不轻易显现于人间的上帝,主权者在政治治理的正常情形下也应无所作为。在这种情形下,法律秩序尚能有效维持,国家生活也没有遭遇致命威胁。只有在一种极端危险的情况下,诸如国家面临生死存亡的挑战因而常态下的法律规范无法有效应对时,才需要主权者的出场,由其越出实证法的范围做出政治决断,从而拯救国家。因此,主权和主权者并不体现在正常状态中,而是出现于例外状态:"统治者决定是否出现了极端的紧急情况,以及采取何种措施消除这种情况。他置身于正式生效的法律秩序之外,他绝不属于这种秩序,因为正是他来决定是否完全搁置宪法。"②"政治的神学"还体现在决断理由之不可追问的性质上:由于人是卑微的,所以对上帝或者类似上帝的统治者的决断,人的智慧和理智是无法理解的。当理智不足以支撑决断的"正当性"论证时,人们只能诉诸信仰:教会和主权都是"永无谬误"③。

---

　① ［德］卡尔·施米特:《政治的神学:主权学说四论》,刘宗坤译,5页。译文据德文原版略做改动。
　② 同上书,6页。
　③ 同上书,36页。

例外状态也绝非仅具有边缘性的意义。实际上,它决定和证明正常状态,从而相较于后者反倒具有更为根本性的法学意义。这是由于施米特的法律观并非那种抽象的、声称具有普世效力的自由主义规范论。相反,在他看来,一切法律均是"具体处境中的法"①。所有的一般性规范都要求一种日常生活框架,只有在这种具体框架中,具体的规范才能生效,并使生活服从规则的治理。要使一种法律秩序生效,就必须存在一种与其配套的具体正常状态。而决断是否真正存在这种正常状态,并决断是否采用相应的规范体系,则是例外状态下主权者的职能。因此,"规范证明不了什么,而非常状态却能证明一切:它不仅确认规范,而且确认规范的存在,因为规范只能来自非常状态。在非常状态下,现实生活的力量打破了那种经过无数次重复而变得麻木的机械硬壳"②。

在此有必要进一步追问的是:政治"决断"的具体内涵和方式究竟是什么?施米特由此引出了对"政治"这一概念的探讨。上文已述及,主权者可以决断例外状态、决断未来将走向何种正常状态和何种法律秩序。这意味着政治决断实际上乃是在诸种价值、规范或策略的可能性中选择一种。选择将导致自我与他者间的区分,因为不同主体的选择可能是不一样的。施米特对"政治"所下的带有强烈修辞意味的定义正体现了这层区分意含:政治就是(根据例外状态中的决断来)划分朋友与敌人。③

施米特主张,在人类思想和活动的各个领域,都存在着一种不可抗拒的二元性对立。在道德领域,这种二元性体现为善与恶,在审美领域是美与丑,在经济领域则是利与害。在政治领域,决定性的对立方式和划分标准则是敌与友。这一划分带有其清晰的自明性,因而独立于其他领域的划分。这意味着政治的敌友划分能够在理论和实践上独立存在,而无须借助于任何道德、审美、经济或其他方面的划分。所以,"政治敌人不一定非要在道德方面是邪恶的,或在审美方面是丑陋的;他也不一定非要以经济竞争者的面目出现,甚至与政治敌人拥有商业往来会更加有利"④。尽管从情感上来讲,敌人容易被当作邪恶和丑陋的一方,但这只是因为每种划分均利用其他各种划分来支持自身,而政治划分也不例外。

将人类思想和活动划分为遵循着各自价值逻辑的不同领域,并赋予这些领域以相应的自治性,从而使得前现代的那种整体的、有机的、和谐的思维方式遭遇解体,这是一种典型的现代性乃至自由主义思维。在《政治的概念》(单行版首版于1932年)这一名篇的不同版本的形成史中,借助同行的批评和启发,卡尔·施米特更加清醒地意识到了自己论证中的

---

① [德]卡尔·施米特:《政治的神学:主权学说四论》,刘宗坤译,10页。
② 同上书,11页。
③ [德]卡尔·施米特:《政治的概念》,刘宗坤等译,106页。
④ 同上书,107页。

这种自由主义线索。①作为自由主义的批判者,他不会满意于这套逻辑。作为补救措施,他选择使用如下论证方式来使自己区别于自由主义。

首先,施米特试图模糊各个不同的领域间的界限,尤其是突出了政治逻辑向其他领域的流溢倾向,从而揭示一种现代社会中"泛政治化"的事实状态。总体国家(totale Staat)的出现便标志着19世纪那种经典的国家与社会二分方案的破产,国家与社会的合一导致原本属于国家的事务变成了社会事务,这同样也导致原本属于社会的事务变成了国家事务。于是,"在这类国家中,一切事务至少是潜在地都具有政治性……"②更为关键的是,施米特强调,原本在政治上"中立"的其他领域内的各自对立,当其尖锐到足以有效地把人类按照敌友划分成阵营时,便转化成了政治对立。如果一个宗教群体发动了反对其他宗教群体的战争,那么它就不再仅仅是一个宗教群体,而是成为一个政治统一体。如果马克思主义意义上的"阶级"走到了决定性的地步,将对立的阶级当作真正的敌人,从而按照政治的逻辑来展开阶级斗争,那么政治也出现了。因此政治就其本质而言是无处不在的。③

其次,相对于其他领域,施米特别强调政治领域的优先性。政治的本质就是敌对性,而敌对性必须在"具体的生存意义"上来理解,"始终发生斗争的可能性隶属于敌人这个概念"。敌对始终包含着爆发战争的可能性,不论是对外战争还是内战,而这意味着"肉体杀戮的现实可能性"④。因此,政治的最极致后果和场景便是战争,"只有在真正的战斗中,敌—友划分所产生的最极端后果才得以暴露出来"⑤。如果没有战争的可能性,政治便失去意义。只有政治团体才有权要求其成员去为其在战争中牺牲生命,纯粹经济的理由不可能要求在市场竞争中的失败者去死,"正是凭借这种支配人的肉体生命的权力,政治团体才超越了所有其他组织和社团"⑥。正是凭着这种决断敌友、发动战争并支配其成员生命的能力,政治才获得了现代社会中的核心地位。施米特也正是依据这一理由来批判拉斯基(Harold Laski)等人的多元主义理论。⑦

施米特对政治本质的理解,其最终依据仍在于他对于人性的假设。人是邪恶的,这一逻辑起点导致霍布斯所描绘的自然—丛林状态:一切人对一切人的战争。由此,敌对性便成为人的本性。首先是由于掠夺资源而可能引发争斗,敌人由此被识别和决断,其次才是朋友,而寻找朋友

---

① 参见[德]迈尔:《隐匿的对话:施米特与施特劳斯》,朱雁冰等译,9~70页,北京,华夏出版社,2002。
② [德]卡尔·施米特:《政治的概念》,刘宗坤等译,103页。
③ 同上书,117~118页。
④ 同上书,113页。
⑤ 同上书,115页。
⑥ 同上书,127页。
⑦ 同上书,117~124页。

第六章 施米特的政治神学与宪政思想

的最终目的仍是消灭敌人。于是政治产生了。政治的一切逻辑,便根植于这种最为悲观主义的人性论起点之中。

政治最首要的表演舞台被设定在国际关系中。尽管施米特承认一国内部的政党"政治"也可能导致清晰的敌友划分,甚至可能引发内战,从而上升为真正的政治,①但是在国内秩序的正常状态下,由于统治者已经实现了疆域之内的"安宁、安全和秩序",所以国内事务一般而言无法升级成为政治决断,而只是按部就班的司法和行政。只有在例外状态下,才会在国内事务的范围内出现主权性的决断:宣告哪些政党和组织是国家的敌人。②然而,在国际关系领域,例外状态毋宁可以说是正常状态。这是由于在各个利维坦之上并没有一个更高的主权性裁断者,所以,国际舞台在本质上是没有法律的自然状态,而这正意味着永远无法消除的国与国之间的战争。主权者时刻面临决断,他必须在大国强权关系中依赖自己的国家理性进行永无止境的纵横与攻伐:"具有伟大意义的政治,崇高的政治,当时(指17世纪直至第一次世界大战的古典'欧洲公法'时代)仅仅意味着对外政治。这种政治以一个主权国家承认其他与其对立的主权国家为基础,在这种承认的同时,一个主权国家决断了对与其对立的其他主权国家友好、敌对还是中立。"③

正是在这个意义上,《政治的概念》的第一句话——"国家的概念以政治的概念为前提"——才变得可以理解。(国际)政治意味着区分,意味着敌对性,意味着决断敌友,由此才推导出(复数的)国家作为国际政治主体的必要性。如果政治不存在,那么也就不存在决断敌友和战争了,自然也就不需要作为决断主体的国家。借助这种论证方式,施米特试图捍卫近代主权国家体系的正当性。只要有政治,就必然会有民族国家:"由政治的概念标志引出了各国世界的多元主义。政治统一体以敌人的实际可能性为前提,因而与另一个政治统一体并存。"④与这种经典"欧洲公法"图景截然相反的,则是一个囊括全世界和全人类的"世界国家"。在施米特看来,在这种状态中真正的政治与国家都将不复存在,"只剩下文化、文明、经济、道德、法律、艺术和闲扯等等"⑤。真正的国际关系领域永远无法避免政治、战争和国家。"世界国家"尚未形成,却已经有人打着全人类的旗号来发动战争。普遍性的"人类"在这里只是特殊性的"政治"的一个伪装:"当一个国家以人类的名义与其政治敌人作战时,这并不是一场为人类而战的战争,而是一场某个具体国家试图篡取这个普世概念以反对

---

① [德]卡尔·施米特:《政治的概念》,刘宗坤等译,112~113页。
② 同上书,126页。
③ [德]卡尔·施米特:《〈政治的概念〉重版序(1963)》,吴增定译,载[德]卡尔·施米特:《政治的概念》,刘宗坤等译,91页。
④ [德]卡尔·施米特:《政治的概念》,刘宗坤等译,133页。
⑤ 同上书,133页。

其军事对手的战争"①。简言之,政治与国家实际并未消亡在这种普世性的外观之中,政治的逻辑无法摆脱。

第三节 "政治的神学"在思想史与宪政史中的体现

施米特并不认为"政治的神学"全然出于他自己的理论创新,相反,在其各种作品中,他都不断列举出这种思维方式在西方思想史与宪政史上的来源和发展。正是在《政治的神学》(1922年首版)一文中,施米特为我们描述了这种政治观念的发展史。将国家理论与神学中的概念进行类比的做法始于17世纪,正是在该时期,"君王被等同于上帝,并在国家中享有类似于属于上帝在笛卡尔的宇宙体系中的那种地位"②。笛卡儿的学生霍布斯则更是系统阐述了类似于上帝作用的绝对君主的权力和职能。这种与"人民"相对立的、独一统治者的观念主导着17世纪与18世纪。随后的时代则出现了"政治的神学"的衰退迹象。启蒙时代的自然神论是一种在世界上取消了奇迹的神学和形而上学,它导致上帝面对完美运转着的自然机器,永远只能"统而不治"。与此携手并进的则是科学思维影响下近代法治国理念,法令的一般有效性被等同于自然的合规律性,其运作没有任何例外。因此,上帝和君主都被弃之一旁。卢梭的人民主权学说也意味着人民同时成为统治者与被治者,从而使得超越性的、具体人格属性的外在权威毫无存在必要。③

19世纪以来的政治观念受到"普遍内在"的观念支配。"内在"意味着政治统一体,不论其被称为"人民"、"民族"还是"国家",都能够依靠自身的内部动力和规则实现良好治理,从而无须外在的、超越的权威。"有关统治者与被统治者之同一性的民主理论、有机体国家理论与国家和主权的同一性,克拉贝(Hugo Krabbe)的法治国家理论与主权和法律秩序的同一性,最后尚有凯尔森的国家与法律秩序的同一性理论"④,此外,还可加上内在泛神论的哲学大师黑格尔(他主张神意体现在人类历史的一切重大场合,这实际上消解掉了神意的外在性、超验性和不可知性),以及马克思主义者,所有这一切都在显示"政治的神学"的衰落轨迹。

不过,"政治的神学"并没有真正死去。即使在实行民主制的国家(如美国),人民的声音也被拟制成上帝的声音,人民继承了世俗化早期的君

---

① [德]卡尔·施米特:《政治的概念》,刘宗坤等译,134页。
② [德]卡尔·施米特:《政治的神学:主权学说四论》,刘宗坤译,30页。
③ 同上书,31~32页。
④ 同上书,32页。

主位格。①作为制宪权主体的人民始终凌驾于宪法和宪法性法律以及其他一切政治机器之上,并能在关键时刻"出场",行使自己的至高无上的政治意志。② 人民也可以通过制宪行为,用宪法形式来委托政府中的某个角色(例如魏玛总统)在危急关头行使人格性的专政权,从而挽救宪法和共和国。③这一切都意味着,即使在现代民主政治中,一种类似于上帝角色的准超越性和人格性的统治和权威,尽管失去了旧时君主那种光鲜亮丽的外表,却并没有消失殆尽。

"政治的神学"对施米特的政治法律思考最为持久的影响,无疑体现在其对例外状态的偏好中。例外状态意味着对常规治理模式的超越,它本身类似于一种神迹,这种情形下注定会出现一个集各种政治权力于一身的统治人格,而常态下的法律在此时对这一人格的约束是极其有限的。例外状态就意味着专政(Diktatur)。早在《论专政》(1921 年首版)这部极富学术含量的作品中,施米特就已经用详尽的材料梳理了西方宪政史中的专政概念和实践。

施米特将西方历史上最常见的一种专政类型总结为"委任专政"(komissarische diktatur)。这种权限较小的专政形式发生在如下情形中:当常规的政治与法律治理模式在遭遇某些特殊情形从而不再奏效时,最高统治者便委任专政者承担此特殊情形下的具体任务,例如指挥作战或清除内乱,专政者享有在此任务范围内不受法律约束、从而只按具体情势选择一切适合方案的权力。尽管专政者身处例外状态中,这种例外状态却并不足以动摇根本的宪法秩序,而专政者本身的任务也正是以部分逾越宪法的方式来捍卫宪法秩序本身。因此,委任专政是与给定的宪法秩序相容的。

早在古罗马共和国时期,这种专政概念便已诞生。元老院从执政官中挑选一人作为专政者,并授权其清除共和国所面临的威胁处境,诸如战争或内乱。在其执行专政的 6 个月任期内,专政者不受法律约束,并拥有生杀大权。④在中世纪,专政制度主要建立在教皇全权(päpstliche plentidudo potestatis)理论的基础上。根据这种理论,教皇有权指挥和重组整个教会机构。在地方教区发生动荡时,教皇往往为此派出使节。教皇使节是教皇本人的代表,他的在场犹如教皇在场,他的行为犹如教皇的行为。他行使着专政者的权力,能够凌驾于地方教会的组织和官员权力之上,对教会和教区组织进行视察和改革,并有权决断信仰争议,颁布一

---

① [德]卡尔·施米特:《政治的概念》,刘宗坤等译,32 页。
② 参见[德]卡尔·施米特:《宪法学说》,刘锋译,103~104、219、260~269 页,上海,上海人民出版社,2005。
③ 参见[德]卡尔·施米特:《宪法的守护者》,李君韬、苏慧婕译,北京,商务印书馆,2008。
④ C. Schmitt, *Die Diktatur: von den Anfängen des modernen Souveränitätsgedankens bis zum proletarischen Klassenkampf*, Berlin: Duncker & Humblot, 7. Aufl. , 2006, S. 1-2.

般性成文法。① 教会内部的这种专政制度也在各封建国家的世俗政治中得到模仿。从14世纪开始,意大利的各国君主习惯于向自己的海军派遣代表,以便监督和控制海军将领,防止他们出卖国家利益。② 其他世俗君主也以委任执行官的形式,来扩展自己的权力并吞噬各种地方等级特权。③ 神圣罗马帝国的皇帝也尝试这种专政。当帝国某一区域被怀疑对皇帝不忠时,后者有权派出代表来介入该地区,并行使司法专政权。皇帝的代表不仅可以从其直接臣民,甚至可以从其间接臣民处收集相关证据。其他类型的帝国专政者也被派出,不过却受到了地方各等级的抵制。与此相反,帝国内部各邦国君主所派出的专政者却获得了较大成功,这在普鲁士尤为明显。在这个邦国,委任专政从一开始的纯军事性质逐步拓展到了全部民事行政领域,而下级贵族却对这一进程无法阻挡。④

委任专政是一种权限较小的专政,它只是将宪法(部分性地)悬置,而非将其彻底取消,其最终目的只是在具体的例外状态中保护宪法本身。它并非一种颠覆现存秩序的权力。那种凭借巨大能量来颠覆一切现存秩序的专政,需要一种最为剧烈的例外状态,以及一种不受任何约束的政治权力来源。这种新的例外状态在法国大革命中实现了,而这种新的政治权力来源就是制宪权(pouvoir constituant)。

正是活跃于大革命时代的西耶士(Emmanuel J. Sieyès)从人民主权理论中发展出了这个概念。制宪权属于政治上自觉的人民,这种权力在原则上是不受任何约束的,它不从属于宪法,而是先于宪法并创制宪法。制宪权的具体行使则由人民的代表来完成,正是他们组织起了人民的意志,并制定出宪法。在这个制定宪法的过程中,也就是在宪法被制定和生效之前,只存在人民代表根据制宪权来实施的整体性的统治。这种统治被施米特称为"主权专政"(souveräne Diktatur)。专政者要么面临的是前宪法状态,要么是将整个宪法悬置起来,其悬置旧宪法的目的也是要在这种彻底的例外状态中,创建一个新的状态,以及一部与新状态相匹配的新宪法。专政者的使命和权力在宪法制定完成之后就结束了,然而在专政权的行使期间,这种前宪法的权力是不受任何宪法上的权力分立和权利保护的规则约束的。1793年10月10日,鉴于国内外的战争形势,原本承担制宪任务的法国国民大会(convention nationale)宣布法国临时政府在和平恢复之前将一直是"革命的",从而将原本由其制定的宪法整个地悬置起来。施米特由此认定,这是近代历史上第一次"主权专政"⑤。

前已述及,近代法治国理念试图实现规范的彻底治理。这种理念认

---

① C. Schmitt, *Die Diktatur: von den Anfängen des modernen Souveränitätsgedankens bis zum proletarischen Klassenkampf*, Duncker & Humblot, 7. Aufl., 2006, S. 42-47.
② Ibid., S. 49.
③ Ibid., S. 57-58.
④ Ibid., S. 59-77.
⑤ Ibid., S. 127-149.

第六章 施米特的政治神学与宪政思想

定,常态以及常态下的规则,将以完美无缺地方式运作,从而不存在一个权威性人格对常态予以干涉的空间。同样已述及的是,施米特对这种思维深表质疑。在《论专政》中,施米特已经指出了这种思维的不可能性:即使是在法治国秩序中,专政依旧时而出现。这种专政以戒严法的形式体现,在戒严状态下,军事统帅拥有超出常态的巨大权力。尽管法治国试图以明确规定权限的方式对这种权力予以限制,但这仍旧无法改变例外状态下的专政的纯政治和事实属性。①一个问题由之而生:在施米特身处的魏玛共和—法治国中,是否也同样存在着这种例外状态和专政呢?如果存在,那么这个专政者、这个人间的上帝又是谁?

第四节 "拯救"魏玛宪法

将本节标题中的拯救二字加上引号,是因为施米特的神学世界观在根本上是与世俗政治秩序是不相容的。他对世俗的魏玛宪法的看法,在本质上是带有怀疑色彩的。这导致他不可能毫无保留地去"捍卫"魏玛宪法。不过,这种局外人的旁观心态,却反倒有助于他观察到大部分法治国理念拥护者所看不到的东西,也有助于他就魏玛宪法运行中所遇到的困难,开出在法治国思维中无法寻找到的药方。此外,作为一个威权主义者,施米特尽管偏爱例外状态以及该状态下的人格性统治权力,但却对常态下的法治国模式并不截然排斥。例外只能作为例外而存在,尽管它具有关键意义,但却不能长久持续。例外的存在只是为了决定下一个常态,例外不能取代常态从而自己沦为常态,否则"例外"与"常态"的划分、"例外"二字本身都将丧失其原有意义。

魏玛时代是学术上群星璀璨的时代。德语世界一系列的思想家和学者,比如海德格尔、昂斯特·荣格、本雅明、卢卡奇、法兰克福学派、马克斯·舍勒、卡尔·曼海姆、汉斯·凯尔森,以及施米特本人,都在这个时代达到了其学术的高峰。这些知识分子使得当时的德国成为全球思想界的中心,他们也在很大程度上奠定了战后西方学术的发展方向。思想的异常发达似乎暗示着思想所处的时代发生着不同寻常的事件。的确如此,因为魏玛时代也是政治和经济上剧烈动荡的时代。这是一个诞生于第一次世界大战战败阴影中的共和国,而且在其诞生伊始,革命以及随后对革命的镇压,就已经预埋下了未来的政治分裂。《凡尔赛条约》所强加的巨

---

① C. Schmitt, *Die Diktatur: von den Anfängen des modernen Souveränitätsgedankens bis zum proletarischen Klassenkampf*, Duncker & Humblot, 7. Aufl., 2006, S. 168-197.

大赔偿负担、民族复仇情绪、经济凋敝、大众民主堕落成街头煽动与暴力等一系列因素,都使得年轻的共和国始终处于风雨飘摇之中。这就是例外状态,它威胁到了魏玛宪法的生存。这也正是魏玛时代的施米特所有政治与法律思考的现实起点。

那么,谁能够守护宪法?宪法的守护者又能通过什么方式来守护它?施米特始终坚持政治就是一部分人统治另一部分人这一根本性的政治哲学命题,因此,彻底的"人民出场",亦即依靠全体人民自己做出决断的方式来应对宪政危机,在施米特看来是不现实且不具操作性的。①而"法律的统治"在他眼中不过是一种幻觉。宪法的守护者必须带有具体的人格属性,它或者是一个人,或者是一群人中的一部分人,但不能是所有人,也不能是非人格性的法律。宪法的守护者应当从魏玛宪法规定的国家统治机构中去寻找。

施米特首先排除了司法机关作为宪法守护者的可能性。司法的本质是消极的、被动的,它至多只能对已经发生的侵害宪法的行为进行事后追惩,而不能防患于未然。而且,司法审查权只能产生于将公共生活整体都置于普通法院控制之下的司法国中,对德国这样的立法国而言,强大的司法审查权无疑是对立法权的僭越。司法只能处理法律争议,而在面对带有强烈政治色彩的宪法争议时将无能为力。②其次被排除的则是立法权。魏玛时代的德国国会已经成为各种社会经济势力的角力场所,各个异质性的政党在其中主张和交换着各自的异质利益,这种多元主义的政治局面已经表明,原本作为一个人民整体意志表达机构的议会,已经瘫痪了。多元主义的议会本身就在毁灭作为一个民族的整体政治决断的宪法,因此它也不可能成为宪法的守护者。③此外,由于议会的特质就在于协商而非决断,这也使得议会在紧要关头难以承担起宪法守护者的职责,因为后者正意味着迅速而又明智的决断。

行政机关是否可以作为宪法守护者的候选人?魏玛宪法规定了一种特殊的二元行政模式,行政权实际是由总理领导的联邦政府与民选总统分享。包括总理在内的联邦政府成员均由总统任免,但前者也同时受到国会的不信任决议的约束。联邦政府行使日常的政府职能,然而总统却享有官吏任免权和最高军事指挥权。两相对比之下,联邦政府也无疑不是施米特所青睐的宪法守护者:它不是由直接民选产生,因此缺乏充分的民主正当性;在魏玛宪法的具体规定中,也不存在将联邦政府视作紧急状态下的宪法守护人的可能性。

只有民选总统才是真正的魏玛宪法守护者。他握有部分行政权,但并非纯粹的行政机关。实际上,拥有充分民主正当性的魏玛总统乃是凌

---

① 参见[德]卡尔·施米特:《宪法学说》,刘锋译,220~221页。
② [德]卡尔·施米特:《宪法的守护者》,李君韬、苏慧婕译,16~71页。
③ 同上书,96~127页。

第六章 施米特的政治神学与宪政思想

驾于三权之上的,它是一种"中立性、斡旋性、规制性与持存性"的权力,它是整个宪政机制的稳固的中心点。当其他国家机关,尤其是政府和议会都处于被党派政治撕裂的状态时,只有总统能够充当起作为一个整体的人民的代表,只有他能够从国家的整体态势出发,做出不偏不倚的政治决断。①在施米特的眼中,魏玛宪法规定的总统任期的恒常性(七年一任)以及权力的广泛性(外交权、官吏任免权、解散国会的权力、提起公民复决的权力、法律签署及公布权等等),也正使得总统成为了宪法最妥当的捍卫者及守护者。②

魏玛总统行使宪法守护者职责的最有利武器是宪法第48条中有关紧急状态权的规定。该条第2项规定如下:

> 当德意志联邦内的公共安全与秩序受到明显扰乱或威胁时,联邦总统可以采取恢复公共安全和秩序所必须的措施,在必要情形下可以采用武装力量的协助。为此目的,他可以暂时使得由第114、115、117、118、123、124和153条确定的基本权利全部或部分地失效(auBer Kraft setzen)。

该项第二句中所列举的7个宪法条款分别涉及人身自由权、住宅不受侵犯权、书信往来秘密权、意见自由权、集会权、结社权和财产所有权等权利。在施米特的时代,对第48条的通行解释是:总统在紧急状态下的权力是受到该条款规定本身的限制的,总统只能令条文中列举的宪法7个条款中所包含的基本权利失效,而其他宪法条款对于总统而言都是"不可侵犯"的。这种解释明显是偏好限制任何一种政治权力的法治国思维的体现。③

施米特反对这种解释。在他看来,这种解释首先是与现实不相符的:帝国总统已经在实践中多次借助第48条的规定,对条文所列举的七个条款以外的其他宪法条款进行了"侵犯",这尤其体现在联邦总统对经济和财政事务的干预中。④其次,即使总统只是试图使该项列举的七个宪法条文中的基本权利失效,但如果不能"侵犯"其他宪法条文,总统的权力也将无法实施。因为使这些基本权利"失效"实际上就是以特殊立法形式取消了这些权利,而这意味着在宪法第68条所规定的立法主体(国会)之外,又存在着另一个与其相抗衡的立法机关——民选总统。⑤

施米特不认为第2项第二句构成了对第一句所规定权限的限制。相反,他认为第2句是第1句的补充,赋予了总统在一般措施权以外的、更

---

① [德]卡尔·施米特:《宪法的守护者》,李君韬、苏慧婕译,189～197页。
② 同上书,214～215页。
③ C. Schmitt, "Die Diktatur des Reichsprä sidenten nach Artikel 48 der Weimar Verfassung", in Carl Schmitt, *Die Diktatur*, Anhang, S. 213-214.
④ Ibid., S. 214-216;[德]卡尔·施米特:《宪法的守护者》,李君韬、苏慧婕译,163～178页。
⑤ Carl Schmitt, "Die Diktatur des Reichsprä sidenten nach Artikel 48 der Weimar Verfassung", S. 216.

为重大的、令某些基本权利"失效"的权利。令一项规范以及规范中规定的权利"失效",意味着所有负责机构都将不再执行这项规范,其效力是普遍而非个案的。而这正是该项第二句的内涵。然而,完全存在另一种可能性,亦即在具体个案中忽略某一规范的规定,而非令其整体性地失效。这便是该项第一句的内涵。因此,联邦总统据此拥有两项权限:"一项普遍的权限,亦即采取所有必要措施的权限,以及一项特殊的权限,亦即令某些得到列举的基本权利失效的权利。"①相应的制宪历史记录也支持施米特的观点。在参与1919年魏玛宪法制定过程的人之中,没有人主张第2项第二句是对第一句的一般性限制,相反,第二句被普遍认为是规定了不同于第一句中的措施权的另一项权限。②

施米特实际是将第48条视作魏玛宪法下的委任专政制度。这是一种现代神迹。根据他的理解,当联邦总统认为宪法秩序亦即"共同安全与秩序"受到威胁,亦即当他认为例外状态出现时,他有权采取包括颁布法律性质极具争议的法令(Verordnung)在内的相应措施来保卫宪法,他甚至有权使部分基本权利失效。为了保护宪法,可以将宪法予以部分性地悬置。借助此条款,专政者——总统拥有了越出法治国常规程序的巨大政治权力。施米特期待这位现代专政者能够承担起类似罗马共和国时代的专政者保护共和国的职能。直到1932年,不论其内心具体动机是什么,他仍然期待着兴登堡总统能够采取有效措施,来消除纳粹党的冲锋队、党卫队给国家安全所带来的迫在眉睫的威胁。③专政成为了保护法治国的唯一希望。一种形式主义的、对一切政治力量都保持宽容和中立的法治国理论将最终无法保护自己,尤其是在面临例外状态的挑战时,它必须委任它的现代专政者做出决断,从而消灭敌人。否则,法治国将走向终结,"接下来就是真理为自己复仇"④。

第五节　结语

施米特的期待落空了,他的诅咒却最终实现了。1933年1月30日,在征服软弱无力的魏玛宪法和同样软弱无力的兴登堡总统后,阿道夫·希特勒登上权力宝座。此后,魏玛共和国在实质上宣告终结,德国近代史

---

① Carl Schmitt,"Die Diktatur des Reichspräsidenten nach Artikel 48 der Weimar Verfassung",S. 227.
② Ibid.,S. 230-231.
③ [德]卡尔·施米特:《合法性与正当性》,李秋零译,载[德]卡尔·施米特:《政治的概念》,刘宗坤等译,239页。
④ 同上书,256页。

第六章 施米特的政治神学与宪政思想

和世界近代史都陷入最黑暗的岁月。出于至今仍然难以确证的动机,施米特加入了民族社会主义党,并曾经在纳粹"学术圈"中红极一时,直至其1936年的失宠遭遇。毫无疑问,这是其人生中难以抹去的污点。同样毫无疑问的是,同时代的大量德国知识分子也像施米特一样染上了这些污点。

无论人们应对纳粹执政时期施米特的所作所为做何评价,他在魏玛时期的言论却无疑令人深思。相对于自由主义的规范论者,施米特至少提出了另一种应对魏玛宪法所面临危机的方案。施米特的作品所提供的视角也有助于我们去反思法律实证主义、规范论、法治国理念乃至自由主义理念本身。自由主义者始终需要思考的问题是:能否将政治消解成纯粹规范的治理,从而对从古希腊政治哲学那里流传下来的如下基本原理视而不见:政治永远意味着一部分人统治另一部分人?自由主义能否将自身彻底地"非政治化",从而在一种形式主义的思维方式中拒绝政治决断?当自由主义面临巨大政治威胁时,一种彻底的价值中立态度是否将葬送自己的命运?

本章是对施米特在魏玛时期的政治与法律思想的简要介绍。本章试图从施米特根本性的世界观——其所谓"政治的神学"——入手,将其在这个时期所发表的不同作品串联成一个体系来对待。"政治的神学"的核心在于对例外状态和该状态下人格性权威和决断的偏爱,这种偏爱也充分体现在施米特对西方(广义的)宪政史的考察中,并以更为强烈和紧迫的吁求形式体现在他对魏玛宪政实践的讨论和批判中。此外,本章还主张,施米特的神学世界观将导致其对所有世俗政治正当性的根本质疑。因此,他实际是以一个旁观者的心态,来对魏玛宪法危机开出一个局内人往往不愿开出的药方。魏玛共和国的最终覆灭,的确使得施米特慨叹自己的学术心血付诸流水,但该事件却未必在内心感情上引起施米特的悲痛。

在现时代的学术界,已经有了太多对于施米特的脸谱化和意识形态化的批判和辩护,然而大多数人却对施米特作品所体现的内在逻辑视而不见,甚至对施米特身处的时代背景也惘然无知。借助对施米特关键作品的解读,本章试图澄清施米特本人根本性的问题意识和思维结构。而通过这种澄清,本章作者期待的是:无论是试图对施米特进行批判还是辩护,抑或将施米特作为一个理论资源从而服务于自身的学术目的,都有必要透彻理解施米特本人的处境、问题意识和思维方式,而非仅仅关注其具体政治主张。尤其是对于自由主义法律理论家而言,有必要铭记的是,粗糙的意识形态批判实际难以瓦解作为一个体系的施米特政治—法律思想方式。而单纯的回避则更将适得其反,因为在意识形态的战场,不存在中立地带。对决断的逃避只能导致自取灭亡。一种最为强烈的政治的逻辑在此显露无遗。

思考题

1. 梳理施米特"政治的神学"的内在逻辑。
2. 思考施米特政治决断论中主权、政治与国家等概念间的关系。
3. 施米特政治思想与自由主义之间的关系是什么?
4. 施米特作品中的主张是如何与魏玛时代的宪政实践相联系的?

阅读文献

1. [德]卡尔·施米特:《政治的概念》,刘宗坤等译,上海,上海人民出版社,2004。
2. [德]卡尔·施米特:《政治的浪漫派》,冯克利、刘锋译,上海,上海人民出版社,2004。
3. [德]卡尔·施米特:《宪法学说》,刘锋译,上海,上海人民出版社,2005。
4. [德]卡尔·施米特:《论断与概念:在与魏玛、日内瓦、凡尔赛的斗争中(1929—1939)》,朱雁冰译,上海,上海人民出版社,2006。
5. [德]卡尔·施米特:《宪法的守护者》,李君韬、苏慧婕译,北京,商务印书馆,2008。
6. [德]卡尔·施米特:《论法学思维的三种模式》,苏慧婕译,北京,中国法制出版社,2012。
7. [德]施米特:《霍布斯国家学说中的利维坦》,应星、朱雁冰译,上海,华东师范大学出版社,2008。
8. [德]C.施米特:《陆地与海洋——古今之"法"变》,林国基、周敏译,上海,华东师范大学出版社,2006。

第七章 庞德的社会学法理学

第一节 生平与著述

罗斯科·庞德(Roscoe Pound)，美国社会学法理学(Sociological Jurisprudence)的代表人物。1870年10月27日出生于内布拉斯加州林肯市的一个中产家庭中，是家中的长子。父亲早年做过律师和法官，是林肯当地保守精英人士的代表。庞德继承了母亲的语言天赋和记忆能力，也深得母亲良好启蒙教育之益。

1884年，庞德进入内布拉斯加州大学学习，主修古典学和植物学，1888年取得文科学士学位，1889年获得硕士学位。同年夏天，庞德听从父亲的建议到哈佛大学法学院学习，这是他接受的唯一一年正式的法律教育。1892年庞德被任命为内布拉斯加州植物科学调查团的负责人。根据这项调查，庞德于1897年完成了《内布拉斯加州的植物地理学》，获得了植物学博士学位。自然科学的训练让庞德更加容易接受社会科学中的实证研究方法，帮助庞德形成了分类和系统化的思维习惯，并确立了一种有机体意义上的发展和过程观念。在进行植物学研究的同时，庞德开始在家乡以律师身份执业。

1899年庞德成为内布拉斯加州大学法学院教授。1901年，庞德被任命为内布拉斯加州最高法院委员会委员之一以帮助处理案件积压问题。法律实践让庞德对当时美国司法运作的实际状况与弊端有了切身体会，他在1906年发表了著名演讲《对司法部门普遍不满的原因》，直陈美国司法程序的拖沓、昂贵与不公，力倡司法改革，引起强烈反响。庞德因为这篇演讲获得了时任西北大学法学院院长威格摩尔(John H. Wigmore)的邀请，并于1907年赴芝加哥加盟西北大学法学院，1908年转任芝加哥大学法学院。芝加哥是当时美国社会学研究的中心,这段经历让庞德与当时的美国社会学界建立了广泛的智识关联,促进了庞德法学研究方法的社会学转向。1911年,庞德重返哈佛,成为斯托里法律教授(Story Law Professor),两年后就任卡特法理学教授(Carter Professor of General Jurisprudence)。1916年庞德成为哈佛法学院第四任院长直至1936年,创造了没有法学学位就任该职位的先例,也是哈佛法学院历史上任职时间最长的院长之一。

学术之外,庞德积极参与社会活动,如1922年与法兰克福特(Felix Frankfurt)共同主持克利夫兰基金会对于该市刑事司法的调查;1925年至1926年,担任国际仲裁法庭的美国仲裁员;1929—1931年成为胡佛总统设立的"法律遵守与执行国家委员会"(National Commission on Law Observance and Enforcement)委员;1940年,担任《民航法》(*Civil Aeronantes Act*)的特别监察员等。庞德的社会活动中,还有一段与中国密切相关:1946年7月至1948年11月,庞德接受南京国民政府邀请,担任国民政府司法行政部顾问和教育部顾问,成为近代最后一位来华的法律顾问。1948年从中国返美之后,庞德先后在加州大学洛杉矶分校和印度加尔各答大学泰戈尔(Tagore)讲席讲学。1955年,庞德回到哈佛大学继续研究直至1964年6月30日终老,享年93岁。[①]

庞德学识渊博,植物学、法学之外,在宗教、文学等领域也颇有造诣。法学领域内,庞德对于美国法理学、行政法、刑事法律、司法程序与法院组织等都产生了深远的影响。下文将聚焦于法哲学层面上的社会学法理学,全面系统地阐明这一思想的作品当属5卷本《法理学》(1959),这是庞德"70年的研究心得和54年教授法理学的经验"以及多年法律实践的总结,其基本纲目可以追溯至庞德的第一部法理学著作《法理学大纲》(*Outlines of Lectures on Jurisprudence:Chiefly from the Analytical Standpoint*,1903)。首次阐明社会学法理学研究方法的作品是1911—1912年的论文《社会学法理学的范围和目的》,在这篇论文中,庞德主张将法律作为一种社会现象进行研究,将法律作为实现目的的手段,以法律实施的效果来评判法律。这篇论文成为庞德批判当时美国法理学中流行的法律形式主义的系列文章《法律的执行》(1908)、《机械法理学》(1908)、《契约自由》(1909)、《书本中的法律与行动中的法律》(1910)等的法理概括和总结,其所构建的社会学法理学框架经过后来的《法律的目的》(1914—1917)、《因循法律的正义》(1913—1914)、《法哲学导论》(1921)、《社会利益理论》(1921)、《普通法的精神》(1921)、《司法裁决理论》(1923)、《法律史解释》(1923)、《法律与道德》(1924)、《通过法律的社会控

---

① 庞德的生平可以参见 P. Sayre, *The Life of Roscoe Pound*, College of Law Committee, State University of Iowa, 1948. 以及 D. Wigdor, *Roscoe Pound—Philosopher of Law*, Greenwood Press, 1974.

制》(1942)、《法律的理想要素》(1953)等论著逐渐充实完善。①

第二节 思想与理论

社会学法理学形成于19世纪末20世纪初。这一时期是美国从农业社会至工业社会的转型时期,经济高速发展的同时,大企业滥用市场垄断地位、政治腐败、贫富差距扩大等社会问题凸显,美国社会因此兴起了进步主义改革运动。② 在此过程中,政府颁布了大量干预经济的立法,却不断被法院以违背宪法第十四修正案的正当程序条款为由认定为无效,1905年的洛克纳案③即为标志性案例。在该案中,最高法院认为纽约州一项规定面包工人最高工作时间的立法因为侵犯了雇主与雇工之间平等的"契约自由"无效。自由放任主义和社会达尔文主义观念通过法律形式主义主导的司法过程体现于判决之中。

法律形式主义的基本内涵是:法律是由一系列公理组成的精确、一致且完整的体系,从中可以推论出法律原则和规则,将这种原则与规则适用于特定的案件就可以得到确定的法律结果。④ 封闭的规则体系和机械的演绎推理是法律形式主义的主要特征。与法律形式主义相伴的是分类思维(Categorical Mind),即法律现象可以进行清晰、明确的归类。⑤ 洛克纳案的多数派法官就是将个人为自己签订合同的权利归入未经正当程序不可剥夺的"自由",从而将这种权利纳入作为逻辑推理前提的"封闭的规则体系"中。在美国,法律形式主义因为兰德尔(C. C. Landell)的倡导又被称之为兰德尔主义。兰德尔主义者们从案例中抽象归纳出推论所依据的公理,并形成一个逻辑一致的科学体系,解决了19世纪令状制度废除后美国普通法中先例庞杂矛盾而造成的司法不统一的问题,也在内战之后自然法衰落实证主义兴起的背景之下为美国法理学奠定了新的认识

---

① 庞德的著述编目可以参见 F. C. Setaro, *A Bibliography of the Writings of Roscoe Pound*, Harvard University Press, 1942. 以及 G. A. Strait, *A Bibliography of the Writings of Roscoe Pound*, 1940—1960, Harvard Law School Library, 1960.

② 参见[美]史蒂文·J. 迪纳:《非常时代:进步主义时期的美国人》,萧易译,上海,上海人民出版社,2008;[美]埃里克·方纳:《美国自由的故事》,王希译,174~234页,北京,商务印书馆,2002。

③ *Lochner v. NewYork*, 198 U. S. 45(1905).

④ T. C. Grey, "Langdell's Orthodoxy", 45 *University of Pittsburgh Law Review*, 1983, p. 11.

⑤ M. J. Horwitz, *The Transformation of American Law, 1870—1960: The Crisis of Legal Orthodoxy*, Oxford University Press, 1992, pp. 17-19.

论基础:抽象的逻辑①。但是抽象和概念化的过程隐含着牺牲现实多样性的不足,而且这一过程排除了法律体系内部原有的很多协调机制。当社会转型之时,兰德尔主义无法纠正社会不公。法理学需要范式的变革以更好地应对社会现实。

一、社会学法理学的方法:从重视法律概念到重视法律目的

(一) 社会学法理学论纲

对于法律形式主义的批判成为社会学法理学的逻辑起点。在庞德看来,"法律不是为科学而科学。科学性是实现目的的一种手段,它必须通过它所达到的结果而不是其内部结构的精妙所评判;它必须根据它所满足目的的程度来衡量其价值,而不是它的规则从它视为基础的教条中推导出来的逻辑过程的优美或严格来评判"②。法律形式主义将科学性视为法律的目的有两方面的危险:一是法律需要调整日常的生活,过分地科学化会让人无法欣赏它的工作;二是将所有制度的效果用特定的主题固定,扼杀人的创造性。庞德将这种法律形式主义称之为"机械法理学"。

庞德改造法理学的努力在哲学上诉诸于实用主义。"法理学中的社会学运动,即作为一种法哲学的实用主义运动,调整原则和学说以适应他们试图掌控的人类生活的条件,而不是适应假定的首要原则,寻求将人的因素置于核心的地位而将逻辑降至它真正属于的工具地位的运动,在美国还没有露出端倪。或许霍姆斯大法官(Mr. Justice Holmes)在洛克纳案中的反对意见,是我们所能有的最好的表述。"③在实用主义哲学方面,詹姆斯(William James)对于庞德的影响最大:"实用主义的方法,不是什么特别的结果,只不过是一种确定方向的态度。这个态度不是去看最先的事物、原则、'范畴'和假定是必需的东西;而是去看最后的事物、收获、效果和事实。"④

法学上的启发则更多来自于霍姆斯和耶林(Rudolph von Jhering)。霍姆斯最早从实用主义的观点出发批判法律形式主义,"我提到的这一谬误即是这样一种观念,它认为在法律发展中唯一发挥作用的力量是逻辑……我提到的危险不在于承认支配其他现象的原则也同样制约着法律,危险在于这种观念,即比如像我们这样特定的制度,能够像数学那样

---

① 参见[美]斯蒂芬·M. 菲尔德曼:《从前现代主义到后现代主义的美国法律思想:一次思想航行》,李国庆译,166~193 页,北京,中国政法大学出版社,2005。
② R. Pound, "Mechanical Jurisprudence", 8/8 *Columbia Law Review*, 1908, p. 605.
③ R. Pound, "Liberty of Contract", 18/7 *The Yale Law Journal*, 1909, p. 464.
④ [美]威廉·詹姆士:《实用主义:一些旧思想方法的新名称》,陈羽纶、孙瑞禾译,31 页,北京,商务印书馆,1979。着重号为原文所加。

从某些行为的一般公理中推导出来"①。耶林从概念法学到目的法学的转变给了庞德变革法理学以直接的启示,耶林将目的视为是整个法律的创造者,庞德以一种更为老练和审慎的方式表达了耶林在法哲学历史中所代表的根本性变革的立场。②

在上述思想的影响下,庞德的社会学法理学将关注重点从法律概念转向了法律目的,以一种功能的视角看待法律。在《社会学法理学的范围和目的》中,庞德对于社会学法理学的论纲做出如下概括:

(1) 研究法律制度和法律准则实际的社会效果。

(2) 与为准备立法而进行的法学研究相关的社会学研究。

(3) 研究使法律律令具有实效的手段。

(4) 对法律史进行社会学的研究,即不仅要研究法律准则仅仅被视为法律材料时如何演化和发展,而且还要研究这些法律准则在过去产生了什么社会效果,以及它们是如何产生这种效果的。

(5) 合理和正当解决个别案件是重要的,这一点此前常常因为试图达到不可能的确定性而被牺牲掉。

(6) 上述各点都仅仅是某种手段其目的就是使人们实现法律目的的努力更为有效。③

在1959年出版的《法理学》中,庞德补充了两点:

(1) 对法律方法进行研究,其间既包括对司法的、行政的、立法的和法学的过程进行心理学研究,也包括对各种理想进行哲学的研究;

(2) 在普通法国家,强调司法部的作用。④

在庞德看来,社会学法学家都承认上述八项要点中的部分或者全部要点。当法律被视为是实现目的的手段时,法律的目的就成为法理学首先要关注的问题。

(二) **法律的目的**

庞德在法律的发展过程中考察法律的目的。在庞德看来,有关法律目的的观念史就是法律律令和法律准则史的一部分。庞德将成熟法律体系的发展划分为五个阶段:原始法、严格法、衡平法与自然法、成熟法以及法的社会化阶段。庞德的法律发展阶段理论并非是简单的归类(Classification),而是蕴含着一种平衡与发展过程的观念,即所有的法律

---

① O. W. Holmes, "The Path of the Law", 110/5 *Harvard Law Review*, 1997, pp. 997-998.

② See W. L. Grossman, "The Legal Philosophy of Roscoe Pound", 44/4 *The Yale Law Journal*, 1935, p. 606.

③ R. Pound, "The Scope and Purpose of Sociological Jurisprudence. [Concluded.] Ⅲ. Sociological Jurisprudence", 25/6 *Harvard Law Review*, 1912, pp. 513-515.

④ R. Pound, *Jurisprudence*, Vol. Ⅰ, West Publishing Co., 1959, pp. 353-356.

制度内部都蕴含着平衡稳定与变化两种因素并朝向终极目标发展的动力。

1. 原始法阶段

这一阶段有两种含义,"第一,分析意义上的法律尚未或者几乎没有从一般社会控制中分化出来;第二,分析意义上的法律正逐渐从一种未分化的根据宗教、伦理习惯和血亲戒律而实现的社会控制中生成出来"①。历史上,古希腊的法律、《十二表法》、古日耳曼法、盎格鲁—撒克逊法以及《汉穆拉比法典》等都属于原始法。这一阶段,法律的目的是维护治安与和平,达致这一目的的手段是和解。

2. 严格法阶段

当法律与宗教、道德等社会控制方式发生了分化并且成为支配性的社会控制方式时,法律便进入了严格法阶段,如公元前 4 世纪的罗马、12 世纪的欧陆和 13 世纪英国的法律。严格法阶段法律的特点包括形式主义、刚性和不变性、个人主义、非道德(unmoral)以及仅将权利义务限于有法律人格的人。严格法阶段,法律的目的是安全,实现这一目的的手段是法律救济。

3. 衡平法与自然法阶段

严格法过分强调确定性而导致僵化时,法律引入了道德以增加法律制度的弹性,从而进入了衡平法和自然法阶段,如罗马法从执政官法律发展到君主制度的时期,英国法中大法官法庭的兴起、衡平法的发展以及商法的兴起和被采纳的时期,欧陆 17、18 世纪自然法学派占主导的时期。这一时期是法律的自由化阶段,法律的基本理念包括:将法律与道德等同,义务的观念,依靠理性而不是专断的规则来控制反复无常的行为以及消除和减少司法中的个人因素。法律的目的是实现伦理行为与符合良善之道德规范,实现的手段是强制实施义务。

4. 成熟法阶段

将法律与道德等同导致了过于宽泛的自由裁量权,法律秩序在纠正这一倾向的过程中进入成熟法阶段。这一阶段既有严格法的稳定和确定,又有衡平法和自然法阶段的弹性。19 世纪欧陆和英美的法律大体处于这一阶段。这一阶段法律的目的是维护机会平等和取得物的安全,实现的手段是维护权利。

5. 法律的社会化阶段

成熟法阶段维护的权利是抽象的个人权利,当被推向极端时便有忽视具体个人道德价值的倾向,因此,19 世纪末,法律出现了社会化的发展趋势。庞德认为这一阶段是当时世界范围内的普遍趋势。法律的目的是

---

① [美]庞德:《法理学》,第 1 卷,邓正来译,373 页,北京,中国政法大学出版社,2004。

在社会利益与个人利益之间达致平衡,在以有限的资源满足无尽的人类需求的过程中将阻碍和浪费减至最少,达致这一目的的手段是认可、确定和保护利益。

6. 世界法

在1948年一篇题为《迈向新的万民法》①的文章中,庞德展望了法律的下一个发展阶段——"一个世界范围的法律秩序"。在庞德看来,20世纪法律发展的一个重要特征就是否弃19世纪英美法律人所信奉的那种极端地方主义:特定时空的法律在地方政治主权中有着完全充分的依据,人们可以仅仅根据这种政治主权对它进行考虑。伴随着经济秩序的统合和扩展,在普遍性和地方性之间达致并且维持一种恰当的平衡将成为法律科学的一个首要问题。

在所有的法律发展阶段中,法律的社会化阶段是庞德关注的重点。因为在庞德看来,世纪之交的美国法律需要从关注抽象的个人与抽象的平等转变到关注具体个人的具体主张,实现这种转变的媒介便是"利益"概念。

(三)利益理论

1. 利益的概念与分类

庞德将利益界定成为"人们——不管是单独的还是在群体或者团体或关系中——寻求满足的需求、欲望和期望,因此,在通过政治组织社会的强力调整人类关系和规制人类行为时必须考虑这些需求、欲望和期望"②。利益分为三类:个人利益、公共利益和社会利益。个人利益就是直接包含在个人生活中并且以这种生活的名义而提出的各种需求、欲望和期望。公共利益是包含在一个政治组织社会中并基于这一组织的地位而提出的各种需求、欲望和期望。社会利益是包含在文明的社会生活中并基于这种生活的地位而提出的各种需求、欲望和期望。三种利益之下,庞德又区分了不同的利益形成了详细的利益列表。

2. 法律与利益

法律并不创造利益,而是认可、确定和保护利益:首先,对利益进行分类,认可其中一些利益;其次为被认可的利益设置界限;再次制定措施,保护被认可和确定的利益。法律不可能保护所有的利益,因为利益有重叠甚至冲突。当出现利益冲突时,如何衡量与协调成为利益理论的关键。

庞德强调,利益衡量的前提是在同一水平上进行,即所比较的诉求具

---

① R. Pound, "Toward a New Jus Gentium", in F. S. C. Northrop(ed.), *Ideological Differences and World Order: Studies in the Philosophy and Science of the World's Cultures*, Yale University Press, 1949, pp. 1-17.

② R. Pound, *Jurisprudence*, vol. Ⅲ, p. 16.

有共同的直接上位概念。诸如雇员迫于经济压力与雇主缔约,如果雇主的"缔约自由"被认为是一项个人物质利益,那么雇员"没有压力地签订合同"就被认为是个人的人格利益;如果"缔约自由"被认为是一项社会利益,那么就应该从"确保人类基本生活"这一社会利益的角度出发考虑雇员的诉求。

庞德主张利益衡量的标准需要法律人从其所处的"特定时空下文明社会的法律先决条件(jural postulate)"中推导出来。这一点上,庞德受到了德国新黑格尔主义法学的主要代表人物柯勒(Josef Kohler)的影响。柯勒认为法律是文明的产物并维护和促进文明,这种文明不是普遍文明,而是特定时空之文明。一个民族的文明在一段时间内所包含的法律先决条件即是通过协调利益力图实现的法律秩序的理想图景,阐明这些法律先决条件是法学家的职责。庞德总结了20世纪初适用于美国社会的5项法律先决条件,据此制定了详细的利益列表。每种利益进入列表之后并不是永远占据着这个位置,而是要根据法律的先决条件以及个案情况进行调整。在利益衡量具体的标准上,庞德修正了詹姆斯"满足尽可能多的要求"以及功利主义者的"最大多数人的最大幸福"的观点,坚持"尽可能少地损害整体利益"原则。

庞德承认法律在保护利益的效力上是有限度的。其限制因素来源于:(1)法律作为实践问题仅仅处理行为、处理人和事的外在而非内在方面;(2)某些要求法律认可和保障的利益的性质无法通过法律秩序有效保障;(3)法律律令自身无法执行,需要依赖某些外部机制运行。① 在法律效力的问题上,庞德的一大贡献是在法学史上首次提出了"书本中的法律"(law in books)和"行动中的法律"(law in action)的概念:"但是如果我们细致观察,书本中的法律与行动中的法律之间的区别,意欲支配人与人之间关系的规则与那些实际支配人与人之间关系的规则的区别将会出现……"②要弥合这种区别,需要法律人放弃对于成文法的敌意,制定符合"行动中的法律"的"书本中的法律",并且提供迅捷、经济和有效的法律适用模式。③

二、社会控制统合下的法律概念

庞德认为,何谓法律,亦即法律性质的问题是法律科学的一个根本性问题,历来为学者们争论不休。在庞德看来,法律科学中的"法律"(law)有三种含义:

在第一种意义上,法律指一种法律秩序,即通过系统而有序地运用政

---

① R. Pound, *Jurisprudence*, vol. Ⅲ, pp. 353-354.
② R. Pound, "Law in Books and Law in Action", 44 *American Law Review*, 1910, p. 15.
③ Ibid., p. 36.

治组织社会的强力来调整关系和规制行为的政制状况(régime)。

在第二种意义上,法律指一个政治组织社会中所认可和业已确立的、作为司法和行政行为之基础或指导的权威性材料体系。这个意义上的法律与分析法学的法律概念最为接近,但是并不等同。在庞德看来,这个意义上的法律除了分析法学所关注的律令(precept)要素之外,还包括技术(technique)和理想(ideals)要素。所谓技术,是看待、运用和型构法律律令的各种模式,是支配司法技艺和法学技艺的各种心智习惯。技术要素是区分大陆法系和英美法系的重要因素。所谓理想,是指一幅有关特定时空社会秩序之理想图景,亦即有关社会秩序是什么以及关于社会控制的目的或目标的法律传统;这种法律传统乃是解释和适用法律律令和标准的背景,也是新案件中在同等权威的推理出发点中做出选择的依据。理想要素为19世纪的哲理法学家所特别关注,庞德对这一要素的论述明显体现了柯勒的影响:"柯勒的法律先决条件乃是一种试图赋予法律秩序之图景以一种明确性和清晰框架的努力。"①

律令由规则(rule)、原则(principle)、概念(conception)和标准(standard)构成。所谓规则是指为一种明确详尽的事实状态附加一个明确详尽法律后果的法律律令。规则是最早的律令类型,如《萨利克法典》(*Salic Law*)规定,如果一个人说另一个人是骗子,那么前者将被罚3先令。所谓原则是进行法律推理的一个权威性出发点,由此,我们通过演绎推理去探寻审判所依据的规则或理据。如,一个人不能以他人受损为代价而不正当地获利。原则是法律人的创造,它的存在是一个发达法律体系的标志。所谓概念是一个从法律上界定的、可以把各种案件归入其中的法律上的范畴。合伙、信托、代理等都属于法律概念。概念是法律成熟阶段所进行的系统化和组织化活动的结果,也主要是法学教师的成果。所谓标准是一种由法律所规定的尺度,如果一个人背离了这一尺度,他就必须对由此导致的损害负责,或者承担其所作所为被法律判定为无效的结果。如合理之人标准(reasonable man)、适当注意(duty of care)等。标准最早出现于衡平法和自然法阶段。

在第三种意义上,法律指司法和行政过程,即为维护法律秩序而根据权威性的指示以解决各种争端的过程。综上关于庞德的法律概念,我们可以列出如下图:

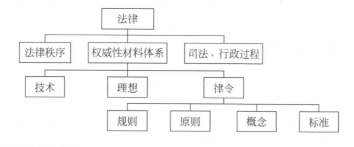

---

① [美]庞德:《法理学》,第1卷,邓正来译,170页。

上述三种意义的法律概念是按照逻辑顺序排列的。历史上,第二种意义上的法律概念是最古老和持续时间最长的用法。逻辑顺序凸显了庞德对于法律秩序的关注。在庞德看来,法律秩序意义上的法律即是"发达政治社会中一种高度专门化的社会控制形式"。

这里,庞德借用了美国社会学家罗斯(Edward Ross)的"社会控制"概念。罗斯从社会秩序的角度研究社会控制。在罗斯看来,社会控制指经由每个人的同伴的压力而对每个人施以的控制,且不论它是有意和直接安排的还是无意安排的。在舆论、法律、信仰、社会暗示、宗教、理想、礼仪、艺术等多种社会控制手段中,"法律作为最专门化的高度精致完美的社会控制工具,它具有双重的任务:它必须对有侵犯行为的人实行镇压;它必须对危害家庭关系和忽视契约关系的人进行强制"[①]。庞德认为,历史法学家和法律社会学论者是在所有社会控制形式的意义上看待法律,而社会学法理学仅仅把通过系统运用政治组织社会之强力的社会控制形式当作法律。这种法律是16世纪以来伴随着民族国家的兴起才逐渐超越宗教和道德成为主要的社会控制形式。

以社会控制概念统合上述三种意义上的法律,可以表述成:通过法律的社会控制,是经由一种权威性的技术、以业已接受的理想为支撑,在司法和行政过程中适用权威性的材料体系而实现。在这个意义上,社会控制的实现即法律秩序的达成。社会控制成为庞德社会学法理学中实现社会统合的关键概念。通过法律实现社会控制被庞德类比为进行一项社会工程。

三、法律的社会工程解释

社会工程的概念最早为庞德在1921年的论文《社会利益理论》(*A Theory of Social Interests*)[②]中提出。1922年庞德在剑桥大学三一学院的演讲《法律史解释》中做了进一步阐发,其中庞德将社会工程视为一种解释法律历史的方法。在庞德看来,历史哲学对于所有的问题都是基本的,19世纪将一切都视为历史,过分夸张了历史的地位;但是20世纪将一切都视为科学,又过分忽视了历史。[③] 历史法学派的兴起、称雄和衰落是19世纪法律科学的主要线索,因此,有必要反思19世纪的法律史解释方法,以评估其对于20世纪法律科学的价值。

庞德认为,法律历史观的兴起与解决所有法律思想的主题——协调

---

① [美]E. A. 罗斯:《社会控制》,秦志勇、毛永政译,81页,北京,华夏出版社,1986。其中着重号为原文所加。
② R. Pound, "A Theory of Social Interests", 15 *Papers and Proceedings of the American Sociological Society*, 1921, pp. 16-45.
③ 参见[美]庞德:《法学思想与法律秩序》,载王健编:《西法东渐——外国人与中国法的近代变革》,446~447页,北京,中国政法大学出版社,2001。

法律稳定与变化之间的矛盾——密切相关。法律必须稳定,但又不能静止不变。① 为了达到这一目标,人类主要采用了三种方法:权威、哲学和历史。权威观在法律秩序背后设置了一个唯一的、终极的且不可置疑的权威,将其作为法律律令的渊源。法律解释即是确定法律制定者真实意图的过程,而法律适用则是法律逻辑展现的纯粹机械的过程。主张权威观的人更关注法律的稳定性。当社会发展需要法律变化时,人们开始诉诸哲学。在古罗马以及17、18世纪,这种哲学表现为一种自然法理论:自然法是理性的体现,实在法的全部效力来自于它所反映并宣告的自然法。当法律的稳定性要求暂停从外界吸纳素材以便充分消化所吸收的内容时,人们便转向了历史观。历史法学随之兴盛直至19世纪末。

庞德指出,19世纪有四种法律史解释方法对于理解当时以及20世纪的法律有重要意义:伦理(宗教)解释、政治解释、人种或生物解释、经济解释。伦理解释是最早的法律史解释方法。其认为法律史中日益展现的是一种权利观念。这体现了历史法学派和形而上学派的一种和解。宗教解释是一种特殊的伦理解释,它将法律史视为是某种宗教观念的实现。庞德认为宗教解释有助于理解美国普通法中个人主义的本质和起源。② 政治解释认为法律史展现的是一种政治观念——自由。如果说伦理解释体现了康德对于历史法学的影响,政治解释则体现了黑格尔关于权利是"作为一种理念的自由"的观点。政治解释中最重要的论断便是梅因对于法律史是一种"从身份到契约"的进步过程的概括。庞德认为梅因根据罗马法律史作出的这一概括并不符合普通法的实际,因为"关系及其法律后果的观念贯穿了英美法的每一个方面"③。人种学解释依据种族精神、心理和种族制度解释法律历史;生物解释则依据生存竞争的生物学原则来解释法律的发展。这两种解释为法律哲学提供了更为宽泛的社会科学基础,但是依然局限于以一种原则解释法律史的思维方式。为所有法律现象探寻单一终极原因的最后一项尝试是经济学解释,认为法律发展依赖于经济发展,展现的是经济规律,体现了经济上占据主导地位的社会力量。

面对诸种解释,庞德如何利用以满足法律社会化阶段的需要?吴经熊(John C. H. Wu)将庞德的方法概括为"司法能动主义(judicial activism)",即删除之前解释方法中任何可能导致政治宿命论和司法悲观主义的成分,接受可以策动人们创造活动和有意识地"创生法律(lawmaking)"的成分。因为"任何工程成为可能之前,工程师必须首先登台亮相"④。庞德由此提一种"著名法律人"解释,即根据那些参与各种法律

---

① [美]庞德:《法律史解释》,邓正来译,2页,北京,中国法制出版社,2002。
② [美]庞德:《普通法的精神》,唐前宏等译,18~33页,北京,法律出版社,2010。
③ 同上书,13页。
④ 吴经熊:《法律哲学研究》,281页,北京,清华大学出版社,2005。

史事件的人以及他们的个性、性格和偏好来研究法律史。但庞德并不将著名法律人的解释视为撰写历史的唯一方法,他同时强调法律人所处理的法律材料、工作的情势、工作的目的,而柯勒所提出的"文明解释"满足了上述要求。柯勒认为,法律所体现和维护的是一种不断变化的特定时空下的文明。文明是一种观念,指人类为了自身的目的而对外在自然界以及内在本性最大限度的控制。但是庞德认为柯勒的理论依然是一种唯心主义的解释,存在着僵化的可能性:人们会因为期望文明观念的自我完善而再次陷入法理学的悲观主义之中。

庞德最后提出一种法律史的社会工程解释,法理学可以类比成一门社会工程学,法学家、法官和立法者就是社会的工程师。

> 社会工程被认为是一个过程,一种活动,而不只是一种知识体系或者一种固定的建筑秩序。它是一种作为,而不是数学公式和机械规律按照亘古不变的指定方法而据以自我实现的一种被动工具。人们评判工程人员的标准是他所做的工作,而评判他的工作的标准则是它是否符合该项工作的目的,而不是它是否符合某种理想型的传统方案①。

根据社会工程的解释,三种意义上的法律都被以一种过程的眼光看待。首先,法律秩序并非是19世纪的法律科学认为的一种潜在冲突意志间的统一或和谐的状态,而是一种经由司法、行政机构或者法律律令的指导作用而实现的过程。法律秩序是社会控制的一个方面,也是社会工程的一项任务。其次,就权威性材料体系而言,它们类似于工程师的公式。它们不仅仅是静态的规则,还"代表了经验、科学对这种经验的阐释以及这些科学阐释的逻辑发展,但是也代表了人们在用一种发达的手段认识新方法并系统阐释它们的要求的过程中所具有的创造性的技艺"②。最后,就司法而言,"它是由具有习惯性权力、或契约性权力、或宗教权力、或政治权力对争端各方当事人进行宣判的法庭对争议进行有序处理的一种过程"③。庞德并不认为司法过程是一种简单机械的过程,而是认为,在财产法和商法领域,机械地适用规则是一种明智的社会工程选择;在涉及个人和企业行为的道德性或合理性的问题上,要考虑每个案件中的独特因素而对法律适用做个性化处理。

作为一种法律史的解释方法,社会工程理论不单是为理解社会化阶段的法律所需要,同样可以解释之前发展阶段的法律。庞德提出社会工程理论更是意在激励法学家们从历史法学派所造成的法理学悲观主义中解脱出来,进行一种创造性的工作,"如果一种法律解释能够激励普通法国家中的法理学活动,能够推动我们的法学论者和法学教师去引领法院

---

① [美]庞德:《法律史解释》,邓正来译,225页。
② 同上书,232页。
③ 同上书,227页。

和立法机构的工作,而不是跟随法院和立法机构的工作并满足于做一些条理化、系统化和协调化的分析,那么这种解释就能够很好地完成自己的使命"①。

四、法律的适用

通过法律进行社会控制,实施社会工程,最终都要落实于法律的适用,故而,"我们必须探究法律是如何运作的,因为法律的生命乃在于它的适用和实施"②。

从审判依据的角度而言,法律的适用过程并不是纯粹的机械过程,其中包含着自由裁量的因素。机械适用与自由裁量之间的关系即是据法审判(justice with law)和不据法审判(justice without law)的关系,即司法与行政的关系。所谓"据法审判",是"根据那些通过一种权威性的技术发展起来并加以适用的权威性律令、规范(模式)或者指导规则而进行的审判活动,而这些权威性律令、规范(模式)或者指导规则乃是在人们发生纠纷之前就可以确知的,而且根据它们,可以合理地确保所有的人都得到同样的待遇"③。所谓"不据法审判"则依据当时裁决纠纷的人的个人意愿而不是法律(第二种意义上的法律)进行的审判。任何审判活动中都存在着严格按照法律的要素和自由裁量的要素,只是比例不同。总体而言,法律发展的进程趋于更大确定性。在法律发展的某个时期,在向不据法审判做某些回归之后,肯定会出现某种发展一套新的权威性律令的努力;当据法审判被推向极端不能回应社会变化时,就会出现向不据法审判的回归以缓解规则的刚性。

从审判主体的角度而言,法律的适用分为立法性审判(legislative justice)、行政性审判(executive justice)和司法性审判(judicial administration of justice)。立法性审判指由同时实施立法权力的人或者机构所进行的审判;行政性审判指由同时实施行政权力的人或者机构所进行的审判;司法性审判是由专业化的司法人员或者机构进行的审判。庞德最为欣赏司法性审判:就促进国家进行审判的目的而言,自初民社会即存在的立法性审判是不确定的、低效率和高成本的,已为现代宪法所否弃;行政性审判所具有的优点和缺点类似于不据法审判的优缺点,即不受形式和传统规则的束缚、比较迅捷、更容易符合常人的直觉等,但是在缺乏有效制约的情况下,这些优点很容易转变成为缺点;司法审判比其他任何形式的行政审判都更好地结合了确定性和灵活性这两种可能性。司法审判的主体受过训练,其每一项判决都要受到职业共同体的批评,并且被编入公开

---

① [美]庞德:《法律史解释》,邓正来译,244页。
② [美]庞德:《法理学》,第1卷,邓正来译,359页。
③ [美]庞德:《法理学》,第2卷,邓正来译,367页,北京,中国政法大学出版社,2007。

的判例汇编中,这使得法官有一种独特的保守倾向,使得有价值的终极利益不会因为明显而紧迫的、却较少意义的眼前利益而被牺牲掉。

五、普通法的精神

社会学法理学倡导通过法律协调利益进行社会控制,号召法学家、法官和立法者发挥创造性实施社会工程。这些主张为庞德赢得了激进改革者的理论声誉,有人甚至将庞德誉为"福利国家的先知",但是对于普通法的智识忠诚折中了庞德的"激进"①。

在庞德看来,一种发达的法律体系由两种要素构成:命令要素和传统要素。命令的要素即立法颁布的要素,传统的要素指人们根据类推而从法学上和司法上发展法律所依据的要素。法律的发展是两种要素相互依赖与矫正的过程。庞德更看重传统要素,普通法正是传统要素的代表:作为一种司法和法学思想模式的普通法坚韧顽强,能将不同渊源的规定按照自己的原则加以铸造,并战胜取代、推翻这些原则的企图。在20世纪初年美国法律社会化的趋势下,普通法再次陷入了危机。在庞德看来,如果法律无视社会问题的原因可以在普通法中找到,那么最可靠的解决办法也可以在普通法中找到。庞德寻找解决办法的努力主要体现于两个方面:一是诉诸于普通法的封建要素——"关系"——克服普通法极端个人主义的特征;二是以司法经验主义作为发展法律与应对社会变革的方法。

(一)"关系"要素

多种因素促成了普通法的个人主义特征:普通法发端于日耳曼法,个人主义是日耳曼法所代表的严格法阶段的主要特征;清教主义坚持个人行为的"理性诚实的自愿契约"学说,认为个人良知与判断不受官方的干涉,同时每个人承担自己选择的后果,强化了主张所有法律后果都取决于意志实现的个人主义;斯图亚特王朝统治时期,柯克代表的普通法与国王代表的王权的斗争中孕育的法律至上原则认为,普通法的目的在于保护个体利益免受来自国家与社会强权的侵犯。在布莱克斯通(William Blackstone)等人的努力下,自然法理论与普通法结合,普通法上的个人权利转化成为了所有人的自然权利,"自然权利的这一法学理论实质上是彻头彻尾的个人主义"②等。

庞德并不全盘否定普通法中影响个人主义特征的因素。相反,他认为日耳曼法所包括的封建"关系"理念是个人主义的第一种瓦解因素。"关系"倾向于把义务和责任附加在受其约束的人身上,而不管此人的意愿如何;倾向于以人们之间的相互关系而不是个人的法律行为作为法律

---

① D. Wigdor, *Roscoe Pound—Philosopher of Law*, pp. 208-209.
② [美]庞德:《普通法的精神》,唐前宏等译,58页。

后果的基础;倾向于把责任和不作为的义务加之于那些作为一个集团的成员、处于一定社会关系中的那些人而非单独的个体身上。① 在城市化、工业化的社会中,保险立法、公用事业立法以及雇主和雇员关系等的立法都可以建立在关系而非意志的基础之上,这是"根据封建保有权附属的权利义务关系类推而来的特有的普通法模式"②,是普通法传统所蕴含的面向未来的制度。

(二)司法经验主义

所谓司法经验主义,即遵循先例原则,指根据从过去的司法经验中归纳出来的原则裁判。遵循先例原则能够将法律的确定性和发展结合在一起:

> 确定性被确保在合理的范围之内,因为法院通过类比普通法传统体系中的法律规则和原理断诉,并且根据已知技巧就提交给它的诉讼形成原则。发展得到保证是因为这种原则的范围并没有一次性地、权威地固定下来,而是在案件出现时通过一种纳入与排除过程逐渐地发现,这一过程实现了原则的实际运作,并且证明它在实际运作中能在多大程度上实现正义。③

司法经验主义根植于经验,同时体现了理性的精神:理性发展了经验,同时接受着经验的检验。这种理性是柯克意义上的"技艺理性",是要通过特别的学习和训练才能掌握。庞德崇尚同样根植于理性的"法律至上"原则,但同时强调,通过法律人运用"技艺理性"实现法律至上原则从保护个人利益到保护社会利益的内涵转变。这也可以解释为什么庞德在20世纪初主张引入行政裁决克服普通法的僵化,在20世纪30年代后期又转而批评行政权力的过度扩张,认为美国法律走向了"行政绝对主义(administrative absolutism)"的极端:在庞德看来,主导社会变革的应该是以法官为中心的法院而不是行政机关,后者应该受制于司法机关的审查。庞德在20世纪初倡导的司法程序改革也可以理解成为增加向司法机关主张权利要求的机会,扩大司法对于社会干预之程度。

六、庞德论中国法律

1946年7月,庞德接受南京国民政府的邀请,担任了国民政府司法行政部和教育部顾问。当时中国刚刚结束抗日战争,国民政府面临着恢复法院、监所和储备司法人员等法制重建任务。在庞德的学生、时任司法部刑事司司长的杨兆龙的推动下,即将从哈佛大学退休的庞德接受了邀请,成为中国近代史上最后一位来华的外国法律顾问。庞德对任职中国非常重视,认为是他此生所做的"最大的工作(the biggest job)"。期间,

---

① [美]庞德:《普通法的精神》,唐前宏等译,8页。
② 同上书,17页。
③ R. Pound, *The Spirit of The Common Law*, The Plimpton Press, 1921, p. 182.

庞德考察了中国的法制状况，并于1947年12月到1948年8月在中国东部6个城市开展了刑事司法的社会学调查，对中国法制多有建言，体现了其社会学法理学的基本理念。

1. 中国应该坚持其继承已久的现代罗马法体系而不应该改采英美法系的模式。庞德认为，规则仅仅是法律律令一个要素，因此，法律的变革绝不仅仅是通过立法改变规则甚至律令就可以完成的，而是包括适用法律的技术与理想图景的等多种要素的变革。如果可行的话，渐进的转型不失为一种更好的选择，但是革命之后中国需要现代法制，中国已经没有时间在过去的法学、政治和道德制度的基础上来发展它。① 在这样的背景之下，庞德认为中国效仿以罗马法为基础的大陆法系是很明智的。因为现代罗马法体制历史悠久，发展成熟，其在1900年之后所产生的很多法典堪称楷模，而且罗马法的学说系统完备，教学也比较容易，如果某地需要迅速采行成熟的法律制度，以代替习惯的古老制度或旧文化下所制定而不适于今日社会的法律，那么采用罗马法体系是比较容易的。如果在法制重建的时期转而诉诸英美法系，既没有合用的法律书籍，英美法本身也不便于法典化，短时间内也无法培养出深刻理解英美法传统的司法人员，那么不单是对中国继承大陆法系既有成果的浪费，甚至法制建设的前景也不容乐观。②

2. 中国的法典制定得很好，现在的任务是将法典适用于中国的现实生活。相比"书本中的法律"，庞德更为关注"行动中的法律"——法律的实施与效果。而且20世纪40年代的中国，六法体系已经基本形成，法律适用的问题更为突出。

庞德认为，法律的适用首先要明确理想要素，这一要素并非普世与抽象的，而是处于特定的时空条件下，庞德因此特别强调中国的法典是要适用于中国人民的、规范中国人民生活的。庞德诉诸于中国拥有的、关于民族习惯的传统道德哲学体系，认为它可能成为解释和适用法典所赖以为凭的理想图景。庞德强调比较法和历史在法律适用中的作用："传统的道德习惯和法律制度不能因为仅仅它们是传统的，或仅仅因为在西方世界的比较法中找不到对应就为法院或者法学家所忽略或者否弃。但同样，传统的道德习惯和制度不应仅仅因为它们是在对中国历史的研究中发现的，就得以保留或者促进，并且作为法典解释和适用的基础。"③西方的经验与中国的传统都要服从于使法典贴近中国人民生活之目的。

3. 当前中国的法制重建迫切需要的是统一法律解释，这仰赖于统一法律教育和著述来实现。法律适用，除了具备理想要素，还需要技术。如

---

① R. Pound, "Comparative Law and History as Bases for Chinese Law", 61/5 *Harvard Law Review*, 1948, p.750.
② [美]庞德：《法律与法学家——法律与法学家在现代宪政政府中的地位》，载王健编：《西法东渐——外国人与中国法的近代变革》，422~423页。
③ R. Pound, "Comparative Law and History as Bases for Chinese Law", p. 757.

前所述,庞德强调法律教育对于柯克意义上的"技艺理性"的塑造作用。但是当时中国法律教育的状况显然不能令庞德满意:近代法律教育刚刚起步,法律人缺乏统一的专业训练,也缺乏对于法律职业伦理的认知。法律教育因此成为贯穿庞德中国法制改革建议始终的论题。

庞德尤为强调法律教育的统一问题。"由习惯于统一的教学传统的人看来,像中国对于法官,法律教师及法学家的训练那样分歧的是很特出的。这里的立法者、法学家、法官、法律教师,有些受教于美国,有些在英国,有些在法国,有些在苏格兰,有些在德国,有很多经由日本间接接受德国的传统。不特如此,在国内受训练的人,也并不本一个传统去研究法典。他们在说不同的法学语言的教师下接受训练。对于中国法而为彻底的统一教导,这是时候了。"①庞德认为,统一的法律教育对于当时中国迫切需要的国家统一犹有意义,也有利于法律职业共同体的形成。庞德主张汇编一部系统的法律原理著作——《中国法通典》(*The Institutes of Chinese Law*),也意在帮助法官、律师及法学教师们共享一种一致的方法和观点,避免法律适用的不统一。

4.《中华民国宪法》符合中国的历史和社会条件。庞德对于中国宪法的观点主要体现于《论中国宪法》②和《中国宪法》③中,两篇文章分别在《中华民国宪法》通过前后发表,观点类似,概述如下:(1)中国宪法需要合乎中国的历史、文化和社会环境,而非短期内专凭理想创造或者抄袭他国而能成,中国的制宪者在这一点上做得很好。(2)三权分立并非是民主或者立宪政治之必要条件。今日中国行政迫切需要的是统一性、继续性、稳定性和效能之提高,三权分立不适合上述迫切需要。(3)民主国家并非必须在总统制和内阁制之内择一。内阁制不适合中国,因为中国继承的更多是一种集中的无政府状态不是一种集中的独裁,中国有内陆领土、组织不紧凑、社会同质化程度低,难以迅速而充分地赋予人民意志以效力。(4)中国今日需要有强大的国防和强大的中央政权。因此宪法关于中央和地方实行均权制是适宜的,同时对均权制度仅规定一般原则而不规定细节以应对未来的变化,可谓善取他人长处。(5)个人权利的划分,应因时因地制宜。中国宪法明智地采用了英美模式保护公民权利。(6)政府职权之五分是中国宪法最为显著的特点,根植于中国历史且符合当下中国的需要。宪法将行政院置于立法院之下是错误的,这将使立法机关不能专心于立法工作并且逐渐成为超行政院。行政院也不应该对总统负

---

① [美]庞德:《中国法律教育改进方案》,载张文伯:《庞德学述》,170~171页,台北,台湾国风社、中华大典编印会,1967。

② 这篇文章由庞德在美国完稿后于1946年11月自波士顿寄到中国,由杨兆龙翻译节选之后,以"论中国宪法"为题在1946年12月13日的南京《中央日报》(第3版)和上海《申报》(第2,3版)发表。

③ R. Pound, "The Chinese Constitution", 22 *New York University Law Quarterly Review*, 1947, pp. 194-232.

责,否则将打乱五权分配的格局,导致行政院受制于总统而与其他机构不平等,同时也使得总统陷入党争之中。(7)国民大会2000人左右的规模不能说是过于庞大。只要能选择适当的人才作为代表,明确合理地规定开会程序,国民大会可以成为负责任的民众机构;不应该在国民大会内部设立常设机构以免于使少数人成为独裁者。

庞德发表《论中国宪法》之时正是国民大会就宪法草案进行辩论的关键时期,庞德以官方顾问的身份在国民党党报上诉诸国情,支持国民政府的制宪主张,意图强化总统权力,遭到了舆论的质疑。① 从思想角度考察,庞德对于中国宪法的上述论断与社会学法理学的实用主义基础有关。受詹姆斯影响,庞德坚持"有用即为真理"的基本观点:如果法律对于利益的保护符合特定时空法律先决条件之下的理想图景,那么法律就是有效的,也就符合了真理而达致了实用主义意义上的善。哪些利益能够符合理想图景、得到法律的保护,由法律人依据特定时空的法律先决条件进行判断。因此,在价值判断标准问题上,社会学法理学提供的是一个中性的理论框架而不是外在的、普遍的价值判准。② 就社会学法理学本身的价值倾向而言,虽然庞德没有将社会利益绝对地置于个人利益之上,但是社会利益概念的引入以及整体利益损害最小的判准却为以"社会利益"之名侵害个人自由留下了余地。考察庞德个人的政治倾向,他反对共产主义,支持蒋介石与国民政府。当庞德将上述倾向注入中性的框架之下时,庞德对于中国宪法的判断也就成为必然。

第三节　评价与影响

庞德是法学领域内一位百科全书式的人物,霍姆斯曾经专门造了一个单词"Uniquity"来形容庞德的博学,卢埃林则"抱怨"他所在时代的美国法学家"已经有太长时间依赖他(指庞德——笔者注)去发现、阅读、消化、分类和报告外国或者古代的法学家了"③。深厚的学养让庞德能够博采众长,也引发了学者们有关庞德思想原创性的争议,支持者赞誉庞德是

---

① 如1946年12月23日,上海《大公报》发表社评《辟"不合国情"说》,在第3版刊发了戴文葆的《异哉,所为内阁制不合国情!》。
② 参见邓正来:《社会学法理学中"社会"神——庞德〈法律史解释〉导读》,载[美]庞德:《法律史解释》,邓正来译,72~75页。
③ K. N. Llewellyn, "Some Realism about Realism: Responding to Dean Pound", 44/8 *Harvard Law Review*, 1931, p. 1225.

"法律科学和法哲学周围的土地上耸立的一座阿尔卑斯山"[1],"对于法哲学和法理学的原创性贡献比任何其他美国本土的作者更加重要和有影响力"[2]。批评者则评价庞德是"思想者的地平线而非思想者的顶点"、"既有事物的累积者而非新理论的倡导者"[3],认为庞德的博学"对于一个哲学家而言并非是特别的优点"[4],"当折中仅仅是集中时,展示博学就成为了哗众取宠"[5]。尽管存在争议,但是庞德理论巨大的影响力毋庸置疑。"作为一个法律学者,没有美国人能够比肩庞德的国际声誉。他最为原创性的贡献,主要在一战之前写就,在塑造通过法律变革社会的进步主义理念方面有着巨大的影响力"[6]。

理论上,庞德最重要的贡献是提出了一种法律的功能性解读路径:将法学研究的对象从法律自身转到了法律之外,从关注概念与逻辑的自洽转换到了关注法律的目的与效果,实现了美国法理学研究范式的转换。正如庞德的学生以及重要的研究者斯通(Julius Stone)所言,"庞德最有权威的成就……是在19世纪的最后四分之一将盎格鲁-美利坚国家的法学兴趣重新定位于这一问题上,即你有什么用"[7]。沿着这一路径,庞德将"利益"概念引入美国法理学中,使得法学对"法律必须赖以为凭且应当适用于的那些社会事实做更全面和更智性的考察"[8]成为可能。庞德"关于社会利益的分类,看来包括了立法机关和法院在制定或解释法律时所必须考虑的全部公共政策,至少像门捷列夫的化学元素表所起的作用那样……"[9]。从实践的角度考察,社会学法理学推动了进步主义时代的美国通过法律手段干预经济、进行社会变革;利益理论为法律回应社会需要、实施社会控制提供了媒介和更为具体的指向。

庞德将法律视为实现社会目的的手段以及采用社会科学的方法研究法律的主张,影响了20世纪二三十年代兴起法律现实主义运动以及继起的"法律与社会"运动。法律现实主义代表人物卢埃林指出:

---

[1] A. Kocourek, "Roscoe Pound as a Former Colleague Knew Him", in P. Sayre(ed), *Interpretations of Modern Legal Philosophies: Essays in Honor of Roscoe Pound*, Oxford University Press, 1947, p.149.

[2] E. W. Patterson, "Roscoe Pound on Jurisprudence", 60/8 *Columbia Law Review*, 1960, p.1124.

[3] H. Morris, "Dean Pound's Jurisprudence", 13/1 *Stanford Law Review*, 1960, p.186.

[4] W. L. Grossman, "The Legal Philosophy of Roscoe Pound". 44/4 *The Yale Law Journal*, 1935, p.605.

[5] E. V. Walter, "Legal Ecology of Roscoe Pound", 4 *Miami Law Quarterly*, 1949~1950, p.199.

[6] M. J. Horwitz, *The Transformation of American Law, 1870-1960: The Crisis of Legal Orthodoxy*, Oxford University Press, 1992, p.217.

[7] J. Stone, "The Golden Age of Pound", 4/1 *Sydney Law Review*, 1962, p.2.

[8] [美]庞德:《法理学》,第1卷,邓正来译,356页。

[9] E. W. Patterson, *Jurisprudence: Men and Ideas of the Law*, The Foundation Press, 1953, p.518.

> 今天重要的法理学学派是社会学法理学,庞德是这个学派的领导人和代言人……新的思想(指法律现实主义运动——笔者注)源于社会学法理学……在这种新思想中,只有两条是所有参与这场运动的人的共识——法理学不能单独存在,且法律重要的方面是法律的效果——这两条自始就包含在庞德的法理学中。[①]

当然,社会学法理学与法律现实主义并非没有分歧,在与卢埃林以及弗兰克(J. Frank)在20世纪30年代初进行的、被称之为"内部事件"的论战中,庞德针对法律现实主义者对于法律规则的根本质疑与解构,强调了法律的规范性立场。兴起于60年代的"法律与社会"运动中,以赫斯特(J. W. Hurst)、麦考利(S. Macaulay)为代表的威斯康星学派强调以科学的方法研究法律;伯克利学派则强调以法律回应社会需求,变革社会,代表人物塞尔兹尼克(P. Selznick)、诺内特(P. Nonet)更是以"回应型法"模式概括社会学法理学与法律现实主义的贡献。

社会学法理学也存在局限。首先,在价值问题上,社会学法理学采取了一种相对主义的立场。如前所述,在价值判断上,社会学法理学提供的是一种中性的理论框架,具体的标准取决于个体的判断,虽然庞德为这种判断设置了特定时空的文明等限定条件,但是依然无法避免中性框架之内注入"恶"的价值选择,使得社会学法理学理论有被滥用的危险。庞德对于中国宪法的判断某种程度上就是这种危险的一个佐证。这也是主张以普遍、外在标准评判法律的自然法学批判社会学法理学的原因。其次,庞德主张以法律回应社会需求、实现社会整合的办法对于现代社会而言过于简单。总体而言,庞德主张是司法中心主义的,即以法律人诉诸理性、根据特定时空之文明在司法过程中进行衡量利益。虽然引入利益概念使得在法律程序内部的政治参与成为可能,但是庞德对于政治参与对于现代社会中法律秩序的合法性(legitimacy)的意义少有论及,因此,社会学法理学虽然主张法律的规范性,但是对于规范在现代社会的正当性论证不足,这也为后来的理论发展提供了空间。

思考题

1. 结合庞德的法律概念谈谈如何理解"法律是一项社会工程"。
2. 庞德认为哪些因素可以帮助普通法适应法律社会化阶段的发展需要?

---

① See N. E. H. Hull, *Roscoe Pound and Karl Llewellyn: Searching for an American Jurisprudence*, The University of Chicago Press, 1997, p. 140.

3. 庞德对于中国法律的论述与其社会学法理学理念有何关联？

阅读文献

1. ［美］庞德：《通过法律的社会控制》，沈宗灵译，北京，商务印书馆，2008。

2. ［美］庞德：《普通法的精神》，唐前宏等译，北京，法律出版社，2010。

3. ［美］庞德：《法律史解释》，邓正来译，北京，中国法制出版社，2002。

4. ［美］庞德：《法律与道德》，陈林林译，北京，中国法制出版社，2003。

5. ［美］庞德：《法理学》，第1卷，邓正来译，北京，中国政法大学出版社，2004；《法理学》，第2卷，邓正来译，北京，中国政法大学出版社，2007；《法理学》，第3卷，廖德宇译，北京，法律出版社，2007；《法理学》，第4卷，王保民、王玉译，北京，法律出版社，2007。

6. 翟志勇编：《罗斯科·庞德：法律与社会——生平、著述及思想》，桂林，广西师范大学出版社，2004。

7. 王健编：《西法东渐——外国人与中国法的近代变革》，北京，中国政法大学出版社，2001。

8. D. Wigdor, *Roscoe Pound—Philosopher of Law*, Greenwood Press. 1974.

9. N. E. H. Hull, *Roscoe Pound and Karl Llewellyn: Searching for an American Jurisprudence*, The University of Chicago Press, 1997.

10. M. J. Horwitz, *The Transformation of American Law, 1870—1960: The Crisis of Legal Orthodoxy*, Oxford University Press, 1992.

第八章 美国的现实主义法学

第一节 美国"本土法学"第一波

在"独立"后的一个多世纪中,除了宪法领域,美国几乎没有"本土"法学。英国的思想支配,并未随着殖民统治的落幕而告终结。大致以19世纪60年代的"南北战争"为界,前一个世纪的美国法学是"基督教自然法学"和归纳式自然科学的混合,来自布莱克斯通和弗朗西斯·培根;后半个世纪的主流法学——"形式主义法学",则为英国实证主义法学和欧陆理性主义的混合,源于奥斯丁和笛卡尔。后一阶段的情形相对复杂,在主流法学之外,"历史法学"和包括"实用主义法学"、"社会法学"在内的"进步主义法学"也占据一席之地,只是整体上同样不具有原创性。前者抵御了欧陆"法典化"浪潮的侵袭,但完全依据德国人萨维尼和英国人梅因的学说;后者呼应了美国19世纪晚期的"实用主义"哲学和"进步主义"运动,但深受欧陆"自由法运动"、"利益法学"和"法社会学"思潮影响。①

较之法学思想长期仰赖欧洲的状态,美国的法律实践很早就走上了独特的发展道路。虽然"英国法是美国革命后律师们唯一了解的法律"②,美国自"独立"之日起就选择了迥异于欧洲大陆的判例法体系,但由于历史的恩怨和政治、社会的差异,其法律实践也与英国逐渐拉开距离。首先,"独立战争"和"1812年战争"("第二次独立战争")埋下了仇恨的种子,直到19世纪20年代以前,成熟的英国判例法都普遍遭到抵制,

---

① 参见[美]斯蒂芬·菲尔德曼:《从前现代主义到后现代主义的美国法律思想》,李国庆译,85~201页,北京,中国政法大学出版社,2005。
② [美]格兰特·吉尔莫:《美国法的时代》,董春华译,29页,北京,法律出版社,2009。

一些州甚至"禁止援引英国在美国独立以后发布的判决"①；其次，英国只有一套法院系统，而美国作为"联邦制"国家，运行两套司法体系，各州法院依据宪法的规定独立管辖大量案件，逐渐形成各自的"普通法"；再次，"移民潮"、"西进运动"，向法国、英国、西班牙、墨西哥购买和强占土地，以及"工业革命"的展开，陆续为美国新添了二三十个州和几千万人口，造成了诉讼数量暴涨和地理、文化、经济条件的多元化，扩大了区域性法律差异；最后，"西方出版公司"从19世纪70年代起系统出版美国联邦法院、各州最高法院以及相当数量低等州法院的司法意见，庞杂的"判例"加剧了"遵循先例"的困难和普通法体系的混乱。② 由于这些复杂因素的共同作用，19世纪英国人闻所未闻的"法律统一性"和"法律确定性"问题，在"南北战争"后持续发酵为美国特有的"普通法危机"，亟待法学思想加以应对。

"南北战争"消除了美国的分裂危险，促进了州际贸易的发展，普通法枝蔓丛生、荆棘密布的局面开始变得不可容忍。"形式主义法学"③试图改变此种局面，在实践中扭转诉讼结果取决于受诉法院的状况，在理论上调和各州普通法之间的矛盾，在教学方面培养从事跨州法律事务的专业人才。领军人物兰德尔从1873年开始担任哈佛法学院院长，相信杂乱无章的判例法可以提炼为类似几何学原理的少数原则，精致的"法律科学"体系加上严密的"演绎"逻辑，可以彻底保障司法裁判的统一性。由他首创，且至今仍然被视为美国法学教育特色所在的"案例教学法"，最初就是为了让学生从精挑细选乃至杜撰的少量案例中，理解内在一致的"法律科学"体系。然而，仅仅数年之后，"法律科学"舍弃不合体系需要的真实案例，不尊重司法实践和法律渐进发展的做法，就开始引起库利、梯德曼、哈蒙德等"历史法学"家的不满；僵化的"演绎"逻辑牺牲司法合理性，阻碍共同体的利益和社会的进步，也受到霍姆斯、庞德、卡多佐等"进步主义法学"家的强烈批判。④

尽管如此，"形式主义法学"还是支配美国长达半个世纪之久。"历史法学"和"进步主义法学"的挑战并不成功，二者与欧洲大陆特别是德国思想的渊源，影响了当时外语水平很低的主流法学圈的认同，且在"一战"后引发了基于政治原因的抵制。"一战"也摧毁了"道德保守主义"的社会心理基础，基于"历史"或者"进步"理念乐观看待"共同体道德"的时代结束

---

① ［美］伯纳德·施瓦茨：《美国法律史》，王军等译，14页，北京，中国政法大学出版社，1990。

② G. Gilmore, "Legal Realism: Its Cause and Cure", 70 *Yale Law Journal*, 1961, p. 1043.

③ See P. J. Kelley "Holmes, Langdell and Formalism", 15 *Ratio Juris*, 2002, pp. 26-51.

④ B. Z. Tamanaha, "Understanding Legal Realism", 87 *Texas Law Review*, 2009, pp. 748-755.

了:科技发展能够永保和平和繁荣的信条不复存在;大屠杀和无意义的死亡,滋生世事无常之感;离婚率的飙升和及时行乐的性态度,从一个侧面宣告了传统伦理的崩塌。①

更重要的是,历史法学和进步主义法学这两种游走在边缘位置的法学思想,虽然正确地指出了"形式主义法学"的副作用,却没有以自己的方式回应"普通法危机"。20世纪初,这个根深蒂固的"美国问题"不仅未获解决,反而愈演愈烈:在形式主义的影响下,法官将实际上"不同"的案件予以"相同"对待,使司法裁判更加难以预测;美国法学会不断开展"法律重述"工作,以书本上的法律统一,掩盖着现实中的法律混乱;在战争中保持"中立"的美国,通过军工贸易和战争贷款迅速改变了"债务国"地位,迎来了战后的"柯立芝繁荣",社会高速发展、复杂性极度膨胀,导致教条适用抽象原则的司法结果越来越千奇百怪。

总而言之,在"一战"后的美国,延续半个世纪之久的"普通法"危机,仍然没有依靠欧洲的理论资源得到解决。与此同时,作为世界文明中心的欧洲受到严重破坏,年轻的美国却正在迅速崛起,其法律实践经过百余年的积累,已经进入成熟期。正反两方面的现实,都急切地呼唤一种具有"美国特色"的法学。在此背景下,20世纪二三十年代,立足本国"普通法传统"的现实主义法学家登上了思想舞台,他们倡导"反概念主义"的思维模式、"事实中心主义"的研究方法、"情境主义"的立法司法技术、"渐进改良主义"的法律发展道路,掀起了"本土"法学第一波。

第二节　现实主义法学的基本内容

一、"反概念主义"的思维模式

在1930年出版的《荆棘丛》中,现实主义法学家卢埃林旗帜鲜明地表达了重行动轻言辞的理论态度,矛头直指当时学界和实务界的形式主义风气:"官员关于争端所做的,在我看来,就是法律本身";"规则之所以重要,仅仅因为它帮助我们了解或预测法官将做什么事,或者帮助我们促使法官做什么事"②。

但《荆棘丛》振聋发聩的声音也招致了疑问:如果将法律定义为法官的行动,那么"按照法律,某法院的判决是错误的","上级法院根据法律否

---

① G. E. White, "From Sociological Jurisprudence to Realism: Jurisprudence and Social Change in Early Twentieth-Century America", 58 *Virginia Law Review*, 1972, pp. 1013-1015; H. E. Yntema, "American Legal Realism in Retrospect", 14 *Vanderbilt Law Review*, 1960, pp. 317-330.

② K. Llewellyn, *The Bramble Bush*, Oceana Publications, 1960, p. 12, 14.

决下级法院的判决",这些说法就都毫无意义;当法官寻找可适用的法律时,只能不合情理地自问,"我将如何判决?"①

实际上,《荆棘丛》体现了现实主义法学的"反概念主义"思维模式,并不存在批评者所指摘的"定义"问题。卢埃林早就指出:"'法律'的概念可能包含太多不同内容,要为这些内容找到一种表面上的共同点都很困难,更遑论加以定义。"每个定义都划定一片领域,但"法律像生活一样宽广",不应"从法律的事务中排除任何东西"。他那些引发广泛误解的关于"法律"的论述,着眼于"方法论"而非"本体论",旨在强调法学研究的正确起点并非通过描述"边际"界定法律,而是找寻法律事务的"中心",即"官员的行动"②。

现实主义法学家彻底地反对定义"法律"。他们在这一法理学"元问题"上,不仅与形式主义法学撇清了关系,而且与其他未脱"概念主义"窠臼的法律思想划清了界限。他们认为,形式主义法学所谓的"法律"只是"纸上规则",与司法实践中的"真实规则"不一致;自然法学勾勒的"权利"体系和"应然"秩序无关实际行为,也是未在生活中验证的言辞;作为"潘德克顿"概念法学之反动,德国的利益法学虽然重视研究法律的"目的",但又掺杂进难以达成共识的"利益",同样只能使"法律"术语的使用走向混乱。③ 现实主义者继承了进步主义法学对形式主义法学的批判,并将此种批判推向极致:霍姆斯并不厌恶法律的概念和体系,其名言"抽象规则不能决定具体案件"却被奉为至理;庞德被批评"停留在概念上",其"行动中的法"与"书本上的法"的区分却一直得到赞赏;詹姆斯、杜威"应然"倾向的功利观念受到排斥,他们对先验真理和抽象概念的拒斥却被引为教义。

新时代的文化氛围构成了极端"反概念主义"的外部土壤。20 世纪对抽象理论脱离具体实践的认识,代表着现代主义第二阶段的思想特质,与前一阶段的笛卡尔理性主义适成对比。新的认识论发现,关于何为科学假设之证明证据的理论,与证明的实践完全不符;新的伦理学也指出,"功利论"和"义务论"的伦理学都会遭遇违背道德直觉的反例。现实主义法学家将此种观念用于法学研究,怀疑由概念堆砌的规则和理论体系,可能背离司法实践的真实,因此加以极度贬抑。在思想上,他们不仅与形式主义法学家不是一代人,甚至与霍姆斯、庞德、詹姆斯、杜威等进步主义者也不是一代人。

"反概念主义"更源于美国普通法的内在困境。1926 年,奥利芬特发表了著名演讲《重回遵循先例》,指出自 19 世纪中叶"令状"制度废除后,

---

① B. Leiter, "Legal Realism and Legal Positivism Reconsidered", 111 *Ethics*, 2001, p. 290.

② K. Llewellyn, "A Realistic Jurisprudence—the Next Step", 30 *Columbia Law Review*, 1930, pp. 431-465.

③ Ibid.

形式主义法学家恣意地依据自己的概念和分类，不断从先例中抽象法律原则，是美国普通法陷入全面混乱的主要原因。中世纪的"令状"对长期存在的具体情境加以归纳，源于先例的抽象原则却没有客观现实的基础。面对先例，从哪种法律范畴出发进行抽象，抽象到什么程度，无一定之规；先例间哪些共同特征应当考虑，哪些不应考虑，亦无当然之理。由此获得的法律原则，必然沦为相互矛盾、脱离实际的主观教条。他严厉指责美国实务界和理论界没有正视问题：法官仍然自诩"依法裁判"，用演绎逻辑的技术标榜司法确定性，用形式主义的判决粉饰法律统一性；学者们继续闭门造车，构建内在一致的法律科学体系，无视现实案件的复杂性；美国法学会试图通过"普通法重述"拯救危机，却以法官的"辞令"和学者的臆想为主要材料，同样不关心现实案件的多样性。这些治标不治本的做法，根本上还是囿于概念主义，只能积累起更大的无序。①

与奥利芬特的单纯批判不同，阿诺德从"阴谋论"视角分析了概念主义之于维护现代法律有效运转的作用。他将形式主义法学家比作编织宗教教义的神学家，通过"重述"先例中的规则构建"实体法"的完美体系，由此获得"神意"（法律）宣示者的尊崇地位。所谓"法律重述"，既是减少层出不穷的矛盾规则和边缘性案件，将特殊性囊括到普遍理论的过程；也是回避大量现实规则和案件，以构造逻辑一致的"实体法"体系的过程。实体法体系掩盖了司法实践中的诸多具体程序问题，形式上极端复杂，实质上极度简化。因其极端复杂，固为法院威望的源泉，庞大的体系牵一发而动全身，外行人无从染指；而因其极度简化，又只能作为司法的"剧本"，为法官提供富有感染力的"台词"。总之，司法运作就像戏剧表演，需要发挥教化效用、获得艺术效果，防止人们怀疑法律能够提供行为指引，法官对纠纷的处理具有确定性和正当性。阿诺德痛斥概念主义的这种"阴谋"，视"法律重述"为永无止境的骗局和对实事求是的司法裁判的拒斥；认为美国应当像英国那样，将上诉法官的抽象理论与下级法官的具体实践相分离，将实体法体系架空为"哲学指南"②。在此，"概念主义"变成了一种策略，其内在价值被颠覆了。

弗兰克的"反概念主义"思想更为极端。如前所述，19世纪70年代形式主义法学的产生，原本旨在以概念主义方式获得法律的确定性，弗兰克却认为此项目标没有任何社会价值。一方面，确定性只是"法律的神话"，在心理学上源于"儿童"对"父亲"绝对权威的需求，不符合成熟的"现代心智"；另一方面，概念与现实、规则与事实的脱钩不仅不值得畏惧，而且"适应于不断变化的社会现实、产业和政治条件"，"具有巨大的社会意

---

① H. Oliphant, "A Return to Stare Decisis", 14 *American Bar Association Journal*, 1928, pp. 71-76, 107.

② T. Arnold, "The Role of Substantive Law and Procedure in the Legal Process", 45 *Harvard Law Review*, 1932, pp. 624-648.

义"。① 换言之,作为手段的"概念主义",从目标设定的角度遭到了否定。尽管弗兰克对"法律确定性"的彻底解构,既不会得到卢埃林、穆尔等寻求"真实规则"的成员的赞同,也很难赢得为概念体系保留"哲学指南"地位的阿诺德的支持,但现实主义法学家都分享了"反概念主义"的思维模式,这个结论应当不成问题。

二、"事实中心主义"的研究方法

就研究方法而言,现实主义法学家倡导"事实中心主义"。他们反对概念主义思维的直接目标,就在于将法学研究的中心从应然的"规范"转向实然的"事实"。

法律长期是"规范"的领域。在20世纪初的"进步主义时代",霍姆斯的实用主义法学和庞德的社会法学已经崭露头角,但情况仍然没有完全改变。将事实性的具体法律运作而非概念、规范、体系置于绝对优先地位,不仅与自然法学、形式主义法学、实证主义法学截然对立,也与霍姆斯、庞德兼顾规范和体系的理论颇有差异。然而,在法学领域之外,社会科学早已开启了视角转移:"一战"前的社会学、人类学、心理学、经济学思潮注重运用田野调查和统计等新方法,试图穿透意识形态、文化观念等规范性的"自我理解",以"旁观者"视角直面现实的行动领域,从而发掘各种"话语"的功能和潜藏其后的深层结构;"一战"后受价值"相对主义"影响的新兴行为科学,更加拒斥应然层面的规范研究,倡导从客观行为的经验分析出发,理解各种心理、文化和制度现象。毋庸置疑,现实主义者的"事实中心主义"方法,受到了社会科学发展的深刻影响,譬如,谙熟人类学研究路径的卢埃林,就有意识地将之引入保守的法律领域。

"事实中心主义"所谓"事实",并非通常所说的案件事实,而是区别于实证规则、学说体系、判决意见等"话语"的实际行为、制度和关系,可以分为两大类型:一是法律系统内部的"官员行为";二是法律系统外部的"社会行为"。

卢埃林认为,任何严肃的法学研究,都必须首先关注法官处理纠纷的实际行为。即便以"规则"为研究对象,客观地检验"纸上规则"是否符合裁判实践,也应当成为基本前提。但从法官所声明、援引的规则为出发无法进行此种检验:首先,"规则"一词将客观的"救济措施"与"权利"、"利益"等主观因素相混淆,聚焦规则的研究只问是否"有权"或"应当"获得救济,不论"实际"能否获得救济;其次,规则不变并非司法实践不变,抽象语言固有的开放性决定了,规则在不同诠释方法下会呈现出差异,无法保障"相同案件相同处理";再者,不论法官如何理解或描述自己的行为,运

---

① J. Frank, *Law and the Modern Mind*, Peter Smith, 1970, p. 7.

用了怎样严格的演绎推理,都替代不了行为本身。① 归根结底,美国普通法的日益混乱,不是由于作为"说辞"的规则不统一,而是由于法官的真实行为不统一,甚至恰恰是统一的"依法裁判"掩盖并加剧了实践中的不统一。

卢埃林主张研究法官的行为,并非否定先例的价值,相反要求在对纯粹"说辞"加以甄别和排除的前提下,平等地重视一切先例。形式主义法学和兰德尔"案例教学法"的共同错误,在于为了建立内在融贯的纸上规则体系而挑选和剪裁先例,将大量不符合体系建构需要的先例"扫地出门"。现实主义者则特别强调那些无法用抽象原则合理解释的先例,因为后者未能成功地为纸上规则所虚饰,往往反映了法官的真实行为。卢埃林的老师库克最早采用此种研究路径。他抨击形式主义法学家比尔关于"住所"概念统领所有冲突法问题的观点,指出在现实的司法实践中,受当下特定问题的影响,法官会根据不同的目的决定当事人是否定居于某地。他用大量真实的案例表明,法官明显为离婚案件的"住所"和赋税或无主继承案件的"住所"赋予了不同的含义。② 正是沿着库克的方法论指引,在不断扩大材料范围的过程中,现实主义者逐渐对"法律科学"的解释能力提出了全面质疑。

弗兰克同样以"法官行为"为研究重点,但将目光从"上诉法院"转向"初审法院",从法官的"法律适用"行为转向"事实认定"行为。如果说卢埃林强调,司法不确定性源于上诉法官以形式主义方式适用"纸上规则",而采纳"真实规则"、具有"宏大风格"的司法仍然能够产生"可估量性";那么在弗兰克看来,由于司法制度上的各种缺陷影响着初审法官对案件事实的认定,奢谈法律确定性和"真实规则"毫无意义。③ 作为彻底的相对主义者,弗兰克一方面相信每个个案都独一无二;另一方面深刻认识到陪审团制度、律师制度、对抗制、举证制度、证据规则在事实认定过程中将当事人置于不平等的地位,因此拒绝一切虚无缥缈的宏大目标,致力于通过司法改革尤其是审判程序改革实现"个案"的公正。他自诩"事实怀疑论者",不仅向一切形式主义法学开战,而且与自己的盟友、以卢埃林为首的"规则怀疑论者"划清界限——"没错,规则怀疑论者的确是一支传统的左派羽翼。它从为事实怀疑论者所厌恶的传统而来"④。

除了"法官行为"之外,"社会行为"也是现实主义法学家的重要研究

---

① See, K. Llewellyn, "A Realistic Jurisprudence—the Next Step", pp. 435-438; K. Llewellyn, *The Bramble Bush*, p. 68.
② [美]罗伯特·萨默斯:《美国实用工具主义法学》,柯华庆译,141 页,北京,中国法制出版社,2010。
③ 比较[美]杰罗姆·弗兰克:《初审法院——美国司法中的神话与现实》,赵承寿译,北京,中国政法大学出版社,2007;[美]卡尔·卢埃林:《普通法传统》,陈绪纲等译,北京,中国政法大学出版社,2002。
④ J. Frank, *Law and the Modern Mind*, p. xii.

对象。卢埃林认为,只有司法裁判与社会实践保持一致,才能维持法律的确定性。在此,"法律确定性"的含义实际上发生了改变:形式主义者用这个词表明规则内涵和外延的稳定性,现实主义者指的却是规则与现实相符合。从"真理观"的角度看,前者持"融贯论",强调真理作为内部自洽的命题体系具有确定性;后者持"符合论",强调真理作为符合客观事实的命题具有确定性。除此之外,现实主义者特有的"外行人"视角,也是其聚焦社会行为的原因之一。在他们眼中,具体裁判的结果比"纸上谈兵"的规则和权利更重要,法律规则是否符合社会实践比能否构建科学体系更重要。

穆尔的实证研究体现了对"社会行为"的关注。通过调查关于银行法上"到期期票"问题的三个判例,他发现各州不同的司法裁判可以由当地的不同实践加以解释。他试图借助这一研究表明,司法裁判的决定因素并非抽象的法律规则,而是由各种惯常行为方式所构成的社会制度;法律"是"且"应当"是对社会行为的复制,任何立法和司法工作,都要首先考察相关领域现实的运作情况,确保规则与社会实践相一致。[①]

总而言之,在通过批判概念主义彻底推翻形式主义法学的统治之后,现实主义者没有就此止步,而是转向了以"事实"为中心、富有建设意义的法律研究。

三、"情境主义"的立法、司法技术

在司法和立法方面,现实主义法学倡导"情境主义"的技术。卢埃林、奥利芬特、穆尔等人持"温和的情境主义",弗兰克、哈钦森和格雷等人持"激进的情境主义"。

在卢埃林看来,"纸上规则"之所以造成司法混乱,根源在于抽象语言的局限性。抽象语言无语境,个案却有具体情境,不考虑具体情境的差异而适用"纸上规则",就必然造成司法实践的僵化和不统一。进而言之,无论是先例的裁判过程还是立法的制定过程,实际上都考虑了案件或者问题的具体情境,但后来的裁判者却并不知晓。由于情境不同,先前的规则可能并未涵括新的案件;也即是说,规则创制者从未设想过新案的情境,如果由他进行裁判,根本不会适用该规则。在变迁迅速的时代,此种情况层出不穷,构成了司法运作的基本困境。比如,契约自由原则预设了个人经济能力基本平等的社会条件,如果社会已经严重两极分化,贫穷的劳工已经丧失了与富裕的雇主自由缔约的可能性,是否还应当坚持呢?

19 世纪末 20 世纪初,美国联邦最高法院无情境地保障契约自由,将不同案件作相同处理,不仅破坏了裁判的"可估量性",而且践踏了个案的

[①] U. Moore & G. Sussman, "Legal and Institutional Methods Applied to the Debiting of Direct Discounts", 40 *Yale Law Journal*, 1931, pp. 703-719.

"实质正义"。卢埃林认为,唯有"情境主义"的技术能够扭转局面,同时实现这两项司法目标。因为,具体案件的事实虽然殊异多端,其"类型情境"(type-situation)却较为稳定;在同一种类型情境中,实用面向的自然理性也相对统一。他在事实的"多样性"与"一般性"之间选择了中观视角,既不过度陷入个案细节,也不从法律原理的抽象层面抹杀差异。他据此呼吁司法走出"程式化风格",回归"南北战争"前"宏大风格"的"普通法传统",即考虑个案类型情境并引入人们共享的自然理性,对庞杂的先例加以挑选,实事求是地限制、扩展或者保留适当的规则。[1] 他领导编纂的《统一商法典》也反映出此种理念:一方面,该法典区分各种类型情境(交易类型、当事人类型、市场类型),强调"所有权"、"要约"、"承诺"等抽象法律概念的情境意义(situation-sense);另一方面,每个条款都附带说明理由,以细化规则的适用条件。

奥利芬特的研究也表明,法院判决并非抽象规则与具体事实直接联结的演绎结果,而是与类型情境存在因果关系。他分析了关于"不竞争承诺"有效性的一系列案件,法院对这些案件做出了前后矛盾的判决,但法官援引的合同法规则完全不能解释其间的差异。为什么只有一部分承诺得到法院的支持呢?奥利芬特从案件潜在的情境类型中找到了答案:在"商事交易"的场合,买卖双方的不竞争承诺一般都会得到确认;而在雇主与雇员之间,不竞争承诺通常不会强制执行。他得出结论说,时下盛行的非正式"商业规范"促成了正式司法裁判的不同结果,并进一步肯定了此种实践的正当性。在他看来,法律规范是抽象的,但非正式的社会规范却是情境化的,司法和立法都应当从后者中找寻基础。

弗兰克等人的"情境主义"思想更为激进。在《初审法院》一书中,"情境"包括了影响初审法官事实认定的所有因素,无从"类型"化。首先,弗兰克将法官的事实认定同历史学家的工作相类比,二者都高度依赖可靠性存疑的二手证据,并且凭借想象创造事实间的联系。其次,证人所陈述的事实只是"他对事实的判断"。心理学证明了记忆并不可靠;诚实的证人为了表明所言不虚,会凭借想象拼凑记忆;出于同情或者义愤,证人还容易站到某一方的立场上。而法官是"证人的证人",这就在主观之上再加主观。再次,初审法院的"对抗制"诉讼,不是各方协力挖掘"真相"的过程,其本质是"战斗","起源于一种取代私人在法庭外斗殴的原始裁判形式"。律师的优劣不在于能否发现事实,而在于能否让法官采信有利证据并忽略不利证据,赢得战斗胜利。最后,法官"个性"也影响事实认定,而"个性"表现为"难以捉摸的怪癖",不可能全面加以分析。由于这些原因,每个个案都处于不同情境之下,法律的确定性无从谈起。[2]

---

[1] [美]卡尔·卢埃林:《普通法传统》,陈绪纲译,38~50页。
[2] [美]杰罗姆·弗兰克:《初审法院——美国司法中的神话与现实》,赵承寿译,19~23、39~41、86~109、163~164页。

哈钦森的激进情境主义思想表现为强调"直觉"在司法裁判中的作用。法官的"直觉"是思考案件时各种法律与非法律因素综合作用的结果,一种不可名状的特殊情境的产物。司法裁判实际上取决于法官的感情和预感,只有篡写判决意见时才运用推理;而所谓判决意见,不过是旨在"通过批评者的检验"的"自我证明"①。沿着哈钦森的思路走下去,最后可能否认立法与司法的差异。比如格雷区分"法律"与"法律渊源",认为鉴于规则的含义由法院宣告,制定法和判例法都不能称作法律。正是基于法院宣告的含义,规则才作为法律强加给社会。因此,规则的解释与规则本身并非同一概念,前者才是真正的法律,后者只是与习惯、政策、道德处于同一位阶的法律渊源而已。②

现实主义者都承认或者提倡司法和立法的"情境主义",但具体观点有所差异:相信存在"类型情境"的卢埃林等人,认为可以制定出符合"真实规则"的法律,面对此种法律,"司法造法"将受到较高程度的限制;激进的情境主义者如弗兰克等,则否定"类型情境"的存在,认为所有法律都由法官创制,每一次司法裁判都是特殊的造法过程。

四、"渐进改良主义"的法律发展道路

最后,在法律发展道路问题上,现实主义者主张"渐进改良主义"。许多现实主义法学家都曾参与罗斯福"新政",这使研究者常常忽视他们对于"普通法传统"的保守态度:一方面坚持普通法的经验路径;一方面拒斥各种形式的理性法路径。

奥利芬特颂扬普通法"遵循先例"原则富有"力量和安全性",拒绝陷入"宽泛的构思",能够对当下问题保持耐心,从而找到明智的解决办法;一步一个脚印地朝向未来,步伐很小但永无止境,而且根据经验的指示不断修正。他批评形式主义法学将"遵循先例"(stare decisis)变成了"遵循言辞"(stare dictis),反对美国法学会的"法律重述"工作,认为法官应该运用经验直觉处理案件,不应固守判决意见和法学著述中的抽象概念。③

卢埃林更为明确地说,较之欧洲大陆的法典法,普通法"在当事人的个别利益与对新法的社会需要之间,存在着一种自动调和"④,更能适应不断发展的政治、经济、文化条件。判例法并非由单纯的概念、规则构成,由法学教授在书斋里构建,而是从实际的诉讼中发展出来;哪里的社会

---

① J. Hutcheson, "The Judgment Intuitive: The Function of the 'Hunch' in Judicial Decisions", 14 *Cornell Law Quarterly*, 1929, pp. 274-288.

② See J. Grey, *The Nature and Sources of the law*, The Macmillan Company, 1921.

③ See H. Oliphant, "A Return to Stare Decisis", pp. 71-76, 107.

④ See L. Fuller, "American Legal Realism", 82 *University of Pennsylvania Law Review*, 1934, pp. 438-439.

实践需要新的法律,诉讼就会在个人利益的驱动下发生,进而推动法院解释和发展法律。此外,卢埃林还倡导在法律研究中暂时隔离"应然"与"实然",主张法律与非正式社会规范的一致性。他对既存社会实践的保守态度,与深受"功利主义"影响的实用主义法学,以及试图让法学成为"社会工程学"的社会法学观点适成对比。

弗兰克学说中的经验主义倾向,也与积极开展"社会立法"的"新政"格格不入。他的"事实怀疑论"强调,真实的法律世界是"三维"的,除了"规则"和"判决"之外,"事实"不可或缺甚至更为重要。根据错误认定的事实讨论规则问题,无助于个案公平;当初审判决说明不清,上诉法官从判决结果逆向推定事实时,讨论不过是在增加扭曲。因此,纷繁复杂的个案事实才是司法裁判的中心,相形之下,法律规则无关紧要。此外,弗兰克既反对抵制变化的"祖先崇拜",也反对"死死盯着法律规则……对将来案件可能产生的影响"的"子孙崇拜",认为二者的误区都源于"在当下的具体案件中,对活生生的当事人的利益关注不够",法官"更为卑微但却更为重要和紧迫的任务,是去裁决具体的、实际的、当下的案件"[1]。法律的良性发展,无法经由面向未来的社会规划突然产生,只能通过一个个面向当下的谨慎裁判渐进实现。

在全球"社会法"改革浪潮风起云涌的20世纪30年代,美国现实主义法学却展现出保守的一面,是其学理逻辑之必然。对抽象概念的不确定性及其脱离现实的"应然"取向的反思,要求把法学研究的焦点从"纸上规则"转向官员行为和社会行为;由此获得的关于"事实"复杂性的深刻认识,又产生了司法、立法的情境主义技术思路,最终顺理成章地形成法律发展的渐进改良主义观点。更何况,20世纪的美国毕竟是一个普通法已经运转百年的国家,尽管这个系统在现代化进程中深陷危机,但智识阶层始终没有抛弃传统,而是不断试图通过法学研究、法学教育、法律重述和司法改革加以调整。精通欧陆学理且在当时美国法学界如日中天的哈佛法学院院长庞德,却输掉了与年轻的卢埃林的论战,[2]不是因为后者更为激进地解构了法律规则,恰是因为现实主义法学更切合普通法固有的渐进改良主义传统。

---

[1] [美]杰罗姆·弗兰克:《初审法院——美国司法中的神话与现实》,赵承寿译,177~201,242~245页。

[2] See K. Llewellyn, "A Realistic Jurisprudence—The Next Step"; K. Llewellyn, "Some Realism about Realism: Responding to Dean Pound", 44 *Harvard Law Review*, 1931, pp. 1222-1264; R. Pound, "The Call for a Realistic Jurisprudence", 44 *Harvard Law Review*, 1931, pp. 697-711.

第三节　现实主义法学的衰落及其影响

现实主义法学在"一战"后兴起,又在"二战"后迅速衰落,社会情势是决定因素。形式主义的"法律科学"最初只是私法学者的领地,但自19世纪末以降,逐渐被秉持"自由放任"观念的联邦最高法院运用到公法层面,以"正当程序"为由宣告多项社会立法"违宪"。现实主义者从学理上摧毁"法律科学",就等于摧毁了"自由放任"的保守政治势力,因此能够在"新政"时期晋升"官方法学",影响力达到巅峰。然而,较之维护既存社会实践、推崇渐进法律发展的现实主义法学,实用法学和社会法学秉持功利原则,视法律为政治变革工具,实际上更符合"新政"需要。罗斯福政府的选择一定程度上具有偶然性,可能考虑到现实主义者当时占据了法律思想舞台的中心,而且都是造诣高深、可堪重用的法律技术专家。此外,"新政"筑就了一个崭新的"行政国家",将法律发展的重心转向行政主导的社会立法,客观上缓和了罗斯福政府与主要聚焦司法问题的现实主义者的理念冲突。但当"二战"爆发、"极权国家"崛起,时代的法律主题从"普通法危机"转向"规范性"和"正当性",现实主义者对社会实践的保守,对"应然"之法的无视,就不再能够得到包容了。

现实主义的缺陷深藏在"基因"之中:第一,"反概念主义"没有止步于抽象概念对司法的误导,而是解构了概念本身。"因噎废食"使法律研究成了零敲碎打,法学的体系性和法律原则的普适性完全丧失。第二,"事实中心主义"对"事实"理解狭隘、推崇过度。截然分割法官的"行为"与"言辞",忽略了言说也是一种自我理解的行为;将实然的"社会行为"置于绝对优先地位,单方面要求应然规则与之保持一致,则忽略了法律自身的正当性标准和塑造、变革社会的能动作用。第三,"温和情境主义"强调"类型情境",可能抹杀个案间更细微但具根本性的差异,在高度复杂的多元社会中,"情境意义"能否达成共识也存有疑问;"激进情境主义"彻底消解个案普遍性,在揭示"法律神话"的同时,陷入了另一种神秘主义。第四,"渐进改良"并非法律发展的唯一合理模式。普通法理论上能够在逐案裁判中与社会同步前进,但也存在适应社会发展的种种特殊困难:先例中的智慧可能无法解决新问题;社会发展的速度可能超出法院的负载能力;社会公益事项可能因个人激励不足而无法进入法院;先例体系在历史进程中可能形成难以扭转的"路径依赖"。

在"二战"后新的时代氛围之下,"新自然法学"试图重新引入法律的道德性,从正当法律程序的角度倡导法治,"法与社会研究"强调法律促进社会发展的能动作用,庞德的"社会法学"也重获青睐,作为"运动"的现实主义法学昙花一现。然而,现实主义精神已经深入美国的法律实践与法学教育:形式主义的法律推理被彻底颠覆,"法官造法"的事实与合理性得到广泛承认;制定法日益细致准确,形成既不像"新政"前那样模糊含混,又不像欧陆法典那样复杂抽象的"美国风格";"案例教学法"的垄断被打破,涵盖政治学、经济学、社会学的各种综合法律学科产生,"法律诊所"等法律实践课程在各法学院涌现。

更重要的是,在美国的法律思想领域,现实主义法学继续发挥着深远的影响:"二战"后长盛不衰的"经济分析法学",用"市场竞争"模型揭示法律和政策形成的政治过程,体现了现实主义关注实际法律运行的理念;用"成本—收益"模型评估法律制定和司法裁判的合理性,采纳了抽象规则应当符合具体实践的现实主义方法论。随着20世纪60年代前后"反战运动"、"黑人民权运动"和"新左派运动"的展开,蓬勃兴起的"批判法学"运动延续了司法形式主义导致"法律确定性"丧失的思考,并进一步将法律的不确定性归咎于与政治的紧密关联;后继的"女权主义法学"和"种族批判法学",将批判的矛头从笼统的资本主义社会结构转向潜藏其中的父权制和种族主义,吸收了抽象规则在不同"类型情境"下呈现不同"情境意义"的现实主义观点。20世纪80年代,为了应对批判法学引发的信任危机,"新公法运动"调和"程序正义"与"实质正义",否定"公法/私法"的传统界分,主张在法律领域中全面实现平等原则,符合现实主义的"反概念主义"思维模式。

总而言之,今日美国的法律实践、法律教育、法律思想中,随处可见现实主义的身影。正如卡尔曼和辛格等美国学者所说:"如今,我们都成了现实主义者。"①

思考题

1. "南北战争"后的美国为何发生"普通法危机"?
2. "一战"后的美国为何急需"本土法学"?
3. "现实主义法学"与"实用主义法学"、"社会法学"的主要区别是什么?
4. 现实主义法学家如何看待"普通法传统"?
5. 现实主义法学为何在"二战"后走向衰落?

---

① L. Kalman, *Legal Realism at Yale 1927—1960*, The University of North Carolina Press, 1986, p. 229; J. Singer, "Legal Realism Now", 76 *California Law Review*, 1988, p. 467.

阅读文献

1. [美]杰罗姆·弗兰克:《初审法院——美国司法中的神话与现实》,赵承寿译,北京,中国政法大学出版社,2007。
2. [美]斯蒂芬·M.菲尔德曼:《从前现代主义到后现代主义的美国法律思想》,李国庆译,北京,中国政法大学出版社,2005。
3. H. Oliphant, "A Return to Stare Decisis", 14 *American Bar Association Journal*, 1928, pp. 71-76, 107, 159-162.
4. K. Llewellyn, "Some Realism about Realism: Responding to Dean Pound", 44 *Harvard Law Review*, 1931, pp. 1222-1264.
5. K. Llewellyn, *The Bramble Bush*, Oceana Publications, 1960.
6. K. Llewellyn, "A Realistic Jurisprudence——The Next Step", 30 *Columbia Law Review*, 1930, pp. 431-465.
7. T. Arnold, "The Role of Substantive Law and Procedure in the Legal Process," 45 *Harvard Law Review*, 1932, pp. 617-647.
8. J. Frank, *Law and the Modern Mind*, Peter Smith, 1970.
9. L. Fuller, "American Legal Realism", 82 *University of Pennsylvania Law Review*, 1934, pp. 429-462.

第二编 当代法律思想

第九章 自然法的复兴

第一节 自然法复兴的时代背景

第二次世界大战之后,极权主义所带来的灾难性后果震撼了西方世界,使整个西方陷入了一场对自身文明的反思。尽管人们对极权主义的起源有着不同的看法,但都承认,这种可怕的政治形式孕育于"现代性"自身。① 一方面,极权主义往往以"宏观主体"的名义剥夺个体的权利,甚至牺牲个体的生命,将国家和法律变成冷酷的杀人机器;另一方面,极权主义也时常利用"民族精神"等意识形态进行包装,通过实证法来贯彻专制。这导致在历史法学、法律实证主义内部难以找到对极权主义进行批判和反思的道德支点。这使一些法学家开始重新回归价值论,审视法律的道德基础,考察法律与道德的关系这些具有自然法色彩的命题。②

随着战争结束,对纳粹元凶的追诉提上了议事日程。从1945年11月20日开始,盟国组织国际法庭,在德国的纽伦堡对纳粹战犯进行追诉。在这一过程中,审判的法律依据及法庭的正当性引起了争议。很多纳粹战犯主张,纽伦堡审判背后是成王败寇的逻辑,不具有正当性。他们作为公职人员,仅仅依据纳粹时期的实证法行动,并非违法,因而不负法律责

---

① 参见[英]鲍曼:《现代性与大屠杀》,杨渝东、史建华译,南京,译林出版社,2001;[美]汉娜·阿伦特:《极权主义的起源》,林骧华译,北京,生活·读书·新知三联书店,2008。

② R. Pound, "The Revival of Natural Law", 17 *Notre Dame Lawyer*, 1942, pp. 287-372.

任,这带来了复杂的法律难题。① 在当时的很多德国人看来,这不是"正义的胜利",而是"胜利者的正义",是胜利者对失败者进行的单方面审判。为了促使对纳粹法律所造成之恶果的反思,进而为对纳粹的法律审判提供法理基础,德国著名法学家拉德布鲁赫(Gustav Radbruch)提出:"正义与法的安定性之间的冲突可能可以这样妥善解决:通过法令和国家权力来保障的实在法是具有优先地位的,即便其在内容上是不正义的、不合目的性的;除非当实在法与正义之矛盾达到如此不能容忍的程度,以至于法律已经成为'非正当法',法律才必须向正义屈服在法律的不法与虽内容不正当但仍属有效的法律这两种情况之间划出一条截然分明的界限,是不可能的,但最大限度明晰地做出另外一种划界还是有可能的:凡正义根本不被追求的地方,凡构成正义之核心的平等在实在法制定过程中有意不被承认的地方,法律不仅仅是'非正当法',它甚至根本上就缺乏法的性质。"②这一观点被视为拉德布鲁赫由一个法律实证主义者转向自然法立场的"证据",以至于遭到英国法律实证主义法学家哈特的严厉批评。③

但类似的问题也出现在纽伦堡审判之外的各种案件中。在1944年发生在德国的告密者案④即是其中一个典型的例子,因它"触动了一个法律体系最为根本的合法性问题",而被视为"根本性的疑难案件",故而激起了英国法律实证主义者与自然法学者之间的论辩。在该案中,一个德国士兵在出差执行任务期间,私下里向妻子说了一些有关希特勒政府的意见,对希特勒和纳粹党领袖人物表达了不满。而就在他离开不久,他的妻子就向当地纳粹头目报告了他的言论,这导致其丈夫在军事法庭被判处死刑。纳粹垮台之后,该女子因这件事而被西德法院追诉,理由是妻子非法剥夺了丈夫的自由。在为自己进行辩护时,她提出的根据是,她丈夫的言论根据纳粹德国当时有效的法律已经构成了犯罪,而她的告密也符合当时的德国法。该案最后到了上诉法院,该院认为,妻子告密及所服从的法律违背了"所有正派人士所持的健全良知与正义感"。英国的实证法学家哈特主张,出于两害相权取其轻的考虑,技术上可以制定一条溯及既

---

① R. D. Citron, "The Nuremberg Trials and American Jurisprudence: The Decline of Legal Realism, The Revival of Natural Law, and The Development of Legal Process Theory", 385 *Michigan State Law Review*, 2006, pp. 398-404;乔仕彤:《自然法复兴与纽伦堡审判》,载《政法论丛》,2006(6),93~96页。

② Gustav Radbruch, Statutory Lawlessness and Supra-Statutory Law, 26/1 *Oxford Journal of Legal Studies*, 2006, p. 7.

③ [英]H. L. A. 哈特:《实证主义及法律与道德的分离》,支振锋译,81页,北京,法律出版社,1983;柯岚:《拉德布鲁赫公式与告密者困境——重思拉德布鲁赫—哈特之争》,载《政法论坛》,2009(5),136~146页。

④ 柯岚:《告密、良心自由与现代合法性的困境——法哲学视野中的告密者难题》,载《法律科学》,2009(6),3~12页。

往的法律，从而对被告人完成追诉；①而以富勒为代表的学者则认为，应当秉持"恶法非法"的立场，宣布纳粹时期的法律为非法。② 一时之间，19世纪时期自然法学与实证主义法学之间的古老辩题，恶法非法还是恶法亦法再次具备了现实的意义。

与此同时，鉴于"惨不堪言之战祸"所造成的严重后果，为了避免再次使人类陷于以上提及的巨大错误和惨痛灾难，联合国于1947年起草并通过了《世界人权宣言》，首次促使全世界在人权问题上达成基本共识。在起草宣言的过程中，西方一些重要的自然法学家，如法国的马里旦参与其中，做出了卓越贡献，使这份文本融入了很多自然法的语言和观念，将一些基本人权定位为"不可克减的"，具有普适性的。《世界人权宣言》是继法国人权宣言和美国独立宣言之后，又一篇具有里程碑意义的法律文件。从某种意义上讲，起草《世界人权宣言》的动议，受到了这些历史文件的启发，而这些历史文献无不受到自然法思潮的影响。这份宣言及后来制定并通过的人权两大公约，极大地促进了国际人权法的发展，成为战后绝大多数人权宣言和公约的样本，带来了世界人权运动的兴起。它在某种程度上冲击了19世纪以实证主义为主的国际法观念，对自然法思想的复兴起到了推波助澜的作用。

第二节 自然法复兴的思想原因与脉络

在此处，我们需要首先思考，为什么自然法能够在这一时代巨变的背景下复兴？它所复兴的是什么？

首先，自然法思想是西方哲学和法律传统中一个非常重要的思想潮流，在其政治和法律制度史上曾经发挥过举足轻重的作用，产生了非比寻常的影响。作为西方法律文明中的"源代码"，虽然很多著名的思想家从不同的角度对自然法的真实性、有效性提出过质疑，但自然法思想如同常青树，不但没有彻底消失，而且时常在社会转型的历史时刻发挥它的影响。德国社会学家马克斯·韦伯便曾经主张，"一定的法律准则具有特殊的'正当性'，也就是一定的法律原则——绝不会因实定法所强加的指令而遭到破坏——具有直接约束力的信念……这些个法律上的金科玉律，人们却经常称之为'自然法'"。"自然法是独立并且超越于一切实定法的那些规范的总体"。自然法相对于实定法所拥有的独立性和超越性并非

---

① ［英］H. L. A. 哈特：《实证主义及法律与道德的分离》，支振锋译，83页。
② ［美］富勒：《实证主义与忠于法律：答哈特教授》，支振锋译，载许章润编译：《哈佛法律评论：法理学精粹》，344页，北京，法律出版社，2011。

来源于"正当的立法者,而是由于其内在固有的性质"[①],而这种"内在固有的性质"使自然法成为实定法的正当性源泉和尺度。正因为自然法所具有的源代码特性,使它成为一种根深蒂固的思维图式,在对法律与正义、法律的道德性等问题的讨论上持续不断地发挥影响力。

其次,从某种意义上讲,自然法属于一种"深层次信念",它难以被实证法体系所通约。自然法思想的着眼点在于法律与人类精神生活之间的内在关联,其核心关注在于法律与道德之间相互关系,其主体内容在于对法律正当性的持续追问。故而这种自然法往往具有超越性的旨趣、批判性的姿态、道德性的关怀。这造成了两个重大的效果:第一,在西方法律史的变化流转中,每当实证法的正当性出现匮乏的时刻,往往会导致自然法思想重新出现,形成自然法周期性出场的有趣现象;第二,随着正当性危机的度过,实证法所支撑的形式合理性法治的确立,势必又造成自然法的隐没。自然法的出现与隐没,恰恰深刻反映了西方法律文明在形式合理性与实质合理性之间的紧张关系,而在对这种特殊紧张关系的理解和各种解决方案中,自然法思想作为一种理论资源始终或隐或显地发挥作用。

最后,在18世纪西方资本主义社会建立法治国的过程中,自然法曾经发挥过重大作用,它不仅为现代国家的政治原则提供过理论资源,也为主观权利的概念提供了道德起点和形式性概念。韦伯便曾指出,当西方从基督教世界观脱离出来向现代社会迈进的时刻,具有自然神论色彩的自然法思想是现代道德与法律观念的最佳中介。但到了19世纪,随着现代国家建构的基本完成,主观权利不再需要依靠自然法的支撑,而是直接从客观法中开出,权利天赋论为权利国赋论所取代,这便使法律脱离了与自然法思想的关系,进入了法律实证主义的时代。法律实证主义主张法律与道德的分离,从而将自然法驱逐出实证法的领域,历史法学则认为自然法毫无历史根据,从而抽离了自然法的历史根基。在两股法律思想潮流的夹击之下,自然法思想声誉扫地,随之衰落。而到了20世纪,纳粹德国所带来的惨痛教训震动人心,随着纳粹德国大规模屠杀犹太人的真相遭到披露,越来越多的人为一个曾经拥有高度文明传统的民族居然沦为高效的杀人机器而震惊不已,清醒的人们意识到部分的问题出在德国"法治国"传统的内在缺陷上——这一法治国传统过于注重法律的形式理性性格,过于注重其对于强大官僚体系的支持,缺少了对民主过程的巩固,尤其是对个人基本权利的捍卫。这些问题,促使人们重新检视法律与道德的内在关联,寻找对实证法进行反思和批评的道义尺度,促使很多西方思想家借助古已有之的文化源代码来完成这一艰巨的任务,而自然法思想成了一个重要的思想资源。

---

① [德]马克斯·韦伯:《法律社会学》,康乐、简惠美译,300页,桂林,广西师范大学出版社,2005。

第九章 自然法的复兴

在以上提及的时代背景和思想根源作用下,自然法思想在19世纪法律实证主义的"死灰"中复燃。

在20世纪上半叶,自然法思想主要沿着三条脉络开始复兴。

第一条脉络为新古典主义理论(The New Classical Theory)。它是通过回溯古希腊与古罗马的思想传统,复兴一种以"美德"为核心内容的自然法,在英美,其代表人物包括美国的保守主义政治哲学家列奥·施特劳斯(Leo Strauss)与英国的约翰·菲尼斯(John Finnis)等,其中列奥·施特劳斯对美国新保守主义的政治思想产生了重大影响,而约翰·菲尼斯则成为迄今为止西方世界最为声名卓著的自然法学家。

第二条脉络为新托马斯主义,或新经院主义自然法学。它是通过重新阐释中世纪经院哲学家托马斯·阿奎那的思想,来为自然法的重新发现提供智识资源,其代表人物除了法国天主教学者马里旦、德国的海因里希·罗门之外,在美国还包括天主教神学家吉尔曼·格吕塞兹(Germain Grisez)和罗伯特·乔治(Robert George)等。值得一提的是,新托马斯主义的自然法学家大多出身于西方天主教的思想传统,他们不约而同地看到,托马斯·阿奎那的自然法思想是西方中世纪自然法思想中的集大成者,借助这一思想富矿,能够为天主教自然法思想的当代复兴提供重要的助力。

第三条脉络则以美国的新自由主义思想家为主,包括法学家朗·富勒(Lon Fuller)、罗纳德·德沃金(Ronald Dworkin)以及哲学家罗尔斯(John Rawls)等人。与前两条方向的自然法学家不同,他们承认,现代性绝非病入膏肓,仍然具有解放的潜力,因此不需要回溯到传统社会的思想资源去,寻找治疗现代性疾病的良方,从而与新古典主义自然法学相区别。他们又都是世俗主义者,致力于从世俗而非宗教的角度,提出符合西方现代社会价值观念的道德理论和法律理论,从而与新托马斯主义者相区别。如果说,新古典主义自然法学试图复兴的是"美德",其思想英雄是柏拉图与亚里士多德;新托马斯主义自然法学试图复兴的是"良知"与"人性",其思想英雄是托马斯·阿奎那;那么美国的新自由主义思想家所试图复兴的"选择"与"权利",其思想英雄是18世纪的启蒙思想家。但需要指出的是,在这一思想谱系中,德沃金与罗尔斯并不认为自己属于自然法学家的阵营,对传统自然法的理论基础、论证方式乃至实体内涵都颇有微词。尽管他们与同时代的很多自然法学家分享着对法律道德性问题的关心,也从自然法的思想传统中截取了一些养分,却整体上走上了与自然法理论截然不同的其他道路。因此,我们不应将德沃金与罗尔斯视为新自然法学家,却可以称之为受到自然法复兴的思潮影响的法学家。

在这三条主要脉络之外,还有一思想支脉值得一提。它并不非来自于新自然法学的阵营,甚至来自于自然法学的论敌一方,即法律实证主义或社会法学的内部。其中有些思想家,由于受到自然法复兴的影响,有感于时代巨变提出的严肃问题,在与新自然法学者论战的过程中,有意识地

165

在既有理论体系的内部改进观点、调整立场,甚至吸收了对手思想中的某些合理成分。其中较有代表性的有德国法学家拉德布鲁赫、英国法学家哈特与美国社会法学家庞德。从某种程度上讲,这些变化也是战后自然法复兴所带来的某种效果。

在此,为了执简驭繁,我们分别从三条思想脉络中分别选取一位思想家,通过对其思想的介绍和分析,把握自然法的复兴的总体面貌,思考在这股潮流背后反映出来的西方法律文化的特点,以及它对现代法治产生的深远影响。

第三节 约翰·菲尼斯的自然法思想

一、善与实践理性

与服膺功利主义的法律实证主义者不同,英国法学家约翰·菲尼斯试图在人类美德的土壤中寻找法的道德基础。而值得关注的是,沿着这一路径进行探寻的学者并不在少数。在他看来,"自然法理论的主要关切是探究与人类之善相联系的实践理性的要求"①,并寻求使实证法与之相符合的途径。

第一,菲尼斯主张,尽管人们追求各自美好生活的规划千差万别,对幸福的定义各擅胜场,但其中有一些重要的因素是促进各种各样的美好生活,实现各形各色的幸福所共享的,因为"所有人类社会都关注人类生活的价值"②,我们不妨将其称为"基本善"。这些"基本善"包括生命、知识、游戏、审美体验、社交(友谊)、实践理性与宗教。③ 在菲尼斯看来,这七项因素虽然往往以不同的组合和不同的权重来支持不同个人和人类群体的幸福生活,因种种情况不同,人们所强调和看重的有所差异,但它包含了使个人的幸福可能,人类的兴旺可欲的所有基本成分,因此他说:"对我来说这七个目的似乎是人类行动的一切基本目的,而且结果会表明,你我可能认可并追求的任何其他的目的就体现了这七个中的全部,或者部分的某些方面,或者由其所构成"④。七种基本善包含了人们对于真、善、美,对生命、永恒和超越的不断追求,这绝非功利主义的功效论所能涵盖。

第二,在七种基本善中,菲尼斯对实践理性尤为重视。他认为,实践

---

① [英]菲尼斯:《自然法与自然权利》,董娇娇等译,279页,北京,中国政法大学出版社,2005。
② 同上书,70页。
③ 同上书,78页。
④ 同上书,7页。

理性决定了人如何在实践中把握价值,从而使行为动静合宜,随心所欲而不逾矩,它联结着人的价值判断与外部行动,关涉内在世界与外部世界,是整个基本善的鹄的,是使美好生活规划成为可能的关键,因此,在这个意义上,"实践原则在西方哲学传统中被称为自然法第一原则"①。实践理性对人提出以下几项要求,分别是:(1)有条理的人生规划;(2)不恣意偏爱某个价值;(3)不恣意偏爱某个人;(4)廓然大公;(5)践履承诺;(6)有限度地追求事功(结果);(7)尊重每一行为所蕴含的每种基本价值;(8)尊重共同善;(9)遵从我们的良心。② 其大体上也与亚里士多德所讲的"中道"暗合符节,与伦理学中所强调的"理性的人生"彼此契合,这种人生毋宁说是克服了偏见,而追求反思的、平衡的良好状态。

第三,菲尼斯之所以对个人幸福的真意和获得方式再三致意,是因为沿着自然法传统的思路,他洞察到,任何权威与法度,都建立在人世生活的基础上,也必须以人世生活为其目的和依归。而所谓人世生活,不过是使人得以参与善,追求善,实现人生完满幸福而已。以善为中心内涵的自然法,首先强调的就是法律不能脱离于人世生活,变成"社会控制"或"社会工程"计划中的一个"管理技术"。法律实证主义者将法律下降成了"管理技术",在菲尼斯看来,这是"受策略左右的、无诚意的、临时的"③。

第四,菲尼斯希望,美好的人类社会理应是使每个人的幸福规划成为可能的社会。但是,一来个人之善往往有赖于共同之善的成全,参与七种基本善的人们,始终要结成共同体来获得幸福;二来个人之善又往往彼此冲突,需要相互协调,这就需要权威和法度,需要权利和义务,需要正义的尺度与标准。因此,在基本善的基础上,菲尼斯又提出共同善(common good)这层意蕴。④ 基本善与共同善之间相得益彰,并行不悖,彼此相通。作为基本善之核心的实践理性要求人们尊重共同善,而且七种基本善因为人人皆有,故而是共同善所维护和追求的内容;而共同善因取向于人们彼此合作、消除纷争、达成分配、凝结秩序而符合基本善。在共同善的要求之下,人们结成共同体,拥护权威,遵从法律,克尽义务,其目的都在于促进共同善。

第五,共同善的内容如何得以澄清?与德沃金同样,菲尼斯认为权利在其中扮演着关键的角色,这是因为"权利的现代文法提供了一种几乎可以表达实践理性的所有要求的途径"⑤。其一,权利话语具有灵活性和可扩展性,它能够为人们表达各自对善的理解和幸福的要求提供丰富的语法;其二,权利话语与共同善相通,作为一种某人用于了解或确定什么是正义的技术,它为各自追求基本善的人们提供了一种进行合理论辩的方

---

① [英]菲尼斯:《自然法与自然权利》,董娇娇等译,80页。
② 同上书,84页。
③ 同上书,219页。
④ 同上书,124~126页。
⑤ 同上书,160页。

式,从而使每个人都能够参与到澄清共同善的活动当中,在这一点上,权利成为沟通个体的基本善与共同善的桥梁;其三,权利话语有利于政治体系和整个社会沿着实践理性的要求来行事。这是因为,权利话语的现代语法强调平等,事实上每个人都是人类兴旺的源头所在;权利话语的现代用语往往会削弱功利主义后果论的"计算"的吸引力;权利话语能够提供出一份有用的详细清单,列明基本构成元素,而这些元素涉及人类兴旺的不同方面,并往往有利于人类整体兴旺的共同体生活方式。① 菲尼斯反对哈特为代表的法律实证主义者对权利问题的解读,在他看来,权利并非一种利益博弈的器具,而是共同体成员以实践理性的方式探讨共同善的途径。法律与民主的政治制度也不是利益博弈的战场,不是家长主义的主权者拟定游戏规则的赌盘。权利将对共同善的讨论下放到每个人身上,将追求正义的职责分到共同体中的每个成员内部,因而便形成了这样的局面,法律是拥有权利的人们自己制定的,权威是主张权利的人们自己选择的,义务是追求权利的人们自愿承担的。

第六,菲尼斯认为,人类对于基本善与共同善的参悟不应终止,实践理性指引着人们向着至善迈进,自然法的终点应当是"在止于至善"。由于人类为何拥有对基本善的天然向往,为何又具有善端,拥有实践理性的能力,人生的意义为何这些问题都难以获得最终的解答,因此,在菲尼斯看来,自然法理论暗藏着对这些问题不懈的追问,不论自然、上帝,抑或天道、天心,都是以不同的方式来试图触碰至善之境,也是人及人类的最终目的。沿着柏拉图所设下的隐喻,菲尼斯认为,人生如同与"上帝"合作的游戏,人类以有限的实践理性能力和有限的生命,参与到这出神圣戏剧当中。② 即使我们无从获知神圣戏剧的幕后导演,但只需沿着实践理性的指引,就自然能够臻于至善,因为"人类与上帝的友善的实现方式就建立于,在追求和尊重所有形式的人类之善时,实践理性的所有要求"③。

二、对菲尼斯自然法理论的反思

作为哈特的弟子,菲尼斯并未承继法律实证主义的衣钵,却接续了亚里士多德主义的香火。在一个逐利的现代社会,再发美德伦理之音,重申人类兴旺之旨,实属难能。虽然菲尼斯本人并不赞同目的论与义务论的划分法,认为自己的学说不落窠臼,共同善本身即包含了正义,从而容纳了罗尔斯;而对共同善的澄清依靠的是权利,从而容纳了德沃金,故而消除了善与正义二者的分野。但平心而论,菲尼斯的美德自然法仍然存在着一些关键性的问题,使他的恢宏设想未必能够如愿。

---

① [英]菲尼斯:《自然法与自然权利》,董娇娇等译,177页。
② 同上书,322页。
③ 同上书,323页。

首先,在什么是善,善包含哪些内容的问题上,原本就众说纷纭,菲尼斯所提供的条目只是其中的一种。这是因为人们有着彼此差异的人生规划,对幸福的体会也各不相同。由于对幸福的理解不同,故而对善的内容自然就有着截然不同的体会,如果强依菲尼斯所罗列的条目,就难免有为人开药方的弊病。在这一点上,德沃金即认为,尽管他承认,每个人都应度过一个完满而非荒废的人生,但筹划人生的责任需由本人来担当。与其对人的幸福问题深入探讨,不如对使各人的幸福可能的那些基本条件率先进行探讨。在这一点上,似乎应将正义从善的囊括中单独提出来为宜。

其次,何谓实践理性。菲尼斯认为他的美德自然法的核心,应当是实践理性所提出的要求。这一要求暗藏着协调个人与社会、权利与义务,权威与服从者之间的根据和尺度。他也精心罗列了实践理性的一些基本要求。但问题仍然在于,这种尺度是模糊不清的。具体到法律制度层面,实际上发挥作用者仍然是权利,但菲尼斯却仅从话语便利性的层面来解释,为何权利在现代社会大张其道,从而低估了权利的价值内涵。菲尼斯亦承认,从话语的角度来讲,义务也不失为诠释善的一种策略性语言,类似的语言可能还包括风俗、公共秩序等等。如果善为自然法的基础内容,人类整体有着相同的意义,那么为什么不直接采取义务、风俗、公共秩序这样的语言来作为诠释实践理性的中心语言,而偏偏是权利?在德沃金看来,权利绝非对共同善的策略性解释,而是权利本身就蕴含着一种不同于"善"的道德性,其内容在于赋予每个人以自主的可能性。菲尼斯主张,人们在以权利的话语参与着已经布置好了的,但人类因能力不足而需要渐次了解的完美生活方式,而德沃金却主张,人们是通过主张权利的方式来创造出共同体的生活方式。在"参与"与"创造"之间有着巨大的差别。美德自然法高估了自己参悟善的能力,却低估了每个人对于自主的渴望。由此,我们应首倡立人之义,强调人的自我决定,在此基础上才能谈论达人之意,扩展人的自我实现。立人之义是达人之义的先决条件,正义优先于善。

再次,关于善的诠释权的问题。菲尼斯认为,只有阅历丰富、心智成熟的人才能够较为完全地了解"善"的真意,不同的人对幸福的理解程度是有高下之分的。但权利却是倾向于平等的,认为人人皆有设想追求各自幸福的机会,尽管各自的幸福绝不相同,也可并行不悖,无高下之分。沿着善的思路推论,我们就难免发现一种尴尬的局面,即只有那些自认了解"善"的人或者群体才有资格谋划共同的善,才有能力为善下定义,才有实践理性;而其他的人则相反,从而失却了善的诠释权。更令人畏惧的情况是,某些人或者群体以善与美德为名,而行私利之实,对此,如没有权利对于平等的不懈追求,对于善与美德的扭曲便是无从防范的。因此,即使菲尼斯也同意,宪法中应当存在权利清单,承认基本人权的绝对性也不失为好的办法。但问题在于,美德自然法的逻辑中无法赋予权利清单不可克减的强度和人权绝对性的力度。显然权利清单和人权都需要更为明确的道德性支持,在这个意义上正义也要与善分开,并且优先于善。

最后,菲尼斯为探究人类存在的终极意义和目的,而返回到形而上学自然法的经典探讨,也令人质疑。菲尼斯虽始终保持着追问的姿态,而非笃定于上帝。但这种追问已经暴露了美德自然法的问题,即以一己对善的参悟来绳人。在这样的视角看来,似乎无神论者,或信仰其他宗教者对人生意义的追求便是不完全的,这极容易导向一种隐秘而不易发现的傲慢与偏见。在美国的政治法律实践中,便屡屡出现对妇女堕胎权、同性婚姻等问题的强烈抵制,我们不得不说,宗教气氛下的保守主义也沾染着类似的傲慢与偏见。

第四节 马里旦的新托马斯主义自然法

雅克·马里旦(Jacques Maritain)于1882年出生在巴黎,1898—1899年,它曾在亨利四世中学学习,后入索邦大学研究哲学,一度受到柏格森哲学的影响。1905年,马里旦通过竞争激烈的国家教职考试,获得教师资格。1904年,马里旦与拉伊莎·欧曼扫芙(Raissa Oumansov)结婚,但婚后不久,二人即遭遇挫折。然而,在宗教思想家莱昂·布罗伊的影响下,他们放弃了自杀的想法,并于1906年在罗马天主教教堂接受了洗礼。1908年,马里旦公开放弃柏格森主义,开始集中研究圣托马斯·阿奎那的哲学。1912年,马里旦成为斯坦尼斯洛斯高等学校的哲学教授。1914年,他被任命为巴黎国立工艺技术学院的助理教授,并于1921年成为教授。

在早期的哲学著作中,马里旦试图捍卫托马斯主义哲学,使其免遭当时占支配地位的柏格森主义和其他世俗对手的抨击。到了20世纪20年代后期,马里旦开始涉足社会问题,曾短暂参与天主教社会运动组织"法兰西运动",并开始发展自由主义的基督教人道主义原则,捍卫自然权利。在1935—1955年这二十年间,马里旦就自然法与自然权利的问题撰写了大量著述,其中比较著名的包括《人权和自然法》、《人与国家》、《自然法或不成文法》等。

1944年12月,马里旦被任命为法国驻梵蒂冈大使。他积极参与了一系列外交活动,其中包括为起草《联合国人权宣言》而进行的磋商。1948年以后,他便一直在普林斯顿大学、圣母大学、芝加哥大学等地方讲学,1960年返回法国。1973年4月28日,马里旦在图卢兹去世。

一、马里旦自然法思想的主要内容

马里旦的自然法思想受到托马斯·阿奎那的自然法思想的重大影响,但又与"二战"以后人权运动的兴起紧密结合,显露出自己的特色。

首先,马里旦认为,自然法是通过人的本能而非理性知识而被知晓的。他从托马斯·阿奎那的一个基本区分入手,指出人类判断事物具有道德价值的方法有两种,一种是以概念性的和推理性的知识来获得对于美德的见解,一种则是通过人自身的意志能力和欲望能力获得美德的知识,并将其内化,达到与自我的统一。他将后一种获得美德知识的方法称为"禀赋知识",这种禀赋知识是"通过本能,通过省察和思考我们的本质和内在禀赋或存在习性而给出正确答案"①,它"不可能自我证明,也不能被转换成言语"②,却在人类生活中发挥着非常重要的作用。人类关于宗教的神秘体验、关于自然的神秘参悟、在诗歌中获得的诗性知识,以及最重要的道德体验都是禀赋知识的相关例证。而真正的自然法概念便与道德体验密切相关,在马里旦看来,"它不仅揭示出了人的功能实现的规范性,还揭示出自然法是自然而然被知晓的——通过本能或禀赋被知晓,而不是通过概念性知识或推理"③。在这里,马里旦特别指出,自然法来源于人类的道德体验这一主张并不等于说,它来自于人的生物性本能,而是人的一种"理性的本能",是人参悟并领会道德律的能力;而这种能力是在时间进程中形成或释放的,这使人关于自然法的知识逐步形成,不断发展。整个人类的历史,便是人不断认识自然法,并走向道德成熟的历史。如果我们承认,人们关于自然法的知识是一种禀赋知识,那么,便会得出以下几个结论:第一,人类完全以概念知识和逻辑推理并不足以把握自然法;第二,自然法的戒律是以无法得到证明的方式被认知的,因此人无法说明或理性地证明自己最根本的道德信念;第三,人类理性的概念性或推理性应用无法创造自然法,自然法与自然法理论是两种截然不同的东西,真正的自然法来源于别处,是通过人性本能被认知和获得实现的。"在认识自然法时,人类理性听从本能的安排"④。

其次,正因为自然法只有通过人类的禀赋知识才能予以认识,因此,马里旦主张,自然法具有本体论与认识论两大要素。从本体论的角度来讲,马里旦承认存在着一种人性,而这一人性对所有人来讲都是共同的,因具有人性,人必然拥有与其本质性构造一致的目的,正好像钢琴以音乐发音为目的,航船以航行为目的一样,只不过人拥有智力并可以决定自

---

① [法]雅克·马里旦:《自然法:理论与实践的反思》,[加]威廉·斯威特编,鞠成伟译,3页,北京,中国法制出版社,2009。
② 同上书,4页。
③ 同上书,10页。
④ 同上书,12页。

己的目的,但人的选择应当与人性所要求的目的相一致,这种将人的选择合乎人性之目的的未被明文写出的规定便是自然法。对拥有道德意识的人而言,自然法表现为一种道德法。马里旦说:"自然法是与人的行为相关的理想命令,它是划分妥适与否的尺度,借其可以区分哪些是适合于人的目的或本质的,哪些是不适合于人的目的或本质的。它就是以人的本质或本性为依据的理想命令或尺度,不可更改的必须性即根源于它。"①在这里,马里旦与约翰·菲尼斯一样,继承了亚里士多德与托马斯·阿奎那的古典"目的论"观念。从认识论的角度来讲,自然法与人定法的根本区别,并非完全在于其内容,而在于它被认识的方式。自然法是依赖于人的良知良能,是"通过本能或同情的方式得到的抽象的、不系统的、生动的知识",而人定法则往往依赖于人的理性推理和逻辑认定,因此,一方面人类对自然法的认识只能通过"人性本能打磨和铸造",一方面,这决定了自然法只涉及道德生活最基本的原则,它不处理所有的道德规范,要有赖于万民法与实定法加以填补和细化。此外,应予指出的是,尽管世界各个民族在道德生活方面往往殊方异俗,具有大量的相对性和多样性,但其中人们却分享着自然法最为基本的要素。②

复次,沿着托马斯·阿奎那的思想路线,马里旦同意,自然法的渊源并非人类自身的理性,而是来自于代表上帝永恒智慧和神圣本质的"永恒法",自然法是人运用理性对上帝之永恒法的参悟,因此永恒法是第一因,自然法是第二因,"第二因完全是借助第一因起作用,第一因是第二因的推动因素"③,而透过自然本能,神圣理性被烙在了人心上。因此,法律的概念是一种类比性的概念,这种类比并非按照实定法的方式去类比自然法,而是按照永恒法的方式去类比自然法,按照这种类比,法律并非代表专断的意志,而是一种理性的命令。在马里旦看来,18世纪的理性自然法所犯下的一个重大错误在于,隔除了自然法与永恒法之间的关联,这一方面使自然法失去了本体论的根基;另一方面也丧失了它相对于实定法的超越潜能,最终沦为被实定法借用生产概念的临时工具。为了避免这一问题,不仅需要夯实自然法的本体论基础,而且需要厘清自然法与实定法的关系和差别。在马里旦看来,自然法与实定法的关系在于,自然法中的某些原则需要得到实定法的尊重,例如关于人的基本权利的那些规定,既来自于自然法,也应体现在实定法之中;而二者之间的差别在于,实定法并非对自然法的简单复制和反映,实定法是人类着眼于现实生活进行理性筹划的产物,其中有相当的部分,例如交通规则、物质分配等方面的规则并不都来自于自然法。

---

① [法]雅克·马里旦:《自然法:理论与实践的反思》,[加]威廉·斯威特编,鞠成伟译,20~21页。
② 同上书,28页。
③ 同上书,34页。

最后,马里旦指出,人权的哲学基础是自然法,人权的历史与自然法的历史紧密结合在一起。他批评18世纪的人权概念建立在"人为性的体系化和理性主义重铸"的基础上,是人意思自治的产物,是一种催生形式化人格的概念工具,这使自然法被当成了一种制定法法典,适用于所有的人,然而,"这种哲学并没有为人的权利奠定坚实的基础,因为幻想不足以支撑任何东西"①。因此,"只能将这种权利概念视为超越于上述哲学思潮的东西。只有每个个体都具有一种本性或本质……并且这种本质是普遍的、超越于事实和特殊性的,这种权利才能够有效并得以维持。"②正因为人权是以不可丧失的人性为根基,故而人权具有不可剥夺的性质。马里旦认为,人的生存权、自由权、追求道德生活完善的权利从属于自然法,对物质资料的私人所有权也属于自然法。③ 其中,有些权利,如生存权和追求幸福的权利是绝对不可剥夺的权利,因为当局若采取任何措施对这些权利加以限制,公益就会受到损害;而有些权利,如结社权或言论自由权则是实质不可剥夺的权利,当局只能在维护共同自由的基础上,在尽可能适度的限度内,出于防止公益受到严重损害的考虑对其加以限制。当然,马里旦也考虑到,有些绝对不可剥夺的权利也同样受到"具体情境条件和制约的限制"④,例如在某些物质产品极度匮乏的社会条件下,人们享有生命和追求幸福的权利,却无法行使它们,或者在实质意义上获得它们,这些都是社会结构中的非人为因素所造成,只能通过改变既定社会条件的方式来加以改进。

二、马里旦自然法思想的意义

从以上关于马里旦自然法思想的论述中,我们不难发现,其自然法思想包含着一些重要的特征,这些特征都与当时的历史与社会情境联系在一起,具有重要的思想价值和实践意义。

第一,马里旦试图接通传统自然法思想与现代人权思想,为古老的自然法思想赋予新的生命,这种努力与"二战"以后国际人权运动,以及国际人权法的发展结合在一起,使自然法思想获得了新生。在参与《联合国人权宣言》起草的过程中,恰是自然法思想成为西方法律思想谱系当中几乎是唯一能够在这一重大的道德、历史文件中发挥影响力的思想资源,马里旦在其中发挥的影响实属功不可没。与此同时,马里旦又运用其缜密的思维,将建立在道德义务基础上的传统自然法观念与建立在权利基础上的自然权利观念焊接在一起,实现了自然法思想新的转化。

---

① [法]雅克·马里旦:《自然法:理论与实践的反思》,[加]威廉·斯威特编、鞠成伟译,52页。
② 同上书,56页。
③ 同上书,61页。
④ 同上书,64页。

第二,马里旦依靠托马斯·阿奎那自然法体系的基础结构,利用亚里士多德的目的论伦理观再造了自然法的理论基础。从某种程度上讲,马里旦虽是阿奎那的信徒,以振兴天主教的人道主义为己任,但在其思想体系中也暗藏着自己的创造。他意识到18世纪的理性主义自然法在将自然法与上帝法隔离的过程中出现的自然法道义基础不牢的重大问题,也看到了19世纪在法律实证主义的影响下实证法吞没自然权利,在历史主义的影响下,虚无主义废黜自然法所带来的严重困境,试图在自然法思想谱系中重新建立起道德不可随意支配性的支点。作为天主教的信徒,他一方面将这种不可随意支配性重新建立在上帝法的基础上;一方面又借助亚里士多德的目的论观念,将自然法归因于人类实现其生存目的,即其幸福和繁荣的基础上,这一点与约翰·菲尼斯的思想相通在一起。

第三,以马里旦为代表的新托马斯主义自然法思想,既体现出"二战"以后西方天主教内部进行的自我调整和思想发展,也体现出西方文化传统的一个重要来源——基督教传统在西方道德生活和社会秩序安排内部发挥的独特作用。这使得天主教的自然法观念成为战后西方自然法复兴的历史潮流中一股极为强劲的力量。

第五节　富勒的程序自然法

朗·富勒是20世纪中叶美国著名的法哲学家,也是一位合同法专家。他1902年出生于美国德克萨斯州的希尔福德(Hereford)市,1978年去世。在其职业生涯的大部分时间里,他都作为哈佛法学院的教授而为人所知。1964年,富勒出版了一本著名的著作,叫作《法律的道德性》,成为战后美国新自然法学兴起的一个标志性事件。在此之前,富勒与英国法理学家哈特已经进行了一场著名的交锋,双方以《哈佛法律评论》为战场,各以一篇著名的论文表达了各自的立场。[①] 哈特教授主张法律与道德的分离,而富勒教授则认为法律内部包含着某种道德性诉求,从那个时候开始,法律与道德的关系成为新分析实证主义法学与新自然法学共同关心,并彼此争论的重大问题。

一、法的内在道德

与过去的形而上学自然法理论不同,富勒并没有试图一厢情愿去设定实体的道德准则。早在1956年发表的文章《人类目的与自然法》一文

---

① 许章润编译:《哈佛法律评论:法理学精粹》,265~368页,北京,法律出版社,2011。

中,富勒便拒绝了过去自然法理论的常规套路。富勒意识到,欲澄清法律与道德之间的关系,首先需要对道德问题本身进行深入反思。

第一,针对法律实证主义者主张的事实与价值分离的问题,富勒提出,二者是统一于人类行动当中的。他通过一些浅显的例子指出,在人类具体的行动中,价值与事实结合在一起。每当人从事一项行动,背后往往含有某种明确的或者暗含的目的,这种目的不仅为行为设定了动机,而且为行为的评价提供了尺度。在实际生活中,事实与价值,手段与目的之间并非简单的线性关系,而是处于循环往复的互动之中。在这个意义上,事实因价值,手段因目的而获得意义,反之,价值或者目的本身也受制于事实和手段,因而是情境性的。人类需要通过理性来把握其中的关系,做出合宜的安排。①

富勒进一步分析了在人类互动中的合作问题。他认为,人类交往互动的实际过程类似于一种"共享目的的合作性阐释(collaborative articulation of shared purposes)"②,即人们在整体上抱着和平共存的良好愿望,通过持续不断的合作来增进和协调彼此对于价值的理解,从而使人类社会表现出秩序。他认为,普通法实践反映了这样的过程,它并非法官或者主权者的专断意志,而是"在其历史中不断地改进和更新对规则的适用"③。因此,作为协调人类互动的法律,理应既包含有使这一过程成为可能的那些条件,也需以这一善良愿望作为法律本身的目标。因此,法律在实体内容上的道德性具有两种不同的面相。

第二,基于以上的分析,在1964年写就的《法律的道德性》一书中,富勒区分了两种意义上的道德。一种是愿望的道德,是"善的生活的道德、卓越的道德以及充分实现人之力量的道德"④,它关涉人应当如何安排生活,使它完满而非虚度的那些标准,这种道德在古希腊哲学中有着集中的表述;另一种是义务的道德,这种道德旨在"确立使有序社会成为可能或者使有序社会得以达致其特定目标的那些基本规则",它在基督教的道德律令中有着集中的体现,是"旧约和十诫的道德"⑤。愿望的道德暗藏着某种实现完美社会的理想图画,构想人类发展与社会演进的终极目标,因此标准甚高,具有艺术审美式的气质;而义务的道德则着眼于使秩序成为可能的基本条件,从道德的底线出发,因而具有律令一般的刚性。从某种意义上讲,愿望的道德与义务的道德的划分接近于现代伦理学中关于目的论与义务论的划分,前者更多地讲好与坏的问题;而后者更多地讲对与错的问题。

---

① L. L. Fuller, "Human Purpose and Natural Law", 3 *Natural Law Forum*, 1956, pp. 68—76.
② Ibid., p. 73.
③ Ibid., p. 74.
④ [美]富勒:《法律的道德性》,郑戈译,7页,北京,商务印书馆,2005。
⑤ 同上书,8页。

富勒认为,从内容上讲,法律更接近于义务的道德,因为二者都提供了比较可行的裁断标准,是非分明,因此一些义务的道德,例如不得杀人、不得偷盗等内容也容易转变成法律。而愿望的道德对法律不具有直接意义,只能发挥间接影响。在现代社会,法律不可能将单一的社会理想强加于人,也很难在生活方式上追求整齐划一,法律只能着眼于让各种不同生活方式的好坏标准彼此协调,并且力图确保使这些生活方式成为可能的基本条件。但与此同时,现代法律又隐含着某种愿望的道德,这种愿望表现为一种共享的目的,即促成人们之间的互惠、合作与交往,在这个意义上,法律是一种"使人们服从规则治理的事业"①。

第三,因此,法律绝非与道德互不相关,它以一系列方式体现出道德性。这种道德性一方面表现在法律将一部分义务的道德纳入其中,使之成为法律;一方面表现为法律旨在促成人类的交往互动,协调它们的生活,这种实体内容上的道德性被富勒称之为法的"外在道德"。除此之外,法律的道德性还体现在它的程序方面,他称之为法的"内在道德"。富勒列举了八个基本的程序性条件:(1)法律应具有一般性,不能针对个人;(2)法律应当公开,不能秘而不宣;(3)法律应不溯及既往;(4)法律应清晰明确,不应模棱两可;(5)法律应具有一致性,不能存在逻辑上的矛盾;(6)法律应当合理可行,不能要求不可能之事;(7)法律应具有连续性,不能朝令夕改、反复无常;(8)官方行动与规则之间应当一致,官员不能随意超越和破坏法律,须得依据司法裁判和法律解释作为行动的指针。②富勒认为,过去的自然法思想仅仅着眼于法律的外在道德,而忽视了法律的内在道德,仅仅重视法律之外的实体价值,却忽略了法律之中的程序价值,因此都是偏颇的。他将那种设定实体道德准则的自然法学说称为"实体的自然法",而将自己的自然法学说称为"程序版本的自然法"(procedural version of natural law)。③

二、法的外在道德

富勒所提出的程序自然法独辟蹊径,颇为新颖,它与英美普通法传统中对程序的重视不无关联。但尽管如此,不少学者仍然对这一版本的自然法提出了不同意见。例如,在1965年,《法律的道德性》一书出版一周年之际,富勒的主张遭到了来自德沃金、哈特与马歇尔·科恩(Marshall Cohen)等教授近乎一致的批评。④ 他们从不同的角度认为,富勒所提出的程序自然法,对法律正当性的承诺过低,正如我们不能仅仅因为一个人

---

① [美]富勒:《法律的道德性》,郑戈译,124~125页。
② 同上书,40~111页。
③ 同上书,114页。
④ R. M. Dworkin, "The Elusive Morality of Law", 10 *Villanova Law Review*, 1965, pp. 631-639; M. Cohen, "Law, Morality and Purpose", 10 *Villanova Law Review*, 1965, pp. 640-654.

举止优雅就称其为有道德一样,也不能仅仅因为一部法律制定得符合富勒所提出的八项条件,就认为法律合乎道德。这使我们有必要重新思考,富勒的理论中内在道德与外在道德的内在关联。富勒认为,程序性自然法至少在三个维度上保持着与实体道德的联系。

第一,富勒认为,人类社会基本的事实是相互交往,而这种交往建立在互惠的基础上。① 因为互惠,所以人们之间需要规则来稳定彼此的行为期待,形成基本的价值共识,而法律恰恰使得人们建立在互惠基础上的社会关系成为可能。② 为了确保法律能够维持建立在互惠基础上的社会关系,就必须使法律系统与社会生活之间保持持续不断的互动,也就是说,法律理应具有回应性。而具有回应性的法律就必须具有一些基本的程序性条件,在这些程序性条件的背后,富勒的真意乃在于,法律不能破坏人们日常生活的基本结构,他将其称为法律系统运作中的"社会维度"③。他说:"道德原则不可能在一个社会真空或一切人对一切人的战争中发挥作用。过美好生活不仅需要良好的意图,哪怕这种意图得到普遍的分享;它需要得到人类交往的牢靠底线的支持,至少在现代社会中,只有健全的法律制度才能提供这种底线"④。

第二,富勒认为,程序性自然法并非实现任何一种权威性支配的手段或者工具,它本身就包含着一种特定的"目的"。富勒强调,法律应当是公民与政府之间互动的产物,而不是当权者强加于公民的单向权威投射。⑤ 法律是使普通民众不仅作为法律的旁观者和承受者,更是作为法律的参与者而存在的。因此,获得"服从"而非"屈从"的法律对于所有的参与者而言,势必变成一种共同的事业,而非仅仅是一套规则或者制度。富勒所提出的法律定义包含了一种民主性,在他看来,民主社会生活的一个重大表现,即是人们服从规则的治理,而这些规则从根本上是他们自我立法来完成的,也是他们服从并积极回应这些法律来实现的。因此,程序性自然法因为唯独与民主的社会生活相匹配而具有道德性。

第三,作为一种事业的法律本身是不断发展中的,这种发展一方面来自于法律体系内部的调整,它变得更加明晰,更加一致,具有整体性和融贯性;一方面也来自于法律与社会之间持续不断的互动。法律一方面要回应变动社会中涨落不断和日益分殊的道德诉求,一方面又要确保法律体系的整体性。而要做到这一点,就必须确保一些基本的程序性条件,这些条件确保了法律的整体性;从外部视角观之,这些条件确保了人们服

---

① [美]富勒:《法律的道德性》,郑戈译,23~33页;[英]菲尼斯:《自然法与自然权利》,董娇娇等译,218页。

② L. Fuller, "A Reply to Professors Cohen and Dworkin", 10 *Villanova Law Review*, 1965, p. 661.

③ [美]富勒:《法律的道德性》,郑戈译,223页。

④ 同上书,237页。

⑤ 同上。

从和运用法律成为可能而且便利。强调程序性自然法在现代社会具有一系列显著的优点:程序在越来越多元的道德诉求面前是中立的,至少在开始持有一种不偏不倚的姿态;程序提供了一种能够被广泛接受的论辩条件,或者说提供了一种确保合理的共识,或者和平的妥协得以生产出来的框架,这样它形成了一种"希望"①;确保八项程序性条件的法律会增长人们对于法律的信任,因为法律是依据公认合理的程序创制出的,法律是依据公认合理的程序被执行和运用的,每一项道德主张在法律的面前都得到了应有的倾听和公正的对待,而不是毫无理由地遭到拒绝。程序性自然法的这三项优点使良法成为可能,使依据良法的善治成为可能。

三、程序自然法的意义和缺陷

富勒的程序理论为20世纪初迈入现代社会的美国法律思想打开了一道新的大门,在某种程度上,他挽救了因法律现实主义对法律形式主义的摧毁所造成的分裂局面。法律现实主义抨击法律形式主义对变化的社会生活麻木不仁,却忽略了法律的稳定性要求;而法律形式主义则过度注重法律的形式,而忽略了差异性和变化性。富勒的理论在二者之间寻找到了解决方案,即借助程序来缓解法律的刚性和灵活性、形式性与实质性、稳定性与变化性之间的张力。这一洞见在20世纪60年代被美国法律过程学派所继承,通过正当程序理论得到了极大的发扬。

但应当看到的是,富勒的程序自然法虽然令人印象深刻,但它不可避免地存在以下几个问题。

首先,富勒所提出的八项程序条件对于一个复杂的现代法律体系而言显得偏于简单,仅依靠这八项条件未必就能够满足创制良法的所有要求。程序自然法虽然涉及了司法分支与行政分支的程序,但主要仍然是着眼于立法分支,这使得富勒的程序自然法不够完整。每个权力分支都有着各自的程序,而这些程序在使人们服从规则治理的事业中都发挥着重大的作用。

其次,富勒虽然细致论证了程序自然法所具有的道德性,也说明了这种内在道德与互惠、交往这一愿望道德之间的关联。但无论如何,程序性主张与实体道德主张之间的关联仍不够强固。因为,毕竟互惠与交往仅仅是抽象的意愿,而并没有涉及那些不可侵犯的道德准则。从某种意义上讲,富勒的理论具有道德相对主义的色彩。在对富勒理论的诸多批评中,他的学生德沃金的批评最为中肯,也恰恰在这一点上,他发展了著名的权利理论。

---

① 参见[美]理查德·罗蒂:《后形而上学希望——新实用主义社会、政治和法律科学》,张国清译,上海,上海译文出版社,2003。

结语

以约翰·菲尼斯、雅克·马里旦与约翰·富勒为代表的战后自然法的复兴潮流,在西方现代法律思想中占有独特而不可忽视的地位。通过他们的研究和努力,更新了西方法律思想的内容,使古老的自然法思想获得了新生,使19世纪已然衰落的自然法思想在20世纪获得了新的发展空间,这一发展空间,不仅表现在世界各国对权利法案的重新重视,对民主法治国建构的重新理解,对人类整体命运和道德选择的重新思考,而且表现在席卷世界的人权运动,以及不断发展的国际人权法的理论与实践当中。这一理论脉络,随着法律全球化散播世界,在与世界其他法律文化传统的碰撞和融合中,产生了非比寻常的影响,值得我们重视和研究。

思考题

1. 继19世纪自然法衰落之后,为什么会在20世纪复兴?
2. 你如何看待西方法律思想史上自然法周期性出场的现象?
3. 约翰·菲尼斯与雅克·马里旦在寻找自然法的形而上基础的问题上有哪些共同点?
4. 有学者认为,富勒所提出的"程序自然法"并不具有道德性,而只不过是法律的形式化要求而已,你怎么看这个观点?

阅读文献

1. [美]富勒:《法律的道德性》,郑戈译,北京,商务印书馆,2005。
2. [英]约翰·菲尼斯:《自然法与自然权利》,董娇娇等译,北京,中国政法大学出版社,2005。
3. [法]雅克·马里旦:《自然法:理论与实践的反思》,[加]威廉·斯威特编,鞠成伟译,北京,中国法制出版社,2009。
4. 许章润编译:《哈佛法律评论:法理学精粹》,北京,法律出版社,2011。

5. 鲁楠:《英美法中的自然法:精神超越与制度融合》,载高鸿钧、程汉大主编:《英美法原论》,19章,北京,北京大学出版社,2012。

6. J. Finnis (ed.), *Natural Law*, vol. 1, 2, Dartmouth Publishing Company Ltd., 1991.

7. C. Wolfe, *Natural Law Liberalism*, Cambridge University Press, 2006.

第十章 罗尔斯及其正义理论

第一节 罗尔斯生平与学术背景

罗尔斯作为 20 世纪最重要的道德哲学和政治哲学家之一,在我们探讨正义的哲学问题时,他是不可回避和逾越的。

1921 年 2 月 21 日,罗尔斯出生于巴尔的摩的一个富裕白人家庭。父亲在马伯里诉麦迪逊案中的马伯里所创立的马伯里、哥斯奈尔和威廉斯(Marbury, Gusnell & Williams)律师事务所开业,母亲曾任巴尔的摩女性选民联盟(League of Women Voters)主席,为争取妇女选举权而努力。罗尔斯兄弟五人,他排行第二,但是由于罗尔斯的肺炎与白喉的传染,两个弟弟分别夭折,这给罗尔斯带来了严重的心理创伤,并导致他罹患严重口吃。

罗尔斯家境殷实,从小就受到了良好的教育,1939 年高中毕业后他进入普林斯顿大学主修哲学,1943 年 1 月以普林斯顿哲学类最高荣誉奖的成绩毕业。他的本科毕业荣誉论文探讨了人类罪过的宗教问题和共同体的可能性。1943 年 2 月,罗尔斯被征召入伍,前往太平洋战区服役,并获得铜星勋章。他在普林斯顿期间的许多同学都战死沙场,战争的经历与欧洲大屠杀的发生,导致曾为一名正统的圣公会基督徒的罗尔斯对基督教信仰产生严重怀疑,从此,他开始脱离上帝的意志与宗教的理论体系,转而诉诸非宗教的论证,证明从人的理性与正义感出发,理性的人类具备追求正义的能力与追求共同体生活的可能性,良序(well-ordered)社会是实际可行的。

1946 年,罗尔斯从军队退役,回到普林斯顿大学读研究生,在 1947—1948 年,他获得奖学金,赴康奈尔大学访问一年。1948 年,他回到普林斯顿,开始博士论文撰写,他的博士论文主题为道德价值和道德知识,他从该论文开始酝酿"反思平衡"观念,关注社会中的人对道德原则的评断问题,他主要通过逐一对照考察一些道德原则,关注行为当事人对具体事例所形成的道德判断。1950年,他在沃尔特·斯退士的指导下完成毕业论文,获得哲学博士学位。1951年,他发表了题为《伦理学决定程序纲要》("Outline of a Decision Procedure for Ethics")的处女作,是他博士论文的一部分,他在该论文中独创了原初状态思想。

1950—1952年,他在普林斯顿大学任哲学系讲师,1952—1953学年,他申请到富布莱特基金去牛津基督教会学院做博士后。在此期间,他结识了牛津的诸多哲学家,特别受到了以赛亚·伯林主持的研讨班与哈特的法哲学讲座的影响。由于受到弗兰卡·奈特关于构造一个合理的交往情境的文章的启发,他开始思考一种设计得当的慎思程序,以参与各方所持的道德原则,以相互独立慎思的方式,来达成道德共识,进而为社会提供一种实质性的道德原则的思想。

1953年,他从牛津基督教会学院回美国后获得了康奈尔大学的助理教授职位,并且在1956年晋升为享有终身教职的副教授。由于对康纳尔大学所在的城市伊萨卡不甚满意,1959年,罗尔斯受邀去哈佛大学做为期一年的访问教授。在此期间,麻省理工学院组建单独的哲学系,邀请罗尔斯为哲学系主任兼终身教授,但他只在麻省理工学院待了一年。1962年,他又获得哈佛大学的邀请,开始在哈佛大学哲学系任教,直到1991年退休。①

从1956年发表论文《作为公平的正义》开始,罗尔斯相继发表了后来作为《正义论》相关章节的数篇论文。20世纪60年代的越南战争,引发了他对不正义战争的发起的思考。他参加了华盛顿反战会议,并且对于社会财富的严重不平衡分配,进而影响到政治决策的社会制度链条,有了切身的体会。他从美国发起越战的机制中观察到,社会财富分配的严重失衡,会对政治运作造成过分巨大的影响,导致资产和财富分布上的不均衡,大大超出了与政治平等相容的范围,②因此,他在评价社会制度的道德性的时候,除了基本的政治结构之外,也纳入了对经济制度的分配正义的思考。罗尔斯认为,社会财富的分配与正义问题的关联,源起于财富分配的不平等影响到政治制度正义的实现。

简言之,罗尔斯的《正义论》,从政治实践的角度,首先是要考察人们通过什么样的方式实现政治上的合作,更重要的是,要以什么样的制度设计,来实现对于道德上重要影响的公共物品的分配,包括财富、工作以及教育机会的分配,等等。这其中包含了他对欧美为范本的资本主义福利国家的反思,他认为,福利国家虽然给每个人提供最低生活保障,却允许财富和政治生活掌握在小部分人手中,会因其家长制折损最少受惠者的自尊,并且由于贫富差距影响政治不平等,从而无法保障最少受惠者在政

---

① 罗尔斯的生平,主要参见[美]涛慕思·博格:《罗尔斯:生平与正义理论》,顾肃、刘雪梅译,第1章,北京,中国人民大学出版社,2010。
② [美]罗尔斯:《正义论》,何怀宏等译,7页,北京,中国社会科学出版社,2009。

治与公共生活中的参与权与政治自由的公平价值,因此,他的正义论,是从针对社会参与者个人的公平的角度出发的政治原则,是作为公平的正义。①

罗尔斯的政治哲学理论,主要是从《正义论》出发的,他的后续几部著作,如《政治自由主义》、《道德哲学史讲义》、《万民法》等,基本上是对其正义论所奠定的理论的修正与延伸,因此,我们研究罗尔斯的思想,主要关注其正义理论。

第二节 罗尔斯关注的是社会正义

一、制度正义、社会联合与良序社会

在《正义论》一书第一节,罗尔斯开宗明义地提出,正义,是社会制度的首要德性。② 罗尔斯以开篇所说的这句话,给他的正义观念限定了一个范围。他所说的正义,既非自然正义,也非人的行为正义与否,而是社会基本结构的正义,或者说是决定社会资源分配的基本制度与原则。也即,罗尔斯不曾探讨大写的超然意义上的正义,他仅探讨社会制度的正义,也就是通常所言的社会正义。

亚里士多德首创矫正正义与分配正义的概念时提出,正义是属于人的。正义便是各得其所应得,给予每个人应得的东西,没有超出自己的份额,也没有让自己的份额被他人攫取。③ 因此,亚里士多德的正义显然是在探讨人的行为,并且在人的行为之外预设了某种既定的自然秩序,包括人的自由和社会地位在内的社会资源和公共物品的分配,都由某种外在的自然秩序决定。换言之,亚里士多德将世界看成是一种目的论秩序与一个整体,它根据秩序自身的目的来奖励特定的美德。因此,亚里士多德认为,公民从属于社会的政治体系,共同体先在于个人。④ 人的行为的正义,便是在符合外在自然秩序的亚里士多德式的分配正义。

罗尔斯延续并改变了亚里士多德的分配正义概念,他从自由主义者的立场出发,申明了每个人作为平等公民的个体自由的不可侵犯性,即便是为了社会整体的福利,个体的自由平等也是不可逾越的。因此,一旦个体的自由平等先在于共同体的福利,我们就需要重新设计决定人的自由

---

① [美]萨缪尔·弗雷曼:《罗尔斯》,张国清译,191~194、227~229 页,北京,华夏出版社,2013。

② [美]罗尔斯:《正义论》,何怀宏等译,3 页。

③ [古希腊]亚里士多德:《尼各马可伦理学》,廖申白译注,158 页,北京,商务印书馆,2003。

④ [古希腊]亚里士多德:《政治学》,吴寿彭译,120 页,北京,商务印书馆,1965。

和社会地位分配的社会基本结构。

由此,罗尔斯从对人的道德判断转向对制度的道德判断,不再以道德原则评判人的行为,转而通过某种制度来引导人的行为。因此,20世纪70年代《正义论》的出版标志着英美哲学研究的公共转向,在罗尔斯之前,英美哲学关于正义的研究局限于观念分析,而伦理学对于正义的研究则主要关注社会中的人的行为,对人的行为进行研究的后设伦理学,主导了伦理学的道德判断。罗尔斯将伦理学中的道德判断适用于社会制度,从对人的行为的道德性的观察转向了对社会制度道德性的观察,实现了英美哲学从人的行为的后设道德判断到制度的规定性道德判断的转向。①

换言之,罗尔斯在其《正义论》中试图建立一个实质性、规定性的道德系统,即一个关于分配正义的理论,为社会确立框架性的基本制度结构。因此,罗尔斯的分配正义不再如亚里士多德那样,根据既有的目的论秩序将公共物品分派(allocation)给公民,而仅仅确定一种分配的程序性原则,正义理论的目的就是建立起一个公正的社会结构,也即,一种正义的分配理论。②

然而,罗尔斯的分配正义不仅仅是在一群人与既定的物品之间进行分配,社会也不是所有这群人为了分配产品而汇聚在一起的私人社会。罗尔斯认为,社会是一种社会联合的联合,是一个公平合作的体系,是所有人自由参与的人类共同体的联合。③ 在此,罗尔斯批判了古典自由主义理论下的"私人社会"(private society)。首先,在私人社会体系下的,人们组成社会仅仅是为了实现自己的私人目的,一切活动都出于自利的动机,而这些目的或者是相互冲突的,或者是相互无关的。其次,为了尊重和维护个人的自由,社会制度应当中立于任何的价值或善观念,公共活动不是一种善,而是一种必要的负担,应当被局限于最小的范围。这种"私人社会"成为古典自由主义契约论的基础,人们通过社会契约建立政府组织,其目的在于实现个人的自由与善观念。

与此相反,罗尔斯的社会,是各个成员为了自己的利益结成的一个联合体,它不仅要解决分配的问题,更重要的是,它还要解决成员之间如何合作以产生利益。④ 因此,罗尔斯的基本社会结构,是要把主要的社会制度安排成为一种合作体系。

在此基础上,罗尔斯提出了良序社会的概念。一个良序社会是一个被设计来发展它的成员们的善,并由一个公共的正义观念有效地调节着的社会。良序社会至少要求两个条件:第一,每一个人都接受并知道其

---

① 石元康:《罗尔斯》,2页,桂林,广西师范大学出版社,2004。
② 同上书,17页。
③ [美]罗尔斯:《正义论》,何怀宏等译,419页。
④ 石元康:《罗尔斯》,66页。

他人也接受同样的正义原则;第二,基本的社会制度满足着并且人们知道它满足着这些正义原则。① 罗尔斯认为良序社会的公共正义观念可以培育其社会成员的正义感,这种正义感能够使他们理解和应用为公众所承认的正义原则,而且,这种正义感还能够使他们能够遵守正义观念要求的道德义务,根据这种来自社会成员彼此之间的允诺与互惠关系的道德义务,采取与其社会角色相适应的行动。② 良序社会的稳定性意味着,参与原初状态的各方受相互之间的承诺约束,怀着各方拥有的正义感,认真对待由同意所产生的法律义务,与互惠所产生的社会认同,共同为维护无知之幕升起后的良序社会和正义原则努力。③

二、自由平等的道德自律主体、良序社会的稳定性与慎思理性

罗尔斯将理论视角从对人的道德判断转向对制度的道德判断,并不意味着他的理论"目中无人",恰恰相反,他的理论企图自始就是为了与追求总福利水平或平均福利水平、而忽视个人权利的功利主义对话,他把理论建立在平等自由的道德人观念的基础上,以期全面替代盛行于19世纪的以福利为核心的功利主义。他采纳了康德的道德自律的主体的观念和古典社会契约论者的契约论传统,他的作为公平的正义,恰恰是人们在原初状态以自由平等的道德自律主体的身份共同选择的正义原则。

首先,罗尔斯认为,原初状态下人们最终选定的道德原则,是一个理性选择的结果,人作为自由平等的理性人,他始终是自律地行动的。罗尔斯认为,自己对自由主义理论的主要贡献在于,他揭示了一种自由平等的人理念,为自由主义传统奠定了哲学基础。他认为自由平等的人具有两个道德能力,第一,讲求"通情达理的"(be reasonable)能力,支持正义的道德能力,理解、利用合作条款并且与他人合作;第二,讲求"理性的"(to be rational)能力,拥有"理性的"善观念,形成、修正融贯价值并理性地追求该价值的能力,可以给予生命的追求以意义,并自由采纳一个善观念。④

其次,社会契约的参与各方,并非功利主义所假设的不偏不倚的观察者,而是相互冷淡的参与各方,他们拥有合理性的禀赋,但却并没有赋予道德性、道德能力或任何更丰富的理性能力。相互冷淡的个人由于被无知之幕剥夺了与自身相关的各种偶然信息,而他们所选择的结果又将影响到作为契约参与者的自身及其未来生活的前景,因此,拥有理性与合理能力的参与各方将会由于自利的因素而按照最大最小值规则来选择正义

---

① [美]罗尔斯:《正义论》,何怀宏等译,4页。
② 同上书,358页。
③ 同上书,397页。
④ [美]萨缪尔·弗雷曼:《罗尔斯》,张国清等译,57页。

原则。①

最后，罗尔斯还认为由自由平等的道德主体所选择的公平正义观，是具备相当的稳定性的。② 罗尔斯认为，人们应当拥有基本的道德观念，并且在此道德观念的映照之下，过上一种善生活是可以期待的。在一系列历史上曾经出现过的社会正义标准的备选名单中，作为道德自律主体的契约参与各方能够选出他们的公共正义标准，而这项公共正义标准本身，也符合理性人们的善观念，因此，作为道德自律主体的自由平等的人们秉持公共正义标准所结成的社会生活，也是人们所追求的善生活，两者的一致性，使得罗尔斯的正义社会具有相当的稳定性。

能够实现人们之间的社会联合、发展成员们的善的正义社会，便是良序社会。良序社会的持续存在，关乎正义社会的稳定性问题，而正义社会的稳定性，是罗尔斯所论证并坚持的正义观的可行性的重要方面。稳定性的问题包括两个方面，其一，从个体的角度，要保证每个人都有好的充分理由遵守正义的法律，其二，从群体的角度，良序社会之下的社会合作应当是一个稳定的均衡，如果有破坏社会合作的情形发生，社会有力量引导人们重新回归对正义的法律与规范的普遍遵守。③

因此，罗尔斯在申明正义的客观环境与主观环境时，讨论了社会合作的必要性与可能性。首先，从主观角度而言，参与社会合作的人应当是通情达理的理性人，并拥有一种有效的、来自于个体在社会学习过程中经互惠而习得的正义感，从而秉持按照所有人都接受和同意的正义原则平等地做事与合作的确定倾向。④ 其次，在罗尔斯看来，法律应对在一定程度上符合并迎合人性，允许人们为了增进个体利益去寻求合作，哈贝马斯评价罗尔斯的正义论是建立在人性自利的基础上，并非完全对罗尔斯的误读。现代宪政民主政体抛弃了恐惧以命令人们遵守法律，强制的力量虽然为法律所必需，却不再是人们遵守法律的主要动机。

罗尔斯认为，正义感是人类心理发展的一部分，作为一种道德情感，它将为人类社会的稳定提供稳定的动机。同时，正义感通过人类平等互惠的立场，将以合理而公平的方式让所有人接受并推进人类的利益。在此，罗尔斯在肯定公平的正义兼容于人性的基础上，引入了对等原则，他认为对等原则是一个有效的正义感，在人性自利的基础上，对等的利他主义公平的社会合作也是潜在与人性之中的心理倾向。因此，正义感将兼容于人类之善，从而为人类社会提供持久均衡的稳定性。⑤

罗尔斯在正义论中为作为理性的人类之善做了规范的定义，他通过三项理性选择原则来明确具体地定义理性，这三项理性原则便是，要达成

---

① ［美］罗尔斯：《正义论》，何怀宏等译，145 页。
② 同上书，360 页。
③ ［美］萨缪尔·弗雷曼：《罗尔斯》，张国清译，251 页。
④ 关于原则的道德参见［美］罗尔斯：《正义论》，何怀宏等译，374 页。
⑤ ［美］萨缪尔·弗雷曼：《罗尔斯》，张国清译，266、383 页。

人的具体目标,应当遵循有效手段原则、最大可能性原则以及目标的蕴涵原则。① 当一个人为达成人生目标所选择的计划满足了以上原则,他的选择便满足了慎思理性的条件。由此可见,罗尔斯强调的慎思理性是手段意义上的工具理性。

弗雷曼认为,罗尔斯的正义观设定了两个理想视角,即原初状态和慎思理性。前者为正义判断提供基础,后者为人类之善提供基础。原初状态以无知之幕遮蔽了关于个体的所有信息,而在慎思理性中,无知之幕完全升起,对于个体特殊目标和处境的所有信息得以披露,个体对环境有着充分的知情。因此,原初状态是一个集体的公共视角,我们共同占据这个位置做出共同的判断,因为我们必须全部遵循相同的正义标准,所以罗尔斯将它规定为一个一致的社会统一。慎思理性则是一个个体视角,判断由个体做出,是一种个人观点。由于个体的目标和环境不同,个体之善必然不同,换言之,对人类之善,不可能存在全体同意。② 此后,罗尔斯在《政治自由主义》一书中延续了对人类之善价值多元的思考,进一步探讨了在正义社会里,拥有互相冲突的宗教、道德和哲学多元观念的人们如何实现自律的共处。

而正义观与人类之善的一致性,意味着一个合理的原则,不仅从正义的共同视角来看是合理的,从每个个体的视角来看也是合理的。为了证明这一点,罗尔斯从作为公平正义的康德式解释作为逻辑起点,按照康德式解释,作为道德自律的人,其本质是自由、平等的理性生命(罗尔斯以原初状态的描述具体化了这样一种本体自我观),良序社会的成员要表现其自由、平等道德人的本质,需要拥有一个理性的人生规划,并且按照我们所选择的原则来行动,是由于我们所选择的原则体现我们作为自由平等的理性生命的共同本质,依照康德式解释,规定或再现了作为自由平等的道德人的个体。因此,按照正义原则行动的欲望,是道德自律的个体的理性选择,而实现人的自由平等的理性生命的本质则是人固有的善,正义与善在此获得了哲学基础上的一致性。

第三节　原初状态的哲学证明

罗尔斯的正义理论在假设了参与社会契约的个人都是康德式的道德自律的主体之后,他还创造了原初状态这样一种假象的状态,来为作为本体自我的个人为自我立法建构一种程序性解释,从而援引并发挥了康德

---

① 参见[美]罗尔斯:《正义论》,何怀宏等译,322～325 页。
② [美]萨缪尔·弗雷曼:《罗尔斯》,张国清译,269 页。

作为一个自律的人的自由和绝对命令式原则的观念。他认为,这种自我争取平等的力量意味着每个人在为伦理王国选择特定原则时的平等的发言权,从而体现了作为单个自我的个体的自由选择。①

一、原初状态与无知之幕

罗尔斯从洛克、康德等古典自由主义者那里继承了社会契约的观念,并且试图以原初状态这一概念来弥补古典契约论者的自然状态所存在的缺陷。原初状态的契约各方有一个具体的任务描述:他们负责就一个公共正义标准达成共识,用以相对地评价各个可行的基本结构设计。他们的选择是最终的;这一选择在无限的未来约束着他们所生活的社会。这个社会自给自足、存在中等程度的匮乏,生活其间的人有着理性的多元,但是他们不知道这个社会拥有的财富和自然资源,也不知道这个社会的人口或发展水平。

原初状态契约各方达成基本的正义原则的条件时,他们由于无知之幕的遮蔽,被剥夺了对于某些事关个人命运的知识,而非谈判能力和威胁优势。比如,参与者代表各方的利益,但是不知道自己所代表的各方的各种特性,不知道其性别、肤色、宗教、特殊利益,以及价值观与世界观,包括他们各自特殊的善观念。这样,假想的订约各方,处在无知之幕的背后,只有关于自然禀赋在个人间分布的一般知识,以及他们对于一般事实的知识。②

无知之幕区分了罗尔斯的社会契约和自然状态下的社会契约。自然状态下的个体产生于假设的历史条件之下,因为各方知道自身的处境、个人特点和历史,他们不曾被剥夺自身拥有的谈判能力和威胁优势,他们只是被罗尔斯的无知之幕通过剥夺有关自身的相关知识,从而不再拥有不平等的谈判地位,因此,无知之幕的设计,使得社会契约成为各方公平平等地同意的产物。③

事实上,罗尔斯继承和发扬了古典自由主义思想家们创立的社会契约论传统,他自称自己将洛克、卢梭、康德以来的社会契约论加以综合并使之上升到一个更高的抽象水平。④他的契约论与古典契约论的区别在于,洛克等社会契约论者的理论意图在于为了设立特定的统治形式,解决政治权力的正当性问题,因而描述了一种不存在政治权力的人类社会状态,古典契约论假设了某种历史的经验事实,认为历史上曾有某个阶段,

---

① [美]萨缪尔·弗雷曼:《罗尔斯》,张国清译,255页。
② [美]涛慕思·博格:《罗尔斯:生平与正义理论》,顾肃、刘雪梅译,69页。
③ [美]萨缪尔·弗雷曼:《罗尔斯》,张国清译,159页。
④ [美]罗尔斯:《正义论》,何怀宏等译,9页。

经历了从自然状态到国家的过渡。① 而罗尔斯摒弃了这种历史上的自然状态,罗尔斯声称,他的契约论是一个假设的思想实验,本质上是假设的和非历史的。首先,他以原初状态这一概念取代了古典契约论者的自然状态,并且表示,他所描述的原初状态,并不要求回到历史上不存在政治权力的某一时刻。他认为,自然状态以及社会契约,并非意指历史上特定的时空,不能被看作一种实际的历史状态或实际发生过的历史事件,它从来就不是一个历史概念,而是认识论意义上的一个哲学概念。②

罗尔斯仅仅是以契约论作为一种理论构造的起点。他运用社会契约论中的"契约"观念,引入了一个契约论的思想实验,试图给宗教、道德和哲学世界观千差万别的现代多元社会,提供一个被广泛分享的人类初始情境,他把这种初始情境称为无知之幕下的原初状态,他使用这一概念,为自然状态这一被认为是历史性状态的概念注入了哲学解释。③ 换言之,罗尔斯将原初状态视为自律自主的个体理解世界的一个观察起点。④

罗尔斯对原初状态的哲学解释,在于他认为这是一种纯粹程序正义观念的可行设计。在原初状态下,各方是有理性的、相互冷淡的个人,他们作为道德人的平等代表达成某种契约。生活在原初状态下的各方被无知之幕剥夺了关于谈判能力与善观念的所有知识,他们在达成契约时做出的选择结果不受任何偶然因素的影响。⑤ 由此,原初状态为人们提供了一种原初的公平处境的理想,导致人们可以在去除自然与社会环境的偶然性的影响之外,保证最初达成的契约是全体一致同意的。⑥ 原初状态的设计,给予了各方一种公平的程序,罗尔斯将此定义为纯粹的程序正义观念,他认为,一旦这个设计开始运行,结果不一定得到实质的公平,但在程序上已经获得公平,毕竟从实践层面,实质的公平不可期待,完善的程序正义很是罕见。⑦

更重要的是,罗尔斯通过原初状态这一概念的引入,将关于社会基本结构的正义原则的道德证明,转化为由各方允诺所构成的合理的集体选择,从而摆脱了对于正义论两大原则纯粹概念分析,而从程序主义的角度构筑起他的整体主义的正义论道德证明逻辑。⑧ 集体选择意味着某种最初的公共视角,以及信守契约的互惠性的来源,由于无知之幕的存在,相

---

① [英]迈克尔·H.莱斯诺夫:《二十世纪的政治哲学家》,冯克利译,298 页,北京,商务印书馆,2001。
② [美]萨缪尔·弗雷曼:《罗尔斯》,张国清译,19 页。
③ [美]罗尔斯:《正义论》,何怀宏等译,91 页。
④ 何包钢:《罗尔斯〈正义论〉方法论述评》,载廖申白、仇彦斌编:《正义与中国——纪念罗尔斯〈正义论〉出版四十周年纪念文集》,7 页,北京,中国社会科学出版社,2011。
⑤ [美]罗尔斯:《正义论》,何怀宏等译,93 页。
⑥ [美]迈克尔·J.桑德尔:《自由主义与正义的局限》,万俊人等译,39 页,南京,凤凰出版传媒集团、译林出版社,2011。
⑦ [美]罗尔斯:《正义论》,何怀宏等译,67 页。
⑧ 石元康:《罗尔斯》,105 页。

互冷淡的各方所达成的契约,既是为自己做出的选择,实际上也是为别人做出的选择。契约论与原初状态的理想角色承担,使得道德原则转化为合理选择性质的决定与身临其境的合作行动。①

二、重叠共识与反思的平衡

罗尔斯通过一种完全假设的概念设计,即原初状态,来代替现实社会中的看得见的某种程序,适用于人们选择正义原则的过程,并且罗尔斯还认为,人们经由原初状态这种假想的正义程序所选择出的正义程序,也必然符合人们彼此都能认同的重叠共识。

首先,他认为,重叠共识将会是所有人类社会中曾经出现过的公共正义标准中,理性人将自身的利益最大化的底线标准。这种重叠共识,经过原初状态这一正义的程序,将转化为人们最终选定的公共正义标准,罗尔斯希望人们能够理解,并以一种公开透明的方式,将之整体运用于有关透明的社会基本结构的设计、维护和调整等所有问题。

由于重叠共识来源于特定政治文化传统存在的各种宗教学说、哲学学说和道德学说等全部的综合性观念,并且体现了自利且自律的人们在原初状态这一程序下将会做出的利益最大化的底线共识,这个底线共识得出的正义原则,实际上在某种程度上印证了程序主义的法律与道德原则之间的相互蕴藉。②

罗尔斯认为,每位社会成员,他们达到某一年龄并具备必要的理智能力,在正常的社会环境中都会建立一种正义感。有这种正义感的人们是理性的(rational)且通情达理的(reasonable),他们会凭借直觉,以其深思熟虑的判断(considered judgment)抱着最大确信选择出一系列的道德原则。罗尔斯的公平正义理论假定,那些符合人们深思熟虑判断的原则与在原初状态中被选择的原则是一样的,因为这些原则符合我们的正义感,并且恰当地描述了我们的正义感,③我们对它们有直观的信心,在找到这一组描述之后,我们从原初状态中推出一系列原则,如果原初状态中推导出的原则与深思熟虑的判断相吻合,那么这就显示出一种均衡。如果两者之间存在差距,那么我们可以选择修正深思熟虑的判断,或者选择修正对原初状态的解释,直到二者达成完全的吻合,罗尔斯将这种情状称之为反思的平衡(reflective equilibrium)。④ 经过反思的平衡,人们将去除正义观中受到偶然因素影响的那些部分,获得深思熟虑的判断的正义原则,这些原则受到参与原初状态的人们的正义感的支持,是将会在社会基本

---

① [德]哈贝马斯:《在事实与规范之间——关于法律和民主法治国的商谈理论》,(修订版),童世骏译,579页,北京,生活·读书·新知三联书店,2011。
② 同上书,579页。
③ [美]罗尔斯:《正义论》,何怀宏等译,38页。
④ 同上书,16页。

结构中呈现的重叠共识。①

诚如石元康所言,罗尔斯的这种理论建构方式是一种整体主义式的,它把一项理论依据的建立视为一个理论各项元素之间彼此支持的结构。② 德沃金称之为以平衡技术提供原则的结构,以支持我们在道德直觉中获得的信念,并且以反复修补的方式来达到直觉与原则之间的平衡。③ 这既是罗尔斯所建构正义理论的根本的道德哲学根基,也是他政治哲学理论背后的元理论。同时,罗尔斯以反思平衡所获得的具有"质料"的道德判断,填充原初状态的概念,从而对功利主义对以洛克为代表的传统契约论的批判进行了有力反击,换言之,原始契约的合理性来自于自由平等的理性人在假想的思想实验中将会以反思的平衡做出的真实同意,道德原则的客观性不在于道德判断的客观存在,而在于它是由理性人在原初状态这一合理程序中获得的道德共识。④

第四节 两大正义原则:公共正义标准的得出

罗尔斯与古典契约论者共同的目的,便是建构一种理想的环境,在选择社会基本结构时,去除掉现实情境中影响人们境遇的自然与社会的偶然因素,以建立社会基本结构的普遍正义原则。⑤

罗尔斯在对作为公平的正义的康德式解释中揭示,正义原则应当是作为自由平等的理性存在物的人运用于自身的原则,是康德意义上的绝对命令。⑥ 在此基础上,罗尔斯得出了作为本体自我的理性人自由选择并应用于自身的两大正义原则,第一个原则要求,每个人对其他人所拥有的最广泛的基本自由体系相容的类似自由体系都应有一种平等的权利。这一原则强调平等的自由的优先性,并且,每个人的平等自由要与其他人的平等自由相容,这种相容包括:人们之间的自由权利的内容相同;自由权利的范围相容,不至于彼此侵犯。

第二个原则表述为,社会和经济的不平等应这样安排,使它们被合理地期望适合于每一个人的利益;并且依系于地位和职务向所有人开放。这条原则实际上包括两部分,其一,机会平等原则,其二,差别原则,并且

---

① [美]罗尔斯:《正义论》,何怀宏等译,38页。
② 石元康:《罗尔斯》,72页。
③ [美]德沃金:《认真对待权利》,信春鹰、吴玉章译,213页,上海,上海三联书店,2008。
④ 石元康:《罗尔斯》,160页。
⑤ 同上书,98页。
⑥ [美]罗尔斯:《正义论》,何怀宏等译,201页。

机会平等原则优先于差别原则。①

两大正义原则是以词典式的优先顺序(lexical order)来排列的。词典式的排序,意味着在处于优先地位的第一原则被完全满足之前,我们不能去满足第二原则。这两条原则把社会基本结构区分为两个领域的,第一条原则针对政治领域,处理政治权利和自由的问题,第二条原则则针对社会与经济领域,处理社会与经济方面的问题,罗尔斯以词典式优先顺序排列两大原则,也是表明了政治权利与自由相对于社会经济权利具有优先性。②

一、基本自由与第一正义原则

罗尔斯在两条正义原则的排序上,以字典式的排序确认了第一正义原则也即自由原则的优先性,并且表示,自由只因由自由之故才能受到限制。罗尔斯用第一条正义原则保障了人们平等的基本自由,在此,罗尔斯列举了五组基本自由:政治上的自由与言论和集会自由;良心自由和思想自由;保持个人身心完整性的自由;拥有个人财产的权利;以及依照法治概念不受任意逮捕和没收财产的自由。③ 以上自由权利基本上可以对应于以赛亚·伯林所区分的消极自由,从五组基本自由的内容来看,罗尔斯对于基本自由的理解与古典自由主义者基本相同。④ 鉴于第一自由的优先性和绝对重要性,经济社会利益的增长不得以牺牲基本自由的方式获得。

在定义自由的时候,他采纳的是麦卡勒姆的自由三元素,即自由的行动者、束缚与行为,这种三元素的定义方法消解了消极自由与积极自由的截然区分。⑤ 他认为消极自由和积极自由强调了自由三元素中的不同方面,并非对自由概念本身有不同的理解,前者强调了限制与束缚的消除,后者则强调行动者积极行动的能力,这两方面都是自由概念所不可或缺的。⑥

对于自由所要求的某种有效限制和束缚的不存在,罗尔斯认为这种有效限制主要包括制度限制与物理限制两方面,而他本人在陈述人们享有一整套最广泛的基本自由的时候,他主要关注的是,人们对基本自由的享有,没有受到宪法或法律上的限制。他认为,自由是制度的某种结构,是由宪法和法律所明确承认的规范体系。⑦ 从他对自由的定义来看,他

---

① [美]罗尔斯:《正义论》,何怀宏等译,47页。
② 石元康:《罗尔斯》,43页。
③ [美]罗尔斯:《正义论》,何怀宏等译,47页。
④ 石元康:《罗尔斯》,46页。
⑤ [美]罗尔斯:《正义论》,何怀宏等译,158页。
⑥ 石元康:《罗尔斯》,46页。
⑦ [美]罗尔斯:《正义论》,何怀宏等译,159页。

与古典自由主义者的立场也基本一致,自由意味着坚持个人对自我的拥有,以及由于对自我的拥有而自然延伸的良心与尊严相关的自由权利,在个人基本自由的领域,政府权力应当具有有限性,或保持中立。

罗尔斯与古典自由主义者都没有考虑经济因素对于人们享有自由的限制,然而,在基本自由落实为人们实际拥有的东西时,即便不存在法律的限制,财富分配的不平等仍然可以让不同的人享有的自由极为不平等。在古典自由主义传统中,诺齐克等古典自由主义者经常受到的类似富翁和穷人都有睡桥洞的自由的批评,然而他们放弃了对于人们之间平等的基本自由的追求,从而仅坚持自由至上,忽略人们实际享有的自由是否平等的问题。

为了解决法律上的自由面对古典自由主义的丛林社会成为一纸具文的困境,罗尔斯区分了自由与自由的价值,他的这一区分对应了以赛亚·伯林所区分的自由与自由的条件。罗尔斯认为,只要不存在法律上的限制,所有人享有的平等的自由都是一样的,但是,由于有的人拥有更多的财富和权威,因此,他们拥有较强的实现自由的价值的能力。罗尔斯通过差别原则保障的每个人拥有适当的有效行使基本自由所必不可少的能力、机会、收入和财富,来保障基本自由对于每个人的价值。他认为,当差别原则得到满足,享有较少自由的价值的社会成员的自由的价值已经得到了补偿。①

由于基本自由对行使自由而平等的人的道德能力与自我价值感的实现至关重要,它们只能为了维护所有人都拥有的最广泛的平等的基本自由才能受到限制。一些非基本自由,比如契约自由,则是由于与第二正义原则有关的理由,比如考虑到机会平等和经济正义,才受到限制。②

二、机会平等与差别原则

罗尔斯的第二正义原则被表述为:社会和经济的不平等应这样安排,使它们(1)被合理地期望适合于每一个人的利益;并且(2)依系于地位和职务向所有人开放。③ 这一原则分为两部分,一是机会平等原则,二是差别原则,与第一正义原则和第二正义原则的关系相同,这两部分的原则也按照词典式优先顺序排列,机会平等原则优于差别原则。罗尔斯的第二正义原则,主要用以处理基本自由以外的其他基本善品的分配问题。④

(一)民主的平等体系

历史上曾经出现过几种针对第二条正义原则的不同解释,针对"符合

---

① [美]罗尔斯:《正义论》,何怀宏等译,160页。
② [美]萨缪尔·弗雷曼:《罗尔斯》,张国清译,82页。
③ [美]罗尔斯:《正义论》,何怀宏等译,47页。
④ 石元康:《罗尔斯》,50页。

每一个人的利益"和"平等地向所有人开放"两个语句的不同理解,罗尔斯将之归纳为自然的自由体系、自然的贵族制和自由主义的平等体系三类。① 如果把"符合每个人的利益"解释成效率原则,把"平等地向所有人开放"解释成机会和职位向有能力的人开放,那么这个社会中盛行的就是自然的自由体系。自然的自由体系崇尚自由竞争,认可每个人的天赋和社会历史形成的优势,因此,这个体系下的机会平等只是形式的平等,不能矫正自然禀赋与历史偶然因素形成的社会结构性分层。比较而言,自由主义的平等体系认可自然禀赋的优势,同时以公平的教育机会矫正历史偶然因素对相同天赋的人的不同影响。自然的贵族制则认可社会历史偶然因素,但是对自然禀赋较高的人们的优势限制在有助于在社会中处于结构性底层的人们的境遇的范围内。罗尔斯认为,以上三种分配社会利益的体系各有其不稳定与不合理的地方,其主要原因就是任由天赋或历史形成的优势等偶然因素决定人们在社会中的地位,而这些因素在道德观点上看是任意的,一个社会按照人们天生的才能和后天的环境所带来的优势作为分配标准,那么由此所获得的利益与奖赏并非人们的道义应得(moral desert)。②

罗尔斯提出民主的平等体系,用以矫正以上三种分配体系的不合理之处。罗尔斯认为,机会与职位开放的理想并不能仅仅依靠形式上的机会平等主张得到实现。历史与传统所导致的社会资源在不同人之间分配的初始不平等,导致人们教育机会的不平等,以及之后的生活机会的不平等。社会流行的意识形态将导致私人雇主在市场经济行为中歧视特定人群,使得具有相同天赋和才干的人,以及有使用其天赋和才干的相同意愿的人,由于其初始社会地位和社会出身的不同,无法获得相似的前景与生活机会。同时,自然禀赋的随机分配,佐证了社会精英阶层始终处于主流的英才统治社会的某种表面上的合理性。③

为此,罗尔斯尝试以实质性的机会平等,矫正形式上的机会平等无力改变社会现状的弊端。他认为实质性的机会平等,应当对社会历史与传统所导致的社会阶级差别加以改正和避免,并尽可能对由于自然禀赋所造成的极端差异加以缓解和减轻。针对社会历史偶然因素对人们的决定性影响,罗尔斯要求社会制度对财富的过度积累进行矫正,并且承担起保障所有人获得平等的教育机会的义务,从而为具有相似天赋与才干的人们平衡竞技场,保障公平竞争。在此基础上,实质性的机会平等原则为人们提供了作为自由而平等的公民的平等地位和自尊的基础。

然而,公平的机会平等旨在为有相似天赋和才干的人以相似的生活机遇,从而导致教育机会向较有天赋的个人倾斜,这种教育资源的不平等

---

① [美]罗尔斯:《正义论》,何怀宏等译,51页。
② 同上书,57页。
③ 石元康:《罗尔斯》,56页。

分配有利于拥有较高天赋者。因此,公平的机会平等原则纠正了由于社会历史原因产生的教育机会的不平等,却无法纠正自然禀赋所造成的人们之前的不平等,反而加剧了自然禀赋的偶然性给人们造成的不平等效果。① 由于自由与平等之间存在着不可回避的张力,法律上的平等与人们事实上的平等必然会发生动态偏离,②自由竞争必然造成人们之间的自然分层,开放的职位和就业机会在自由平等的市场竞争下,同样会产生较大的收入和财富的不平等。两者相加,即为英才统治的社会制度的某种典型体现。

(二) 差别原则

为了矫正精英制度历来对于底层人民的忽略,保障在自然禀赋方面处于不利地位的人们的自尊的基础,罗尔斯提出了差别原则,以保障机会平等所造成的人们之间收入和财富的不平等有利于最少受惠的社会成员,使他们从中获得好处。

然而,罗尔斯的差别原则,并非简单地要求通过收入和财富的再分配,向由于自然禀赋或自然偶然性而导致处于社会不利地位的人提供福利补贴或者社会救助。长期以来在欧洲思想史中,有关社会财富再分配的观念,在社会主义兴起之前,一直是掌握巨额财富的个体对穷人的额外行为或慈善行为。亚里士多德提出的运用于政治领域的分配正义真正进入到经济领域,是通过马克思与社会主义思潮的改造。马克思与社会主义思潮将自由主义传统下孤立的个人纳入到社会范围,认为人性是社会的产物,从而改变了个人要独立对个人命运负责的观念,个人获得自由的关键,在于社会合作与社会财富的平等分配,由此,一个社会对其社会成员的义务成为分配正义的主要问题。③

罗尔斯吸收了马克思的一些观点,厘清了一个多世纪以来关于分配正义的互相冲突的常识,明确定义了分配正义的现代概念。④ 罗尔斯以差别原则为核心,设计了一种与分配正义相关的正义经济制度,以取代其他合理经济制度。因此,罗尔斯的差别原则,不是针对个体的原则,而是针对制度的原则,差别原则通过规制经济习惯和法律制度,从而产生应用于个体行为的具体规范和指导。⑤ 这与罗尔斯在开篇便申明正义是社会制度的首要德性,是一脉相承的。差别原则将直接地应用于制度,而间接地应用于做出选择的个体。差别原则允许个体作为普通的理性经济人,在日常经济选择中将效用最大化,而不承担对于正义的义务。⑥

---

① [美]萨缪尔·弗雷曼:《罗尔斯》,张国清译,98页。
② [德]哈贝马斯:《在事实与规范之间——关于法律和民主法治国的商谈理论》(修订版),童世骏译,513页。
③ [美]塞缪尔·弗莱施哈克尔:《分配正义简史》,吴万伟译,138页,南京,凤凰出版集团,译林出版社,2010。
④ 同上书,156页。
⑤ [美]萨缪尔·弗雷曼:《罗尔斯》,张国清译,104页。
⑥ 同上书,125页。

因此，差别原则，意味着为在民主社会设计和建构正义的经济与法律的基本制度，以此实现自由而平等的公民之间的社会合作。只要存在收入和财富不平等分配的社会，都必然存在一个最少受惠者阶层，他们处于相对贫困之中，差别原则将最大程度改善这些人的处境，提高其拥有的基本善品所决定的绝对福利水平，包括收入与财富的份额、非基本权利和自由、获得权力和担任公职的机会，以及自尊的社会基础等等。差别原则所保障的最少受惠者的最大利益，能够使最少受惠者的基本自由的价值最大化，这也是对第一正义原则所规定的基本自由的公平价值的保障。①罗尔斯对作为个体获得平等的尊重（treatment as equals）的关照并在差别原则中允许具体处遇的不平等（unequal treatment），使其区别于古典自由主义者，因为在其理论中，平等的关心和尊重的权利是进入原初状态的条件，在进入原初状态之后，才有所有人平等的基本自由。② 有了平等的基本自由以后，具体分配的不平等将由差别原则来调节。然而，差别原则虽然有在社会合作中分配权利和利益以保障公平价值的功能，但却不能由此得出差别原则就是公正的原则，这是诸多理论家对差别原则本身的批评。③

在某种程度上，差别原则取消了古典自由主义一直坚持并引为理论来源的道义应得理论。自洛克以来，直至诺齐克等自由主义者，均认为个体的对于自身所创造的财富的拥有，源于对自身主体性与聪明才智的占有。差别原则及其蕴含的分配正义的现代概念在某种意义上消解了这种理论。一方面，罗尔斯认为，个人的聪明才智也属于某种自然偶然性的范畴，个人的成就动机与最终的成功，也极有可能是个人在社会等级序列中所占有的社会偶然性的某种投射，因此，基于两者所获得的个人的财富与成就，并非个人的道义应得与应得权利。因此，在罗尔斯看来，财产权并非如洛克所言属于天赋人权，财产权在差别原则之下并非绝对，它不属于个人的基本自由的范围，国家以税收来保障最少受惠者的利益的权力也就因此而有了正当理由。④ 桑德尔对此提出的批评是，罗尔斯在某种程度上，为了论证差别原则而瓦解和空洞化了作为主体的自我的解释，剥除了所有与社会历史偶然性，以及自然禀赋相关因素之后的自我，在经验层面还剩下什么？⑤ 另一方面，既然个体的价值并非社会财富分配的依据与个人的应得权利，那么分配正义要求的分配原则，转变为社会根据个体需求提供的相应份额，分配正义并非对德性与道德价值的奖赏，分配正义意味着处于社会联合中的人们可以拥有"对合法期望的应有资格"，这一资格来自于社会制度所确立的规则产生的社会合作体系以及公民在社会

---

① ［美］萨缪尔·弗雷曼：《罗尔斯》，张国清译，121页。
② ［美］德沃金：《认真对待权利》，信春鹰、吴玉章译，245页。
③ 石元康：《罗尔斯》，116页。
④ ［美］萨缪尔·弗雷曼：《罗尔斯》，张国清译，225页。
⑤ ［美］迈克尔·J.桑德尔：《自由主义与正义的局限》，万俊人等译，34页。

合作体系中的成员身份,在罗尔斯这里被具体化为依据努力进行分配的准则。① 德沃金的资源平等与阿玛蒂亚·森的可行能力平等分配原则基本上也沿袭了罗尔斯的思考方向。②

差别原则要保障最少受惠者的最大利益,也体现在罗尔斯所考察的正义的储存原则与代际正义中。在功利主义看来,19世纪的资本积累和工业化过程给工人阶级带来的苦难是情有可原的,因为他们最终造就了后代的更大幸福。罗尔斯既反对在同一世代中为了社会效用而牺牲最少受惠者的利益,也反对如功利主义那样,为了后代的幸福而牺牲当代人的利益,或者反过来以未来世代为代价,最大化当前这一代人的利益。正义的储存原则要求每一代立法者考虑未来世代的需要和利益,这种考量和关切,来自于原初状态的各方对其子女以及子女的后代之间的情感纽带。由此,代际正义意味着,每一代都从前面的世代获得好处,而又为后面的世代尽到一份公平的责任。③

第五节　法治与自由:正义的制度

罗尔斯通过假设的原初状态这样一种纯粹的程序得出两大正义原则,在罗尔斯的设计中,两大正义原则将经由政治过程的四个阶段应用于社会基本结构的各个方面。

罗尔斯认为,正义原则以及满足正义原则的各种制度,都存在相当程度的不确定性和模糊性,同理,功利主义的效用原则也同样存在着含混的不确定性。罗尔斯设定的应用正义原则的四个阶段中,第一个阶段便是,原初状态的人们在无知之幕下参与社会契约,以具备道德能力的人们之间的高度概括性的重叠共识的方式,得出两大正义原则。罗尔斯的两个正义原则是他所认为的高度概括性的重叠共识,他在《正义论》理论部分主要论证了他自身的理论构建。此时,厚重的无知之幕遮挡了理性的订约各方关于自身与社会的一切知识。④

在人们经由原初状态下的契约获得正义原则之后,罗尔斯仍然希望通过一系列假设的协商程序,顺从合理约束的理性同意,拓展原初状态的基本观念,用以说明两个正义原则如何在一个立宪民主制的社会中展开,也即,把正义原则应用于宪法、立法和司法决定的完整过程。⑤ 他假定获

---

① [美]罗尔斯:《正义论》,何怀宏等译,244页。
② [美]塞缪尔·弗莱施哈克尔:《分配正义简史》,吴万伟译,159页。
③ [美]罗尔斯:《正义论》,何怀宏等译,227页。
④ 石元康:《罗尔斯》,73页。
⑤ [美]萨缪尔·弗雷曼:《罗尔斯》,张国清译,207页。

得两大正义原则的人们有能力判断立法与政策的正义性,同时也肯定一种传统的民主多数决程序。

在原初状态下参与社会契约的人们,会召开一个立宪会议,确定政治结构的正义并选择一部宪法。在两大正义原则的约束下,为政府的立宪权力和公民的基本权利设计出一种制度。自此,无知之幕被部分排除,人们仍然不知道自己的个人信息、社会地位、自然禀赋、善观念等等。但是他们理解了基本的社会理论原则,知道了有关社会的一般事实,自然环境、社会资源、社会经济发展、政治文化的水平和政治文化信息等等。无知之幕对于社会一般知识的部分揭开是适当的,因为在了解一般社会理论知识与适当的一般事实之后,他们会在不同类型的宪法中选择最有效的、正义的宪法;这部宪法不仅能满足两个正义原则的要求,而且应当能最好地导致正义的、有效的立法。①

立宪阶段的首要目标在于明确宪法权利和程序,以实现和保护平等的基本自由。换言之,在应用正义原则的第二阶段,首先,要运用假想的立宪会议选择一部政治宪法,明确缔造具有正式的立法权、行政权和司法权的政府权力的政治制度,且每一权力部门根据自身的程序和规范展开行动;其次,要有一个权利法案,具体规定平等公民的各种政治自由,自此,第一正义原则下高度抽象的基本自由,就转换为政治宪法所锚定的公民基本权利。这也是原初状态社会契约的参与者进入到政治社会之后,始终维护自由平等的公民身份的前提条件。

总而言之,罗尔斯设想了各个阶段的分工,运用正义原则的第二阶段立宪会议阶段,其目的在于实现第一条正义原则,实现人们平等的自由与政治的正义。而第二条正义原则,即机会平等和差别原则,则是第三个阶段立法阶段需要推进和实现的目标。平等自由的优先性,在各个阶段分工中就表现为立宪阶段优先于立法阶段的情况。②

在第三个阶段,人们进入立法阶段,根据一般来说合情合理的各种社会理论,通盘考虑所有的经济和社会事实,来判断立法(经济与社会政策立法)的正义性。这个时候,人们要精确运用差别原则,必定需要有关社会环境和资源的所有事实信息。对于影响收入和财富分配的经济法律措施的正义性的立法决定,有赖于对于这些信息的了解。无知之幕继续揭开,但是,有关特殊个体的个性特征信息,与针对法律的决定无关;甚至在立法阶段,仍然存在着相对稀薄的无知之幕(the thin veil of ignorance)。因为,有关特定人群的事实信息,在道德上与公正的立法无关。③

罗尔斯认为,在这一阶段,他们是通过一种不完善的程序正义,从正义的、可行的程序安排中挑选出那种最能导致正义的、有效的立法的程序安排。不完善的程序正义指的是:第一,多数决的民主程序,第二,由两

---

① [美]罗尔斯:《正义论》,何怀宏等译,154页。
② 同上书,156页。
③ [美]萨缪尔·弗雷曼:《罗尔斯》,张国清译,211页。

个正义原则确定了一种独立标准,使人们能够检查各种可行的正义宪法,并且穷尽现存环境中最能导致有效的正义社会安排的宪法。不完善的程序正义意味着,罗尔斯并非纯粹的律法主义者,他承认原初状态这样一种程序足以获得奠定社会基本结构的某种合法性,但是他认为即便是正义的宪法,也不一定能保证正义的结果,因此,这样一种纯粹的程序正义,是不完全的程序正义。由此,罗尔斯诉诸公民平等的基本自由的正义观,构成了自由民主社会的法律与政治权威合法性的恒定道德标准。① 同时,罗尔斯认为,只要一部正义的宪法是可行的和稳定的,那么人们不仅有服从正义的法律也有服从不正义的法律的义务。公民的不服从行为也只有以某些忠诚于法律的方式表达对法律的不服从,诸如根据宪法实践政治自由,或以宪法诉讼的方式提出试验案件等等。②

第四个阶段是,法官和行政官员运用法律和政策以决定具体案例,而公民们普遍地遵循这些规范。至此,无知之幕全部升起,每个人对所有的事实信息都有完全的评估。在这个最后阶段,正义的抽象原则经由民主宪法和法律,最后具体化为在具体情况下的制度规定,或者个人应当担负何种义务的某些承诺。因此,第四个阶段包含了政府官员执行法律与政策的行政行为和司法行为,也包含了普通公民在政治经济的各个领域承担自然义务、依法而行的行为,并非单纯是我们所直观理解的司法阶段。③ 根据自然义务原则,个人有义务遵守正义的约束,做正义原则要求他做的事,以公平原则促进和维持公正的制度。这就是正义的制度所要求的个人原则。

在这四个阶段中,前两个阶段,主要是适用和实现平等的自由原则的阶段,而到了立法阶段,正义的第二原则开始发挥作用,罗尔斯以给两大原则制定的一个优先序列,来明确地指明社会、经济政策的目的,是在公正的机会均等和维持平等自由的条件下,最大程度地提高最少获利者的长远期望。④ 这也是理性订约者自我立法的过程,印证了法治与自由之间互为因果的关系。

第六节 正义对于善的优先性以及与善的一致性

一、正义优先于善

罗尔斯在《正义论》中一再申明,正义原则和所有可能想到的选择不

---

① [美]罗尔斯:《正义论》,何怀宏等译,276~277 页。
② 同上书,288 页。
③ [美]萨缪尔·弗雷曼:《罗尔斯》,张国清译,213 页。
④ [美]罗尔斯:《正义论》,何怀宏等译,197 页。

相容时,不符合正义的计划必须放弃。正义独立于善,并且优先于善。对正义和个人合法权利的评价,从来不曾依赖于善。他反复强调正义原则的字典式的排序,坚持了正义对于善的优先性。他对于正义优先性的理论源自康德的绝对律令,康德认为道德自律的主体所拥有的自由的绝对权利,无限优先于其他的道德关切,独立于人类任何的功利目的和终极目的。①

桑德尔将这种正义优先于善的理论,称之为道义论的自由主义学说。在道义论的自由主义学说中,正义对善的优先性具有某种元伦理地位,正义对善的优先性是第一层次的道德要求,它意味着,社会的普遍福利和价值不管多么强烈,都不能战胜个人权利的合法要求。正义与权利作为根本性的伦理诉求,对于道德自律的个体具有不可逾越的重要性,即便是为了共同体之善也不能减损;社会的道德观念或善观念既不规定权利与正义的内容,并且,个人的权利与正义的正当性,独立于特殊共同体的善生活观念,对于既定社会的宗教信念和道德观念保持中立。这一点恰与功利主义的目的论相反。②

实际上,从个人与社会共同体的关系角度而言,罗尔斯坚持的正义优先于善,是说把我们区别开来的东西优先于把我们联系起来的东西。首先,从认识论的角度,我们首先是有差异的个人,然后才形成彼此之间的联系,并且参与与别人的合作安排,因此多元性优先于统一性。其次,从道德上而言,我们首先是占有自我的主体,我们是自律且自由选择的存在,其次才选择我们的目的,因此作为主体的自我优先于目的。③ 因此,从其主体论与道德论两个方面,罗尔斯都坚持了正义对于善的优先性,他始终认为,在一个正义的社会里,由正义所保障的权利,不应服从于政治交易或社会利益的算计。④ 道德主体作为个体,其权利优先于其所在的社会共同体的利益或目的,体现了在个体权利和共同体利益之间,罗尔斯坚持了对个体的不可克减的权利的原则性界定,坚持了自由主义的个人主义对共同体主义或社群主义的分野的立场选择。

二、正义与善的一致性

然而,罗尔斯并非纯正的个人主义者,也并非黑格尔式的古典私有社会的支持者。⑤ 他对个体的自我观念的界定,以及对道德应得概念的否定,使其不再采纳纯粹的个人主义观念。他认为,首先,个体的天赋、才能的分配,是自然偶然性的一种分布,个人所获得的历史积累,是社会历史

---

① [美]迈克尔·J.桑德尔:《自由主义与正义的局限》,万俊人等译,17页。
② 同上书,31页。
③ 同上书,155页。
④ [美]罗尔斯:《正义论》,何怀宏等译,413页。
⑤ 同上书,412页。

传统之任意性的体现。其次,即便他后天努力获取的东西,也在很大程度上可归因于人力控制之外的社会文化机遇。① 于是,个体对自然的天赋与社会传承的拥有,在道德上,均非他所应得的。社会安排并非只有实现个体权利或个人目的的手段,社会制度的价值在于,人们只应拥有公正的社会制度给予他们的合法期望。②

罗尔斯把人的天赋和社会资源视为某个特定共同体的共同财产,从而替换了康德观念中的本体自我,代之以共同体中的具有交互主体性的自我概念,为人类联合的社会生活提供了可能性。由于这种交互主体性的出现,共同体及其善的目标进入到了自我的构成,由共同体决定个体的所是与所属,自我在某种意义上包含了共同体成员的身份,而共同体成员的身份在一定程度上由他们身处其中的共同体之善所规定。个人只有在社会共同体中分担命运,才是完全的。③ 而共同体也必须经由个人的自我理解参与其中,并且由社会制度加以固化,才能构成。至于共同体的边界问题,罗尔斯和德沃金都未经论证地坚持了民族国家是当前正义制度的边界,个人的共同体身份则以超越种族的民族为身份认同的基点。④

综上,罗尔斯界定了自己的共同体观念,或称之为社会联合的观念,并且在个体与共同体的交互意义上重新界定了传承自康德的自我观念,也正是在这种意义上,他认为适用于个人的正义(right)兼容于人类之善(good),并且能够成为人类之善的一部分,作为公平的正义与人类之善具有一致性。罗尔斯对于正义与人类之善的一致性的理论论证,使其理论介于个人主义与共同体主义之间,而他对于平等自由权利对多元社会公民身份的构成性意义的理解,又使其理论介于自由主义与共和主义之间。⑤

第七节　罗尔斯正义论的影响

总之,诞生于20世纪70年代的罗尔斯正义理论对西方政治哲学具有根本性的贡献,它彻底扭转了自19世纪以来流行于西方的功利主义哲学的主流地位,重新锚定了"二战"以后受到质疑的自由主义价值。罗尔斯认为休谟、边沁等人倡导的功利主义理论在计算社会总功利增加或社会平均功利之时,未曾考虑到个人,或者将个人当作实现社会功利目的的

---

① [美]迈克尔·J.桑德尔:《自由主义与正义的局限》,万俊人等译,158页。
② [美]罗尔斯:《正义论》,何怀宏等译,243页。
③ [美]迈克尔·J.桑德尔:《自由主义与正义的局限》,万俊人等译,158页。
④ 同上书,166页。
⑤ [德]哈贝马斯:《在事实与规范之间——关于法律和民主法治国的商谈理论》(修订版),童世骏译,658页。

手段,从而违背了基本的自由价值,导致"二战"以来反复出现的人道主义灾难,以及存在于社会中的经济生活的鸿沟。为此,他回归并改造了古典自由主义的基本价值,以回应"二战"以来社会实际问题对制度缺陷的诘问,使其成为新自然法学的一个重要分支。

罗尔斯的正义理论也重新阐释并改造了亚里士多德开创的以个人美德为出发点的正义价值,让人们对正义的评判转向了制度设计与社会基本结构的道德性问题。自罗尔斯之后,人们思考正义的问题,不再局限于对人类行为的后设道德判断,而转向了对制度正义的思考,导致20世纪70年代之后西方政治哲学发生了一大公共转向。

20世纪60年代以来,西方社会新自由主义盛行,新自由主义强调个人权利和市场自由,坚持自由是西方社会的核心价值,并且将平等视为自由价值的对立面。作为对此的回应,于20世纪70年代横空出世的罗尔斯的正义理论试图调和自由与平等两大价值的对立立场,从个人与群体的不同视角探讨了自由与平等张力的不同层面,为古典自由主义的自由价值注入了平等的考量。他不再专注于其中一项价值,比如自由、平等、幸福或者效率,而是以平等作为基点,考虑人们的基本自由,从社会合作的角度考虑效率与幸福的问题,将所有这些价值糅合在一起,考虑社会制度的正义问题。由于他在正义理论中将自由主义民主、市场经济和福利国家的分配体制结合起来考虑,他被认为是当代社会政治混合制度的倡导者,既对流行思潮进行了概括性的系统回应,又颇遵从现实主义的思考视角。①

然而由于他的理论建基于假设的社会契约的基础上,又被诸多学者批评为不具有现实性,模式化的正义原则与现实生活显而易见的不平等遭遇时,应当如何将前者具体运用于后者。② 一旦正义原则被锚定为独立的道德事实,那么它将如何解决不同人群,或者不同时间的相同人群的道德共识所带来的不确定性,则是一个值得探讨的未决问题。③

思考题

1. 简述罗尔斯原初状态概念对古典契约论的理论改造。
2. 何为反思的平衡与重叠共识?

---

① [英]迈克尔·H.莱斯诺夫:《二十世纪的政治哲学家》,冯克利译,295页。
② [印度]阿玛蒂亚·森:《正义的理念》,王磊、李航译,60页,北京,中国人民大学出版社,2012。
③ [美]德沃金:《认真对待权利》,信春鹰、吴玉章译,225页。

3. 试论述罗尔斯的两大正义原则。
4. 试论述差别原则与分配正义的关系。
5. 简述正义与善的关系。

阅读文献

1. [美]罗尔斯：《正义论》，何怀宏等译，北京，中国社会科学出版社，2009。
2. [美]涛慕思·博格：《罗尔斯：生平与正义理论》，顾肃、刘雪梅译，北京，中国人民大学出版社，2010。
3. [美]萨缪尔·弗雷曼：《罗尔斯》，张国清译，北京，华夏出版社，2013。
4. [美]迈克尔·J. 桑德尔：《自由主义与正义的局限》，万俊人等译，南京，凤凰出版传媒集团、译林出版社，2011。
5. [美]塞缪尔·弗莱施哈克尔：《分配正义简史》，吴万伟译，南京，凤凰出版集团、译林出版社，2010。
6. [美]德沃金：《认真对待权利》，信春鹰、吴玉章译，上海，上海三联书店，2008。
7. 石元康：《罗尔斯》，桂林，广西师范大学出版社，2004。
8. 廖申白、仇彦斌编：《正义与中国——纪念罗尔斯〈正义论〉出版四十周年纪念文集》，北京，中国社会科学出版社，2011。
9. [德]哈贝马斯：《在事实与规范之间——关于法律和民主法治国的商谈理论》（修订版），童世骏译，北京，生活·读书·新知三联书店，2011。

第十一章　德沃金的政治哲学和法律理论

罗纳德·德沃金(Ronald M. Dworkin,1931.12.11—2013.2.14),是美国著名法学家,也是西方20世纪后期和21世纪初期影响最大的政治哲学家和法学家。他从自由主义出发,在借鉴哲学解释学、自然法以及其他前沿社会理论的基础上,重新解释了法律的概念,分析了法律原则、政策和规则之间的关系,论证了权利在法律中的"王牌"地位,指出了司法在法律体系中的独特地位,重构了自由与平等、民主与法治以及法律、政治和道德之间的关系。他的政治哲学和法律理论,在美国、西方乃至全世界都产生了重要影响。

第一节　生平与著作

德沃金出生于美国马萨诸塞州的沃塞斯特。他在中学毕业后,进入哈佛大学学习哲学;随后到牛津大学学习法律。两年后,他返回哈佛继续研读法律。1957年,他离开法学院,前往美国联邦最高法院,担任汉德大法官的助手。但因他在很多观点与汉德存有分歧,遂于1958年离开最高法院,到华尔街著名的苏利文克伦威尔律师事务所(Sullivan & Cromwell)工作。1962年,他获得第一份教职,担任耶鲁大学法学院副教授。1969年,在哈特教授的推荐下,他应邀担任英国牛津大学法理学首席教授,直到1998年;1975年开始,他同时担任纽约大学法学院的教授。他还不定期地担任过哈佛大学、康奈尔大学、普林斯顿大学教授。1984年后,他担任伦敦大学的客座教授。他提出的理论因其原创性和广泛影响,曾经多次获奖。

德沃金知识广博,观察敏锐,思想深刻,著述颇丰。他的主要著作有:《认真对待权利》(1977)、《原则问题》(1985)、《法律帝国》(1986)、《生命自主权——堕胎、安乐死与个人自由的论辩》(1993)、《自由的法：对美国宪法的道德解读》(1996)、《至上的美德：平等的理论与实践》(2000)、《民主是可能的吗？》(2006)、《身披法袍的正义》(2006)、《最高法院的阵形——最高法院中新右翼集团》(2008)以及《刺猬的正义》(2011)等。① 德沃金的著作，在知识上横跨哲学、伦理学、经济学、政治学和法学等多个学科，所涉及的问题十分广泛。本章拟聚焦于他政治哲学和法律理论所论述的几个主要问题。

第二节 法律是一个解释性概念

法律是什么？这是法学界长期争论的一个核心问题。围绕对这个问题的回答，形成了不同的法学派。法律实证主义认为，法律主要是具有立法权威的机构所制定的规则。这些规则通常都具体明确，法官的职责就是把它们适用到具体案件中去。在规则模糊不清的情况下，法官只需进行语义解释，就可以解决问题的办法。因此，在法律实证主义看来，关于法律是什么这一问题，取决于法律实际是什么，而不取决于法律应该是什么。美国法律现实主义认为，法官在判决中所适用的规则，才是法律；法官在审判中，往往诉诸个人直觉和偏好判决案件，因此，法律就成为对法官将会做出怎样判决的预测。批判法学采取解构的立场，认为法律并不是中立的规则，而是阶级偏见、意识形态和"伪装的政治"②。

德沃金不同意法律实证主义的观点，后者认为许多案件都不存在明确具体的规则，通过对模糊规则的语义解释，也无法做出正确判决。同时，某些法律规则虽然明确具体，但它们可能是违反正义精神之法，需要诉诸原则进行修改或废除。规则并非法律的全部，还包括其他更基础性要素。因此，对于法律是什么这一问题的回答，不仅取决于法律实际是什么，还取决于法律应该是什么。德沃金也不同意法律现实主义的主张。他指出，在法律适用中，法官虽然扮演重要角色，但他们在处理案件时，受到法律传统和法律共同体的约束，因而夸大法官个人直觉和偏好对判决结果的影响，并把它们作为法律的重要内容，并不符合真实的法律实践。针对批判法学的观点，德沃金指出，法律虽然与政治存有联系，但并不等同于政治。法律体现的是道德和正义的价值，而不是阶级偏见和意识形态。③ 在批驳上述法律概念的基础上，德沃金提出了自己的法律概念，这

---

① 在上述著作中，除了《刺猬的正义》，其他著作都有中译本。这些中译本出自不同的译者，同一概念常有不同译名，且存在一些翻译上的错误。本章参照原文，对核心概念的译名进行了统一表述，并在许多地方没有采取中译本的译名。
② [美]德沃金：《法律帝国》，李常青译，1～40页，北京，中国大百科全书出版社，1996。
③ 同上。

就是解释性法律概念。

一、解释与法律

德沃金从日常生活的"礼仪规则"出发,循序渐进地讨论解释对于法律的意义。在一个社会中,社会成员需要遵守一套规则。我们不妨称其为"礼仪规则",如在古代,平民遇到贵族须脱帽行礼。这些规则通常具有两个特征,一是在它们的背后,存在某种价值或原则,作为这些规则存在的正当性基础;二是这些规则并非一成不变,而是在人们的解释中不断变化。这些解释会引起规则的改变,而这种改变又会激发新的解释。结果,礼仪规则的内容,取决于人们的解释。① 同样,作为社会规则的法律,也取决于该社会成员的解释。如果法律是一个解释性的概念,那么法理学关于法律的概念问题,其核心就是何为解释的问题。② 这样一来,法律是什么的问题,就变成了对法律如何解释的问题。这就是说,法律不是一套客观存在的规则,也不是法官的个人的意见,更不是阶级偏见,而是该社会成员共同解释的结果。这种结果转而激发新的解释。解释者通过解释改变法律,而解释本身既受到先前解释的影响,也受到当时社会情境的影响。因此,法律存在于动态的解释过程中。

德沃金认为,法律解释不同于游戏和竞赛,因为对于游戏,人们可以参与,也可以不参与,只要选择参与,就要接受游戏规则的约束。但特定社会成员,注定是习俗和法律的参与者,因而是内在解释者。换言之,他们注定是习俗和法律的遵守者,同时也是习俗和法律的解释者。他们所遵守的习俗和法律,同他们对习俗和法律的解释,都处在互动的变化之中。

解释通常分为三种:一是人们所熟悉的对话性解释;二是科学性解释;三是文学艺术性解释。在对话性解释中,人们在交谈中解释各方的意图。在科学解释中,研究者采取主-客进路,解释那些不是由人所创造的客观事实,旨在查明问题的原因。在文学艺术性解释中,读者对作品进行解释,以便指出它的意义。法律解释与文学艺术性解释,最为相似。第一,解释的对象是人们所创造的某种东西,而不是客观存在之物;第二,解释的目的主要不在于理解作者文本的原意,而在于对文本内容的意义,进行建构性解释(constructive interpretation);第三,解释者旨在获得所期望的结果,而不在于查明文本所涉及问题的原因。因此,德沃金把这种解释称作"创造性"解释。③ 创造性解释具有建构性的特点,因为其中起决定性作用的并不是作者的意图,而是解释者的目的。

---

① [美]德沃金:《法律帝国》,李常青译,42~46页。
② 同上书,46页。
③ 同上书,46~48页。

二、建构性解释

德沃金所主张的建构性解释,具有以下特点:

(1)在目的上,建构性解释是解释者把自己的目的加之于解释对象。这意味着,解释者不是倾听作者的讲述和理解他们的意图,但也不是随心所欲地解释文本,而是运用自己的意向审视和整合文本,从而获得所需要的正确答案。建构性解释力图考虑整个法律实践,并尝试对整个法律实践做出最佳论证。例如,法官在解释制定法时,不是把握或复制立法者的意图,因为立法机构不存在整体意图,分散的立法者意图过于复杂,无法辨识,更无法在整体上予以确认。因此,正确的做法是法官根据原则,把制定法文本置于相关的法律实践中,做出最佳解释。①

(2)在态度上,建构性解释要求解释者采取参与者的态度,与文本保持互动关系,而不是把文本作为外在之物,中立和客观地描述其表面意思。参与者的态度要求以互惠的关系理解他人的意见。②

(3)在步骤上,德沃金在讨论习俗的解释时,提出了解释的三个阶段。这种分类也适用于建构性解释。一是前解释阶段,确定解释的文本,在法律解释中则是指可适用的法律渊源,如宪法、一般立法和判例法;二是解释阶段,寻找和确立文本的理由和论据,理解文本的意义;三是后解释阶段,根据当下的需要,对文本的意义进行改进和重构,使之适合处理当下案件的需要。③

(4)在方法上,建构性解释既要排除一味回溯过去的因袭主义,又要避免只是面向未来的实用主义。前者要求法官发现法律,后者要求法官创造法律。整体性要求的是解释性判断,把回顾过去和展望未来结合起来。在这个动态的解释过程中,法官立足当下问题,追溯过去,从历史传统中获得足够的支持。由此,这种整体性解释,已经超越法官发现法律还是创制法律之争。换言之,法官通过动态的解释,既发现法律,又创制法律,两者统一于解释过程。④

(5)在主体上,法律职业者和普通公民,都是一般意义的法律解释者。但严格意义的法律解释者,主要是指法官。在疑难案件中,尤其需要法官解释。"法院是法律帝国的首都,法官是帝国的王侯,但却不是它的先知或预言家。"⑤

---

① [美]德沃金:《法律帝国》,李常青译,48、83、286~300页;[美]罗纳德·德沃金:《原则问题》,张国清译,48~66页,南京,凤凰出版传媒集团、江苏人民出版社,2008。
② [美]德沃金:《法律帝国》,李常青译,178页。
③ 同上书,60~62页。
④ 同上书,201~203页。
⑤ 同上书,361~362页。

三、连环小说:法律解释的一个类比

德沃金认为,法官解释法律,十分类似于文学创作中,不同作者合作续写一部连环小说或系列小说(chain novel)。在这项工作中,一批小说家接连写同一部小说;在这个系列作品中,每位小说家都对他所写的章节进行解释,以便写出新的一章,而这一章又给后面的小说家多加了一些材料。每位小说家都力求写好自己的那一章,出色地成为整体的组成部分。① 他认为,此项任务的复杂性,犹如根据法律,判决疑难案件。法律解释与文学创作的共同之处,具有以下几点:

(1) 在一部连环小说中,除第一位作者之外,后来的作者既是解释者,又是作者。他必须整体理解先前作品的意义,才能进行优质创作。同样,法官在判决中,既是解释者,又是作者。他也必须从整体上理解先前的法律与判例的意义,才能做出正确的判决。

(2) 在一部连环小说中,除第一位作者之外,后来的作家,如果机械接受先前作品的约束,难以写出具有创造性新作品;如果完全不受先前作品的约束,他写出的则很可能是独立作品,与该小说整体缺乏内在联系。因此,他必须同时避免这两种倾向。同样,对文本(制定法、先例和其他可资利用法律资源)的意义,法官如果采取因袭主义,则不会做出符合当下情境的最佳判决,如果采取实用主义,则会使其判决背离特定的法律传统。

(3) 在一部连环小说中,除第一位作者之外,后来的作家在理解中,会考虑先前作品的意义,但他也会运用自己的前见去观察、思考和改进先前作品的意义。理想的状态是,解释者的前见与先前作品的意义相互检验,实现一种动态整合,从而获得一种使他满意的结果。同样,法官在判决中,考虑先前文本的意义,但也会运用自己的前见去把握和改进文本的意义,通过动态的调适过程,达到微妙的视域融合。在这种视域融合的状态下,法律文本的意义得到了改进,而法官的前见也得到了调整,即保留合理的前见,放弃个人偏见。

(4) 在一部连环小说中,每位后来的作者,解释先前作品的潜在目的,都旨在补充或改进先前作品的意义,使它们变得更为出色,进而创作出最佳之作。同样,法官也都试图通过自己对文本意义的解释,补充或改进该文本的内容,使文本更为完善,从而做出最佳判决。

(5) 法官司法与文学创作,也存有一些差异:第一,在连环小说的创作中,作家要以更为严肃的态度对待作品连续性,而在司法实践中,法官则会更注重诉诸当下原则,理解和运用先前的文本。第二,作家的创作可以诉诸艺术直觉,而法官判决案件,则诉诸理性,并受到立法和司法先例

---

① [美]德沃金:《法律帝国》,李常青译,205 页。

的限制。第三,对于文学作品,读者具有选择的自由,但对于法官的判决,当事人必须执行。上述差异,并不妨碍法律与文学的相似性。①

四、法律解释的理论基础

综上所述,在德沃金的法律理论中,法律解释占有核心地位。细心的读者,可以从德沃金的著作中发现,他的法律解释理论,明显受到了伽达默尔哲学解释学(参见本书第41章)的影响。② 但是,一些研究德沃金法律解释理论的学者,并没有注意到他的法律解释理论与伽达默尔哲学解释学之间的关联。例如,美国学者马默在其研究德沃金法律解释理论的著作中,就没有提及伽达默尔解释学对德沃金理论的影响,而只提及戴维森(Dawidson)"宽容原则"对德沃金理论的影响,认为德沃金误用了这一原则。③ 实际上,德沃金的《法律帝国》一书只在一个注释中提及戴维森④。中国台湾学者林立在《法学方法论与德沃金》一书中,论述了德沃金的法律解释理论,但也没有提及伽达默尔哲学解释学对德沃金法律解释理论的影响。

有些学者注意到了伽达默尔哲学解释学对德沃金法律解释理论的影响。例如,美国学者埃斯克里奇就明确指出,德沃金运用了伽达默尔的理论。他本人则运用伽达默尔的哲学解释学原理,解释美国的制定法。⑤中国学者李锦也注意到了伽达默尔解释学对德沃金法律解释理论的影响。但他认为,德沃金的法律解释理论,主要受到英美分析哲学的启发。⑥

实际上,德沃金的法律解释理论中,关于法律是一个解释性概念的观点,关于法律类似文学事业的观点,以及关于解释不是发现文本作者的原意,而是理解文本内容意义的观点,都明显受到伽达默尔解释学的影响。

当然,德沃金对伽达默尔的解释学进行了选择性运用。例如他没有直接选择伽达默尔有关法律解释学的具体论述,而通过法律事业与文学

---

① [美]德沃金:《法律帝国》,李常青译,204页;[美]罗纳德·德沃金:《原则问题》,张国清译,181~202页。

② 德沃金在著作中,四次提及受到达默尔解释学的启示。第一次涉及解释者运用自己意图问题,第二次涉及解释活动如何受到历史的限制,又同这种限制进行搏斗,第三、四次是在第2章的注释中,涉及理解作者意图及其结构问题,指出了狄尔泰、伽达默尔和哈贝马斯之间的争论,参见[美]德沃金:《法律帝国》,李常青译,51页、57页和372页之注②和⑤。

③ 参见[美]安德瑞·马默:《解释与法律理论》,第2版,程朝阳译,44~45页,北京,中国政法大学出版社,2012。

④ [德]德沃金:《法律帝国》,李常青译,388页注释22。

⑤ 参见 Jr. W. N. Eskridge, "Gadamer/Statutory Interpretation", 90/3 *Columbia Law Review*, 1990, pp. 646-651.

⑥ 参见李锦:《法律理论的第三条道路——评德沃金的解释转向及其意义》,85页注①,长沙,湖南大学出版社,2013。

事业相类比,来论证法律解释的特点。同时,他还对伽达默尔的解释学进行了改造性运用。例如,在解释活动中,伽达默尔强调传统的作用,但德沃金却借鉴了哈贝马斯对伽达默尔观点的批评,提出了建构性解释的概念。这个概念强调,法官在解释法律过程中,应立足当下情境和需要,根据原则理解和应用法律文本,而不应受到传统的束缚。当然,德沃金的法律解释理论,除了运用伽达默尔的哲学解释学,还运用了其他解释理论,例如他在论证司法中存在"唯一正解"的观点时,就明显运用了英美分析哲学的理论。

五、作为整体性的法律

德沃金认为,所谓整体性(integrity)是重要政治理想和法律美德之一,另外三项美德是公平、正义和正当程序。正义是关于政治制度所产生的正确结果问题,涉及商品、机会和其他资源的合理分配;公平是关于政治制度的正确结构问题,即对政治决定施加影响的合理结构;正当程序则是关于立法、执法和司法的过程问题,如执法和审判的正当程序等。相比之下,正义更关注结果。根据公平和正当程序的尺度,只要结构合理或程序正当,就认可其结果。① 与上述美德不同,整体性是法律解释的重要原则,具体含义有以下几点。

(1) 整体性要求同时考虑上述三项美德,即兼顾正义、公平和正当程序,不仅关注政治决定的结构和过程,而且关注政治决定的结果。

(2) 整体性要求着眼全局,在横向上反对同案不同判的"棋盘式"考虑,更反对不同团体按照人数比例选择某项法律(如堕胎法)的某些部分,以及诉诸多数决"赢者通吃"的做法。总之,"整体性要求更高层次的决定,在宪法的水平上对全国与各个地方一级权力的分配方面做出决定"②。换言之,解释要依据宪法的原则和精神,进行全局考量。

(3) 整体性要求法律保持一致性。整体性是一个有关原则的问题,要求在原则上保持一致性。但是,这种一致性是指根本原则上保持一致性,因而可以修改或废除某些与根本原则相冲突的原则;这种一致性主要是指在横向上原则的一致性,因而可以修改或废除某些过时或错误的原则,如美国最高法院在历史上所确认的"隔离但平等"原则。"法律的生命与其说是某些漂亮的迷信,不如说是整体性"③。

(4) 整体性遵循两个原则。第一是立法整体性原则。这要求那些以立法制定法律的人,在原则上保持该法律的一致性。第二是审判整体性原则。要求那些针对案件而负责确定相关法律内容的人,在理解和实施

---

① [美]德沃金:《法律帝国》,李常青译,148页。
② 同上书,167页。
③ 同上书,150页。

法律过程中保持一致性。相比之下,立法诉诸多数决方式,要保持法律的一致性,难度较大。因此,德沃金关注的主要是司法中法律解释的整体性。①

(5) 整体性要求确立基本权利的优先地位。作为整体的法律预设,公民不但享有法律权利,还享有道德权利和背景权利。

(6) 整体性要求公民的道德生活和政治生活相互结合。作为公民,当与他人的利益发生冲突时,应根据正义的原则和法律解决冲突。② 换言之,整体性要求所有公民都是法律的参与者,都应重他人权利,尊重法律。

现在我们回到本节开始提出的问题,即关于法律是什么的问题。德沃金通过自己的论述,所得出的结论是,"法律""与其说是发明的事情,不如说是解释的事情"③。这就是说,其一,世界上并不存在一种静态而客观的法律,法律是解释的结果。其二,法律既然处于变动不居的动态过程中,对它的内容和形态进行任何静态描述,都无法反映其真实状态:即使人们发现了法律是什么,但它已经变了。其三,在法律的形成和变化中,公民都是参与者,因而无法像法律实证主义者那样,作为旁观者客观地描述法律。其四,法律并不是一个独立和封闭的体系,通过解释,政治和道德都对法律产生重要的影响。它们的许多内容被纳入法律之中,成为法律的组成部分。其五,法律与非法律的边界,也处在动态变化之中,无法预先加以确定,只能通常解释动态地予以划定。"法律的帝国并非由疆界、权力或程序界定,而是由态度界定",而这种态度就是建构性解释的态度。正是在上述意义上,德沃金才认为,"法律是一个解释性概念。"④

第三节 "原则的法庭":原则、政策与规则

在讨论法律的整体性时,德沃金非常重视原则的作用。他认为,只有诉诸原则才能确保法律的纵向和横向一致性。本节讨论的和新问题是,在德沃金的法律理论中,原则具有怎样的含义?原则与政策、规则是怎样关系?原则同权利和司法又有何种内在关联?

---

① [美]德沃金:《法律帝国》,李常青译,150 页。
② 同上书,170 页。
③ [美]罗纳德·德沃金:《原则问题》,张国清译,英文版作者序,1 页。
④ [美]德沃金:《法律帝国》,李常青译,46 页。

一、原则模式社会与规则模式社会

（一）三种社会模式

德沃金认为，根据社会成员是否存有真正的协作（association）关系或协作的程度，社会可划分为三种模式。第一种模式是"偶遇模式"①社会，其社会成员仅仅由于偶然事件，在特定的历史条件下或地理环境中，才组合起来。典型的例子是两个彼此轻视对方的外国人，在一场海战中，被海水冲到孤岛上。他们为了在新环境中生存下去，都需要对方，从而不得不选择联合行动。但由于他们缺乏共同的政治价值，因而都把对方当作自己的手段。这样组成的社会，显然不是协作型社会。

第二种是"规则模式"社会，其成员承认有一种义务，服从某种特定的各种规则。例如临时性商业伙伴，为了合作而订立并服从某些规则。但是，他们并不愿承担这些规则以外的协作义务。他们的关系虽然也是协作，但主要的协作方式是谈判与妥协。相比之下，第一种模式是与环境有关的社会，是"凑合"型社会。这种模式的社会属于规则社会，但除了规则之外，没有原则。在第二种模式下，人们协作的程度有限，如同前种模式一样，人们自私自利，把经济关系视同博弈关系，把政治关系作为竞赛关系。因此，第二种模式不是整体性观念所期望的社会模式。

第三种是"原则模式"社会。与规则模式相同之处是，两者都认为，政治社会须有一种共同的价值。在共同价值上，原则模式的社会采取了更具包容的观点，认为人们不仅服从规则，还要服从原则。这样，社会的整体性模式就可以代替"棋盘式"模式。在这种模式的社会中，成员之间彼此承认权利，相互担负义务。这些权利与义务不仅源自规则，尤其源自原则。这种社会是一种持久而具有深度的协作体系，对每个成员都予以平等的关心和尊重。② 德沃金所向往的社会，正是一个原则模式的社会。他认为，美国就是一个这样的社会，尽管在一些方面尚不如人意。

（二）法律实证主义的社会模式

德沃金认为，法律实证主义从语义学出发，所构想的社会是一种规则社会模式。关于法律实证主义的法律理论命题，德沃金的概括是：（1）一个社会的法律，就是一套特殊规则。它们直接或间接地由公共权威所制定，以强制和惩罚那些违反规则的行为。（2）在找不到合适的规则时，法官行使自由裁量权。（3）法律义务和权利都基于规则，法官在自由裁量时，并不是根据法律来确定权利和施加义务。换言之，法律实证主义认为，只有规则，才具有决定案件结果约束力或强制力；某些原则虽具有强制力，但并不能决定一个案件的特定结果；人们对原则的权威性及其分

---

① 德沃金并没有为这种模式命名，为了与后两种模式相比较，笔者权为此模式命名。
② ［美］德沃金：《法律帝国》，李常青译，186～192页。

量,一直存在争议,因而原则不能算作法律。① 针对法律实证主义的上述主张,德沃金认为,原则不仅属于法律的内容,而且是维持法律一致性的重要基准。

(三)原则的主要特征

根据德沃金的论述,原则主要具有以下几个特征:

(1)原则是确保法律整体性的基准。只有诉诸原则,法律解释才能够确保整体性,从而不至于陷入"棋盘式"的法律分割局面;只有诉诸原则,才能把分散和彼此冲突的规则协调起来;②只有诉诸原则,才能在缺乏规则的情况下,对法律进行补充,从而对案件做出正确的判决。

(2)原则与正义存有内在关联。社会作为一种联合体,应尊重正义、公平和正当诉讼程序。正义是社会的理想,与公平和诉讼正当程序的价值相比,更关注法律的实质结果,因而更具根本性。因此,在原则模式社会中,正义具有突出的重要性。③

(3)原则关涉个人基本权利问题。在美国宪法的《权利法案》中,基本权利属于原则范畴,如言论自由和良心自由等。原则是权利的抽象表述,在承认权利具有优先性的社会,必须承认原则的优先性。

(4)原则涉及法律的道德之维。根据德沃金的区分,道德是指"一个人应当如何对待别人的原则",而伦理则是"关于人们的哪种生活良善的信念"。④ 道德关涉个人权利与尊严,涉及的是道义论范畴,种族歧视和政府滥用公权侵犯私权,就属于违反道德的行为。伦理涉及的是集体之善和特殊的生活方式选择,属于目的论范畴,如政府改善民生的政策,个人信仰某种宗教或喜欢某种服装或食物等。在德沃金的理论中,原则、权利与道德之间存有内在关联。

(5)原则可分为法律原则和非法律原则。法律原则是指在法律中得到确认的原则,如宪法中所确认的原则。立法和司法必须遵守这些原则。非法律原则是指处在法律之外的原则,如道德原则等。在必要的情况下,法官可以将非法律原则引入法律,予以适用。换言之,法官可以"越出他应该适用的规则之外(即是说,越出法律之外),诉诸于超法律的原则"⑤。

(6)原则处在变化中。在罗尔斯的自然模式下,正义原则一经确立,就永久不变,人们必须服从它,而无法根据新的情境赋予它们以新的含义。⑥ 但在建设性解释模式下,原则处在变化和发展中。这种变化和发

---

① [美]罗纳德·德沃金:《认真对待权利》,信春鹰、吴玉章译,30~32、37~41页,北京,中国大百科全书出版社,1998;[美]罗纳德·德沃金:《身披法袍的正义》,周林刚、翟志勇译,28~35页,北京,北京大学出版社,2010。
② [美]罗纳德·德沃金:《认真对待权利》,信春鹰、吴玉章译,46页。
③ [美]德沃金:《法律帝国》,李常青译,359~360页。
④ [美]罗纳德·德沃金:《至上的美德:平等的理论与实践》,冯克利译,217页注①,南京,江苏人民出版社,2012。
⑤ [美]罗纳德·德沃金:《认真对待权利》,信春鹰、吴玉章译,49页。
⑥ 同上书,222页。

展得益于所有社会成员的参与和推动,更主要得益于法官的独特作用。

(7) 法官是原则的守护者。法官在守护和发展原则的过程中,发挥突出的作用。例如在美国的司法审查制度中,法官就通过对立法的审查守护原则的基础地位。在疑难案件中,法官主要诉诸原则做出判决。有鉴于此,德沃金将美国的法院称作"原则的法庭"①。

(8) 原则之间如有冲突,由法官通过解释予以协调。根据解释的整体性要求,法官可以在相关的众多原则中,选出最合适的原则。在处理疑难案件时,常常涉及众多相关原则的权衡与选择。德沃金所提供的一个例子是,在英国的"麦克洛克林案"(Mcloughhin case)中,麦克洛克林和他的4个孩子遭遇一次汽车事故。其中一个孩子死亡,而他和另外3个孩子受重伤。麦克洛克林夫人得知此消息后,精神受到巨大打击,并因此提出精神损害赔偿。是否赔偿精神损害,在当时尚有争议。法官如果拒绝这种诉求,则不符合正义精神,但如要确认当事人的这种诉求,则必须在多种相互冲突的原则之间进行比较权衡,最终选择一项合适的原则。②

二、政策与规则

在德沃金对法律的分类中,除了原则,还有政策和规则。我们可把它们称作原则之法、政策之法和规则之法。

(一) 政策之法

政策涉及的是共同体的集体福利和生活方式等,如经济、政治、社会或环境的改善,为了取得总体的效益而对不同利益进行协调,某种共同生活方式和伦理价值的维护与改善。

首先,政策之法主要在于实现集体目标,多与应对时局的策略有关。在美国,自"新政"之后,政策日益增多,重要政策都诉诸立法。政策的法律化,便使得政策之法在法律系统中日益占有重要的地位,行政法的发展便从一个侧面反映了这种趋势。"政策的论证试图证明,假如一个特殊计划得到实施,那么整个共同体的境况将变得更好些。在那个特殊意义上,它们是基于目标的论证。"③在美国,对少数族裔在就业和入学上给予优待,把有限的公共财政用于修建公路而不是其他方面,在调整产业结构和刺激经济发展中,对某些产业给予扶持和补贴,以及追求经济高效率和实现财富最大化等举措,都属于政策问题。

其次,政策之法可以根据政治、经济和社会等变化,及时调整,而无须保持前后一致。政策之法之间如果相互冲突,则根据原则来衡量;如果它们都不违反原则,则通过比较总体效益来决定。

---

① [美]罗纳德·德沃金:《原则问题》,张国清译,33页。
② [美]德沃金:《法律帝国》,李常青译,22~26、214~223、239、241页。
③ [美]罗纳德·德沃金:《原则问题》,张国清译,作者序,3页。

最后，政策之法，多来自立法机构或授权行政机构所颁布的制定法。立法机构或授权行政机构，通过制定法的形式，对迫切的政治、经济和社会问题做出回应。这些立法大多都旨在协调不同群体或个人之间的利益冲突和改进集体福利，因而都属于政策之法。立法机构在立法时，虽然也会涉及原则问题，但它通常无须诉诸原则的理由。① 这也是司法审查制度得以存在的原因之一。

（二）规则之法

规则是对法律的规范性表达方式，以具体和明确的方式确定人们的权利和义务。规则所涉及的是允许或禁止某种特定行为，如"遗嘱非经三名证人签字无效"。在英美法体系中，制定法和判例法都包含大量的规则。关于规则的特征，比较容易理解。

（三）规则、政策和原则之间的关系

德沃金认为，除了宪法性法律之外，在美国，绝大多数国会的制定法都属于政策之法、在司法中，尤其在疑难案件中，最高法院的判决中涉及的是原则问题。为了确保法律的整体性，第一，规则必须符合政策或原则，否则无效；第二，政策必须符合原则，否则无效。

以一项合同为例，更有助于理解规则、政策和原则之间的关系。（1）如果该合同符合法律规则，且符合政策和原则，则该合同有效；（2）如果该合同符合法律规则，但内容涉及珍稀动物制品的交易，而后者为政策所禁止，该合同则无效；（3）如果该合同符合法律规则，也不违反政策，但内容如涉及种族歧视，则该合同亦无效；（4）如果规则违背政策，却符合原则，那么，在审判中，该规则的有效性应得到确认；（5）如果政策和原则对规则的限制或禁止不合理，那么，应请求法院重新解释政策和原则。

德沃金列举许多案例说明规则、政策和原则之间的关系。我们选择其中几个案例。

（1）在1889年的著名"瑞格斯诉帕尔默案"（Riggs v. Palmer），帕尔默是祖父指定的继承人，但他毒死了祖父。帕尔默是否享有继承权？根据制定法规则，他仍然享有财产继承权。但纽约法院最终认为，这项规则应服从原则。根据普通法一项原则，任何人不得从自己的错误中获利。②

（2）关于政策违反原则，有这样一个典型的例子。1945年，一个名字叫斯威特的黑人，申请进入得克萨斯州大学法学院，但他没有被录取。原因是该州法律规定，只有白人才有资格进入法学院。最高法院宣布得州这一政策之法，违反了作为平等保护的宪法原则，因而无效。③

（3）美国从20世纪70年代开始，在就业和入学等方面，对黑人和其

---

① ［美］德沃金：《法律帝国》，李常青译，217～218页。
② 同上书，14～19页；［美］罗纳德·德沃金：《认真对待权利》，信春鹰、吴玉章译，41～42页。
③ ［美］罗纳德·德沃金：《认真对待权利》，信春鹰、吴玉章译，295页。

他少数族裔采取照顾的政策。这种政策称作"平权行动"(affirmative action)。根据这项政策,华盛顿大学在学生录取中,对少数群体的申请者给予了照顾。由此,一些成绩低于平均录取线的少数族裔申请者,因这种照顾而被录取。一位名叫德芳尼斯白人,提出了入学申请。如果按照考试成绩标准,他可以被录取。但由于该校对少数族裔申请者的照顾,占用了部分名额,导致他没有被录取。德芳尼斯认为自己受到了"反向歧视"(reverse discrimination),因而提起了诉讼。最高法院没有对此案做出判决。一个下级法院对他做出了有利的判决,德芳尼斯被华盛顿大学法学院录取。德沃金认为,华盛顿大学根据"平权行动"的政策,对少数族裔申请入学者给予优待,并不违反宪法平等保护原则,因为进入大学不是个人的绝对权利。大学在录取时,也不仅仅考虑成绩,还考虑其他因素,如某种专长等。根据种族进行分类,如同根据性别进行分类一样,本身并不必然构成歧视。"平权行动"政策,有助于改进实际存在的严重不平等状况,使美国走向一个平等社会。因此,华盛顿大学根据"平权行动"政策,拒绝录取德芳尼斯,并不违反原则,构成"反向歧视"①。

第四节　认真对待权利:权利"王牌"

《认真对待权利》是德沃金的一部文集。在这部最早的著作中,他结合美国在"二战"后,尤其是 20 世纪六七十年代发生的一些重大难案件,提出并阐释了他的权利理论。其中"认真对待权利"的名言和权利"王牌"的隐喻,令人印象深刻且影响广泛。他在后来的著作中,对权利理论进行了补充和拓展。在 20 世纪后期的西方乃至世界的权利理论中,德沃金的权利理论占有重要的地位。

一、权利的概念与地位

(一)权利的概念

在《认真对待权利》一书中,德沃金以描述而不是规范的方式,提出了自己的权利概念。首先,权利意指个人的某些行为和活动不受干预:"在大多数情况下,当我们说某人有权利做某件事的时候,我们的含义是,如果别人干预他做这件事,那么这种干预是错误的,或者至少表明,如果为了证明干涉的合理性,你必须提出一些特别的理由。"②其次,权利意指个

---

① [美]罗纳德·德沃金:《认真对待权利》,信春鹰、吴玉章译,295~315 页。
② 同上书,249 页。

人的某些利益受到保护:"以权利为基础的理论的基本思想是,不同的个人有自己个人的利益,如果他们希望,他们有权利保护这些利益"①。最后,权利还包括公民"享有某些反对他们政府的权利"②。

除了上述一般的权利概念,在讨论罗尔斯的《正义论》时,德沃金认为,罗尔斯意识到了对个人的"平等尊重"的根本性,但却只是把这一点作为人们进入原初状态的条件,而不是作为一种基本的"自然权利"。他认为,罗尔斯的理论是以权利为基础的理论,这种理论本应该把平等关心和尊重,作为一项基本权利。③

根据德沃金的阐释,作为基本权利的平等关心和尊重原则,包括两类权利。第一类是作为一个平等的个人,受到同等关心和尊重的权利;第二类是平等对待的权利,即公民享有某些机会和资源等平等分配的权利。前者是根本性权利,后者是派生性权利,即从前者引申出来的权利。根据第一类权利,公民享有不受歧视的权利,例如,大学基于肤色而拒绝录取黑人申请者,就侵犯了第一类权利。关于基本权利,德沃金引用霍姆斯的一句名言:"即使是一条狗,也知道被踢和被绊倒的区别"④。在美国,平等关心和尊重的基本权利,主要体现在美国宪法"平等保护"条款中。

(二)权利的地位

在讨论权利的地位时,德沃金认为,从权利与义务的关系上,不同的政治理论,主要可分为以目标、义务和权利为基础的理论。

(1)以目标为基础的理论,主张政治社会的核心是集体目标,如提高就业率、增进福利、塑造群体美德以及追求乌托邦理想等。义务和权利都要服从目标,如为了追求土地使用的社会效益,土地所有人享有不受侵犯的财产权,他人则承担不侵犯这种财产权的义务。在这种模式下,权利和义务都成为服务于效益目标的工具。

(2)以义务为基础的理论,强调个人的服从性和个人美德的优先性,目标和权利都服从义务。美国的某些天主教团体,把服从"上帝"的命令视为至上美德。堕胎和安乐死都属于违反基督教美德的行为,必须予以禁止。

(3)以权利为基础的理论,重视个人的独立性和个人选择的优先性,目标和义务都服从权利。⑤ 在这种模式下,追求集体福利目标之法,则服从保护个人权利的需要。

根据上述标准,德沃金认为,亚里士多德所主张的至善论,将一种美德的观念强加于个人,并认为政治的目标在于培植美德文化,因而是以目标为基础。康德的"绝对命令"范畴,认为说谎在任何情况下都是错的,则构成了一个以义务为基础的理论。相比之下,潘恩的理论和罗尔斯的理

---

① [美]罗纳德·德沃金:《认真对待权利》,信春鹰、吴玉章译,233页。
② 同上书,251页。
③ 同上书,238~240页。
④ 同上书,26页。
⑤ 同上书,225页。

论,都从个人出发,重视保护个人权利的优先性,因而是以权利为基础。①

德沃金认为,以目标为基础的理论以牺牲个人为代价,是蔑视道义的功利主义,很可能带来专制主义的恶果,因而必须予以摒弃。就康德等人的义务论而言,虽然与权利论一样,都将个人置于中心地位,但由于它强调服从准则的优先性,而不是个人选择的优先性,因而与权利论迥然有别。德沃金认为,以权利为基础,还是以义务为基础,两者的差异巨大。第一,有些义务并没有与之相对应的权利,例如,根据宗教神学义务论,个人对上帝履行的敬拜义务,并不享受与之相对应的个人权利。第二,以权利为基础的理论,权利是根本,义务则具有附属权利的性质;以义务为基础的理论,则与之截然相反。例如,在权利论下,一个人享有不受欺骗之权,由此派生出他人不得说谎之权;在义务论下,一个人有不得说谎的义务,则派生出他人不受欺骗之权。第三,这两种理论依赖不同的基础,例如,在权利论下,权利的合理性基础是基本的权利;而在义务论下,义务的合理性基础则是根本的义务。②德沃金认为,美国的主流政治理论,都属于权利论进路,而他所坚持和阐发的正是以权利为基础的理论。

二、权利的类型

德沃金在论述疑难案件和权利问题时,对权利进行了分类。

(一)背景权利(background rights)与制度权利(institutional rights)

背景权利是指那些为社会以抽象方式做出政治决定提供正当理由的权利。制度权利是指那些为某些特殊和具体的政治机构做出政治决定提供正当理由的权利。例如,根据现行制度对财产权利的界定,财产所有人对自己的财产享有制度权利,这种财产权利为相关的立法和司法提供了做出决定的正当理由。据此,他人虽然在理论上认为,现行保护个人财产权的制度不公平,但仍然不享有超越该制度占有和剥夺他人财产的权利。不过,他人仍享有一种背景权利,例如主张全体人民有权修改宪法,改变这种财产所有制。

背景权利是公民在制度权利之外的抽象权利。背景权利是一种潜在的权利。当公民认为现行体制无法保障个人的基本权利和自由,可以联合起来要求重构宪政体制,建立新的政治、经济和法律制度。制度权利是真实权利,也是法律权利。

(二)道德权利与法律权利

道德权利是个人基于道德所享有的基本权利,源于自然权利,许多道德权利得到了宪法和其他法律的确认。根据美国宪法,个人具有反对政府的道德权利;享有不受法外之刑惩罚的道德权利;享有言论自由和信

---

① [美]罗纳德·德沃金:《认真对待权利》,信春鹰、吴玉章译,228、230页。
② 同上书,227、228页。

仰自由的道德权利。法律权利是法律制度所确认的权利。法律制度不仅包括法律规则,还包括法律原则。许多法律权利,如宪法权利,同时也是道德权利,但并非全部法律权利都属于道德权利,如选择结婚还是独身等,就不涉及道德问题。同时,有些道德权利也不是法律权利。道德权利既包含背景权利,也包含制度权利,但不等于两者简答相加。因为许多制度权利并非道德权利,而许多道德权利也不是背景权利。一般说来,公民有服从法律的责任,但当服从法律与他的道德责任相冲突时,则有权遵从自己的良知判断,因为公民的良心自由是一项道德权利。

(三)抽象权利与具体权利

抽象权利是一种普遍的政治诉求,政治术语中重要的权利都是抽象权利,例如平等、尊严和言论自由等。背景权利属于抽象权利,有些道德权利也属于抽象权利。具体权利是得到准确界定的权利,法律权利则属于具体权利。许多具体权利是从抽象权利衍生出来的,例如言论自由是抽象权利,而在报刊上公布国防计划的权利,则属于具体权利;前者为后者提供了论据,后者是前者的具体体现。同样,正当程序是抽象权利,隐私权和被告沉默权,则是从这项抽象权利衍生出来的具体权利。许多道德权利属于抽象权利,但作为法律权利的道德权利就是具体权利。

(四)绝对权利与相对权利

绝对权利是不受一般条件限制的权利。例如,自由是一项绝对权利,集体福利和国家利益,都不能成为限制或剥夺这项权利的正当理由。相对权利是指受到特定条件限制的权利,通常有两种情况。一是当一项权利与另一项权利相冲突时,不得不通过权衡而进行协调;二是在十分特殊的情况下,如在紧急状态下,权利不得不对集体目标做出让步。但是,权利"只服从紧急状态的目标,而不能被政治管理的任何目标所击败"①。

三、权利与法律:公民不服从

根据法律实证主义的观点,权利以实在法为限,公民不享有实在法以外的"自然权利"或"道德权利",因此,规则只要出自立法权威且经过特定程序,就具有法律效力。无论它们对公民产生何种效果,公民都必须服从。因此,法律实证主义从根本上否认公民不服从(civil disobedience)之权。德沃金认为,权利具有道德根基,是原则的体现,而许多法律,尤其是国会立法,往往是出于权宜之计。因而,对于某些与公民权利相悖的法律,公民有权予以抵制。

美国在20世纪60年代的越南战争时期,根据国会的《兵役法》,除了大学生被授权免服兵役,坚持反战与主张人类和平的宗教信徒,根据信仰

---

① [美]罗纳德·德沃金:《认真对待权利》,信春鹰、吴玉章译,128页;关于权利的论述,参见上书,126~143、198~270、349~364页。

自由也被赦免入伍。高芬(Coffin)等人认为,除了其他理由,应征青年可以出于自己反对战争和热爱和平的良知,根据宪法的良心自由条款,有权抵制《兵役法》。他们由于策划了抵制《兵役法》的公民不服从活动,被提起诉讼。曾任哈佛大学法学院院长的格瑞斯伍德(Griswold),当时担任美国司法部副部长,坚决主张起诉并制裁这些公民不服从行为,而《纽约时报》也赞成这种主张。与此同时,美国1 000名大学教师,联名在《纽约时报》上发表公开信,要求司法部撤销对高芬等人的起诉。围绕这个案件,美国掀起了一场关于法律与道德,尤其是法律与权利之间关系的争论。[①]

主持公民不服从并反对《兵役法》的主要理由:(1)美国正在越南使用违反道德的武器和战术。(2)越南战争从未得到美国人民代表谨慎的、深思熟虑的和公开投票的批准。(3)美国在越南没有至关重要的利益,足以证明从长远看可以迫使一部分公民在那里去冒生命危险。(4)大学生缓服兵役或免服兵役的法律规定,对其他阶层,尤其是下层社会的人们构成了歧视。(5)根据该法,基于宗教信仰而反战的人可免服兵役,但基于良知等道德理由而反战的人,则没有被免除服役义务。此种区分与宪法不得设立国教的原则相悖。(6)该法律将商议抵制该法的行为,规定为犯罪行为。但问题是,不通过这类抵制和争论,无法证明这场战争的非道德性。[②] 与此同时,一些法律界人士则基于上述道德观点,从法律角度支持异见人士反对《兵役法》。(1)美国发动越战,违反了国际条约,属于违法行为。(2)宣战程序上存在疑问。(3)把不合理负担强加给某些适龄青年,违反了宪法的正当程序和平等保护原则。(4)对大学生的优待,违反了宪法平等保护原则。(5)对基于宗教信仰的理由反战和基于道德理由反战,进行武断区别,违背了宪法。(6)禁止商议抵制兵役法的活动,侵犯了公民的言论自由权。[③]

围绕上述案件,争论的核心问题是,如果个人认为有疑问的法律侵犯了自己的权利,应当如何对待这种法律？德沃金认为,对这个问题,通常有三种解决模式。第一种模式是通过政治程序改变法律,即要求立法机关修改或废除该法律。但在这之前,公民必须服从该法律。第二种模式是请求最高法院做出判断,例如通过诉讼,请求最高法院对该法的合宪性进行司法审查,并做出裁决,而公民则应服从这种裁决结果。第三种模式是,最高法院虽然做出了不利于自己的判决,公民仍可坚持自己的判断。[④] 德沃金认为,在美国,公民对于一般立法有疑问,不是必须忍受,而可以要求最高法院对其合宪性进行审查,因而应放弃第一种模式。人们通常认为,最高司法机构做出的判决是终审裁决,裁决一旦肯定了该法的

---

① [美]罗纳德·德沃金:《认真对待权利》,信春鹰、吴玉章译,271~294页。
② 同上书,274页。
③ 同上书,275页。
④ 同上书,277~278页。

有效性,公民就应服从这种裁决。这样,第二种模式似乎成为可取选项。但德沃金认为,权利涉及的是原则问题,司法机构尤其应尊重和保护权利,而不应决定权利的命运。同时,最高法院的裁决,虽然对于解决具体争议具有终局性,但这种终局性并不等于正确性。实践中,最高法院也做出过许多错误裁决,不得不在后来推翻它们。例如,弗吉尼亚州的一项法律要求,学生须向美国国旗敬礼,最高法院在1940年的一项裁决认为,该法律合宪有效。但到了1943年,它却推翻了这项裁决。另外,最高法院关于重大案件的判决,在法学院等法律界,受到广泛评论和批评。这表明,最高法院的裁决仍然有讨论和改进的空间。德沃金认为,上述理论和实践表明,公民对于特定法律存有疑问,如果服从最高法院的裁决,不仅有违权利的神圣性,司法机构也会失去倾听批评和抗议的机会,"我们所具有的根据道德理由来改进法律的渠道就堵死了"①。由此可见,德沃金明确支持第三种模式。

通过对上述三种模式的比较分析,德沃金主张,"当法律不确定时,也就是说双方都可以提出似乎有理的争辩时,则一个遵循自己的判断的公民并不是在从事不正当的行为";在这样的情况下,"我们的实践允许并且鼓励他去遵循他自己的判断"②。当然,在最高法院做出肯定该法的裁决之后,公民仍然坚持自己的判断,可能面临受到处罚的危险。在这种情况下,司法机关则应采取宽容态度,对不服从法律和裁决的公民,免除或处以较轻刑法。在涉及权利问题时,公民自己的判断、特定法律规定以及司法裁决,都可能存在争议并出现错误,因而最好是对公民不服从行为采取宽容的态度,让实践和历史来做出最终决定。

四、权利论的特征

根据德沃金关于权利的界定和分析,权利具有以下特征:

第一,权利是个人与生俱来的"王牌"③,不是政府恩赐之物;"根据建设性模式,自然权利的思想并不是一个十足的玄学概念";"这个理论把权利看作是自然的,而不是法律的或者习惯的";"任何以权利为基础的理论都必然认为权利不仅是有目的的立法产物,或者明确的社会习俗的产物,还是判断立法和习俗的独立根据"④。德沃金在同罗尔斯的争论中,认为在逻辑上,权利处在正义原则之前,正是基于个人权利,人们才能通过社会契约,建构正义原则,而正义原则便是权利的集中体现。公民在通过自然权利的预设,建立公民社会之后,应通过公民权利发展和形塑正

---

① [美]罗纳德·德沃金:《认真对待权利》,信春鹰、吴玉章译,280页。
② 同上书,284页。
③ [美]德沃金:《法律帝国》,李常青译,199、339页;[美]罗纳德·德沃金:《原则问题》,张国清译,247页。
④ [美]罗纳德·德沃金:《认真对待权利》,信春鹰、吴玉章译,234页。

义原则,同时借助原则保护和发展权利,使权利和原则处于一种良性互动过程。在疑难案件中,法官虽然决定个人是否享有权利,但他们应发现而不是创造各方的权利。①

由上述的表述可见,德沃金的权利理论明显受到了自然法理论的影响。德沃金的自然法理论与近代自然法理论的重要联系在于,法律与道德存有密切的联系,道德是法律的基础。正是在这一点上,德沃金的理论与法律实证主义关于法律与道德分离的主张,形成鲜明差别。但是,德沃金笔下的自然法理论,与近代自然法学派的自然法理论,存有重要的差别。其一,德沃金不是把自然法作为客观的自然法则,进而从中推导出某些自然权利。他只是把自然法思想作为一种道德理论和政治理论预设,作为一种政治哲学传统,从而论证权利的个人性、根本性和不可剥夺性。其二,近代自然法学理论认为,自然权利具有超越时空的永恒性,人们通过社会契约建立公民社会之后,主要是把这些自然权利转化成为公民权利和政治权利。德沃金认为,基于道德和政治理论所确立的权利,具有不断发展的特点,而不是一成不变。法治国家和公民社会的主要任务不是确认自然权利,而是发展各种权利。其三,在德沃金的理论中,权利同法律一样,都是解释的产物,所谓"发现"权利,很大程度上是一种比喻,实质上是指人们,尤其是法官,通过解释而找到关于权利的正确答案。②

第二,权利具有个人性,"一个权利要求的核心","意味着一个个人,有权利保护自己免受大多数人的侵犯,即使以普遍利益为代价时也是如此。"③由此可见,权利是个人权利,而不是任何集体权利,个人权利具有对抗多数人和政府权力的地位。在许多重大问题、政治、社会和法律问题争论中,德沃金坚决主张个人权利的至上性。他认为,尽管多数人不喜欢同性恋行为,成年人仍有选择同性伙伴的权利;尽管天主教团体竭力反对堕胎,妇女在怀孕的早期仍有选择堕胎的权利;尽管宗教团体主张生命为上帝所赐,个人无权处置自己的生命,但患有不可治愈疾病之人,仍有选择安乐死的权利。此外,色情书刊的传播和阅读,属于言论自由的权利,因而应当压倒维持社会风化和追求纯洁社会的目标。④

权利的至上性,也体现在权利属于原则问题。诉诸原则的论证旨在确认个人权利,原则是描述权利的命题。⑤ 权利具有道德基础,而不是政策问题,因此必须认真对待。这意味着,权利具有道义论的性质,而不是

---

① [美]罗纳德·德沃金:《认真对待权利》,信春鹰、吴玉章译,366 页。
② 关于德沃金理论与近代自然法理论的联系与区别,参见李锦:《法律理论的第三条道路——评德沃金的解释转向及其意义》,81~83 页,长沙,湖南大学出版社,2013。
③ [美]罗纳德·德沃金:《认真对待权利》,信春鹰、吴玉章译,197 页。
④ 关于同性恋的论述,参见上书,318~335 页;关于堕胎的论述,参见[美]罗纳德·德沃金:《生命的自主权——堕胎、安乐死与个人自由 的论辩》,郭贞伶、陈雅汝译,36~225 页,北京,中国政法大学出版社,2013;关于安乐死的论述,参见[美]罗纳德·德沃金:《原则问题》,张国清译,226~318 页;关于色情书刊的论述,参见[美]罗纳德·德沃金:《原则问题》,张国清译,419~465 页。
⑤ [美]罗纳德·德沃金:《认真对待权利》,信春鹰、吴玉章译,126 页。

目的论的性质。①

第三,权利具有不受限制的绝对性。这体现在以下方面:一是存在超越法律之外的权利,如背景权利和一些道德权利;二是权利具有普适性,"人权领域没有护照"②;三是权利具有可选择性,如行使权利通常情况下意味着做正确之事,但权利并非等同于正确,如某人认为赌博虽然是错的,但他仍然有权参加合法赌博,而其他人虽然认为他参与赌博是错的,但没有权利对他进行干涉。③

第四,权利具有相对性。(1)在紧急状态等特殊情况下,政府可以限制权利。(2)权利具有历史性反映了权利的相对性。权利的发展是个渐进的过程,不断趋于完善。(3)权利的相对性也体现在它的地域性,权利的实现受到特定民族或国家具体条件的限制。

鉴于权利具有如此的特征和重要性,德沃金指出,如果政府不尊重法律,它就不能够重建人们对于法律的尊重;如果政府忽视法律同野蛮命令的区别,它也不能够重建人们对于法律的尊重;如果政府不认真对待权利,那么它也不能够认真对待法律。④

第五节　赫拉克勒斯的隐喻:疑难案件与唯一正解

根据现代国家的分权理论,立法机关负责制定法律,行政机关负责执行法律,司法机关负责把法律适用到具体案件。因此,司法的职能在于运用法律处理纠纷。然而,这种标准化的理论,并不能正确反映现实。至少英美法的实践,并不完全符合这种理想图式。在美国,由于实行三权分立体制,司法机关在实践中取得了审查立法的权力。此外,国会制定法只是法律渊源之一,实践中,司法机关以判例形式所形成和发展的普通法,比制定法具有更重要的作用。尤其值得注意的是,在法律解释中,司法机构具有核心地位。

一、疑难案件与司法裁判

(一)疑难案件

德沃金认为,在英美,司法具有突出的地位,因此诸如最高法院的司

---

① [美]罗纳德·德沃金:《认真对待权利》,信春鹰、吴玉章译,224页。
② [美]罗纳德·德沃金:《民主是可能的吗?——新型政治辩论的诸原则》,鲁楠、王淇译,41页,北京,北京大学出版社,2012。
③ [美]罗纳德·德沃金:《认真对待权利》,信春鹰、吴玉章译,249页。
④ 同上书,270页。

法判决,不仅决定具体争议的结果,而且创制新法,对社会变革和法律的未来发展,产生深远的影响。因为,"一位法官的点头对人们带来的得失",往往要比国会任何一般性立法,"带来的得失更大"。① 例如 1954 年的"布朗案",就在美国引起了一场社会革命。有鉴于此,德沃金十分赞同汉德法官的名言:"他对诉讼的恐惧更甚于对死亡或纳税的恐惧。"② 在司法实践中,疑难案件的处理,尤其棘手。

所谓疑难案件,是针对一般案件而言,是指在该案件中,(1)缺乏制定法或先例规则;(2)虽有制定法或先例规则,但它们模糊不清;(3)法官之间对可适用于该案的法律,存在意见分歧。

根据哈特所主张的法律实证主义观点,对于一般案件,法官通过解释制定法的语义,就可以解决一般案件。在疑难案件中,由于缺乏相应的法律规定,法官就应以立法者的角度,即假定立法者在这种情况下会如何裁决,以自由裁量的方式作出判决。美国法律现实主义,代表了另一种极端观点,认为法官的判决并不受法律的约束,实质上是它们的个人意见或偏好的反映。德沃金运用自己的理论,通过分析疑难案件,提出了自己的主张。他认为,在疑难案件中,法官应通过建构性解释,获得正确答案,即唯一正解(single right answer)。

(二)司法与象棋

德沃金认为,在哈特的理论中,他把司法看作类似国际象棋的活动。(1)在国际象棋比赛中,规则对于该游戏具有构成性,游戏源自规则,没有规则,活动无法进行,除了服从规则,不考虑其他因素。(2)参赛双方和裁判都服从规则,在裁判的监督下,胜方有权赢得比赛。(3)在规则有争议的情况,法官只要解释规则的含义,就可以澄清模糊之处。(4)在某些情况下,对于有关争议,没有规则可以适用。如一方以嘲笑的方式搅扰对方的情绪,对方认为这种嘲笑影响了他的竞技状态,要求裁判予以干预。这种情况类似司法中的疑难案件,裁判有权进行自由裁量。③

德沃金认为,法官与象棋比赛的裁判一样,只考虑当事人作为法律权利的制度权利,而不考虑其他形式的制度权利,即不应超越现行制度而考虑背景权利。④ 例如,在涉及产权争议的案件中,当事人如主张应根据财产公有制原则进行分配,美国法院的法官就不应确认此种背景权利。但是,象棋游戏是完全的自治活动,不考虑道德因素,而在司法活动中,法官必须重视法律规则背后的道德论据,即运用原则来衡量、选择和解释规则,以确定某项规则是否有效。在象棋裁判中,裁判可以解释规则,但放弃某项规则,适用"人们从未听说过的规则进行裁决",除非得到特殊授

---

① [美]德沃金:《法律帝国》,李常青译,1、2 页。
② 同上书,1 页。
③ [美]罗纳德·德沃金:《认真对待权利》,信春鹰、吴玉章译,138~142 页。
④ 同上书,138~139 页。

权,否则"他可能被解雇"。但是,"法官这样做可能在法学院的讲座中赢得喝彩"①。此外,象棋裁判不受先例的约束,因而裁判在裁决争议时,不必考虑先例,而法官则必须考虑先例,尤其是先例中所体现的原则,"总是要把自己对某一独创判决的论证与其他法官或官员过去的判断关联起来"②。

关于象棋裁判的自由裁量权问题,德沃金认为,在象棋比赛中出现上述的争议时,即参赛者嘲笑对方,是否构成违规,这个问题应根据许多因素,如象棋比赛的性质,嘲笑对比赛的搅扰程度,以及参赛者所应承受的搅扰程度等,做出解释,从而认定嘲笑者是否有权那样做,或被嘲笑者是否有权由此赢得比赛。由此,德沃金认为,在疑难案件中,象棋裁判也不是行使自由裁量权,而是通过考虑各种因素的解释,做出最佳判断和正确裁决。③

二、赫拉克勒斯如何办案

建构性解释法律,需要法官具有很高的理论素质和实践能力。为此,德沃金设计了一位理想的法官形象。他既是司法者,又是法学家:具有超人智慧、丰厚学识、惊人耐力和卓越技巧。他身处类似美国审判制度的工作环境中,具有敬业精神和丰富经验。这位理想的法官称作赫拉克勒斯(Hercules)。赫拉克勒斯是古希腊神话中的英雄。他是宙斯之子,神勇无比,力大无穷,完成了许多看似不可能的任务。

实际上,德沃金把赫拉克勒斯作为自己理论的理想"使者"或典型。这位"使者"对法律进行建构性解释,正确地解决疑难案件。他的办案法理和技巧,完全不同于法律实证主义视域中的法官。为此,德沃金设计了一位称为"赫伯特"(Herbert)的"法官",作为法律实证主义的"使者"或典型,与赫拉克勒斯形成鲜明的对照。赫拉克勒斯与赫伯特在司法上的主要区别有以下几点。

第一,关于法律权利存在的范围,两者主张不同。以堕胎案为例,赫伯特认为,法律权利仅以制定法和先例规则为限,在制定法和先例找不到允许妇女堕胎的规则,就应断定妇女不享有这种法律权利。但赫拉克勒斯认为,公民除了享有具体的法律权利,还享有道德权利。根据美国宪法正当程序的条款,对任何基本自由的限制都无效。妇女在怀孕的前三个月选择堕胎,是她们的基本自由,是她们享有的一项道德权利,即不受妨碍的自由隐私权。赫伯特会认为,法官无权创造这种隐私权。赫拉克勒斯会辩解说,这项道德权利是暗含在正当程序条款之中,也体现在先例的

---

① [美]罗纳德·德沃金:《认真对待权利》,信春鹰、吴玉章译,150页。
② 同上书,151页。
③ 同上书,138~140页。

原则之中,并具有道德基础,因而他并没有创造这项权利。对这项权利的确认,是对法律进行建构性解释的结果。赫拉克勒斯在每个层次上进行论证时,都使论证与更高层次的论证基础保持一致。在论证中,他可诉诸宪法理论和政治哲学以及道德哲学。①

第二,关于法律体系的完整性,两者存有分歧。赫伯特认为,法律存在不完善之处,其中表现之一就是常常出现法律没有规定的问题,即哈特所谓的"空缺结构"。对于这种法律漏洞,法官找不到规则依据,因而只能以自由裁量的方式解决案件。赫拉克勒斯认为,法律可能并非一张严密之网,但当事人有权要求法官,把法律当作一张严密的无缝之网。② 因而,赫拉克勒斯不承认法律体系存在所谓的"空缺结构",而是认为,解决该问题的答案,潜在于法律体系的原则之中,在找不到直接可适用的规则时,法官通过建构性解释,能够找出正确答案,而不应行使自由裁量权。德沃金认为,赫拉克勒斯在处理这类案件时,比如堕胎案,不应根据自己的主张,因为自己的主张可能代表了极端的立场;也不应服从公众的观点,因为公众的观点可能受到某种过时传统或不当情绪的影响;还不应根据制度之外的各种道德观念,因为这些道德不易把握且容易引起争议。他应根据制度化的宪法性道德(constitutional morality)和法律中的原则,并运用自己的心智,"对制度化权利做出自己的判断"③,对疑难案件做出正确判决。宪法性道德是基本道德的体现,法官在对其进行解释时,可以在慎思明辨的基础上,把制度之外的道德发展成果,吸收进来,从而推动宪法性道德的发展。换言之,宪法性道德也是一个解释性概念。

按照赫伯特的思路,实证的法律规则模糊不清或不能解决疑难时,诉讼当事人就根本没有制度化的权利,所以他所作的任何一项判决,都是一种新的立法。他在这样做时,应当把自己看作多数人的代表,即立法机构的代言人,否则他的裁量就缺乏合法性。但赫拉克勒斯认为,在疑难案件中,像正常案件一样,各方也享有权利。因此,他要解决的问题,事关各方权利,不能假托多数人意见做出判决。④

第三,在思考方式上,两者截然相反。面对一个案件,赫伯特的思路是由内到外,即在法律体系之内,找寻合适的规则。如果找不到相关规则,他才把视角转向法律规则体系之外,考虑立法者所代表的公众意见,进而做出自由裁量。赫拉克勒斯的思考方式则不是由内到外,不是从较具体的问题出发,扩展到更广泛以及更抽象的问题,而是采取由外至内的思考方式。他在面对案件时,首先考虑法律整体、制度化的道德以及法律原则等,然后才考虑有关案件的当事人,享有哪种具体法律权利。由于这

---

① [美]罗纳德·德沃金:《认真对待权利》,信春鹰、吴玉章译,156、166~168页。
② 同上书,155页。
③ 同上书,172页。
④ 同上书,171~172页。

种外在视角和外围的充分准备,"当新的案件发生,他将已是有备而来了"①。

德沃金意识到,"法官并非都具有赫拉克勒斯那样的超凡能力和远见卓识"②,只有卡多佐等少数法官,才符合这种理想形象。但他认为,赫拉克勒斯的办案方式,反映了美国法官的典型实践。③ 另外,需要指出的是,在德沃金看来,只有采取赫伯特的视角,在疑难案件中,才存在所谓的自由裁量;如果采取赫拉克勒斯的视角,疑难案件与一般案件一样,同样能够找到唯一正解,而无须运用自由裁量权。

三、唯一正解的含义与获得途径

德沃金认为,即使是在疑难案件中,法官通过建构性解释,仍然能够找到正确答案,做出正确的判决。

(一) 对唯一正解的质疑

对于唯一正解的命题,存在诸多实际的和可能的质疑。有些质疑来自法学界,有些质疑来自哲学界。概括起来,这些质疑主要包括以下几点。

(1) 怀疑论的质疑。怀疑论可分为内在怀疑论和外在怀疑论。内在怀疑论又分为有限怀疑论和全面怀疑论。内在怀疑论认为,对于法律文本的解释,正如文学上对于《哈姆雷特》文本的解释,存在一种完美的理解。但实际上,任何一种具体的理解都有局限,都难以达到完美之境。因此,各种解释之间,并无高下之分。这种观点认为,从理想的角度讲,法律事业虽然存在唯一正解,但法官无法达到这种理想境界,获得唯一正解。这是有限的内在怀疑论。彻底的内在怀疑论则认为,对于法律文本的解释,正如文学上对于《哈姆雷特》文本的解释,根本就不存在完美的理解,各种解释并无优劣之别。

外在怀疑论是从法律事业之外的角度,对唯一正解命题,提出了质疑。它认为,对于法律文本的解释,正如文学上对于《哈姆雷特》文本的解释,人们虽然可能同意某个解释结论,但该解释结论无法得到物理学结论那样的客观验证,因而该解释不过是观念建构的产物,而不具有客观的正确性。外在怀疑论主要来自哲学领域,质疑法律解释缺乏形而上学的基础,从而认为法律解释存在"唯一正解"的命题,不能成立。④

(2) 法律实证主义的质疑。法律实证主义主张,一些案件,法律规则

---

① [美]罗纳德·德沃金:《身披法袍的正义》,周林刚、翟志勇译,63页,北京,北京大学出版社,2010。
② [美]罗纳德·德沃金:《认真对待权利》,信春鹰、吴玉章译,159页。
③ [美]罗纳德·德沃金:《身披法袍的正义》,周林刚、翟志勇译,63~64页。
④ [美]德沃金:《法律帝国》,李常青译,70~78,237~244页;[美]罗纳德·德沃金:《原则问题》,张国清译,209~222页。

明确、具体,因而存在正确答案;一些案件,法律规则模糊,或者根本就没有可适用的法律规则,因而不存在正确答案,法官只能诉诸自由裁量。

(3) 分析哲学视角的质疑。按照英美分析哲学的思路,法律问题存在唯一正解的命题。其依据是"二值论题"的原理,即在两个对立的命题之中,必有一真一假。设 P 为真,则-P 必为假,例如,"汤姆的合同有效"命题与"汤姆的合同无效"命题,如果前者为真,后者必假,反之亦然。但是,这样的"二值论题"存在两个缺陷。

第一,它在选择上排斥了第三种可能性,如设 P 为真,-P 为假,R 为非 P,"二值论题"则犯了把-P 等同 R 的错误,而非 P 并不是 P 的负项。这种逻辑错误等同于,要么把一个人归入青年,要么归入中年,而排斥该人是老年的可能性。据此,由于存在第三种可能性,"汤姆的合同有效"命题与"汤姆的合同无效"命题,可能同假。

第二,这种非此即彼的"二值论题",另一个错误是忽略了两个对立命题,存在非此非彼的中间状态。如设 P 为真,-P 为假,则可把 P 到-P 看作一条刻度线的两极,中间存在一个中介点,它既不是 P,也不是-P。这样,在"汤姆的合同有效"命题与"汤姆的合同无效"命题之间,存在一个中介点。这个中介点作为"有效"和"无效"的分界线,既不属于 P,也不属于-P。在这种情况下,P 或-P 同假。"汤姆的合同"要么有效,要么无效,这种"二值论题"忽略了两者之间的中介点,而处在中介点上,结果具有模糊性。①

上述质疑的共同结论是,在疑难案件中,没有唯一正解。

(二) 德沃金的论证

其一,诉诸权利"王牌",确定正确答案。德沃金认为,在一般案件中,当事人的法律权利和义务容易确定,判决也就容易一些。但疑难案件中,当事人之间的权利和义务存在争议,如何寻找正确答案,就成为难题。在美国,政治理论和法律制度都以权利为基础,因而在决定疑难案件中具有基础性地位。公民享有权利,并不以法律规则为唯一前提,在法律没有规定的情况下,公民仍然享有某些权利,而在疑难案件中,"发现各方权利""是法官的责任"②。否则,在疑难案件中,法官的判决如果不是基于当事人的权利,那么就有失公平。根据自然法理论,权利是一种客观独立的存在之物,"为什么我们不应该假设,即使在没有人认为某人享有或在没有人能够证明他享有的时候,他可以享有某种权利?"③如果权利具有客观性,那么,根据权利判决案件,就可以获得客观的正确性。在集体福利和经济效益以及追求美德社会的目标与个人权利发生冲突时,法官应运用

---

① 关于对"唯一正解"的质疑,参见[美]罗纳德·德沃金:《原则问题》,张国清译,145~180 页;[美]罗纳德·德沃金:《认真对待权利》,信春鹰、吴玉章译,365~380 页。
② [美]罗纳德·德沃金:《认真对待权利》,信春鹰、吴玉章译,115 页。
③ 同上书,377 页。

权利"王牌"压倒它们；在不同的权利之间存有冲突时，就应通过比较权衡做出正确判决。

其二，通过比较，确定正确答案。在文学领域，对一个文本，往往存在诸多不同理解，相比之下，某种理解如果能够成为最佳理解。这种理解虽然无法诉诸客观检验标准，仍然可以成为理解该文本的正确答案。法律事业类似文学事业，规定了自身主张的真理性条件，即它的真实性，不是如同物理等自然科学那样，基于可实证的客观标准，而是指通过法官运用适当的方法，即在几种可供选择的判决中，找到最佳判决。在法律事业中，如果一项法律主张，比与其他相对立的法律主张更合理和更具有正当性，就可以视为真实有效。① 如果认为没有唯一正解，就意味着法官的任何判决都具有可接受性，而这种观点会放纵司法的随意性。此外，疑难案件"没有正确答案"的命题，实质上等于主张，"没有正确答案"，才是"唯一正解"，而这陷入了自相矛盾的困境。

其三，诉诸原则，确定正确答案。法律并不仅由规则构成，还有原则；权利也并不仅仅限于具体的法律权利，还有道德等其他权利。解决案件不仅诉诸特定法律部分，而且还依赖法律的整体。因而在疑难案件中，法官从法律的整体性出发，通过建构性解释，就能够发现争议各方的权利和义务，从而就能找到正确答案，做出正确判决。同时，法官如果着眼法律的原则和整体，就不会存在法律的空隙，对具有模糊性的法律词语，也会超越语义学的局限，做出实质性的解释。

疑难案件涉及的是原则问题，法官"必须在每一个层次上都安排原则的论证"，"必须建立一个抽象原则和具体原则相结合的体系，这个体系可以为所有普通法的先例提供一种前后一致的论证，从而使它们可以得到原则的、宪法的和法规条款的论证"②。在美国，原则除了体现在宪法性法律，还主要包含在普通法之中。"先例的吸引力是由支持先例的原则所确定的"，"人们所理解的司法判决必须被看作是由原则的论据而不是政策的论据加以论证的东西"，因而"赫拉克勒斯现在必须发展他自己的原则的概念"，这些原则作为先例合理性的根据，"构成普通法的根本精神"③。法官借助于原则的论据，可以发现案件的唯一正解，从而避免自由裁量。与此同时，这意味着，在疑难案件中，法官必须受到原则的限制，不应诉诸自由裁量。

另外，法律实证主义由于拒斥疑难案件存在唯一正解的主张，因而在疑难案件中，不得不诉诸自由裁量权。但这种观点，却违背了它所坚持的法律确定性的理想。通过上述论证，德沃金回应了法律实证主义的质疑。

其四，诉诸"二值论题"，确定正确答案。关于分析哲学视角对唯一正

---

① ［美］罗纳德·德沃金：《认真对待权利》，信春鹰、吴玉章译，370页。
② 同上书，156页。
③ 同上书，155页。

解的质疑,德沃金的回应是,法律是不同于哲学的一种事业,采用的主要是"二值论题"。一个人订立的合同,要么有效,要么无效;一个人对他人造成损害,要么承担责任,要么不承担责任;一个人被指控为犯罪,要么构成犯罪,要么不构成犯罪。在法律领域,"至少属于处置性问题的每一个案件都具有一个正确答案"①。德沃金指出,没有证据表明,从法律上讲,"汤姆的合同有效"和"汤姆的合同无效",可以同假。② 因此,分析哲学关于对立的两个命题之外存在第三种可能性的质疑,不适合法律事业。

关于两个对立命题之间存在中介点的观点,德沃金也做出了回应。他指出,在司法中,汤姆的合同处于有效和无效之间的情况,确实存在;原告和被告的主张,其有效性旗鼓相当的情况,也偶尔出现。在这种情况下,法官不得不做出平局判决。但是,这种平局判决更可能出现在法律发展程度较低的社会。在类似美国等法律发展程度较高的社会,存在丰富的可资利用的法律资源,例如制定法、先例、政策和原则等。借助这些法律资源,法官足以对绝大多数案件中原告和被告的法律主张,进行具体鉴别和权衡,从而做出有利于一方主张的判决,而平局判决极为罕见。

其五,诉诸理想法官,确定正确答案。在疑难案件中,要获得"唯一正解",除了上述因素,还需要赫拉克勒斯那样神勇和睿智的法官。

第六节　两种美德:平等与自由

平等与自由,是现代西方政治哲学和法学的核心概念,也是现代法律的主要精神价值。因此,德沃金把平等与自由称作政治的两种主要美德。在西方,不同学派都不反对两个概念。但如何理解这两个概念的含义及其相互关系,人们却存在诸多分歧。实际上,在自由主义内部,也由于立场和方法的差异,不同学者对这两个概念的理解,也往往各持己见。德沃金从他所坚持的自由主义立场和方法出发,对这两个概念及其相互关系,进行了理论重构,做出了独特的分析。

一、至上美德:平等理论的重建

一般人会认为,德沃金是自由主义的捍卫者,因而他会同罗尔斯等大多数自由主义一样,在平等与自由的关系上,会强调自由的优先性。然而,这是一种误解。德沃金对平等和自由的含义,重新进行了界定和分

---

① [美]罗纳德·德沃金:《原则问题》,张国清译,146页。
② 同上书,55页。

析,并由此重构了平等与自由的复杂关系。

(一) 平等权

德沃金明确指出,他论点中的"核心概念不是自由而是平等"①。他认为,所有人都同意这种道德:第一,政府必须关心人民、尊重人民,不仅关心和尊重人民,而且必须平等地关心和尊重人民。这种自由主义的平等概念,认为公民作为一个平等的个人,享有受到平等关心和尊重的权利;第二,在机会或资源的分配方面,享有受到平等对待的权利。如前所述,在这两类基本平等权中,前者具有根本性,后者是从前者派生出来的应有之义。

上述权利所以是基本权利,不仅在于它们基于宪法,而且在于它们基于道德。根据自然法理论,每个人都享有与生俱来的自然权利;根据社会契约理论,只有每个参与订约人是平等和自愿的,契约才具有效力。当契约生效后进入政治社会,作为自然权利的平等权,必须得到宪法和法律的确认,必须得到政府的尊重。②

德沃金在分析中,把平等分为以分配为核心的经济平等和以政治权力平等为核心的政治平等。本节只讨论他的经济平等理论,下节在讨论他的民主理论时,再叙述他的政治平等理论。

(二) 福利平等与资源平等

德沃金认为,从字面意思上,人们通常把平等理解为"同一性"或"相同性"。但他是在规范意义上,讨论平等的概念。他认为,平等作为一种抽象的原则或平等权,可以得到广泛的共识。但是,对平等的概念进行界定,则面临困难。这是因为,在经济领域和政治领域,平等具有不同的含义。同时,即便在经济领域,平等的概念也会由于不同的平等观,而存有重大分歧。

1. 主要几种平等观

经济平等问题主要涉及的是分配问题。他指出,在经济平等问题上,主要有四种平等观。(1)功利主义平等观。它主张,从长远看,政府在制定并执行有助于最大平均福利的政策,并以同样的方式对待每个社会成员的福利时,就达到了平等的关心。(2)自由放任平等观。它主张在平等的起点上,实现机会平等,平等意味着不去干涉任何人的生活,让人们的命运由他们自己的能力、主动性和运气来决定。(3)福利主义平等观。它认为,使每人的福利尽可能与其他人平等时,才算是做到了平等的关心,其中福利主要是成功和幸福感。(4)资源平等观。它旨在使经济结构中分配给每个公民的资源,尽可能是平等的份额,其衡量标准是把每个人所拥有的资源的价值,作为此人拥有它们给别人造成的成本。③

---

① [美]罗纳德·德沃金:《认真对待权利》,信春鹰、吴玉章译,357页。
② 同上书,238~240页。
③ [美]罗纳德·德沃金:《至上的美德:平等的理论与实践》,冯克利译,132页。

相比之下,功利主义平等观,为了多数人的利益而牺牲少数人的利益和自由,为了未来而牺牲当下一部分人的利益和自由;自由放任平等观,为了自由而牺牲平等,留下了惨痛的历史教训。这两种平等观的弊端十分明显,因而已经不再流行。当代在经济分配领域,福利平等观和资源平等观之争,就成为可考虑的选项。

2. 福利平等观

所谓福利平等,是指一种分配方案在人们中间分配或转移资源,直到再也无法使他们在福利方面更平等,即福利平等的最大化。① 德沃金认为,福利平等观的主要特征是政府分配资源或机会,以满足人们的福利需要。核心是"福利",人们对何为"福利",通常有两种理解,一种是在事业或生活中取得"成功",另一种在事业或生活中获得"幸福"。但是,无论是何种意义的"成功"和"幸福",都是主观标准,因为不同的人,对"成功"和"幸福",会有不同的理解。这样一来,无论政府如何实施细致入微的福利计划,都无法满足人们对"成功"和"幸福"千差万别的追求。人们往往把某些嗜好或偏好作为"成功"或"幸福"的标志,如喜欢休闲,偏爱奢侈消费,酷爱旅游,悉心探索宇宙难题等。在这种情况下,政府如果无限制地满足个人的嗜好和偏好,对于其他人则显失公正;政府如果禁止人们这些嗜好和偏好,则会不合理地限制个人自由的范围,由此导致平等与自由相冲突。为此,德沃金拒斥福利平等观,提出了资源平等观。②

3. 资源平等观

资源平等是指,一个分配方案在人们中间分配或转移资源,直到再也无法使他们在总体上使资源份额更加平等,即资源份额平等实现了最大化。一个人的资源可以理解为包括其财产,或者财产加上其体格、技能、性格和抱负等人格特征,或除此之外还有其他的合法机会和其他机会。③德沃金的资源平等概念包括以下几层意思。第一,平等关涉个人权利问题,资源平等是一种权利。第二,资源既包括物质资源,也包括人格、技能以及机会等非物质资源。第三,资源平等是平等关心和尊重原则的体现,因此对每个人的生命和基本生活水平的保障,具有同等重要性。第四,资源平等既然作为一种个人权利,就应当体现个人的选择。

关于不同平等观的以上描述,还是有些抽象。为了便于理解,我们不妨援引德沃金所举的例子来说明。一个拥有财富的人,有几个子女。其中一个是盲人;一个是具有奢侈爱好的公子哥;一个是在政治上具有远大抱负者,想成为政治家;一个是对财富需求很少的诗人;一个是需要昂贵材料的雕塑家。在这种情况下,他们的父母,如何通过遗嘱来分配财产,才算平等分配?显然,根据不同的平等观,具有不同的分配方案,并产

---

① [美]罗纳德·德沃金:《至上的美德:平等的理论与实践》,冯克利译,4页。
② 同上书,3~60页。
③ 同上书,4、300页。

生不同的结果。按照功利主义平等观,很可能从长远的角度,把财富主要分给想成为政治家的孩子。按照自由放任平等观,除了给盲人孩子增加适当的份额之外,其他孩子得到平等份额,而不管他们以后的情况。按照福利平等观,就可能根据孩子追求成功或幸福感的理想,来分配财富。上述三种分配方式,显然都会导致不平等的分配结果。功利主义平等观的分配,会为了整体利益牺牲个别利益。自由放任平等观的分配,看似平等,但它只关注起点平等,而对后来出现的严重不平等,采取放任态度。福利平等观分配,无法满足不同人的福利需求,至少对福利需求较少的人,不够公平。

按照资源平等观,分配分为两步,即平等的初始分配和后来为了调控不平等的再分配。关于初始分配,与自由放任平等观下的分配相同,即除了盲人孩子的份额适当增加,其他孩子平等地分配财富。但与后者不同的是,在初始分配之后,资源平等观主张,持续地通过再分配机制调控不平等。为此,德沃金设计了资源平等分配的理想模型。

(三)资源平等的运行模式

为了建构资源平等的新型实践模式,德沃金以美国残疾人和失业者为例,指出了当时的医疗和失业保险领域所存在的问题,并根据资源平等的理论,提出了新的解决方案。概言之,这种方案就是,以初始拍卖的方式,实现资源最初的平等分配。然后,以虚拟保险市场的方式,测算出人们在理想条件下的平均保险水平,然后以保费作为基准,把虚拟的保险转化为一种税收制度。

1. 初始拍卖

假设在海上行驶的轮船发生了事故,船上的一伙人被冲到一个无人居住的荒岛。他们上岛后,至少要在那里生活一段时间。为了合理和有效利用岛上资源,如土地、森林和渔场等,他们决定把资源平等分配给每个上岛成员。但是,他们在具体分配时面临一个难题,某些资源比较稀缺,许多人都要得到它们,如何使最终得到该资源的人,不致引起别人的嫉妒。这就是所谓"妒忌检验标准"。如果把资源直接分配给个人,无论如何组合资源份额,最终都难以通过"妒忌检验标准"。可行的办法是,用岛上的贝壳作为"货币",在成员间平等分配,代表平等的初始资源份额。然后,他们对岛上的资源进行拍卖。每个成员使用分得的"货币",购买资源。如果某种资源有多人竞买,价格自然升高;如某种资源没人愿意购买,价格随之降低。按照这样的分配方式,直到把所有资源拍卖完毕为止。在初始拍卖时,人们会注意到,当时已经罹患残疾的人,在未来生活中明显处于不利的地位,因而会同意适当增加他们的分配份额。这样,这种通过初始拍卖的分配,就也体现了平等关心和尊重原则,尊重所有成员的个人偏好和自由选择,因而能够通过"妒忌检验标准",确保初始资源份额的平等性。①

2. 初始拍卖后的再分配理由

初始拍卖,只是资源的最初平等分配。人们由于运气不同,天赋和技能也不同,在初始拍卖之后,他们的境况会发生变化。一些人由于运气较好,天赋和技能较高,获得大量财富。另一些人则由于运气不佳,天赋和技能较差,面临困境,甚至难以维持生计。如果按照自由放任的自由观,一切交付市场裁决,政府不应干预此事,社会就可能陷入严重的不平等,甚至沦为"丛林世界"。显然,这种平等观不符合对每个人给予平等关心和尊重的原则。因此,在初始拍卖之后,就需要通过某种再分配的机制,调控此后出现的贫富分化。实际上,福利国家时期出现的社会保障等福利措施,就是这种调控机制,只是那种调控没有采取资源平等的进路。

初始拍卖之后,导致分化的原因之一是运气。但是,运气可分为选择的运气和无情的运气。一个人如果选择赌博,输光财产,就应接受这种后果;一个人如果不幸地罹患残疾,就不是选择的结果,而是由于遭遇了无情运气。社会是一个成员联合体,对遭遇无情运气的人,不应置之不理,而应给予关心和帮助。

与此同时,在初始拍卖之后,除了残障问题,人们还会由于天赋和技能的差异,出现分化。有些人发家致富,生活宽裕;有些人则可能成为失业人群,没有生活的经济来源。如何解决这种贫富分化问题。按照机会平等理论,只要通过平等的起点,人们就应像参与赌博那样,接受竞争的结果。德沃金认为,初始拍卖之后,人们所形成的是一个经济整体,而不是分割的经济体。一个人在经济上的成功,会给其他人带来成本。例如甲乙两个人同时种植西红柿,因技能不同,甲的收益丰厚,而乙的收益欠佳。甲如果形成规模生产,则会降低西红柿的市场售价,而这会影响乙的效益;如果他们都喜欢喝某种高档名酒,甲财力丰厚,如果大量购买甚至收藏那种名酒,就会抬高那种名酒的价格,从而会增加乙的喝酒费用。资源平等观,重视这种彼此关联的环境,关注一个人的抱负或计划给他人造成的实际成本。因此,在初始拍卖之后,则对因天赋和技能所造成的分化后果,予以补救。因为在通常情况下,与罹患残疾一样,失业不是一种选择的运气,而是由于经济环境,属于一种无情的运气。

基于上述理由,对于残疾人和失业者,就应给予补助。按照资源平等的思路,对残疾人和失业者进行补助,不是对他们欠缺福利的状态进行补助,而是对他们欠缺技能的状态进行补助。无情的运气,通常都会导致残疾人的劳动技能完全或部分丧失。失业者通常也是由于欠缺天赋和技能。但是,天赋与后天努力不易分辨,因而天赋可作为技能的组成部分。这样,失业者是在欠缺技能上,与残疾人的情况具有相似性,只存在某种

---

① [美]罗纳德·德沃金:《至上的美德:平等的理论与实践》,冯克利译,61~69 页。

程度上的差异。换言之,对残疾人和失业者的补助,都是基于他们欠缺技能。

3. 模拟保险市场的再分配方案

对残疾人和失业者给予补助,如果理由充分,那么随之而来的一个问题,就是如何进行补助。德沃金对当时美国的做法提出了批评。在美国,按照1991年计算,国家用于医疗的开支,占国内生产总值的14%,比当时其他国家所支付的费用都高。许多人抱怨医疗支出的费用过高,但德沃金认为,问题不在于费用多少,而在于这种支付医疗费用的方式不够公平。其一,按照当时的做法,决定医疗费用的是患者和医生,而为此实际支付成本的则是国家,因此过度治疗和收费在所难免;第二,当时所奉行的"拯救原则",导致用于拯救人们生命的最后六个月费用,超过医疗总开支的1/4。第三,如此巨额开支,所覆盖的范围仍然有限,当时有4 000万美国人缺少足够的医疗保障,或根本没有保障。德沃金认为,克林顿所建议的保健计划最终招致失败,是美国的耻辱。[①] 另外,美国还有少数人处于失业状态,或依靠贫困线之下的低工资维持生活。[②] 德沃金认为,这些都主要是福利平等观所造成的不平等后果。

为了解决上述问题,德沃金提出了新的方案。他认为,借助虚拟保险市场,可以获得合理的解决办法。其一,残疾人和失业者的不利处境,是由于他们欠缺技能。为了预防这种情况发生,就应通过保险机制补助这种技能缺失。然而,技能无法客观衡量,个人可能隐瞒自己技能的真实情况。因此,可操作的方式是,把个人收入作为技能的反映,因为收入与技能存有内在关联。在初始拍卖之后,出于理性的考虑,人们设法预防可能出现的风险,而在实行市场经济的环境中,预防风险的主要途径就是参与保险。只要存在合理的保险制度,所有人都不参加保险的情况,就不会出现。当然,但也不应推定,所有人都会投保全部险种。常态可能是,大多人都投保部分险种,如投保常规医疗险和失业险等。但这不是理想状态。理想状态是,所有人都参加平均水平的保险。然而,至少有些人无力投保。例如,某些人天生残疾或有疾病隐患,虽想投保,但保险公司可能拒绝为他们保险;或收费过高,导致他们无力承担。再如,某些人可能由于欠缺技能,没有收入或收入很低,无力支付保费。

德沃金认为,通过虚拟保险市场和与之关联的税收制度,可以公平解决上述问题。具体的做法是,假定所有人都投保,由此就可以测算出平均投保水平,即平均保额。根据保险市场的经验,保费与保额相关联,而它们与回报率相关联。换言之,在风险概率不变的情况下,保费过高,回报率过低,人们就不愿投保;反之,保费过低,回报率过高,保险公司则会亏损。因此,通过模拟保险市场的机制选定平均保额,对投保人和保险公司

---

① [美]罗纳德·德沃金:《至上的美德:平等的理论与实践》,冯克利译,323~336页。
② [美]罗纳德·德沃金:《原则问题》,张国清译,260页。

来说,都是可接受的基准。由于平均保额的测算方式,把所有的人都置于平等的地位,"把平均保额水平作为决定性因素",是对所有的人"给予同等重视的一个适当方式"①。同时,通过虚拟保险市场所测算出的平均保额,能够反映人们的平均真实选择。

然后,再根据平均保额,测算出所需平均保费。把平均保费作为税率基础,从而把虚拟保险转化为一种税收制度,建立累进税的再分配制度。用于补助无力投保的穷人,即在他们患病或失业时,获得由税收支持的合理补助。例如,对于残疾人的补助可以采取报销医疗费方式,或者建立一种保健体系;对于失业者的补助,可以采取支付失业补偿金的形式。

德沃金所构想的以上方案,具有以下几个特点。

第一,残疾人和失业者只是分析的典型,德沃金所设计的资源平等方案,覆盖的范围不止于此,前者代表在医疗上需要补助的人群,后者代表生活贫困的人群。

第二,如同初始拍卖不是真实的拍卖,虚拟保险也不是真实的保险,只是德沃金论述的一个策略,或一种思想实验。通过这种策略或思想实验,他想要揭示在理想状态下,资源平等会有怎样的面相和结果,从而在现实世界构建一种接近那种平等的公平制度。

第三,无力投保的患者,包括罹患残疾,可以得到医疗险的平均保额,这种平均保额通过虚拟保险测算出来,而不是想"拯救原则"下,得到无限制的医疗费用补助。失业者可以得到失业险的平均保额。在医疗险和失业险方面,如果一些人收入很高,选择了不投保或投保的保额较高,则属于个人的选择,他们的选择应得到尊重,政府无需扮演福利的家长角色。有些人虽然投保,但由于支付保费的能力有限,保额不足,未能获得该险种的平均保额。对此,在核实收入情况之后,应按照该险种的平均保额补足差额。一些人虽然找到了工作,但由于技能的原因,收入较低,无力投保,应根据失业险的平均保额,补足其实际收入与平均保额之间的差额。这样,就可以避免当时美国存在的不平等弊端,即一些人过度占用公共资源,而另一些人,如许多患病者和失业者,则得不到公共资源的惠助。

第四,德沃金建议,把虚拟保险测算出的平均保费,与税收制度关联起来。这个设计有两个意图。其一,旨在为税收确定一种合理的参照基准,由此,税收总额与虚拟保险的平均保费总额持平。这样的关联可以确保获得充足的财源,支付给无力投保或投保不足的残疾人和失业者。更为重要的是,这种设计有助于实现税收公平,既然用于支付社会保障的"所得税是以那个市场中假想的保费为模式,所以这些税将既公正又可行"②。其二,这种设计意在实行更陡峭的累进税制度,对高收入者,税率应更高一些,以改善美国过分不平等的状况。德沃金认识到,按照这种再

---

① [美]罗纳德·德沃金:《至上的美德:平等的理论与实践》,冯克利译,102页。
② 同上书,352页。

分配方案,仍然只是改进不平等状况,无法达到资源平等的理想状态。但是,一个社会不可能通过周期的初始拍卖来重新分配平等资源,因而可行的做法只能是通过再分配机制,避免资源的过分不平等。①

二、自由与自由主义

(一) 自由的含义

德沃金认为,自己是自由主义的捍卫者,但他并没有给自由下一个严格的定义。不过,他从不同角度对自由的论述,可以明确表达他对自由含义的理解。

(1) 自由既包括消极自由,也包括积极自由。消极自由意指个人可以选择自己的生活方式,"多数人没有权利决定每个人必须怎样生活"②,在私生活和资源平等分配的经济领域,涉及的是消极自由。积极自由意指个人参与公共事务的自由权,如游行和示威的自由等。

(2) 自由可分为基本自由和非基本自由,宪法确认的许多自由就是基本自由,言论自由和良心自由是基本自由的核心。基本自由具有重要的地位,属于权利范畴,即自由权。作为权利的基本自由概念具有两层含义。第一,自由的范围不限于政府所允许之事,因为仅做政府允许之事,自由可能容忍专制;第二,自由在地位上压倒任何功利主义的目标,个人行使自由权,即便不利于集体利益,也应得到支持。因此,言论自由作为一种自由权,不受政府限制,更不被功利主义目标所压倒。只有在自由权与其他权利相冲突的时候,或在紧急状态的特殊情况下,自由才可限制。自由不是随心所欲,为所欲为,因而非基本自由则意指做政府所允许之事,例如遵守交通管制的规则等。德沃金认为,自由并不等于权利,只有基本自由,如言论自由、信仰自由、良心自由等,才属于权利。因此,不存在一般的自由权,自由权都是具体的,而非基本自由则不属于自由权。③上述关于两种性质不同自由的区分,既坚持了自由的核心价值,又纠正了将自由等同于权利的倾向。

(3) 个人应对自己的自由负责。在生活方式上,个人具有广泛的选择自由,但必须对自己选择的行为,承担后果。例如,当一个人选择了奢侈嗜好,就应承担由此可能带来的不利经济后果;选择了某些冒险活动,就应承担由此可能带来的身体损害后果;选择了参与公民不服从活动,就应承担由此可能带来的不利法律后果。

(二) 自由主义的含义

德沃金认为,在"越战"之前的美国,关于自由主义的含义并不存在严

---

① [美]罗纳德·德沃金:《至上的美德:平等的理论与实践》,冯克利译,61~118、323~368 页;[美]罗纳德·德沃金:《民主是可能的吗?——新型政治辩论的诸原则》,102~105 页。
② [美]罗纳德·德沃金:《至上的美德:平等的理论与实践》,冯克利译,222 页。
③ [美]罗纳德·德沃金:《认真对待权利》,信春鹰、吴玉章译,349~357 页。

重分歧。所谓自由主义就是"新政"后所确立的自由主义价值体系。但是,以自由主义名义发动的"越战",表明自由主义与帝国主义存在某种联系。① 在国内,强调自由放任的新自由主义,反对政府干预市场,反对平等旨向的福利措施,对福利自由主义构成了另一种侵害。另外,对环保的强调,也与"新政"通过经济增长来扩大就业等目标,发生了冲突。由此,人们对自由主义产生了怀疑,认为它是一些观念的拼凑物,缺乏"基本政治道德"的基础,并处于崩溃之境。② 面对上述情况,德沃金认为有必要重申自由主义的立场,并应对自由主义进行价值整合。

"新政"自由主义赞成经济平等,赞成国际主义,赞成言论自由,反对新闻审查,赞成种族之间的平等,反对种族隔离政策,赞成宗教和国家明确分离,赞成给予被起诉的嫌疑人以权利保护,赞成对"道德规范"犯规者实施非刑事处理,尤其对吸毒者和成人间自愿的性关系违规者,实施非刑事处理,赞成大胆运用中央政府权力以达到所有这些目标。这是一些熟悉的自由主义"事业",推崇这些事业的人,把与上述观点不同的政治立场,称作"保守主义"者。③

德沃金认为,如果能够明确自由主义的基本道德,就能够重新界定自由主义的内涵,从而就能在根本上与保守主义,以及其他打着"自由主义"旗号的各种思潮,区分开来。他认为,自由主义与保守主义的根本分歧,表现在平等观上。作为政治理念的平等,有两个不同原则。第一个原则是,对于公民,政府把他们当作平等的人来对待,即对所有公民给予平等的关心和尊重;第二个原则是,在分配某些机会或资源的过程中,政府平等地对待所有公民,以保障他们的平等或接近于平等。第一个原则是基本的,第二个原则是第一个原则派生的应有之义。④

德沃金认为,自由主义与保守主义的根本分歧,虽然涉及第二个原则,但主要是在第一个原则上。关于"政府把其所有公民当作平等的人来对待",如何理解其中的"平等",自由主义与保守主义各持不同的平等观。前者认为,何为美好生活,政府必须持中立态度,不应把某种生活方式强加给个人,否则,就无法把公民当作平等的人来对待;后者认为,脱离有关"人应当是什么"和"怎样生活"的观念,就无法把公民作为平等的人来对待,因而政府不应保持中立,必须干预,有责任把公民导入美德生活的轨道。由此,自由主义坚持的是中立平等观,而保守主义主张的是美德平等观。基于两种不同的平等观,导致了两者之间在许多价值立场上出现分歧。前者要求的是保护个人独立的权利宪法,后者要求的是塑造集体美好生活的"美德宪法"⑤;前者重视程序权利,后者重视终极目标;前者

---

① [美]罗纳德·德沃金:《原则问题》,张国清译,231页。
② 同上书,225~230页。
③ 同上书,225页。
④ 同上书,237~240页。
⑤ 同上书,248页。

允许色情书刊,后者禁止色情书刊;前者支持堕胎、同性恋和安乐死,后者反对堕胎、同性恋和安乐死。① 由此可见,德沃金对"新政"自由主义进行了重申和改进,创造性诠释了他的平等自由观,突出强调了个人自由权对于集体美德的优先性。

德沃金对"新政"自由主义的改进,至少体现在两个方面,一是他反对"新政"福利观下的自由概念,主张把自由置于资源平等观之下,从而强调自由应与平等相协调;二是他肯定了"二战"后美国新型自由权的发展,突出强调了个人选择的重要性。

此外,在个人与社群的关系上,自由主义以同性恋为例,反对以下四种流行的观点。(1)多数至上主义,它认为少数人必须服从多数人认定的生活方式,因而作为少数的同性恋必须放弃自己的生活方式。(2)家长主义,它认为社会有责任引导个人,过幸福和美好生活,同性恋作为不良生活,必须予以禁止。(3)个人需要社群论,它认为个人在物质利益和精神价值都离不开社群,因而应在生活方式上与社群保持一致,同性恋者特立独行,无法参与社群生活。(4)个人与社群一体论,它认为社群独立于且优先于个人,社群共荣共耻,同性恋是社群所反对的行为,必须予以取缔。德沃金认为,上述主张都与自由主义精神相悖,自由主义尊重个人权利,反对多数主义或家长主义,也反对任何把个人消融于社群的主张。② 在此基础上,德沃金提出了两种价值模式。一是作用模式,这种模式认为,一个人的生活价值,在于他给世界带来的影响,如优秀艺术家的作品,使世界变得更加美好,因而他们的生活方式就具有内在价值。二是挑战模式,这种模式认为,一个人的生活价值,在于从事某种活动的过程,这个过程是对自己技能的挑战,并由此给自己带来愉悦,而不在于为世界做出贡献。例如,一个人爱好登山或跳水,其价值在于这种活动对自己的挑战,而不在于它是否使世界变得更加美好。作用模式包含着功利主义和精英主义的追求,而自由主义认为,每个人的生命具有同样的价值,每种伦理生活方式,也具有同样价值,因此挑战模式更可取。这种模式认为,生活的价值在于一个人行为或活动的过程本身,在于自己技能的发挥和表现,而不在于结果对世界的影响。个人生活如果带来有益于社会或人类的结果,则是以一种附带效应,而不是衡量该种生活本身是否有价值的客观标准。③

由上可见,德沃金所主张的自由主义,具有以下几个鲜明特点。第一,自由分为基本自由与非基本自由,前者属于个人权利,后者属于在允许的范围进行选择,法律未禁止即为允许,因而个人选择的范围十分广泛。第二,自由与平等相互构成,互为前提,并不冲突,但经济领域平等主

---

① [美]罗纳德·德沃金:《原则问题》,张国清译,241~255页。
② [美]罗纳德·德沃金:《至上的美德:平等的理论与实践》,冯克利译,217~245页。
③ 同上书,246~298页。

要应是资源平等,而不是福利平等。第三,自由也意指个人承担责任,即个人不妨害他人的自由,并对自己的选择后果负责。显然,德沃金所主张的自由主义,区别于其他各种版本的自由主义。

三、平等与自由的关系

(一) 理想模式

关于平等与自由的关系,德沃金的论述较为复杂。我们拟超越那些复杂的过程及其所涉及的许多操作性概念,直接把握他的核心思想。

为了说明平等与自由的复杂关系,德沃金列举了三个例子。第一个例子是"巴克利诉瓦莱奥案"(Buckley v. Valeo),美国国会于1974年通过一项法律,限制人们为政治候选人提供资金的数量,以防止富人比穷人对选举施加更大的影响力。但美国最高法院宣布,这项规定违宪无效。第二个例子取自英国。英国构建了全民保健制度,但也有私立医院,为那些财力雄厚的人,提供平均水平以上的服务。工党的一些人曾建议,取消私人医院,但大多数政治家和公众认为,这种建议侵犯了选择医疗服务的自由。第三个例子是著名的"洛克纳诉纽约州案"(Lochner v. New York)。20世纪初,纽约州立法规定,面包师每周工作不得超过60小时,但美国最高法院认为,此项规定违反了契约自由原则,因而宣布其无效。①

德沃金认为,在理想的初始拍卖中,对自由需要加以限制,因为没有任何限制,自由本身就可能成为拍卖的资源,从而破坏人们之间的平等关系。这就需要有自由/限制的底线,作为初始拍卖的背景制度。但是,为了满足人们的自主选择,除了某些底线的限制之外,"原则上说应当让人们自由行事"②。这就是所谓的"抽象原则"(principle of abrtraction)。但是,为了实现通过拍卖模式的平等分配,还需要几个辅助性原则,例如,保障人身和财产的安全原则,矫正市场外部性的修正原则,保证自由信仰和自由表达的真实性原则,以及防止群体性偏见和歧视影响平等分配的独立性原则。这些原则与底线所确立的抽象原则,一道构成抽象原则体系。通过这种原则体系,就能够排除一切不平等因素的干扰,从而可能真正做到资源平等。

德沃金认为,在真正资源平等的情况下,"自由与平等作为两种基本的政治美德,不可能发生冲突,因为如果不设想自由的存在,根本无法定义平等。"③因此,"自由权并非平等的敌人而只是其硬币的另一面而

---

① [美]罗纳德·德沃金:《至上的美德:平等的理论与实践》,冯克利译,123~124页。
② 同上书,155页。
③ 同上书,187页。

已"①。但是,这只是一种理想状态。

(二) 现实调整

如上所述,在真正实现了资源平等的理想状态下,自由与平等并无冲突。因此,在上述第一个例子中,就不应对人们提供竞选经费的数量予以限制;在第二个例子中,就不应对人们选择医疗的自由进行限制;在第三个例子中,就不应对最高工时进行限制。因为,在那种理想状态下,没有任何人比他人有更多的财富为竞选提供资金,没有任何人会由于经济状况较差而无法利用私人医院的特殊服务,也没有任何面包师会接受超时的工作。

然而,符合初始拍卖的资源平等分配,只存在于虚构的理想世界,在现实中并不存在。另外,这种理想状态即便可能偶然遇到,在拍卖之后也必然会出现不平等的分化,而采取周期性初始拍卖那样的重新平等分配资源,根本不可能。因此,必须面对现实采取新的对策。德沃金认为,在像美国这样的现实社会,资源不平等已经严重影响了人们对自由的平等享有,实际情况是,许多富人享有了更多的自由,某些自由已经成为他们的特权。例如在上述的例子中,为竞选提供巨大资金从而影响选举结果,享受私人医院的特殊服务,都成为了富人的特权,而这种状况恰是资源不平等所致。既然我们无法真正做到资源平等,只能采取某些措施,改进这种不平等的现实。除了增加累进税的力度,对残疾人和失业者等给予补助,还应对某些自由进行限制,例如对提供竞选资金的数量予以限制,对于提供特殊服务的私人医院予以限制,对于规定超时工作的合同自由予以限制。这样的限制,虽然违背了上述的抽象原则体系,但在一个资源不平等的不完美现实世界,不对一些自由予以限制,这些自由就会成为少数人的特权。某些人得到更多关心,属于事实上特权,"是不道德的"②。当然,对某些自由的限制,所限制的是事实上不平等的自由。

那么,在不完美的现实世界,是否可以对所有的自由都予以限制呢。答案无疑是否定的。如上所说,德沃金认为,与存在一般的平等权不同,并不存在一般的自由权。这意味着,并非所有的自由都可以成为权利,只有基本自由属于权利。一个人享有的权利,不受法律限制。就此而言,基本自由不受限制。那么如果基本自由与平等发生冲突,又该怎么处理?德沃金指出,"不存在与平等相矛盾的自由权"③,在现实中,与平等发生冲突的自由,是那些不属于自由权的非基本自由。正是在这种意义上,德沃金才认为,"自由和平等之间的任何真正的竞争,都是自由必败的竞争"④。德沃金作为一位自由主义者,为何关心平等?除了上述理论的考

---

① [美]罗纳德·德沃金:《自由的法:对美国宪法的道德解读》,刘丽君译,339页,上海,上海人民出版社,2001。
② [美]罗纳德·德沃金:《至上的美德:平等的理论与实践》,冯克利译,130页。
③ [美]罗纳德·德沃金:《认真对待权利》,信春鹰、吴玉章译,8页。
④ [美]罗纳德·德沃金:《至上的美德:平等的理论与实践》,冯克利译,128、135页。

量,还有基于现实的权衡。他指出,美国与独立战争时期所面临的处境,截然不同。当时的主要目标是摆脱奴役,获得自由,因而自由具有突出重要性。当代美国,面临的主要危险,不是遭受奴役,而是贫富两极严重分化的不平等。这种不平等直接危及自由。①

由此可见,在自由与平等的关系上,德沃金的主张既区别于古典自由主义,也区别于新自由主义,还区别于罗尔斯所主张的自由主义。

第七节　民主与法治:不同的民主观与法治观

民主意指"人民统治",相对于神灵统治或君主统治;法治意指"法律统治",即按照具有正当性的法律原则和规则治理社会和管理国家。现代大多数国家都采取了民主政体和法治模式。德沃金从他的政治哲学和法律理论出发,探索了民主和法治问题,并提出了独具特色的民主观和法治观。

一、民主:两对民主观

德沃金对两对民主观进行了比较。一对是多数民主观和伙伴民主观,另一对是依赖民主观和独立民主观。在比较它们的利弊得失之后,他提出了自己的主张。

(一)多数民主观和伙伴民主观

德沃金指出,民主通常的意思是"民治",相对于某个人、家族或阶层的特权统治。但是,人们对"民治"有不同的理解。一种理解认为,"民治"是多数人意志的政治统治,另一种理解则认为,"民治"意味着公民以伙伴关系联合起来,实行集体自治。他把前者称为"多数民主观"(majoritarian democracy),把后者称作"伙伴民主观"(partnership democracy)。

多数民主观奉行多数至上主义的原则,凡属国家大事,都以多数人的意见为转移,其简单版本是诉诸大众民主的民粹主义,而较为复杂的版本则是,在坚持多数决的同时,还强调公民对国家重大事务,应具有知情权,然后做出选择。

伙伴民主观与多数民主观不同,具有以下三个特点。

(1)坚持人民主权。多数民主观与伙伴民主观,都坚持人民主权原则,反对独裁和专制。但前者在强调人民对管理者具有优势时,"人民"是指他们中的多数;后者在强调人民对管理者具有优势时,"人民"是指他们的全体。关于"人民"的表述,不同民主观也有不同主张。德沃金指出,

---

① [美]罗纳德·德沃金:《原则问题》,张国清译,256～266页。

首先，多数民主观着眼于对个体意见的统计学计算，然后按照多数人意见做出决定，因此，人民主权具有统计学（statistical）的意义。伙伴民主观则把人民视为合作的整体，认为个体之间经过沟通和协调形成普遍意志，然后再做出决定。因此，人民主权具有人民协同（communal）的意义。德沃金把全体人民的整体合作，比作交响乐队的合奏，也如同橄榄球队的集体配合，队员只有通力合作，才能取得最佳效果。① 在规模更大的民主活动中，个人的作用微小，因而人民必须合作，而不应单打独斗。然而，把人民视为整体，让他们积极合作与协调，可能有悖于个人自由的精神。德沃金指出，公民只有联合起来才有更大力量，只有通过行使积极自由，即积极参政议政，才能保障和发展他们的消极自由。因此，在民主领域，主张人民的整体性和个人积极行使民主权利，并不妨碍个人自由，反而有助于个人自由。

（2）坚持公民平等原则。多数民主观重视公民的普选权，而伙伴民主观除了重视普选权，还重视公民平等的民主参与权，即公民通过政治参与，充分表达自己的意见，从而影响国家的重大决策和发展。

（3）坚持民主对话原则。多数民主观重视结果博弈，而伙伴民主观则重视平等对话和理性辩论。为此，伙伴民主观反对富豪和媒体操控选举和对民主施加不当影响，反对多数人压制少数人意见。德沃金认为，对于道德问题的判断，多数人往往并不比少数人更正确，因此少数人的权利，尤其需要受到充分尊重和保护。

总之，德沃金所主张的伙伴民主观，具有以下几个特点。第一，它强调公民经过沟通和协调，达成整体共识，形成普遍意志，而不是仅仅独立表达个人意见，单独施加个人影响力；第二，它提倡公民积极参与的直接民主，而不仅满足于代议制的间接民主，从而把直接民主与间接民主结合起来；第三，它强调公民之间进行合作与对话，反对仅仅诉诸博弈的"赌博民主"；第四，它强调保护少数人的权利，反对统计学意义上简单多数主义及其可能带来的"数字暴政"（tyranny of numbers）；第四，它主张改进民主的结构和形式，反对金钱等因素对民主施加不当影响，如限制竞选经费与合理划分选区等；第五，它认为，民主必须受到法治架构的约束，而这种法治架构以宪政为基础，例如根据美国的宪政，作为反映民意的国会立法，须接受司法机构的合宪性审查。②

（二）依赖民主观与独立民主观

德沃金认为，政治平等的核心是政治权力平等，只有在民主体制下，政治权力的平等才有可能实现。为此，他把民主分为依赖民主观

---

① ［美］罗纳德·德沃金：《自由的法：对美国宪法的道德解读》，刘丽君译，25页。
② 同上书，19～45页；［美］罗纳德·德沃金：《民主是可能的吗？——新型政治辩论的诸原则》，鲁楠、王淇译，120～137页；［美］罗纳德·德沃金：《身披法袍的正义》，周林刚、翟志勇译，156～157页；［美］罗纳德·德沃金：《至上的美德：平等的理论与实践》，冯克利译，369～405页。

(dependent conception of democracy)与独立民主观(detached conception of democracy)。依赖民主观认为,民主的最好形式在于能够产生人们所期待的实质结果。独立民主观认为,民主的真谛在于公平的程序和过程。相比之下,前者关注民主的出口标准(outcome test),强调实质结果而不够重视参与过程;后者重视民主的入口标准(input test),强调参与过程而不够重视实质结果。

根据流行的民主观点,依赖民主重实质结果,而这可能有悖于民主精神,甚至有专断之虞。因此,政治权力平等就不能考虑依赖民主观,而应考虑独立民主观。但是,涉及政治权力平等问题,首先需要界定"平等"是何种意义的平等。为此,德沃金引入了作用平等和影响平等两个概念,分别从横向和纵向两个维度来分析,独立民主观是否适合政治权力平等。

作用平等(equality of impact)是指,一个人对政治的作用,是通过投票的方式支持或选择某种决策,所能引起的变化;影响力平等(equality of influence)是指,一个人不但依靠自己,而且通过引导或劝诱别人同他一道行动,通过投票选举或其他政治参与方式,所能引起的变化。前者是指个人单独对政治决策过程施加影响;后者是指个人通过联合其他人一道对政治决策施加影响。

德沃金通过分析指出,从横向平等的角度,由于个人的地位不同,例如穷人和富人、普通人和有影响力的媒体人,在对政治决策过程所能产生的作用上,其政治权力事实上并不平等;从纵向平等的角度,由于个人的地位不同,普通公民与国会议员,在对政治决策过程所能产生的作用上,其政治权力也不可能平等。因此,就重视民主过程的独立民主观而言,所能寄望的就是影响力平等。然而,在横向平等上,即便对富人和媒体人的不当影响予以限制,由于个人的教育、参与政治过程的主动性以及与他人的沟通能力等,都存在差别,因而人们也无法做到影响力平等。在纵向平等之维,影响力平等的实现,一定要借助广泛的政治动员和大规模的民主运动,而这会影响政府官员的独立性,也会影响效率等目标。因此,从纵向的角度,符合独立民主观的影响力平等,即便可能,但因其存在诸多负面效应,也不可取。这样,对于政治权力平等来说,独立民主观虽然表面具有吸引力,但实际运作上却不可能或不可取,因而必须放弃。换言之,仅仅寄望民主程序能够产生所期望的结果,在政治权力实际不平等的现实中,并不可取。在民主运行中,必须对结果予以控制。

这样,德沃金就回头分析,依赖民主观是否能够更有助于推进政治权力平等。他认为,经过某些改造,依赖民主观比独立民主观更有助于推进政治权力平等。依赖民主要避免产出专断的结果,自身需要进行两点改造。一是必须强调作用平等,例如在美国,无视各州人口的差异,都选出2名参议员,就忽视了作用平等;二是必须强调参与的价值,使结果真正体现民意。关于后者,依赖民主观明显吸收了独立民主观重视参与过程的取向。

德沃金指出,经过上述改造的依赖民主观,针对不同问题,可采取不同的办法。一类是"敏感问题"的决策,如公共资金用于修筑道路还是修建体育设施之类的政策问题;另一类是"非敏感问题"的决策,涉及死刑和就业歧视等原则问题。换言之,民主对于涉及政策的眼前利益问题,通常更为关注,而对于涉及原则的长远或深层问题,相对而言则不那么关注。德沃金主张,对于敏感的政策问题,可通过作用平等和影响力平等的机制,承认多数观点的有效性,即由立法机构决定。对于非敏感的原则问题,则必须在多数决之外,加上司法审查的机制。德沃金认为,关于司法审查,如果采取独立民主观和多数民主观,就会认为,它与民主制度相悖;但如果采取依赖民主观和伙伴民主观,重视公民协作参政议政和对多数人的意志加以控制,就不会认为司法审查与民主制度相悖,而会把司法审查作为民主制度的组成部分。这就是说,国会立法涉及原则问题,必须诉诸宪法来衡量,而司法机构则是宪法原则的守护者。①

综上所述,首先,德沃金在坚持依赖民主观的同时,吸收了独立民主观的参与要素,从而兼顾了民主的参与过程和实质结果。其次,他认识到,即便进行了这样的整合,无论是在横向和纵向上,人们在政治权力上也无法做到真正的平等,补救措施是改革不合理的政治结构和民主形式,如在选举中强化作用平等,在影响力上限制一些人利用所掌控的财力和媒体对其他人施加不当影响等。最后,由于人们无法做到政治权力的实际平等,也由于多数人的错误决定可能压制少数人的正确意见,由此导致对个人权利的侵犯,因而涉及原则问题,必须对多数人的决定进行合宪性的司法审查,以确保少数人意见得到尊重,他们的权利不受侵犯。

二、法治:两种法治观

在法治概念上,德沃金把"法律帝国"作为一部重要著作的书名。这个隐喻中的"帝国"意指"巨大的国家"。"巨大的国家"之前加上"法律"的限定,则意指这个"法律帝国"是法治之国。在该著作中,关于法律性质、地位和运作方式的论述,都可以作为他对于法治图景的一般描述。德沃金关于法治的直接阐释,主要是他所提出的两种不同的法治观。这两种法治观就是法条观(conception of rule-book)法治和权利观(conception of rights)法治。

法条观法治和权利观法治之间的区别主要有以下几点。

第一,法条观法治认为,国家负责赋予、保护和发展公民的权利。权利观法治认为,权利与生俱来,是每个人固有的权利,国家在赋予、保护和发展个人的权利方面,存在缺陷。这种缺陷的主要表现是,未能及时赋予个人以新权利,为了其他目标不合理地限制或削弱个人权利,以及未能切

---

① [美]罗纳德·德沃金:《至上的美德:平等的理论与实践》,冯克利译,189~216页。

实有效保护边缘群体或弱势人群的权利等。因此,在权利观法治下,个人有权提出新型权利主张,运用权利"王牌"抵制和战胜功利主义的政策性立法,以及通过其他方式完善权利保护机制。

第二,法条观法治认为,权利来源于法律规则;权利观法治认为,权利不是源于法律规则,而是源于道德,法律权利只是权利的一部分,而不是全部;除了法律权利,公民还享有道德权利。

第三,根据民主原则,立法机构是民意代表机构,因而法条观法治认为,公民个人权利,以立法规则为限。权利观法治则认为,除了规则,法律还包括原则。原则涉及的是个人权利问题。因此,在缺乏法律规则或规则不合理的情况,司法机构可以根据原则发现并确认个人权利。许多原则不是存在于制定法中,而是载于由法院所形成和发展的普通法中。

第四,涉及疑难案件,如果法律规则模糊,法条观法治主张,法官应通过语义学的解释或寻找立法意图,做出判决;权利观法治主张,法官应根据原则做出判决。权利观法治认为,涉及个人权利问题,立法机构并不比法院更有优势,因为立法机构易于受到民众情感和利益集团压力的影响,代表具有党派立场和任期限制。所有这一切,都使立法具有政策性倾向。相比之下"法治通过增加一个独立原则法庭而丰富了民主","原则法庭"可以保证"正义"作为"个人权利问题",最终得到实现。①

通过以上比较分析可以发现,法条观法治代表了法律实证主义所主张的法治观,而权利观法治则是德沃金所主张的法治,这种法治以道德作为基础,从法律的整体性和原则性出发,"认真对待权利"。

第八节　影响与评价

德沃金的政治哲学和法律理论,涉及的内容十分广泛。对他的主要观点进行阐释,已经很不容易,试图对他的理论进行评价,更不容易。关于德沃金理论的主要贡献,我们指出以下几点。

第一,德沃金在同法律实证主义、功利主义以及实用主义等各种思潮的论战中,建构了自己的法律诠释学。他指出,法律既不是一种完全独立和逻辑自洽的规则体系,也不是一种任意摆布和杂乱无章的混合物,而法律是一项解释事业。因此,法律的内容和边界,无法静态予以确定,而应通过建构性解释,动态地予以确定。在这种解释中,法律的历史与现实、法律的文本与解释者,以及法律与政治、道德等各种要素,都处在一种互动关系中。换言之,法律寓于动态的解释过程中,并不是一个独立的客观

---

① [美]罗纳德·德沃金:《原则问题》,张国清译,3～32页。

实体。这样,德沃金在借鉴并改造伽达默尔解释学的基础上,以独特的方式回答了"法律是什么"这个千古难题,从而对法理学做出了突出贡献。

第二,当代的法律实证主义认为,法律的正当性源于法律自身;功利主义和实用主义认为,法律的正当性源自功利或福利目标。在英美国家,上述学派影响很大;在美国,实用主义的影响尤大。它们的一个共同点是,认为法律的正当性并不源于道德。德沃金批判了法律自治论和法律目的论,明确指出法律以道德作为基础,规则和政策之法必须服从作为道德体现的原则之法。他同时指出,道德关涉个人之间如何对待的问题,在宪法中得到了集中体现。但是,道德不是固定不变的形而上学教条,随着社会的发展和人们对它的重新解释,不断获得新的意蕴。不过,道德意蕴的变化,无损于它的基础性。面对相对主义的横行和工具主义的泛滥,德沃金重新建构法律的道德基础,不仅在理论上捍卫了现代法律的根基,而且在对于防止恶法暴政,具有重大实践价值。

古希腊诗人曾说,"狐狸懂得许多事情,刺猬只知一件大事"。英国的思想家以赛亚·伯林妙用此句名言,以"刺猬"与"狐狸"指称两类不同的哲学家。狐狸代表价值多元论,刺猬代表价值一元论。多元论意味着不同价值之间往往冲突、抵牾;一元论意味着可基于在某种基础价值,阐明伦理和道德的整体性和最低限度,使诸种价值和谐共处。德沃金认为,"狐狸"统治学术和哲学领地已达数十年之久,在英美传统中尤其如此。"刺猬"确实很危险,但我们不要忘记,狐狸更危险。在美国等相对主义甚为流行的社会,狐狸已成更危险的野兽。① 正是基于一元论,德沃金才坚持法律以道德作为基础,政策服从原则,个人权利压倒集体目标,在疑难案件中,仍然存在唯一正解。

第三,德沃金主张,现代法律以权利为基础,权利以道德为基础,个人权利不仅优于集体目标,而且可以抵制与之相悖的法律。德沃金关于权利"王牌"的隐喻,"公民不服从"的观念,以及"认真对待权利"的论题,不仅反映了现代法律的基本精神,而且捍卫了美国民权运动和"沃伦法院"在发展权利方面所取得的重要成果。德沃金的权利理论,不仅在美国和整个西方引起了强烈的反响,而且推动了世界人权理论和实践的发展。

第四,德沃金的法律理论,紧紧围绕美国的法律实践。他积极参与了美国许多重大案件的讨论,其中包括公民不服从、色情书刊、平权行动、堕胎以及安乐死等。这些案件涉及重大政治和法律问题。他还直接抨击美国的一些制度,如竞选资金和医疗保险制度等。他往往通过时评的方式,表达自己的观点,其中发表在《纽约书评》上文章就近百篇。② 这些文章

---

① R. Dworkin, *Justice for Hedgehogs*, Harvard University Press, 2001, pp. 1-2;[美]罗纳德·德沃金:《身披法袍的正义》,周林刚、翟志勇译,128~129页。
② 参见朱颖:《"原则"的法理学——一种关于德沃金法学理论的考察》,232~237页,北京,法律出版社,2010。

比发表在学术期刊的论文产生的影响更广泛。他所推动的全民医疗保健制度,在奥巴马总统任内得到了确立,并从2014年开始施行。由此可见,德沃金的政治哲学和法律理论,既从实践出发,又深深影响了实践。

第五,德沃金认为,20世纪后期的美国法理学,所讨论的内容和所运用的方法,已经不限于法律人的"法律"概念,开始运用哲学、经济学和社会学的视角,分析法律问题。因此,许多重要法学著作出自哲学家、经济学家和社会学家之手。另一方面,法律人也开始关注哲学、经济学和社会学,并运用这些理论和知识来解决法律问题。① 有鉴于此,德沃金借鉴了跨学科的研究方法,积极运用哲学、政治学、经济学、文学以及语言学等最新成果,从事自己的法律理论建构。这种多学科结合的研究,使得他的法律理论不仅具有卓越的理论深度,而且具有非凡的知识广度。

德沃金的法律理论,对于美国乃至世界的法理学和法律实践,都做出了重要贡献。但是,他的一些观点和方法也引起了许多批评。一些批评源自不同的立场和方法,一些批评源自对德沃金某些理论的误解。抛开这些,我们仍然认为德沃金的法律理论存在某些不足。

首先,除了《法律帝国》和《刺猬正义》等少数著作是学术性专著,德沃金的主要著作是集结文章而成。许多文章是发表在非学术性期刊上的评论性文章。这些评论性文章通俗易懂,观点鲜明,但对概念的表述比较灵活,论证结构较为松散,在运用他人观点时,常常不注明有关文献。另外,他的行文在风格上不够简洁,有时过于烦琐,花费大量笔墨去批驳某些不值得批驳的明显谬误。所有这些,都使他的主要观点往往被复杂的论证过程所埋没,被烦琐的细枝末节所掩盖。因此,读者常常感到,德沃金著作表面上通俗易懂,但理解其中概念的含义和观念之间的内在关联,并不容易。他的核心观点和整个理论体系的内在逻辑,不易把握。

其次,德沃金在建构自己的理论时,运用了不同的理论资源,如他在论述法律是一项解释性事业时,运用了伽达默尔的诠释学;在论证权利的客观性时,在一定程度上运用了自然法理论;在论证疑难案件存在正确答案时,运用了关于命题真值的英美分析哲学。这样一来,他的理论就缺乏一个总体的理论基础。这些理论源于不同的立场和方法论,它们之间可能存在某些冲突。另外,他在运用这些理论资源时,通常都不系统阐述这些理论的核心内容,以及他对这些理论所进行的改造,多是简单"拿来"其中的方法或结论,用于论证自己的命题。例如,他运用分析哲学关于命题的真值理论,论证疑难案件存在唯一正解,就直接从"汤姆合同有效"或"汤姆合同无效"两个命题中,认定两个矛盾的命题中,必有一真。他没有明确解释,即便这两个命题中一个具有真实性,这种真实性如何能够转化为正确性?只有法律实证主义,才主张不区分法律的实然(is)与应然(ought)之维,法律命题的真实性才自动地会转变为有效性或正

---

① [美]罗纳德·德沃金:《身披法袍的正义》,周林刚、翟志勇译,36页。

确性。

再次,德沃金的理论具有追求完美的特点。因此,他的一些主张带有明显的理想色彩。例如,他所设想的赫拉克勒斯式法官,正如他所承认的,在现实中,绝大多数法官都难以达到那种理想标准。如果现实中很难遇到赫拉克勒斯式法官,那么,对疑难案件做出正确判决,就变得困难,而他的唯一正解命题,也会因此大打折扣。

最后,德沃金的主张,与法律实证主义相反,"不把法律当作是与道德分离的,而是把它当作道德的一个部分"①。他认为,法律与政治都属于道德范畴,但法律又不等同政治和道德。但是,关于它们之间的界限,他并未做出具体的界分和论述。同时,他主张法律是个解释性概念,这意味着摆脱了传统主-客进路的形而上学思维范式,但他又尝试论证法律解释的客观性。②他承认,在现代社会,道德的形而上学基础已然不复存在,但他又谈论道德的客观性。他虽然对"客观性"的含义予以限定,认为是指参与者的视角,而不是指实证主义的旁观者视角,并主张"'道德判断是否客观'的问题本身就是个道德问题,而'在解释中是否存在客观性'的问题本身是个解释问题"③,但是无论如何,"客观性"一词的使用,仍然会造成许多误解和混乱,以致研究者有理由认为他陷入了"自相矛盾","隐蔽地运用了实证主义的客观性标准"④。这些问题都会带来一些混乱。

德沃金的理论,尽管存在某些争议和缺点,但仍然是当代西方最有影响的政治哲学和法律理论之一,仍是西方法律思想史上最珍贵的智识遗产。

思考题

1. 德沃金为何认为法律是一个解释性概念?
2. 原则、政策和规则之间是什么关系?
3. 权利"王牌"的隐喻意指什么?
4. 如何在疑难案件中获得唯一正解?
5. 在德沃金的理论中,平等与自由是什么关系?
6. 德沃金的民主观和法治观具体内容是什么?

---

① [美]罗纳德·德沃金:《身披法袍的正义》,周林刚、翟志勇译,37 页。
② [美]罗纳德·德沃金:《原则问题》,张国清译,209~222 页。
③ 同上书,219 页。
④ 刘宏斌:《德沃金政治哲学研究》,199~200 页,长沙,湖南大学出版社,2009。

阅读文献

1. ［美］罗纳德·德沃金：《认真对待权利》，信春鹰、吴玉章译，北京，中国大百科全书出版社，1998。
2. ［美］德沃金：《法律帝国》，李常青译，北京，中国大百科全书出版社，1996。
3. ［美］罗纳德·德沃金：《原则问题》，张国清译，南京，凤凰出版传媒集团、江苏人民出版社，2008。
4. ［美］罗纳德·德沃金：《至上的美德：平等的理论与实践》，冯克利译，南京，江苏人民出版社，2012。
5. ［美］罗纳德·德沃金：《自由的法：对美国宪法的道德解读》，刘丽君译，上海，上海人民出版社，2001。
6. ［美］罗纳德·德沃金：《身披法袍的正义》，周林刚、翟志勇译，北京，北京大学出版社，2010。
7. ［美］罗纳德·德沃金：《民主是可能的吗？——新型政治辩论的诸原则》，鲁楠、王淇译，北京，北京大学出版社，2012。
8. ［美］罗纳德·德沃金：《生命的自主权——堕胎、安乐死与个人自由的论辩》，郭贞伶、陈雅汝译，北京，中国政法大学出版社，2013。
9. R. Dworkin, *Justice for Hedgehogs*, Harvard University Press, 2001.
10. ［德］汉斯-格奥尔格·伽达默尔：《真理与方法：哲学诠释学的基本特征》，洪汉鼎译，上海，上海译文出版社，2005。

# 第十二章 伽达默尔的解释学与法律解释

伽达默尔的哲学解释学,是20世纪西方哲学的重要成就之一。他关于艺术、历史和法学等领域真理问题的思考,不仅对人文社会科学具有重要意义,而且对法学研究具有很大启示。他所阐释的解释学原理及其关于法律解释的具体论述,有助于我们从一个新的视角认识法律存在与发展的性质,正确把握法律解释的基本方式。

第一节 生平与著作

汉斯-格奥尔格·伽达默尔(Hans-Georg Gadamer,1900.2.11—2002.3.13),德国著名哲学家,20世纪西方最有影响的哲学家之一。

伽达默尔出生于德国马堡,父亲是一位大学教授、药物化学家。伽达默尔从小受到了自然科学的熏陶,但对人文学科的兴趣却与日俱增。他于1919年进入马堡大学,师从那托普(Paul Natorp)学习哲学;1922年,他以《论柏拉图对话中欲望的本质》一文获得博士学位。1923年夏,他前往弗莱堡,师从海德格尔;1924年,在马堡大学成为海德格尔的助教,直到1928年海德格尔离开马堡。海德格尔对古希腊哲学的研究、现象学的方法和存在论的思考,尤其是存在论中关于理解、时间与存在性质的洞见,对伽达默尔的哲学路径产生了深远影响。他在自述中明确指出,自己"最重要的思想""学自海德格尔"[1]。但在这种立场上,他却与海德格尔不同,对纳粹统治持反对态度。"谁要进行哲学思考,谁就不可能同他时代的意见保持一致。"这是歌德的名句。他在1934年出版的《柏拉图与诗

---

[1] [德]伽达默尔:《汉斯-格奥尔格·伽达默尔自述》,载[德]汉斯-格奥尔格·伽达默尔:《真理与方法:哲学诠释学的基本特征》,下卷,洪汉鼎译,790页,上海,上海译文出版社,2005。

人》一书中,把这一名句题在书前,巧妙地表达了自己对现实的批判态度。①1929年,他获得马堡大学的任教资格;1937年,获得哲学教授资格,1939年,在莱比锡获得了大学教授职位。1945年,任莱比锡大学哲学系主任,还担任了两年大学校长职务。1947年,受聘于法兰克福大学哲学系任首席教授;1949年,受聘于海德堡大学,接替了雅斯贝尔斯的职位,直到退休。退休后,一直是海德堡大学的荣誉教授。

伽达默尔的主要研究领域是古希腊哲学和哲学解释学。到海德堡大学之后,他全力研究哲学解释学问题,历经十年之功,于1960年,他的解释学代表作《真理与方法》②才完成并正式出版。此书问世之后,即成为哲学解释学的经典。在海德堡大学期间,他与哈贝马斯进行了深度交往,两人之间产生了"富有成果的相互影响"③,哈贝马斯获得教职就得力于他的推荐。此后,他出版了其他主要著作,发表了大量论文,并进行各种讲座和对话,产生了广泛影响,获得诸多荣誉。他自己选编的《伽达默尔选集》陆续出版,美国学者林格(David E. Linge)从他的三卷本《短论集》选出13篇文章,译成英文,以《哲学解释学》之名于1976年出版。这部文集代表了《真理与方法》之后,伽达默尔关于哲学解释学的最重要成果。④

第二节 解释学的近代发展

伽达默尔的哲学解释学内容极其丰富,论述十分细致。我们拟围绕《真理与方法》一书,对其中的主要思路与核心观点进行叙述。

一、解释学所指向的问题

自古以来,在真理生成的过程中,解释学就扮演重要的角色,在神学和法学领域尤其如此。但是,由于近代科学对知识概念和真理概念据有了统治地位,解释学就失去了正当的地位。自17世纪开始,尤其在19世纪,自然科学的思考范式占据了主要地位。这一范式的特点是:(1)客观

---

① [德]伽达默尔:《汉斯-格奥尔格·伽达默尔自述》,795页。
② [德]汉斯-格奥尔格·伽达默尔:《真理与方法:哲学诠释学的基本特征》,上、下卷,洪汉鼎译,4页,上海,上海译文出版社,2005。本文主要根据这个中译文,对于一些译名和表述,参照英译本进行了适当调改,英译本参照,Hans-Georg Gadamer, *Thuth and Method*, Second Edition, Trans. By J. Weinsheimer and D. G. Marshall, Continuum Publishing Group, 2004 (reprinted 2006)。
③ 同上书,800页。
④ 参见[美]帕特里夏·奥坦伯德·约翰逊:《伽达默尔》,第2版,何卫平译,北京,中华书局,2014;章启群:《伽达默尔传》,石家庄,河北人民出版社,1998。

事物有自身的性质、法则和规律；(2)这些性质、法则和规律是客观真理；(3)人类诉诸理性和实验，能够认识和把握这种客观真理，只要提供同样的条件，就可以获得同样的实验结果；(4)真理具有超越时空和不受人的意识影响的特征；(5)客观事物是本体，人的认识在于使主观意识与客观真理相符；(6)科学在于运用正确的方法，认识事物的本质。随着科学的胜利，这种科学主义的客观真理观，也渗透到人文社会科学领域。于是，研究者开始采用科学实证主义的方法，探究哲学、宗教、历史、艺术、道德、政治和法律等客观真理。然而，"社会—历史的世界的经验是不能以自然科学的归纳程序而提升为科学的"①。在人文科学和社会科学领域，任何普遍经验都不足以达到规律性认识，都无法套用普遍经验去理解个别现象和特殊事件，而必须"在现象的一次性和历史性的具体关系中去理解现象本身"②。更为重要的是，自然科学研究成果，无助于解决人的道德问题和规则正当性问题。

科学主义步步取得胜利，并颇有取代中世纪神学统御一切的地位。在这个过程中，一些人文社会科学研究者对于自然科学模式渗入所有领域的趋势，进行了抵制。康德把道德归入实践理性，把审美归入艺术理性，从而使人文和社会领域的关系，区别于人与自然的关系，后者被归于纯粹理性的范畴。但是，在康德那里，作为审美的艺术领域，却落入了个人趣味和判断的主观领域。后来，尼采以后现代先知的口吻，主张重估一切价值。古希腊的形而上学理论和中世纪的基督教信条，以及近代科学主义的客观真理观，都成为他"审判"和颠覆的对象。在打破这些黄昏偶像的同时，他却遁入了古希腊酒神的审美迷狂之中，并在主体的个人"权力意志"中找到了精神归宿。20世纪之后的解构主义，则把尼采的后现代主义演绎成不同版本，主观主义、相对主义的真理观以及真理虚无论，则成为哲学的重要流派，并在道德、政治和法律领域产生了不可低估的影响。如何摆脱自然科学范式的客观主义真理观，同时避免主观导向的相对主义真理观，构成伽达默尔哲学解释学的基本主题。

二、解释学的历史发展

伽达默尔认为，解释学自古希腊时代就已经存在。"解释学"(hermeneutics)源自希腊语，与古希腊作为信使的赫尔墨斯(Hermes)之名相关联。赫尔墨斯是传递神意的信使，转指解释和传导历史流传下来精神创造物的使者。③ 这种精神创造物，主要是指历史文献、宗教典籍、文学遗产以及法律文本等。在古代和中世纪西方，解释学一直存在，神学体系和法学体系，就主要得益于神学家对《圣经》的解释和法学家对罗马

---

① ［德］汉斯-格奥尔格·伽达默尔：《真理与方法：哲学诠释学的基本特征》，上卷，洪汉鼎译，4页。
② 同上书，5页。
③ 同上书，217页。

法等法律的解释。

在近代,宗教改革和文艺复兴推动了解释学的发展。它们的共同特点是,尝试重新解释传统经典。前者是解释《圣经》,后者是解释古希腊、罗马文学作品。解释的目的在于超越中世纪神学教条的束缚。其中对《圣经》的解释,已经运用了部分与整体相关联的方法。然而,这两种解释都把古代经典奉为权威,并局限于发现文本的原意,论证经典的一致性和完美性。显然,这两种解释都忽略了经典的历史性,压抑了解释者的积极和主动性。因此,这个阶段的解释学不过是一种技艺学,伽达默尔将其称之为解释学的"前史"①。

进入19世纪,解释学才开启了自己的历史。在这个时期,许多人都为解释学的发展做出了贡献,如施莱尔马赫、赫尔德、兰克、德罗伊森、狄尔泰、胡塞尔和海德格尔等。其中施莱尔马赫、狄尔泰和海德格尔三人,分别从神学、史学和哲学的不同角度,对解释学做出了巨大的贡献,为伽达默尔的解释学形成和发展,奠定了重要基础。这里我们对这三位学者的解释学主要观点,进行简介。

(一) 施莱尔马赫的解释理论

施莱尔马赫(1768—1834)的主要观点可以概括如下:(1)理解和解释密不可分,"所有解释的问题实际上都是理解的问题"②;误解不是个别现象,而是普遍存在,因而理解并不是存在于个别领域,而是普遍存在。(2)理解分为两种,一是宽松的理解,即自发的理解,凡自发理解都是误解;二是严格理解,这种理解需要具备"避免误解的技艺"③。(3)严格理解有两种方法,一是语法理解;二是心理理解。(4)在两种理解中,他更重视心理理解。心理理解,重在理解作者创作过程的心理特性,以及这种特殊心理所体现的普遍性。为此,他把语法解释的方法,即从部分到整体、从整体到部分的方法,运用于心理解释,从而提出了著名的"解释学循环"概念。(5)他还提出了一句名言,即解释者对作者的理解,优于作者对自己的理解。这意味着,解释者对文本的理解,不限于对作者本人的理解。例如,诗人创作有时是处于意识朦胧状态,读者通过作品解读,能够更好地理解诗人。伽达默尔认为,施莱尔马赫上述观点,对解释学的发展做出了重大贡献。但是,他作为神学家,仍然按照理解《圣经》的模式,认为理解仅仅在于把握作者的原意,而不是文本的意义。同时,他关于解释学普遍适用的观点,超越了过去的狭隘观点。该种观点认为,解释学只适用于某些个别领域。他把解释学视作方法,突破了把解释学仅仅视为技术的观点。但是,按照解释学本质来理解,这种观点仍然存在局限,因为

---

① [德]汉斯-格奥尔格·伽达默尔:《真理与方法:哲学诠释学的基本特征》,上卷,洪汉鼎译,226~332页。
② 同上书,239页。
③ 同上书,240页。

解释学并不属于方法论范畴,而具有本体论性质。①

(二)狄尔泰的解释理论

对解释学发展做出重要贡献的另一位学者是狄尔泰(1833—1911)。他的主要观点如下:(1)人是历史的存在,历史世界是人的精神构造物,历史是生命的历史过程。个人的个性不是原因的结果,因为个人与环境存在互动关系,环境制约个人的行为,但个人也影响环境,因此在历史过程中,不存在自然科学的那种因果关系。(2)自然科学与个人的经验和体验相脱离,旨在描述外在事物,关注的是特别中的一般。与自然科学不同,精神科学,即人文社会科学,涉及个人的经验与体验,涉及对人的内在心性的理解,关注的则是一般中的个体,是"生命本身理解自身",故而"生命构成精神科学的真正基础"②。例如绝大多数人是异性恋,但通过归纳法得出所有人都是异性恋的结论,就会在观念和制度上排斥和歧视同性恋者。因此,精神科学套用自然科学的归纳法,乃是一种误用。(3)解释学应成为精神科学的方法和哲学基础。(4)精神科学应采用不同于自然科学的方法,但要使精神科学与自然科学具有同等重要的地位,"精神科学既然作为科学就应当具有像自然科学一样的客观性"③。(5)在历史领域,历史学要成为科学,就应避免历史相对主义,就应获得自然科学那样的客观性。为此,他主张一种历史主义,"把过去的精神理解为当代的精神,把陌生的东西理解为熟悉的东西"④。他认为,人类本性具有同质性,生命的个体性,是人的生命同一性的具体表现。特定历史的意义具有客观性,只要解释者超越自己的时代偏见,"从某个时代自身来理解该时代"⑤,即作者在意识上保持同时性,作者的意思就可以直接从文本中发现,就可确保理解的客观性与正确性。这实际上是主张,解释者不仅应绝对尊重文本,还应把自己置于文本所产生的历史情境之中。

伽达默尔认为,狄尔泰对解释学的重要贡献是,他从历史学的认识论出发,指出了精神科学不同于自然科学的特征,为精神科学奠定了解释学基础,并努力提升精神科学,使之与自然科学具有同等的地位。但是,他的解释学理论也存在局限。首先,他认为解释学是一种方法。这种观点相对于把解释学作为一种技术,无疑是一种改进。但这种观点没有认识到,"解释学现象本来就不是一个方法论问题"⑥,而具有本体论的属性。其次,他把解释学的适用范围限定在精神科学领域,没有认识到哲学解释学所具有的普遍性,即在一定程度也适用于自然科学领域。复次,狄尔泰

---

① [德]汉斯-格奥尔格·伽达默尔:《真理与方法:哲学诠释学的基本特征》,上卷,洪汉鼎译,239~256页。
② 同上书,293页。
③ 同上书,311页。
④ 同上书,312页。
⑤ 同上书,300页。
⑥ 同上书,导言,17页。

的历史主义立场,使得他从历史的相对性出发,最终却走向了历史客观主义,把理解局限于发现作者的原意,从而没有摆脱追寻客观性的自然科学阴影。这样一来,他就消解了历史文本的时间性,并消解了解释者对文本意义理解的参与性和主动性。最后,他主张解释不应局限于文本作者的思想感情,还应注意当时的社会和历史情境。这同施莱尔马赫重视作者心理相比,视野具有了很大扩展。但这种观点仍然主张,解释在于复原文本所反映的历史本来面目。如此定位解释的目的,显然带有自然科学的烙印。①

(三)海德格尔对解释学的贡献

除了以上两位学者,海德格尔关于解释和语言的本体论哲学,对伽达默尔解释学影响最为直接。

(1)海德格尔认为,哲学的核心问题是人的存在问题。存在包括作为存在者的人对存在的领会和解释。"领会使自己成形的活动称为解释","解释植根于领会","是对被领会东西的占有"②。但是,"解释并非要对被领会的东西有所认知,而是把领会中所筹划的可能性整理出来"③。解释过程即筹划过程,"谁想理解某个文本,谁总是在完成一种筹划"④。这样一来,对存在的领会和解释,都属于存在的方式,即存在的组成部分,而不是存在的附属物;解释由此并不属于方法论,而具有本体论的属性。

(2)存在的具体形式是特定人的此在,此在标示出存在的时间性。人生活于此在,并筹划未来,即在各种可能性之间进行选择。筹划是一种预期,这种筹划过程就是领会和解释过程。筹划中选择的多种可能性,意味着解释者具有主动性,解释有很大自由空间,解释中包含着对此在的超越。但人进入此在,具有"被抛"的性质。置身此在,人的筹划必然受制于此在的情境,因而"解释并非把一种'含义'抛到赤裸裸的现成事物头上,并不是给它贴上一种价值"⑤,而是受到前有(Vorhabe)、前见(Vorsicht)和前把握(Vorgriff)的制约。前有是指解释者占有被解释物的意向;前见是指解释者从自己的视域出发,理解被解释之物,前把握是指解释者从自己视域出发,对被解释之物进行概念上的把握。前有、前见和前把握,构成此在筹划的前结构。"任何解释工作之初都必然有这种先入之见",因此,"解释从来不是对先行给定的东西所做的无前提的把握"⑥。

---

① [德]汉斯-格奥尔格·伽达默尔:《真理与方法:哲学诠释学的基本特征》,上卷,洪汉鼎译,283~313页。
② [德]马丁·海德格尔:《存在与时间》,陈嘉映、王庆节译,173、188页,北京,生活·读书·新知三联书店,2006。
③ 同上。
④ [德]汉斯-格奥尔格·伽达默尔:《真理与方法:哲学诠释学的基本特征》,上卷,洪汉鼎译,345页。
⑤ 同上书,175页。
⑥ [德]马丁·海德格尔:《存在与时间》,陈嘉映、王庆节译,176页。

（3）任何理解都与语言密不可分,语言与理解一样,是人存在的先天结构。"存在者的存在方式是指向'世界'的被抛的在世",而"话语是共同规定着在世的展开状态"①,因而人生活在语言的包围中,"语言是存在之家","人居住在语言的寓所中"②。语言不是人的工具,而是人此在的存在方式,具有本体论性质。

海德格尔的上述观点,虽然涉及解释问题,但他的重点不在于探讨解释学问题,而是追问存在的本体论问题。伽达默尔则从解释学的立场,借鉴并创造性地运用了海德格尔的上述观点。第一,解释已经具有本体论的属性,"在《存在与时间》里,真正的问题已经不是存在如何能被理解,而是理解如何是存在"③。第二,解释活动是解释者与文本的互动,受到前见和文本的双重制约,在辩证的互动中实现整合。第三,语言具有本体论属性,由此,解释的语言性决定了解释具有普遍性。

第三节 解释的典型例证：游戏与艺术

如上所言,伽达默尔在建构自己解释学的过程中,借鉴了近代以来重要的解释学理论,并对它们进行了改造和发展,从而把解释学推向一个新阶段。

一、艺术真理及其典型意义

与历史和法律等精神科学领域相比,艺术领域的真理更难把握。按照自然科学的客观主义范式,发现艺术作品的真理,在于发现文本即艺术作品作者的原意,狄尔泰就坚持这种科学主义的立场。按照主观主义范式,艺术属于个人审美趣味问题,文本的真理性因个人体验而异,康德就坚持这种立场。伽达默尔认为,主观主义理解艺术的性质,实际上也是以自然科学标准作为参照,重在强调这个领域与自然科学的差异。他认为,只要能够通过解释学进路,解决艺术的真理性问题,就可以把解释学扩大到整个精神科学领域乃至更大范围,从而摆脱科学主义对整个精神科学的支配。这样,艺术真理问题就构成了《真理与方法》的第一部分内容。

伽达默尔认为,要认知艺术的真理性特点,就应首先认知艺术的性

---

① ［德］马丁·海德格尔：《存在与时间》,陈嘉映、王庆节译,188、189页。
② ［德］海德格尔：《路标》,孙周兴译,366页,北京,商务印书馆,2000。
③ ［德］加达默尔：《哲学解释学》,夏镇平、宋建平译,44页,上海,上海译文出版社,1994。此句译文援用了沃恩克著作中译本的译文,［美］乔治娅·沃恩克：《伽达默尔——诠释学、传统和理性》,洪汉鼎译,47页,北京,商务印书馆,2009。

质。为此,他引入了游戏概念作为分析的切入点。

(一) 游戏的特点

游戏的性质和特点如下。

(1) 游戏是人的一种天性。在文化和发展程度不同的社会,普遍存在游戏现象;不同年龄的人,都参与游戏活动。这表明游戏是人的存在方式,属于本体论范畴。换言之,"人的游戏是一种自然过程","游戏的意义""是一种纯粹的自我表现"①。

(2) 参加者须遵守游戏规则,违反规则将受到处罚或导致游戏中止,因此,"游戏显然表现了一种秩序"②。

(3) 参与者出于自愿而不是被迫参加游戏。参与者一旦进入游戏,就被卷入游戏过程之中,因而就具有了被动性。这种被动性体现在参与者受到规则的约束,受到其他游戏者的约束,以及被迫积极表现自己,进行选择。"谁不严肃地对待游戏,谁就是游戏的破坏者"③。就此而言,游戏是被动与主动的辩证统一。

(4) 人们参与游戏,摆脱了日常凡俗事务,没有"任务感"和游戏以外的目的性,因而具有一种忘我的轻松感。但与此同时,进入游戏过程,参与者便会产生亢奋感和紧张感,因而游戏是轻松和紧张的辩证统一。

(5) 游戏虽没有根基,然一旦开始就具有连续性,循环往复,"在不断的重复中更新自身"④。

(6) 任何参与者都不能控制他人,更不能控制游戏结果。游戏结果取决于参与者的互动过程。这意味着,"一切游戏活动都是一种被游戏的过程";"游戏的魅力,游戏者所表现的迷惑力,正在于游戏超越游戏者而成为主宰";因此,"游戏的真正主体并不是游戏者,而是游戏本身"⑤。

(二) 戏剧与游戏

伽达默尔分析游戏的特点,在于将游戏的特点适用于艺术。他首先选择艺术领域中的戏剧,同游戏进行类比,进而揭示艺术与游戏的类同性。

(1) 表演是人的天性,是人的存在方式,或存在的一部分,戏剧是人表演天性的集中体现。戏剧不是存在的附属物,而是人的存在本身。戏剧的存在意义,与游戏一样,都是自我表现。就此而言,"戏剧也总是游戏"⑥。

(2) 游戏是自我表现,虽然可有观赏者,但观赏者不是游戏的必要条件。但戏剧是"观赏游戏",表演者不是为自己而是为观赏者而表演。戏

---

① [德]汉斯-格奥尔格·伽达默尔:《真理与方法:哲学诠释学的基本特征》,上卷,洪汉鼎译,136页。
② 同上书,135页。
③ 同上书,132页。
④ 同上书,134页。
⑤ 同上书,138页。
⑥ 同上书,142页。

剧只有"在观赏者那里才赢得它们的完全意义"①。因而,戏剧这种游戏"是由游戏者和观赏者所组成的整体",并使"观赏者处于游戏者的地位"②。换言之,表演者同观赏者一道才能完成戏剧表演。

(3) 表演者和观赏者在戏剧游戏中形成互动,在互动中各方忘我地失去主体性。演员只有忘我地进入角色才能达到表现效果,因而谁来担当某个角色并不重要;观赏者只有忘我地投入,才能进入剧情,更好地理解其中的意义。就此而言,戏剧的主体不是表演者,也不是观赏者,而是戏剧本身。

(4) 戏剧可反复上演,表演者可用不同方式表演剧本;观赏者对于其中的意义,会因不同时空具有不同的理解。表演者处于剧本解释者的位置,而观赏者则处于解释的解释者位置。

(5) 一般游戏内含着秩序,也包含着一些真理,但其并不涉及道德的价值判断。戏剧中却包含道德价值判断。剧本及其表演者所传达的内容意义,即某种理想,涉及的是人生道理和伦常法则等价值。这种人生道理和伦常法则,就是戏剧中所包含的艺术真理。

(6) 戏剧的真理,产生于戏剧游戏的过程之中,是观赏者理解作品、参与作品并与之互动的结果。由于这种游戏为观赏者而存在,因而观赏者在理解戏剧内容的意义上,相对于表演者,"具有一种方法论上的优先性"③。换言之,观赏者在理解戏剧内容上,不受表演者意图的限制,比表演者具有更大的自由度和灵活性。

(三) 游戏、戏剧与艺术真理

伽达默尔认为,游戏与戏剧具有相同的结构,而戏剧则是全部艺术的缩影。因此,他把戏剧的分析结论扩展到整个艺术领域。

1. 艺术作品是再创造

为了回答这个问题,伽达默尔把绘画作为分析的典型。长期以来,人们认为绘画是原型的显现,或者说是原型的图像,犹如人的镜中之像。伽达默尔认为,绘画不是原物的简单反映,因为"原型是在表现中达到表现",在"表现中表现自身","绘画具有某种自身特有的实在性"。④ 因此,绘画是对原物的解释,不再是原型的附属物,而是不同于原物的另一种创造物,是对存在的扩充。

他同时指出,艺术作品存在的意义虽然在于表现,但并非所有的表面现象都具有艺术的性质。例如,符号是对原物的表现,但它只有指示功能,引起人们的关注,在于提示人们把注意力转向它所指示的原物。例如

---

① [德]汉斯-格奥尔格·伽达默尔:《真理与方法:哲学诠释学的基本特征》,上卷,洪汉鼎译,142页。
② 同上。
③ 同上书,143页。
④ 同上书,184页。

国际通用的求救符号,就指示存在某种危险状态。另一种对原物的表现形式是象征,如标示某个团体或国家的旗徽等。象征是对原物的替代形式。符号和象征的共同点,是"纯粹的指示和纯粹的指代"①,对原物的存在状态没有任何改变,没有独立的意义,不是对存在的扩充。

2. 艺术作品理解的对象

如戏剧一样,所有艺术作品,无论是绘画、音乐、舞蹈、建筑以及其他作品,都是为观赏者而表现自己,即使观赏者不在场,亦复如此。② 艺术作品与艺术观赏者一道,才构成艺术的完整意义。观赏者是作品的理解者,观赏一场戏剧、一幅名画、一幢建筑以及一部小说,都是理解作品的过程。

观赏者在理解艺术作品时,理解什么?通常认为,理解作品就是理解作者的原意。但伽达默尔认为,观赏者理解作品,并不是理解作者的原意。

首先,在许多作品中,作者的原意具有多重性,甚至存在矛盾。例如,在古希腊剧作家索福克勒斯《安提戈涅》剧本中,安提戈涅的一个哥哥,加入敌对阵营对本国作战,战败而死。根据古老的习惯法,对于死者,在任何情况下,其亲属都有权埋葬。但国王克瑞翁下令,任何人不得埋葬这位叛国者。安提戈涅便以古老的习惯法作为依据,不顾国王的法令,埋葬了她的哥哥,因而受到监禁并自杀身亡。这部悲剧作品的内容,揭示了血缘关系与政治关系冲突,习惯法与制定法的冲突。然而,作者并没有明确表达自己的立场。解释者可以做出血缘关系优于政治关系、习惯法优于制定法的解释,也可以做出相反的解释。

其次,在有些作品中,作者的意图处于朦胧状态,或者作者根本没有特定的意图。在后来接受访谈中,伽达默尔举了一个例子。在他60岁生日时,他的一位学生赠送一幅画,是俄裔法籍波列科夫(Poliakoff)的《作品,20世纪》。这幅画的顶端是半残的黑色十字架,左边出现了红色的平面,看上去像一个人头的侧影。伽达默尔说,这幅画挂在他室内墙上,长达30年,但他一直不解作者的意图。③

最后,在作品中,即便作者意图明显,观赏者也可以不受作者意图的限制,对作品意义做出新的不同理解。伽达默尔没有提供例子。我们不妨列举中国诗词的一个例子。我们都知道,"昨夜西风凋碧树,独上高楼,望尽天涯路";"衣带渐宽终不悔,为伊消得人憔悴";"众里寻他千百度,蓦然回首,那人正在灯火阑珊处",是晏殊、柳永各自的《蝶恋花》和辛弃疾《青玉案》中的名句。它们的本意都是描写爱情思念之苦。但王国维在

---

① [德]汉斯-格奥尔格·伽达默尔:《真理与方法:哲学诠释学的基本特征》,上卷,洪汉鼎译,199页。
② 同上书,143页。
③ [德]伽达默尔、杜特:《解释学、美学、实践哲学——伽达默尔与杜特对话》,金惠敏译,58~59页,北京,商务印书馆,2007。

《人间词话》中,却把这三个名句组合起来,并赋予了新的意蕴,转指古今之成大事业大学问者的艰辛历程。

因此,在游戏中和观赏艺术作品中,游戏者和作者,以及他们的意图都不重要,"游戏者(或诗人)都不再存在","表演者完全消失在对他所表现的东西的认识中"①。因为"这里根本不涉及两个人之间的关系,例如读者和作者之间的关系,而是涉及对本文向我们所做的传达的参与"②。最重要的是表现及其内嵌于表现的意义。

3. 作品的意义与真理

作品的意义不决定于作品本身,而决定于观赏者与作品的互动整合。"理解中所涉及的完全不是一种试图重构本文原意的'历史的理解'",而是"理解本文本身",因为"在重新唤起本文意义的过程中解释者自己的思想总是已经参与了进去"③。

在这种互动整合中,真理便随之生成。关于艺术作品的真理性,伽达默尔指出了以下几点。

第一,艺术作品具有创造性。对艺术作品的解释就是对作品的"再创造",通过对作品中"所创造的作品形象"的解释,"解释者按照他在其中所发现的意义使这形象达到表现"④。有价值的作品,其内容都含有某种意义。

第二,艺术作品的意义具有真理性。作品内容是指作品中讲述的事件和其中的人物行为,作品的意义是指"理想性"⑤或"道德主张",即作品内容中所包含的人生道理和伦常法则,涉及的是对人的行为和社会规则是否正当的道德评价。例如在《农夫和蛇》寓言中,所讲述的故事就是作品的内容,而"姑息养奸,反受其害",则是作品内容的可能意义之一。正是从这种意义上,伽达默尔才认为,包括艺术在内的"精神科学就是'道德的科学'"⑥。必须指出的是,关于作品本身的意义,可以把作品的意义视为是对某些问题的回答。观赏者通过阅读作品内容,重构潜藏在内容背后的"作者问题"及其内容中对该问题所提供的答案。观赏者不必接受作者提供的答案,可以重新提供答案,甚至可以对问题进行重构。⑦ 这是因为,从作品的形式上,文字记录所表述的意义有限,不得不为精确性而限制丰富性,而词语总不能完全表达内容的意义,对言之未尽的意义就有待

---

① [德]汉斯-格奥尔格·伽达默尔:《真理与方法:哲学诠释学的基本特征》,上卷,洪汉鼎译,145、149页。
② [德]汉斯-格奥尔格·伽达默尔:《真理与方法:哲学诠释学的基本特征》,下卷,洪汉鼎译,506页。
③ 同上书,502页。
④ [德]汉斯-格奥尔格·伽达默尔:《真理与方法:哲学诠释学的基本特征》,上卷,洪汉鼎译,156页。
⑤ 同上书,143、195页。
⑥ 同上书,407页。
⑦ 同上书,480~491页。

观赏者去扩展。① 从观赏者与作品的关系上,观赏者在理解作品的意义时,定会加入自己的意见。换言之,作品的意义并不囿于原作的意义,而是指观赏者与作品在互动中形成的意义。这种意义一旦具有了普遍性,就具有真理的属性。

第三,艺术作品意义具有普遍性。这具有两层意思,其一,是指审美存在所包含的真理是人们共同艺术经验的历史性表达,"一部文学译著的存在也证明,在这部作品里所表现的东西始终是而且对于一切人都有真理性和有效性"②。正是在这种意义上,歌德才提出"世界文学"③的概念;其二,是艺术真理生成的结构和方式,普遍适用于精神科学领域,乃至自然科学领域。语言对于意义表达来说,具有优先性,其中的意义的展开具有无限性。④

4. 艺术作品审美的时间性

艺术作品及其对它的理解,作为审美存在,不但是存在本身,而且是存在的扩充。这种扩充就在于它的创造性。艺术作品的审美,在时间性上具有以下特点。

第一,艺术作品存在于表现时。艺术作品的存在与其表现密不可分,即当它表现时,它就存在。如一部喜剧表演时,一部绘画被观赏时,一部作品被阅读时,它们就存在。因此,艺术作品在时间上具有"耶稣显灵"的性质。⑤ 艺术作品在时间的流程中可能变形,如戏剧被改编,但这并不妨碍该作品作为艺术的性质。

第二,艺术作品与观赏者具有共时性。"'同时性'是指,某个向我们呈现的单一事物,即使它的起源是如此遥远,但在其表现中却赢得了完全的现在性"⑥。一个人阅读古代小说,便跨越了时间距离,与它处于同一时间;一个人在不同时间阅读同一部小说,每次阅读都与它处于同一时间。所谓一部名著常读常新,说的就是这种效应。这种共时性就是"共在","就是参与"⑦。这是意指,当我们面对一件艺术作品时,如面对一幢古代建筑、一幅过去绘画、一部历史小说,仿佛穿越了历史时间,直接倾听它们的诉说,而它们似乎特别面对我们进行述说。解释者面对任何时代的文本面,都具有共时性,历史的时间距离已被超越。因此,无论是多么久远的艺术作品,只要我们面对它并试图理解它,它都与我们处于共时性

---

① [德]汉斯-格奥尔格·伽达默尔:《真理与方法:哲学诠释学的基本特征》,下卷,洪汉鼎译,608页。
② [德]汉斯-格奥尔格·伽达默尔:《真理与方法:哲学诠释学的基本特征》,上卷,洪汉鼎译,213页。
③ 同上。
④ [德]汉斯-格奥尔格·伽达默尔:《真理与方法:哲学诠释学的基本特征》,下卷,洪汉鼎译,594页。
⑤ [德]汉斯-格奥尔格·伽达默尔:《真理与方法:哲学诠释学的基本特征》,上卷,洪汉鼎译,158页。
⑥ 同上书,166页。
⑦ 同上书,162页。

存在之中。这样,对于观赏和理解艺术作品来说,时间距离并不构成障碍。

第四节 精神科学解释学的基本特征与原则

伽达默尔论证了艺术领域真理的解释学特征之后,在《真理与方法》第二部分,他将解释学扩展到整个精神科学领域,讨论了精神科学的历史性,指出了精神科学中解释学的基本特征和原则,阐释了解释的语言性及其普遍性。

一、解释的概念

伽达默尔认为,凡是文本的意义不能直接被理解的地方,都需要解释;文本的意义清楚,但是文本表达的意义值得怀疑,也需要解释。① 这样,解释的范围就十分广泛。

(一) 解释的要素

解释包括理解、解释和应用三个要素,它们是不可分割的统一整体。关于理解,传统观点认为,思维是心里或意识活动,因而在哲学中,唯物论和唯心论就围绕意识与存在和思维与存在孰为第一性的问题,进行了长期争论。但这两个对立学派的一个共同点就是,把思维作为意识或精神活动,与存在或物质对立起来。伽达默尔认为,这种争论都没有正确认识思维的性质。早在古希腊,柏拉图就把思维看作灵魂与自己的内部对话,尽管他的"灵魂论"不可取,但把思维视为"对话"已经触及思维的本质。语言学晚近的研究成果揭示,"一切思维都是一种自我说话"②。因此,思维和语言具有同一性,理解与解释也具有同一性。③ 这种关于思维性质的认识,颠覆了传统思维与存在、意识与存在以及精神与物质的二元对立,思维作为内部语言或无声语言,是对存在的领会和理解,是存在的组成部分。

关于理解与解释的关系,传统观点认为,理解与解释不同,是思维活动,是解释的准备阶段。伽达默尔认为,"理解总是解释"。第一,"解释是潜在地包含于理解之中"。换言之,解释不是处在理解之后或之外,而是处在理解之中。理解的过程就是解释的过程。第二,"解释是理解的表现形式",这意味着,"解释只是使理解得到明显的证明"。第三,解释为理解

---

① [德]汉斯-格奥尔格·伽达默尔:《真理与方法:哲学诠释学的基本特征》,上卷,洪汉鼎译,436页。
② [德]汉斯-格奥尔格·伽达默尔:《真理与方法:哲学诠释学的基本特征》,下卷,洪汉鼎译,548页。
③ 同上书,520页。

创造了文本意义得以形成的视域。解释者接触文本之后,在解释中形成了理解文本的视域,并为自己视域同文本视域的融合,创造了条件。①

关于解释中的应用要素,容易产生误解。在近代的一个时期,解释学曾把应用排除在外。所谓应用,就是把对文本的解释应用于具体事例和情境,例如法官解释法律文本,就旨在应用于具体案件。实际上,任何解释总是包含应用。

第一,解释者把一般事务运用于具体事例,如解释者在解释"动物"时,就会将这个概念应用于具体的动物,如牛马猪羊等,甚至会提出人是否属于动物的问题。再如,当人们解释"暴君"概念时,就会应用到具体的君王,如古罗马的尼禄和古代中国的殷纣王等。

第二,解释者把一般事物应用到具体情境。例如,人们在理解古罗马法的公司或法官,就会联想到今天的公司或法官;人们理解文本中"杀人"概念时,就会联想到杀人的一些具体情境,并会追问,堕胎和安乐死是否属于杀人。

第三,解释中的应用把理论与实践联系起来,应用指向实践。因此,解释既属于理论范畴,也属于一种实践。因此,从解释学的视角看,法官与法学家所从事的是同样的工作。

第四,理解不是先于应用,而是应用处于理解之中。例如,法律在"具体境况里,以不同方式重新被理解","已经是一种应用";"对一条法律原文的意义的认识和这条法律在具体法律事件里的应用,不是两种分离的行为,而是一个统一的过程"②。理解乃是把其中普遍的东西应用于某个具体情况或特殊事例,只有应用要素发挥了作用,理解才算完成。

(二) **解释的结构**

解释由解释者与解释的对象构成。解释者可以是戏剧的观众、音乐的听众、小说的读者,也可以是建筑物的参观者、历史的研究者、法律的诠释者。解释者由作为主体的人构成,既包括专业者,又包括非专业者;既包括理论研究者,又包括实务工作者。

仅就精神科学而言,解释所包括的范围很广,戏剧、绘画、建筑、舞蹈、神话、小说、寓言、论文、法律、道德、宗教、哲学等,甚至"解释"本身也属于解释的对象。这些解释对象,在不同语境中可有不同称谓,如在涉及艺术时称谓"作品",涉及历史文献和实物时称为历史"流转物",它们在解释学的一般名称是"文本"。

就精神科学而言,解释的对象不仅包括语言性流转物,而且包括非语言性流转物,如没有文字的文物等。所有流转物,都是历史流传下来的文化物品,都承载着人类心智的精神信息。"我们在流转物中所遇到的东

---

① [德]汉斯-格奥尔格·伽达默尔:《真理与方法:哲学诠释学的基本特征》,下卷,洪汉鼎译,514页;也见[德]汉斯-格奥尔格·伽达默尔:《真理与方法:哲学诠释学的基本特征》,上卷,洪汉鼎译,399、401页。

② 同上书,400、402页。

西"在"向我们诉说着某些东西"①。"流转物的本质以语言性作为标志"②,因而非语言性流转物,也似乎在向人们"述说",具有潜在的"语言性"。在语言性流转物中,文字性流转物提供的信息比较具体、确定,最为重要。为此,在整个科学中,"历史流转物"可称为"文本",而阅读文本者则称为"解释者"。

应该指出的是,在进入解释过程之后,解释者就不再是主体,而文本也不再是"对象",因为解释者与文本互为对象,是一种对话关系。

二、解释的过程和原理

(一) 解释的历史性、前见与传统

1. 解释的历史性

这包括以下几层意思。第一,文本都是历史流转下来的物品,因此,精神科学所进行的理解,实质是历史理解;由于情境变迁,在每次理解中,文本"都以不同的方式被重新理解"③,这不仅意指,任何认真的理解,都会创造出新的文本意义,而且意指,解释只是生成不同的文本意义,而这种意义生成只是文本意义的扩展,并不必然是一种进步。第二,解释者受到前见的影响,也是历史的组成部分。第三,文本和解释者都不能超越历史之外,而只能处于历史之中,因此"历史并不隶属于我们,而是我们隶属于历史"④。

2. 前见与解释

第一,前见是指解释者的预先判断,如法官的先行判决,虽然并不必然错误,但毕竟是"没有根据的判断"⑤。"早在我们通过自我反思理解我们自己之前,我们就以某种明显的方式在我们所生活的家庭、社会和国家中理解了我们自己",因此,不存在脱离情境和关系的独立主体,"主体性的焦点乃是哈哈镜"⑥。换言之,个人深受社会关系的影响,前见深受历史情境的形塑。第二,前见不但受到传统的影响,也来自所处时代的局限,因此,想要超越或避免前见,绝无可能。例如,启蒙运动对前见的批判,就是对前见的前见。⑦ 第三,前见具有两面性,既包括合理的意见,也包括偏见。但人们无法把偏见从前见中剔除出去。对于解释来说,解释

---

① [德]汉斯-格奥尔格·伽达默尔:《真理与方法:哲学诠释学的基本特征》,下卷,洪汉鼎译,633页。
② 同上书,504页。
③ [德]汉斯-格奥尔格·伽达默尔:《真理与方法:哲学诠释学的基本特征》,上卷,洪汉鼎译,400页。
④ 同上书,357页。
⑤ 同上书,349、350页。
⑥ 同上书,357页。
⑦ 同上书,349页。

者的前见是影响解释的不利因素,但前见也是解释得以可能的有利因素。换言之,解释者的头脑处于没有前见的"白版"状态,无法对任何文本做出富有价值的解释。第四,前见只有被刺激时才意识到,"才能把我们得以进行理解的真前见与我们由之而产生误解的假前见区分开来"①。这意味着,解释者只有受到文本的刺激,才会反思并发现自己的前见,才有可能调整自己,放弃作为假前见的偏见。

3. 权威、传统与解释

启蒙运动把权威等同前见,把前见等同偏见,认为一切权威都是偏见的渊薮,都与理性相悖。因此,破除前见的锋芒就指向权威。伽达默尔认为,权威具有两类,一类是专断权威,这类权威取代了人们的判断,则是偏见的源泉,自然应予摒弃;另一类权威,则是以理性承认为前提,而不是以盲从为基础,如教师和专家的意见等,则可能积极因素,成为真理的源泉。② 因此,我们不应将权威与理性对立起来。

与启蒙运动相反,浪漫主义在反对启蒙运动的立场时,却滑入了另一个极端。浪漫主义崇拜传统,认为传统完美无缺,从而把传统与理性对立起来。

伽达默尔认为,与权威一样,传统也包含理性,但理性并不是一成不变的实在,而是处在变化的历史关系中。在精神科学领域,"期待现代科学及其发展能给我们提供某种新道德学,这显然是不可思议的"③。精神科学的真理既然无法采取自然科学实证和检验的客观方法,只能诉诸经验。经验只有在历史的过程中,才能得到验证。真正的经验就是我们自身的历史性的经验,而传统是经验的载体,也是经验得到检验的熔炉。我们只有在历史的关系中才能认识传统的要素。因此,当我们人类面向未来进行筹划时,传统就具有突出重要性:"传统要素构成精神科学的真正本质",故而"理解是置身于传统"的活动。④ "现代的历史研究"就是"传统的传递"。在研究中"我们每次都听到某种过去在反响的新声音",对于文本进行"提问题的人",也"从属于传统并接受传统的呼唤"⑤。

(二) 尊重文本:完全性意义预期

任何文本,都是对解释者进行历史的诉说。戏剧、音乐是有声诉说,而建筑和小说是无声诉说。观看一场戏剧,欣赏一张绘画,阅读一部小说,研究一段历史,分析一条法律规则,都是在倾听文本诉说。正如游戏一样,人们如果拒斥游戏,就不会理解游戏;如果在游戏中三心二意,就不会取得良好的游戏效果。因此,解释者不尊重文本,就无法真正进入文本,如果解释者用自己的前见,代替对文本意义的理解,就不会形成真正

---

① [德]汉斯-格奥尔格·伽达默尔:《真理与方法:哲学诠释学的基本特征》,上卷,洪汉鼎译,386页。
② 同上书,360~361页。
③ 同上书,360页。
④ 同上书,365、375页。
⑤ 同上书,367、490页。

的理解。为此,解释者必须首先倾听文本的讲述。"谁想理解,谁就准备让文本告诉他什么"①。因此,当我们阅读一封信件时,首先要把信件所言内容视为真实,把在场记者所言内容视为真实。同样,我们要把文本所言内容当作"完满真理"②。当然,人们没有义务一定要阅读或理解文本。人们想要接触文本,是源于文本自身的吸引力。"当我们理解某一个本文的时候,本文中的意义对我们的吸引恰如美对我们的吸引一样。在我们能够清醒过来并检验本文向我们提出的要求之前,本文的意义就已经自己在发挥作用,并自身就已经有一种吸引作用"③。

解释者尊重文本,似乎要完全服从文本。事实上,解释者对文本的完全性意义预期,所强调的重点不是完全听命于文本,而是解释者应对文本采取开放态度,倾听文本的声音。但解释者进入文本之后,至少有三种因素,可以确保解释者不会彻底被文本所吞没。第一,如前所言,解释者的前见,不会因为这种开放态度而消失。当解释者进入文本后,通常会遭遇同自己前见相冲突的陌生意见,即产生"熟悉性和陌生性的两极对立"④。在这种对立中,解释者的前见,不会全然"投降",而会在理解文本的意义中发挥作用。"谁试图理解文本,谁就必须拒斥某些东西"⑤。第二,在时间上,解释者与文本具有共时性。但掩盖这样一个事实,即解释者在时间循序上,后于文本。通常情况下,时间距离不但不是解释的障碍,反而是解释的一种积极因素,因为只有文本脱离当时的各种关系之后,"创造物自己的真正本性才呈现出来";"当它名存实亡到了只引起历史兴趣时,它的永存的意义才可客观地被认识"⑥。因此,"后来的理解相对于原来的作品具有一种基本优越性"⑦。第三,如上所述,理解包含着应用。解释者总是站在自己的处境,把文本内容具体化,应用到他所处时代的具体事态。这样一来,历史文本的内容就在理解的应用之维,得到了现实的再创造。

(三)解释学循环:一种重构

在解释中,人们如对文义有疑问,解释通常采取从部分到整体、再从整体到部分的方法。这种"解释学循环"可以追溯到古老的修辞学技巧,在近代演化成解释方法。通过施莱尔马赫的发挥和扩展,这种语文学的解释技巧,被用于心理学解释。施莱尔马赫把"解释学循环"划分为客观

---

① [德]汉斯-格奥尔格·伽达默尔:《真理与方法:哲学诠释学的基本特征》,上卷,洪汉鼎译,348页。
② 同上书,380页。
③ [德]汉斯-格奥尔格·伽达默尔:《真理与方法:哲学诠释学的基本特征》,下卷,洪汉鼎译,634页。
④ [德]汉斯-格奥尔格·伽达默尔:《真理与方法:哲学诠释学的基本特征》,上卷,洪汉鼎译,381页。
⑤ [德]汉斯-格奥尔格·伽达默尔:《真理与方法:哲学诠释学的基本特征》,下卷,洪汉鼎译,603页。
⑥ [德]汉斯-格奥尔格·伽达默尔:《真理与方法:哲学诠释学的基本特征》,上卷,洪汉鼎译,385页。
⑦ 同上书,382页。

与主观两个维度。客观之维所涉及的是理解作品的形式,即把个别词语置于作品的语境中来理解,并把作品置于其所属的文学类别中去理解。主观之维所涉及的是理解作者的心理。他认为,特定作品是作者"瞬间的创造性表现",理解作品的原意,需要结合作者的"内心生活的整体"①。这样,文本的解释不仅需要客观和主观结合,而且需要部分与整体结合。

伽达默尔认为,理解文本,并非理解它的形式,也不是理解作者的心理,而是理解文本的意义。因此,古代和近代的"解释学循环"理论都陷入了误区。正确的"解释学循环"是指,解释者与文本之间"内在相互作用"②,通过循环往复的互动和整合,对文本内容的意义达成一致意见。鉴于文本是存在的扩充,而解释者对文本意义的理解,参与了文本意义的创造,进一步扩充了存在,"所以,理解的循环一般不是一种'方法论的'循环,而是描述了一种理解中的本体论的结构要素"③。由此可见,传统的"解释学循环"经过伽达默尔的阐释,超越了与语文学和心理学的局限,被赋予新的含义。

(四)视域融合与效果历史

1. 视域的含义

人的存在是一种历史存在,我们总是处在某个处境里,想要超越历史关系理解这种处境,绝无可能。我们身在某种处境中,无法看清自己。这种处境决定了视觉的立足点和可能的视域。"视域就是看视的区域,这个区域囊括和包容了从某个立足点出发所能看到的一切";"具有视域,意味着不局限眼前之物,超出它向外观看";"谁具有视域,谁就知道按照近和远、大和小去正确评价视域内一切东西的意义"④。

2. 视域融合

历史意识要求,对于历史文本,不应从现在的标准和成见出发,而应"在过去自身的历史视域中来观看过去"。这意味着,只有进入文本的历史视域,才能进入文本的历史处境,站在文本的历史处境去思考文本内容的意义。谁不能以这种方式把自身置于文本的历史视域中,谁就会误解文本内容的意义。因此,"我们为了理解某个他物而必须将自身置于这个他物中"⑤。解释者处于当下处境,这种处境规定了他的前见,而这种前见限定了他的视域。然而,在他接触文本之前,他并不能发现自己的前见,甚至并不理解自己。当遇到他物时,人们自己的视域及其前见,才显露出来。"如果没有过去,现在视域就根本不能形成。"⑥解释者接触文本之后,他的前见与文本的意见,他的历史视域所显现的文本意义与自己视

---

① [德]汉斯-格奥尔格·伽达默尔:《真理与方法:哲学诠释学的基本特征》,上卷,洪汉鼎译,376页。
② 同上书,379页。
③ 同上。
④ 同上书,391页。
⑤ 同上。
⑥ 同上书,396页。

域所发现的文本意义,由于时间距离和处境不同,就会产生紧张关系。解释的任务不是"掩盖这种紧张关系,而是有意识地去暴露这种紧张关系"①。

如果视域凝固不变,那么这种紧张关系就无法协调。所幸的是,视域具有运动的特性。"视域其实就是我们活动其中并且与我们一起活动的东西"②。视域对于活动的人来说,总是变动不居。于是,上述两种视域的紧张关系暴露之后,都开始发生变化。一方面,解释者通过接触文本,会在受到刺激之后,反思并调整自己的视域,放弃某些前见;另一方面,正如医生与患者交谈,知晓他的视域,理解了他的意见,但并不一定会同意他的意见,解释者进入文本的历史视域,理解文本的意义,并不一定赞同那种理解,常常会重新理解文本的意义,即通过重构隐藏在文本内容之后的问题,对问题做出与文本不同的回答。上述两种视域在互动中进行调适和整合的过程,就是视域融合的过程。所谓视域融合,就是解释者与文本就内容的意义,"向一个更高的普遍性提升"③,超越了自己的前见和文本的意见,形成一个行动意见,这种意见是在两种视域互动整合中所达成的一致意见。

3. 效果历史

效果历史具有以下几层含义。第一,要使历史文本的"意义得以清楚而明晰地呈现时","总是需要这样一种效果历史的探究"④。所谓效果历史,就是通过解释对文本意义所进行的重构和重现表现,使文本某种新的意义得以突现出来。第二,效果历史是指解释中视域融合的状态和结晶。换言之,视域融合是对文本意见和解释者前见的超越,由此,文本内容的意义得到创造性提升,真理由此生成,而解释也富有成效。第三,效果历史包含解释学处境的意识,即意识到自己总是在一种处境中,想要阐明这种处境,是几乎不可能彻底完成的任务。"一切自我认识都是从历史地在先给定的东西开始的,这种在先给定的东西","是一切主观见解和主观态度的基础"⑤。这意味着,解释永远处在历史之中,并受传统制约。第四,效果历史是正确的理解活动的要素,它的"力量并不依赖于对它的承认"⑥。这就是说,解释者只要正确解释文本,效果历史意识就在其中发挥作用。

伽达默尔关于精神科学解释学特征及其原理的上述论述,旨在揭示以下几点。其一,解释活动既不是"我注六经",也不是"六经注我",而是解释者与文本的互动过程。这既超越了客观主义的研究进路,也超越了主观主义的思维范式。其二,视域融合的境界,并不能轻而易举,一蹴而

---

① [德]汉斯-格奥尔格·伽达默尔:《真理与方法:哲学诠释学的基本特征》,上卷,洪汉鼎译,376页。
② 同上书,393页。
③ 同上书,394页。
④ 同上书,388页。
⑤ 同上书,390页。
⑥ 同上书,389页。

就,而是一个循环往复的艰辛过程。真理绝不是等待摘取的现成果实。获得真理,需要勇气、耐心和努力。换言之,解释者只有敞开视域,"望尽天涯路",进入历史视域,才能虚心倾听文本的述说;只有经历了"衣带渐宽终不悔,为伊消得人憔悴"的艰辛过程,才能在文本的内容中披沙拣金,锻造出具有真理价值的创造性意义;解释者只有达到视域融合的境界,才会"蓦然回首","在灯火阑珊处"发现作为真理的"那人"。其三,解释活动的历史性意味着,任何解释都处在历史之中,都受到传统制约。因此,任何解释活动中生成的真理,都不具有终极性。一切解释的文本及其对文本的解释,都会受到重新解释。随着解释者及其处境的变化,解释也会变化,而在解释中真理也会随之变化和发展。

三、解释的语言性及其普遍性

在《真理与方法》第三部分中,伽达默尔系统考察了西方的语言思想史,考察并借鉴了洪堡和海德格尔等的语言学理论,在此基础上,分析了语言的性质,指出了语言与解释学的内在关联,并基于解释的语言性和语言的普遍性,把解释学适用到精神科学之外的领域。

(一)语言的本体论性质及其解释学意义

关于语言的性质,长期流行的观点认为,语言是附属于人的交流工具。但到了近代,关于语言性质的研究,取得了实质性发展。洪堡认为,语言是世界观。对于语言学的后来发展,这种洞见十分富有启示意义。维特根斯坦关于日常语言的研究,推动了对生活世界日常语言的重视。在语言领域贡献最大的是海德格尔。如上文所述,海德格尔揭示了语言的本体论性质,并指出了语言与解释的内在联系。伽达默尔创造性地把这些成果运用于他的哲学解释学。

伽达默尔分析了词语和语言的性质,阐释了词语、语言同世界的关系,指出了语言对于解释学的重要意义。

(1)词语的性质。词语的性质,是西方思想史上重点探讨的问题之一。纵观古希腊以来关于词语性质的研究,主要观点有两种。一种观点把词语作为事物的反映,或事物的镜像,即通过语言可以看到事物的本体;另一种观点把词语作为符号,这种符号标示出所意指的事物。伽达默尔认为,词语不是事物的反映,也不是符号。事物的镜像或影像是事物本体的反映或图像,不是一种独立的存在。至于"符号",代表的是某物,也不是独立的存在。实际上,苏格拉底认为词语如同绘画,词语"几乎就是一种类似摹本的东西"①,才触及词语的本质。词语的性质类同于绘画,是对事物的理解和表现。但是,按照柏拉图的理念论,词语是对理念

---

① [德]汉斯-格奥尔格·伽达默尔:《真理与方法:哲学诠释学的基本特征》,下卷,523、539页;洪译本将德文"Verbum"(英文"word")译为"语词",根据文中语义和中文表达习惯,笔者将其酌改为"词语"。

的描摹,原型优于摹本,摹本附属于原型。伽达默尔认为,原型在摹本中达到了表现,这种表现并不附属于原型,而是对原型存在的扩充。因此柏拉图误解了摹本与原型的关系。事实上,"意义的理念性就在词语本身之中","词语已经就是意义"①。词语作为事物的表现,这种表现为自身的东西"都属于其自身的存在"②。

（2）词语的经验性。词语并不先于经验,经验也不先于语言。事实上,经验与词语共在偕行。经验在词语中得到了表达,而词语的意义又随着经验的积累而被更新。词语内含经验的普遍性。

（3）语言是媒介。我们与自然界的关系,通过语言得以联系;我们的社会关系,也是通过语言得以建构。因此,"语言是联系自我和世界的中介"③。中介即媒介不是工具,而是类似网络和声波之物。没有语言,人类就无法进行理解和沟通。因此,"能被理解的存在就是语言"④。伽达默尔这句名言,具有以下几层意思。其一,一切解释都具有语言性,"语言的解释是一般解释形式",甚至非语言流转物也是"语言性解释的另一种形式"⑤。其二,理解过程乃是语言过程,"语言能让某种东西'显露出来'和涌现出来,而这种东西自此才存在"⑥。换言之,没有语言,诉诸解释的真理生成则绝无可能。其三,"一切解释都是通过语言的媒介而进行的",故而"语言就是理解本身得以进行的普遍媒介"⑦。

（4）语言是世界观。伽达默尔援引洪堡这句名言,主要的意思有以下几点。第一,人类生活在语言之中,"一切认识和陈述的对象总是已被语言的世界视域所包围"⑧。第二,所有的人,都"附属于某个语言的共同体",都"在这种语言中成长起来",而"世界在语言中得到表述",讲某种语言,"就必须以这种语言进行思考";语言所表达的内容,包含着某种价值观,即"对世界采取的态度"。因此,在接触和讲述某种语言时,就接受了内嵌语言的世界观。⑨ 第三,我们并不是语言的主体,而是被卷入语言之流中。事实上,不是"我们讲语言",而是"语言向我们述说"⑩。在这种语言之流中,我们的世界观得到了塑造。

（5）文字与语言。在历史流转物中,"理解语言流转物相对于理解其他流转物具有特有的优势"⑪。语言流转物,主要是文字流转物。文字语

---

① ［德］汉斯-格奥尔格·伽达默尔:《真理与方法:哲学诠释学的基本特征》,下卷,洪汉鼎译,540页。
② 同上书,615页。
③ 同上书,614页。
④ 同上书,615页。
⑤ 同上书,515页。
⑥ 同上书,495页。
⑦ 同上书,502、503页。
⑧ 同上书,584页。
⑨ 同上书,546、574~575页。
⑩ 同上书,601页。
⑪ 同上书,503页。

言准确保存了记忆,没有语言流转物的历史,并非信史。与此同时,语言文字中内嵌精神和理想,如果说解释学以语言为中心,那么,"文字的东西更是解释学的对象"①。

(二)语言的原型:对话与解释学

伽达默尔在论述语言问题时,为了揭示语言同解释的内在关联,以及语言对于解释学的重要意义,把对话作为语言原型。

(1)"语言按其本质乃是对话语言"②。最早的语言是日常对话,对话是自然语言。这种自然语言,作为对人存在的领会和解释,是与人类伴生的交流媒介。从对话出发思考语言,有助于理解语言的性质和解释活动的性质。

(2)对话至少涉及双方和所谈论的某事。这与游戏、戏剧和历史都具有同样的结构。实际上,人们一旦开始对话,就被卷入其中,而对话"就好像不受我们意愿支配而降临于我们身上的事件";"在每一场真正的对话中,我们都需要考虑对方,让他的观点真正发挥作用,并且把自己置身于他的观点中"③。在对话中,达成一致的是共同意见。实际上,对话的过程就是解释的过程;对话达成一致,就是视域融合。伽达默尔举了古希腊学者重视对话的例子,用来说明对话是真理生成的理想条件,如柏拉图的著作就主要采取对话体。"对话甚至可以使我们在不能达成一致意见、在误解以及在那种著名的对自己一无所知的承认下达到可能的一致意见。"④

(3)伽达默尔列举翻译,例证对话是一种创造性活动。如对话一样,"一切翻译都是理解"⑤。翻译须置身文本视域,在理解文本的过程中,立足于自己的处境,权衡表达效果,把另一种语言转译成母语;换言之,翻译是与文本对话,是"对文本的再创造"⑥。

伽达默尔援引对话来例证解释活动,还具有深层用意。其一,对话的日常语言最符合理解活动,在这种语言中,对话自然展开。相比之下,人工语言则是符号,如数学符号,是理解的工具,不利于真正的对话。许多抽象的命题,都背离了对话性质。其二,对话具有平等性,旨在协商的基础上达成一致意见,而心理治疗和审问,则不是真正的对话。同样,科技逻辑和政治命令、道德教条和法律规训,都是霸权话语,都会压制真理的生成。其三,并非所有对话都会产生真理,但在精神科学领域,对话是真

---

① [德]汉斯-格奥尔格·伽达默尔:《真理与方法:哲学诠释学的基本特征》,下卷,洪汉鼎译,510页。

② 同上书,下卷,579页;德文"Dialog"(英译"conversation"),洪译本在索引中译为"对话",但在正文中却译作"谈话",根据语义和中文表达习惯,笔者全部使用"对话"译名。

③ 同上书,495、498页。

④ [德]伽达默尔:《汉斯-格奥尔格·伽达默尔自述》,806页。

⑤ [德]汉斯-格奥尔格·伽达默尔:《真理与方法:哲学诠释学的基本特征》,下卷,洪汉鼎译,496页。

⑥ 同上书,498页。

理生成的典型方式;对话不需要方法,精神科学的真理生成,虽然并不排斥方法,但与方法并无必然的联系。"由运用科学方法所提供的确实性并不足以保证真理","但这并不意味着精神科学的科学性的降低"①。换言之,在精神科学领域,并不需要自然科学那套方法;真理的生成,并不需要方法,所需要的是类似对话那样的互动过程。

三、语言的普遍性与解释学适用范围的扩展

（1）语言的可变性。语言虽然具有一定稳定性,其中的内容塑造了人们的世界观。但是,语言并不是凝固不变之物,而是随着生活的经验积累而变化。一些语言被淘汰,另一些语言被赋予新的含义,还有一些外来词语进入当地语言。就横向而言,语言是不同语言共同体之间交流的障碍。然而,语言的重点在于表达事态,而这些事态存在于不同人群之中,某些独特的事态,通过解释也能够理解。人类世界是语言构成的世界。借助语言媒介,不同的共同体可以进行交流和沟通。因为"世界本身是在语言中得到表现。语言的世界经验是'绝对的',它超越了一切存在状态的相对性"②。人类世界是语言构成的世界,因此洪堡认为,语言从一开始就是人类语言;每种特殊语言世界,都向其他世界开放;世界就是语言地组织起来的经验与之相关的整体,世界观的多样性不意味"世界"相对化。③ 这意味着,人类不同的共同,借助语言可以进行沟通和相互理解。

（2）语言的普遍性。语言的普遍性意味着,语言覆盖精神科学和自然科学全部领域,自然科学也是人对存在的解释,而解释离不开语言。从这个意义上讲,解释学也在一定程度上适用于自然科学。但是,自然科学具有许多不同于精神科学独特性,其一,自然科学把自然现象作为研究对象,采取归纳和试验等客观方法,从而揭示其法则或规律。其二,在自然科学研究中,自身的历史即科学史只具有附属地位,但在精神科学中,历史作为经验的载体,是真理生成的源泉,是精神科学与传统对话,而"精神科学研究的伟大成就几乎永不会陈旧"④。

（3）自然科学通常不包含价值判断,具有纯粹描述事实的特征,而精神科学研究,无法摆脱价值判断。

但是,自然科学具有述独特性,并不意味着它与精神科学之间,存在绝对不可逾越的鸿沟。其一,科学把经验客观化,认为自在之物应受人的

---

① ［德］汉斯-格奥尔格·伽达默尔:《真理与方法:哲学诠释学的基本特征》,下卷,洪汉鼎译,635 页。
② 同上书,583 页。
③ 同上书,575、580 页。
④ ［德］汉斯-格奥尔格·伽达默尔:《真理与方法:哲学诠释学的基本特征》,上卷,洪汉鼎译,366 页。

支配,反映了"人类中心主义"的弊端。① 一旦把对自然界的征服和统治这种科学主义模式,套用到精神科学和社会问题,社会治理就把人作为物理对象,予以支配和征服,后果之可怕不言而喻。其二,自然科学研究也是人的活动,必然包含着人的心智,因此,"甚至数学的历史或自然科学的历史也是人类精神史的一部分,并反映人类精神的命运"②。因此,"自然科学的道路也并非就是方法论进步的道路","'范式'对于方法研究的使用和解释来说都具有决定性的意义。"③其三,自然科学也存在着如同解释学的问题,统计数字似乎是一种纯粹事实,但是,"这些事实回答的是什么问题,如果提出另外的问题,又将由哪些事实开始讲话却是解释学的问题"④。只有解释学的研究才能判定这些事实所含的意义以及由此而引出结论的合理性。这表明解释学已然渗入到自然科学之中。

总之,"因为人类的世界关系绝对是语言性的并因而是可以理解的",诠释学就不只是"精神科学的方法论基础",而"是哲学的一个普遍方面"。⑤ 这意味着,解释学不仅是适用于精神科学,而且具有哲学本体论的高度,在一定程度上涵盖了自然科学。

第五节　法律解释学的主要特点

在近代西方,自从把自然科学的范式和方法适用于精神科学,解释学就具有科学方法论的特征,并旨在通过这种方法发现客观真理。坚持这种观点的人认为,只有历史学和语文学等精神科学,才适合运用解释学,而法律解释是否属于精神科学,则存在疑问。因为法律解释学的主要目的,不是理解文本并发现其中的客观真理性,"而是想成为一种法律实践的补助措施,以弥补法学理论体系里的某些缺陷和豁裂现象"⑥。这样一来,法律解释学因其实用性,就显得有些不符合科学标准,遂有脱离整个解释理论的趋势。

伽达默尔认为,上述关于法律解释学的观点,是两种错误的产物。一

---

① [德]汉斯-格奥尔格·伽达默尔:《真理与方法:哲学诠释学的基本特征》,下卷,洪汉鼎译,584~588页。
② [德]汉斯-格奥尔格·伽达默尔:《真理与方法:哲学诠释学的基本特征》,上卷,洪汉鼎译,365页。
③ [德]伽达默尔:《汉斯-格奥尔格·伽达默尔自述》,805页。
④ [德]加达默尔:《哲学解释学》,夏镇平、宋建平译,10~11页。
⑤ [德]汉斯-格奥尔格·伽达默尔:《真理与方法:哲学诠释学的基本特征》,下卷,洪汉鼎译,616页。
⑥ [德]汉斯-格奥尔格·伽达默尔:《真理与方法:哲学诠释学的基本特征》,上卷,洪汉鼎译,421页。

是错误地把自然科学范式和方法,套用到精神科学领域,而没有把握精神科学的基本特征;二是关于解释的性质,传统解释学陷入了误区,认为理解在于发现文本中的客观真理。按照正确哲学解释学进行分析就会发现,法律解释学并不是精神科学的例外,而是完全体现了解释学的基本特征,并对精神科学的解释具有典范意义。

(1) 法律需要解释。法律事业与一般技艺不同。一般技艺只有严格遵守制作规则和标准,才能达到完美程度。但在法律领域,规则总是具有概括性,无法涵括生活中所发生的各种情况。更为重要的是,法律规则总是滞后于生活,即便制定了包罗万象的规则,时过境迁,将这些规则原原本本地适用到新的情境,也必然会产生削足适履的后果。因此,"法律不完善"是法律的不可避免的特点。① 这样,通过解释补充法律文本的不足,就十分必要。其实,这也是精神科学各个领域的共同特点,即通过解释文本内容的意义,使之适应变化的情境。

(2) 法律应用需要变通。法官在法律应用中,首先是认真对待法律文本,努力理解其中的意义。然后,他必须将法律文本予以具体化,适用于具体案件。在这个过程中,他会权衡利弊,考量得失,对文本的含义进行调适,对文本的内容进行变通,以使文本的应用产生最佳效果。他在这样做时,"并没有降低法律的声誉,而是相反","发现了更好的法律"②。实际上,法官适当解释法律的过程,就是解释学的视域融合过程。这种解释的产物,是创造性发展法律。

(3) 法律解释的可预见性。法官将法律文本应用于具体情境时,对法律文本的意义做出变通的解释,属于"创造性的补充法律行为"③。这就带来一个问题,即如何防止法官专断,从而确保法律的稳定性和可预见性。伽达默尔认为,法律文本是法律传统的组成部分。在法治国家,法律对于"法律共同体的一切成员都具有同样的约束力"④。作为法律解释者法官,在解释法律文本时,不可避免地带有前见。但是,法官的前见不仅受到当时处境的限制,而且也受到整个法律传统的约束。因此,法官必须"服从法律","判决不是产生于某个任意的无预见的决定,而是产生于对整个情况的公正的权衡"⑤。在一个法治国家,由于人人服从法律和尊重法律传统,由于法官的司法活动不仅受到法律文本的约束,还受到法律传统和法律实践的约束,因此,"任何一个律师和法律顾问在原则上都能给出正确的建议","根据现存的法律正确地预告法官的判决"⑥。不过,在专制主义国家,法律被用作统治的工具,"不可能存在任何解释学"⑦。

---

① [德]汉斯-格奥尔格·伽达默尔:《真理与方法:哲学诠释学的基本特征》,上卷,洪汉鼎译,413页。
② 同上书,412页。
③ 同上书,427页。
④ 同上。
⑤ 同上书,427页。
⑥ 同上书,428页。
⑦ 同上书,427页。

(4) 如前所述,一切文本都具有历史性,理解的历史性是解释学的原则。相比之下,历史学的历史性最为鲜明,因而是最适合解释学的领域。法史学属于专门史学,自然是适合解释学的领域。然而,法官等法律学家对现行法的解释,与法律法史学家对法律史文献的解释,是否具有不同的性质?伽达默尔对法律学家与法史学家的解释进行了比较分析。

伽达默尔认为,在这个问题上,主要存在两种具有代表性的观点。一是贝蒂(Betti)的观点。他认为,法律学家不仅理解法律文本的意义,还须将法律应用到现代的情境;法史学家任务,仅仅限于理解法律文本的意义。因此,法律学家的工作,包含法史学家的工作。二是萨维尼的观点。他认为,法律学家与法史学家一样,是解释具有历史性的法律文本,因而法律解释学"是纯粹历史学的任务"[①]。这意味着,法律学家的工作性质等同于法史学家,而后者只关注法律的历史性。伽达默尔认为,上述两种观点的错误在于,都是把应用因素排除解释之外。其实,法史学家在解释历史上的法律文本时,与法律学家一样,必然受到所处时代处境的影响,必然把有关文本的内容与所处时代的具体情境联系起来。同时,法律学家解释现行法律时,也必然关注法律的历史和传统。另外,法史学家和法律学家的法律解释,都涉及应用因素,不同之处在于,解释的结果是否得到实际执行,但这种差别并不影响法史学家与法律学家,在解释学基本原理上的共同性。他进而认为,法律学家、法律史学家、历史学家、语文学家以及神学家,在解释学的原理上,都具有共同体性:同时兼顾文本的历史与现实,一般概念与具体应用。[②]

关于法律解释问题,除了伽达默尔上述关于法律解释特征的具体论述,他的哲学解释学原理也适用于法律解释。从他的哲学解释学出发,法律解释具有以下特征。

第一,法律不是自然现象,而是属于人文社会领域的组成部分,因此,法律属于解释的范畴,而不是客观描述的对象。

第二,在表述法律内容意义方面,法律语言存在局限性,无法完全表达内容意义。因此,通过解释扩展法律文本的言外之意,不仅必要,而且必不可少。

第三,法律文本,无论是法典、法规,还是判例、习惯,一旦确立下来,在时间上就会滞后于变动不居的社会情境和具体事态,把这些文本机械适用于已经变化社会情境和具体事态,无疑会产生削足适履之谬。然而,频繁修改法律文本,又会削弱法律的稳定性和权威性。因此,通过法律解释,使法律文本的内容意义动态适应变化的社会情境和具体事态,便是法律发展的重要方式。

---

① [德]汉斯-格奥尔格·伽达默尔:《真理与方法:哲学诠释学的基本特征》,上卷,洪汉鼎译,423页。

② 同上书,421~426页。

第四,任何完备的法律文本,都无法覆盖复杂的社会境况和具体事态。因此,健全完备法律体系的想法,便显得幼稚。更可行的做法是,通过法律解释来弥补法律文本天生的不完备缺陷,从而使法律能够适用于所有社会情境和具体事态。借助法律解释的运用之维,就能够使抽象的概念和一般的规则适用于具体案件。

第五,在法律解释活动中,解释者并不是把法律文本对号入座地适用于具体案件,或者在文本含义有争议的情况下,只对文本的语义进行解释。实际上,解释者和文本的关系,类似于游戏中参加者、观众与表演者以及对话中对话者之间的关系,两者不是主-客关系,而是辩证互动关系。在这种互动中,理想状态是解释者与文本内容意义的视域融合,由此所产生的结果,既不是解释者完全服从文本的内容意义,也不是文本的内容意义完全服从解释者的前见,而是解释者前见与文本内容意义的互动整合,从而创生一种新的意义。

第六,在法律解释过程中,解释者和法律文本都处在共同的历史传统中,解释者受到传统的约束,因而任何解释都是传统的组成部分。与此同时,解释者对法律的解释,都会立足于当下境况,把法律文本运用于当下具体事态。因此,解释者既会虑及特定的法律传统,也会虑及法律文本运用的现实效果。因此,法律解释过程实际上是法律的历史与现实的互动整合过程。

第七,如同一般解释一样,法律运用是法律解释的组成部分,这个过程中,法律解释者既会虑及自己的真实意见,也会虑及当时法律共同体的基本共识。因此,法律解释是解释者个人心智与法律共同体共识的互动整合过程。

第八,一般来说,像从事文学和艺术作品的解释一样,任何人都可以从事法律解释。但是,作为科学意义的解释,需要某种知识背景和专业训练。就法律解释而言,与外行相比,法律人具有某些优势。例如,他们通常能够更准确地理解特定的法律传统,更准确地理解当下法律共同体的共识,更准确地理解法律文本内容的意义,从而理性地整合自己前见同法律文本内容意义之间的冲突。因此,与外行的法律解释相比,专业化的法律解释,通常更能满足正确解释法律的条件,更能反映解释学的普遍规律,因而对于法律的理论和实践更富有价值。

第六节　影响与评价

伽达默尔的哲学解释学,在西方乃至世界范围内哲学界,产生了巨大影响,受到了广泛的关注。

第一，伽达默尔的解释学，揭示了人类解释活动的主要特征和基本原理，指出了人类自我理解的性质及其方式。这种理论有助于摧毁科学主义对人文社会科学的统治，反思科技理性控制对人类心智的弊端，重构生命哲学的价值和意义。

第二，伽达默尔的解释学，考察了解释学在西方发展的历程，分析了理解和解释在真理生成中的重要作用，指出了解释的历史性、语言性和超越主-客进路的互动性，从而揭示了真理内在于解释之中的基本道理。根据伽达默尔的解释学，艺术、历史、道德、政治以及法律，并不是外在于我们的客观现象，而是与我们的经验及其对经验的反思并肩偕行。因此，如同历史、道德、艺术、政治等领域一样，法律是一个解释性概念。这种解释活动是我们心智和经验的体现。解释处在动态的变化之中，是一个永无穷尽的过程。在这个过程中，真理得以生成和发展。这种解释学角度的真理观，既颠覆了形而上学的客观真理观，也避免了主观主义的相对真理观，还超越了解构主义的真理虚无论。

第三，伽达默尔关于哲学解释学普遍性的观点，有助于我们重新认识自然及其自然科学的性质，反思人类中心主义的偏执和自负以及科学主义的局限性，并在自然科学领域，尊重自然，重视生命，珍视传统，理解他者。在对话和互动的基础上，重新构建自己与他人、现实与历史、理论与实践以及社会与自然的关系。

第四，伽达默尔的解释学，包含许多洞见，诸如解释活动与游戏、戏剧、历史和对话具有同构性，文本与解释学具有同时性，后来的解释者对于文本解释具有优势性，以及语言具有普遍性等。这些洞见对于我们思考艺术、历史、法律以及整个人文社会科学问题，都具有重要的启示。

第五，伽达默尔的解释学原理，对于法律解释具有一般的指导意义。他对法律解释的分析，例如法律解释的变通性、不完善性以及可预见性等观点，对于构建法律解释学，都具有理论的参考价值。实际上，伽达默尔的解释学对法学解释理论，已经产生了重要影响。德沃金的法律解释学，就受到了伽达默尔的解释学影响。[①] 另一位美国学者，耶鲁大学教授埃斯克里奇，则运用伽达默尔的解释学，阐释制定法的解释。[②]

伽达默尔的解释学，如同任何一种产生广泛影响的理论，也引起了许多争论和批评。其中最具有代表性的批评，来自意大利的贝蒂、德国的哈贝马斯和法国的德里达。贝蒂指责伽达默尔放弃了解释的客观性，具有相对主义之嫌。哈贝马斯批评伽达默尔的解释学，过分重视传统，对传统的扭曲结构和意识形态，缺乏批评力度。德里达的批评，主要指向伽达默尔解释学中关于对话的观点，认为预设人们在对话中会秉持善意，是一种

---

① 关于德沃金受伽达默尔影响的论述，参见本书第41章，第二节。

② 参见 W. N. Eskridge, Jr., "Gadamer/Statutory Interpretation", 90/3 *Columbia Law Review*, 1990, pp. 646-651.

空想,而把善意作为对话的先决条件,则有形而上学之嫌。上述批评,分别来自20世纪60至80年代。贝蒂的观点代表了传统解释学立场;哈贝马斯和伽达默尔,都属于真理共识论者,他的批评代表了大体相同进路的内部之争;德里达的批评则代表了解构主义的立场。①

纵观伽达默尔的解释学,参考学界对它的相关批评,我们可以认为它存在以下不足。

第一,在伽达默尔的解释学中,解释的历史性强调了传统的重要性。当然,重视传统并非恪守传统,而是强调解释过程的历史连续性。在解释过程中,视域融合包括解释者对文本意义和自己前见的双重反思,因而也包含了对传统的批判。在渐进性历史发展中,这种反思和批判并不显得保守。但是,在人们面对十分不合理传统的情况下,如极权暴政传统或种族歧视传统,伽达默尔的解释学,就显得过于保守。

第二,伽达默尔认为,在精神科学的所有领域中,真理的生成方式和原理基本相同。这种观点有助于认知人文社会科学的整体性和不同学科的内在关联。但与此同时,这种观点却掩盖了不同领域的特殊性。在社会和学术研究领域日益分化的今天,这种整体性的范式,不可避免地会忽略不同领域的内容具体性和意义的独特性,从而不利于它们的多元化发展。

第三,在伽达默尔的解释学中,真理的生成虽然并不脱离文本,并受传统约束和解释者处境的限制,但在同一时代中,处于同一处境的不同解释者,在理解同一文本时,由于他们的前见不同,对于文本意义的理解很可能出现分歧,并得出完全不同的结论。在法律解释学中,法官对作为文本的法典、法规或判例的理解就常常会出现分歧,因而对于同一案件,得出不同的判决意见,以致不得不采取少数服从多数的办法做出判决。这正是美国最高法院在判决实践中经常出现的情况。因此,解释的历史性和传统的共同体性,并无法确保法律解释的结果具有充分的可预见性。

思考题

1. 游戏、戏剧、对话与法律解释有何类似性?
2. 视域融合是什么意思?
3. 伽达默尔关于法律解释的主要观点是什么?

---

① 关于有关争论,参见[美]乔治娅·沃恩克:《伽达默尔——诠释学、传统和理性》,洪汉鼎译,130~169页;[加]让·格朗丹:《哲学解释学导论》,何卫平译,199~220页,北京,商务印书馆,2009;章启群:《伽达默尔传》,165~189页;[美]帕特里夏·奥坦伯德·约翰逊:《伽达默尔》(第2版),何卫平译,83~90页。

4. 伽达默尔的解释学对于中国的法律解释,具有哪些参考价值?
5. 法学为何不应套用自然科学模式?

阅读文献

1. [德]汉斯-格奥尔格·伽达默尔:《真理与方法:哲学诠释学的基本特征》,上、下卷,洪汉鼎译,上海,上海译文出版社,2005。
2. [德]伽达默尔:《哲学解释学》,夏镇平、宋建平译,上海,上海译文出版社,1994。
3. [美]乔治娅·沃恩克:《伽达默尔——诠释学、传统和理性》,洪汉鼎译,北京,商务印书馆,2009。
4. [加]让·格朗丹:《哲学解释学导论》,何卫平译,北京,商务印书馆,2009。
5. 章启群:《伽达默尔传》,石家庄,河北人民出版社,1998。
6. [美]帕特里夏·奥坦伯德·约翰逊:《伽达默尔》(第 2 版),何卫平译,北京,中华书局,2014。

第十三章 哈贝马斯的政治哲学与法学理论

在20世纪后期,西方人文社会科学领域涌现出几位公认的学术大师。尤根·哈贝马斯(J. Habermas)便是其中之一。他在哲学、社会学、语言学、政治哲学和法学等领域,出版了重要的著作,做出了创造性学术贡献。在政治哲学和法哲学领域,他的观点也独树一帜,自成一家,产生了广泛影响。

第一节 背景:生平、著作与基础性概念

一、生平与著作

哈贝马斯于1929年6月19日出生在德国西部城市杜塞多尔夫。他的父亲是当地工商领域的领导人,母亲是酿酒商的女儿,家庭属于中产阶级。在中学时期,哈贝马斯的未来职业规划是想成为一名记者,但同时也对哲学发生了兴趣。1949年,哈贝马斯进入哥廷根大学,选学了哲学、历史、经济、心理学和文学等课程。次年转入瑞士的苏黎世大学。一年后,他又回到德国,进入波恩大学主攻哲学,研读了康德、黑格尔、谢林、费希特、马克思、卢卡奇、海德格尔和萨特等名家的哲学著作,还涉猎了韦伯、涂尔干、米德、帕森斯等大师的社会学著作。在波恩大学的后两年,他开始在一些期刊上发表哲学文章,其中批评海德格尔的文章,引起了海德格尔大弟子伽达默尔的注意。1954年,哈贝马斯以《历史性与绝对性:论谢林思想的二重性矛盾》为题的博士学位论文,获得了通过。

哈贝马斯在随后的两年里成为自由撰稿人,在报纸杂志上发表评论性文章,成为社会文化批评的"思想游侠"[①]。在这期间,他的文章涉及广

[①] 陈勋武:《哈贝马斯评传》,43页,广州,中山大学出版社,2008。

泛的哲学和社会问题,但尚未形成自己的思想体系。就思想倾向而言,他被认为是一位"马克思—谢林主义者"[①]。

1956年,他加入了法兰克福社会研究所,成为阿多诺的助手。该研究所是"法兰克福学派"的大本营。该学派坚持马克思主义,采取批判理论进路,并坚持彻底否定纳粹的立场。所以这些特点,是他投奔该研究所主要动因。1959年,他离开了法兰克福社会研究所,进入马堡大学,得到博士后和讲师的位置。1962年,他出版的第一部学术专著《公共领域的结构转型》,好评如潮,影响颇大。在海德格尔高足伽达默尔的力荐下,他于1962年就任海德堡大学哲学教授。1964年,哈贝马斯就任法兰克福大学哲学和社会学教授。在20世纪60年代,他支持学生运动,但由于不赞成学生的激进做法和暴力倾向,于1969年同学生运动分道扬镳。

1971年,哈贝马斯离开法兰克福大学,南下斯坦堡,就任马普科学技术世界生活条件研究所所长。1981年,他的巨著《交往行为理论》正式出版。该书系统阐述了他的理论体系,涉及哲学、社会学、心理学、语言学、政治学和法学等多学科,成为他后期各个领域著作的基础。

1983年,哈贝马斯再次回到法兰克福大学任教,在继续撰写和出版学术著作的同时,还应邀到世界各地进行讲演。1993年,他的《在事实与规范之间——关于法律和民主法治国的商谈理论》正式问世,并产生了世界性影响。1994年,哈贝马斯正式退休后,仍然笔耕不止,进行学术论战,并参与各种重大政治、经济、文化等重大事件的评论。

哈贝马斯是一位十分高产的学者,主要著作有:《交往行为理论》、《重建历史唯物主义》、《理论与实践》、《认识与兴趣》、《现代性的哲学话语》、《后形而上学思想》、《作为"意识形态"的技术与科学》、《公共领域的结构转型》、《合法化危机》以及《在事实与规范之间——关于法律和民主法治国的商谈理论》等数十部。他不仅著作等身,而且主要著作已经成为经典。在世的学者能够见证自己的著作成为经典,实属少见。欧洲学院院士,英国科学院外籍院士,以及各种客座教授和名誉博士等荣誉头衔,再加上国际或德国十多个重要学术奖项,从一个侧面例证了哈贝马斯的重要学术贡献和广泛影响。与此同时,他积极参与德国、欧盟以及世界重大哲学、政治、社会和法律问题的讨论,并参与各种推动法治、民主和人权的活动,是一位富有影响的公共知识分子。

二、重要的基础性概念

哈贝马斯是个"跨界"学者,他的著作涉及许多学科,也涉及复杂的概念。他构建了一些基础性概念,不了解这些基础性概念,就无法理解他的

---

① 陈勋武:《哈贝马斯评传》,44页。

基本立场、观点和思想。这里我们主要介绍三个概念。

（一）交往理性

现代以来的西方，自由主义一直占据主导地位。按照韦伯的分析，现代社会的理性化过程，传统身份性共同体已经解体，以个人选择为基础的目的理性，占据了支配地位。目的理性在人与自然的关系上，称作工具理性；在人与人的社会关系中，称作策略理性。韦伯认为，以个人自由为出发点的目的理性，促成了科层制管理和形式理性的法律，而这种旨在保护个自由的体制，却导致个人"自由丧失"。同时，社会现代化也解构了伦理和道德等价值理性，宗教—形而上学体系坍塌。这颠覆了虚假的意识形态，但却导致了"意义丧失"。霍克海默和卢卡奇等法兰克福学派代表人物也认为，在现代社会中，工具理性取得了统驾一切的地位，从而导致了社会关系的物化。尼采和福柯等许多后现代主义者也对理性进行了批判，认为理性与传统的形而上学体系一样，是一种压抑个体心性、意志和欲望的意识形态，是虚假的普遍性和以科学之名对生命的规训。

针对上述观点，哈贝马斯认为，现代性的主要危机与目的理性占据主导地位有关，但不应由此彻底颠覆和否定理性本身，因为颠覆了理性也就颠覆了现代性。他认为，目的理性不等于理性本身，只是理性的一个维度；在目的理性之外，还潜藏着交往理性。交往理性与目的理性具有根本性差别：

（1）前者从主体间性出发，后者从单个主体的主—客进路出发；①

（2）前者以主体之间的理解为旨向，致力于通过对话和商谈达成共识，后者则以成功为旨向，即主体通过自己的策略或手段实现目的；

（3）前者把自己和他人同时当作目的；后者以自我为中心，把他人作为实现目的的手段和工具；

（4）前者侧重合作、商谈、沟通和讲理，后者强调竞争、博弈、算计和谋略；

（5）前者内在于以言行事的正常言语行为，后者内在于以言取效的扭曲言语行为；②

（6）前者重视主体的参与和讨论过程及其同意，后者侧重决断和选择。

交往理性概念的提出，得益于西方20世纪60年代以后的"语言哲学转向"，尤其受到了语言学家奥斯汀言语行为理论的启发。

---

① 关于主体间性哲学与主—客进路哲学（也称"主体哲学"或"意识哲学"）之争，内容复杂，这里无法展开论述，哈贝马斯的相关论述，可参见[德]于尔根·哈贝马斯：《后形而上学思想》，曹卫东、付德根译，南京，译林出版社，2001；[德]尤尔根·哈贝马斯：《现代性的哲学话语》，曹卫东等译，南京，译林出版社，2004。

② 关于言语行为与交往行为以及交往理性的关系，参见[德]尤尔根·哈贝马斯：《交往行为理论》，第1卷，273～320页，曹卫东译，上海，上海人民出版社，2004。

(二) 商谈视角

哈贝马斯从潜在于日常生活语言中的"以言行事"言语行为中,发现了交往理性,由此引申出交往行为。然后,他从交往行为中再提炼出一项涉及规范合法性的商谈①原则。

> 有效的只是所有可能的相关者作为合理商谈的参与者有可能同意的那些行为规范。②

这项原则具有这样几层含义:

第一,在现代社会,宗教—形而上学进路的规则合法性基础业已坍塌,从自然科学中也无法引申出社会组织形式和规则内容的合法性标准。因此,对于遵守规则的人们来说,只有他们所同意的规则才具有合法性。

第二,只有相关的人们从参与者而不是观察者的视角,经过实际商谈而认受(或如果实际参与了商谈能够认受)的规则才具有合法性。这项原则首先强调的是人们自我制定规则,从法律的角度讲意味着自我立法,只有人们既是守法者又是立法者之时,法律才不会成为外加的强制或负担,才会具有合法性。

第三,按照语用学的原理,如果人们承认了某种有效性要求,就应对自己的承诺采取施为态度,即承担言语行为中语内力量所产生的义务;如果通过商谈形成了某项规则,相关的人们就应遵守该规则,即便结果对自己不利,如违反规则而受到惩罚,亦复如此。由此,从商谈原则中以引申出另一项原则:一项有效的规则意味着,当所有的相关人们一般地遵守这项规则,对自己的利益和价值取向带来可能的不利后果时,他们愿意接受该后果。③

第四,这项商谈原则能够经受住商谈的检验,即只要人们采取交往理性的姿态,人们就会接受这项原则。

第五,这种商谈原则具有道德性质,但它的道德性在于其程序主义的性质,而非实体性。实体道德内容则是人们适用这种商谈原则通过商谈过程中所产生。

商谈原则是哈贝马斯"商谈伦理学"的核心部分。如果规则的合法性源于主体之间的商谈互动,那么商谈的条件和程序就至关重要。显然,商谈的程序如果不合理,对于商谈参与者施加某些限制和强制,参与者不能平等和自由地发表意见,或者参与者在商谈中心口不一,缺乏真诚性,那

---

① "diskurses(德文)"或"discourse(英文)"中译文为"话语"或"商谈",笔者以为,在哈贝马斯理论的语境中,译为"商谈"更达原意,故笔者采用这个译名。
② [德]哈贝马斯:《在事实与规范之间——关于法律和民主法治国的商谈理论》,童世骏译,132页,北京,生活·读书·新知三联书店,2003。
③ 此段话的译法采用英文本,J. Habermas, *The Inclusion of the Other: Studies in Political Theory*, ed. C. Cronin & P. De Greiff, The MIT Press, 1998, p. 42.

么,作为协商结果的规则就不会具有合法性。因此,通过商谈而形成的规则,其合法性主要不在于规则是否符合某种实体性标准,也不在于是否出自某种权威,更不在于个人的主观偏好,而在于相关人们参与规则的形成过程,在于商谈程序的合理性,在于商谈结果的可接受性。商谈结果的可接受性,很大程度上取决于商谈程序的合理性和公正性。为此,哈贝马斯提出了商谈的"理想言谈情境"。它们主要包括:

(1) 充分开放,不仅对于参与者保持开放,对于议题、程序以及其他相关的事项都应保持开放;

(2) 人人平等,即所有参与者一律平等,商谈中唯一的力量是那些令人信服的理由;

(3) 真诚表达,参与者应真实地表达自己的意见,如果言不由衷或委曲求全,自己就会忍受由此而带来的不利后果,如果出于个人的利益和偏好而对他人施加策略性影响,就会在面对质疑和批判而提供论证理由时变得捉襟见肘;

(4) 自由沟通,即商谈中任何人都可以提出自己的主张、要求或建议,但是所有主张、要求或建议的真实性和正确性,都必须接受批判的检验,而受到批判的主张者应提供论证理由。只有那些理由充分的主张、要求或建议,才具有更多得到人们认可的机会。①

至于商谈的类型,从不同角度可有不同类型:

(1) 立法和司法的角度,商谈分为论证性商谈与运用性商谈,前者涉及法律的合法性,后者只涉及如何将合法之法适当地适用于具体案件,所涉及的是法律适用的合理性。

(2) 立法商谈又分为实用商谈、伦理商谈和道德商谈。当立法不涉及伦理或道德问题,立法者可采取实用的立场进行商谈,许多涉及专业知识和技术的实用性立法商谈,就采取这种方式。伦理商谈涉及的是特定社会共同体的集体之善问题,如分配资源,协调不同阶层或领域的利益冲突,以及维护某些富有意义的生活方式等。道德商谈涉及的是人之为人的共同之善,要求商谈结果须对所有人类成员"有益无害"。基本权利的商谈就属于道德商谈。道德商谈的理性条件是人类所有成员的参与,但这在实践中无法操作,因而只能采取虚拟的形式,即人们采取普遍主义的视角,以换位思考的方式包容"他者"。

(3) 从非建制化的公共领域和建制化的公共领域的角度,商谈可分为非建制化商谈与建制化商谈。前者是指公民在非建制化的公共领域以松散和非程序化的方式,对公共事务进行讨论;后者是指议会按照立法程序,对于来自非建制化的一般公共领域的重要议题进行讨论;前者对后者施加影响和提供民意基础,后者对前者进行慎思明辨,对于认为已经

---

① 参见[德]尤尔根·哈贝马斯:《包容他者》,曹卫东译,47页,上海,上海人民出版社,2002。

成熟的议题,进行立法商谈。

(三) 生活世界

哈贝马斯的生活世界(lifeworld)的概念,借用于胡塞尔和许茨等人。他赋予了这个概念以新的含义。与生活世界相对应的是系统,后者是帕森斯和卢曼所提炼和阐释的概念。相比之下,两者具有以下区别:

(1) 生活世界是日常生活领域,如家庭和个人自愿组成社团等;系统是体制化的领域,整个社会系统分化为不同的子系统,如经济子系统和政治子系统等。

(2) 生活世界是松散和互动的行为领域,是以日常语言为媒介,以达成主体间理解为目的,实现社会整合;系统是组织化和一致性行为领域,二值符码作为区分,以非语言性媒介自我维持,追求成就,实现系统整合。政治和法律子系统分别以执政/在野与合法/非法作为符码,并分别以权力为媒介和以司法为中心,实现各自对全社会承担的功能;它们的功能分别是作出具有集体约束力的决定和稳定社会成员的规范性期待。

(3) 生活世界的基本单位是行为,正常行为是交往理性行为,扭曲行为是目的理性行为,生活世界的结构性要素是文化、社会和人格。它们分别承担意义的再生产、具有合法性社会规则的形成以及健康人格的培养,三者相互关联和互动。系统的基本单位是沟通,它的结构性要素因不同的子系统而有别。在法律子系统中,结构性要素包括司法、立法和合同等。每个子系统认知开放,规范封闭,不同子系统之间互为环境,彼此并不沟通,只是相互影响。子系统是否接受环境的影响,完全取决于自我维持的需要。

(4) 生活世界以交往理性为旨向,系统以目的理性为旨向;生活世界的界面和空间分为私人领域和非建制化公共领域,系统的界面和空间分为中心和边缘。

哈贝马斯认为,在部落社会,生活世界便开始分化,但当时的社会权力仍然以血缘关系为基础,因而独立的组织化系统并没分化出来。随着社会复杂性的增加,国家开始形成,政治体制遂形成一个凌驾于生活世界之上的独立系统。但是,这个政治子系统仍然没有彻底独立,其合法性基础建立在宗教—形而上学的意识形态基础上,因而政治子系统与生活世界在道德和伦理等规范上仍然保持联系,尽管这种联系仅仅具有形式性。社会在现代化过程中,进一步分化,由此经济体制从生活世界分化出来,切断了与社会道德和伦理的联系,成为一个完全独立的子系统。与此同时,政治子系统也失去了宗教—形而上学体系的支撑,也脱离了同生活世界的联系。还有,伴随社会现代化过程的理性化,法律也从政治子系统和生活世界中分化出来,成为一个独立的子系统。

哈贝马斯认为,随着生活世界的理性化,交往理性本来可以在摆脱了神话世界观和宗教-形而上学世界观之后,充分释放出整合社会的潜能。但不幸的是,目的理性却占据了支配地位,压抑了交往理性。结果是各个功能子系统脱离了道德和伦理等规范性基础,各行其是,并凌驾于生活世界之上,使生活世界遭受金钱和权力的宰制,使其本来可以达成人际团结的社会整合资源受到压抑。他把这种现象称作"生活世界的殖民化"①。

必须指出,哈贝马斯的用意并非彻底消解系统,使社会回到纯然的生活世界状态,而是旨在翻转生活世界与系统的关系,即不再任由系统与生活世界脱钩并反过来宰制生活世界,从而导致生活的意义丧失、规则合法性的丧失和健康人格的丧失。他认为,生活世界在理性化之后,只要摆脱系统的宰制,就能发挥交往理性的潜能,就能在商谈论民主的基础上,在法治国的架构中,形成具有合法性的法律,从而运用这种法律导控系统,使它们扎根于生活世界并按照源自生活世界的法律发挥功能,即系统整合服从于社会整合,权力和货币的系统整合服务于导向团结的社会整合。由此,高度复杂的现代社会才能实现全社会整合。②

第二节 哈贝马斯的法律与民主观

一、法律的事实性与有效性③

哈贝马斯认为,在现代社会,与宗教、习俗、伦理和道德相比,法律是社会治理的主要制度。法律作为规范性制度,源自生活世界的商谈民主基础,因而能够取得合法性;法律作为媒介,连接生活世界与系统。这样,法律在现代社会的整合中发挥首要作用。

一个社会要确保法律得到遵守,必须同时满足两个要件,一是使法律成为值得人们遵守的规则;二是具备推行法律的强制力。哈贝马斯把前者称作法律的有效性,将后者称作法律的事实性。他认为,法律的理想状态是既具备有效性,又具备事实性。但在历史上,这两者之间的结合一直成为难题。

在氏族社会,法律与习惯、道德和宗教相互交叠,形成了规则的复合体。法律的宗教化赋予了法律以有效性,习惯法一旦被赋予神灵的权威,有效性就不容置疑,并逐渐内化为人们的信念。然而,神灵之法要能够获得事实上的遵守,不能仅仅凭靠人们自觉遵守,还必须具有保障其执行的

---

① J. Habermas, *The Theory of Communicative Action*, Vol. 2, trans. T. McCarthy, Beacon Press, 1987, pp. 332-373.

② Ibid., pp. 383-403.

③ 童世骏先生将德文版中的"Geltung"(英译为"norms",即"规范性")译为"有效性",本文采童氏译本中文译法。参见[德]哈贝马斯:《在事实与规范之间——关于法律和民主法治国的商谈理论》,童世骏译,前言第2页的译者注②。

社会权威。否则,这种神灵之法在一些场合仍会落空。氏族首领等社会权力的出现,恰好满足了这种功能性需求。这种权力主要不是立法,而是运用习惯法裁决争议,解决冲突,并确保裁决结果得到执行。被赋予神灵之法的习惯法,一旦获得了这种权力的支持,就具有了事实性的约束力。纠纷当事人不服从这种法律,会受到现实制裁,如被放逐等。当时,社会权力具有原始民主的性质,缺乏国家产生之后政治权力的权威。社会权力如果缺乏权威,就很难得到服从。借助神灵之法赋予社会权力以合法性,就成为一个有效的解决之道,"因为神灵之法代表了一种赋予权力以合法性的正义源泉"①。这样,氏族社会就形成了一种互相反馈的过程,"神灵法律赋予权力以权威,社会权力给予法律以强制性支持"②。这意味着,一方面,习惯之法被赋予神灵之法的权威,从而取得了超越的有效性;另一方面,社会权力通过神灵之法的认可而被赋予合法性,转而成为支持神灵之法的现实力量,使得神灵之法取得了事实上的执行力量。

随着社会的复杂化和由此所导致的社会分化,法律规则开始从其他社会规则复合体中分离出来,并具有了相对独立的边界。氏族或部落组织也无法承担整合复杂社会的重任,遂由国家组织所取代。与此相应,先前的社会权力变成了与国家权力密切相连的政治权力,而氏族时期的神灵之法,也大多被纳入了国家的掌控之中。在国家产生之后和现代之前,法律与政治形成了相互构成的关系。换言之,国家借助法律,使政治权力合法化,而政治权力则把法律当作一种组织手段和统治机制。这意味着,法律赋予政治权力以合法性,而政治权力又是法律的主要制定者,赋予法律以合法性,两者相互利用,互为前提,循环构成。这背后隐藏的一个秘密,即政治权力实际上是通过其立法权,自我赋予合法性。但如果暴露这个秘密,政治权力和法律的合法性都会受到质疑,陷入危机。为此,各个社会都不得不寻求某种终极性合法性权威,把这种秘密隐蔽起来。它们通常做法是,宣称其政治权力和法律都源于宗教等神圣基础,使其获得终极的合法性。简言之,在这个阶段,宗教—形而上学体系为政治权力和法律提供了有效性基础。借助于这种拟制,法律获得了超越权威的有效性基础,同时获得了政治权力的支持,即获得了事实性保障。

进入现代社会之后,随着世俗化的"祛魅"和价值多元化,氏族社会的神灵和后来的宗教—形而上学体系,都受到了理性质疑,并被彻底颠覆。由此,整体的世界观和具有集体约束力的实体性道德伦理,纷纷解体。罩在法律与政治权力关系之上的神秘面纱,已被揭开,作为传统政治权力和法律的终极有效性基础,也随之坍塌。于是,现代政治权力和法律都面临着合法性危机。为此,西方现代初期的自然法理论,曾冀望从自然法中推

---

① [德]哈贝马斯:《在事实与规范之间——关于法律和民主法治国的商谈理论》,童世骏译,175页。
② 同上。

导出现代国家之法,把自然法作为现代法的基础,然后再以这种现代法作为政治权力的合法性基础。但是,这种进路只获得了暂时的成功,而无法获得持续和普遍的有效性。这是因为:第一,作为"自然法"基础的"自然状态",是预设的产物,并无真实的历史事实作为基础;第二,在承认"自然法"权威的人们之间,对它核心的内容存有严重的分歧;第三,在现代国家法确立之后,如果任由人们以"自然法"质疑并挑战国家法权威,现代国家法就会陷入危机。历史法学发现了自然法理论的缺陷,希望从"民族精神"的历史之维,重构现代法律的合法性基础。但随之而来的一个问题是,"民族精神"的概念过于抽象,且变化不定,难以捕捉。

面对以上困境,法律实证主义者开始正视法律与政治权力的现实关系。他们认为,现代法律是由政治权力所制定,而政治权力则从自己制定的法律那里,获得了合法性。当然,法律实证主义者在指出这一点时,只有奥斯汀最为直截了当,公开宣称法律是主权者的命令。其他人则并不如此,例如韦伯对形式理性法律表达了隐忧,凯尔森和哈特则不愿把法律的合法性归于政治权力,分别提出"基础规范"和"初级规则"之类的概念,作为法律象征性"第一推动力"。不过,卢曼的功能主义系统论,改变了传统寻求法律合法性的进路,宣称法律已经成为一个脱离了政治系统的独立系统,法律的合法性源于自身。在哈贝马斯看来,不同形态的法律实证主义有着共同特点,即主张法律的合法性或源于政治权力,或源于其自身的合法律性,①实际上是把法律的事实性等同于有效性,即认为法律的有效性源于其事实性,从而拒斥道德等权威作为法律有效性的基础。

在20世纪70年代,罗尔斯的正义论和德沃金的道德权利论,表明了重建法律合法性基础的努力。他们的共同之处在于回应法律实证主义理论,并试图超越法律形式和政治权力的局限,从法律和政治之外探寻法律合法性的根基。哈贝马斯认为,他们的努力方向无疑正确,但在路径上都存在严重缺陷。罗尔斯借助处于"真空"中人们的理性选择与合理博弈,推导出普适的正义原则;德沃金则试图在业已受到各种责难的自然法理论中,重新绽放出作为法律基础的"道德权利"之花。② 哈贝马斯认为,他们在此问题上的尝试都带有局限,惟有康德和卢梭两人,才摸索到正确的路径。康德和卢梭认为,在现代社会,只有公民通过民主自我立法的途径,才能从根本上解决法律的事实性与有效性之间的关系,由此法律才能

---

① "合法律性(德文 Legalität,英文 legality)"与"合法性(德文 Legitimität,英文 legitimacy)",是哈贝马斯政治和法学著作中常用的两个基本概念。前者意指法律的效力源于法律形式本身,后者意指法律的效力除了法律形式,还应源自法律之外的规范性基础,他认为这种基础主要是民主立法程序的合理性与规则内在理由的可接受性。法律的合法律性与合法性,涉及的是如何协调法律的形式与实质之间的关系;法律的事实性与有效性,涉及的是法律实施的外部力量与内在理由之间的关系。

② [德]哈贝马斯:《在事实与规范之间——关于法律和民主法治国的商谈理论》,童世骏译,70~80页;关于哈贝马斯对于罗尔斯理论的评论也见[德]尤尔根·哈贝马斯:《包容他者》,曹卫东译,59~118页。

既具有合法律性，又具有合法性。但是，卢梭采取的是宏观主体的进路，力主公民实行公共自主，而忽视了公民个体之间的差异和私人自主；公民在缺乏私人自主的情况下，通过公共自主自我立法的这种共和主义理想，无法得到具体实现。康德由于采取意识哲学的单个主体进路，其理论最终走向了自由主义的路径，他在关注公民的私人自主时，却忽视了公民实现公共自主的维度，因而其公民自我立法的方案也难以得到具体落实。

在处理法律事实性与有效性的关系上，哈贝马斯认为正确的做法在于以下几点。首先，在现代社会中，法律要成为值得遵守的规则，这就不应满足于法律的事实性，而必须使法律具备有效性，即不应满足于法律的合法律性，而必须使法律具有合法性。其次，在现代社会，法律的合法性基础既不能诉诸神灵，也不能诉诸传统；既不能冀望政治精英，也不能诉诸抽象的自然法理念，而应由公民自我立法。根据商谈原则，公民只有既是法律的承受者，又是法律的创制者，法律才能成为合法之法。再次，只有从主体间性的角度，公民通过交往理性的商谈和沟通，才能在民主的过程中产生合法之法。复次，交往理性和商谈民主基础上的立法，之所以具有合法性，不在于它具有实体性的超验基础，而在于它程序上的合理性，即公民在接近"理想言谈情境"的过程中，就法律问题达成共识或妥协；在于它的理由具有可接受性，即提出的论证理由足以令人信服。只有这样，现代法律才不仅成为事实性之法，而首先是有效性之法。最后，在现代社会，法律的事实性与有效性之间的张力无法彻底消解，因为法律合法性外在的、客观的或终极的基础、根基或标准已不复存在，① 故而只能退求其次，即通过立法过程的合理性和法律得以成立的理由可接受性，来确保法律的合法性。相对于仅仅诉诸法律形式而言，诉诸程序的合理性和理由的可接受性，无疑会使法律摆脱事实性，但是由此而形成的有效性或合法性，只具有相对的确定性和暂时的正确性，因为在多数情况下，立法程序只能接近但很难达致"理想言谈情境"的要求，而论证理由也具有流动性且会受到某种限制，因而商谈视域中的合法之法承认自身的可错性。为了使法律能够发挥稳定人们行为期待的作用，法律一旦经过合理程序并得到了充分理由的支撑，就必须当作有效之法或合法之法，以强制力实施之，直到发现了其中的缺陷并通过商谈程序和重新论证而予以修改和纠正。由于民主的立法商谈是一个持续过程，因而，法律发展的纠错机会就处在一个动态开放的状态。哈贝马斯所探讨的法律"事实性"与"有效性"之间的关系，实质上涉及的就是法学界长期争论的"实然"与"应然"之间的关系。他提出的解决方案是，诉诸交往理性和商谈民主，从程序的进

---

① 他认为，在传统社会，宗教—形而上学进路的基础、根基或标准，最终都诉诸神灵等超验权威。这些权威无法经受理性的反思和追问，因而实际上并没有解决法律的事实性与有效性之间的紧张，而是掩盖或转移了这种紧张关系。参见［德］哈贝马斯：《在事实与规范之间——关于法律和民主法治国的商谈理论》，童世骏译，171～180页。

路重建法律的有效性,从而适当解决法律的事实性与有效性之间的关系,即维持两者之间的适当的动态张力,使两者既不处于严重冲突的状态,任何一维被另一维所吞噬或取代。显然,这种方案既明显区别于片面强调法律事实性之维的法律实证主义,又不同于坚持法律终极有效性基础的自然法理论。

二、公共自主与私人自主

私人自主也称私人自治,是指私人对个人、家庭以及其他私事,自我安排、自主决定和自由选择。公共自主是指人们参与公共事务的管理、讨论和决定。私人领域和自主与公共自主,与私人领域同公共领域的分离相对应。

传统社会几乎都不存在真正的私人自主和公共自主。伴随现代化的进程,私人领域和公共领域开始形成,私人自主与公共自主也才真正成为可能。私人领域只受私法调整,个人被赋予不受政府干预的自由。与私人领域相对的,则是公共领域。公共领域由两个部分组成。

第一,非建制化的公共领域。它是指扎根于生活世界的非官方社会空间,包括私人在自主联合基础上所形成的公共领域。它在地域上包括社区的、地区的、全国的乃至国际的社会空间;在形式上可表现为集会、活动和展示等;在地点上可能是咖啡厅、啤酒屋、剧场、大街上等。[①] 非建制化的公共领域,属于非正式的政治意见或公共舆论的表达、交流和施加影响的场域,是松散的非组织化和非程序化的民意表达空间。通过这个空间,公民把自己的意见、观点、愿望和诉求,自由地进行表达、交流和讨论,并对民意代表机构即议会施加影响。在当代民主国家,最典型的公共领域是互联网等主要媒体所形成的公共空间。

第二,建制化的公共领域。它是指通过正式组织化的和程序化的公共领域,即议会。议会作为建制化的公共领域,倾听非建制化公共领域的呼声,对来自非正式的民意予以慎思明辨,然后加工成具有拘束力的法律。在哈贝马斯看来,建制化的公共领域应与非建制化的公共领域相互联通,前者负责形成政治意志,后者承担公共政治意见的表达,前者应以后者为基础。哈贝马斯认为,这两个部分并不应存在截然的分野,而应是一个无隔断和无中心的循环交流之网,通过这种动态的循环交流和持续的沟通互动,实现合法之法的循环生产和再生产。但是,两者之间应有一道"阀门",非建制化的公共领域的呼声,只有影响足够大,才能打开这道"阀门",才能促使建制化公共领域对公共政治意见予以正式考虑,然后将其认为合理的内容加工成法律。反过来说,建制化的公共领域必须对非

---

① [德]哈贝马斯:《在事实与规范之间——关于法律和民主法治国的商谈理论》,童世骏译,460~466页。

建制化公共领域的声音保持敏感,否则,民主立法就会蜕变为精英立法。

哈贝马斯认为,在西方社会现代化过程中,私人领域从身份性社会共同体独立出来之后,公共领域也开始形成。自发的公共领域对于推动自由、平等和民主的发展,发挥了重要的舆论催化和制度催生作用。但是,随着经济系统和政治系统自成一体,它们借助法律媒介将生活世界予以金钱化和权力化,公共领域中非建制化的空间受到了扭曲,而建制化的政治意志形成的空间即议会,也逐渐脱离了同生活世界的联系,蜕化成为政治系统的组成部分。他认为,这种局面的形成,与西方现代社会中占据主流的政治哲学及其实践密切相关。①

哈贝马斯认为,在西方现代政治哲学的理论和实践中,影响最大的思潮是自由主义与共和主义。自由主义在政治领域主要滥觞于洛克的理论,在经济领域主要起源于主张自由放任的古典经济学理论。自由主义视域中的主体,是以个人为本位的单个主体,所关注的主要是如何保障消极自由,使个人能够防止国家权力的侵犯。它的基本预设是,具有自由意志的个人,能够基于理性而实现自立、自决和自主,能够通过个人的计算、选择和博弈,实现利益的最大化,由此所有的人都可以实现共赢。为此,个人与生俱来的基本权利不应转让,必须握在自己手中。政府管得越少越好,其职能不应超出消极"守夜人"的限度。法律应以维护个人消极自由为主旨,为个人进行选择提供具体而精确的行为尺度。

哈贝马斯认为,自由主义强调私人自主,忽视了公共自主;共和主义强调公共自主,忽略了私人自主;商谈民主两者兼顾,认为没有私人自主,公共自主无从谈起,而没有公共自主,私人自主无法得到保障。例如,公民私人的生命、自由和财产自主权得不到保障,他们就无法参与公共事务的讨论和管理。反之,公民缺乏公共自主,就无法通过政治参与和公共意见,维护和改进私人自主。因此,现代社会只有同时保障私人自主和公共自主,使两者维持各自相对独立的边界,同时使两者彼此联通和互为前提,才能实现良好整合和健康发展。

三、人权与主权

哈贝马斯认为,从商谈视角重构私人自主和公共自主之间关系,而必须采取权利的形式,使每个社会成员作为公民而平等地享有权利。他认为,一个试图运用法律管理事务和协调生活关系的共同体,可以称之为法律共同体。现代世俗国家通常都是法律共同体,即社会成员以法律作为共同的联系纽带和认同符号。这样的共同体如果想要生活有序,合作互利,成员之间就应彼此承认是平等、自由的同伴关系,并应采取主体互动

---

① [德]哈贝马斯:《公共领域的结构转型》,曹卫东等译,1~3章,5~6章,上海,学林出版社,1999。

的视角,相互赋予以下基本权利:(1)平等的个人自由权;(2)成员身份权;(3)受法律保护权;(4)政治参与权;(5)生存条件权,主要包括社会保障与生态环境权。① 哈贝马斯提出的基本权利体系,旨在重构人权与主权之间的关系,具有以下几个突出特征。

第一,公民之间权利互赋。哈贝马斯认为,权利的来源不应采取"天赋"或"国赋"的进路,而应从商谈视域,即从主体之间权利互赋的视角来思考。由此,权利的根基无需外求"第一推动力",而内在于主体的交往互动和人际协商。这从根本上超越了西方权利理论和实践中占据主导地位的"自然权利"论。哈贝马斯对于权利的重构并非代替公民确立权利,而是一种"思想实验"②。他所提出的上述基本权利,实际上是"未填值的占位符",或"更像是为宪法制定者提供指导的法律原则"③。他认为,如果某个社会想要构建现代的民主法治国,该社会成员就至少需要这些权利。社会成员如果从交往理性出发,采取主体间的商谈视角,就至少会相互承认和彼此赋予这些权利。

基本权利体系关注的是公民之间横向关系。"那些在思想实验中重构起来的基本权利,对于每个自由和平等之法律同伴的联合体来说,都是具有构成性的;在这些权利中反映的是同时处于原初状态的公民的横向社会联系。"④对于现代的法律共同体来说,这些基本权利之所以必要,就在于它们对于所有的成员同样有益无害,人们如果想要自由、平等和有尊严地生活,就需要建构一种自由、平等的秩序,就应采取合作的姿态,相互承认各自同伴的资格和权利,否则就可能陷入强权的魔掌,或者陷入无序状态。

第二,整合不同代际权利。上述五项权利可分为三类。前三项权利是第一类,属于确保私人自主的权利范畴;第四项权利构成第二类,属于确保公共自主的权利范畴;第五项权利构成第三类,旨在为公民享受和行使前四项权利提供基本的物质条件和生态环境。哈贝马斯提出的权利体系,其核心在于确保私人自主和公共自主实现良性互动。在他看来,如果没有第一类权利,社会成员的私人自主就缺乏保障,第二类权利即社会成员的公共自主权也会落空。哈贝马斯认为,所有权利都同等重要,相互支撑和互为前提。但是,与其他几项权利相比,他更看重第四项权利。这并非由于此项权利比其他权利地位更高,而是由于在民主法治国中,公民只有享有这项权利,才能进行民主的自我立法,进而不断赋予、改进和发展其他权利,也是由于在自由主义占主导地位的现代西方国家中,与其他权利相比,这项权利尚未得到充分的行使和发挥。公民只有充分享有并行使这项权利,才能真正实现权利自赋和权利的可持续发展。譬如,通过

---

① 参见[德]哈贝马斯:《在事实与规范之间——关于法律和民主法治国的商谈理论》,童世骏译,148~150页。
② 同上书,164页。
③ 同上书,153~154页。
④ 同上书,164页。

这项权利的行使,公民可以赋予和发展保障个人隐私权等私人自主的权利,自己享受社会保障和生态环境的权利以及这项权利本身即政治参与权的内容和形式。

从权利的实现方式来看,第一类权利基本上属于公民防范政府侵犯和干预的权利,即自由主义所主张的消极自由权;第二类权利属于公民积极的政治参与权,即共和主义所看重的公共自主权;第三类权利主要是社会权利,即公民享有确保获得基本生活条件的权利。从权利的范围看,哈贝马斯的权利体系包括了西方权利发展过程的三代人权;从权利发生学的角度看,哈贝马斯的权利体系巧妙地囊括了自由主义和共和主义等权利要素。更为重要的是,他在整合不同的权利要素时,并不是简单将它们连缀和拼接起来,而是运用交往行为理论和商谈视角,把它们熔铸成为内在关联和相互构成的整体,从而实现了对传统权利理论的超越。

第三,权利法律权化。在西方,有人认为,除了法律确认的权利之外,还有以道德形式存在的权利。哈贝马斯认为,权利是现代法治的产物,没有变成法律符码的权利,不仅在认知上高度不确定性,而且在行动上也苍白无力。因此,权利需要法律化,而只有法律化的权利才是真实和可操作的权利。在他的基本权利体系中,横向产生的权利应随即得到建制化,即得到宪政体制的确认和支持,从而将个人的人权与国家主权联结起来。按照他的主张,社会保障和生态权,也应成为可诉的法律权利。这对于现代法治国家提出了很高的要求,即国家对于国民承担提供基本生活条件和清洁环境的法律责任。

他认为,权利与法律应同时存在和互相构成,没有法律,权利则无法存在和发展,因而权利应该采取法律的形式,即权利的赋予和保护都应采取法律的途径。权利一旦采取法律的形式,就变成了法律的一部分,就具有了可诉性。同时,基本权利不同于一般法律的地位,它们是普适性人权,具有法律原则和宪法性地位,一般法律是对它们的具体化。简言之,哈贝马斯的思路是,人权与宪法、其他权利与一般法律处于一个同构的动态过程之中,因为"权利的合法性和立法过程的合法化是一回事"①。

第四,基本权利体系是商谈的程序性条件。我们仔细斟酌就会发现,哈贝马斯提出的基本权利体系,所涉及的是程序性权利,而不是实体性权利。这些权利都是高度抽象的权利而不是具体的权利。哈贝马斯认为,从商谈视角出发,只能重构出一些基本权利。这些基本权利可以在法治国中作为法律原则,成为民主立法和通过立法赋予权利的逻辑起点,并对于民主过程提供一般的程序性架构。公民只有在进入实际的政治体制之后,才能通过民主立法将权利内容予以具体化。换言之,具体权利的确定和发展,应是特定民主法治国中公民自己的事情,任何观察者不应代替参

---

① [德]哈贝马斯:《在事实与规范之间——关于法律和民主法治国的商谈理论》,童世骏译,164页

与者来确定他们所需要的具体权利。哈贝马斯坚持认为,权利得到确认之前,必须经过相关人们的商谈过程。为了能够对具体的权利进行商谈,就需要某些基本权利作为程序性条件。这些条件可以为民主立法的"理想言谈情境"提供基本条件。换言之,只有具备了这些程序条件,公民具体的实体性权利才可能真实地产生出来。总之,哈贝马斯所提出的五项基本权利,不过是"占位符",其具体内容应由公民自己通过商谈来确定。

第五,权利是关系而不是物品。哈贝马斯认为,资本主义社会经历了自由竞争时期和福利国家时期两个阶段,与之对应的是形式法范式与福利法范式。他认为,这两种法范式对于权利的理解都存在缺陷。前者把权利留给了单个主体的个人去理解或自我"充值",而后者则把权利交给政府去界定和安排。这两种法范式的共同问题在于,它们都把权利作为可以分割和占有的物品,即或者个人通过市场博弈去"占有",或者通过政府的分配而"赐予"。在哈贝马斯看来,权利是关系而不是物品,是关于人们可以彼此通过商谈"做"什么的可能,而不是关于人们可以"有"什么的期盼和请求。后者主要是指福利国家时代,政府以家长的身份把权利作为某些"物品"进行分配与赏赐,而公民则失去了行使权利的主动地位。哈贝马斯的意思是说,公民的各种权利,不应从单个主体的视角来享有,也不应由政府分配给个人,而应由主体之间互惠地赋予。权利赋予的过程首先应在非建制化的公共领域中充分讨论,就所需要的权利要求和权利保护机制,达成基本共识,最终由建制化的公共领域即议会,通过民主立法过程,在法律上对这些共识加以确认,使之成为具有可诉性的权利。①

第六,人权与主权实现同构。在世界上,人权与主权关系的争论由来已久,但从未获得令人满意的答案。根据洛克的主张,如果政府违背了社会契约,没有保护反而侵犯公民的"自然权利",公民有权收回委托权,对暴政予以抵制和进行反抗。② 以洛克为代表的自由主义理论和实践,一直坚守人权高于主权的信条。按照霍布斯等主权绝对论,国家享有无可争议甚至不受限制的主权,人权应在主权之下。在许多非西方后发国家中,这种主权优于人权的主张尤其盛行,它们以"伦理相对主义"的人权观,来对抗自由主义的人权观。在这两种主张之外,共和主义则试图用"人民主权"的概念,整合人权与主权之间的冲突。按照卢梭的"人民主权"概念,人民只要享有主权,就可以把公意汇聚起来,实现自我立法。这样,人民就无需为自己保留某些基本权利,因为主权在人民的掌控之下,很难想象人民会制定与自己意志相悖的法律,会实施侵害自己权益的行为。"因为法律乃是公意的行为",而"公意永远是正确的"③。同时,只要

---

① [德]哈贝马斯:《在事实与规范之间——关于法律和民主法治国的商谈理论》,童世骏译,519~520页。
② [英]洛克:《政府论》,下篇,叶启芳、瞿菊农译,92、106、120~151页,北京,商务印书馆,1983。
③ [法]卢梭:《社会契约论》,何兆武译,51~52页,北京,商务印书馆,1980。

人民自己需要某些权利，便随时可以通过立法自我赋予和自主地发展它们。

哈贝马斯认为，自由主义所坚持的人权高于主权的观点，是基于自然法的进路，而这种进路所主张的"自然权利"，不过是从预设的"自然状态"前提推演出来，本身缺乏真实的基础。一些人所主张的相对主义人权观，如所谓"亚洲价值"的人权观，消解了人权的普遍性，其对外不利于国际人权的协调和发展，往往会产生主权之间的对抗和冲突，对内会助长国家权力的恣意和政府权力的膨胀，从而会把人权置于政府的任意定夺之下。① 他认为，在"后民族结构"的国际格局中，我们如果采取世界公民的视角，而不是特定国家公民的视角，现代国际法中关于国家的绝对主权论，就已经不合时宜。② 他同时认为，共和主义的人权观，其出发点和基本思路无疑可取，"人民主权"的概念本来具有整合人权与主权之间冲突的潜力，但共和主义却错误地从伦理共同体的宏观主体出发，错误地以公共自主取代私人自主，因而个人的差异被抹杀了，私人自主被取消了，个人人权被集体的人民主权"约分"了。此外，在私人自主不复存在的情况下，公共自主难以存续和健康发展，公民通过自我立法来把人权与主权整合起来的构想最终只能落空。按照共和主义的进路，人权可能被主权所统合，甚至可能被暴政所吞没。

哈贝马斯认为，人们只有从交往理性和主体间性的商谈视角出发，才能适当解决人权与主权的关系。他的总体思路是，把基本权利体系建制化为宪法原则，实现人权与宪政同构。这样，通过与宪法原则保持一致，主权就可以与人权联通。经过哈贝马斯重构后的主权是一种新型"人民主权"。这种主权之所以不同于共和主义的"人民主权"，在于它扎根于公共领域，与私人领域实现互动，并展现为无中心的公共领域交往之流和无限循环的民主过程。"人民主权的观念由此非实体化了"，它"体现在那种无主体的交往形式之中"，"成为无主体的、匿名的、消解在主体间性之中的主权，退入了民主程序之中，退入了实施这些程序的高难度交往预设之中"③。换言之，一旦通过商谈民主将主权与人权予以联通，并实现两者的互动同构和渐进发展，主权与人权之间的紧张关系就会得到实质性缓解。不过，由于现实中民主的程序存在不完善之处，民主的结果具有可错性，人权与主权之间的张力还会继续存在。不过，这种动态张力有助于推动主权和人权的互惠性改进，而避免两者之间的对立，或者一方吞噬另一方。

---

① [德]尤尔根·哈贝马斯：《后民族结构》，曹卫东译，142～146页，上海，上海人民出版社，2002。
② [德]尤尔根·哈贝马斯：《包容他者》，曹卫东译，172页。
③ [德]哈贝马斯：《在事实与规范之间——关于法律和民主法治国的商谈理论》，童世骏译，646页。

四、法治国的建构与基本原则

哈贝马斯认为,主体间互赋的基本权利体系,可以作为构建现代民主法治国的逻辑起点。然后,从宪政的角度,应把这些基本权利在纵向上予以建制化。因为横向的权利体系,仅仅依靠公民同伴的互惠承认和互动协作远远不够,还必须依靠纵向国家权力的保护。为此,他认为,民主法治国的建构,应遵循和体现以下四项原则。

(一)人民主权原则

经过哈贝马斯重构的"人民主权"概念,已经被赋予了新含义。它是指由非建制化和建制化共公共领域所构成的交往之流和交流之网。这个过程首先是非建制化公共领域的政治意见形成,然后是建制化的公共领域即议会把来自生活世界的意见和要求汇聚起来,进行理性的过滤与慎思明辨,加工成法律。议会原则便成为人民主权原则在法治国的派生原则。根据这项原则,议会的组成、选举和工作方式等都应在法律上予以建制化。除了议会原则之外,合法之法的产生还需要政治多元主义原则,这主要是指党派竞争原则。没有这一原则作为补充,非正式的政治意见形成就会停留在简单互动的层面。党派竞争原则可以把不同的意见相对集中起来,从而解除人人到场参与政治商议的负担,同时避免一党专政的弊端。

(二)保护人权原则

这项原则首先要求将基本权利在宪法上建制化。公民的主观权利只有采取法律的形式并得到法律的保障,具有可诉性,才不会落空。这就要求国家在立法中确认公民的基本权利,在行政过程中尊重这些权利,在司法中强化和发展这些权利。就司法而言,要求司法机构独立于立法机构和行政机构,并对立法和行政行为享有司法审查权。与此同时,司法的职业化和程序性应得到保障,司法判决应采取商谈视角,符合法律的具体规定和基本原则,体现保护人权的精神。

(三)行政合法律性原则

哈贝马斯认为,根据现代法治原则和分权原则,行政部门不能享有立法权,行政行为只能以法律的授权为前提。行政机构一旦享有立法权,同时执行自己所立之法,就会造成行政"自我编程现象"①的恶性循环。当然,行政机构可以制定行政法规或规章,但它们应以议会立法授权为限。按照行政合法律性原则,行政行为应符合议会立法的规定,行政立法应得到议会法律的明确授权。这意味着,行政机构只负责执行议会所制定的法律,仅仅关注自己行为的合法律性,而无须追问有关法律是否具有合法

---

① [德]哈贝马斯:《在事实与规范之间——关于法律和民主法治国的商谈理论》,童世骏译,231页。

性,因为确保法律具有合法性的任务,由民主的立法过程来承担。① 为此,法治国通常采取三种方式防止行政机构违反法律和滥用权力:一是议会对它的活动进行监督;二是司法机构对行政行为的合法律性进行监督和审查;三是公民个人、法人以及其他组织,如认为其权利受到行政行为的侵犯,可以对其提起宪法诉讼、行政诉讼以及民事诉讼。实际上,哈贝马斯从商谈视角,确认并重构了分权制衡的宪政体制,并坚持立法至上的原则。

(四)国家与社会相分离原则

自由主义在强调市民社会同政治国家相分离时,将两者置于对立的关系中。共和主义在主张国家与社会的整合时,模糊了两者的界限。哈贝马斯认为,在民主法治国模式中,国家与社会既不应处于对立关系,也不应处于没有界限的一体化关系,而应既保持联系,又保持距离。二者只有保持联系,国家与社会才能维持良性互动;二者只有保持距离,才能防止政府侵害社会公益和个人权益。

五、商谈民主

哈贝马斯认为,现代西方的民主理论和实践,归结起来主要可分为两大模式。一是自由主义民主模式;二是共和主义民主模式。这两种模式虽然各有特色和长处,但对于现代的社会整合而言,各自都存有不可克服的缺陷,因此需要对它们进行商谈视域的重构,从而实现扬长避短的超越,开辟出第三条民主的路径,即商谈民主。

为此,哈贝马斯对这三种民主模式进行了比较分析。

第一,自由主义民主的原型是市场,因而突出个人的竞争、博弈和选择,结果多是目的理性基础上的妥协。"公民公众只要仅仅被看作是竞争各方的战利品,他们就很难被推动去参加民主过程,或至少去仁慈地容忍它"②。共和主义民主的原型是一体化的伦理共同体,因此强调合作、沟通和团结,结果是取向交往理性的共识。他认为,商谈民主在气质上趋向共和主义民主,但是在文化和社会多元化的情况下,伦理共识难以达成,因此必须承认通过竞争和博弈实现妥协的必要性。但是,这种妥协应确保在程序上符合交往形式,规范上应与道德相一致。③

第二,自由主义民主的主旨,在于防范国家权力侵犯私人领域,因而突出强调公民的消极自由和主观权利。共和主义民主的主旨,在于公民通过公共自主,实现自我管理和自决实践,因而更看重公民的积极自由和

---

① 关于宪法法院或最高法院通过司法审查监督法律合法性(合宪性)的职能及其合法性,参见[德]哈贝马斯:《在事实与规范之间——关于法律和民主法治国的商谈理论》,童世骏译,第6章。
② 同上书,365页。
③ 同上书,202~205页。

政治参与。商谈民主认为它们各有偏颇，主张把两者结合起来，实现私人自主和公共自主互为前提，消极自由和积极自由良性互动。

第三，自由主义民主在形式上重视政治选举和代议制，希望公民的投票能够得到政治系统的相应回馈，通过竞争和博弈对政治系统施加压力和影响，因而更关注政治系统能够产出所期待的法律和政策；①共和主义民主反对代议制，主张公民直接参政议政，即通过直接政治参与自我立法和决策，认为公民相应的参与会得到相应的回报。商谈民主则尝试把两者结合起来，主张非建制化的公共领域与建制化的代议制机构实现联通互动，公众非正式的政治意见与议会的政治意志之间，形成交往之流和沟通之网，从而把大众民主与议会精英民主整合起来，实现直接民主与间接民主的良性互动。

第四，自由主义对于民主保持警惕，认为民主可能造成"多数暴政"，因而主张用人权和宪法来约束和"锚定"民主的方向；共和主义对民主深信不疑，认为根据人民主权的原则，公民可以通过民主随其所愿地塑造人权和宪法。相比之下，自由主义更重视法治，而共和主义更重视民主。商谈民主则取两者之长，认为人权和作为人权建制化产物的宪法，对于民主十分重要，不仅为民主提供了结构性条件，而且对于民主的精神和原则具有范导性意义；同时认为，人权和宪法都是具体语境下商谈的产物，其规范的正确性和价值的普适性，需要接受不断的检验，因此，公民民主不仅能够而且也应该不断地改进和发展人权与宪法。换言之，商谈民主比共和主义更重视法治，但比自由主义更重视民主，在两者的关系上，天平倾向了民主，尤其是倾向了非建制化公共领域的民主。

第五，在民主与法律的关系上，自由主义看重民主立法程序的合理性，共和主义看重民主立法结果在规范上的正确性，商谈民主兼顾两者，强调只有商谈民主的程序才是合理程序，而法律的正确性不在于它是否符合实体性道德或伦理，而在于其论证理由的可接受性。

第六，在法律与政治权力的关系上，自由主义民主原本想要运用个人自由和社会自治，来压缩政治权力的活动空间。但由于政治权力成为个人权利博弈和社会力量冲突的裁决者，在福利国家时代成为了社会福利的提供者，因而政治权力最终成为了凌驾于社会之上的中心。共和主义民主主张通过人民主权和公共自主，把个人和社会生活全部政治化，同时通过直接民主的方式，使政治民主化。但在复杂现代社会，直接民主无法运行，民众情绪易于受到某些野心家的操纵，因此，社会泛政治化易于蜕变成极权暴政。结果，公民的私人自主和个人自由不复存在。商谈民主反

---

① 自由主义"取向的不是一种合理的政治意志形成过程的这种输入，而是总体上成功的政府行动这种输出"；"自由主义模式所依赖的关键不是进行政治商议的公民的民主自决，而是对经济社会的法治国管理，这种管理应该满足那些忙于生产的私人们的幸福期望，并以此来确保一种本质上非政治性的共同福祉"。[德]哈贝马斯：《在事实与规范之间——关于法律和民主法治国的商谈理论》，童世骏译，370页。

对政治权力脱离社会和生活世界而自成一体,主张公民应积极行使政治参与权,通过扎根于生活世界的公共自主,为政治权力提供政治意见的资源,并对政治权力的产生和运作过程进行良性导控。它同时反对社会泛政治化,主张社会与国家应保持距离,法治应成为民主的基本架构,人权应成为宪法的基础,公众的政治意见应经过议会的慎思明辨。这样,商谈民主视域中的政治,在范围上宽于自由主义的主张,但窄于共和主义的主张。①

哈贝马斯重构的民主理论具有以下几个特点。

首先,这种理论摆脱了自由主义和共和主义主体哲学进路的民主观,不再从单个主体或宏观的集体主体出发,而是从主体间性的视角出发,把主体消弭于无主体的交往中,因为"公共领域之交往网络中所发生的理解过程,体现了一种高层次主体间性",是"无主体的交往过程"②,一旦无主体的交往形式支配政治意见和意志的形成过程,民主就走出了主体的封闭性和主—客进路的狭隘性,具有商谈气质。

其次,这种理论摆脱了自由主义和共和主义两种民主模式的共同倾向,即国家中心主义倾向。本来,自由主义以个人和社会为本位,但个人之间的冲突和博弈需要国家的客观法来协调和规制,因而自由主义的民主最终不得不把目光落在国家的法律和政策输出上,不得不把国家看作经济与社会的监护人。在福利国家时代,国家中心主义的倾向尤其明显。共和主义原本主张社会中心主义,旨在实现个人、国家和社会三位一体。它把社会设想为一个作为整体的主体,旨在通过民主的政治参与实现自我管理。但在日趋复杂的现代社会,人民主权与国家权力实现同构不过是一种幻想,人民也无法形成一致的价值共识,因而国家权力最终不可避免地成为社会的核心。在缺乏法治架构的情况下,共和主义的国家比自由主义的国家更容易走向独裁。商谈民主已经不再具有中心,因为通过公共领域中非正式意见形成与建制化的意志形成之间的互动,公民政治自主权、人民主权和国家权力便交叠在一起。哈贝马斯指出:"在商谈视角的法治国概念中,人民主权不再体现一种自主公民的有形聚集之中",而是"被卷入一种由论坛和议会团体所构成的可以说是无主体的交往循环之中"③。

最后,商谈民主突出强调公共领域非正式的政治意见表达和形成的重要性。在他看来,非建制化的公共领域扎根于生活世界,在那里,以言语行为为媒介的交往理性得以展开,以主体间商谈为基础的共识得以形成,"公共领域的交往结构则构成一个分布广泛的传感器网络,这些传感

---

① [德]哈贝马斯:《在事实与规范之间——关于法律和民主法治国的商谈理论》,童世骏译,7、8章;参见附录二:《作为程序的人民主权》;[德]尤尔根·哈贝马斯:《包容他者》,曹卫东译,279~292页。
② [德]哈贝马斯:《在事实与规范之间——关于法律和民主法治国的商谈理论》,童世骏译,371页。
③ 同上书,168页。

器对全社会范围的问题状况做出反应,并激发出有影响的舆论"①。为此,从民主理论角度来看,公共领域还必须把问题压力放大,造成一定声势,使得议会组织听到有关问题的呼声,并将其纳入立法讨论的议题。②现代社会的治理模式主要是实行法治,而只有使法律植根于生活世界,通过公民以交往理性为基础的政治参与,借助公共领域中公众的自由表达及其所达成的共识,议会的立法才能获得丰富的民意资源和坚实的民主基础,且只有在此基础上通过商谈而形成的法律才具有合法性。当然,哈贝马斯认识到了非建制化公共领域中可能存在的障碍和扭曲,如交往惰性、异议风险、强大社会利益集团的操纵,以及公民政治参与的消极性等。③他认为,生活世界的背景共识,可以降低公共领域中异议风险;对各种观点的反思与批判和诉诸理由的论证过程,有助于揭露并清除各种对公共领域的"私用"。他主张把经济系统排除于市民社会之外,以便使市民社会成为公共领域的重要基础;④通过启蒙来提高生活世界的理性化水平,以便使得交往理性的潜力得到充分发挥;公民通过学习逐渐培养自由的政治文化,从而激活公民的政治参与意识和提高公民实现公共自主的积极性和主动性。

六、法律与道德

在传统社会,基于宗教—形而上学基础上的道德不仅被赋予了普遍性,而且被赋予了终极性。因此,传统法律以道德作为合法性基础。但社会现代化过程解构了传统的宗教—形而上学世界观,传统道德的根基被连根拔起。由此产生的一个问题是,道德是否继续构成现代法律的基础?如果回答是肯定的,那么随之而来的一个问题就是,现代道德的基础又何在?如果回答是否定的,那么直接面对的一个问题就是,现代法律的基础又是什么?在现代西方政治哲学和法学传统中,人们围绕法律与道德关系,展开了激烈而持久的争论,但始终没有能够找到满意的答案。

自然法学派和法律实证主义,是现代西方法学中影响最大的两大流派。它们之间的差异虽然很多,但其中根本差异在于法律与道德的关系。自然法学派的主流观点坚持法律与道德密切关联,主张道德是法律的基础;法律实证主义则主张法律与道德相分离,法律与道德可能存有一些联系,但并不以道德为基础。必须指出的是,自然法学派分化为自由主义和共和主义两种进路,而法律实证主义者则主要为自由主义者。鉴于这

---

① [德]哈贝马斯:《在事实与规范之间——关于法律和民主法治国的商谈理论》,童世骏译,373页。
② 同上书,445页。
③ 针对彼得斯指出的"交往惰性",如内在动机、信息成本和决策成本以及个人能力的不均衡等,哈贝马斯做出了具体回应,参见同上书,401~402页、382页。
④ 同上书,454页。

种交叉关系,哈贝马斯在论述法律与道德的关系时,不再使用自由主义和共和主义范畴,而是运用自然法学(或"理性法传统")和法律实证主义这两个范式。

在自然法学传统中,霍布斯和康德代表了两极。霍布斯认为,人们为了避免陷入动物世界那样无序的"自然状态",必须把基于自然法所享有的"自然权利"毫无保留地转让给政府,至于政府所制定的法律内容如何,公民都必须接受。康德主张,法律应基于作为"绝对命令"的道德,政府甚至人民也无权改变这种基于道德律令的法律。"对于霍布斯来说,实证法说到底是政治统治的一种组织手段,而对于康德来说,它还保持着一种根本道德的性质";"霍布斯为了得到法律实证性而牺牲了它的不可随意支配性,而在康德那里,从实践理性中先天地引申出来的自然法则或道德法则,则居于太高的地位,使法律有融化进道德的危险:法律几乎被还原为道德的一种有缺陷模态。"[①]

在这两极之间,关于法律与道德的关系,存有各种各样的观点,其中洛克的观点可以作为中间的立场。他认为,在"自然状态"中,人们根据依照道德性质的自然法而享有"自然权利",其中核心权利是生命、自由和财产权。但在缺乏政治权力和正式司法权威的情况下,人们对"自然权利"的享有,诉诸自力救济和人际博弈,缺乏组织和制度性保障。为此,人们有必要订立社会契约,把自己的"自然权利"转让给社会,成立政府,通过实在法把"自然权利"变成法定权利。但是,为了防止政府滥用权力,剥夺和践踏公民的各种权利,公民在订立"社会契约"时,不应把全部权利转让出来,而有必要把基本权利保留在自己手中,以便在政府违背"社会契约"时,运用这些道德性质的基本权利与之相抗衡,反抗独裁政府。洛克的理论一方面坚持了法律与道德的联系;另一方面也为政治立法者预留了足够的空间。但他的理论至少具有两个缺陷:第一,如同其他自然法学理论一样,"自然状态"纯属虚构,因而从中引申出来的具有道德性质的"自然法",缺乏坚实的基础;第二,基本权利的不可改变性论证,源于主—客进路的思维模式,而这仍是形而上学的路数,基本权利是由旁观者而不是由参与者自己确认和发展,从而排斥了特定社会公民通过民主来确认和发展权利的主动性和动态性。

法律实证主义也有不同的变种。在法律与道德的关系上,奥斯汀与哈特代表了两极。奥斯汀把法律看作主权者的命令,由此"整个法律被剥夺了规范性质,仅仅被赋予工具性的特征"[②]。哈特主张把法律的"应然"与"实然"之维分离开来,法律的合法性源于法律自身,但他却不敢彻底铲除法律的根基,而是用"初级规则"作为法律产生的"第一推动力",继而

---

① [德]哈贝马斯:《法律与道德》,载[德]哈贝马斯:《在事实与规范之间——关于法律和民主法治国的商谈理论》,童世骏译,附录一,童世骏译,607页。
② 同上书,600页。

形成"初级规则"与"次级规则"的持续循环。哈特与奥斯汀不同,他虽然主张法律无须必定与道德相联系,但是并不排斥法律与道德的联系,而"最低限度内容的自然法"概念则反映出他在法律与道德关系上,对自然法学做出了重大让步。就法律与政治的关系,奥斯汀的"命令说"代表了法律与政治密不可分的观点,哈特坚决反对这种"命令说",主张法律具有独立于政治的自主性。卢曼的系统论把哈特的法律自主性推向了极端,认为现代法律是一个自创生的独立系统,政治只是作为它的"环境",以"结构耦合"的方式对之施加影响。

哈贝马斯认为,在现代社会,法律与道德的关系所涉及的问题实质是,法律是否仍然需要某种不可随意支配性环节?如果回答是肯定的,那么这个环节又是什么?如果回答是否定的,就可能意味着法律等同于政治统治的工具,或变成一个脱离规范性的功能系统。他认为,自然法学重构法律道德基础的努力无疑可贵,因为"从这样一种契约模式中,可以引申出一个合理的意志形成过程的程序性条件"①,但这种努力由于陷入了主体哲学的困境,因为从主—客的进路无法建构出来具有普适性的实体道德内容。在现代社会,"任何想在理论上一劳永逸地从最高原则中引申出私法和公法之基础的企图,都必定在社会和历史的复杂性面前搁浅"②。因此,伴随着18世纪开始的欧陆国家法典编纂和"遵守先例原则"在普通法国家的确立,自然法学便退场,"无论在私法学说中,还是在法治国理论中,康德的那个把政治和法律置于理性法的道德律令之下的构造,都被否定了"③。此后,各种形式的法律实证主义则占据了主导地位。法律实证主义认识到,在现代社会道德多元化的背景下,重构法律的道德基础会面临无法逾越的困境,因而主张现实地面对法律与政治权力的相互构成关系,甚至正视法律成为一个独立系统的事实,不再把道德作为法律的合法性基础。然而,实在法的道德基础虽然"不可能以高高在上的理性法的形式来说明",但"这种道德基础也不可能在没有等价物来替代的情况下消除掉,不然法律就会失去本质上内在于其中的那个不可随意支配性环节"④。

那么,如何重建法律与道德的关系,从而使得现代法律重获"不可随意支配性环节"?为此,哈贝马斯回顾了韦伯关于现代法律趋于形式理性化的观点。他把韦伯的形式理性法律概括为三个向度,即追求确定性的规则性、为个人提供活动空间的选择性和保障体系自洽的科学性。⑤ 针对韦伯的观点,哈贝马斯认为,首先,现代法律从来就不是只有形式而无

---

① [德]哈贝马斯:《在事实与规范之间——关于法律和民主法治国的商谈理论》,童世骏译,567页。
② 同上书,609页。
③ 同上书,611页。
④ 同上。
⑤ 同上书,560~569页。

道德,宪法原则和许多其他法律的原则就"既具有法律性质,也具有道德性质"①。其次,自然法中的契约论,强调法律规则应得到相关者的同意,为传统的法律向现代实在法过渡,提供了一个桥梁。这表明,"在向现代法的过渡中,道德意识的变化又一次发挥了法律发展之领步人的作用"②。最后,法律的实质化是对法律过分实证化的反应,表明了法律脱离道德等规范而放纵事实性所带来的危机,而20世纪后期自然法学的复兴,以及其他重建法律与道德联系的努力则表明,法律实证主义已经在理论和实践中遭遇到了困境。

哈贝马斯认为,在现代社会,道德和法律都受到了理性的洗礼,正像法律成为了理性的法律一样,道德也成为了理性的道德。理性道德与传统道德的一个重要区别,就在于它接受理性反思的拷问,它的基础不是超越的神灵,也不再是"一向如此"的传统,还不是本质主义的形而上学体系,而需要经过理性论证的考验。"一种行动选择,连同其规范性背景,一旦落入这种道德的拷问式目光之中,就卷入了疑问的漩涡。"③他认为,在现代社会,能够对道德提供这种论证的,不是超验的权威或自发秩序的实践理性,更不是自然法的虚构基础,而是交往理性基础上的商谈原则。根据商谈原则,现代社会中包括道德在内的所有行为规范的合法性,都应经过合理商谈的检验,而只有经过相关人们合理商谈同意的规范,才具有合法性。

哈贝马斯从交往理性和商谈视角对道德与伦理进行了区分。他认为,道德规范涉及的是适用于人际之间可普遍化的规则,属于"正义"问题。道德规范具有义务论性质,即人们之所以遵守道德不仅仅是因为它对个人或集体有益,而是因为它"正确",具有"应当"如此的绝对效力,例如人们应相互尊重人格的规则就具有义务论的性质。道德所提出的是绝对有效性主张,是适用于每个人的有效性,它追问的是:"什么是对所有人都同等地好的"东西? 它可以包容利益考量,但利益与之冲突,则不允许与利益相交易,更不允许对道德规范做目的论理解。④ 伦理规范涉及的是特定群体之"善",即特定集体的利益和福祉,属于目的论性质。伦理所追问的是:"每个参与者是谁"?"我们想要如何生活"? 伦理涉及的内容是,特定社会共同体的价值共识和特定群体的利益协调,这种群体包括族群、民族和国家等,它们具有特定历史传统、特定的文化认同和特定的社会现实情境。哈贝马斯认为,进入现代社会之后,法律与道德趋于分化,两者出现了以下主要区别。

第一,从概念上,道德开始退居生活世界,主要调整自然人之间的横向关系,而法律调整特定群体中个人之间、个人与团体之间以及团体之间

---

① [德]哈贝马斯:《在事实与规范之间——关于法律和民主法治国的商谈理论》,童世骏译,569页。
② 同上书,606页。
③ 同上书,138页。
④ 同上书,187~188页。

的关系。自然人虽然彼此之间也承认是特定共同体的成员,但他们具有超越特定共同体的特性,因此,道德具有跨地区、民族或国家的普适性质。

第二,在适用范围上,道德没有边界和国界,例如诚实、平等的自由以及尊重所有人的人格等道德规范,就适用于全人类,而法律的适用范围通常是特定的国家、地区或共同体,即便国际法也大都以国家或地区的承认为基本前提。

第三,道德主要是一个符号系统,它的约束力诉诸社会舆论和个人良知,而法律"不仅是一种符号系统,它也是一种行动系统"[1],换言之,法律是有"牙齿"的规范,它以国家政治权力来保障实施。

但是,法律与道德的分化并非意味着两者之间毫无联系。哈贝马斯认为,法律与道德仍然存有内在的联系。

首先,它们都是社会规范,涉及的共同问题是,如何适当协调人际关系和妥善解决各种社会冲突。

其次,从商谈视角看,现代法律和道德分别基于民主原则和道德原则,这两项原则共同源于商谈原则。

再次,许多道德已经被法律所吸收,成为了法律的组成内容。

最后,民主立法的商谈中包含着法律商谈,如果法律商谈中所涉及的实用问题或伦理问题同道德相冲突,就应首先进行道德商谈,从而确保法律的内容与道德相一致。

必须指出,法律与道德相一致并非意味着道德的地位优于法律,也不意味着法律以道德作为合法性基础。从商谈视角看,道德和法律在同一个位阶上,都处于商谈原则之下,都须置于程序主义商谈的平台上进行论证和检验。"法律获得充分的规范意义,既不是通过其形式本身,也不是通过先天地既与的道德内容,而是通过立法的程序,正是这种程序产生了合法性"[2]。

哈贝马斯指出,现代以还,作为整合社会的不同规范,道德与法律相比显露出明显的缺陷。

第一,道德具有认知的不确定性。在一个熟人共同体中,人们对于一些道德原则的理解通常不会发生争议,但是在日趋复杂的现代社会,高度抽象的道德原则一旦针对不同的具体情境,人们在认知上就会发生困难,由此对于如何选择适合特定情境的道德原则,就会出现争议。为了能够达成对道德原则的认知共识,人们需要具备很高的道德认知水平和分辨能力,而这对于普通的人们来说,未免要求过高和负担过重。相比之下,法律的内容及其所适用的事态,都有具体的规定,人们很容易识别。一旦发生争议,法院会做出权威诠释,从而可避免规范认知的不确定性。

---

[1] [德]哈贝马斯:《在事实与规范之间——关于法律和民主法治国的商谈理论》,童世骏译,131页。

[2] 同上书,167页。

第二，道德具有动机的不确定性，例如收养被遗弃的婴儿，就可能出于不同的动机，有的是为了进行人道主义救助，有的是为了弥补自己没有子女的缺憾，有的是由于喜爱婴儿等。道德由于具有动机的不确定性，其施行主要凭赖个人良心和意志，鉴于人们良知的反省能力和自觉程度不同，以及意志的强弱也不同，因而人与人之间的行为期待并不可靠。法律通常不问动机而重视行为，行为合法就得到保护，行为不合法就受到禁止和制裁。因而与道德相比，法律更有助于稳定人们的行为期待，使人们对行为结果更具有可预见性。

第三，在现代社会，道德缺乏体制性保障，没有负责实施道德的专门组织，因而它的实施，欠缺可操作性，对于违犯道德的行为只能诉诸公共舆论的压力。相比之下，法律不仅包含明确而具体的规则，而且还有专门负责执法和司法的组织，这些组织以国家权力的形式确保法律得到遵守。但是，道德的上述缺陷并非意味着，它在现代社会已经失去作用，应退出历史舞台。相反，道德在生活世界发挥着法律所不可替代的作用，而那些需要得到体制性保障的某些道德规范进入法律之中。

总而言之，就法律与道德的关系而言，哈贝马斯指出了以下几点。

第一，随着现代化的过程，法律与道德分离开来，各有相对独立的领域，两者是一种互补的关系；道德不能理所当然地为法律提供合法性基础，两者本身都需要重新经受商谈的检验和论证，并只有从商谈的视角才能正确地论证它们的关系。

第二，在现代社会，与法律相比，作为社会规范的道德显露出自身的缺陷，道德的调整领域大为缩小，而法律的适用领域不断增加，甚至触及社会生活的各个方面，因而现代国家通常是法治国家而不是德治国家。

第三，法律与道德仍然存有内在关联，这表现在一些道德被法律所吸收，因而一些法律潜含着道德意蕴。按照商谈视角的要求，法律的合法性虽然不再基于道德，但法律应与道德保持一致。

这里，哈贝马斯关于法律与道德关系的论述，常常引起疑问的是这样几个问题。

首先，商谈视域的道德具有怎样的属性？在哈贝马斯看来，理性道德首先不是实体规范，而是一种适用商谈原则的视角，根据这种视角，只有能够得到相关者真实同意的规则才具有合法性，道德规范涉及的是所有自然人，因而它需要得到所有人的真实同意，但是，实践中这种商谈是不可能的，因而只能采取虚拟商谈的形式来确定道德规则。就一般道德规则而言，这种虚拟商谈增加了认知的不确定性，因而需要把其中的重要内容纳入法律，法律商谈是在特定国家范围内的实际商谈，从而使道德内容获得了确定性。这种在立法过程中的道德商谈，仍具有可错性，但道德商谈的无限开放和持续展开，会使结果趋近于可普遍化的理想性要求。

其次，法律与道德既然都应服从于商谈，并无孰高孰低之分，且法律的合法性无需以道德作为基础，为何还需要使法律与道德保持一致？回答这个问题的关键在于,在哈贝马斯的语境中,现代法律的适用范围仅仅限于民族国家的疆域,而道德则适用于世界上所有人。某些有利于特定国家及其国民利益的法律,可能会排斥甚至伤害其他国家及其国民的利益,因此,只有确保法律与道德相一致,各国的法律才能够既有利于本国及其国民的利益,也对其他国家及其公民有益无害。如果各国的立法都只考量自己的利益而置道德要求于不顾,就会产生和加剧各种冲突,甚至会导致国家之间的战争乃至世界大战。这就要求立法者在进行法律商谈时,首先询问有关实用的或伦理内容是否涉及道德问题,如果涉及道德,就应首先进行道德商谈,然后再进行实用商谈或伦理商谈,从而确保法律中的实用内容和伦理内容与道德相一致。所谓与道德保持一致,并非意指法律的所有内容都贯彻和体现道德,而是意指法律的内容与道德相容。当法律的内容不涉及道德时,只需诉诸实用商谈和伦理商谈,而无须进行道德考量。

最后,立法过程的道德商谈每次都要采取普遍化的视角,是否公共领域中的公众和专业立法者都会感到负担过重?对这个问题回答是肯定的。为此,哈贝马斯引入了基本权利体系,这些基本权利是所有人通过主体间商谈可以相互赋予的,是可普遍化的道德向度的权利,为了获得体制的确认和保障,它们应同时建制化为宪法原则,这样,基本权利和作为其建制化形式的宪法原则都具有了道德向度的性质,据此,在通常情况下,公共领域在立法中只要依照基本权利体系和宪法原则就可以使立法与道德保持一致。当然,基本权利和宪法原则也要继续受到商谈的检验并不断改进,但是这毕竟从根本上降低了立法者进行道德商谈的负担。

七、两种法范式:实践反思与理论超越

法范式的研究,是哈贝马斯针对西方资本主义法律发展实践历程,所进行的深刻反思和系统分析。他把资本主义分为两个阶段,或早期自由竞争阶段和晚期福利国家阶段,与这两个阶段相对应的是两种法范式,即形式法范式与福利法范式(或"实质法范式")。他认为这两种法范式都存在缺陷,因而提出了程序主义法范式作为替代。

哈贝马斯指出了形式法范式的主要特点。

其一,它以个人主义为基础,从古典经济学"理性人"的预设出发,将所有个人都置于法律面前人人平等的前提下。这种平等对于传统社会的等级特权来说是一个重大的进步,但是它仅仅限于形式的平等,对于事实上的不平等则置之不理,因而具有天然的缺陷。

其二,享有主观权利的个人受到客观法的保护,法律赋予了个人近乎绝对的财产权和订立合同自由权。个人通过市场的博弈和机会选择去追求利益的最大化,并承担选择的后果,接受命运的安排。

其三,坚持市民社会与政治国家二元分立,前者属于个人自由的领域,受私法调整;后者属于政治权力的疆域,由公法调整。这种划分在于

防范和抵制政府滥用公权侵犯私权。

其四,国家只扮演消极"守夜人"的角色,对于市民社会的生活不加干预,仅仅负责维护国家安全和维持社会治安。国家虽然负责制定法律和实施法律,但这些法律旨在保护个人的消极自由,为个人的行为提供一般性合理预期尺度,为个人选择和博弈提供基本的游戏规则。

哈贝马斯认为,这种形式法范式的主要缺陷是:(1)从孤立的个人出发,放纵了个人的目的理性行为,从而加剧了人际冲突而不是有助于主体之间的合作;(2)只关注形式平等,而对于事实的不平等视而不见;(3)忽略了消极自由背后所隐含的弊端,实际上,一些弱势人群缺乏竞争能力而无法获得享有自由的基本生活条件,消极自由对于他们而言往往意味着在饥寒交迫中自生自灭。

哈贝马斯认为,上述弊端引起了改良主义的反思和实践的转向,由此资本主义由自由竞争时期转向了福利国家时代,与此相应,资本主义社会的法律范式也发生了转变,即由形式法范式转向了福利法范式。这种转变主要表现有以下几个方面。

第一,政府为了调控市场而避免经济危机,"无形之手"开始变为"有形之手",政府从幕后走向了前台。同时,为了防止贫富两极分化所带来的社会隐患,政府不得不对于弱势群体和边缘人群给予关照和救济。为此,政府便开始从整体上编制规划,管制市场,安排就业,协调财富的分配等,由此,相应的法律便出现了实质化的趋向。

第二,国家出于导控社会和市场的需要,伴随政府干预机制和作用的强化,公法开始影响和渗透到市民社会中的私人事务中。在过去,与"小国家"、"大社会"的结构性定位相适应,私法地位明显优于公法,而到了福利国家时期,人们意识到,平等的主观权利不再可能仅仅通过法律主体的消极地位而得到保证和实现,必须引进新型基本权利,以确保所有人具备基本的物质生活条件。于是,公法性质的基本权利得到了确认并被提升到宪法性权利的高度。这些宪法性基本权利规范对私人关系产生了明显的约束力。为了实现这些基本权利,立法机构和法院不得不对封闭的私法规范进行修改或诠释。由此,在当代德国等发达资本主义国家出现了一种新的趋向,即公法在地位上颇有压倒私法的趋向。①

第三,在福利法时代,出现了"私法的实质化"趋向。过去,受私法调整的事务被视为是当事人之间的事务,由当事人协商决定,而现在许多私法事务都被从维护社会利益和协调人际关系的角度来考量。因为"平等主观自由的普遍权利不再可能仅仅通过法律主体的消极地位而得到保证"②。例如,在财产法和合同法等传统的私法中,财产权和订立合同权

---

① [德]哈贝马斯:《在事实与规范之间——关于法律和民主法治国的商谈理论》,童世骏译,493~496页。

② 同上书,501页。

现在都受到了各种限制,法律开始强调公共利益和社会责任,以致"整个私法现在都似乎超越了保障个人自决的目标,而要服务于社会正义的实现"①。又如,在合同法领域,韦伯所注意到限制合同自由的趋势,②在哈贝马斯所处的时代愈益明显。此时,绝对的合同自由及其形式公正的特性已经被放弃了,法律开始重视实质公正,考量各方的实际地位和关系。

第四,福利法的出现,背后隐含着这样一种理念:"每个人在法律框架之内可以做他愿意做的任何事情的权利,只有在这些法律确保法律实质平等意义上的平等对待的条件下才得到实现,"③因而福利法不满足于"法律自由",而同时关注"事实自由",即关注实现自由的"法律能力";不满足于形式的平等,开始关注事实的平等,即关注同等情况同等对待,不同情况不同对待,尤其是强化了对弱势群体的特殊保护。这样,社会正义等实质性的道德考量便进入了福利法范式。

第五,现代社会和国家将宪法性基本权利转译成对私法关系具有约束力的法律,用以权衡利益冲突和协调价值冲突。在这个方面,司法机构扮演了积极的角色,由此司法能动主义应运而生,并有愈演愈烈之势。

哈贝马斯认为,这种福利法范式确实在很大程度上弥补了形式法的缺陷,但其本身也存在严重缺陷。

首先,它导致了政府权力的扩张和膨胀,这转而限制和压缩了私人自主的空间。政府为个人提供关照和分配机会的行为具有俯察众生的气质,带有家长式恩赐的意向,从而导致了政府对私人生活进行专断干预,并将所谓"正常行为方式"强加于个人。这造成了一个悖论,它的本意在于保障个人自由,却侵犯了个人自由;它的初衷是确保私人自主,却妨碍了私人自主。

其次,政府在积极干预市场和调控生活的过程中,立法机构不堪重负,这不仅由于议会面对各种价值和利益冲突往往难以及时做出决断,而且议员在许多专业技术性问题方面缺乏足够的判断能力,因而不得不将主要任务委托给行政机构。由此,行政机构不仅要应对当下问题,而且要面向未来发展;不仅要维护市场秩序,而且要关照个人的生活状况;不仅要应对现实的社会危机,而且要预防潜在的社会风险,因而承受着"不可承受之重"。更为严重的问题在于,行政机构将立法与执法大权集于一身,致使"自我编程"的现象愈演愈烈。这种做法显然背离了立法的民主原则和分权原则,违背了法治的精神,从根本上缺乏合法性。

再次,福利法范式旨在超越形式法范式,但是它的终极目标却与形式

---

① [德]哈贝马斯:《在事实与规范之间——关于法律和民主法治国的商谈理论》,童世骏译,495~496页。

② 参见[德]韦伯:《法律社会学》,康乐、简惠美译,35~154页,台北,远流出版事业股份有限公司,2003。

③ [德]哈贝马斯:《在事实与规范之间——关于法律和民主法治国的商谈理论》,童世骏译,500页。

法范式完全重合,即为了保障个人自由和私人自主。福利法范式下的"个人"仍然是单个的人,没有从主体之间互动的视角出发来考虑问题,因而这种范式与形式法范式表面上相对立,实际上却联系过于密切,属于同根同源。

最后,福利法范式把正义归结为分配正义,把权利理解为可被分配的份额和可以分割的物品,把自由理解为物质上受益。这种正义观和权利观歪曲了正义、权利和自由的真实含义。正义本应意味着可普遍化的道德,而权利意味着在社会关系中的自我决定和自主选择,自由更重要的是积极自由,即通过行使交往自由进行政治参与,从而根据自己的意见、愿望和意志实现自我立法。

哈贝马斯认为,这两种法范式都属于自由主义进路,其根本错误在于它们都从单个主体出发,带有目的理性的明显特质,前者对于公民事实不平等的负面效应麻木不仁,后者对于国家的家长主义的姿态视而不见。① 它们都忽略了私人自主与公共自主和消极自由与积极自由的内在关联,割裂了民主与法治的内在联系,从而把公民置于一种被动的地位。为此,哈贝马斯认为,走出这两种法范式误区的根本途径在于程序主义法范式。

程序主义法范式就是指商谈视角基础上的民主立法范式,其要义在以下几点。

第一,在方法论上,它摆脱主体哲学的主—客进路,采取主体间性的进路。他认为,只要采取主体哲学的进路,立法者就只能以观察者的立场徘徊于形式与实质之间,无法采取参与者的视角,把法律的产生托付给主体之间的商谈过程。

第二,在理性类型上走出以成功为旨向的目的理性误区,采取以理解为旨向的交往理性进路,通过公共领域的沟通和商谈来实现公民的自我立法。

第三,法律产生的途径不再是自上而下的过程,而是经由自下而上的民主过程,即在集中公共领域非正式意见和建议的基础上,通过议会的立法商谈形成法律。

第四,这种基于商谈所产生的法律不再仅仅具有合法律性,而且具有合法性,这种合法性的基础不再是"形式"或"实质",而是程序的合理性与论证理由的可接受性。对于如此产生的法律,守法者同时也是立法者,当守法者遵守的是自己参与制定或真心同意的法律,他们就不会感到受压迫和被强制,因为禁则和强制是自己施加或真实同意的。因而,这样的法律不仅具有事实的强制力,而且具有规范的有效性,即不仅具有合法律性,而且具有合法性。

---

① [德]哈贝马斯:《在事实与规范之间——关于法律和民主法治国的商谈理论》,童世骏译,517～518页。

第三节 评价与影响

首先,在知识爆炸的当代,学术研究分工越来越细,"百科全书式"学者越来越少。哈贝马斯就是当代为数不多的"百科全书式"学者之一,且在诸多学科中取得了突破性成就。哈贝马斯在哲学、社会学、语言学、法学和政治学等诸多领域,都颇有建树。他在这些领域提出了许多洞见和理论,推动了这些学科的发展。在哲学社会科学领域,他肯定了后现代主义哲学对主—客进路形而上学的颠覆,但同时批判了它们的解构倾向和相对主义,从内在于日常语言中的主体间性出发,建构了交往行为理论。在理性之维,他提出了以理解为旨向的交往理性概念,并主张以这种理性取代以成功为旨向的目的理性。在社会之维,他重构了生活世界的概念,并主张以生活世界驾驭政治、经济和其他系统,从而反转系统对生活世界的宰制。实际上,他主张以交往互动的生活范式导控效率导向的生产范式,而不是相反。由此,他不仅重置了现代性的方向,而且重构了社会解放的路径。与同时代许多其他理论相比,他的理论不仅显得博大精深,而且立意高远,饱含着对人类命运的关怀。

其次,哈贝马斯对现代性的重构并没有停留在哲学和社会学的理论层面,而是把他的理论运用于政治哲学和法律领域。他雄心勃勃地探讨了当代政治哲学与法学的重大问题,如政治与法律的关系,个人、社会与国家之间的关系,政治的正义性和法律的合法性,法治国家的基本结构,现代民主的主要模式,人权与主权的关系,私人自主与公共自主、立法、行政和司法之间的关系,以及全球化时代后民族国家和世界秩序的重建等。在所有这些问题上,他都提出了独到的观点和颇具建设性的建议。人们无论是否同意他的观点和建议,都无法否认这些观点的理论与实践价值。这些观点和建议在当代世界所产生的广泛影响,从侧面表明了它们的重要价值。

再次,哈贝马斯的全部研究都贯穿批判精神。从时间跨度上,他的批判囊括了传统、现代和后现代主要人文社科理论;从学科和学派范围上,他的批判涉及西方和非西方从保守到激进的各种主要思潮。他的批判不是简单拒斥,而是剔除各家之短,博采众家之长,通过与不同学说进行对话,实现对它们的整合,从而形成自己的理论主张。这种理论的批判气质,充分体现了追求真理的勇气。这种理论的兼容并蓄气度,不仅体现出他独具匠心的整合能力,而且体现出他所倡导的商谈原则和包容精神。

复次,哈贝马斯作为德国学者,学术视野没有局限于本国,也没有局限于西方,而是以遍及世界的现代性为研究重点,以全球化作为背景,以人类解放为基本追求,从而避免了一些西方学者所奉行的民族主义和西方中心主义。

最后,哈贝马斯没有满足于象牙之塔的理论研究,而是积极地运用自己的理论去解决重大实践问题。例如,撰写了许多时政评论,并出版了许多比较通俗的小册子,内容涉及德国统一,欧盟文化、经济、政治和法律的一体化,全球化时代的国际组织,以及高科技风险等问题。他以丰硕学术成果作为基础,成为一位勇于担当的公共知识分子和推动民主、法治、宪政和人权实践发展的"弄潮儿"。与此同时,他对社会发展的实践极为敏感,根据实践的变化及时调整自己的立场和理论。例如,他早期是一位西方马克思主义者,根据实践的变化,他后来转向了社会民主主义的立场者。

当然,如同任何产生广泛影响的理论一样,哈贝马斯的理论也存有某些局限和缺点。我们认为,哈贝马斯的理论至少存在以下局限和缺点。

第一,就论证基础而言,哈贝马斯交往行为理论尝试重建道德的普遍性,进而重置现代社会伦理、政治和法律的根基,其中交往互动、沟通理解、商谈说理、自由民主以及参与自主等内在精神和气质,无疑值得倡导并广受赞赏。但是,交往理性和互动商谈的构想,高估了内在于日常语言中的交往理性,高估了生活世界理性化的正面效应和潜力,高估了生活世界自发秩序达成共识的可能性。与此相应,他低估了主体间难以沟通的心理隔阂,低估了生活世界不断分化的趋势和这种趋势会助长目的理性倾向,也低估了商谈中的异议风险和包容他者的困难。凡此种种,都使得他的理论显得过于理想化。

第二,就政法理论而言,他主张政治与法律同构,民主与法治同构,私人自主与公共自主同构,人权与人民主权同构,直接民主与间接民主同构,从而超越自由主义与共和主义。所有这些理论构思和制度设计,在逻辑上近乎完美。但在现实中,任何制度安排都不可能做到"鱼和熊掌兼得",都不可能把各种理论和实践的优点集于一身,而只能偏重某种选择。因此,哈贝马斯的政治和法律理论过于追求完美,反而会削弱它们在现实中的可行性。

第三,就风格而言,哈贝马斯的理论体系显得过于庞大,概念过于抽象,论证过于烦琐。这有碍于人们对他的理论进行整体把握和准确理解。

思考题

1. 哈贝马斯的理论中,事实性与有效性、合法律性与合法性的含义各是什么?

2. 哈贝马斯商谈民主的主要内容和特征是什么？
3. 哈马斯斯程序主义法范式的主要特征是什么？
4. 哈贝马斯如何协调人权与主权的冲突？
5. 哈贝马斯视域中法律与道德之间的关系？

阅读文献

1. [德]哈贝马斯：《在事实与规范之间——关于法律和民主法治国的商谈理论》，童世骏译，北京，生活·读书·新知三联书店，2003，2011。
2. [德]尤尔根·哈贝马斯：《交往行为理论》，第1卷，曹卫东译，上海，上海人民出版社，2004。
3. [德]尤尔根·哈贝马斯：《包容他者》，曹卫东译，上海，上海人民出版社，2002。
4. [德]尤尔根·哈贝马斯：《后民族结构》，曹卫东译，上海，上海人民出版社，2002。
5. [美]马修·德夫林编：《哈贝马斯、现代性与法》，高鸿钧译，北京，清华大学出版社，2008。
6. 陈勋武：《哈贝马斯评传》，广州，中山大学出版社，2008。
7. [英]安德鲁·埃德加：《哈贝马斯：关键概念》，杨礼银、朱松峰译，南京，凤凰出版传媒集团、江苏人民出版社，2009。
8. 高鸿钧：《走向交往理性的政治哲学和法学理论——哈贝马斯的民主法治思想及对中国的借鉴意义》，载《政法论坛》，2008(5)，2008(6)。
9. Habermas, J., *The Theory of Communicative Action*, Vol. 1, 2, trans. T. McCarthy, Beacon Press, 1984, 1987.
10. Rosenfield, M. & Arato, A. (eds.), *Habermas on Law and Democracy: Critical Exchanges*, University of California Press, 1998.

第十四章 卢曼的"自创生"系统论法学

第一节 生平与著述①

尼可拉斯·卢曼(Niklas Luhmann,1927—1998)是当代著名社会学家,"自创生"(autopoesis)社会系统理论和法律系统理论的创立者,在德国被誉为"社会学界的黑格尔"②。与黑格尔一样,卢曼的学说体系庞大、概念抽象。他一生出版超过40部专著和350篇论文,不仅阐述了独树一帜的社会理论,而且具体运用于政治学、经济学、法学、教育学、宗教学、艺术学、传媒学、生态学诸领域。由于他注重吸收20世纪社会学、哲学现象学、生物学、物理学和控制论的前沿成果,创造性地使用高度准确而又抽象晦涩的新术语,德国人还专门编纂了《卢曼辞典》。

与黑格尔不同的是,卢曼从弗莱堡大学获得法学学位后,一直在吕内堡行政法院和汉诺威州教育部从事实务工作,39岁才开始专职学术生涯。1960年,33岁的卢曼利用休假赴哈佛大学深造,师从社会学家帕森斯,回国后逐步转向该领域的研究,1966年取得明斯特大学社会学博士学位,1968年起从教于比勒菲尔德大学社会学系。不过,"高龄入行"并没有妨碍卢曼的学术产量和创造力,他对帕森斯"结构——功能主义"社会学的反思,以及同哈贝马斯的论战,很快引起了欧美学界的关注。

1984年出版的《社会系统》勾勒了帕森斯之后最宏大的社会理论体

---

① 参见洪镰德:《法律社会学》,338~340页,台北,扬智文化,2001;[德]G. Kneer & A. Nassehi:《卢曼社会系统理论导引》,鲁贵显译,10~21页,台北,巨流图书,1998。

② 1988年,卢曼获得德国最高的哲学与文化奖——"黑格尔学术奖"。卢曼逝世以后,拜尔(Horst Baier)在吊唁词中称其为"社会学界中的黑格尔"。参见洪镰德:《法律社会学》,340~341页。

系,标志着卢曼进入理论成熟期。这本巨著深刻剖析了现代社会的运作机理,提出了以"自创生"为标志的社会系统论,开启了社会学的"范式转移"。此后问世的《生态沟通》、《社会的经济》、《社会的科学》、《社会中的法》、《社会的艺术》、《大众传媒的实在》、《全社会的社会》都是该书的"分论",即依据"总论"基本原理对现代社会主要功能系统地逐一论述。

以《社会系统》为界,卢曼的法学思想也可分为两个阶段。前期以1972年出版的《法律社会学》为代表,关注"法与社会共同演化",以及现代法的"实证化"和"功能特定化",着力阐述现代法的"动态"性;后期代表作是1993年出版的《社会中的法》,强调现代法"自我指涉"、"自我再生产"、"自我观察"、"自我描述"等"自创生"特征,全面论述法律系统基于"运作封闭"的"认知开放",开辟了法律社会学新视域。以下主要依据《社会中的法》,结合卢曼社会系统理论原理,并参考其前期法学思想,重构"自创生"系统论法学。

第二节 "自创生"社会系统理论概述

在卢曼看来,法律系统是一种特殊的"社会系统"(social systems)[①],社会系统也只是与"机械"(machines)、"有机体"(organisms)、"心理系统"(psychic systems)并列的系统类型。理解系统论法学,即便不以一般系统理论为开端,也需以社会系统理论为起点。

一、社会系统理论的范式转移

社会系统理论历经三个发展阶段,两次范式转移。[②]

第一阶段为"封闭"论,将社会视为由部分(parts)构成的整体(whole),且"整体大于部分之和",包含各部分及其相互"关系";此种相互关系,即社会的"结构"(structure)。例如涂尔干认为,由于职业群体之间存在"连带关系",专业化分工不会导致现代社会的分裂;其契约研究则表明,契约约束力的来源不是个人意志,而是意志之外的社会结构。封闭范式的主要贡献,就在于揭示了无法还原到部分的社会整体或者社会结构。[③]

---

① 卢曼的大量著作已有英译本,术语的译法亦较为统一,本文依据英译本提供重要名词术语对照。

② N. Luhmann, *Social Systems*, trans. Jr. J. Bednarz, & D. Baecker, Stanford University Press, 1995, pp. 1—11.

③ [德]G. Kneer & A. Nassehi:《卢曼社会系统理论导引》,鲁贵昂译,36~40页。

第二阶段为"开放"论,以系统/环境(system/environment)之分取代整体/部分之分,从而在三个方面超越了封闭范式:整体与部分同质,系统与环境异质,更适合描述"多元化"的现代社会;部分不能解释整体的形成,系统为化约(reduction)环境复杂性而形成,更适合描述"复杂化"的现代社会;为了保障结构稳定,整体之内必须存在起支配作用的特定部分,各种系统则可能互为平等的环境,更适合描述"去中心化"的现代社会。

开放范式的核心观点是,系统与环境之间存在输入/输出(input/output)关系,且输入决定输出。帕森斯的社会学采用该范式,阐述了社会、文化、人格、有机体四种系统互为环境的关系;其中文化系统居于核心,通过输入"价值共识"维持社会系统的结构稳定,从而确保后者输出适应(A)、目标达成(G)、整合(I)、潜在模式维持(L)四项功能,故被称为"结构—功能主义"①。卢曼前期继承开放范式,但强调现代社会以"差异"而非"共识"为基础,以"动态"而非"静态"为特征。其"功能—结构论"颠倒功能与结构在帕森斯理论中的地位,一方面否认社会整合依赖价值共识;另一方面引入功能等值(functional equivalent)原则解释社会变迁,指出结构迥异的系统可以执行相同功能。

第三阶段即为后期卢曼首倡的"自创生"论,坚持系统/环境之分,但认为环境"输入"无法决定系统"输出"。自创生范式以"三段论"扬弃了"封闭"系统与"开放"系统的对立:正题——系统在运作(operation)层面封闭,通过递回地(recursively)指涉既有要素和结构,实现"自我再生产";反题——系统在认知(recognition)层面开放,借助既有要素和结构,感知来自环境的激扰(irritation);合题——开放立足于封闭,只有经由系统内部结构的"转译",环境的变动才能激扰系统,使之理解并做出回应。一言以蔽之,系统是自主的(autonomous),但不是自足的(self-sufficiency)。②

社会系统理论的范式转移深受自然科学的影响。③封闭范式源于早期生物学的基本观点,即"生命"现象不可分解为物理化学过程,有机体系作为整体组织内部各种要素。同样地,开放范式来自动物生理学研究,后来才成为跨科际的一般理论。然而,开放论者博塔伦费已经发现,系统拥有自我组织(self-organization)能力,不会完全跟随环境变动;"热力学第二定律"也从反面说明,如果系统不能建立内部复杂性、维持"反熵",就会在与环境的交换过程中丧失能量、走向"热寂";冯·佛斯特等"新控制论"学者则揭示出,"被控制者"同时控制着"控制者",系统的运作总是以

---

① 参见[美]乔纳森·特纳:《社会学理论的结构》,上册,邱泽奇译,32~37页,北京,华夏出版社,2001。
② N. Luhmann, *Social Systems*, pp. 196-209.
③ [德]G. Kneer & A. Nassehi:《卢曼社会系统理论导引》,鲁贵显译,24~34页。

内部既有状态为新的起点,不受环境支配。最终,智利生物学家马图拉纳和法瑞拉阐述了"自创生"系统论。二者的细胞学研究表明,细胞依靠递回、封闭的自我指涉(self-referential)①运作建立内部复杂性,自主调节与外部环境的物质、能量交换。二者的神经学研究则表明,神经系统借助既有结构"建构性地认知"外界图像,无法忠实呈现客观环境;系统与环境之间并无直接接触,只能以"共振"方式相互"感应"。运作封闭与认知开放,共同诠释了有机体的自创生属性。

二、沟通:社会系统的基本要素

卢曼并未直接移植生物学的自创生理论,而是首先将"自创生"一般化(generalize)为"系统"的普遍特征,然后根据"社会"的特殊性再具体化(re-specify)。因为有机体系统、心理系统、社会系统分别由"细胞"、"思想"、"沟通"构成,不可简单类比。

与韦伯不同,卢曼认为社会系统的基本要素是沟通(communication),而非单个主体的行动(action)。② 哈贝马斯也使用"沟通"这一术语,但仍然将其理解为"沟通行动"或者"交往行为",并且添加了"主体之间基于合理理由达成共识"的含义。③ 卢曼所谓"沟通"则与主体意识截然分离,是由"信息"、"告知"、"理解"三阶段构成的"社会"过程。④

首先,信息(information)具有社会属性。头脑里的"思想"只有经由表达,跨越心理系统的边界,才能转化为社会中的信息。思想可以千头万绪,但一次只有一个实现为信息。其次,信息传递有赖于告知(utterance),告知也是社会性的存在。心理系统可以思考如何告知,但包括手势、语言、文字、编码在内的所有告知方式都是社会演化的成就。最后,信息一旦告知,即不受发出者的控制,其意义取决于接收者的"理解"(understanding)。理解并非心理上的领会,而是必须实际得到表达。此外,由于每个心理系统都独立存在,理解不是主体间的意识重合或者共识,"误解"甚至也是一种理解。⑤

在卢曼的语境下,沟通纯粹是社会系统自身选择性运作的产物。虽然任何沟通都以"环境"中至少存在两个心理系统为前提,但与主体意识

---

① "自我组织"指系统自己界定和变更自己的"结构","自我指涉"意味着系统在最基本的"运作"层次上,也是自我界定和自我变更的。[德]尼可拉斯·鲁曼:《社会中的法》,"国立编译馆"主译、李君韬译,69页,台北,五南图书出版公司,2009。

② N. Luhmann, *Social Systems*, pp. 137-175; N. Luhmann, *Theories of Distinction: Redescribing the Descriptions of Modernity*, ed. W. Rasch, trans. J. O'Neil, et al., Stanford University Press, 2002, pp. 155-168.

③ [德]卢曼:《社会系统的自我再制》,汤志杰、邹川雄译,载苏国勋、刘小枫编:《社会理论的诸理论》,163页,上海,上海三联书店、华东师范大学出版社,2005。

④ N. Luhmann, *Social Systems*, pp. 412-416.

⑤ [德]G. Kneer & A. Nassehi,《卢曼社会系统理论导引》,鲁贵显译,102~111页。

以及主体间共识无直接关系。此种概念界定抽象地构造出"空无一人的社会",作为有机体和心理系统的"人"被归诸环境。

三、社会系统的三种类型

基于沟通的社会系统可分三种类型:"互动"、"组织"、"全社会"[①]。

(1) 互动(interaction)系统出现于"在场的诸个人相互感知时"[②],"在场者(the present)优先"是互动的首要特征。不论与在场者关系多么紧密,缺席者(the absent)最多只能"被"讨论,无法参与互动、制造互动中的问题。但缺席者并非毫无影响,人类能够运用语言符号论题化(thematization)缺席者,从而兼顾互动之外的潜在背景。申言之,语言的使用拓展了互动"空间",并将互动"时间"延伸到"过去"和"未来",从而解除了互动系统与其环境之间的线性关系。但语言也限制了互动的复杂性:互动双方必须轮流说话,否则互动就会停滞;每次互动只能处理一个主题,其余必须"等候"。由于语言造成的时间结构限制,互动系统无法再分化为同时运作的多个子系统,难以应对更复杂的环境。

(2) 全社会(society)系统突破了上述局限。全社会不是所有互动的总和,而是位阶更高的社会系统类型,承载了缺席者之间的沟通。欧洲古典哲学在市民社会(societas civilis)意义上理解全社会,将之视为从政治和法律上加以整合的系统,其统一性根植于对共享规范的认同。此种理解无视拒斥主流价值者,更无法解释不依赖于共识的多元社会。卢曼所谓全社会则包含"所有可理解的沟通",这一定义以足够的抽象程度覆盖了历史上多种社会形态,为描绘社会演化奠定了概念基础。人类长期生活在多个全社会之中,但随着现代传媒、通讯技术的发展以及语言可翻译性的实现,"可理解的沟通"扩展到全球。现代全社会只有一个,既非由多国家构成的沃勒斯坦式"世界体系",亦非全球化作用下超国界的"公民社会"[③],而是以系统形态存在的世界社会(world society)[④]。

(3) 除了互动与全社会以外,复杂社会还存在第三种重要的社会系统——组织(organization)。组织以特定"资格"和条件决定成员的进入和退出,从而与全社会相区别,因为"人们无法——像注册进入大学或取消学籍离开大学一般地——进入或离开全社会"[⑤]。组织将其成员结合

[①] N. Luhmann, *The Differentiation of Society*, trans. S. Holmes & C. Larmore, Columbia University Press, 1982, pp. 71-76.

[②] N. Luhmann, *Social Systems*, pp. 412-416.

[③] [德]尤尔根·哈贝马斯:《后民族结构》,曹卫东译,70~125页,上海,上海人民出版社,2002。

[④] N. Luhmann, "Globalization or World Society: How to Conceive of Modern Society", 7 *International Review of Sociology*, 1997, pp. 67-80.

[⑤] [德]G. Kneer & A. Nassehi:《卢曼社会系统理论导引》,鲁贵显译,56页。

为长期存续的群体,借助非人格化的规则(而非个人动机、道德允诺或者伦理共识),稳定化高度人为的行动模式。在不复为共同体(community)的现代社会中,大多数功能领域都需要利用组织"制造动机一般化和行为特定化"①的能力。

四、"全社会"的三种分化模式

法律系统不是"互动"或者"组织",而是现代"全社会"的子系统。卢曼的"全社会分化"(differentiation of society)理论认为,全社会为了"化约"环境复杂性而内部分化,使系统/环境之分再进入(re-entry)自身,形成社会子系统。从系统/环境、平等/不等两组区分看,存在三种全社会分化模式,大致对应三个历史阶段。②

(1) 分割分化(segmental differentiation),即在全社会之内建立若干"平等"的子系统。初民社会基于血缘或地域,"分割"为平等的氏族或部落。由于社会规模有限、文字使用缺乏等原因,社会沟通主要采取面对面的互动形式。不过,在血缘、地域的限制作用下,初民"共同在场"、共同体验世界,"互动"与"全社会"实际上难以区分。

(2) 分层分化(stratificatory differentiation),即在全社会之内建立若干"不等"的子系统,形成等级秩序。传统社会根据"身份","分层"为不等的阶层,但阶层内部平等。比如罗马市民一律平等,与奴隶和外邦人不等。在对外不等的基础上,分层模式又按照"上/下"原则将各子系统等级化排列,在上的子系统代表全社会的统一性,负责整合全社会。比如印度的种姓制度——"婆罗门"位于顶端,在全社会中起支配作用;在下的"刹帝利"、"吠舍"、"首陀罗"附属之,依据距离远近取得自身定位。

分层模式是社会演化的产物。一方面,随着初民社会规模的增长,大量社会成员不再面对面互动,只能依靠分层分化,使沟通在全社会层面延续。当所有社会成员分属不同阶层,人际沟通就被简化为阶层之间的沟通,因此扩展到无数缺席者。另一方面,随着初民社会复杂性的增长,军事首领、巫师、长老等角色逐渐特定化,社会成员间的差异开始显现。此时,分层模式通过促进高等阶层的内部沟通,以及增强其支配低等阶层的能力,避免了社会撕裂。

(3) 功能分化(functional differentiation),即在全社会之内建立若干地位"相等"、功能"不等"的子系统。现代社会分化为各种功能子系统,比如,政治"生产有集体约束力的决定",宗教"解释不可理解之事",科学"制造新知识",教育"培训职业技能",医疗"照护健康"。③ 此种功能差异的

---

① N. Luhmann, *The Differentiation of Society*, p. 76.
② Ibid, pp. 232-238.
③ [德]尼克拉斯·卢曼:《社会的宗教》,周怡君等译,28~29 页,台北,商周出版,2002。

根源,在于各子系统皆基于固有"符码"展开运作。

功能分化是更为晚近的社会演化成就。在分层社会中,子系统的定位和稳定化取决于其他子系统,相互依赖性强,自我调整能力弱。现代功能子系统则各自承担特定的全社会功能,不受其他子系统运作状态的支配,易于应对高速变迁的外部环境。比如,经济系统只负责全社会"短缺的减少",看不到无关"支付/不支付"的沟通,因此无视高房价引发的政治抗议;但现代经济又面向一切使用"支付/不支付"语言的沟通(比如贷款利率),通过自我调整(比如价格)回应可理解的环境变动。要言之,在功能分化模式下,子系统的独立性与回应性、稳定性与变异性同时得到提高,适应于复杂社会的需要。

第三节　社会演化与法律系统的"分出"

一、分割社会与原始法

原始法(archaic law)与分割模式相协调。如前所述,初民社会根据血缘和地域,分割为平等的氏族和部落。在血缘与地域之间,前者为首要原则,后者是其延伸。初民社会一切功能的实现,皆以血缘为自然基础、社会支撑和正当性依据。原始的"互惠"经济、"图腾"宗教、"民主"政治无不如此,原始法也不例外,且因此呈现四项特征:[①]

(1)"效力"(validity)之匮乏。在初民的冲突中,各方归属的血缘群体,以及加害者与受害人的亲疏关系,决定了"法"的实体内容。每次冲突的处理结果都不同,说明法律高度依赖社会结构,无法宣称普遍的"效力"。

(2)"暴力性"。在血缘原则的作用下,血亲复仇和决斗都充满暴力色彩。原始法以"族群"而非"个人"为基本单位,各种内部纠纷只是不具法律意义的"自我伤害";但在族群之间,由于既不存在事实性权威,又不存在共同规范,纠纷往往诉诸暴力。

(3)"相互性",可分"报应"(retribution)和"互惠"(reciprocity)两个方面。由于血缘原则强调亲疏有别,原始法的"相互性"并无平等之意,只是以后续不平等弥补当前不平等的结果。比如复仇往往超出受害范围,引发新的复仇乃至世仇;又如一次性的"双务契约"无法满足初民的交换需求,只有双方的付出始终处于不平衡状态,才能维持互惠经济。

(4)"仪式化"。初民社会晚期,族群交往日益密切,神明裁判被用于

---

① N. Luhmann, *A Sociological Theory of Law*, trans. E. King & M. Albrow, Routledge & Kegan Paul, 1985, pp. 114-129.

纠纷解决。与巫术一样,"神判"的可接受性来自仪式,而非裁判者的个人声望。在亟须控制暴力的社会发展阶段,法的仪式化有其必然性:只要人们仍然从血缘角度看待纠纷,"理由"就无法促成对裁判的接受,唯一选择是将论证难题转移到无须论证的仪式。

效力之匮乏、暴力性、相互性和仪式化,都是原始法以血缘原则建构社会的后果,表明法律尚未从全社会中分出,必须考虑"事实上"能否被社会接受、认可和执行。

二、分层社会与"前现代高等文明的法"

前现代高等文明的法(law of pre-modern high cultures)与分层模式相协调。① "阶层内平等"和"阶层间不等"的原则,决定了其与原始法的差异。

(1)由于平等对待同一阶层的所有成员,法律在一定范围内获得了效力。立法者负责颁布一般性的规范,由与之职权分离的裁判者严格适用,血缘关系不再直接左右法律。②

(2)由于高等阶层支配低等阶层,法律在一定程度上消弭了暴力。"刑罚"操于政治统治者之手,"私斗"被视为威胁秩序和挑衅公权,"私刑"也受到严格限制。

(3)由于各阶层地位迥异,"相互性"不再是法律的主导原则。实体法上,类似贵贱有别的待遇广泛存在;程序法上,高等阶层优势明显,比如"事实不清"时应做有利贵族的判决,又如贵族证言具有更高证明力。

(4)由于裁判者拥有高等阶层赋予的权威,纠纷处理的仪式化色彩也逐渐褪去。1215年,第四次拉特兰宗教会议禁止教士参加神明裁判,欧洲司法开启了"世俗化"进程——英国发展出"陪审团"审判,大陆则以"纠问制"查明事实。

然而,"前现代高等文明的法"严重依附于全社会的等级结构,仍未形成独立的系统。首先,高等阶层总是对立法和司法施加更大影响。即便在平民享有立法权的"共和"时期,罗马贵族也通过垄断法律知识和为裁判官提供咨询,掌握法律发展的进程。③ 其次,低等阶层被排斥到城市边缘和乡村,对法律几无须求;普遍的不识字状况,更使他们难以参与渐趋专业化的法律发展。再次,法律并未遍及全社会,而是拒绝处理大多数纠纷。比如在英国历史上,"无令状则无救济"的情况一直持续到19世纪中叶。高等级阶层通过控制诉讼机会,在法律领域维系阶层分化。最后,国

---

① N. Luhmann, *A Sociological Theory of Law*, trans. E. King & M. Albrow, Routledge & Kegan Paul, 1985, pp. 129-147.
② [德]尼可拉斯·鲁曼:《社会中的法》,"国立编译馆"主译、李君韬译,340页。
③ [德]马克斯·韦伯:《法律社会学》,康乐、简惠美译,200~215页,桂林,广西师范大学出版社,2005。

王、教会、领主多种司法管辖权并存,法律运转或受制于宗教的势力,或受制于政治的区域性,根本上仍与个别的社会情势紧密联系。

三、功能分化社会与现代实证法

适应于功能分化的现代社会,法律呈现出诸多全新特征,下文拟详细论述。此处仅就法律实证化(positivisation)问题略作讨论,因为从法学的内部视角看,现代法最典型的特征莫过于实证化,尤其表现为实证立法的激增。①

传统社会的立法只是"任意"的政治命令。在中世纪欧洲,立法只有符合"自然法"所表达的"必然"的永恒理性,才能获得"法律"地位。这是由于道德性或者宗教性的自然法反映了全社会的等级结构,以及高等阶层的支配需要,法律必须与之保持一致。相应地,立法只能"宣示"或者"发现"法律。现代社会则通过立法手段"创制"法律。一方面,各功能系统相互分离,冲突频繁:经济造成政治调控的困难,科学无法满足决策的需要,家庭与妇女就业难以协调,军事上理想的武器有违道德……社会解体风险要求人为、细化的立法。另一方面,已然分离的各子系统高度互赖:经济依赖政治的保障和方向性决策,政治依赖经济发展凝聚"认同"和教育对"社会化"的促成,科学依赖财政激励,家庭依赖执政党的就业纲领。② 系统"自主"和系统际"互赖"的动态平衡,同样仰仗立法的不断调整。19世纪晚期,西方在契约自由与限制之间进行的复杂立法调适,即为例证。

符合"程序"的立法就能成为法律,标志着现代法走向实证化,不再诉诸外部的永恒"自然"。鉴于程序本身就是法律,立法的实证化实际上反映了现代法的"自我再生产"。更全面地说,不仅立法规范实证化,法院裁判和契约同样如此:即使违背政治意志和社会舆论,终审判决仍然具有"既判力";只要没有以合法方式解除,不道德的契约也能建立法律关系。更准确地说,现代法不是在静态的结构层面,而是在动态的运作层面实证化;不是立法规则、法院判决和契约文本,而是一切"有效"的法律沟通发生了实证化。实证主义法学正确地区分了"效力"与"实效",认识到现代法不因缺乏社会支持而失去其法律属性,却又误以为规则的法律效力源于上级规则。从系统理论视角看,效力是法律系统动态统一性的象征(symbol);法律沟通以效力为媒介相互衔接(link),构成并无上下等级关系的循环网络,从而作为法律系统的要素与其环境相区分。③ 总而言之,在功能分化社会中,现代法以效力为内部的动态衔接机制,形成了全面实

---

① N. Luhmann, *A Sociological Theory of Law*, pp. 147-158.
② Ibid., pp. 148-149.
③ [德]尼可拉斯·鲁曼:《社会中的法》,"国立编译馆"主译、李君韬译,110~120页。

证化的自创生系统。

四、法律演化的原理：变异、选择与再稳定化

法与社会"共生共变"，但并非只是为了适应社会变迁而被动演化。在演化过程中，法律自身的变异（variation）、选择（selection）和再稳定化（re-stabilization）发挥了首要作用，每个演化阶段都受益于既有法律素材的积累，接续了既有法律机制的运转，现代法则完全自主演化。达尔文进化论在此提供了分析框架，其中"变异"涉及法律要素的更新，"选择"涉及法律结构（规则）的建立，"再稳定化"涉及法律统一性的重构，均不受外部操控。①

（1）原始法以个案方式处理冲突，"变异"与"选择"无法区分。② 每次冲突都有独一无二的情境，法律要素不断变异；冲突解决依靠事后规则的创制，而非既有规则的选择。直到类似冲突频繁发生，且出现了"裁判者"和作为社会记忆的"文字"，才有必要和可能储存个案处理经验。然而，初民社会的裁判者以"占卜"方式使用文字，旨在保存过去的"决疑"知识，并无指引未来生活的目的。③ 是故，即便在原始法的晚期阶段，面向未来、具有情境不变性、可重复使用的规则仍然十分罕见。

（2）当裁判者角色随着阶层分化固定下来，就可能形成相对独立于社会环境的裁判系统，原始法也向"前现代高等文明的法"演进。裁判系统的出现至少意味着三项演化成就：首先，高等阶层垄断法官角色，利用权限规范和程序，在并无共识之处宣称代表共识、排除歧见，专门化的规则自此发端。其次，当事各方被迫皆以法律为辩护依据，可能暴露规则间的矛盾，形成变异的契机；法官独立于亲友关系等社会情势，对规则适用进行决断，构成选择的过程；变异和选择得以区分，法律要素的变动不再总是导致法律结构的明显更新。最后，由于裁判决定不能针对个案和个人，普遍性的法学概念可能成为论证基础。罗马法学甚至开始使用超越个案情境的抽象概念，孕育着一种对抗道德、常识和日常语言的法律文化。④

但罗马法学家不检验"法命题"的一致性，不承认抽离个案具体特征的法律"体系"，不认为规则只要符合体系即"有效"。他们通过拟制（fiction）解决新型案件，预设法律恒定不变，没有"新法优于旧法"的思想。中世纪普通法也大量使用拟制，通过拟制仍然不能解决的案件则被视为"例外"、诉诸"衡平"，不会轻易创设新规则并重构法律体系。要言

---

① ［德］尼可拉斯·鲁曼：《社会中的法》，"国立编译馆"主译、李君韬译，276~280页。但自创生系统理论不认同达尔文的"物竞天择"说，强调"天"之于"物"（环境之于系统）没有决定意义。
② 同上书，291~292页。
③ 同上书，282页。
④ 同上书，294~296页。

之,在传统法律秩序中,"再稳定化"和"选择"尚未分离。①

(3) 通过诉诸"体系"的自主反思实现法律"再稳定化",在欧洲始于中世纪晚期,得益于印刷术的普及。此前,规则与注释、特权与个别义务、令状与诉权虽然已经得到文字记录,但法律主要以零散的"格言"形式口耳相传。印刷术使法律素材得以汇编和广泛传布,将其庞杂矛盾摆上台面,才刺激了简化的需要;法律教义学(legal dogmatics)也才与实务分离,关注法律的体系性和历史融贯性。19世纪,"概念法学"崛起,法律的反思性进一步增长:整个法律系统都以"原则"和体系的方式加以把握;变异的规则通过"解释"得到建构,不具"可建构性"的规则遭到排斥。②20世纪,层出不穷的立法加速了法律发展,法律的体系性不再能够依靠解释达成,形式性的"效力"又替代实质性的"原则",将高度变异的法律不断再稳定化。至此,法律的自主演化彻底实现,法律系统从全社会中分出(differentiated)。

第四节 "稳定规范性预期"——法律系统的功能

一、既有法律功能学说的缺陷

法律经过长期演化,最终从全社会中分出为自创生系统,是为了执行何种社会功能?既有学说提供了多种答案,从行为预测、行为控制、行为矫正、纠纷解决直到社会整合,不一而足。但从系统论法学的视角看,这些"功能"有的并非专属于法律,有的超出了法律的实际能力,且没有一项准确把握法的"现代性"。

第一,法律只是"预测"他人行为的依据之一,而且并不可靠。较之其它依据如"习惯",法律面向社会沟通容易出现障碍的环节,而非"一向如此"的内容。凯尔森也早已说明,有效的法律不等于实施良好的法律。③

第二,某些法律规范的确凭借惩戒威胁"控制"行为,但"扩展"行动多样性和"赋予"行为能力,才是法的现代性所在。比如,没有所有权、契约、法人等法律制度,现代经济根本无法存在。诺内特等学者④认为,现代法

---

① [德]尼可拉斯·鲁曼:《社会中的法》,"国立编译馆"主译、李君韬译,110~120页,298~300页。
② 同上书,301~306页。
③ [奥]凯尔森:《法与国家的一般理论》,沈宗灵译,42页,北京,中国大百科全书出版社,1996。
④ 参见[美]诺内特、塞尔兹尼克:《转变中的法律与社会:迈向回应型法》,张志铭译,北京,中国政法大学出版社,1996。

属于"自治型法",与传统的"压制型法"截然不同;哈特①也指出,在现代法上,"授权性规范"显著增加,"强制性规范"相对减少。

第三,大量现代法虽然对特定行为予以负面评价,却允许行动者从成本—收益角度做出决定,并无"矫正"意图。比如,"排污权"的市场化机制允许企业通过购买指标,突破环境法的一般规定;又如,交通法规允许以缴纳罚款为代价在"限行"期间驾车。

第四,法律和政治决策、市场分配、学校教育、医院治疗一样,只是"解决"纠纷的社会手段之一。马克思主义法学和"批判法学运动"甚至揭示出,许多纠纷恰恰是法律的产物。此外,现代司法往往处理由法律规范建构的法律冲突,而不是日常冲突本身。

第五,现代社会既不存在一致认可的价值,也不存在奠定"社会整合"基础的法律。宪法对"自由权"的宣称,与其说凝聚了社会的共识,不如说承认了社会的差异;法律层面的"种族平等",也远未保障经济收入、政治地位、教育水平的实质平等。

为了克服既有学说的缺陷,必须区分法律系统的功能(function)和成效(performance)。"功能"描述系统之于全社会的贡献,"成效"描述系统之于其他系统的贡献。② 法律可能具有保障政治稳定、经济发展、科学繁荣、宗教自由乃至帮助法学家谋生等多种成效,但功能仅一项,不能替代政治的"集体决策"、经济的"稀缺减少"、科学的"真理制造"。法律成效的匮乏可能造成某种特定困难,法律功能的失灵则将导致现代社会无法运转。

二、"规范性预期"与"认知性预期"

归根结底,法律系统独一无二的功能,与时间拘束的社会成本(social costs of time binding)有关。③ "当下"在"时间"维度拘束"未来",沟通往往不是一次了结,而是对进一步的沟通抱持"预期";比如,契约的签订预期契约的履行。"时间拘束"会产生"社会"维度的"成本":未来仍然按照既有预期进行沟通,可能造成损失;比如,原材料涨价导致履行契约在经济上不利。如果社会成本超过收益,预期失落的可能性就大大增加;此时,法律显然有助于对抗社会成本、维持时间拘束,亦即稳定预期。

然而,法律从来不是稳定预期的唯一社会机制。人们不惜付出成本,也要按照既有预期行事,既可能出于畏惧法律,也可能由于信仰上帝、珍惜身份、爱护名誉。从抽象到具体,这些机制依次可分为价值(values)、

---

① [英]哈特:《法律的概念》,张文显等译,92～100页,北京,中国大百科全书出版社,1996。
② See N. Luhmann, *The Differentiation of Society*, p. 238.
③ [德]尼可拉斯·鲁曼:《社会中的法》,"国立编译馆"主译、李君韬译,152～158页。

纲要(programs)、角色(roles)、个人(persons)四个层次。① 在"价值"多元和"个人"自由的现代社会,稳定预期越发依赖"纲要"和"角色"这两个中间层次,但无论如何并不仅仅仰仗作为特殊"纲要"类型的法律。

另外,复杂社会有必要区分各种预期,只让其中一部分形成时间拘束,为未来保留开放性和变异性。根据遭遇失落时人们的不同反应,预期可以进一步分为两种类型:如果采取"学习"态度,重新调整并形成新的预期,即为认知性预期(cognitive expectations);如果反事实(counterfactually)地坚持预期,拒绝做出相应调整,即为规范性预期(normative expectations)。② 法律系统功能在于"稳定规范性预期",且仅仅稳定部分规范性预期。

在现代社会的多种预期稳定机制中,除了法律"纲要"外,都不能在预期失落时拒斥"学习"。对于破坏预期者,人们可以谴责其信仰缺乏、罔顾身份、人品低劣、头脑愚笨,却不得不承认"价值"、"角色"、"个人"或者非法律"纲要"无效的事实,在往后的生活中吸取教训。相反,除非出现革命、战争等极端情形,违法的事实不会导致法律本身无效,受法律保护的受害者完全可以继续维持预期。正是由于法律系统的运转,现代人才敢于面向"陌生人",做出交易、投资、入学、求医、诉讼、驾驶等风险极高的决定。比较起来,原始法与族群的事实性暴力紧密联系,传统法受制于阶层的事实性影响力,只有现代法脱离了外部的社会脉络(context),具备"反事实"的"规范性"(normality)。

三、法律作为全社会的"免疫系统"

进而言之,只有在现代社会中,法律的功能与成效才相互分离。英国普通法与王权并行扩张的历史表明,除非"事实上"具有控制行为和解决纠纷的成效,传统社会的法律才可能在一定程度上稳定规范性预期。反过来说,在不以法律作为行为准则、进行争端处理的传统乡村,规范性预期的稳定化就主要不是依靠法律,而是依靠习俗、宗教或者道德。现代人仍然依据多种社会规范做出预期,但由于社会复杂化加剧了规范性预期之间的冲突,必须从全社会中分出一个专门系统,选择性地将其中一部分稳定下来。现代法接过了这项任务,按照固有的标准独立运行,因此不能因为成效匮乏而致功能失灵。

现代法的成效是其功能的副产品。由于法律系统支持依据法律做出的预期,人们通常会权衡后果、控制行为,或者及时化解纠纷,以免卷入诉讼。反过来说,法律系统拒斥依据非法律理由做出的预期,客观上使其他社会子系统得以自主运行。现代宪法关于国家组织和公民基本权利的规

---

① N. Luhmann, *The Differentiation of Society*, p. 250.
② See N. Luhmann, *A Sociological Theory of Law*, pp. 31-39.

定,就是旨在保障政治、经济、科学、教育、宗教等功能系统的自治,防止权力、金钱、真理、成绩、信仰相互通约,或者受制于具体的人际关系。

将功能和成效联系起来看,法律可谓现代社会的免疫系统(immunization system)。① 这种免疫系统"事后启动",且并不试图调整环境,消灭所有社会冲突(细菌、病毒)。然而,任何冲突只要进入系统内部、成为"法律冲突"(抗原),不论何时、何地、涉及何人、有何理由,都将依据法律规范(抗体)一视同仁地处理。由此,法律系统使整个社会免于"感染":一方面,现代社会面对未知的未来,必须借助法律抵御不确定性;另一方面,其他系统能够自主地回应或者排斥非法律诉求,从而维持全社会的功能分化。

第五节 符码、纲要与程序——法律系统的"结构"

从"结构—功能主义"视角看,功能分析仅仅说明,致力于稳定规范性预期的沟通具有法律属性;只有连接各种法律沟通的"结构",才能决定法律的"运作"。自创生系统论法学也承认功能分析的不足,但否认静态的结构决定了动态的运作,强调运作与结构均具动态性,不可分割:唯有在运作时,结构才呈现;运作涉及系统要素的再生产,结构涉及要素间关系的动态再生产;系统要素的每一次再生产,都同时再生产要素间的关系即结构。② 本节讨论经由系统论法学重新界定的三种法律结构。

一、符码化:运作封闭与法律悖论

第一种结构是引导法律沟通的价值——符码(code)。在"自创生"社会系统理论中,符码特指现代功能系统固有的首要区分,③由一组"对称"的价值构成。政治系统的符码为"有权/无权",经济系统的符码为"支付/不支付",科学系统的符码为"真理/非真理",教育系统的符码为"成绩好/成绩差",大众传媒的符码为"信息/非信息",医疗系统的符码为"疾病/健康",法律系统的符码为"合法/非法"。

现代法的二元"符码化"(coding)是高度或然的演化成就。首先,前

---

① [德]尼可拉斯·鲁曼:《社会中的法》,"国立编译馆"主译、李君韬译,182～184页。
② 同上书,68～73页。
③ 一切观察(observation)都需运用区分(distinction),观察"苹果",就要"不对称"地区分"苹果/苹果外的世界",然后标示(indicate)"苹果";观察"女人",就要"对称地"区分"女人/男人",然后标示"女人"。运作(operation)同样如此——"观察"属于广义的"运作",较之狭义的"运作",只是一般不会造成事物状态的现实变动。

现代社会都对法律的"符码化"保持警惕,在处理规范性预期冲突时,往往回避非此即彼的合法/非法决定,偏好以协调方式缓和冲突、维护社会团结。比如,古代中国的州县长官常常主持"父母官式的诉讼",以"教谕式的调停"显示超然公正的立场。① 其次,如果必须在相互冲突的规范性预期之间做出决断,合法/非法符码也并非唯一选择。原始法的方案是神判仪式,以"神意"作为决断依据;传统法基于社会结构,对合乎伦理或具可执行力者予以正面评价;只有现代法在相互冲突的规范性预期(一阶观察)之上,做出进一步的合法/非法区分,进行二阶观察(second order observation)。当诉讼双方相互指责时,现代法官不会直接判断是非,而是在二阶层次上重新审视。最后,现代社会也可能拒斥法律的"符码化"。16世纪的"国家理性"学说主张,主权者必须放弃惩戒某些非法行为,以免危及和平或者统治地位;②18世纪的"浪漫主义"思潮反抗合法/非法二分,倡导"非利己的犯罪";③19世纪以来,梭罗、甘地、马丁·路德·金鼓励通过"公民不服从",提醒国家注意合法/非法之外的价值;④20世纪的德国法学家卡尔·施米特也认为,主权者有权决定法律的"例外状态"⑤。不过,通过制定《紧急状态法》等方式,现代法始终尝试以"符码化"消解对符码的反动。

"符码化"决定性地确保了现代法律系统的运作封闭。从外部关系看,基于符码的法律沟通产生"划界"效应,排除合法/非法以外的所有第三种价值,形成"系统/环境"(法律/非法律)的"不对称"区分。在这组区分中,"系统"一面能够衔接后续的法律沟通,"环境"则构成"未标记的空间",没有法律沟通进行。因此,政治权力的保持、经济利益的增长,以及道德、宗教、科学上的各种理由,都丧失了与法律的直接相关性。从内部关系看,合法/非法符码是一组"对称"的区分,两面都有衔接能力。换言之,合法/非法区分可以再进入自身,甚至使"合法"变成"非法",反之亦然。比如,"合法"持有的枪支可能被"非法"使用,又如犯罪必须被"合法"认定和处罚。如同中国道家所谓"阴/阳",法律符码的两面可以但也只能相互跨越、相互转换。最后,内外关系的结合,共同造就了法律系统动态的运作封闭:"系统形式的不对称性以及符码形式的对称性,必须在系统中共同发挥作用。系统形式的不对称性,即使当系统的诸运作以环境为导向时,仍然确保了系统的封闭性。符码的对称性则为持续地跨越那由符码所标示之界限的动作,提供了保障。"⑥

---

① [日]滋贺秀三:《清代诉讼制度之民事法源的概括性考察——情、理、法》,范愉译,载王亚新、梁治平编:《明清时期的民事审判与民间契约》,19~53页,北京,法律出版社,1998。
② [德]尼可拉斯·鲁曼:《社会中的法》,"国立编译馆"主译、李君韬译,201页。
③ 同上书,201页。
④ 参见何怀宏编译:《西方公民不服从的传统》,长春,吉林人民出版社,2003。
⑤ [德]卡尔·施米特:《政治的概念》,刘宗坤等译,5页,上海,上海人民出版社,2004。
⑥ [德]尼可拉斯·鲁曼:《社会中的法》,"国立编译馆"主译、李君韬译,203页。

"符码化"的重要后果之一,在于导致了法律系统的"悖论"、"套套逻辑"和"矛盾"。(1)悖论(paradox)是一种无法区别的状态,即在一组区分的二值之间,一旦选择其中一个,就会立刻陷入对立面。典型如"说谎者悖论":克里特岛的埃皮曼尼德斯说,所有克里特岛人都是说谎者。形成悖论的充分条件有二:一为"自我指涉",即陈述包含了陈述者自身,如埃皮曼尼斯就是克里特岛人;二为"唯一区分",如整个陈述只涉及说谎/不说谎之分。① 法律系统基于合法/非法的唯一区分,将所有第三种价值排除到环境,使系统内部实现自我指涉,因此无法避免"合法即非法"的悖论。(2)套套逻辑(tautology)是一种隐蔽的悖论,"宣称一个差别,它同时又要在这个差别上宣称,这个差别不是差别"②。法律的套套逻辑可以表述为"合法即合法"。这个命题看似同义反复,没有宣称差别,实则不然。只有区分"合法＝合法"/"合法≠合法"之后,才可以标示出"合法＝合法"。(3)当狭义的悖论"合法即非法",与套套逻辑"合法即合法"相互联结,就形成逻辑上禁止的矛盾(contradiction):在同一个共同体中,在某个时刻、对于某些成员而言合法的行为,在另一时刻、对于另一些成员来说却非法。"一项行为既合法又非法",同样是无法区别的状态,属于广义的悖论。

法律悖论可以构造为五个逻辑步骤:(1)合法/非法以外的第三种价值被排除,"法律"与"非法律"得以区分,"法律"得到标示;(2)根据法律,某些行为被确认为"合法",呈现"合法即合法"的套套逻辑;(3)上述"合法"行为可能遭到否定,呈现"合法即非法"的悖论;(4)套套逻辑和悖论联结,一项行为呈现"既合法又非法"的矛盾;(5)矛盾必须再被否定,即呈现"合法"并非"非法"③。此种构造深刻地表明,现代法律系统必须面对层出不穷的悖论,无法从"原则"出发层层演绎,在演化上概率极低;同时也表明,仅仅基于二元符码封闭运作,法律系统将很快陷于停滞。

二、纲要化:悖论展开与认知开放

正如卢曼所说,"符码不具有单纯凭借自身而生存的能力……它们唯有借助一项进一步的区分,才能以自我再制的方式具有生产性"④。为了维持法律系统的持续运转,首先必须在法律系统的另一种结构层次上,即纲要(programme)层次上进一步做出"区分",从而展开(unfolding)悖论。此处所谓"纲要",是补充符码的"语意"和使用符码的条件,亦即分派合法/非法价值的判准(criterion)。

---

① 参见[德]G. Kneer & A. Nassehi:《卢曼社会系统理论导引》,鲁贵显译,132~133页。
② 同上书,133页,注35。
③ [德]尼可拉斯·鲁曼:《社会中的法》,"国立编译馆"主译、李君韬译,198~199页。
④ 同上书,216~217页。

"纲要"层次的悖论展开过程,可以构造为对应的五个逻辑步骤:(1)借助"纲要"区分法律与非法律,如抽象地规定"有效"契约只关乎当事人"合意";(2)在具体个案中,可能运用"纲要"确认既有法律,展开"合法即合法"的套套逻辑,如一方虽然反悔,但买卖契约因存在"合意"而"有效";(3)继而可能依据另一项"纲要",否定先前认定为合法的行为,展开"合法即非法"的悖论,如裁定一项虽然达成"合意",但工时约定过长的劳动契约"无效";(4)套套逻辑和悖论相联结,造成逻辑上禁止的矛盾,如由于达成"合意"的契约先后被确认和否认,因此"既有效又无效";(5)引入进一步的"纲要"排除矛盾,如关于特定契约"有效"标准的强制性规定。

前现代法律也存在纲要化(programming)现象,但或者以放弃全社会的普遍"法律化"为前提,或者以法律纲要与全社会结构的依附关系为代价。① 前者如古罗马和中世纪英国,只处理合乎"程式"或者"令状"的纠纷;后者如中世纪欧洲大陆,法律纲要以"自然法"形态出现,反映了高等阶层在政治地位、劳动分工、土地所有等方面的社会优势。只有现代法律纲要不仅扩展到整个全社会,而且脱离具体社会脉络"实证化"。在功能分化的背景下,一方面,各种功能系统均以固有纲要衔接固有符码,政治以"意识形态"区分有权/无权,经济以"价格"区分支付/不支付,科学以"方法论"区分真理/非真理,法律则以"权利"区分合法/非法。另一方面,法律系统借助法律纲要,自己处理自己的效力问题,②比如"新法废除旧法"作为法律纲要,决定不同时间产生的法律纲要何者有效。

"纲要化"不仅具有展开法律悖论的作用,而且通过促成法律系统的"认知开放",弥补了"符码化"造成的"运作封闭"③。在符码层次上,法律系统无视环境,无视合法/非法以外的任何价值,具有"确定性";在纲要层次上,法律系统认知环境,"汲取"非法律价值,具有"变异性"。纲要保障了系统的"学习"能力,使之不至于在获得"自主性"的同时,丧失对于环境的适应性和敏感度。比如,借助"立法"纲要,法律得以"认知"政治系统的诉求,特别是政治公共领域的民主意见;借助"契约"纲要,法律得以"认知"经济系统的需要,特别是市场经济领域的供求关系。没有这些内部纲要,任何环境因素都不能被法律系统识别,不能形成法律系统变动的契机。

但法律系统并非经由"纲要化"而与环境"融合",无法"如其所是"地认知环境。首先,由于法律纲要的实际含义只能依靠系统自身界定,诸多日常经验遭到"扭曲"。比如"动机"、"故意"、"因果关系"等刑法术语,都与日常语言存在差异。其次,由于各种法律纲要构成相互关联的循环,诸多社会诉求遭到排斥。比如,"高利贷"契约虽然解决了民间融资问题,但

---

① [德]尼可拉斯·鲁曼:《社会中的法》,"国立编译馆"主译、李君韬译,198~199页,217~218页。
② 同上书,218页。
③ 同上书,218~219页。

因违反强行法规定而不受法律保护。复次,由于法律纲要的固有特点,诸多社会问题遭到无视。比如,现代法只救济"或大或小"的现实"权利"侵害,无法控制"或有或无"的潜在"风险"①。最后,法律纲要拒绝认知诸多社会事件,比如民事案件"不告不理",又如超过"时效"的债务只是"自然债务"。归根结底,法律系统无法全面认知环境,所认知的环境也不是"客观存在",而是法律纲要的"主观建构"。

尽管如此,法律系统的结构还是呈现鲜明的两面性:从"符码"角度看,法律是封闭和确定的;从"纲要"角度看,法律是开放和变异的。系统论法学对于法律结构两面性的揭示,超越了"形式主义法学"与"现实主义法学"之争,也符合现代人的法律意识,即一方面不允许法院诉诸合法/非法以外的价值;另一方面却在较高程度上容忍判决可预测性的缺乏。②

三、法律作为"条件性纲要"

"纲要"可分目的性纲要(purpose-specific programme)和"若……则"形式的条件性纲要(conditional programme),法律系统只能使用后者。

目的性纲要诉诸未来才能获知的因果关系,既无法稳定规范性预期,又无法"化约"法律系统的环境。比如,倘若必须依据未来后果,而非"构成要件"判断一项行为是否构成犯罪,法官将无所适从。也可以认为,目的性纲要涉及"自然"的因果性,适合投资、医疗、行政等决定,这些决定作为"手段"是否符合"目的",必须接受现实的检验;条件性纲要则涉及"人为"的因果性,即"法律上的因果关系",法律系统由此成为烦琐机器(trivial machine),免于环境的检验和操控。③

20世纪"福利国家"的法治困境,正是源于以法律为实现社会目标的工具。亚里士多德认为"目的"是事物发展的必然终点,现代"目的"却关乎对未来的想象,其优势在于多样化,不必固守传统路径,劣势在于主观化或曰意象化(intentionalizing),以及缺乏手段/目的匹配性的准确知识。因此,福利国家为了避免法官恣意裁判,往往在立法规范中"设定"符合目的之手段,实际上再度采用"若……则"形式。

另一些情况下,福利国家要求法官行使"自由裁量权",根据立法目的灵活裁判案件。法官不得不利用非法律的目的性纲要,特别是关于"事实上的因果关系"的科学或者经验知识。比如依据"经济条件对儿童成长影响最大"的统计学成果,判决抚养权归属父母双方中收入较高者。这样一来,裁判决定就被暴露在经验批判之下,"唯有职务上的权威,亦即必须做

---

① 参见[德]尼克拉斯·鲁曼:《对现代的观察》,150~155页,鲁贵显译,台北,左岸文化,2005。
② [德]尼可拉斯·鲁曼:《社会中的法》,"国立编译馆"主译、李君韬译,219~220页。
③ 同上书,220~221页。

成决定之强制,才使得该决定成为有效。"① 换言之,由于必须否定无法达成目标的目的性纲要,裁判效力仍然依赖一种特殊的条件式纲要,即一项权限规范(norm of competence):"若"判决系由法官依法做出,"则"判决有效。此时,"纲要化"与"符码化"的区分接近临界点,丧失悖论展开功能,法律事务"退回到那个或许会被观察者成为套套逻辑的状态:法律就是那些被法律标示为法律的东西"②。

四、通过"程序"的正当化

法律悖论不仅因目的性纲要而濒临暴露,在"疑难案件"情况下,多项可适用的条件性纲要也导致符码分派的困境。法律系统为此设置了第三种结构——程序,以便利用系统内部制造的"反身性"(reflexivity),将"恣意"的司法判决正当化。③

第一,程序能够"拖延时间",使法律系统不必立即判定合法/非法,暴露决断色彩。在疑难案件中,由于任何决定都难以获得法律共同体的支持,"以时间换空间"的策略尤其重要。第二,程序从日常冲突的自然存续时间中,截取法律上的"起点"与"终点",以高度人为的方式建构法律系统的专属"时间"。"起诉"开启程序,"判决"终结程序,随着程序的推进,日常冲突被化约为易于处理的法律冲突。第三,在程序进行期间,法律系统呈现不确定性,暂停对符码值的严格分派,有意制造悖论。程序利用此种不确定性,吸引诉讼各方的参与和竞争,使之将目光投向"未来"。等到程序终了之时,法律系统恢复确定,做出被视为"参与"和"竞争"之结果的判决,基于符码的悖论亦得到展开。

与司法程序一样,立法程序也是法律系统的内部结构,也具有正当化的能力,整个法律系统"自我正当化"。立法的正当性并非源于社会共识,或者"上位法"的规定,只有程序能够阻止进一步的质疑。一言以蔽之,现代法利用"在程序上运行着的反身性"④,通过暂时搁置决定最终做出"正当"决定。古典哲学以"内在强制/外在强制"区分道德与法律,但道德并非没有外在的惩戒手段,法律完全可以促成内在动机。二者的真正区分在于:与合法/非法不同,"善/恶"判断无法经由程序实现正当化。

此外,在法学家看来,"程序法"的功能是保障"实体法"的实施。这种观点属于法律系统的"自我描述",旨在维护法律的统一性,无法说明未能保障实体正义的程序为何仍然是程序。系统论的"外部描述"揭示出,程序的功能在于制造并维持系统在一段时间内的不确定性,从而弥补法律

---

① [德]尼可拉斯·鲁曼:《社会中的法》,"国立编译馆"主译、李君韬译,226页。
② 同上书,227页。
③ 同上书,219~220页,230~234页。
④ 同上书,233页。

符码的僵硬确定性,避免暴露法律系统自己决定了何为法律。

第六节 司法作为法律系统的"中心"

从"内部再分化"的角度,也可以理解现代法的自创生属性。司法、立法、契约三种子系统的相互分离,提升了法律系统的内部复杂性,使之得以独立于其环境。更重要的是,现代司法具有"决断"属性,不仅不是立法的附庸,而且占据法律系统的"中心"。

一、现代司法的"决断"属性

初民社会,"立法"与"司法"无法区分:"神判"既是规则创制过程,又是个案处理过程;"复仇"基于族群实力,而非既有规则;"神判"仪式或者复仇行动完结之时,"法律"和"判决"一同产生。在传统社会,为了防止偏私、保障阶层内部平等,立法与司法初步分化。[①] 但传统司法依附于歧视下等阶层的立法,从属于贵族的政治支配权力,以致诉讼权利、举证责任、证据证明力皆因"身份"而异。与此同时,立法往往划定可诉诸司法的纠纷范围,比如"有令状才有救济"的格言,就意味着法律只在"打扰国王宁静"时介入干预。[②] 然而,随着社会功能分化的展开,以及法律全面负责规范性预期的稳定化,普通法系废除令状制度,大陆法系掀起法典化浪潮,"有权利就有救济"成为新的宣言。现代法调整一切社会关系,禁止以立法缺漏为由,拒绝裁判案件。《法国民法典》甚至明确规定:"法官借口法律无规定、规定不明确或不完备而拒绝裁判者,得以拒绝审判罪追溯之。"[③]

在"禁止拒绝审判"原则下,现代法律系统内部分化,司法子系统与立法子系统相互分离。现代司法具有"决断"属性,不再是立法的附庸,或者对立法规范的单纯"适用"。施米特以"决断"指称一种机缘性的政治决策行动[④],其特征有三:从性质上看,做出决断本身比如何决断更为重要;从来源上看,决断不是既有原则的演绎;从内容上看,决断的结果未被预先决定,因此并非唯一。现代司法符合上述三项特征:第一,现代社会"禁止拒绝审判"的根本原因在于,法律面向整个全社会,独自稳定规范性

---

① [德]尼可拉斯·卢曼:《法院在法律系统中的地位》,陆宇峰译,120~121页,载《清华法治论衡》,第12辑,2009。
② [比]R. C.范·卡内冈:《英国普通法的诞生》,李红海译,37~78页,北京,中国政法大学出版社,2003。
③ 参见[德]尼可拉斯·卢曼:《法院在法律系统中的地位》,陆宇峰译,131页,注3。
④ [德]卡尔·施米特:《政治的概念》,125~133页。

预期。任何诉诸法院的纠纷都必须得到明确处理，在两造之间明确分派合法/非法地位，否则社会沟通就会陷入失范(anomie)境地。较之违法泛滥的"失序"状态，失范的社会危害更为严重，意味着互动风险急剧上升，全社会系统走向停滞。第二，在阶层"身份"丧失固化作用的现代社会中，社会变迁异常迅速，面对无可预知的未来，立法规范总是存在"漏洞"。"立法不足"与"司法全能"之间的矛盾，决定了司法不可能是逻辑演绎的过程。第三，现代立法语言的抽象性，消解了司法裁判的确定性。历史上的"令状"和"诉讼程式"归纳了类型有限的案件情境，以之为取向的古代司法并无确定性之虞；当法律覆盖所有社会关系，以致立法规范必须使用抽象语言时，法官很难依据具体情境确定其唯一含义。

从诉讼常识、裁判实践和"时间"维度，也可以说明现代司法的决断属性。首先，如果立法预先决定司法，大量纠纷就不会进入法院，"诉讼爆炸"更不可能出现。其次，立法规范的含义无法脱离个案抽象地确定，而是必须首先参酌典型案例加以"凝练"，再在本案中进行"确认"[①]。鉴于复杂社会没有完全相同的案件，在此种裁判实践中，立法规范的"辐射范围"实际上不断发生隐蔽的变动。最后，司法"适用"立法规范的观念仅仅涉及两个时间维度——仿佛"规范"已成"过去"，"未来"的"事实"只要满足其构成要件，就可以与之连结并得出唯一结论。然而，现实之中只存在转瞬即逝的"当下"，过去和未来都是当下的时间"视域"(horizon)。法院必须立足当下的具体情境，一方面重构过去的立法规范；另一方面考虑本案裁判的未来影响，进而做出决断。[②]

二、现代司法的"中心"地位

在现代社会中，司法与立法的分离体现为两种"程序"的分化，得到包括宪法在内的制度保障。然而，由于古典政治哲学的影响，作为"主权"构成要素的"立法权"，至今仍被视为高于"司法权"。系统论法学的观点恰好相反：司法位于法律系统的"中心"。

首先，"中心"最终处理法律系统的悖论。立法纲要能够提供合法/非法的判准，展开符码层次的悖论，但不会自动起效。司法必须自主使用纲要，实际负责"若……则"运算，连结系统认知的"事实"与"规范"。现代法律解释学表明，立法规范的多重含义无法借助"立法者意志"获得统一，需由法官解释加以确定。[③] 现代法教义学表明，立法规范存在于动态、开放的教义学体系之中，并非孤立命题，其"定位"依靠法官的选择。法律论证理论暴露出更为尖锐的问题：当一个案件同时适用多条立法规范，司法

---

① [德]尼可拉斯·鲁曼:《社会中的法》，"国立编译馆"主译、李君韬译，248页。
② [德]尼可拉斯·卢曼:《法院在法律系统中的地位》，陆宇峰译，128～129页。
③ [德]尼可拉斯·鲁曼:《社会中的法》，"国立编译馆"主译、李君韬译，283～288页。

裁判最终取决于法官的进一步区分,即对本案与既有案件是否"相同"做出决断。①

其次,"中心"再生产法律系统的统一性。在西方哲学传统上,"统一性"系指事物的所有内部要素皆可溯源唯一的原则、理念或者目的。但在系统论法学视野下,法律统一性不再意味着下级规则来源于上级规则的演绎,而是表明系统回溯既有法律沟通,制造新的法律沟通,在循环、递回的网络中自我再生产。② 这种基于运作差异再生产的法律统一性,只能依靠司法维系。一方面,立法不断制造规范间的矛盾,司法考虑在同样有效的规范之间,何者相对于个案更为"适当";另一方面,司法立足当下重构过去和未来,借助法律解释将立法规范的意义扩展到新的案件,并依据对未来后果的预测予以确定或调整。在"司法审查"的场合,法院还基于"上位法"、"宪法价值"、"立法权限"等法律理由,通过肯定或否定立法规则的法律效力,再生产法律系统的统一性。

最后,"中心"维护法律系统的运作封闭。立法面向非法律诉求和实质理由持续开放、不断变更,司法却以其特有的能力抵御环境压力:③ (1)"既判力"的终结论证能力。"既决案件不得再起诉"使法官免于无穷无尽的论证,任何质疑生效判决的说辞,均无分派合法/非法价值的实际效果。(2)"程序"的规避实质性决定能力。"对抗制诉讼"将"真相"交由当事各方及其律师进行"建构",证据规则将"事实"与"可采信"的证据间接关联,在"辩诉交易"中,法官甚至通过简单的程序审查就能裁判案件。(3)"组织化"的风险转移能力。作为组织系统的法院转移了个人风险,法官的裁判仅需符合组织的内部规则,就被视同于法院本身的行动。(4)"职业化"的风险吸收能力。由于律师广泛介入诉讼,日常纠纷在正式提交法院之前已经得到法律的过滤;法律顾问对契约进行"合规"审查,设计避免诉讼的法律手段,以其"预防性实践"减轻法院裁判的压力。

三、"中心"与"边缘"的协同运转

较之占据"中心"的现代司法,现代立法位于法律系统的"边缘",且与"契约"子系统并行。古代契约附属于立法,是法律的"语义"而非"语法",比如罗马法上的契约等于一个单纯"约定"加上一个"债",后者是"应负担履行义务的法锁",由立法明确规定。④ 但在"契约自由"原则作用下,现代契约与现代立法一样,都是独立的法律再生产机制,都是法律系统的

---

① N. Luhmann, "Legal Argumentation: An Analysis of its Form", 58 *Modern Law Review*, 1995, pp. 285-297.

② N. Luhmann, "The Unity of the Legal System", in G. Teubner(ed.), *Autopoietic Law—A New approach to Law and Society*, Walter de Gruyter, 1987, pp. 13-35.

③ [德]尼可拉斯·卢曼:《法院在法律系统中的地位》,陆宇峰译,137、147~150 页。

④ [英]梅因:《古代法》,沈景一译,182~183 页,北京,商务印书馆,1996。

"语法"。尤其20世纪以来,不仅个人之间法律关系的建立主要依靠契约,在重要的社会组织内部和组织之间,在政治立法"鞭长莫及"的跨国和全球领域,稳定规范性预期也越来越仰赖通过契约"自我生产的法律"①。

"中心"与"边缘"相互分离又协同运转,共同维系了法律系统的内部张力。②

第一,中心封闭,边缘开放。在法律系统的边缘,立法和契约面向环境认知开放,形成法律纲要。立法纲要主要是认知政治意志的结果,契约纲要主要是认知经济需求的产物,均使系统对环境变迁保持敏感。但司法中心具有封闭性,在连结"规范"与"事实"的裁判过程中,道德、政治、经济等外部理由均无直接相关性。

第二,中心必须做出决定,边缘不必。即便在"立法不足"或"约定不明"的情况下,法院也要判决所有案件,但议会既不必决定"私人领域"的诸多事项,又不必随时回应"公共领域"的诸多诉求。同样地,"契约自由"既保障在任何时刻、与任何人、就任何事订立契约的权利,也保障拒绝缔约的权利。

第三,中心稳定,边缘变动。现代立法脱离"神圣"和"自然"的渊源,获得了"可变性","不可变更"的宪法规范,不过意味着严格的修宪程序。契约也与无可选择的"身份"适成对比,具有打破血缘、阶层所凝固起来的社会关系,不断扩展互动的能力。然而,生效判决哪怕缺乏败诉方的认同,或者遭遇舆论的批评,也不会再予更改。

第四,中心诉诸差异,边缘容纳合意。在"民主政治"条件下,立法连结公共领域的"商谈";如果关涉道德、伦理事项,甚至需要基于相同理由的"共识"。在"市场经济"条件中,作为私人领域利益博弈的结果,契约也必须基于"合意";"重大误解"和"诈欺"等扭曲合意的情况,则将契约置于"效力待定"的状态。但司法总是取向于差异,做出裁判的保障并非合作和相互理解,而是被告与原告、律师与法官、证人与当事人的不同角色分配,以及各自在诉讼程序上的不同地位分配。

第五,中心分化,边缘不分化。在立法子系统中,尽管政党日益成为意见表达的重要主体,但任何公民个人都有平等的参与权利;议长主导议会程序,但不像行政长官那样对"下属"发号施令。在契约子系统中,缔约者是权利地位平等的主体;生效契约不论标的大小,都具有相同的效力。只有司法子系统内部再分化,且分割、分层、功能分化三种类型并存,形成了不同地域、审级、专业的法院体系。地方与中央法院、初审与上诉法院、普通法院与铁路、海事、军事等专门法院在各自范围内充分行使职权,其生效判决都具有终局性。

---

① [德]尼可拉斯·卢曼:《法院在法律系统中的地位》,陆宇峰译,141页。
② 同上文,139~144页。

总而言之,经由"中心/边缘"的内部再分化,法律系统维系了五组内部张力,得以在不脱离环境的同时自创生运作。

第七节 重新界定"正义"

自我正当化的法律可能偏离"正义",这是系统论法学特别容易受到的质疑。实际上,现代法仍然谨守正义,只是正义的内涵发生了改变。

一、自然法学说中的正义

自然法上的"正义"可分两种基本类型:"交换正义"与"分配正义"。社会系统理论认为,交换正义起源于分割社会——在地位平等的氏族、部落之间,社会沟通以"相互性"为首要原则,"所取"不应超过"所予","报复"当以"伤害"程度为限;分配正义起源于分层社会——在地位不等的阶层之间,社会沟通以"各得其所"为首要原则,高等阶层享有特权,低等阶层承担更重的义务与责任。当然,在阶层内部,交换正义依然适用。①

在两种前现代社会中,正义均为整个全社会的共同标准。交换正义遍及分割社会的所有功能领域,不仅是法律的基础,也是经济、道德、宗教的基础。原始经济强调"互惠",原始道德强调"己所不欲、勿施于人",原始宗教强调以"供奉"换取"庇护"。同样地,分配正义主导了分层社会的各种社会关系,贵族不仅拥有法律特权,而且在政治地位、经济资源、道德评价上占据优势,甚至垄断科学知识、艺术标准、神的"恩宠"。

按照柏拉图、亚里士多德的古代自然法传统,正义尤其表现为与全社会结构相适应的普遍道德。"法律必须合乎正义",就是必须符合全社会的道德原则,这些道德原则维护着高等阶层的利益与价值观念。如果统治者制定的规则"不正义",从"实效"角度看,可能由于缺乏社会支持而难以实施;从"效力"角度看,也可能不具备法律的属性。"恶法非法"说的核心,就在于否认非正义规则的法律属性。

但自中世纪晚期始,正义与全社会结构发生分离。古典自然法学家洛克、卢梭、康德均以"自然状态"而非"社会状态"作为出发点,试图从"个人"或者"主体"之间的"社会契约"中发现正义。康德诉诸主体的方案最为激进,他将社会契约置于"先验"基础——"理性"之上,从而完全与事实

---

① [德]尼可拉斯·鲁曼:《社会中的法》,"国立编译馆"主译、李君韬译,257页。

性的全社会结构分离。① 从实质含义上看,尽管古典自然法学家的"正义"仍然具有道德性质,并且是现代宪法的道德基石,但与高等阶层特权相联系的分配正义消失了,交换正义也更多地意味着契约自由,而非中世纪的"公平价格"。

20世纪下半叶,鉴于极权国家利用实证法推行暴政,"新自然法学派"再度调动"恶法非法"说的道德批判潜力。然而,随着功能分化的展开,道德日益多元化,统一的正义观念已然分崩离析。一方面,分配正义在福利国家的政治系统中重生,但不再依据静态的阶层身份,而是依据个人随系统和情境变动的弱势地位;另一方面,交换正义退缩到经济系统中,沦为交易自由的补充,甚至维持"效率"的手段。受此影响,在法律与政治、经济系统的"结构耦合"部分,如税法和反垄断法中,分配正义和交换正义仍然活跃;但在法律系统的中心,法院一视同仁地使用条件性纲要,既否认任何特权,也不关心交易各方能否共赢。

新自然法学家无疑看到了正义内涵的变迁。罗尔斯改进康德诉诸"具有道德禀赋的主体"的社会契约,以"程序主义"假设替代"先验主义"假设,论证了作为"无知之幕"②下的理性共识的正义;富勒提出"程序自然法"的概念,注重"内在于法律的道德性",将实质正义深藏于法律系统有效运转的形式要求之中;③德沃金仍然强调正义与道德、政治共识的一致性,但也主张从法律原则、宪法基本权利和普通法的"整体性"诠释中寻求正义。④ 总而言之,新自然法学家要么聚焦"形式正义"、"程序正义"而非"实质正义",要么在正义问题上弱化了法律与道德、法律与全社会的关联。

二、法律系统中的正义

卢曼更为明确地论述专属现代法律系统的正义。

首先,正义是法律系统的"自我观察"和"自我描述",取向于系统的统一性。⑤ 如前所述,"效力"涉及运作层面的统一性,只要每项运作都指涉"现行有效法",法律就是统一的系统。"正义"则涉及观察和描述层面的统一性,且为法律系统内部的观察和描述,无关外部道德。前现代社会,人们共享伦理观念,且法律与道德尚未分离,道德属性的"正义"保障了法

---

① 参见[美]艾瑞克·托马斯·韦伯:《新旧社会契约论》,毛兴贵译,载《国外理论动态》,2012(5),37~50页。
② [美]约翰·罗尔斯:《正义论》,何怀宏等译,136~141页,北京,中国社会科学出版社,1988。
③ [美]富勒:《法律的道德性》,郑戈译,40~111页,北京,商务印书馆,2005。
④ [美]德沃金:《法律帝国》,李常青译,201~245页,北京,中国大百科全书出版社,1996。
⑤ [德]尼可拉斯·鲁曼:《社会中的法》,"国立编译馆"主译,李君韬译,250页。

律的统一;在功能分化的现代社会中,道德呈多元化发展,并被合法/非法符码排斥到法律系统之外,其外部观察和描述参差不齐。

其次,正义存在于法律系统的"纲要"层次。法律符码无关正义问题,在不同时间或空间,同样的行为既可能合法,也可能非法;正义涉及合法/非法的判断标准间的关系,即法律纲要的统一性。但正义既不是与刑法、民法、契约并列的纲要,也不是实证法之外的"正当法",不能直接用于案件裁判。当"普通法"不符合道德式的正义时,"衡平法"作为"国王的良心"登场,这种中世纪场景已成遗迹。正是由于正义既非法律符码,亦非普通的法律纲要,因此至今被误解为法律的道德基础乃至全社会的原则。

再次,正义不是从外部"调整"和"控制"法律的道德规范。现代法"自主"吸纳道德价值,不受道德的直接干预。在"立法"场域,一方面,诸多道德主张标准过高,不被接受为强制性的义务;另一方面,即便某些道德价值在公共领域中形成"共识",也必须经由宪法原则和立法程序的双重"过滤",才能形成立法规范。在"司法"场域,道德规范不可能像法律规范那样得到援引,在两造间直接分派合法/非法地位。道德要么像"专家知识"那样,作为"事实"进入司法场域;要么在"法律论证"过程中发挥作用,亦即作为在多项可适用的法律规范之间选择本案裁判规则的理由。

最后,法律系统的正义无法调整和控制环境。法律不能要求政治统治者保持政策连续性,不能统一经济参与者的交易价格,更不能强迫人们信奉同一套伦理学说。

三、正义的纯粹"形式性"

在法律系统中,纯粹"形式性"是正义的典型特征。与自然法的观点不同,正义并非实体"价值"或者"原则"。从古希腊开始,正义始终诉诸法律决定的"一致性",但现代法律的正义仅仅从形式上要求"相同情况相同处理,不同情况不同处理"。比较起来,简单社会依据无可改变的阶层出身(分配正义),或者高度稳定的公平价格(交换正义),决定何为相同情况,何为不同情况;现代法律的正义虽然也考虑社会结构特别是功能系统的差异(比如区分民事与商事纠纷),却更多地诉诸变动的社会"情境",不断将"事实"相同的案件判断为"不同",反之亦然。[①] 换言之,对于现代法而言,正义具有"公式"(formula)的特点,没有对"相同"或者"不同"预先作出实质性的决定。

纯粹形式性的正义导致法律系统的"偶联性"(contingency)。古代自然法认为,正义之法符合世界的"理念"或"本质",亦即万事万物的"必然性"或"不可能性";古典自然法也主张,正义之法是永恒不变的"理性

---

① [德]尼可拉斯·鲁曼:《社会中的法》,"国立编译馆"主译、李君韬译,255~256页。

法",维护平等、自由等不可剥夺的"人权"。然而,"理念"、"本质"不依赖"现象"存在,"自由"和"平等"却只能相对界定,"理性"也随情境变迁不断变动,没有"必然性"或"不可能性"。"模态逻辑学"将"一切既非必然又非不可能的事物"界定为"偶联性"①,系统论法学借此概念对法的必然性和不可能性加以双重否定,强调正义之法不仅不必符合"自然",且其"规范性"恰好要求与"自然而然"之事保持距离。应对社会复杂性的加速增长,正义开辟全新可能性的趋势益加明显,在实证化的法律系统中,规范、决定、理由、解释、论证皆获得了可变性。②

卢曼由此认为,正义是法律系统的"偶联性公式"③。多种现代功能系统中都存在"偶联性公式",以便"决定不可决定之事",亦即促成"决断"。科学中的"有限性"、经济中的"稀缺性"、法律中的"正义",都既引导着系统的决断,又没有预先决定其内容;既保障了决断的形式一致性,又掩盖了实质上的变异性。进而言之,由于一切决定皆为"决断",偶联性公式"不能被理解为成长公式,或者一种关于系统之被期许的发展走向的宣示"④:科学总是再生产有限性,经济总是再生产稀缺性;真理总是有限,商品总是稀缺。同样地,法律要么是正义的系统,要么不是。"法律越来越正义"的愿望,"唯有当人们倾向于忽略系统中的成本、负面效应、官能障碍、风险、片里的强化等等事情时,才能够成立。"⑤

然而,正义并非所有法律子系统的偶联性公式。现代议会不断破坏立法决定的一致性,以"法不溯及既往"原则作为弥补,依靠"民主政治"掩盖其"非正义性"。在"市场经济"规律的作用下,"价格"和"供求关系"也控制着变化无常的"契约"。唯有位于法律系统中心的司法,由于远离政治和经济系统,必须接受正义的支配。归根结底,正义就是"相同案件相同处理,不同案件不同处理",体现正义理念的不是立法或契约,而是法院对立法或契约纲要的二阶观察。毕竟,变动不居的纲要无法自动适用于个案,司法必须通过既有案件解释其含义。最终决定个案裁判的并非抽象规则,而是法院对本案与前案相同/不同的判断。要言之,司法"中心"借助二阶层次上的正义,审查位于"边缘"的立法和契约,从而实现整个法律系统的"自我控制"⑥。

---

① [德]尼克拉斯·鲁曼:《对现代的观察》,鲁贵显译,107 页。
② [德]尼可拉斯·鲁曼:《社会中的法》,"国立编译馆"主译、李君韬译,252~253 页。
③ 同上书,252 页。
④ 同上书,254 页。
⑤ 同上书,254~255 页。
⑥ 同上书,265~266 页。

第十四章 卢曼的"自创生"系统论法学

第八节 法律系统与其他功能系统

以上主要涉及法律系统的内部关系，本章讨论其外部关系。系统的外部关系可分两种：一为"系统/环境"关系；二为系统与其环境中的各种系统的关系，亦即"系统际"关系。本节着重论述法律的系统际关系。

一、结构耦合：系统际的关联模式

在"系统/环境"这组区分中，环境并非客观存在，而是系统的主观"建构"。任何社会系统都面对独一无二的环境（the environment），并且单方面地制造了与其环境的关系：首先，环境不是一个运作的统一体，而是系统运作所排除的事物的统一，"其他的一切"；其次，从原理上讲，环境总是比系统来得复杂，形成系统就是为了"化约环境复杂性"；最后，环境"不能感知、处理或者影响系统"，系统虽然经常无视环境，但自主地将环境中的特定变动转译为内部信息，进而加以认知或者做出回应。① 同样地，在法律系统的运作过程中，一方面，符码之外的所有价值都被排除到环境，不予理会；另一方面，环境的特定变动被建构为"法律事件"，对系统内部的既有状态产生激扰（irritation），迫使系统自身做出调整。

与"系统/环境"关系不同，"系统际"关系涉及两个自创生系统。二者之间界限清晰，各自构成运作封闭的循环网络，拥有不同"频率"。因此，系统际关系具有高度"选择性"，绝非点对点的输入/输出关系。尤其在功能分化的现代社会中，各种功能系统都"自我再生产"，符码、纲要、程序等结构上的限制，导致其相互关联唯有在"共振"这种例外情况下发生。"风险社会"的形成，根本上就是由于自创生的功能系统之间缺乏共振，一种系统的运作无法在另一种系统中造成预期中的影响，比如政治和法律的干预难以"调控"经济。

但系统结构并非只是限制或者排除了系统际的关联。经过长期的社会演化，系统之间发展出一些相互对应、高度敏感的结构，在为系统屏蔽大量环境事件的同时，"聚焦"另一系统的特定变动，从而提升了"共振"能力。卢曼借用物理学上的"结构耦合"（structural coupling）概念，说明系统际的此种关联模式。"风险社会"的另一重要成因，就在于太多功能系统之间存在结构耦合，以致系统的细微变化引发连续共振，产生意料之外的"蝴蝶效应"。更严重的问题是，相互耦合的结构仍然从属于不同系统，

---

① N. Luhmann, *Social Systems*, p. 182.

在不同的运作循环网络中自我再生产,具有因系统而异的意义,不会促成系统际的相互"协调"。

法律系统也只能通过结构耦合与其他社会系统相互关联。篇幅所限,下文仅举两例。

二、法律与经济

中世纪欧洲社会,分层模式占据主导地位,法律与经济以"土地"为中介紧密结合。地产的多寡与政治地位的高低、法律特权的大小相对应;国王、领主、教会各自在其领地范围内行使"人身支配权"和"审判管辖权"。然而,随着土地货币化,法律与经济逐渐分化。不同于使用次数有限、使用价值因人而异的实物,货币具有彻底、同等的"再使用性",确保了支付能力的无障碍流动并构成循环网络,对于经济系统从全社会中的"分出"至关重要。① 土地由货币进行经济性评价,并在"登记"制度的基础上自由流转,从根本上埋葬了附着于土地之上的法律特权。最终,基于拥有/不拥有、支付/不支付两组符码,现代经济成为专门负责减少稀缺的自创生系统,与负责稳定规范性预期的法律彻底分离。

19世纪末,利益法学派的"利益"概念提升了法律之于经济环境的敏感度,但法律毕竟无法被货币衡量,不能成为"支付"对象,归根结底不是经济。现代法对利益加以"均质化"和"抽象化",一律区分为"受法律保护/不受法律保护的利益",漠视其具体经济特征。换言之,经济与法律各自"认知"和自主调整"利益",前者以"利润最大化"为目标,后者以"正义"或曰"决定一致性"为宗旨;法律规范和司法判决不会因为违背经济目标而无效。② 就此而论,利益法学、持"经济还原论"的法经济学,以及研究法律如何导控经济的法社会学,都误识了现代法律与现代经济的关联方式。系统论法学认为,法律与经济彼此分离,只能基于"所有权"和"契约"两项机制,以结构耦合的方式相互影响。③

现代所有权制度的形成,经过了经济与政治逐渐脱钩,进而与法律耦合的漫长历程。中世纪欧洲,由于土地被用于信用担保,具备了一定程度的可流转性,融合地权与家长支配权的"家产制经济"开始瓦解;但在广泛的"庄园经济"和"捐赠经济"中,世俗和宗教统治者的政治支配权尚未与地权分离。16、17世纪,欧洲封建制崩溃,货币经济初步替代庄园经济,新兴民族国家开始以"重商主义"模式参与国际贸易,但只是为了开辟王室财源和巩固政治统治。18世纪,所有权基础从"政治支配"向"自然

---

① [德]尼可拉斯·鲁曼:《社会之经济》,汤志杰、鲁贵显译,台北,联经出版公司,2010。
② 对福利国家非法律化(delegalization)、非形式化(deformalization)和非职业化(deprofessionalization)趋势的批判,参见[德]卢曼:《法律的自我复制及其限制》,韩旭译,载《北大法律评论》,2000(2),463页。
③ [德]尼可拉斯·鲁曼:《社会中的法》,"国立编译馆"主译、李君韬译,495~500页。

权利"转移,却又与"选举权"等政治权利结合,并在"市民社会"语境下成为政治参与的唯一正当利益。直到 19 世纪初,以《法国民法典》为标志,所有权才意味着自由利用市场机会的可能性,适应于经济系统自创生的基本前提——明确"谁"对于特定财富具备处分能力。[①] 现代所有权制度一方面切断对"共识"的要求,使权利主张得以对抗其他一切人的意志;另一方面区分事实上的"占有"与法律上的"所有",排除习惯、暴力等非货币因素的财产合法化效果,最大限度地保障了基于"拥有/不拥有"符码的经济沟通。19、20 世纪的"殖民时期",所有权制度在世界范围内迅速推进并最终巩固,就是出于上述两点原因。

仅仅从静态角度确定财产所有远远不够,经济系统的分出还需保障基于"支付/不支付"符码的动态交易网络,法律与经济的另一项耦合机制——现代契约制度应运而生。[②] 鉴于身份之于社会整合的重大意义,古代社会对财富流转设置了无数障碍。比如罗马法从形式上严格控制契约效力,且将契约划分为若干类型;缺乏规定形式的约定不会成为契约,非法定类型的契约不能强制执行。又如英国,直到 16 世纪中叶,法院才借助"约因"理论突破"令状"对契约的束缚。存在"对价"就认定契约有效的做法,以及法官对"约因"不断扩大的解释,逐渐推动了契约自由。然而,现代契约的效力基础既非"形式"亦非"约因",仅仅是"当事人意思表示一致"。在现代社会中,所有基于支付/不支付的经济沟通都可以受到契约保护,所有缔约行动都只需考虑"市场"因素。此种围绕契约实现的结构耦合,从经济的一面看,是由于货币经济在动态层面的封闭运作,要求从交易中排除支付/不支付之外的价值衡量,漠视身份的事实性影响以及第三方的干涉;从法律的一面看,则是由于现代契约拟制了缔约各方的平等,并以"合同相对性"为基本原则。当然,契约的经济和法律意义也只能在各自的封闭网络中界定——20 世纪的司法并未任由契约受市场管控,而是自主解释当事人"意思",可以依据"善良风俗"等法律理由宣告契约无效。

三、法律与政治

与"民族国家"崛起的历史相适应,古典政治哲学将法律与政治视为"统一体"。从 16 世纪下半叶开始,为了巩固民族国家的政治主权,实践层面上要求"对法院实施中央集权的政治控制,清除领主权利、教会法、社团法,或者至少是所有适用特殊法律的法庭"[③];霍布斯也从"反抗权"问

[①] [德]尼可拉斯·鲁曼:《社会中的法》,"国立编译馆"主译、李君韬译,502 页。

[②] 同上书,504~508 页。

[③] N. Luhmann, *Law as a Social System*, trans. K. A. Ziegert, Oxford University Press, p. 359.

题出发,论证法律与政治结盟的必要性,指出如果允许每个人都诉诸自然法和自然理性,法律就会毁掉作为自身前提的"和平"。直至今日,滥觞于此的"法律的政治概念"仍然深刻地影响着政治学、法学和社会学等研究领域。另一种极端见解源自对"法律扩张"现象的观察。鉴于现代社会"不存在没有法律的领域,不存在无法进行法律规制的管理形式,不存在不受调整的恣意与暴力的领地"①,19世纪德国的"法治国"理念将政治视为法律的附庸,认为政治应当被"驯服"为纯粹的法律执行者;"国家"也只是法律的建制,旨在以政治方式创造实施法律的社会条件。

系统理论同时批判"法律的政治概念"和"政治的法律概念",认为现代政治基于有权/无权符码封闭运作,负责生产有集体约束力的决定,与法律彼此分离:第一,法律基于"分权"制度拒绝政治控制,政治否认诉诸"反抗权"的法律干预;第二,法律沟通依赖法官、律师、法学家的精英知识,政治沟通离不开政党、选举等民主机制;第三,在政治系统的中心,"国家"主动做出一般的政治决定,在法律系统的中心,法院"不告不理",被动作出具体的裁判决定;第四,"主权者"进行"价值权衡"和"目标选择"等实质性决断,法官凭借"程序"和"主观权利"回避类似问题;第五,面对社会变迁,政治迅速展开自我调整,法律则通过事实认定、法律解释和法律论证缓慢发展。

然而,如同法律与经济,法律与政治也在彼此分离的前提下结构耦合;前者存在于"私法"层面,后者存在于"公法"层面。近代以来,罗马法的"公/私"之分之所以重新得到重视,就是因为政治与经济发生了系统分化,进而与法律分别耦合。现代私法早于现代公法形成,则是由于中世纪晚期,农业贵族虽然在经济领域让步于资产阶级,却迟迟不肯交出政治性的特权和地方性的司法裁判权。直到16世纪,随着贵族阶层陷入财政困境,被迫向中央集权的领土国家转让权力,现代公法才渐具雏形。②

现代宪法从根本上促成了法律与政治的结构耦合。1787年的美国宪法试图解决一个全新问题,即在缺乏传统的情况下,如何填补英国殖民者留下的中央权力真空。故与古代英国的宪法性文件不同,美国宪法的效力基于宪法自身,而非历史性的政治习惯。这种新型宪法充满了的悖论和套套逻辑:自己宣称自己的法律属性,而且是最高的合法性;自己确立"新法优于旧法"原则,又将自己排除适用;自己既规定自己"不可变更",又设定"修正"自己的条件和程序;自己设置特定机构和程序,以审查普通法律是否与自己一致。③

不过,正是由于悖论和套套逻辑的存在,现代宪法才开启了法律与政

---

① N. Luhmann, *Law as a Social System*, trans. K. A. Ziegert, Oxford University Press, p. 368.
② [德]尼可拉斯·鲁曼:《社会中的法》,"国立编译馆"主译、李君韬译,512页。
③ 同上书,514~515页。

治的自主运作和相互间的结构耦合:在法律系统中,宪法被理解为"最高制定法",所有法律最终接受司法的合宪性审查;在政治系统中,宪法被视为"最高主权"的宣称,既是政治统一和稳定的象征,又是授权议会和政府改变政治和法律现状的工具。这样一来,法律独立地生产规范和判决,政治也独立地生产有集体决定,均排斥道德、习惯、宗教的干预。由此产生的各自的悖论、套套逻辑和"恣意",则由两个系统相互加以掩饰和转移:政治决断因法律系统的存在而得到"合法化",法律决断因政治系统的存在而获得"强制力"①。

基于宪法的结构耦合同时限制和提升了政治系统的能力。一方面,宪法排除了政治权力行使方式的诸多可能性,比如贪污受贿、为了巩固统治而垄断经济或者制造恐怖以及违反宪法原则和程序进行决策;另一方面,只要接受相关限制,政治就能利用实证法,将权力扩展到传统上无法想象的范围,并且不断推翻已有决定。政治系统的成就提升很快引发了不安情绪,以至被迫开启"民主化"转型——此即1791年美国《权利法案》出台的背景,表明过于强大的权力再生产不能单独依靠宪政的动员能力,必须借助政治系统的"内部再分化",即形成官僚制的"国家"、组织化的"政党"、自由的"公众"②。

在政治民主化的情况下,较之位于"中心"且运作封闭的司法,位于法律系统"边缘"且认知开放的立法更具敏感度优势。进入福利国家时代之后,即便在普通法国家,法律发展也更多地依赖政府和议会的法律制定,而不是法院的案件裁判。法律与政治的共振效果明显增强:经由"政党"的媒介,"公众"意见在议会中得到表达,只要满足法律的相关程序和实体要求,就能转化为具有政治强制力的"立法"规范。但归根结底,由于司法决定了如何适用和解释相关立法,并能够对立法进行违宪审查,政治仍然只能对法律形成"激扰"。

第九节 系统论法学的特色、贡献、局限与晚近发展

卢曼的"自创生"系统论法学特色鲜明,在法律思想谱系中自成一派。

从研究对象看,系统论法学考察法律系统自主"界定"的法律,而非法学家以分析方式"定义"的法律。随着本体论哲学的衰落,现代法学普遍放弃了对法律"本质"的探求,理性法学(古典自然法学)、概念法学、利益法学、实证主义法学、现实主义法学、法社会学、新自然法学各自作为"观

---

① [德]尼可拉斯·鲁曼:《社会中的法》,"国立编译馆"主译、李君韬译,518~521页。
② N. Luhmann, *The Differentiation of Society*, pp. 138-165.

察者"，主观地分析法律的"边界"。由此造成的后果是，各种法学理论并非讨论同一种意义上的"法律"，彼此间的争执与批判"顶多使各自的理论武器更为锐利"①。卢曼则认为，由于法律系统本身就是"观察者"，系统论法学必须进行"二阶观察"，亦即观察法律系统自主观察的法律，这种法律是唯一的现实存在。

从研究路径看，系统论法学抛弃"上/下"等级图式，以"内/外"平等图式描述法律的统一性。古代自然法诉诸"永恒法/自然法/实证法"的等级；实证主义法学诉诸"上位法/下位法"的阶序；概念法学诉诸"原则/规则"的层次；理性法学诉诸"暴力/文明"的高下；利益法学和经济分析法学诉诸"效益"的基础地位。卢曼则认为，不论是具有决定意义的外部原则，还是发挥统摄作用的内部规范，都无法维持法律的统一性。现代法不是静态的规则体系，而是动态的运作系统，只能依靠基于"符码"的法律沟通，不断划定"系统/环境"的"内/外"界限，从而再生产自身的统一性。

从研究取向看，系统论法学拒斥"规范性"，坚守"事实性"。法哲学、法理学和法律教义学都旨在协助法律系统的运作，都依附于法律系统的自我描述，都取向于法律系统固有的规范性。系统论法学则是社会学的分支，"它的诉求对象是科学本身，而非法律系统"，故其"各项概念要能标示各种可被观察的事态"，避免陷入"理念"、"价值"、"规范"、"应然"等描述层次。② 不过，与传统的社会学不同，卢曼没有止步于研究与"规范"截然对立的"事实"，而是进一步探索"法律系统如何自主区分事实/规范"这项"事实"，因此并不排斥各种法学理论，反而将之作为法律系统的组成部分加以考察。

从研究方法看，较之一般的法社会学，一方面，系统论法学不满足于简单套用社会理论的概念或者经验分析方法。卢曼认为，由于自觉地将法律视为全社会系统的子系统，系统论法学完全能够促进社会学乃至社会理论的发展。另一方面，系统论法学也不满足于简单分析"法律与社会"，这种提法预设了二者的分离，却无法说清为何全社会仍然可以影响法律。卢曼主张聚焦"社会中的法"，既追问作为环境的全社会如何影响法律系统，又不必模糊二者的分化。毕竟"法律沟通"既区别于其他社会沟通，又是社会沟通的一种类型；全社会既是法律系统的环境，又包含了法律系统。

系统论法学的贡献，在于将法律的"现代性"阐发到了极致，对传统法学思维造成了全方位冲击，此处仅做几项列举：(1)只有在"功能分化"的现代社会中，法律才呈现系统形态，具有"自创生"属性；(2)只有现代法能够"稳定规范性预期"，因此与道德、宗教、习惯等社会规范彻底分离；(3)法律系统"运作封闭"，将"合法/非法"之外的价值排除到环境，无视来

---

① ［德］尼可拉斯·鲁曼：《社会中的法》，"国立编译馆"主译、李君韬译，36页。
② 同上书，50页。

自政治、经济、科学的干预;(4)法律系统"认知开放",以"结构耦合"方式与其他系统相互关联,但系统与环境之间不存在"输入/输出"关系,系统际的协调困难也无法克服;(5)在法律系统内部,现代司法具有"决断"属性,占据"中心"地位,不再是立法的附庸和单纯的"法律适用";(6)作为专属法律系统的"自我控制"机制,"正义"只是负责法律决定形式一致性的"偶联性公式",无关道德和其他实体价值。

系统论法学的局限与其方法论特色和理论贡献并存。借用卢曼本人的观点,由于使用特殊的复杂区分,系统论法学看到了其他理论没有看到的事物,但其"盲点"也恰恰源于此种特殊区分,能够被使用另一种区分的"二阶"观察者察觉。首先,按照"系统/环境"的僵硬二分,法律要么是要么不是系统,遗漏了"从无到有"的过渡阶段。从经验上看,无论在早期现代社会,还是在"法治"欠发达的当代国家和地区,法律都存在一种"半自创生"、"半系统"的状态,特别表现为未与政治权力和政党意志明确分离。其次,由于过度取向于"事实",系统论法学止步于"描述"问题,缺乏批判性和建设性。比如,卢曼揭示了法律与其他系统相互冲突的必然性,论及"自创生"法律系统无视外部诉求,导致了弱势群体的"边缘化"境遇,却近于将这些现状视为"宿命"①。最后,在飞速变迁的社会现实面前,系统论法学呈现出滞后的一面。比如,尽管卢曼曾经提及"世界社会的法律系统"②,但毕竟没有看到各种法律部门多面向的"全球化"现象。

卢曼在世时,系统论法学已经走出德国学界,受到英语世界的重视;大量英译著作相继问世,意大利(1987)、美国(1991)、荷兰(1991)还相继召开了专题国际研讨会。③ 卢曼过世以后,汉语学界的译介工作也如火如荼地推进。更重要的是,经过托依布纳等学者的努力,系统论法学不断向前发展。首先,改进后的系统论法学区分法律系统"自治"程度的差异,认为现代法经历了从自我观察、自我描述、自我组织、自我调整到自我再生产的演化过程,一步一步走向"自创生"④。其次,更具批判性和建设性的"社会宪政"学说兴起,主张扩大"基本权利"的效力范围,在传统的"政治宪法"之外发展"社会宪法",进而缓解"系统际"冲突,提升功能系统对边缘人群的"再涵括"能力。⑤ 最后,系统论法学还进入"法律全球化"的研究领域,观察法律在全球层面与经济、科学、体育、医疗、互联网系统的"结构耦合"现象,有力地阐述了"新商人法"、知识产权法、体育法、卫生法、互联网法律等多元全球体制(regimes)的形成机理,预示着现代法的

---

① [德]尼可拉斯·鲁曼:《社会中的法》,"国立编译馆"主译、李君韬译,635~638页。
② 同上书,628页。
③ 洪镰德:《法律社会学》,387页。
④ [德]贡塔·托依布纳:《法律:一个自创生系统》,张骐译,32~36页,北京,北京大学出版社,2004。
⑤ See, G. Teubner, *Constitutional Fragments: Societal Constitutionalism in Globalization*, Oxford University Press, 2012.

未来发展趋势。①

思考题

1. 社会演化经历了哪三个阶段？在每个阶段中，法律的特征是什么？
2. 现代法的功能是什么？为何说现代法只有一项功能？
3. 法律"悖论"是如何产生的？
4. 在现代社会中，司法为何成为法律系统的"中心"？
5. 现代法与"正义"的关系是什么？
6. 如何理解现代法律与政治、经济的相互关联？

阅读文献

1. N. Luhmann, *Social Systems*, trans. Jr. J. Bednarz & D. Baecker, Stanford University Press, 1995.
2. N. Luhmann, *The Differentiation of Society*, trans. S. Holmes & C. Larmore, Columbia University Press, 1982.
3. N. Luhmann, *A Sociological Theory of Law*, trans. E. King & M. Albrow, Routledge & Kegan Paul, 1985.
4. ［德］尼可拉斯·鲁曼：《社会中的法》，"国立编译馆"主译、李君韬译，台北，五南图书，2009。
5. ［德］G. Kneer & A. Nassehi：《卢曼社会系统理论导引》，鲁贵显译，台北，巨流图书，1998。
6. ［德］贡特尔·托依布纳：《魔阵·剥削·异化——托依布纳法律社会学文集》，泮伟江等译，北京，清华大学出版社，2012。

---

① 参见［德］托依布纳：《魔阵·剥削·异化——托依布纳法律社会学文集》，泮伟江等译，北京，清华大学出版社，2012。

第十五章 法律经济学

运用经济学的理论和方法分析法律问题由来已久。法律的经济学分析,或法律经济学,究其本质,大体上属于经济学。法律经济学不是一个独立的社会科学学科,它自始就是一个横跨法学和经济学的交叉"学科"研究领域,而且其研究方法、对象乃至相关的学术制度与教育制度都一直与法学、经济学两个学科密切相关,并随着这两个学科的发展而发展。它所处理的制度效率与行为激励问题,不但直抵经济学理论的核心,而且还与政治学、伦理学等学科领域密切相关。既然是交叉学科,并且考虑到任何学科的边界事实上都是模糊的,在较为宽泛的意义上,可以说法律经济学处理的是法律与经济两个社会领域的共同问题。具体到本章所讨论的作为法律交叉学科的现代法律经济学运动来说,其学术属性则狭仄得多,就是运用经济学的概念理论与分析方法来处理广义法律领域的社会问题。换句话说,经济学是方法,法律是对象。由于经济学的核心方法——成本收益分析——可能只是被经济学家精巧表述并广泛应用的一种植根于人类本能的心理规律,故而人类可被标签为"经济"的生产与交易活动①在经济学诞生之前就存在并且良好运作了数千年之久。法律经济学因而具有极为深远的思想史渊源。人类其实早就注意到了法律制度与经济活动之间所存在的牵连与互动关系,以及与经济交易心理同构的思维逻辑对人类社会行为的广泛而且亘古不变的影响。而法律,众所周知,更是约束人类行为的基本社会规范。在这个意义上,法律制度与成本收益分析的经济逻辑在对人类行为的规范和影响上存在某种程度的叠加、互动与竞争关系。现代学术对这些关系的结构性与制度性阐释其实就是法律经济学本身。而这种系统的、可归属于今天所说的"法律经济学"的理论工作恐怕至多也就能够追溯到 18 世纪左右的近代。学界一般会把其

---

① 罗纳德·科斯等新制度经济学家指出,生产、交易和企业(即生产或交易的组织形式)具有同一性和替代性。换句话说,生产同时也是(或者说蕴含着)交易,反之亦然。参见,例如 R. H. Coase, "The Nature of the Firm", 4/16 *Economica*, 1937, pp. 386-405.

现代思想渊源回溯至英国哲学家、法学家杰里米·边沁,[1]或者再稍往前推,追溯至比边沁略早的几位苏格兰启蒙运动思想家,尽管后者不属于通常意义上的法学家,其法律经济学思想也只是散落在其一般的哲学或经济学著作中。

第一节 法律经济学思想的历史源流

作为苏格兰启蒙运动的第一位思想巨擘,哲学家大卫·休谟在其代表作《人性论》中比经济学鼻祖亚当·斯密更早论述了人的自利本性及其政治、经济与社会意义,还比功利主义哲学鼻祖边沁更早地阐述了人类趋利避害的本性:"人类心智的本源或者动力就在于快乐或痛苦;而一旦从我们的思想和情感中消除了这些感觉,我们就在很大程度上丧失了激情或行动力,丧失了欲望或意志。快乐或者痛苦的最直接后果是心智产生向往或厌恶的活动;这些心智活动又分化为意志,分化为渴求与厌恶,悲伤与喜悦,希望与恐惧;以上种种不同的分化,取决于快乐或痛苦的变化——变得很有可能或者不太可能,确定或者不确定,或者人们认为那快乐或者痛苦现在根本不受自己的操控。"[2]"贪婪,或者说获取的欲望,是一种普遍存在的情感,它在所有的时间所有的地点对所有人都起作用。"[3]在这样一种人性观的基础上,休谟提出了一个重要的正义观命题:"正义起源于人的自私和有限的慷慨,以及自然对人类需求的不充分的满足。"[4]正义与个人的经济福利状况密切相关。休谟关于财产权、交易、和契约的论述为法律经济学的现代思想渊源奠定了第一块基石。

苏格兰启蒙运动的另一位重要思想家亚当·斯密有一个对资本主义发展产生重要影响并与现代法律经济学理论密切相关的重要思想,即通过财产权利来界定社会正义:"每一种政府体制的首要目的是维系正义;防止社会成员之间相互侵犯财产,或者强占不属于自己的东西。这里所

---

[1] 例如,R. A. Posner, "Bentham's Influence on the Law and Economics Movement", in M. D. A. Freeman(ed.), *Current Legal Problems* 1998, vol 51: *Legal Theory at the End of the Millennium*, Oxford University Press, 1998, pp. 425-439. 尽管波斯纳探讨了边泌对法律经济学的"影响",但同时也承认,要在边沁和20世纪英美法律经济学运动之间建立起明确的学术传承关系并不容易。

[2] D. Hume, *A Treatise of Human Nature*, ed. D. F. Norton & M. J. Norton, Oxford University Press, 2000, p. 367.

[3] D. Hume, "Of the Rise and Progress of the Arts and Sciences", in D. Hume, *Selected Essays*, Oxford University Press, 2008, p. 58.

[4] D. Hume, *A Treatise of Human Nature*, p. 318.

说的目的就是要每个人都平安地保有他自己的财产。"①与此相关,在《国富论》中,他这样说:"在那些狩猎民族的社会里,由于几乎不存在什么财产,或者至少没有什么超过两三天劳动所值的财产;所以很少有常设的治安官或司法机构。那些没有财产的人彼此之间的伤害只能是人身或名誉上的。不过,在一个人杀害、伤害、殴打、毁谤他人的时候,尽管受害人蒙受了苦痛,可加害者并不能从中获得什么利益。但财产损害却与此不同。侵害者所获收益通常等于受害者蒙受的损失。"②随着经济学和其他社会科学的发展,虽然斯密的观点在二百多年后的今天已经颇有商榷余地了,不过他将社会正义系于财产权利的有效保障的观念是有其特定的时代意义和学术意义的。此外,结合英国的历史,斯密还描述了一个财富"最大化"导向的司法制度现实:"……主权者的司法机构不但不需要耗费金钱,长久以来反而一直是主权者收入的来源之一。请求他伸张正义的人总是愿意为此而支付金钱,诉求总是与礼品结伴同来的。待主权者的权威完全确立之后,被确认有罪的人除了要向对方当事人赔偿之外,还必须向主权者缴纳罚金。他扰乱了、妨害了、破坏了君主的太平,为此罪过缴纳罚金,被认为是罪有应得。……任何一位读过亨利二世时代下达给巡回法官的训令的读者都能清楚地看出,派遣法官在全国巡回的目的就是要为国王征收某些项目的收入。在那个时候,司法机构不但为主权者提供了部分收入,而且创收是主权者要利用司法机构获得的主要利益之一。"③在谈完逐利的主权者和司法机构之后,斯密还语含讥讽地写道:"不过,现实中在哪个国家正义都不是免费派送的。至少,各方当事人必须给大小律师 Lawyers and attornies 付费;而如果律师没收到钱的话,他们的活计就要干得比人们现实所见的更加糟糕。在每一间法院,大小律师们每年收取的费用比法官们的薪酬总和要多得多。虽然国王支付了法官薪酬,但不论在哪,法律诉讼的费用都没有明显降低。不过,法官不得收受当事人礼物或酬金之禁令,主要并非意在降低[当事人的诉讼]费用,而是为了防止司法腐败。"④斯密所讨论的这种财富导向的司法制度虽然与后代学者的财富最大化命题不太一样,但他寻求司法制度和司法活动的经济动因的分析思路,却与现代法律经济学具有内在关联。

英国哲学家杰里米·边沁在其名作《道德与立法原理导论》中用功利主义哲学和政治学的语言,明晰地阐释了经济学上的成本收益分析原理。如果说休谟和斯密的相关理论还只是20世纪法律经济学的先声,那么,边沁的学说则可称为现代法律经济学的一个直接的渊源。边沁的法律经

---

① A. Smith, *Lectures on Jurisprudence*, ed. R. L. Meek, et al., Oxford University Press, 1978, p. 5.

② A. Smith, *An Inquiry into the Nature and Causes of the Wealth of Nations*, Vol. 2, Oxford University Press, 1976, p. 709.

③ Ibid., pp. 715-716.

④ Ibid., pp. 718-719.

济学理论直接立足于他的功利主义哲学:"自然把人类置于两位主宰——快乐和痛苦——的统治之下。……凡我们所言所行所思,无不受其支配。我们为挣脱这种束缚所能做的每一次努力都非但不能否定反而将例示并确证这一事实。人们可以在口头上佯称挣脱其主宰,但实际上却无时无刻不受其支配。"①美国法律经济运动的主将之一理查德·波斯纳对边沁的理论有精当的解说:"痛苦又名成本,快乐又名收益。因此边沁是在主张:所有人在任何时候任何活动中,都把其行为(以及言辞、思想)建立在成本—收益分析的基础上。边沁花了大半生反复重申、详细阐发并举例说明上述主张。"②但边沁并不是这一思想的创始人,甚至休谟也不是。根据波斯纳的考证,英国诗人亚历山大·蒲柏早在1733年就写下了这样的诗行:"自爱和理性只渴求一个目标,它们嫌恶痛苦,欲求快乐。"③不过可以想见,蒲柏也不会是这一思想的创始人——事实上,没有人能担负得起"创始人"的殊荣,因为趋乐避苦一定是写入了"基因密码"的人类本能,④严格说来,不会是任何学者的创造、归纳或发现。然而不管怎么说,是边沁系统表述并在哲学上发扬光大了这一思想,也许正是因此,人们通常把它与边沁紧密联系在一起。不管边沁与功利原则和成本收益分析法有多少关联,都不影响他提出的卓越的犯罪经济学理论:

> 一个人,仅当他预期在犯罪中得到的快乐超过其预期的痛苦,或者换句话说,仅当预期收益超过预期成本时,才会选择犯罪;因此,为了威慑犯罪,惩罚必须施加充分的痛苦,以保证这一痛苦与罪犯预期的其他痛苦的总和超过罪犯从犯罪中预期得到的快乐;但也不应该施加比这更重的惩罚,因为这样会给(未被震慑的罪犯)带来一部分不能被犯罪的潜在受害者的快乐(收益)所抵消的痛苦;刑罚明细表必须这样设定:如果罪犯可以在不同的罪行之间选择的话,他会去犯那个最轻的罪;罚金是比监禁更有效率的刑罚手段,因为罚金在造成损害的同时也获得了收益;……罪犯被抓获的可能性越小,

---

① J. Bentham, *An Introduction to the Principles of Morals and Legislation*, Oxford University Press, 1996, p. 11.

② R. A. Posner, "Bentham's Influence on the Law and Economics Movement", pp. 433-434. 边沁是为数不多的言行一致、身体力行的学者之一。直到生命的最后时刻,他还在践行自己的哲学理论:"在感觉到死亡的脚步临近的时候,他对守护在身边的朋友说:'我觉得我要不行了;我们必须尽量把痛苦减少至最低程度。不要让任何仆人到这个房间里来;也不要让年轻人进来。他们在这也无济于事,只能徒生悲痛。可也不能只丢下我一个人在这;你并且只要你一个人陪着我;由此我们就能够把痛苦降低到尽可能小的程度'。" F. C. Montague, "Introduction", in J. Bentham, *A Fragment on Government*, Clarendon Press, 1891, p. 14.

③ A. Pope, "Epistle II", lines 87-88, in *An Essay on Man*(1733). 转引自 R. A. Posner, *Frontiers of Legal Theory*, Harvard University Press, 2001, p. 55, n. 30.

④ 在这个意义上甚至可以把此结论推广到更为广泛的生物族类——所有在漫长的进化过程中未被淘汰的物种都具有趋乐避苦的本能。具有相反的即趋苦避乐本能的物种,假如曾经有过的话,根据进化生物学的基本原理,也应该已经在上亿年的生物进化过程中灭绝了。

相应的刑罚就必须越严厉,以维系一个足以震慑犯罪的预期成本。①

显而易见,虽然边沁的理论勾勒仍然是粗线条的,使用的语汇也尚显"原始",但已经足以支撑起一个关于犯罪与刑罚的法律经济学理论的框架了。②要严格地测度边沁对于当代犯罪经济学的影响也许是相当困难的,但这种影响绝不是没有;③而且我们也许不必甚至也不太可能在回顾历史的时候完全摒弃后见之明,在这个意义上,当我们追溯法律经济学的近代思想渊源时,应该对前辈思想家的贡献给予宽厚的肯定。

休谟、斯密、边沁等思想家作为法律经济学理论的先驱,在被后人称作法律经济学的学术领域中关于财产权、契约、交易、成本收益分析的重要论述不但率先将法律与经济这两个社会系统和两套智识体系有机地联系起来,而且他们的一些理论创建至今恐怕仍然没有被后人完全超越。④英国学者的理论贡献,从现代学科分工上看主要属于彼时尚处于形成阶段的古典政治经济学。由此来看,法律经济学后来兴起并繁荣于英美两国,应该不是偶然:英国的政治经济学传统,以及 20 世纪早期以托尔斯坦·凡勃伦、约翰·康芒斯为代表的美国"旧"制度经济学研究,在学术谱系上,与法律经济学的兴起具有重要关联;英国经验主义哲学和美国实用主义哲学也为法律经济学的发展提供了"精神"动力或支持,尽管其影响可能是相当间接因而不容易有效证成的——这是近代以来英美两国的哲学与社会科学学术传统与法律经济学之间的智识关联。另外,从制度上看,普通法遵循先例的原则与制度与经济学上的效率和均衡原理颇为一致,这是推动经济学方法在 20 世纪逐步进入法学研究的重要制度原因。

---

① 这是波斯纳对边沁的概括,见 R. A. Posner, "Bentham's Influence on the Law and Economics Movement", p. 431. 引文省略了原文脚注。边沁本人的论述略显零散,参见 J. Bentham, *An Introduction to the Principles of Morals and Legislation*, 1996, chap. 14.

② 当然,这里所涉及的效用的人际比较问题长久以来是功利主义经济理论、政治哲学的一个备受责难的"软肋"。参见,例如 L. Robbins, "Interpersonal Comparisons of Utility: A Comment", 48 *Economic Journal*, 1938, pp. 635-641. 现代经济学家在一定程度上用数学工具解决或掩盖了这个问题。

③ 参见 R. A. Posner, *Frontiers of Legal Theory*, p. 53.

④ 例如,查理·罗利教授就认为,除了个别的一两个研究之外,现代学者对有关财产与合同的普通法的经济学分析并不比休谟更高明,他甚至认为在有些方面甚至还比休谟差得多。See C. K. Rowley, "An Intellectual History of Law and Economics: 1739-2003", in F. Parisi & C. K. Rowley (eds.), *The Origins of Law and Economics: Essays by Founding Fathers*, Edward Elgar Publishing, 2005, p. 4. 科斯也曾表达过类似的看法。在纪念《国富论》发表二百周年的一个讲话(加利福尼亚大学洛杉矶分校,1976 年)中,他说:"《国富论》是一部让人阅读时心怀敬畏的著作,其分析之深刻,涉猎之广泛,超过了其他任何经济学书籍。不过它的这种卓越品质又令人感到不安。过去二百年来我们都做了些什么?我们的分析毫无疑问变得更加复杂了,但我们对经济系统的运行并未展示出更深的洞见,在某些方面我们的进路还赶不上亚当·斯密。"R. H. Coase, "The Wealth of Nations", 15 *Economic Inquiry*, 1977, p. 325.

第二节　法律经济学的兴起与发展

现代意义上的法律经济学最早可以追溯至20世纪早期的英国。科斯的老师、任教于伦敦经济学院的经济学家阿诺德·普朗特教授早在20世纪30年代就发表了一系列有关知识产权经济学分析的论文,[①]产生了较大的学术影响,例如他的关于专利的论文被后人奉为知识产权法律经济学研究的经典论文之一。当然,他还有一个间接的贡献,就是培养出了罗纳德·科斯这样的学生,尽管此等天才学生所取得的成就未必是教育的结果。

法律经济学不是哪一个人创造出来的学术流派,但如果一定要选择一个人作为它的创始人的话,那就只能是科斯了。尽管科斯被引证最多、影响最大的论文是在他50岁时才发表的《社会成本问题》,但其实他对法律经济学领域的涉足早在二十多岁的时候就开始了,而且取得了非凡的成绩。科斯早年的代表作首推他的另一篇经典论文《企业的性质》[②],这也是他在1991年荣获诺贝尔经济学奖的时候瑞典皇家科学院在授奖词中提及的两篇论文之一。科斯在这篇文章中发现和解说企业与市场的非垄断性替代关系,[③]指出了市场运作的成本(后来发展成为影响深远的"交易成本"概念)。[④]无论是企业应否取代市场,还是企业在多大程度上取代市场,即企业与市场的界限问题,都取决于市场运作成本。现实经济世界中选择的结果,无非是使该成本最小化的方案。

自20世纪40年代开始,法律经济学运动在美国芝加哥大学正式兴起,因此,芝加哥大学后来被人们誉为法律经济学的发祥地。1939年,经

[①] 例如 A. Plant, "The Economic Aspects of Copyright in Books", 1 *Economica*, 1934, pp. 167-195; A. Plant, "The Economic Theory Concerning Patents for Inventions", 1 *Economica*, 1934, pp. 30-51.

[②] R. H. Coase, "The Nature of the Firm".

[③] 张五常认为科斯指出的不是企业对市场的替代,或要素市场对产品市场的替代,而是不同契约之间的替代,如工资与租金的系列契约取代了产品市场的系列契约。在张五常看来,企业的本质也是契约。参见 S. N. S. Cheung, "The Contractual Nature of the Firm", 26 *Journal of Law and Economics*, 1983, pp. 1-21.

[④] 虽然《企业的性质》一文正式发表于1937年,但有可靠的文献证据表明,科斯在此文中阐述的思想早在1930年或1931年就形成了。参见 R. H. Coase, "The Nature of the Firm: Origin", 4 *Journal of Law, Economics, and Organization*, 1988, pp. 3-17. 正如张五常所说,考虑到此文源于一篇相当于本科生学期论文的写作,人们不禁对其中的洞见肃然起敬。参见 S. N. S. Cheung, "The Contractual Nature of the Firm", pp. 1-2.

济学家亨利·西蒙斯(Henry Simons)"偶然地"被任命为芝大法学院教授,①从此把经济学带入了法学院,并使自由市场、反对经济干预等古典自由主义思想成为早期法律经济学运动的主旋律。1946年西蒙斯去世,另一位"传奇"经济学家阿伦·迪莱克特(Aaron Director)接任了他在法学院的教职。迪莱克特一生著作极少,但却是一位有创见的经济思想家、一位成功的教师。他通过教学影响了自己的学生和同事,包括后来成为法律界精英的罗伯特·鲍克(Robert Bork)、理查德·波斯纳(Richard Posner)、威廉·伦奎斯特(William Rehnquist)、安东宁·斯戈利亚(Antonin Scalia),并对现代法律经济学做出了重要贡献。在这一时期,法律经济学尚未成气候,其参与者主要局限于上述"芝加哥学派"经济学家。他们首先将经济学方法引入到反托拉斯法的研究之中,之后逐步拓展,基于"芝加哥学派"的经济学传统,把效率、理性选择等经济学核心概念和理论融入法学研究。这一时期的学者发表了许多与法律有关的经济学文献,涉及的领域包括反托拉斯、公司法、破产法、证券业规制、劳动法、公共设施管制、侵权法、种族歧视等。

尽管法律经济学发展壮大的历程有时被称为一场"运动"②,但它并不是严格意义上的学术"运动",因此它没有一个标志性的起始年份,只能说它起始于1958至1973年间。③1958年,芝加哥大学法学院创办了《法律经济学杂志》(Journal of Law and Economics),艾伦·迪莱克特成为这份杂志的首任主编。不久后,科斯从弗吉尼亚大学转到芝加哥大学法学院,接任迪莱克特,成为该杂志的主编,并且先后在这份学报上发表了影响极为深远的论文《联邦通讯委员会》④、《社会成本问题》,从中发展出了著名的科斯定理。围绕科斯定理,许多"法律经济学"的理论范式开始孕育。阿门·阿尔钦、哈罗德·德姆塞茨、奥利佛·威廉姆森、张五常等人撰写了大量的关于产权、交易成本和契约的理论研究文章。最终形成了法律经济学领域关于产权、交易成本和契约等核心理论范式。1961年圭多·卡拉布雷西发表经典论文《风险分配和侵权法的某些思考》⑤,在芝加哥大学之外开创了另一个法律经济学阵地,并逐步发展出了法律经济学的耶鲁学派。1968年加里·贝克尔发表经典论文《犯罪与刑罚:一

---

① 西蒙斯自1927年起任教于芝加哥大学经济学系,但学术发表很少,面临被解聘的危险。经济系的弗兰克·奈特(Frank Knight)支持西蒙斯留任,但保罗·道格拉斯(Paul Douglas)反对,西蒙斯转赴法学院教职是二人之间人事斗争的妥协结果。参见科斯的回忆:R. H. Coase, "Law and Economics at Chicago", 36 *Journal of Law and Economics*, 1993, pp. 239, 240.

② 参见R·A. Posner, "The Law and Economics Movement", 77/2 *American Economic Review*, 1987, pp. 1-13.

③ 参见R. A. Posner, *Frontiers of Legal Theory*, p. 32.

④ R. H. Coase, "The Federal Communications Commission", 2 *Journal of Law and Economics*, 1959, pp. 1-40.

⑤ G. Calabresi, "Some Thoughts on Risk Distribution and the Law of Torts", 70 *Yale Law Journal*, 1961, p. 499.

种经济学方法》。① 1972年波斯纳在芝加哥大学创办了《法律研究杂志》(Journal of Legal Studies)；1973年，波斯纳出版了他的经典教科书《法律的经济学分析》。一方面，在《法律经济学杂志》创刊之前，不存在作为学术运动的法律经济学；而另一方面，在《法律的经济学分析》出版后，法律经济学运动的存在已经不容否认。法律经济学运动正式兴起后，使经济学对法学产生了极为深刻的影响。到了1990年，北美和西欧的名牌法学院的教员中，至少聘任了一名经济学家。有一些著名大学还设立了法学和经济学的联合学位(J. D.-Ph. D.)项目。多份法律经济学期刊也陆续创办，②为巩固这一学术领域提供了重要的制度性支持。法律经济学的百科全书、手册、指南等工具书也已经出版了多种，③标志着该学术领域的发展已经达到了相当成熟的高度。

第三节 法律经济学的学术谱系及其理论分化和新趋向

根据法律经济学理论内涵、学科结构和分析方法的演进过程，波斯纳提出可以通过四代学者的划分来理解20世纪法律经济学运动的学术谱

---

① G. S. Becker, "Crime and Punishment: An Economic Approach", 76 *Journal of Political Economy*, 1968, pp. 169-217.

② 除了上述《法律经济学杂志》和《法律研究杂志》两种最早创办也最知名的期刊外，与法律经济学密切相关的主要英文期刊还有：1979年Jr. Richard Zerbe在纽约大学创办了《法律经济学研究》(*Research in Law and Economics*)；1981年Charles Rowley和Anthony Ogus(Robert Cooter, Daniel Rubinfeld后来加入)创办了《法律经济学国际评论》(*International Review of Law and Economics*)；1982年Peter Aranson(Harold Demsetz, Ernest Gellhorn后加入)在芝加哥大学创办了《最高法院经济评论》(*Supreme Court Economic Review*)；1985年Jerry Mashaw(Oliver E. Williamson, Roberta Romano后加入)在耶鲁大学创办了《法律、经济学与组织杂志》(*Journal of Law, Economics and Organization*)；1994年Jürgen Backhaus和Frank Stephen在英国创办了《欧洲法律经济学杂志》(*European Journal of Law and Economics*)；Theodore Eisenberg等人在康奈尔大学创办了《法律经验研究杂志》(*Journal of Empirical Legal Studies*)；2005年Francesco Parisi等人创办了电子杂志《法律经济学评论》(*Review of Law & Economics*)；以及2009年Steven Shavell等人在哈佛大学创办了《法律分析杂志》(*Journal of Legal Analysis*)。

③ 例如，P. Newman (ed.), *The New Palgrave Dictionary of Economics and Law*, 3 vols., Palgrave Macmillan, 1998; J. Backhaus (ed.), *The Elgar Companion to Law and Economics*, Edward Elgar Publishing, 1999; Boudwijn Bouckaert and Gerrit De Geest eds., *Encyclopedia of Law and Economics*, 5 vols., Cheltenham: Edward Elgar Publishing, 2000; *Encyclopedia of Law and Economics*, Second Edition, 9 vols., Cheltenham: Edward Elgar Publishing, 2006-2012; A. Mitchell Polinsky & Steven Shavell eds., *Handbook of Law and Economics*, 2 vols., Amsterdam: North Holland, 2007.

系构成。①第一代学者以科斯、贝克尔、卡拉布雷西为代表,他们的主要学术贡献基本上是在1970年之前完成的。第二代学者以波斯纳、威廉·兰德斯(William Landes)、艾萨克·埃利希(Isaac Ehrlich)为代表,他们从20世纪60年代末开始在学术舞台崭露头角。第二代学者运用第一代学者开创的理论方法,极大地拓展了法律经济学的研究对象——实际上几乎涉及了法律的所有领域。②波斯纳等人的研究发现了普通法制度的效率属性,他们进而试图论证法律背后的逻辑很可能是经济学,尽管人们对此始终存在争议。这一代学者有不少是法律教授而不是职业经济学家,他们的研究对法律规则、程序等问题关注较多,由此对法律教育产生了直接的影响;可是他们又不太强调理论模型,因此理论的精密程度不高。总体而言,第二代学者承上启下,其研究成果对于法律教育和法律学术产生了深刻影响,正是在他们的手里,法律经济学成为了最重要的法律交叉学科领域。到了第三代学者,人数就明显增多了,因为如前所述,此时的法律经济学已经发展壮大。由于第三代学者主要是经济学家和拥有经济学学位的法学家,如奥利佛·哈特(Oliver Hart)、米切尔·泼林斯基(A. Mitchell Polinsky)、斯蒂芬·沙维尔(Steven Shavell)、卢西恩·贝楚克(Lucian Bebchuk)、路易斯·卡普劳(Louis Kaplow)、阿伦·赛克斯(Alan O. Sykes),他们的理论分析显示出了更高的精密性,也在边际上进一步扩张了法律经济学的疆土。如果说第二代学者的主要贡献在于拓展了广度的话,那么或许可以把第三代学者的主要贡献概括为运用精密的经济学分析工具拓展了法律经济学的理论深度。③到如今,第四代学者也已经全面兴起:与前面三代学者以英美法为主要研究对象形成对照的是,他们的研究比前辈多了国际的、比较的和历史的视角。而且第四代学者在研究领域、对象、方法上都比前人有所推进,或者说转变,例如下述这几个领域,虽然前三代法律经济学家的研究也偶有涉及,但主要工作是由第四代学者展开的:有关人类对法律的认知局限的研究(行为法律经济学);④对与法律既有区别又相互重叠的规范性制度如习惯、社会规范的研究;⑤将组织经济学应用于法律领域,研究各种法律组织和法律职

---

① 参见 R. A. Posner, "A Review of Steven Shavell's *Foundations of Economic Analysis of Law*", 44 *Journal of Economic Literature*, 2006, pp. 405-414。

② 这一理论工作典型地表现在波斯纳的著名法律经济学教科书 *Economic Analysis of Law* 中,该书首版于1973年,2014年已出至第9版。

③ 参见 R. A. Posner, "A Review of Steven Shavell's *Foundations of Economic Analysis of Law*", pp. 406-407。

④ 参见 C. Jolls, et al., "A Behavioral Approach to Law and Economics", 50 *Stanford Law Review*, 1998, pp. 1471-1550;以及 C. R. Sunstein (ed.), *Behavioral Law and Economics*, Cambridge University Press, 2000。

⑤ 参见 E. A. Posner, *Law and Social Norms*, Harvard University Press, 2000。

业。① 第四代学者的人数更加众多,其中代表性的学者包括克里斯汀·卓尔斯(Christine Jolls)、埃里克·波斯纳(Eric A. Posner)、凯斯·桑斯廷(Cass R. Sunstein)、理查德·泰勒(Richard Thaler)。当然,总括而言,这个谱系结构是一种人为的划分。值得注意的是,极少数第二代学者、大部分第三代学者其实和年轻的第四代学者目前仍共处于同一个学术舞台上,在这个意义上,他们不是历时而仍然是共时的关系。②所以说,这是法律经济学的学术谱系而非单纯学者的谱系。

反思过去是为了更好地观照现在并规划和预测未来。在上述谱系结构的基础上,晚近的即第四代研究者为法律经济学带来了哪些新的趋向,担负着什么样的历史任务?就目前可以观察到的学术动向来说,大致包括以下五个方面。第一,运用多重回归等计量经济学的方法进行法律制度的比较研究,尤其是跨国的、跨越英美法系和大陆法系的比较研究。为什么世界上存在着迥然不同的法律制度,其背后的经济原因是什么?第二,探索法律在包括习俗、道德、声誉、情感的总体社会控制体系中的位置。第三,解释法官的行为,③这显然是一个非常重要的经验研究课题,但奇怪的是长久以来一直没有得到学术界的重视。以上这两个领域的研究除了需要传统的理性选择理论之外,还要引入认知心理学的方法和理论才能做出有力的解释。第四,运用长久以来没有得到法律经济学重视的组织经济学,研究并解释司法系统和律师事务所等非商业组织的行为。④第五,彰显了与中国这样的发展中国家密切相关的学术机遇和制度机遇:即"运用经济学分析形成可行的、具体的、必要的改革方案。法律经济学并不具备如此真确的魅力以至于可以在学术温室里繁茂起来。法律经济学的生命力的绵延依赖于它能够促进法律的改良。之所以说发展中国家享有重要机遇,是因为它们的经济上无效率的问题乃是与法律制度相关联的。这里的挑战是,发展中国家不具备支撑富裕国家的法律制度

---

① 参见 J. Roberts, *The Modern Firm: Organizational Design for Performance and Growth*, Oxford University Press, 2004。
② 参见 R. A. Posner, "A Review of Steven Shavell's *Foundations of Economic Analysis of Law*", pp. 411-412。
③ 参见,例如 R. A. Posner, *How Judges Think*, Harvard University Press, 2008; L. Epstein, et al., *The Behavior of Federal Judges: A Theoretical and Empirical Study of Rational Choice*, Harvard University Press, 2013。
④ 2009年度诺贝尔经济学奖授予了埃莉诺·奥斯卓姆(Elinor Ostrom)和奥利佛·威廉姆斯(Oliver E. Williamson),就是对组织经济学的学术贡献的肯定。奥斯卓姆和威廉姆斯的研究在很大程度上属于新制度经济学的范畴,也和法律经济学有较为密切的关系。参见 http://nobelprize.org/nobel_prizes/economics/laureates/2009/press.html,最后访问日期:2012年6月5日。也参见 R. A. Posner, "From the New Institutional Economics to Organization Economics: With Applications to Corporate Governance, Government Agencies, and Legal Institutions", 6 *Journal of Institutional Economics*, 2010, pp. 1-37。

的那种政治经济基础设施,在这种条件下,如何逐步推动法律制度变革"①。

法律经济学在21世纪并非线性发展,新生代学者有颠覆前代理论范式的倾向。例如行为法律经济学对于理性的批判以及对理性选择—效用最大化范式的扬弃。但法律经济学内部理论范式的论争目前并没有明显的结论,波斯纳等"老派"学者对迄今为止的行为经济学多有保留,行为经济学自身的理论基础也有待夯实。②

第四节 法律经济学的方法论及其批判

由于人们对法学和经济学的学科属性与边界的界定存有争议,我们采用折中的办法,以研究方法(经济学)加研究对象(法律)的双重标准来确定法律经济学的性质——它因此就兼有了经济学和法学双重身份。尽管法律经济学在目前的美国经济学界并非显学,但在考察其方法论的时候,我们必须仍旧把它定位在经济学,因为很难说有什么专属于法学的方法论,而且即使有,也与法律经济学分析没有关联。正是在这个意义上,可以说,法律经济学说到底就是经济学。美国法律经济学家戴维·弗里德曼对法律经济学的方法及其所对应的理论应用有一个简明的概括:"法律经济学,涉及三种相互区别又彼此关联的研究。第一是运用经济学预测法律规则的效果(价格理论的运用)。第二是运用经济学判定何种法律规则在经济上是有效率的,以便对法律规则的设定提出建议(福利经济学的应用)。第三是运用经济学预测法律规则的演化和发展(公共选择理论的应用)。"③

既然法律经济学的方法论就是经济学的方法论,我们便可以对其做出一般性的归纳。④简要来说,法律经济学的方法论构成大致包含如下四个方面:第一,个人主义。经济学分析是从个人出发的,在这个意义上,

---

① R. A. Posner, "A Review of Steven Shavell's *Foundations of Economic Analysis of Law*", pp. 412-413.

② "行为经济学是根据其研究对象而非研究方法界定的,而其研究对象仅仅是理性选择模型(或至少是最简单的理性选择模型)所无法解释的现象集。如果这类现象中有很多彼此没有关联,就像人类不能食用的对象集包括石头、毒菌、雷电、毕达哥拉斯定理一样,那也没有什么好奇怪的。对某一理论在经验领域中遭遇的种种失败进行描绘、阐述、分类,是一种有理有据的、重要的学术活动。但是它并不构成一种替代性的理论。"R. A. Posner, "Rational Choice, Behavioral Economics, and the Law", 50 *Stanford Law Review*, 1989, pp. 1551, 1559-1560.

③ 参见 D. Friedman, "Law and Economics," in J. Eatwell, et al. (eds.), *The New Palgrave: A Dictionary of Economics*, vol. 3, Macmillan Press Limited, 1987, p. 144.

④ 不过鉴于经济学发展到今天已经是一个支脉众多、分工细密的学科,其方法论也出现多元化的趋势,这种归纳或多或少会有失全面和周延。

人们说"经济学家总是个人主义者"。经济学对任何问题的分析,包括组织行为的分析都是建立在个人行为分析的基础之上,即由个人到组织。公共选择理论的分析单位常常是组织,如利益集团,但并未突破个人主义的方法论。第二,理性选择。"人们总是理性地最大化其满足度——一切人(只有很小的孩子和严重智力障碍者是例外)在他们的一切涉及选择的活动中(精神变态的或其他因滥用毒品和酒精而产生类似精神错乱影响的活动除外)均如此。这个定义包括了罪犯决定是否从事某项犯罪、诉讼人决定是在庭外解决还是诉讼解决、立法者决定投票支持或反对某法案、法官决定在案件中如何投票、合同一方决定是否撕毁合同、驾驶员决定车速多快、行人决定穿行马路多大胆以及通常的诸如商人和消费者这样的经济活动者的决定。因此,很明显,无论是由法律制度规制,还是发生在法律制度之内,大多数活动都是经济分析者分析的材料。无需多说,非货币性满足以及货币性满足都进入了个人的最大化算计(事实上,对大多数人来说,金钱都是手段,而不是目的),而理性的决定也并不需要是意识层面深思的结果,实际上,理性决定完全不需要是算计的。……'理性'指的是手段适合目的……"[1]第三,稳定的偏好。人的偏好在漫长的一生中肯定是变化的,但就经济学分析的目的而言,这一假定通常是成立的。因为经济学研究通常不涉及某一个人的长时段的生活选择,而且一个人在成年之后,偏好的变化是相当缓慢的。如果分析对象是一个人数较多的群体,那么群体中各个成员随时间而发生的偏好改变通常又可以相互抵销,因此在总体上显示出来的偏好依然不会有显著变化。因此,在大多数经济问题的分析中,偏好的变化都可以忽略不计。所以,处于简化分析的考虑,经济学一般假定人的偏好是稳定的。[2]第四,均衡(equilibrium)。均衡分析是经济学的基本分析方法。经济学家在考察某个人或组织的行为时,最后总是要落实到某种稳定的状态,这种在其他变量不发生变化的情况下,当事人无法改变的或不愿意改变的状态,经济学家称之为均衡。例如在价格为 X 的情况下,某种产品在某个市场上的供给数量恰好对于需求数量,此时即为均衡状态。[3]

20 世纪 70 年代后期至 80 年代后期,一部分批判法学学者对主流法律经济学提出了较为猛烈的批判,但这些批判在当时没有产生多大效果。不过,依据后见之明可以看出,批判法学的不少论点在后来得到了该学派之外的其他学者的研究的支持。批判法学对法律经济学的批评涉及如下几个主要方面:首先是法律制度的效率问题,普通法制度内在的效率特

---

[1] R. A. Posner, *The Problem of Jurisprudence*, Harvard University Press, 1990, pp. 353-354.

[2] 心理学介入经济学之后,即在行为经济学中,这一假定或多或少遭到了动摇。因而晚近有一些经济学研究已经放弃了这一假定,将偏好设定为分析变量。

[3] 参见 B. Bouckaert & G. De Geest(eds.), *Encyclopedia of Law and Economics*, vol. 1: *The History and Methodology of Law and Economics*, Edward Elgar Publishing, 2000, pp. 383ff.

征在批判法学学者看来未必是一个真实世界中的事实,因为即使在自由竞争的市场中,效率的最终达成也取决于外部性问题的解决。而现实中的外部性问题很可能比法律经济学家们所意识到的要更加严重,而且其中包含了很多重大的政治问题,例如法官在司法实践中的政治考量,很难在经济学框架内获得有效的解决,不论实证经济学还是规范经济学。就可以用于司法实践的效率标准而言,即使早早抛弃了完全没有实践价值的帕累托优先原则,剩下的唯一可用的卡尔多—希克斯标准仍然无济于事,因为它与长久以来人们所理解的分配正义原则可能存在明显的冲突。法律经济学的效率意旨最终无法在政治性的司法实践中落实。①法律经济学的形式主义特征是显而易见的,但法律经济学并非简单重拾了法律形式主义。当然,这并不是因为法律经济学获得了更多洞见或者变得更加复杂精密,而是因为有时候它变得模棱两可了,而出现这种局面的主要原因,恰恰是批判法学。批判法学和法律经济学曾是法学院的两个主流,而且乍看起来,二者甚至难以区分。②

在评论法律经济学领军人物之一、哈佛法学院教授沙维尔在其代表作《法律的经济学分析基础》一书中犯下的微小法律错误时(沙维尔是一位任教于法学院的职业经济学家,没受过正式的法律教育),波斯纳写道:"让人感到奇妙但却真实的是,尽管经济学在智识的层面上比法律更加复杂,而且尽管法律和经济学在相当大的程度上存在着一种同构关系——认识到这一点就接近了法律的经济学分析之核心——然而,如果一个人不是法律人,不管他多么聪明,都很难非常正确地掌握法律。法律就像一门语言,如果要正确无误地讲它,那它非得是你的母语不可。"③这段话出自曾经断言法律作为一个独立自主的学科已经走向衰落的波斯纳之口,④格外引人注目、值得反思,人们一定从中嗅到了法律形式主义的味道。确实如此。波斯纳晚近以来的法律经济学思想看起来有新的变化,他似乎相信法律有某种坚硬的不可通约的内核,经济学方法归根结底只是方法,处于工具性地位。其实,法律经济学与传统上相互对立的法律形式主义和法律现实主义的关系比其显现出来的要密切得多。⑤法律经济学像是法律形式主义和法律现实主义二者结合的产物。

首先,经济学的简约论有其形式主义的一面,"法律经济学简直就是

---

① 参见 Duncan Kennedy, "Law-and-economics from the Perspective of Critical Legal Studies", in P. Newman(ed.), *The New Palgrave Dictionary of Economics and the Law*, vol. 2, Macmillan References Limited, 1998, pp. 465-473。

② 关于法律形式主义、法律现实主义、法律经济学、批判法学之间纠结盘绕的复杂关系,请看内尔·达克斯伯利的精湛研究:N. Duxbury, *Patterns of American Jurisprudence*, Oxford University Press, 1995,尤其是第5章。

③ R. A. Posner, "A Review of Steven Shavell's *Foundations of Economic Analysis of Law*", p. 411.

④ 参见 R. A. Posner, "The Decline of Law as an Autonomous Discipline: 1962-1987," 100 *Harvard Law Review*, 1987, p. 761。

⑤ 参见 N. Duxbury, *Patterns of American Jurisprudence*, chap. 5。

朗戴尔式概念法学的完美镜像,当结果被判定为无效率时,就像一个案件的处理不符合某一法律原则,就会背作为'错误'而否定。"① 而法律现实主义当中的实用主义成分又给法律经济学的发展提供了很多有益的营养。法律经济学的哲学立场或许可以概括为在法律形式主义和法律现实主义之间徘徊。批判法学等其他的法学流派对它的批判大概或多或少都能追溯至此。当然,对波斯纳上述貌似回归法律自主性的评论不应该做机械的理解。其实在波斯纳那里,法律经济学从来不是"上帝",不是目的本身,不包打天下,也不解决所有问题。波斯纳的法律哲学的方法论结构其实是由"三驾马车"组成的,即自由主义、实用主义和经济学。② 其中任何单独一种进路都不足以为法律提供充分的理论支撑。因此,我们也许应该对波斯纳的上述评论做这样的理解:他想适度强调法律人在法律经济学领域的"比较优势"(这其实是回归科斯的立场),而这很可能是他在先前没有完全意识到的一个问题。自一百多年前霍姆斯呼吁法律人学习经济学知识开始,③ 一直到今天,法律人在法律经济学研究中的"比较优势"是一个很少被讨论甚至在大多数时间里是很少被法律人意识到的问题。沙维尔的例子提醒了我们,这并不是一个虚假的命题。尤其是在2008年全球经济危机爆发之后,有关经济学研究的方法论反思颇为迫切,来自经济学内部的自我批判相当犀利。④ 在这种情况下,法律人对"比较优势"的自觉和经济学方法的检讨甚或扬弃就变得格外重要。

总而言之,有关法律经济学方法论的种种理论纷争所昭示或者说强化的乃是这样一种信念:没有任何单一的理论进路,包括法律经济学在内,能够完全地、一劳永逸地把握法律的复杂性。⑤

思考题

1. 近代英国启蒙思想家为现代法律经济学的诞生提供了哪些理论资源?

---

① G. E. White, "From Realism to Critical Legal Studies: A Truncated Intellectual History," 40 *Southwestern Law Journal*, 1986, pp. 819, 840.

② 参见 R. A. Posner, *Overcoming Law*, Harvard University Press, 1995, Introduction.

③ 参见 O. W. Holmes, "The Path of the Law", 10 *Harvard Law Review*, 1897, pp. 457, 474。

④ 参见,例如,D. Acemoglu, "The Crisis of 2008: Lessons for and from Economics", 以及 D. Colander, et al., "The Financial Crisis and the Systematic Failure of the Economic Profession", 两文均收于 J. Friedman(ed.), *What Caused the Financial Crisis*, University of Pennsylvania Press, 2011。

⑤ 参见 L. Lessig, "The Prolific Iconoclast", *The American Lawyer*, December, 1999, p. 105。

2. 法律经济学运动兴起过程中有哪些主要学术事件?

3. 在近一个世纪的发展过程中,法律经济学的研究主题与方法经历了怎样的嬗变?

4. 法律经济学的方法论特征是什么?它遭到了哪些批评?

阅读文献

1. R. H. Coase, "The Problem of Social Cost," 3 *Journal of Law and Economics*, 1966, pp. 1-44.

2. N. Duxbury, *The Patterns of American Jurisprudence*, Oxford University Press, 1995, chap. 5.

3. D. D. Friedman, *Law's Order: What Economics Has to Do with Law and Why It Matters*, Princeton University Press, 2000.

4. R. A. Posner, "The Law and Economics Movement: From Bentham to Becker," in R. A. Posner, *Frontiers of Legal Theory*, Harvard University Press, 2001, chap. 1.

5. S. Shavell, *Foundations of the Economic Analysis of Law*, Harvard University Press, 2004.

6. F. Parisi & C. K. Rowley(eds.), *The Origins of Law and Economics: Essays by the Founding Fathers*, Edward Elgar Publishing, 2007.

7. N. Mercuro & S. G. Medema, *Economics and the Law: From Posner to Postmodernism and Beyond*, 2nd ed., Princeton University Press, 2006.

第十六章 美国批判法学

第一节 批判法学综述

大约自20世纪60年代以来,西方社会出现了明显的文化多元化趋势,主流的自由主义政治法律理论开始受到来自各方面的质疑。到了20世纪70年代,具有新左派色彩的政治、法律学术思潮批判法学(或称批判法律研究运动,The Critical Legal Studies Movement,简称CLS)在美国兴起,1977年,首届批判法律研究大会在威斯康星大学召开。批判法学在20世纪80年代兴盛一时,在较长的时间内一直是一种十分时髦的理论。据统计,20世纪80年代美国法学刊物的目录中,在法理学这一领域,关于批判法学的论文数量居首位。

批判法学的产生不是偶然的,其社会根源在于20世纪60年代中后期美国爆发的反战运动、黑人民权运动和学生造反运动,批判法学研究的很多成员都曾经是这些运动的参与者。① 在20世纪六七十年代,随着越战的爆发和升级、种族歧视的加深和战后第六次经济危机的冲击,美国社会的统治秩序陷入严重的总体性危机,这直接导致了60年代各种反抗运动的爆发,这些运动分别从不同的角度提出了对现存资本主义的抗议。继承这些反抗运动的传统,在意识形态领域形成了抨击社会时弊及传统观念的新左派运动,批判法学则是这一运动在法学领域的延续。批判法学的主要代表人,例如肯尼迪(Duncan Kennedy)、楚贝克(David Trubek)、图什内特(Mark Tushnet)等人,年轻时都曾是学生造反运动的活跃分子,他们的反叛意识并未随着年龄和世故的增长而被消磨殆尽,仍然在自己的学术研究实践中贯彻自己青年时代的理想,对社会现实保留着清醒的批判意识。

新左派运动之所以冠以"新左派"的称号,是用以区别于以正统马克

---

① See D. Patterson(ed.), *A Companion to Philosophy of Law and Legal Theory*, 2nd ed., Blackwell Publishing Ltd, 2010, p. 267.

思主义理论为指导的旧左派。新左派运动的组成成分十分复杂,其中有受到西方马克思主义理论影响的知识分子,有无政府主义者,有反战的和平主义者,有主张改革民主制度、消除贫困的改良民主派,有反对种族歧视的民权运动成员,有女性主义者,还有少数主张性解放和同性恋者权利的边缘文化群体成员。新左派运动的大部分主张,例如消除经济上的不平等、扩大民主范围、反对种族歧视和性别歧视都被批判法学所继承,批判法学只是在新左派运动所没有涉足的法学领域继续贯彻这些主张。

批判法学对于美国主流法学的保守性非常不满,认为主流法学故步自封、拒绝变革和批判,"缺乏道德和政治的想象力,对既存法律制度的道德和政治后果缺乏责任感,安然止步于同法律的不正义共谋,不愿意论证变革或承担论证变革的风险……安于现状……安于在理论的边缘做些毫不费力的温和改变。"①从其精神实质来看,批判法学的批判主要是针对20世纪以来西方政治法律话语中的法律现代性,莫里森在其《法理学》中对批判法学的这一主旨做了概括:

> 今天,资本主义和社会主义两者看起来都是不同形式的现代性运动,它们都想研究并勾画我们的世界,把它置于我们的理性控制之下,使世界万物都成为我们的消费品。但是,它们的视角是不同的:对于凯恩斯来讲资本主义是一种文明,但对于卢森堡来说它是一种具有社会破坏性的社会制度,社会主义则会拯救人类。批判法学表明对当今社会一切思维形式都丧失了信心,而正是这种信心让现代社会的社会结构看起来是自然的、不可避免的,具有内在正当性和无可非议的进步性。

> 对许多现代人而言,法理学构想强化了对社会世界进行理性统治的愿望。主宰世界,无论是康德式的、卢梭式的、黑格尔式的、边沁式的还是凯恩斯式的主宰,就是使它处于法律秩序的支配之下。立法变成了现代法律的关键方法,或者,普通法传统在历经沧桑而得以幸存的漫长过程中,内在的自然效用思想提供了对法律的普遍性与法律的基础的信仰:这两者都绝非巧合。法理学不能逃避对法律的最终基础的关怀,因为人们不断要求法理学能够保证法律"具有良好的基础",也就是说,真正的法律应是合理的,要为"作为一个公民,我们应当遵守什么法律"、"我们社会的法律制度是正当的吗"这些问题提供某种回答。

> 批判法学破坏了这种信心。如果我们扩展法理学的视野、容纳

---

① R. West, *Normative Jurisprudence: An Introduction*, Cambridge University Press, 2011, p. 107.

其他所有类型的观点,世界将看起来是什么样子的呢?①

具体来说,批判法学对主流自由主义推崇的法治意识形态和法律中立理想都提出了尖锐的批评,指出法治并不是历史发展的必然产物,而是欧洲社会发展到某个阶段,社会中多元政治势力相博弈的偶然产物,而且已经开始衰亡。在批判法学逐渐衰败以后,继承其使命的后现代主义法律理论继续对自由主义法治提出不同角度的批判,包括结构主义、女性主义、种族等多种批判的视角。当代的西方法理学一般将这一脉的法律理论统称为"批判法律理论"(critical legal theory)或"后现代法理学"(postmodern jurisprudence)。批判法学和批判法律理论的影响后来都波及欧洲,专门研究批判法律理论的学术刊物《法律与批判》(*Law and Critique*)于1990年在英国创办,迄今已有二十多年的历史。

批判法学在美国的主要代表人物有罗伯特·昂格尔(Roberto Mangabeira Unger)、邓肯·肯尼迪、图什内特、楚贝克、默顿·获维茨(Morton J. Horwitz)和彼得·加贝尔(Peter Gabel)等。其中昂格尔和肯尼迪是最具影响力的人物,分别被称为批判法学中的基督和教父。昂格尔的代表作包括《现代社会中的法律》(*Law in Modern Society*,1976)、《知识与政治》(*Knowledge and Politics*,1975)、《批判法律研究运动》(*The Critical Legal Studies Movement*,1983)、《激情:一篇关于人性的论文》(*Passion: An Essay on Personality*,1984)、《政治学:构建性社会理论的工作》(*Politics: A Work in Constructive Social Theory*,1987)②、《法律分析应该如何》(*What Should Legal Analysis Become?*,1996)、《被实现的民主——渐进性备选方案》(*Democracy Realized: The Progressive Alternative*,1998)、《左派应当追求什么》(*What Should the Left Propose?*,2006),肯尼迪的代表作包括《私法裁判中的形式与实质》(*Form & Substance in Private Law Adjudication*,1976)、《司法裁决批判》(*A Critique of Adjudication*,1997)、《批判法律思想的兴起》(*The Rise and Fall of Classical Legal Thought*,1975年未刊手稿,重订于1998年,2006年新版)、《法律教育与等级制的再生产:对体制的驳斥》(*Legal Education and the Reproduction of Hierarchy: A Polemic Against the System, A Critical Edition*,2004)和《法律推理文选》(*Legal Reasoning: Collected Essays*,2008)。另外,批判法学的重要著

---

① [英]韦恩·莫里森:《法理学:从古希腊到后现代》,李桂林等译,478~479页,武汉,武汉大学出版社,2003。

② 该书3卷分别题名为《社会理论:形势及任务》(*Social Theory: Its Situation and Its Task*)、《虚假的必然性:服务于激进民主制的反必然主义的社会理论》(*False Necessity: Anti-Necessitarian Social Theory in the Service of Radical Democracy*)和《权利可塑化:关于经济和军事成功的制度性条件的比较历史学研究》(*Plasticity into Power: Comparative Historical Studies on the Institutional Conditions of Economic and Military Success*)。1997年出版了该书的单卷精选本,崔之元为其作了题为《超自由主义》的导言。

作还有霍维茨的《1870—1960年美国法的变迁：法律教义的危机》(*The Transformation of American Law*, 1870—1960: *The Crisis of Legal Orthodoxy*, 1992)、马克·凯尔曼(Mark Kelman)的《批判法律研究指南》(*A Guide to Critical Legal Studies*, 1987)等。

从美国本土法律理论的发展来看，批判法学在理论上直接受到了美国原产的法律现实主义的影响，现实主义强调法律并不是一门自足的学科，必须重视法律同其他社会科学的关系，这一点被批判法学所继承。但究其实质来说，批判法学同法律现实主义还是有很大差别的，法律现实主义尽管强调要区分本本上的法和行动中的法，但仍然认同自由主义的核心价值和法治理想，认为法律是中立于政治的，批判法学则从根本上否认这些。① 从宏观方面来说，批判法学具有这样三个方面特征：首先，它仍然被清楚地界定为一种法律理论，区别于政治和社会理论；其次，它试图解决其在传统法律学说中发现的不正义；最后，它在批判中惯用交叉学科的方法，它从政治学、哲学、文学批评、语言学和语义学中攫取了大量研究工具。② 批判法学受到了来自欧洲大陆的激进哲学思潮的影响，包括存在主义哲学、法兰克福学派的文化批判理论和结构主义，也受到了西方马克思主义的强烈影响，这些理论都成了批判法学的重要理论渊源。概括地说，批判法学从这些理论资源中主要借用和发展了三个核心概念：意识形态、异化与基本矛盾。

一、意识形态

曼海姆在《意识形态与乌托邦》一书中明确界分了意识形态的特殊含义与总体含义，总体含义的意识形态"是具有符号意义的信仰和观点的表达形式，它以表现、解释和评价现实世界的方法来形成动员、指导、组织和证明一定的行为模式或方式，并否定其他一些行为模式或方式"③。批判法学则主要是在特殊含义上使用意识形态这一概念的：

> 当意识形态这一术语表示我们怀疑我们的论敌所提出的观点和陈述时，这一概念的特殊含义便包含在其中。那些观点和陈述被看作是对某一状况真实性的有意无意的伪装，而真正认识到其真实性并不符合论敌的利益。这些歪曲包括：从有意识的谎言到半意识和无意识的伪装，从处心积虑愚弄他人到自我欺骗。……当与范围更广的意识形态的总体概念相对照时，它的特殊性就变得更为明显。

---

① See R. Wacks, *Philosophy of Law: A Very Short Introduction*, Oxford University Press, 2006, p. 96.
② Ibid., p. 93.
③ [英]戴维·米勒、韦农·波格丹诺：《布莱克维尔政治学百科全书》，邓正来等译，354页，北京，中国政法大学出版社，1992。

在此,我们指的是某个时代或某个具体的历史—社会集团(例如阶级)的意识形态,前提是我们关心的是这一时代或这一集团的整体思维结构的特征和组成。①

批判法学深受法兰克福学派关于意识形态合法化功能理论的影响。由于意识形态独占了社会舆论的领导地位,控制了舆论的导向,把所有对它自身的批判意见都说成是非法的、颠覆社会制度的,因而压抑了不同意见的产生。另外,意识形态不断地向个人意识和社会心理进行渗透,人们在接受教育、进行生产劳动和日常生活当中,都在受到各种正统的价值观念的灌输,因而逐渐在心理上对统治阶级的意识形态产生认同感,从而对现存的经济、政治制度也产生认同,认为与之相反的制度就是邪恶的、非正义的,这样意识形态就实现了自己的合法化功能。

批判法学接受了法兰克福学派的这一分析,同时将其与葛兰西的"领导权"理论相糅合,重点分析了法在意识形态合法化中的中介作用。葛兰西认为资产阶级国家不仅通过强制力也通过意识形态控制来实现自己的领导权功能,强制力直接迫使人们服从,而意识形态控制则使用非强制的形式同化人们的思想,使其逐渐自愿服从资产阶级的统治,后者的作用要远远大于前者。法律既具有强制功能也具有教育功能,在国家和市民社会中,这是法律的最主要功能。国家通过法律来同化统治集体,并试图建立一个有益于统治集团发展的社会顺从主义。批判法学在这两个基础之上,对法律的本质作了意识形态分析,认为法的本质是反映统治阶级的意识形态,而不是各阶层的共同利益。法通过玩弄庄严的审判程序、严谨的法律推理和所谓的法律职业自治等技巧,掩盖了它的本来面目。法律通过教育功能,把正统意识形态的各种价值准则灌输给人们,而人们在自愿做守法公民的过程中就认同了这些准则,认为与之不同的准则就是邪恶的、非正义的,这样,现存的各种制度和社会特征就成为理所当然的了。"批判法学提出的中心指控就是:自由主义社会中发展出的法律是压迫性的。法律掩盖了社会中的矛盾和冲突,而这些矛盾和冲突正是法律自身导致的。法律将压迫合法化了,使它看上去值得尊重,并且向人们灌输,使人们接受这种合法化了的压迫。"②

批判法学借用意识形态概念揭穿自由主义法律的价值中立伪装,昂格尔认为自由主义法律理论的内在矛盾决定了审判不可能是价值中立的,肯尼迪则认为,自由主义法律频频运用政策论证,最直接地表达了利益集团将意识形态合法化的诉求:

> 首先,政策论证诉诸的社会价值——权利、道德、功利——恰好是意识形态知识圈普遍化思想工程所资利用的材料。其次,类似对

---

① [德]卡尔·曼海姆:《意识形态与乌托邦》,黎鸣、李书崇译,56~57页,北京,商务印书馆,2000。
② S. Ratnapala, *Jurisprudence*, Cambridge University Press, 2009, p. 217.

司法地位的考虑和联邦主义这类制度价值,经常被理解为一些意识形态集团利益的替代品和代替物,这些集团利益将会从特定方式的政策适用中受益。最后,有一些特别的法律政策争论虽然不是简单地"追踪"一般的意识形态争论,却好像是和在特定的合理性文化中进行的意识形态争论具有同等功能的。

意识形态的普遍化思想工程(自由主义,保守主义)通过把集团利益用权利、道德、功利的语言予以评测,就把集团利益重述为对整个社会的要求。特定的规则集合和关于这些集团利益的特定论证都有自己的历史和意识形态谱系。①

二、异化

从意识形态立场出发,批判法学格外关注现代资本主义社会中人的异化问题。马克思认为异化主要是资本主义社会中的阶级对立与劳动分工导致的,私有制是异化的主要根源,固定的劳动分工是异化的最终根源,劳动异化使得人丧失了主体能动性,遭到异己的物质力量和精神力量的奴役,从而使人的个性不能全面发展,只能片面或畸形发展。② 批判法学在这个问题上吸收了卢梭、尼采等非马克思主义哲学的观点,将异化拓展到一个更宽泛的领域,"法律……用一切方式将社会分裂开来——商人和消费者、雇主和雇工、地主和租地人、男人和女人、异性恋和同性恋、白人与黑人、本地人与外来人、有经验的和刚入行的,等等"③。在批判法学看来,一切固定的人的种类区分,无论是阶级和劳动分工导致的,还是其他原因导致的,只要将人划分为固定的种类,就可能导致异化。自由主义的法律则将这些分类固定化,用合法的制度加深人的异化。

彼得·加贝尔对现代资本主义的异化问题作了非常深刻的分析。加贝尔认为,人作为社会的存在,生来就有被他人认知的愿望,但由于社会用各种规则对人进行区隔,每个人都没有足够的信心去同他人接触,每个人都感到对方将自己保持在一定的不对自己构成威胁的距离之外,相应地也将自己设定在一定的距离之外。这阻碍了每个人获得他人认知的愿望。"因此,异化就是两个人之间交互性的一种悖谬的形式。他们都期望相互能有真正可信的联系,与此同时,他们之间相互接近的方式又在拒绝这种期望。"④因为人与人之间这种异化的相互存在,每个人都将自我撤离到一个更为封闭的领域,相信那是一个真实的自我,并在社会生活中更

---

① Ducan Kennedy, *A Critique of Adjudication* [*fin de siècle*], Harvard University Press, 1997, p. 148.
② 参见金炳华主编:《马克思主义哲学大辞典》,253页,上海,上海辞书出版社,2002。
③ S. Ratnapala, *Jurisprudence*, p. 217.
④ P. Gabel, "The Phenomenology of Rights-Consciousness and the Pact of the Withdrawn Selves", 62 *Tex. L. Rev.*, 1984, p. 1567.

多地依赖权威,"国家象征着孤独自我之间的真实联盟,由此获得它的政治权威。……我们每一个人通过一个无声的协议,赋予国家权力,将我们作为异化的存在予以规制。"①加贝尔将国家和法律视为"孤独自我之间的公约"(the Pact of the Withdrawn Selves),它们将人与人之间的异化存在合法化和更加固着了。

其他的批判法学家也对异化做了不同程度的论述,但基本上都和加贝尔的思路一致。批判法学家对异化的分析深受存在主义哲学的影响,实际上描述了自由主义社会中个人原子化与社会化需要之间的深层矛盾,并且认为自由主义的法律无助于缓解这种异化。昂格尔是批判法学家最具理论抱负的,他试图提出一个消除异化的社会理想。昂格尔将批判法学的社会理论命名为异端理论,异端理论的社会理想是要实现超自由主义,推进自由主义关于脱离依附和社会关系控制的自由观念,把它和一个更大的抱负结合起来,即"建立一个更少异化个人的社会,它总是能违反自己关于观念和社会结构的一般原则而以另一种原则、另一种结构来取代它们"②。

人们之间的直接关系是社会的微观结构,是政治制度的终极关怀,而自由主义民主政治却忽视了这个至关重要的问题。因此必须首先通过文化革命重新塑造人们之间的直接联系,把他们从固定的社会分工和等级制度中解放出来,使不同种类的人们都能有更多机会也更广地体验自由的联合。③文化革命理论来源于20世纪初期现代主义文学和哲学的成就,即人的个性有无限的发展可能,总会要求超越社会制度的约束来争取更大的自由。对于人的自由联合的最大威胁是社会角色划分。因此,生硬的社会角色划分就应成为文化革命首要的攻击目标。昂格尔提出了以消除异化为宗旨的"超自由主义"新社会构想,其中混杂了法兰克福学派、解构主义、民粹主义、存在主义、唯意志主义、现代主义艺术等各种当代文化领域内的时髦理论,甚至还对中国的"文化大革命"大加赞赏,对其未能成功表示遗憾。④对于法律如何消除异化这一关键问题,加贝尔和昂格尔都没有提出切实可行的方案,流于乌托邦的空想。

三、基本矛盾

批判法学对资本主义法律制度和自由主义法理学进行批判的主要技巧就是揭示其深层的矛盾。这些深层矛盾是被隐藏起来的,主流法理学

---

① Ibid., p. 1578.
② R. Unger, *The Critical Legal Study Movement*, Harvard University Press, 1983, p. 41.
③ See ibid., p. 26.
④ R. Unger, *Social Theory: Its Situation and Its Task*, *A Critical Introduction to Politics*, *A Work in Constructive Social Theory*, Cambridge University Press, 1987, p. 12.

极力要调和、歪曲这些矛盾,而批判法学则要揭开这些矛盾,从而说明自由主义法理学并不是像它自己所标榜的那样前后一致。肯尼迪提出的"基本矛盾"这一概念成为批判法学研究中的一个核心概念。所谓基本矛盾,是指在自由主义社会中人与人之间的关系本身就是一个悖论。"个人自由的目的依赖于公共的强制行为并且必须借助后者才能实现,与此同时,个人自由同公共强制又是无法共存的。"[1]人为了维护自己的自由,必须要依靠他人的存在,人仅仅依靠自己个人的力量,不能维持自身的生存,而如果无视他人的存在任意胡为,也会毁灭自身,所以只有同他人联合、相互尊重对方的自由,每个人才能真正得到自由。另外,人在与他人联合的过程中,他人的意志又在威胁个人的自由。他人的意志以国家、家庭、文化、友谊等各种形式强加于我们,使个人不得不牺牲一部分自由,接受这些组织强加于自己的各种交往形式和观念。简单地说,基本矛盾的表现就是,人为了维护纯粹属于个人的自由,却必须接受来自集体的强制,或者说,人从个人主义的立场出发,却必须采取利他主义的行动。肯尼迪认为,在自由主义的法律制度中,基本矛盾不仅很强烈,而且无处不在,几乎所有的法律问题都会牵涉到公共强制行为的合法性问题,因而基本矛盾就是无处不在的。[2] 自由主义法理学一直极力否认、调和和歪曲基本矛盾的存在及其意义,实际上,基本矛盾的存在由来已久,它足以证明自由主义法律制度是失败的。这种矛盾的分析方法,批判法学家用得很多,但只有肯尼迪对这种方法作了理论总结。批判法学运用这种方法总结出了自由主义法律制度及其法理学中存在的许多对矛盾,自由主义法理学在其指导思想上存在价值主观性和法律推理客观性的矛盾,在立法上存在规范和标准之间的矛盾,契约法中存在自由和安全的矛盾,侵权法中存在过错责任和严格责任的矛盾。

值得注意的是,肯尼迪对基本矛盾这一观点的坚持并没有持续很久。1984年,在一次和加贝尔的谈话中,肯尼迪认为,"基本矛盾"的观点已经完成了他的使命,沦为一种空洞的口号。更为严重的是,这个概念已经被自由主义者和保守主义者据为己有,替自己的政治目的辩护。自此以后,这个概念便渐渐失去其意义。而肯尼迪所倡导的矛盾分析法也成为后现代主义者更为猛烈的批判方法的前奏。[3]

---

[1] Ducan Kennedy, *The Structure of Blackstone's Commentaries*, 28 Buff. L. Rev., 1979, p. 211.

[2] See ibid., p. 213.

[3] 参见於兴中:《基本矛盾、虚假的必然性与司法裁决的意识形态性质——邓肯·肯尼迪的〈〈世纪末〉司法裁决批判〉简介》,载《比较法研究》,2010(4),144页。

第二节　批判法学的主要观点

批判法学作为一场有组织的运动,参与的成员很多,在这一阵营号召下创作的文本更是卷帙浩繁,观点丰富多彩。这里仅根据批判法学的基本立场,概要介绍其主要观点。

批判法学对自由主义法治的批判

(一)形式主义、客观主义与法治

把批判法学统一起来的就是对形式主义和客观主义法律理论的一致批判,这两种理论代表了现代自由主义法哲学的主流,也代表了自由主义法治的核心理念。

这里所说的形式主义不是一般哲学意义上所指的方法论主义(methodologism),而是指相信法律证明的方法明显区别于意识形态的、哲学的或者说不切实际的争论,只有通过这样一种克制的、相对非政治的分析方法,法律理论才是可能的。形式主义审判理论关注的核心问题是:法律应根据什么标准、以何种方式使用才不会丧失法的普遍性、非个人性和中立性,以致危害自由的实现,它认为"法律制度对每一个案件都能提供一个唯一正确的判决"[①],可以通过一种自动程序从法律中推导出正确的判决。主流的自由主义法理学提供了一套理想化的司法决策过程模式,它可以概括为四点:法律的规定存在于纠纷之前,且清楚、明白,并且是自足的,可以涵盖现实生活中所有可能发生的法律事实;审判是客观地解释和适用法律规定的结果;具体案件的判决是程式化地适用法律的结果;绝大多数法官能够做出正确的判决。通过这种理想化的司法决策模式,"法律正义的王国因此可以通过一种无视'政策'和法律'目的'的审判技术而建立起来"[②]。形式主义审判理论相信司法与立法有根本的不同,后者是由松散的、非决定性的意识形态争论来指导的。

20世纪上半叶在美国风行一时的法律现实主义早已对法律形式主义提出过尖锐的批评,其批评的论调分为"规则怀疑论"和"事实怀疑论"两种,前者认为决定判决的并不是本本上的规则,例如卢埃林强调法官行为在决定判决中的重要性,认为法官在解决纠纷时的所作所为就是法律本身,弗兰克认为司法判决是由司法者的情绪、直觉、偏见、脾气以及其他

[①] R. Unger, *Knowledge and Politics*, Free Press. 1975, p. 92.
[②] Ibid..

非理性因素决定的。"事实怀疑论"则认为在司法过程中客观事实是不可能被完全认定的,法官在审判中认定的只是主观事实而不是客观事实。批判法学则把这两种怀疑的论调推向极端,认为法律推理的大前提(规则)和小前提(事实)都具有非确定性,某一案件究竟应适用什么规则、确认哪些事实,都不是客观决定的,而是法官或陪审员主观选择决定的,它们是人的选择的产物,根本无客观性可言,判决的结果依司法人员的选择而转移,必然是非确定的。批判法学不像法律现实主义那样从心理学角度分析法律推理非确定性的原因,而认为法律推理非确定性是由自由主义法律意识形态的内在矛盾决定的,自由主义意识形态以价值主观性作为理论前提,坚持认为价值观是个人任意择定的,同时又强调法律推理的非个人化、中立性和客观性,这个根本矛盾决定了法律推理的中立性、非政治性只是一个神话。在进行法律推理之前,对于调整涉诉问题法律的规范理论,对于该类法律规范的社会实践,都必然会有某些先入之见,而不可能是一片空白。批判形式主义的目的就是要"证明把希望寄托在法律推理与意识形态、哲学、政治预言之间的区别之上的理论实践只能沦为权宜之计的大杂烩"[①]。对此,肯尼迪也曾经一针见血地指出:"当法学教师们告诉学生法律推理作为一种推演正确答案的方法,是区别于一般性的伦理或政治话语时,他们实际上说的是废话……对一个法律问题来说,除了伦理上或政治上正确的答案之外,不可能有其他的'正确答案'"[②]。肯尼迪坚持认为,自由主义的司法不可能是客观的和中立的,自由主义的法律话语和法律论证都是充斥着意识形态的:

> 首先,法律话语同意识形态话语是相互重叠和相互渗透的,它们重叠和渗透的方式使得人们难以区分意识形态论证和"中立的"、"客观的"或"非个人的"法律论证。其次,通过法律来实现意识形态目的的诉求会以某种方式在法律话语中留下印记或是改变其构造,以至于会"引导"裁决制定者,使其用自己熟知的自由主义和保守主义的意识形态术语来考虑规则选择的问题。最后,即便那些没有意识形态倾向的法官或律师都将发现,她会变成一个无可奈何的意识形态推行者,因为她必须用法律文书来写作自己的司法意见。法律文书中所能找到的语词单位都充斥着意识形态的意义。[③]

形式主义审判理论不可能在真空中确立法律推理的正当性,因此它必然依赖于客观主义的法律解释理论。客观主义是指相信权威性的法律资料,包括成文法、案例和公认的法律观念,体现和维护着一种值得捍卫

---

① R. Unger, *The Critical Legal Study Movement*, p. 11.
② 转引自 R. Hittingger, "Roberto Unger: Liberalism and 'Superliberalism'", in C. Wolfe & J. Hittinger(eds.), *Liberalism at the Crossroads—An Introduction to Contemporary Political Theory and its Critics*, Roman & Littlefield Publishers, 1994, p. 116。
③ Ducan Kennedy, *A Critique of Adjudication [fin de siècle]*, p. 133.

的社会生活形式,也就是说,法律不仅仅只是偶然的权力斗争和缺乏正当权威的实际压力的产物。客观主义在自由主义法哲学中有各种各样的体现,把法说成是理性、自然、历史进化或经济效率等各种客观秩序的体现,这些立法理论都属于客观主义的范畴。依据客观主义的立法理论,法官在审判中为了正确、统一地适用法律,必须考虑法律所服务的目的或政策。这就需要对价值、政策和目的进行定义的客观标准和一种平衡不同价值、决定孰轻孰重的方法,如果缺乏这些程序,法官不可避免地会把他自己的个人意志或其他什么人的意志强加于当事人。但依据自由主义的价值主观性原则,这种用来选择和排列价值的方法并不存在,它们不可能在自由主义观念中存在。而批判客观主义就是要拒斥"在一种社会形态体系中存在着内在的制度结构"①这样一种观念,法制史和法律理论的实践都表明,没有一种关于民主和市场的普遍的法律语言存在。

(二) 法律就是政治

主流的自由主义法理学认为,价值观是多元化的,自由主义的"本质就是对多种多样的目的、'善的观念'予以容忍,而不问这些目的彼此是否能相容"②。自由主义坚持政府要在不同的价值观之间持中立态度,"因为一个政府如果扶植某一特定的价值,那么,它哪怕是努力想限制自己,也是限制不了的,而且越是努力想限制自己,就越是违背自己的初衷"③。人们之间存在着不同利益,但这些利益的交往与融合,可以形成共识,法律就反映这些共识,它代表人们对共同价值和共同道德的信仰。批判法学根本否定这种理论,认为法律不可能反映社会共识,而只反映统治阶级自己单方面的利益。法律通过玩弄诉讼程序、法律推理这些表面上具有中立性的、冠冕堂皇的技巧把社会上占统治地位的观念和既存权力分配结构以普遍化的形式固定下来,由此它具有使统治阶级意识形态"合法化"的功能,把偶然的、社会历史的产物装扮成必然的、自然的产物,把有政治倾向、有利于统治者的东西打扮成中性的、有利于全社会的东西。这样,居于统治地位的利益团体或阶级就能从法律判决中获得利益。"批判法学并不是简单地把法律等同于政治,而是试图阐明主流的法律实践是怎样支撑着一种特定形式的政治和它为什么这样做。……批判法学有助于人们认清法律制度作为一个复杂的权力运作结构,它不仅塑造了阶级剥削、种族压迫、性别歧视这些沉重的历史遗产,而且它自身也被这些历史遗产所塑造。"④

批判法学还十分强调法律在塑造人们政治思想意识上的作用。法律有能力说服人们相信,它的范畴中所表现的世界是唯一合理的世界,是明

---

① R. Unger, *The Critical Legal Study Movement*, p. 8.
② [英]安东尼·德·雅赛:《重申自由主义:选择、契约、协议》,陈茅同等译,17页,北京,中国社会科学出版社,1997。
③ 同上书,20页。
④ C. West, "CLS and a Liberal Critic", 97 *Y. L. J.*, 1988, p. 767.

智的人所愿意生活于其中的世界。因此统治阶级运用法律工具来维护自己的利益就更具隐蔽性和欺骗性,这比诉诸税收等更具直接性的工具能更少激化社会矛盾。例如默顿霍维茨在其名著《1780—1860 年美国法的变迁》中指出,美国南北战争后,新兴的企业界和商界集团利用法律工具而不是税收政策争得了很大的权力和很多的财富,就是这两个集团占有了美国社会中财富和权力中的一份不相称的份额。

主流的自由主义法学认为,社会与法的发展都具有一定的进化规律,法律的变化应适应社会的需要。批判法学则认为把法律与社会界分为两个领域是错误的,实际上法律与社会根本不存在明显的分界。法律具有构成社会生活的特点,离开了法律,人们就不能解释现有的社会关系。因此,不能认为是社会先发生了变化,产生了某种需求,法律就必须反映这种需求。实际上,法律变革与社会形态变革之间不存在这种因果关系,相似的社会条件会产生相反的法律反应,而相似的法律规范会产生相反的法律效果。社会和法之所以向某一方向发展而不是其他方向,是因为在斗争中导向其他方向的力量较弱,如果力量强弱有所变化,社会也可以向另一方向发展。因此社会和法的发展是纯粹偶然的,不具有客观性。法不是适应社会需要的必然产物,而是阶级统治的偶然产物。

批判法学对社会的发展持一种非决定论的态度,认为社会的变革应是永无止境的,任何现存的制度中都隐含着一种固定的权力结构,都隐含着被压迫的少数,社会的变革没有什么既定的目的,或者说,批判法学主张要消除路线和斗争过程的区别,消除目的和手段的区别,对现存制度的反抗和叛逆本身就是目的,反抗要遵循"现实排斥、否定什么,我们就企图什么"的原则,社会中要永远保持一股"否定力量",就是要有一批对现实保持批判态度、敢于挑战权威的人。受法兰克福学派文化批判理论的影响,批判法学认为在当代资本主义社会,"否定力量"的主干不再是无产阶级,而是少数具有批判意识的知识分子、激进的青年学生、先锋派艺术家和一些边缘文化群体。不仅要进行政治、经济上的革命,更重要的是要进行"文化心理革命"。文化革命理论来源于 20 世纪初期现代主义文学和哲学的成就,即人的个性有无限的发展可能,总会要求超越社会制度的约束来争取更大的自由。对于人的自由联合的最大威胁是社会角色划分。因此,生硬的社会角色划分就应成为文化革命首要的攻击目标。文化革命的具体内容有两个来源,一是国际大众文化(international pop culture),一是"第三世界极左派(ultra-leftists)"的著作。①

(三)法治的偶然性及其没落

罗伯特·昂格尔是批判法学家中领袖群伦的人物,早在 1977 年批判法学正式诞生以前,昂格尔就已发表了两部名著《知识与政治》和《现代社

---

① R. Unger, *False Necessity: Anti-Necessitarian Social Theory in the Service of Radical Democracy*, Cambridge University Press, 1987, pp. 630-631.

会中的法律》,率先提出要对正统的自由主义思想体系进行"总体批判"(total criticism),从根本上揭示了自由主义法理学的内在矛盾。《现代社会中的法律》在历史考察和文化比较的基础上阐述了现代西方法律秩序产生的由来,这部著作通过解释现代西方法律秩序的由来而说明了西方的现代性,并得出了法治秩序只是西方社会偶然性产物的结论。昂格尔指出,现代性是烦扰经典社会理论家们的关键问题之一,"什么将他们自己的社会,现代欧洲的民族国家,与所有其他社会相区别?"[①]继韦伯的形式合理性法解说之后,《现代社会中的法律》从发生学的角度更深入地阐释了西方法律的现代性问题。

昂格尔认为法治存在广义、狭义两种概念。"就最广泛的意义而言,法治就是指相互关联的中立性、统一性及可预见性观念"[②],政府权力必须依据普遍性的规则来行使,并要对不同种类的人统一适用规则。这个意义概括了法治理想的起码要求,即依法行使权力和法律面前人人平等。狭义的法治则是指组织政府权力的合理机制,它要求区分立法、行政和司法的不同工作程序,并以每个人都能理性地同意的程序制定法律,使每个人都在某种程度上参与立法。行政与立法的分离、审判与行政的分离,这两个分离是法治理想的核心,它们可以确保法的普遍性与一致性。[③]

现代西方自由主义社会由于实行了一套独特的法律制度即法律秩序,才走上了法治之路。法律秩序是一种极为严格的法律概念,它具备了公共性、实在性、普遍性和自治性四个基本特征。[④] 公共性是指法由置身于社会群体之外的中央集权政府制定、颁布和施行。实在性是指法由含义明确的公式化行为规则所构成。普遍性包括立法和司法两方面的含义,立法针对着广泛确定的人和行为,而不是只针对其中的某些类。司法应对不同阶级、不同地位、不同职业的人一致适用法律。自治性表现在实体内容、机构、方法与职业四个方面:法的实体内容不同于政治的、经济的或宗教的这些非法律的信念或标准;法律规则只能由专门审判机构适用;法律推理具有自己独特的论证方法,不同于科学、哲学、经济学等学科的推理工具;法律职业集团具有自己特有的特权、教育方式和职业准则。普遍性和自治性是其中更为重要的两项,而自治性是为实现普遍性服务的,因为法治理想的核心就是立法的普遍性和司法的一致性。

在昂格尔看来,现代法治的形成是一些历史因素巧合的结果。法律秩序的产生存在两个必不可少的历史前提条件:一是存在多元的社会集团,其中"没有一个集团在社会生活中永恒地占据支配地位,也没有一个

---

① [美]昂格尔:《现代社会中的法律》,吴玉章、周汉华译,32页,北京,中国政法大学出版社,1994。
② 同上书,165页。
③ 同上书,47页。
④ 同上书,43～47页。

集团被认为具有一种与生俱来的统治权利"①。二是存在一种可以用来论证和批判实在法的普遍的神圣法则（自然法）。欧洲封建社会后期，在经历了等级制度解体的现实与伦理冲突后，各个社会集团由于丧失了自然道德秩序感而形成了一个共识，即价值观是由个人任意选择的。这个共识使得社会寻求一种新的法律制度，它应当调和不同集团利益的对立，而其制定程序又是每个人出于自利动机都愿意接受的。而历史考察表明，三个主要的社会集团——由君主和作为他助手的官僚组成的行政统治阶级、贵族、由商人和职业集团组成的第三等级——出于自身利益的考虑本来都不愿选择法治，君主宁愿把法律作为自己推行政策的可以任意操纵的工具，官僚不愿受到规则对自己权力的制约，贵族企图以古老的惯例来保留自己的特权，商人希望发展非公共性的商法来保护和便利交易。是什么促使他们最终选择了法治呢？这三个阶层之间的利益妥协具有关键性的意义，"法治，就像生命保险和自由主义本身一样，只是在恶劣环境中做出最佳选择的尝试。"②

作为批判法学家中领袖群伦的人物，昂格尔是以对西方自由主义社会的总体批判家形象出现的。"如果批判法学家当中有谁可以声称摧毁了现代法律思想的核心观念，那么这个人就是昂格尔"③。他认为西方主流的自由主义法律理论存在不可避免的深层矛盾，自由主义法律理论首先坚持价值主观性的原则，但却试图证明立法有相对客观的价值秩序作指导，或是在无可奈何地承认立法的非客观性之后，又坚持审判可以使用客观的、非政治的推理工具，以为可以避免价值判断对于裁判公正的不良影响，但实际上根本的立场是无法回避的。"自由主义就是最依赖于非人格化规则的社会生活形式，然而，它也是最不能形成和适用这类规则的社会。"④昂格尔认为法治的目的是要实现权力的非个人化，这要依赖于两个前提的实现。一是最重要的权力必须集中于政府，政府应置身于社会等级制度之外；二是权力能够受到规则的有效制约。但在自由主义社会的体制结构中，这两个前提都不可能真正被满足。在家庭、工厂、市场这些非政治性的社会组织中，都存在强加于人的、政府无力纠正的不公正权力。自由主义国家的立法和司法也都不可能做到中立化，因此对行政权力的法律制约必然是有所偏向的。"只有当确实存在着一种摆脱执政者好恶而独立地确定法律规则含义的方式时，规则才可以保证行政权力的非人格化。"⑤而这种中立的法律解释方法在自由主义法哲学中是无法产生的。

---

① ［美］昂格尔：《现代社会中的法律》，吴玉章、周汉华译，59页。
② 同上书68页。
③ W. Ewald, "Unger's Philosophy: A Critical Legal Study", 97 Y. L. J., 1988, p. 666. 应该指出的是，Ewald并不认为昂格尔真的已经摧毁了现代法律思想的核心观念，他只是说在批判法学家中只有昂格尔有资格这样声称。
④ ［美］昂格尔：《现代社会中的法律》，吴玉章、周汉华译，243页。
⑤ 同上书，168页。

相应地，法治作为自由主义社会的法律意识形态，其产生并不是必然的，而是特定文化背景下的偶然因素合力作用的产物，法治本身是用来维护自由主义价值的工具，而绝不是价值中立的。在晚期资本主义，随着社会经济结构的变化，自由主义价值丧失其普适性，法治也开始走向没落。随着经济领域自由放任主义的式微、国家干预的逐渐加强，出现了现代福利国家，自由主义社会步入了后自由主义社会。这个时期法律秩序发生了两个重大变化：第一，在立法、行政及审判中，迅速地扩张使用无固定内容的标准和一般性的条款；第二，从形式主义向目的性或政策导向的法律推理的转变，从关注形式公正向关心程序或实质公正转变。①

事实说明，这两个变化只会使法治面临解体的危险，因为它破坏了法律秩序最重要的两个特征：普遍性和自治性。过多使用抽象和一般条款不符合法律普遍性的必然推论，即"严格限制在做出官方选择时所参考的有关事实的范围"②，以免涉及过多变动不居的因素。在目的性或政策导向的法律推理中，对工具合理性的判断是会随着社会环境而变化的，法官解释规则的方法也会随之改变，这只会导致判决结果的不稳定性，从而破坏了法的普遍性。而强调关怀实质公正只会增加许多特殊情况特殊处理的法外裁判，更是严重侵蚀了法的普遍性。所有这些破坏普遍性的趋向也在实质、方法论、机构及职业四个方面摧毁了法律秩序的相对自治性。使用抽象标准和一般条款极易使法律职业者感染上外行人的价值观念；使用目的导向的推理方法及对实质公正的关怀使法律推理丧失了中立性，开始接近政治的和经济的推理方法。与此同时，法院与行政机关、法律职业者与官僚及其他技术人员的区分也不那么明显了。

后自由主义社会的另一个重要特征是国家与社会、公共领域和私人领域逐渐接近，公法和私法的界限愈来愈模糊，这是合作主义（coorparativism）倾向的出现导致的变化。合作主义推动形成了一套打破传统公、私法界限的规则即社会法，社会法实质是国家制定规范与私人之间规范的混合体，这无疑又威胁着法律秩序的公共性。法治在后自由主义社会面临的解体趋势并不意味着自由受到了巨大威胁，而是证明了"法治不能彻底消除日常生活中的不合理的依附性"③，"个人自由能够从法治的没落中抢救出来"④，并且应和合作主义对人类联合的关怀结合起来。

昂格尔在《现代社会中的法律》中对现代法治的核心理念及其不可实现性的剖析，是他理论中最有价值的部分。在价值主观性的前提下，是无从发现中立的、自动检索正确答案的法律推理工具的，只要这个工具是被有情感偏向的人所操纵。同样，仅凭以权力制约权力的机械性制度设

---

① ［美］昂格尔：《现代社会中的法律》，吴玉章、周汉华译，181页。
② 同上书，84页。
③ 同上书，206页。
④ 同上书，222页。

置,也不可能完全有效地制约权力,实现权力的非个人化,而只能达到对怀着各自不同的目的的人们之间的利益的妥协。自由主义的法治不是什么理想化的设置,而只是一个为了避免最坏结果发生的权宜之计。当代自由主义法律理论力图向人们证明,法治只是权宜之计并没有什么不妥,而且它应是永远存续的权宜之计,因为丧失了它人类自由就会堕入万劫不复的深渊。昂格尔则力图驳斥这样的证明,法治固然只是手段而非目的,但它并不一定会永远存续,而且它已经开始没落。自由主义理论是为现存的资本主义政治法律制度辩护的思想体系,这种"社会顺从主义"式的理论取向会扼杀现存制度变革的动力。他坚信,人类社会不能永远只以被动无力的权宜之计来延续文明,而应在避免丧失自由的同时,争取主动来创造性地推进文明。

第三节 批判法学的式微与种族批判法学

20世纪90年代初,批判法学作为一场学术运动已基本宣告结束了。1995年,最后一届批判法律研究大会在乔治城大学召开,以不欢而散告终,批判法学同种族批判法学发生了激烈的争议。那以后,美国法学界普遍认为批判法学作为一场有组织的运动已经死了,同道者惋惜,反对者弹冠相庆。[①] 导致批判法学发展衰退的原因是多方面的。首先,20世纪90年代以来,批判法学受到了来自主流法学界的大规模"反批判",除了理论上的反击之外,一些法学院的保守势力还采取拒聘、解雇等人事上的手段,压制批判法学的研究。1989年以后由于苏联和东欧的巨变,美国的政治出现了明显的右转倾向,法学院保守势力的态度也更为强硬。其次,批判法学自身也存在一个致命的弱点,它在批判和解构的基础上没有提出一种可以对自由主义法理学形成实质性冲击的系统的、令人信服的法理学和社会理论,尤其是没有提出可以克服当代资本主义缺陷的切实可行的新的政治、法律制度的规划,而只有流于乌托邦色彩的空想。最后,批判法学内部也发生了分裂,本来其成员的观点已经十分多样化,有的还互相攻击。20世纪90年代以后,批判法学的主要成员昂格尔、肯尼迪等人研究仍然很活跃高产,仍然对美国法学研究有着很大影响。"尽管批判法学作为一场运动已经式微,它的观念仍然在鼓舞对自由主义法律的左翼批判,批判法学的学者们继续写出了一些法律史上最具挑战性的著作。"[②]批判法学的一些重要研究方法和观念也逐渐为主流法学吸收,其

---

① 参见 R. West, *Normative Jurisprudence: An Introduction*, p.115。
② S. Ratnapala, *Jurisprudence*, p.217。

最重要的影响就是将人文思考和跨学科的方法引入了法学研究。但是组织化的批判法学运动已经终结,一些学者不再对抽象的意识形态批判感兴趣,而是致力于微观领域的批判研究,产生了种族批判法学(Critical Racial legal Studies,简称 CRT)和批判的女性主义法学(Critical Feminist Jurisprudence),而一些比批判法学立场更为激进的后现代主义者则开始了后现代法学研究,由此批判法学的发展进入了"后批判法学"阶段。

由于批判法学在批判的基础上始终没有提出系统的政治法律改革纲领,其诉诸意识形态领域的"文化心理革命"来推动法律发生实质性变化是一种极具浪漫色彩的空想,"否定力量"说不过是 20 世纪 60 年代他们的新左派前辈"局部反抗"理论的旧话重提,这种"为了反叛而反叛"的精神用在现代主义艺术上的创新动力尚且力不从心,更不要说用来推动社会政治与法律结构的变化了。十分讽刺的是,"为了反叛而反叛"的精神没有撼动主流自由主义法理学的基础和其对法律教育及学术研究的话语霸权,却在批判法学内部掀起了窝里斗。批判法学内部的有色人种成员和女性主义者认为他们在批判法学这个少数派阵营里也是少数派,种族批判法学和女性主义法理学的兴起标志着批判法学进入了所谓"后批判法学"的阶段。同批判法学不同的是,种族批判法学和女性主义法理学不是只对法治话语进行内部的结构分析和历史发生学的分析而加以批判,而是从根本上否认自由主义法治话语的合法性,认为它是专属于白人精英和父权社会的统治策略,根本不具有普适性。20 世纪末以来,形形色色的批判法律理论都有归入后现代法学的趋势,解构、消解包括法治在内的传统法律话语是其共同特征。

种族批判法学是 20 世纪 80 年代后期从批判法学中分离出来的一个新的法学流派。其代表人物有理查德·德尔加多(Richard Delgado),其代表作有《罗德格笔记系列》、《天上的学者:批判法律研究有少数民族所需要的东西吗?》;德里克·贝尔(Derrick Bell),其代表作有《种族、种族主义和美国法》、《我们得救了吗?》;罗伯特·海曼(Robert L. Hayman),其代表性论文有《原则、叙述和种族现实之重构》、《种族批判法学和后现代制度传统》,等等。[①] 种族批判法学对主流自由主义法学的批判比批判法学中的"正统派"要更为极端,他们甚至反对 20 世纪民权运动为有色人种争取更多合法权利的斗争策略,认为法律和权利并不能阻止种族歧视的产生,反而成为安抚人心的幌子,使种族歧视的不合理社会结构合法化了。乔治敦大学法律中心教授图什内特据此主张在反种族歧视的斗争中放弃权力斗争的策略。"种族批判法学对自由主义法律秩序的批判被认为是毫无原则、毫无益处的攻击。同批判法学一样,它也未能提出取代自由主义法学和新价值的思想和概念来。它的彻底否定所有既

---

① 参见孙文恺:《种族批判法学的后现代性:有色人种的视角》,载朱景文主编:《当代西方后现代法学》,267 页,北京,法律出版社,2002。

成法律原则的后现代主义做法使它成为一个为批判而批判的学派；它的狭隘的种族立场使它无法想象比自由主义更完善的选择；而它对美国的立国原则，比如'法治'的否定使它在政治上陷于困境。由于这些原因，种族批判法学比批判法学当时的处境更为不利"[1]。对于种族批判法学这种鲁莽的做法，身为有色人种的批判法学家科奈尔就曾经不无感慨，"我发现很讽刺的是，作为一个美国黑人，一个被美国自由主义牺牲掉的人们的后代，我仍必须承认自由主义的成就……自由主义不是社会上层白种男性精英的独占物，而是一个最好的具有活力和可塑性的传统，一个被那些阶级剥削、种族压迫和性别附属的苦难的牺牲者们争取来的生机盎然的、有效率的传统。从这个意义上讲，自由主义既不是一个要尽力维护的社会现状，也不是一个要被粉碎的意识形态，而是一个尽力扩大人类自由选择范围的内蕴不一致的复杂的传统"，"无视自由主义的先驱是十分鲁莽的"[2]。

思考题

1. 简述美国批判法学主要阐述的三个概念与其内容。
2. 昂格尔认为法治是西方社会发展中偶然性的产物，如何看待这一观点。

阅读文献

1. [美]昂格尔：《现代社会中的法律》，吴玉章、周汉华译，北京，中国政法大学出版社，1994。
2. R. Unger, *The Critical Legal Study Movement*, Harvard University Press, 1983.
3. Ducan Kennedy, *A Critique of Adjudication [fin de siècle]*, Harvard University Press, 1997.

---

[1] 於兴中：《批判法学与后现代主义法学》，载於兴中：《法治与文明秩序》，126页，北京，中国政法大学出版社，2006。
[2] C. West, *CLS and a Liberal Critic*, pp. 769-770, 761.

第十七章 新共和主义

第一节 产生背景

20世纪60年代以来,西方思想界开始出现了一场"共和主义复兴"思潮。新共和主义的出现是对陷入危机中的自由主义的一种批判和修正。自17世纪以来,自由主义逐渐在西方政治意识形态中占据了主导地位。自由主义之所以能够保持生命力,在很大程度上是因为它与现代社会保持着某种"同构性",尤其是它适应了西方现代社会的个人主义和多元性这两个基本特征。然而,随着现代社会的复杂演进,自由主义也愈加体现出其局限性。比如在社会公平方面的关注不足,比如对个人主义的强调所带来的原子化个人在现代社会中的困境,等等。与自由主义不同,新共和主义把公民道德与共同体的善作为其内在要求,主张共同体的善应优先于个人权利,公民美德也是现代政治的内在诉求。

共和主义与自由主义存在分歧并不意味着新共和主义就是"反自由主义的",毋宁说它是"后自由主义的"[①]。所谓"后自由主义"(post liberalism)不仅仅是一个时序性概念,它还包含某种超越性的含义,亦即它只有在自由主义充分发展的语境中才能得到理解。[②] 当代新共和主义者对个人主义、多元主义、普遍主义、平等主义等自由主义预设程度不等、方式不一地予以接受,在各项议题上也没有彻底抛弃自由主义,尤其是在政治建制方面,更没有超越自由主义民主宪政的框架。共和主义不是对自由主义的替代,而是对其完善或补充,它应当具有自由主义的一些基本特征。所以,新共和主义也可以称为"自由主义的共和主义"或者"共和主义的自由主义"。

新共和主义也不同于古典共和主义。古典共和主义面对如下的历史困境:古典"共和"的主要含义之一是混合政体,古代共和国的公民身份

---

① 刘训练:《后自由主义视野中的新共和主义》,载《浙江学刊》,2006(4),28~32页。
② 刘训练:《共和主义的复兴——当代西方新共和主义的局限与困境》,载《国外社会科学》,2007(6),58~64页。

具有狭隘性与封闭性,这将走向精英主义、寡头政治,甚至种族主义、军国主义。而且古典共和主义往往只适用于小规模的同质共同体。古典共和主义中的两大分支,即混合政体论与公民德性论,要么已经被自由主义所吸收,要么并不比自由主义更具包容性、民主性。在现代社会的条件下,除非接受个人主义、普遍主义、平等主义和多元性这些与自由主义相一致的理论预设,否则新共和主义是难以发挥作用的。迈克尔·扎科特在《自然权利与新共和主义》一书中认为,新共和主义是美国建国的重要指导思想之一。加图勾勒了私人的个体自由与公共的或政治的自治之间探求紧张和谐的共和国——就是一个自由的共和国——的努力。① 这种新共和主义显然是一种多元思想理论成果基于公共利益导向的混合体。随着联邦党人"以共和制(包含民主、自由的新共和主义)补救共和病(古典共和主义的弊端)"的政治洞见的提出,"代议制的新共和国"方案适应了民族国家时代的大国民主之道。这种现代共和主义借此与立宪自由主义合为一体。

复兴共和主义是对古典共和主义和自由主义的超越,或者说是对二者的整合,也就是复兴具有自由内涵的共和主义。20世纪90年代,新共和主义思潮也波及了法学领域。共和主义思潮在法学中的复兴主要体现在了美国宪法学领域,把共和主义与宪政理论结合在了一起。

第二节 代表人物

共和主义在美国宪法学中的复兴是当代共和主义政治哲学的有机和重要的组成部分,其代表人物包括阿克曼、米歇尔曼、桑斯坦等。作为一本法学教科书,我们主要关注法学领域的新共和主义代表人物的观点。

布鲁斯·阿诺德·阿克曼(Bruce Arnold Ackerman),美国著名宪法学家和政治学家,耶鲁大学法学院和政治系双聘教授。阿克曼在质疑美国宪法理论中的自由主义与共和主义二分法的基础上,提出了所谓"自由主义的共和主义"。他认为美国宪法体现了集两种类型的政治于一身的"二元民主"。第一种类型的政治就是宪法政治,或者说"非常政治",在这里,公众是作为人民动员起来并作为人民发言的。这是"自由主义的共和主义"中的共和主义成分。第二种类型的政治是所谓常规政治,这是"自由主义的共和主义"中的自由主义成分,在这里,是由人民的代表作出政

---

① [美]迈克尔·扎科特:《自然权利与新共和主义》,426页,长春,吉林出版集团有限责任公司,2008。

治选择,而人民本身专注于他们自己的个人利益和私人追求。

弗兰克·米歇尔曼(Frank I. Michelman),现任哈佛法学院教授。与阿克曼宪法史学的叙事方案相比,米歇尔曼的共和主义宪法学更富哲学思辨性。他把共同善观念的发展看作宪法理论的根本目标,而这种发展只有通过把那些传统上被排斥在协商过程外的人带入这种过程中才能实现。因此,米歇尔曼强调对话的过程,这种对话模式即所谓"可创生法的政治"。与阿克曼坚持司法权限内的宪法变革不同,米歇尔曼论证了一种共和主义公民身份的非国家中心的概念,政治生活是"公民身份的舞台,其中公民身份不仅包含对国家事务的正式参与,而且是在一般公共和社会生活中的被尊重和自尊的体现"①。

凯斯·R. 桑斯坦(Cass R. Sunstein),现为美国哈佛大学法学院教授,美国艺术与科学院院士,美国律师协会分权与政府组织委员会副主席,美国法学院联合会行政法分会主席。曾担任白宫信息管制事务办公室主任。桑斯坦不但把"自由主义的共和主义"具体化了,而且为这种理论补充了改革的建议。他用"政治协商"、"政治行动者的平等"、"共同善的普遍主义"和"公民身份"这四个原则来刻画"自由主义的共和主义"的内涵。② 这四个原则是相互联系的,其中最重要的是体现公民德性的政治协商。桑斯坦着重讨论了怎样在当代的宪政实践中落实共和主义的问题,他提出的方案包括通过竞选资金改革减少财富在政治上的影响,进一步开放媒体以及社会收入的再分配,如此等等。

第三节 基本观点

一、人民主权论

与古典自由主义重视"个人"不同,新共和主义强调"人民"。新共和主义坚持认为"人民主权"是政治合法性的唯一来源,强调公民的政治协商。在现代民主国家,形成了由人民选出人民的代表组成代议机构进行立法和政治决策的机制。人民在有些情况下也会直接出场进行政治决策,比如全民直选、全民公决等,但是在大多数情况,人民不直接参与到政治过程中,而是通过人民的代表进行政治决策。问题随之产生:首先,人民的代表有时不能准确地代表人民,当然这可以通过下一次选举来解决,但是已经制定的法律和制度需要得到遵守。其次,随着社会的发展,代表

---

① 参见[美]米歇尔曼:《法律共和国》,载应奇、刘训练编:《公民共和主义》,212页,北京,东方出版社,2006。
② 参见[美]森斯坦:《超越共和主义复兴》,277页。

机构制定的法律和制度具有滞后性。这就出现了"法治"与"民主自治"之间的矛盾。对此,米歇尔曼和桑斯坦都倾向于把人民更为直接地包容到协商过程之中,都重视政治上平等和活跃的公民在共同善的问题上展开讨论,并认为对于公民协商的信奉是美国政治和宪法对共和主义思想的独特贡献。阿克曼则更加强调在那样一些特殊的宪法时刻"人民的出场",他意在唤醒"公民身份"。

米歇尔曼提出的"可创生法的政治"认为,①美国宪政中的自治与法治的一致性体现于法与政治的不断循环之中:为确保自由或共和主义式的自我实现,人们参与公共政治生活,并在公共政治的场域中与具有不同经验的他人对话,通过理解他人,反思和修正自己的观点,人们由此被塑造为具有公共美德的公民,同时也创生了基于普遍共识的统治自己的法律。借此,他们既确立了自己的主权地位,同时也赋予法律以至高无上的权威。一旦因时代或社会的变迁导致人民中的一部分感到自己受到法律的压迫,旧有的共识就或早或晚地被打破,新共识的达成及对法律的修正过程,也就是再次创生法的政治过程。如此,经由法与政治的不断循环,法律因"人民的同意"而获得统治的合法性并不断排除压迫的属性。

在《就事论事》②一书中,桑斯坦认为,法律的进步是一个民主推进的过程。法律不仅是由民主选举产生的国会议员们创立的,同时还要求经过美国人民参与其间的公共舆论空间的充分讨论。美国学界以往的司法审查理论认为,必须由司法权对民主立法进行有效的宪法监督,以保障民主价值目标的实现。桑斯坦则认为,由于司法能力的有限性,最高法院应采取一种最低限度主义的裁决方法,一次一案式地裁决具体案件,避免原则性判决,将社会价值选择问题交由民意机关互动协商解决,以减少错误判决可能导致的严重社会后果,同时培养民意机关的民主协商精神和公民的参政素质,塑造一个健康民主的社会。在司法判决中,原意解释的方法,往往会使得法官不注重具体个案中的事实问题,而过早对一些新的问题作出结论,从而阻碍公共舆论的审慎协商,过早地对这些问题关闭了民主政治过程的大门。他强调非民选的法官和民主政治过程之间的互动关系。

在《我们人民:奠基》和《我们人民:转型》中,阿克曼试图提醒人们重新注意宪法权力的最终来源:我们人民。通过对美国宪法两百年历史的回顾,他有力地描述了人民主权在美国的不断复活和重现。阿克曼提出了二元主义宪政理论,即"宪法政治"与"常规政治"的二分,这不同于英国模式的一元主义民主,也不同于德国基本法模式的权利本位主义。所谓宪法政治,就是人民被真正唤醒去参加他们视为根本的政治事务的那些稀少的时刻。在这些时刻,人民像预期的共和公民那样自我动员去参

---

① 参见[美]米歇尔曼:《法律共和国》,183~187页。
② 参见[美]桑斯坦:《就事论事——美国最高法院的司法最低限度主义》,泮伟江、周武译,北京,北京大学出版社,2007。

加公共共同关注的协商过程,人民真正发出自己的声音。而大多数时期属于常规政治,特定的公共机构根据宪法授权来履行职能。以人民民意进行的立法才是高级立法,除此之外的立法则是常规立法。阿克曼认为美国在其长达两百年的宪政史中有三次宪法政治时刻,分别是费城制宪、南北战争、罗斯福新政。人民主权这种拟制也就三次获得其现实的生命。但是宪法设计必须保证日常政治的决策者不会违反甚至改变由非常政治时期的人民制定的高级法,这就需要一种守护机制,最高法院充当了这样一个维持者的角色。最高法院要去对以往高级立法确立下来的原则进行维护,并加以综合,运用到当下的案件当中,这时虽然有用历史上的多数反对当前的多数的嫌疑,但是在历时性的维度内,却成为民主自治不可或缺的环节。所以,在阿克曼这里,最高法院不会面临反民主的难题。可以说,由常规政治和宪法政治所构成的双轨制民主是现代社会的政治稳定的一个基石。而阿克曼并没有关闭当下的人民出场的渠道,其二元论具有开放性,也就是为人民进行对话和立法提供了开放性,这种开放性使得人民主权在现实中得以长青,成为活的原则,而不是死的文字。

新共和主义的相关论述针对传统代议制民主的局限提出了解决方案。虽然三人的观点有些许不同,但总体上他们都认为,人民通过自己选出的代表来进行政治协商和政策决策,但人民并未因此丧失直接参与政治生活和进行政治决断的权利。

二、协商民主论

新共和主义的"人民主权论"是与"协商民主论"结合在一起的。协商的论坛是新共和主义的"人民主权论"得以实现的具体平台。正因为美国有着普遍存在的社会公共空间,协商政治的论坛才能不仅仅局限于如议会等正式的政治活动场所,而是广泛地植根于美国的社会土壤中的各种公共场域,各种观点在论坛中碰撞、交锋,人们在分享他人社会经验的同时,不断地修正自己的看法,并最终达成共识。

协商民主论回应的是传统的大众民主的弊端。协商民主并非是简单的多数至上主义,而是强调理性与民主的结合。协商民主具有重要的过滤作用,它可以保证讨论的理性,提高民主的质量,并能反映更为深思熟虑的民意。协商民主还关注自由平等的公民之间的政治对话,强调的是一种高度参与性的政治。要实现这种政治,需要有德性的公民。

1980年,约瑟夫·毕塞特在《协商民主:共和政府的多数原则》一文中首次在学术意义上使用"协商民主(deliberative democracy)"一词。[①]

---

① J. M. Bessette, "Deliberative Democracy: The Majority Principle in Republican Government", in R. A. Goldwin & W. A. Schambra (eds.), *How Democratic is the Constitution?*, American Enterprise Institute, 1980, pp. 102-116.

但协商民主的理念并不新颖,不过是对古典传统的一种复兴。哈林顿、卢梭等共和理论家强调基于共同利益、价值或传统的公民协调的可能性。哈贝马斯第一次将政治参与的两种模式——公职人员的选举与公共意见的表达——区别了开来。就是这个小小的区分,使得共和主义民主在现代社会获得了现实可能性。也就是说,在公职人员的选举上,可以承认并接受自由主义民主的代议制度,实行间接民主;但在公共意见的表达上,公众是不能被替代、被代表的,必须继承古希腊和卢梭的传统,通过公共领域的自由讨论,实现"在场的"直接民主。[①] 桑斯坦的理论对于哈贝马斯多有借鉴,但是他并没有强调选举与表达的区分,而是强调协商民主的审慎作用,无论对于间接民主的选择,还是直接参与的讨论,协商民主都类似于一种冷却剂,能够平息人们的激情和欲望,从而实现理性的决策。

桑斯坦认为,美国自独立革命以来,就奉行着协商民主,而非简单的少数服从多数的民主。协商民主重视协商的过程,强调所有理性公民参与公共舆论空间进行充分讨论,进行民主沟通和辩论。美国建国之时的许多制度设计都体现了协商民主的理念:参众两院互相监督,具有让公众的激情冷却的效果;参议员的长任期和大选区制就是希望他们能够更加审慎;总统选举的选举人团实际上是一个协商组织……美国宪法的制定本身就是协商的产物。[②]

协商民主相对于传统的大众民主更加重视理性。一方面是要防止以集体的意志凌驾于个体;另一方面是要保证政治领域或公共领域的理性。在这里,需要对公共领域和私人领域作出区分。为此,桑斯坦区分了"消费者主权"与"政治主权",他认为,协商民主的威胁之一来自于消费者主权的观念。消费者主权,来自自由市场;政治主权,来自自由国家。前者强调经济自由,后者强调政治自由。"消费者主权理论"是传统自由主义理论的核心观念。"消费者主权"最早见于亚当·斯密的《国富论》中,后来的奥地利学派和剑桥学派都把"消费者主权"看成市场关系中的最重要原则。消费者主权强调个人偏好在选择中的决定作用。但消费者主权即便在自由市场中也存在着问题。消费者主权以理性人假设为基础,但人的行为很多时候是非理性的。如果把消费者主权应用于言论领域和政治领域,用"数量原则"去否定"质量原则",依赖个人偏好、甚至偏见来决定公共问题就会产生更严重的后果,个人的非理性将放大为群体的非理性。而政治主权是民主多元选择的基础,以政府的合法性为前提,注重政治领域中的自由。自由主义偏爱市场,共和主义偏爱协商。协商民主理念是对市场经济的一种矫正,它强调政治自由、政治权利。消费者主权与

[①] 对哈贝马斯的分析,参见许纪霖:《自由主义民主与共和主义民主——对"自由主义"与"新左派"论战的反思》,载《中国大学学术讲演录·2002》,76页,桂林,广西师范大学出版社,2002。

[②] 这种观点在桑斯坦的多部著作中都有论及。例如参见[美]凯斯·R. 桑斯坦:《偏颇的宪法》,宋华琳、毕竞悦译,北京,北京大学出版社,2005。

政治主权的张力,也就是自由民主与共和民主的张力。前者以原子化的个人为基础,而后者则强调公民身份,强调公民对政治、公共事务的参与。

通过对协商民主的相关论述,新共和主义提出了不同于自由主义传统的民主新范式,这种民主形式以公众的广泛参与为特征,同时强调在众意的基础上形成共识,克服传统大众民主非理性的一面。

三、自由观

共和主义当代复兴的重要标志之一就是对自由观念的重构,试图发展出有别于自由主义传统的对自由内涵的理解。新共和主义论者重新阐释"自由"含义的努力主要着眼于克服自由主义者对"消极自由"的片面注重。

1958年,以赛亚·柏林继承发挥了贡斯当的两种自由观思想,提出了"消极自由(无干涉的个人自由)"与"积极自由(积极参与的政治自由)"的概念。① 他支持消极自由,而反对积极自由,认为积极自由容易导致民主暴政或极权主义。但是,新共和主义依据积极自由对传统自由主义所主张的消极自由展开了批判。在泰勒那里,"自由被理解为公民的自由和对公共事务的积极参与"②。2001年,斯金纳在"以赛亚·伯林纪念讲座"上发表演讲,提出了试图超越"积极自由"与"消极自由"之争的"第三种自由"观念。③ 所谓第三种自由,即依赖的缺失。对于政治共同体而言,要服从全体公民制定的法律,免于"奴役";对于个体而言,要服从自己的意志,免于依赖他人。这里实际提出了自由的能力的问题。佩迪特提出了"无支配的自由"——自由就是不存在支配,以区别于柏林的"无干涉的自由",并围绕自由、法律、公民、参与、身份等重要议题,深度阐释共和主义的自由观。④ 总之,新共和主义的自由观试图打破传统自由主义对于自由概念的垄断。

新共和主义的自由观与协商民主理论相互呼应。协商民主理论强调民主体制的决策通过公开讨论而作出,每个参与者能够自由表达、参与其中。这实际上就属于积极自由的理念。

新共和主义在法学领域的代表人物们对于包括自由主义在内的权利理论也有独到的见解和更为具体化的论述。他们的基本观点是,反对自

---

① 关于伯林两种自由的概念,参见[英]伯林:《自由论》,胡传胜译,南京,译林出版社,2003。
② [加]查尔斯·泰勒:《答非所问:自由主义—社群主义之争》,载应奇、刘训练编:《公民共和主义》,384页。
③ 参见[英]斯金纳:《第三种自由概念》,载应奇、刘训练编:《第三种自由》,162页,北京,东方出版社,2006。
④ 参见[美]佩迪特:《消极自由:自由主义的与共和主义的》,载应奇、刘训练编:《第三种自由》,182~218页。

由主义传统下的"自然权利"理论,坚持认为权利是政治的产物,是政治协商和政治过程的结果,并非来源于天赋人权。阿克曼批评自由主义者的"权利根本论"(rights foundationalism),认为他们根本就没有明白"人民才是权利的真正来源"[①]。米歇尔曼认为,权利对于共和主义而言非常重要,它是好政治的前提,而且这种权利比自由主义所提倡的还要有力。[②] 桑斯坦认为,无论在自由主义体制还是共和主义体制中,权利都不是前政治地赋予的,而是运作良好的协商过程的产物。[③] 霍尔姆斯和桑斯坦认为,所有权利都是"积极权利",也就是赋予权利(entitlement),因为所有权利都需要法律提供规定、政府(公共机构)提供保护。[④]

新共和主义的自由观主要包含以下内容:第一,更强调对自由的保障和行使权利的能力,从积极权利的角度解释基本权利。自由是在法律下的自由,自由是法律所创造的秩序。法律必然会对个人形成干涉,而这种干涉下却未必没有自由。相反的,只有在这种干涉之下,自由才是可能的。因而,基本权利的实现更重要的是由国家通过公民参与的政治过程去制定法律,以国家积极行动的方式去保证自由的实现,保证人们不受他人的支配。第二,强调国家对于基本权利的义务。国家对于自由并非只是消极地不去侵害,而是要为自由的实现创造条件,要通过制定法律等手段去防止奴役和支配的产生。这也就引申出了福利权的正当性。

新共和主义还强调公民责任。在传统自由主义那里,以个人为本位,个人只需对自己负责,无须对他人负责。这也导致了社会的冷漠,对于别人的苦难没有责任伸出援手。而新共和主义强调公民责任和公民美德。然而,与传统国家的道德说教不同,新共和主义不是片面地强调义务,新共和主义的公民美德是建立在公民身份认同与公民权利的基础上,如果没有公民,也就没有所谓的公民美德。新共和主义承认宪政的基本原则,因而其对公民美德的强调是在一系列制度化措施的基础上,而非诉诸道德化。

总之,新共和主义的自由观更加重视积极自由,也就是公民积极参与政治的自由,在强调自由的同时重视公民责任和公民德性。

四、公民身份

与新共和主义的自由观相联系的是公民身份理论,新共和主义强调

---

① 参见[美]阿克曼:《我们人民:奠基》,汪庆华译,10页,北京,中国政法大学出版社,2013。
② 参见[美]米歇尔曼:《自治的踪迹》,应奇编译,205页,长春,吉林出版集团有限责任公司,2010。
③ 参见[美]森斯坦:《超越共和主义复兴》,299页。
④ 参见[美]史蒂芬·霍尔姆斯、凯斯·R.桑斯坦:《权利的成本——为什么自由依赖于税》,毕竞悦译,41页,北京,北京大学出版社,2001。

积极自由、积极权利,而积极自由或积极权利的行使者是公民。"公民身份"(citizenship)表明公民作为政治共同体所具有的权利、义务和责任。也有人译为"公民资格"、"公民权"、"公民责权"等。

公民身份在西方政治文化和实践中可以追溯到古希腊。在柏拉图和亚里士多德那里,公民是城邦的组成要素。① 公民不是一般意义上的个人,而是基于理性的道德责任而具有参与政治权利的人。

与上文提到的消费者主权和政治主权相对应的是消费者身份与公民身份的区分。公民不仅是消费者,公民还具有参与政治的权利和义务。当然这样的要求不是强制的,只是公民与消费者或普通的个人的区别之所在,是要强调作为公民的政治责任,这也是公民德性的体现。消费者与公民并非一个社会中的两类人,而是同样的人在不同领域的不同身份。在民主社会,一个人在消费者身份与公民身份之间可以自由转换,两个领域之间是开放的。在一个社会中,人们过分关心政治和过分不关心政治都是不正常的。前者会取消人们的私人领域和私人生活,后者则会使人们成为原子化的个人,无法对抗国家权力。公民身份与消费者身份并非截然冲突。首先,必须确保欲望与信仰的形成是自由的。强调公共义务,并非要压抑个人的选择,只是有些个人欲望并非纯粹个人的选择,也是某种社会选择的结果。因而应该允许更开放的媒体空间、可以自由选择的市场,剥夺机会也就意味着剥夺自由,使人们只有有限的选择和欲望。窄化自己关心和感兴趣的领域,也就是在限制自己的公民权和自由。消费者主权的假设基础是,个人知道什么对自己最好;而实际上个人并不一定知道什么对自己最好,所以才需要协商,需要民主。纯粹的消费不过是满足欲望,而非理性。消费者主权造成了某种程度的社会分裂,社会团结必须依赖公共领域中的协商过程,重塑公民精神。

阿克曼二元宪政论的基础也是公民身份。二元宪政论对常规政治和宪法政治的主要完全是建立在公民参与的基础上。无论是常规政治,还是宪法政治,都需要一定程度的公民热情。而公民对于政治生活的参与,是亚里士多德以来政治学说史中的一个核心话题,也是政治成为可能的保障。在《我们人民:奠基》一书中,阿克曼采取折中主义创造出一个私人公民的概念,以区分于自由主义所主张的彻底个人主义的公民和古典共和主义眼中的完全献身于政治的公民。阿克曼试图用私人公民这个概念来连接常规政治和宪法政治。具体而言,这个私人公民在常规政治中,可能更关心他的私人事务,而不是国家的政治事务,他们关注自身的利益要强过对集体利益的关注。如果我们仍然用自由主义和共和主义的二元论来进行分析的话,那么,美国人在常规政治的情境下呈现出来的就是自

---

① 参见[英]德里克·希特:《公民身份:世界史、政治学与教育学中的公民理想》,郭台辉、余慧元译,长春,吉林出版集团有限责任公司,2010。该书对公民身份的概念、历史进行了较为详细的介绍。

由主义的个体形象。但是,这种私人公民在常规政治转向宪法政治的时候,也会朝着(私人)"公民"转向。也就是说,他们的个人考虑会让位于有关高级立法议程的政治参与。他们可能会参与各种各样的集会、成为高级立法政治运动的无数推动者之一,并且最终成为"我们人民"发出的时代强音里的一个音符。① 这个时候,我们可以看到古典共和主义的积极公民的现代身影。

新共和主义的公民身份观念侧重于强调公民在公共领域中的特性,以区别于私人领域中的个人行为,其内含着对于公民德性的要求,这与新共和主义的人民主权论、协商民主论和自由观是一体的。

第四节 影响与评价

美国宪法学领域的新共和主义秉承了以罗尔斯为代表的新政自由主义思潮,回应传统自由主义的弊端,它并非否定自由主义的基本价值,而是缓解自由主义所面临的危机。新共和主义既是对社会发展现实的理论概括,也对社会现实产生了巨大的影响。由美国民权运动引发的法与政治的变革最为充分地展示了非正式政治对话的强大力量,其行为主体不仅包括职业的政治角色和正式的政治组织,而且还包括大量的社会个体和社会组织。在司法领域,新共和主义思潮体现为司法谦抑主义的精神,法官不应过多地介入政治过程和对法律进行创造性的解释,而应把促进法律进步的任务交由民主之手。在公共政策领域,新共和主义重视福利权和平等权,以提升公民能力和保障自由的落实,这是实现平等的政治参与、协商对话的基础条件,也是公民身份的题中应有之意。新共和主义思潮还与新科技的发展相呼应,比如网络技术的发展在给传统政治理论提出挑战的同时,也为协商民主提供了新的平台和更好的实现途径。

新共和主义还有着广泛的域外影响。当今世界的西方国家已经罕见以纯粹的自由市场经济理论立国,西方国家在吸收前期自由市场发展的弊端的基础上调整各自的公共政策和法律,新共和主义应和了这样的潮流。至于发展中国家,作为现代化的后发国家,具有一定的后发优势,可以主动去避免发达国家在自由市场发展早期的负面经验,当然发展中国家也存在着自身的社会病,比如威权政治的影响、民主参与的不足、发展过程中的两极分化问题等,对于这些问题,新共和主义为之提供了理论上

---

① 参见汪庆华:《宪法与人民——从布鲁斯·阿克曼〈我们人民:奠基〉谈起》,载《政法论坛》,2005(6),182~191页。

的应对方案。总之,在当今世界,新共和主义具有广泛的适应性和强大的生命力。

思考题

1. 新共和主义产生的背景是什么?
2. 简述新共和主义在法学领域的代表人物及其主要观点。
3. 如何看待新共和主义的现实影响?

阅读文献

1. 应奇、刘训练编:《公民共和主义》,北京,东方出版社,2006。
2. [美]阿克曼:《我们人民:奠基》,汪庆华译,北京,中国政法大学出版社,2013。
3. [美]阿克曼:《我们人民:转型》,田雷译,北京,中国政法大学出版社,2014。
4. [美]史蒂芬·霍尔姆斯、凯斯·R. 桑斯坦:《权利的成本——为什么自由依赖于税》,毕竞悦译,北京,北京大学出版社,2004。
5. [美]桑斯坦:《偏颇的宪法》,宋华琳、毕竞悦译,北京,北京大学出版社,2005。
6. [美]桑斯坦:《就事论事——美国最高法院的司法最低限度主义》,泮伟江、周武译,北京,北京大学出版社,2007。
7. [美]米歇尔曼:《自治的踪迹》,应奇编译,长春,吉林出版集团有限责任公司,2010。

第十八章 司法能动主义

第一节 司法能动主义的词源与表现形态

一、术语追溯与观察视角

在西方语境下,"司法能动主义"作为一个组合术语,对应于英文中的"Judicial Activism",最初它是由美国作家阿瑟·施莱辛格(Arthur Schlesinger)于1947年1月在美国《财富》(*Fortune*)杂志上发表的一篇题名为《最高法院:1947》的文章中提出来的,[①]这是关于"司法能动主义"一词有文献记载的、第一次书面使用。阿瑟·施莱辛格在该文中提及时任美国最高法院的大法官时,将他们区分为"能动主义"的法官,和"坚持司法克制"的法官。不过当时阿瑟·施莱辛格并没有对"司法能动主义"作出清晰的界定,一方面他没有具体解释哪些情形是司法能动主义;另一面他也没有说明司法能动主义是"好的"(good)还是"坏的"(bad)。但这并没有妨碍、阻挡司法能动主义这一术语变得活跃起来,在以后的日子里,围绕司法能动主义的争论越来越多,司法能动主义一词频繁出现,逐渐变得流行起来。

然而比较奇怪的是,虽然司法能动主义受到广泛而持续的关注和研究,但长期以来"司法能动主义"一词本身却缺乏清晰的、统一的定义。纵观司法能动主义在西方国家发展的历程,可以发现司法能动主义是一个多维度的概念,是一种多面向的司法实践形态。从基本构成上看,司法能动主义首先要表述的是一个法院的能动性,主要针对法院运用司法权力对立法、行政以及公民产生影响的程度来界定。就目前的司法实践与研

[①] Jr. A. M. Schlesinger, "The Supreme Court: 1947", in 1 *Fortune*, 1947, p. 73.

究成果而言,大致上存在着四种讨论与界定司法能动主义的视角和进路。① 第一种是通过衡量法院推翻违宪的法律的数量、推翻违反法律的次级立法的数量,来衡量法院的司法能动性,这是根据"法院推翻法律的行为"来考察司法能动主义的方法。第二种是把关注的焦点放在了法院推翻先前的判决、先例、原则,即偏离"遵循先例"教条的程度上,这是根据"法院推翻先例的行为"来考察司法能动主义的方法。第三种研究司法能动主义的方法则涉及宪法解释、法律解释方法问题,通常被称为"司法造法"(judicial legislation),关注的是对宪法文本的认知与理解,强调的是法院通过宪法解释、法律解释而创造了先前并不存在的新的法律或新的规则,这是根据司法裁判偏离、甚至是取代处于优先地位的宪法含义之解释的程度来考察司法能动主义的方法。第四种研究路径、也是目前比较突出的司法能动主义形态,涉及"司法决策"(judicial policy-making)现象,针对的情形是法院的司法决定在多大程度上相当于确立了一项政策、并且取代了其他政府部门对相同问题的替代性决策方案。这是根据司法介入政府政策形成过程的程度,或者政府之前的政策在何种程度上遭到司法机关的否定,来衡量司法能动主义的方法。

二、主要形态与构成

传统观点下,法院的职能主要是依据法定的范围去解决法律争端,当法院不仅只是通过审判来解决法律冲突,而且还要大胆地作出影响社会政策的决定时,它的这种积极行为将会对许多方面及当事人或利益团体带来影响,此时司法能动主义就出现了。"司法能动主义"是一个负荷沉重的术语,承载着多重含义,具有多种表现形态,但它的核心是司法挑战其他政府部门的行为。一般而言,司法能动主义的常见形态主要表现在如下几个方面。②

---

① S. A. Lindquist & F. B. Cross, *Measuring Judicial Activism*, Oxford University Press, 2009.
② 关于司法能动主义表现形态的划分及其界定,可参见 B. C. Canon, "A Framework for the Analysis of Judicial Activism" in S. C. Halpern & C. M. Lamb(eds.), *Supreme Court Activism and Restraint*, Lexington Books, 1982; E. A. Young, "Judicial Activism and Conservative Politics", in 73 *U. Colo. L. Rev.*, 2002, pp. 1139-1216; S. I. Smithey & J. Ishiyama, "Judicial Activism in Post-Communist Politics", in 36 *Law & Society Review*, 2002, pp. 719-742; K. D. Kmiec, "The Origin and Current Meanings of 'Judicial Activism'", 92 *California Law Review*, 2004, pp. 1441-1477; M. Cohn & M. Kremnitzer, "Judicial Activism: A Multidimensional Model", in 18 *Can. J. L. & Juris*, 2005, pp. 333-356; C. Green, "An Intellectual History of Judicial Activism", in 58 *Emory Law Journal*, 2009, pp. 1196-1264; S. A. Lindquist & F. B. Cross, *Measuring Judicial Activism*, Oxford University Press, 2009.

（一）拒绝顺从其他政府部门的程度

法院运用司法权力的能力或效能是衡量司法能动主义的核心要素。"当一个法院的司法判决同政府其他主要决策者的法律政策发生冲突时，这个法院就是能动的，而那些接受认可这些政策的法院则是克制的、不能动的"[①]。在司法能动主义的众多表现形态中，比较常见的情形是，法院在司法判决中会选择不服从政府其他部门的决定，尤其是立法机关的决定。法院推翻立法部门的立法行为，这是一种高强度的司法能动主义；同时，法院推翻行政机关的行政行为，或者是推翻地方政府的立法或行政规章行为，这也构成司法能动主义，不过这是能动性较弱的司法能动主义行为。

司法挑战立法权威或行政权威时所表现出的司法能动主义，强调的是司法对立法或行政过程与结果的影响和控制，法院运用这种影响或控制的程度越高，那么法院的能动性也就越强。所以法院推翻其他政府部门的行为与措施的频率和程度，被认为是衡量司法能动主义的优先标准与方法，甚至是一种"典型标准"[②]。

（二）偏离宪法与解释的忠实性

法院有时候并不会直接推翻某一项法律或政策，而是采取更加微妙的形式来挑战其他政府部门。实践中，法院对其他政府的挑战有时会采取更加精明微妙的形式，而不是选择直接推翻某一项法律或政策，例如通过宪法法律解释的途径，削弱立法部门或行政部门的法律政策影响力，从而达到拒绝顺从其他政府部门的结果。针对司法能动主义的争论，通常都会援引法院在审判过程中没有忠实于宪法或法律的文本，认为法院关于宪法与法律的解释违反了忠实性原则，在很大程度上抵触了制宪者、立法者的明确意图或明确语义。这是司法能动主义的第二种形态，首先，它涉及宪法与法律解释的技术标准问题，意指法院或法官偏离了通常的宪法与法律解释"方法"和"规则"，这体现的是法院在审判方式选择上的能动性。其次，它还涉及宪法文本与法律文本的含义问题，认为法院的判决偏离了对宪法文本或法律文本的"正确"理解和判断，推翻了关于宪法条文或法律条文以往被优先接受的解释含义，这体现的是法院在司法决定内容或结果上的能动性。

可见法院在宪法、法律解释的过程中，在很大程度将会同司法能动主义牵连起来，尤其是当法院通过宪法法律解释的方法实际上等于推翻了

---

① G. Schubert, "Judicial policy making", in D. F. Forte (ed.), *The Supreme Court in American Politics: Judicial Activism vs. Judicial Restraint*, Heath Press Inc., 1972, p. 17.

② R A. Posner, *The Federal Courts: Challenge and Reform*, Harvard University Press, 1996, p. 320.

已有的一项立法或者是创造出新的法律规则时,直接呈现出的就是高强度的司法能动主义。但也有观点认为,"判定司法能动主义,关键应该是依据司法决定所发挥的功能是正确的(rightness)还是错误的(wrongness)",当人们追问法院的某项司法裁判是符合"严密的"、"忠实的"的解释准则时,还应当追问"价值"(merits)问题,也就是司法决定所能产生的后果是优或劣、是善或恶之后果,而这无关法院在判决案件时采取何种裁量方式。

(三) 推翻判决先例与先例的稳定性

遵循先例,是普通法制度的一个重要原则与特征,司法先例常常规范、指引着法院的司法裁判行为。对先例的遵循,重要的价值之一就是有助于表明法院不是在追随一时的政治风向或者法官个人的偏好。当法院和法官推翻司法先例的时候,传达给人们的信息之一就是拒绝服从之前做出这些判决的法院的约束。同时这种方式还表明法院打算创造一项新的法律或规则,此时法院的做法离司法能动主义已经不远了。为了尽量减少可能引发的批评,或者回避可能背负违反"遵循先例"原则的骂名,法院有时并不会采取直接推翻先例的形式,而是不断地弱化某一个判决对未来案件的可应用性,打破或中断先例应用的稳定性。法官如果经常有区别地对待某一个司法先例,或是完全忽略不用,进而削弱、偏离先例的作用和影响力,这也会被认为是一种司法能动主义。

对于"推翻先例"这种司法能动主义形态的界定,有必要进一步关注法官是否存在"有意"或者自我意识到的推翻先例的司法行为;也就是需要判断是否存在法官主观上并没有要推翻先例的意愿,但在司法先例的选择上发生了偏差或错误,客观上出现了法官"选错先例"的情形。通常情况下,当涉及偏离先例和先例稳定性的问题时,司法能动主义主要指的是前一种情形,即法院和法官"有意"推翻或偏离先例,打破司法先例稳定性的司法行为。

(四) 司法决策

"二战"后,从政府到民众,对公民权利与人权的关注日益高涨,被人们称之为"权利革命"[①],与其相伴的是立法"爆炸",这大大扩张了政府的一般角色,也相应地扩展了司法的角色和人们对法院的期望。在全球范围内,法院开始不断地介入国家政治争端解决、社会治理决策之中,越来

---

① C. R. Epp *The Rights Revolutions: Lawyers, Activists and Supreme Courts in Comparative Perspective*, University of Chicago Press, 1998.

越多的问题寻求由司法途径来解决。①例如,选举过程出现的争议,如何对待种族、族群和性别少数群体的问题;宗教信仰与生育自由界限的问题;过去对人权的侵犯所引发的问题;社会权利的含义、界定及保障;公共安全保障中的行政问责等,法院经常会卷入一些政策制定的过程之中,呈现出一种强劲的"司法决策"(judicial policy-making)现象。

司法的角色(judicial role)在国家层面与国际层面都发生了重大的扩张变化,法院宽泛地运用自己所具有的司法救济权力,把裁判议程不单单限定在解决具体的社会争端上,而且还尽可能地扩大司法裁判的影响范围。司法开始越来越多地介入政府的政策形成过程中,司法权力对公共政策的塑造和影响越来越明显,法院的这种行为与现象,被看作是另一种形态的司法能动主义。因为法院做出的司法判决在一定程度上等于确立了一项政策或规则,取代了其他政府部门对相同问题的裁量或处理,这是对政府其他部门另一种形式的挑战或不顺从。

第二节 司法能动主义引发的争论

司法能动主义的发展历史表明,司法能动主义的实践常常与对它的批判相伴随。法院的一些司法决定,从某个角度看是能动主义的行为;但从另一个角度看,确实又不是能动的,反之亦然。关于如何衡量与看待司法能动主义,人们会给出许多不同的答案,但是人们提出的每一项标准或方法似乎都富有争议且不乏冲突之处。这也导致了反对采用司法能动主义一词的与赞成该术语的一样多,围绕司法能动主义的争论也一直

---

① 关于这方面的论述,可参见 M. Shapiro, *Law and Politics in the Supreme Court : New Approaches to Political Jurisprudence*, Free Press, 1964; T. L. Becker, *Comparative Judicial Politics: The Political Functions of Courts*, Rand McNally, 1970; C. N. Tate & T. Vallinder (eds.), *The Global Expansion of Judicial Power*, New York University Press, 1995; A. S. Sweet, *Governing with Judges: Constitutional Politics in Europe*, Oxford University Press, 2000; C. Guarnieri & P. Pederzoli, *The Power of Judges: A Comparative Study of Courts and Democracy*, Oxford University Press, 2002; T. Ginsburg, *Jurdicial Review in New Democracies: Constitutional Courts in Asian Cases*, Cambridge University Press, 2003; R. Hirschl, *Towards Juristocracy: The Origins and Consequences of the New Constitutionalism*, Harvard University Press, 2004; A. Angell, et al. (eds.), *The Judicialization of Politics in Latin America*, Palgrave Macmillan, 2005; R. Gargarella, et al. (eds.), *Courts and Social Transformation in New Democracies: An Institutional Voice for the Poor?* Ashgate, 2006; A. Trochev, *Judging Russia: The Role of the Constitutional Court in Russian Politics 1990-2006*, Cambridge University Press, 2008; T. Ginsburg & T. Moustafa (eds.), *Rule by Law: The Politics of Courts in Authoritarian Regimes*, Cambridge University Press, 2008; D. Robertson, *The Judge as Political Theorist: Contemporary Constitutional Review*, Princeton University Press, 2010。

不断。

一、术语自身引起的争论

（一）是否采用"司法能动主义"一词的争论

反对使用"司法能动主义"这一术语的一方认为，当司法裁判引发政治上或某一方的不满、厌恶时，人们可能会拿"司法能动主义"的名号来批评、指责法院，指责法院超越了自身的"恰当"角色。然而在很多情况下，批评指责多是出自评论者自身对司法决定的喜好而定，仅仅因为"我认为法院的决定是错误的"，导致"司法能动主义"一定程度上成为表达个人立场的"空洞之词"，这是对"司法能动主义"一词的被利用或滥用，①加重了司法能动主义一词固有的内在模糊性，使人们无法真正地分清楚司法行为的"好"与"坏"、恰当与不恰当。所以他们认为应当拒绝再采用"司法能动主义"这一术语，认为它"作为一个可以使用的专业术语正濒临死亡"②。

而赞成采纳"司法能动主义"这一术语的一方认为，一个术语被误用或者被模糊地使用，并不意味着它必然会缺乏内在的含义与价值。"司法能动主义"这一修辞表达本身紧紧抓住了当代政治法律图景中一个非常重要的侧面，即司法在政治-社会治理中的角色，最为典型的事实就是，依赖法院、通过司法途径来解决重大的政治难题、化解棘手的道德困境、合法化繁重的公共政策等成为晚近六十多年来政府治理中最重要的现象之一，不管对其进行何种价值判断，这都是无法否认的现象。因此他们主张不宜否定"司法能动主义"这一术语本身的使用，更重要的是有必要首先确立一个关于"司法能动主义"一词的中立定义，设定衡量司法能动主义的一项基准。然后才有可能判定法院和法官的哪些司法行为以及在何时是"能动的"，取得了这种共识之后，才可以进一步衡量、评估他们的作为是得体的、还是糟糕的。

（二）司法能动主义与政治立场的区分：自由主义 VS. 保守主义

司法能动主义及其引发的争论，常常牵涉政治议题，但它们同时又涉及众多的司法专业问题，这加重了司法能动主义这一术语本身的模糊性。人经常会将司法能动主义同法院和法官的政治立场——如自由主义和保守主义——混淆在一起。

司法能动主义是否以保障自由为目的，与追求司法能动主义的法院和法官，是具有自由主义的气质还是保守主义的特征，却是两码事。司法

---

① K. Roosevelt, *The Myth of Judicial Activism: Making Sense of Supreme Court Decisions*, Yale University Press, 2006, pp. 11-16.

② F. H. Easterbrook, "Do Liberals and Conservatives Differ in Judicial Activism", in 73 *U. Colo. L. Rev.*, 2002, p. 1403.

实践的历史表明,司法权力并不总是会成为自由或自由主义的推动力。[①]实践中可能会存在这样的情形,当向一个自由主义的法院提请审查的法律,是由保守主义的立法机关制定的话,如果法院宣布这样的法律不符合宪法,那么它就会被认为是一个能动主义的法院,至少在保守主义者看来如此。同样,当向一个保守主义的法院提请审查的法律,是由自由主义的立法机关制定的话,如果此时法院宣布这样的法律违宪而无效,那么它也会被认为是能动主义的法院,至少在自由主义者看来如此。更重要的是,"一个法院一方面既可以在自由主义方向上是能动主义的,另一方面又可在保守主义方向上是能动主义的,并且这两者甚至基本上可以同时发生"[②]。不妨假定法院(如美国最高法院)是由三名自由主义的法官,三名中间立场的法官,和三名保守主义的法官组成,每一个法官都严格而真诚地按照他自己所相信的宪法的所谓"真正含义"来进行司法判决。同时再假定十年以前的立法机构是自由主义特质主导,然而如今新任期的立法机构变成了保守主义的阵营。可以想象得出,对于当前的法院,如果自由主义与中间派结成联盟的话,那么该法院很可能会推翻现任立法机构近期刚刚通过的法律;而当保守主义与中间派结成联盟时,那么法院则可能会宣布前任立法机构旧的立法无效。此时法院在整体上会是一个能动主义的法院,因为它不断挑战、推翻立法机构的法律与政策,不过它并不是一个完全自由主义的能动主义法院,也不是一个完全保守主义的能动主义法院。[③]

由此可以发现,政治上的自由主义或保守主义,同法院所表现出司法能动主义并没有本质的必然联系。当自由主义者为法院的自由主义式司法能动主义进行高歌之际,人们也可以听到保守主义者发出的声援保守主义式司法能动主义的呼声。因为一个法院可能是自由主义式的能动主义法院,它的许多能动主义司法决定,可能更多地是出于自由主义的立场;一个法院也可能是保守主义式的能动主义法院,其所表现出的许多能动主义行为,也可能是为了捍卫它所秉持的保守主义价值。所以,假如自由主义和保守主义是法院和法官所秉持的两种基本政治立场的话,那么自由主义和保守主义并不是衡量法院和法官司法能动性的一个标准,且勿以为能动主义的法院和法官就是自由主义,而克制的法院和法官就是保守主义。

[①] M. D. Kirby, *Judicial Activism: Authority, Principle and Policy in the Judicial Method*, Sweet & Maxwell, 2004, pp. 3-6.

[②] M. Tushnet, "The Supreme Court of United States", in B. Dickson (ed.), *Judicial Activism in Common Law Supreme Court*, Oxford University Press, 2007, p. 417.

[③] Ibid., pp. 117-119.

二、价值和标准的争论

(一) 司法能动主义的好/坏之争

反对司法能动主义的一方认为司法能动主义是不好的或不恰当的司法行为。通常与司法能动主义相对应的是"司法克制"(judicial restraint),如果司法克制是好的话,那么司法能动主义就会被认为是坏的,"能动"意味着"错误的判决"。在各种反对之声中,有的说司法能动行为是对民主的威胁,因为非民主选举产生的司法部门推翻具有民主正当性的其他政府部门的决定,违反了民主的本质与原则,关于这种观点的经典论述就是司法面临着"反多数难题"(countermajoritarian difficulty)的困境。① 也有人觉得法院的能动主义作为是对司法权力的过度使用,将会打破立法、行政与司法权力之间的界分与平衡,很可能将会把法官变成一个赤裸裸的立法者,法院过多插手公共政策的塑造,超越了司法的正当角色。司法不加克制代替立法部门或行政部门进行决策,如果处理不好势必会滑向司法专断,让人忧虑司法能动主义将会把人民陷入"司法暴政"②的危险之中。

支持司法能动主义的一方认为,上述反对的理由不无道理,但是"非好即坏"不宜成为争论司法能动主义的一个有用标签。之所以对司法能动主义不宜简单地作此假定,是因为某种形态的司法能动主义或许是对公平正义的一种回应。例如,当立法机构试图通过立法将某种奴役人类或征收全部私人财产的行为合法化的时候,任何理性的人们都会同意法院应当推翻如此糟糕的立法,因为它不仅仅是违反宪法的,也是违反自然正义原则的。因此,法院此种情形下的能动司法行为,不仅仅具有充足的法律正当性,而且还具有完全的政治正当性。再比如,立法机关可能会采纳一部明显不合宪法的法律,在这种情形下,法院推翻该立法、使其无效的司法决定,将会产生一种积极的结果,其捍卫了宪法的权威与尊严,尽管从形式上法院挑战了立法机关的权威。

所以还存在一种"第三方"或依据具体情境判定司法能动主义的主张。他们还认为,司法能动主义行为并不必然会促进进步的价值观念——如公平正义、自由平等,也并非绝对地意味着会提升公民权利保障,相反,对法律、政策、规则的推翻、撤销和打破,对于进步价值观念或公民权利等,可能会起到支持作用,也可能具有侵害作用,或者没有什么影响。比如对于法院推翻司法先例的行为是否可取,或者是否构成不恰当

---

① 关于"反多数难题"的论述参见[美]亚历山大·M.比克尔:《最小危险部门》,姚中秋译,北京,北京大学出版社,2007。
② M. Sutherland (ed.), *Judicial Tyranny: The New Kings of America?* Amerisearch, Inc. 2005; P. Schlafly, *The Supremacists: The Tyranny of Judges and How to Stop It*, Spence Publishing Company, 2004.

的司法能动主义,通常需要根据具体情形进行界定。例如,"如果宪法规定的是 X,而之前的一项司法判决规定的则是 Y,那么法院不仅仅有权力,而且还有义务去遵从宪法的规定"①,或许最初的先例就是"司法能动"的实例或产物,也可能是对公民权利的一种压制,因此推翻它本身则是"重新调整法律的原理和方向、从而更恰当地遵从民选机构的决策"②,是对政府其他部门的遵从,恰恰体现的是一种司法克制。法院也许会面临更复杂的情形,即要么法院需要推翻立法部门的某一项立法,要么它得推翻自己以前作出的某个先例,此时,法院要在维持法律的收益和推翻先例的成本之间进行权衡,权衡的结果也许并不能使各方满意,这也是导致司法能动主义争论不断的原因之一。因此,简单笼统地以"不好的"、甚至是"坏的"来判定"司法能动主义",实际省略掉了"司法裁判行为"与"司法裁判结果"之间的重大差异。③ 法院就某个案件的裁决方式被看作是"能动的",并不能直接说明法院的决定是"好"还是"坏",也不能最终证明司法能动主义到底是促进公平正义、提升公民权利保障,还是起相反作用。

(二)司法能动主义内在构成的冲突:能动与克制的转换

司法能动主义具有多种表现形态,相应地存在着多种界定司法能动主义的方法。法院的一些判决根据某种界定方式是"能动主义的",但根据其他的方式判断的话则又是克制的或不能动的,因此从不同维度界定的司法能动主义定义,相互之间很可能会存在冲突。例如在有些情形下,"推翻法律"这一界定司法能动主义的常见标准,可能与另一项衡量标准即"推翻先例"存在冲突。是遵循先例为主进而推翻立法,抑或是遵循立法为主进而推翻先例,法院面临着两难的选择,此种情形下,关于法院是能动的还是克制的界定,答案并不是绝对的。再比如从一个法官出于政策偏好动机进行判决的角度考虑,其行为可能是能动主义的,但是抛开动机不谈,则他的行为有可能符合关于司法克制的任何一种定义。

更有意思的是,在司法能动主义的不同表现形态之中,可能会随着时间发生变化和转换。"许多重大的疑难案件会同时包含着引发能动与克制的元素,因此司法判决中所蕴含的能动与克制特质,哪一种会呈现得更加突出,强烈地受到历史情境的影响"④。也就是说,依照案件判决作出当时的环境和标准来看,法院的行为显得非常能动;但是可能若干年以后,在新的环境下,依据新的"不同司法哲学",那些曾经被视为能动主义

---

① G. Lawson, "The Constitutional Case against Precedent", in 17 *Harv. J. L. & Pub. Poly.*, 1994, pp. 27-28.

② A. Vermeule, "The Judiciary Is a They, Not an It: Interpretive Theory and the Fallacy of Division", in 14 *J. Contemp. Legal Issues*, 2005, pp. 577-578.

③ K. D. Kmiec, "The Origin and Current Meanings of 'Judicial Activism'", p. 1473.

④ E. A. Young, "Judicial Activism and Conservative Politics", p. 1170.

的判决,如今则很可能是克制的。① 当有人认为法院没有"遵循先例"即推翻先例的行为是司法能动主义时,也有人会主张"遵循先例"则本身就是能动主义的表现;再比如,当今天的自由主义者(昨天的保守主义者)指责法院基于宪法的规定拒绝执行立法机关的立法而成为不受欢迎的司法能动主义者时,保守主义者则会抱怨法院没有能够阻挡住立法机关的立法发挥效力而变成一个糟糕的能动主义者。② 因此能动与克制,会随着历史情境的变化而可能发生相互转换。

(三)新的议题:重新衡量司法能动主义

面对司法能动主义所可能存在的困境及其引发的争议,人们逐渐越来越多地认识到,若想拯救"司法能动主义",那么需要一个不同类别的定义和界定方法。最基本的看法就是,应当确立判定司法能动主义行为的基准,一侧是对于有效治理所必需的足够的司法独立性和自主性,另一侧则是防范司法权运用的过度而形成"司法专断"。据此作为一个概念它是真正有用的,在此基础上才能进一步衡量司法能动主义的价值。目前一种比较流行的主张就是认为,应当基于法院作为民主社会中宪法核心价值保障者的角色来评定法院的行为,将人权作为衡量司法能动主义价值的基准,以"平衡"的司法技艺来处理和对待司法能动与司法克制。③ 通过司法的广泛参与、积极作为,法院守护、实现了宪法所要保障的核心价值,即便是司法能动主义行为,也是可取的、正当的。

然而,不幸的是,每一个可以想到、能够提出的基线,其本身都很可能存在争议。异议者首先认为,司法权力的效能影响是有限的。处于宪政民主中的司法权力并不是无边无际的,法院作为政府组成中一个非常重要的分支,并不是在真空中运作的,它也会受到政治环境的影响。司法在独立能动的同时仍会受制于一定的约束,这些约束一方面来自机构之间的协调合作,另一方面来自公共大众的压力;即便最为能动的法院,其作出的司法决定可能会被接受,也可能得不到赞成,甚至还会被推翻。其次,司法决定的宪法价值并不能作为基线,不仅仅是因为其他可以考虑到的原因,还因为倡导司法克制的人们也可以主张他们是在拥护同样的宪法价值。以人权作为界定司法能动主义的基准,是否意味着司法克制就会不保障人权,而司法能动一定就是保障人权;同时,如何平衡宪法上的不同价值、平衡的标准又是什么,哪些公民权利是应当优先保障的,哪些公民权利可以受到限制,法院取舍的范围和标准是什么,等等,都在考量着法院的能动行为。所以反对者认为,从宪法价值保障角度、以"平衡的

---

① The Hon. J. H. Wilkinson Ⅲ, "Is There a Distinctive Conservative Jurisprudence?", in 73 *U. Colo. L. Rev.*, 2002, pp. 1383-1402.

② R. E. Barnett, "Is The Rehnquist Court an 'Activist' Court? The Commerce Clause Cases", in 74 *U. Colo. L. Rev.*, 2002, p. 1276.

③ [以]阿哈龙·巴拉克:《民主国家的法官》,毕洪海译,239~255页,北京,法律出版社,2011。

方法"来界定司法能动主义的路径也会带来不少麻烦。

可见,作为一个概念、一种现象以及一项学术议题,司法能动主义都令人颇为苦恼,首先面对的棘手的问题就是如何确立一个尽可能中立的衡量司法能动主义的基准,但事实表明,这亦不是轻松可行的。当然,围绕司法能动主义的争论和冲突并不止这些,文中只是列举了比较突出的几个方面。尽管在方法和价值上,司法能动主义面临着这样那样的问题,但是作为一种现象,司法能动主义在全球范围却不断兴起和扩散。因此,接下来将阐述那些有助于司法能动主义发生、兴起和扩散的要素。

第三节 司法能动主义发生与兴起的要素

司法能动主义行为的发生,首先需要具备一定的制度支持,它与法院所处的政制结构特征密切相关。① 在众多的制度特征中,直接相关的有成文宪法体制、政治分权结构、司法独立设计、政党竞争体制等。除了"硬性"的制度结构性要素外,司法权力运作所处的某些文化传统、法律理念环境等"软性"的理论观念性要素,也与司法能动主义之间有着重要的关系,这些包括普通法传统,对法官及法官职业的高度尊敬,对人权的尊重,新宪政主义理念,以及对于根本的政体问题存有基本的社会共识等。当然,影响司法能动主义发生的要素并不限于这些,本文是从有利于促使司法能动主义发生的角度来阐述这些要素,它们或多或少都会对司法能动主义的发生、兴起以及在全球的扩散产生不同程度的影响。同时还要注意,并不是只有完全具备了它们,司法能动主义才会出现,司法能动主义发生的要素是一个开放式的问题和事实考察。本文所做的只不过是列举概述与司法能动主义的发生比较重要、密切相关的那些影响因素。

一、制度结构性要素

(一)分权结构与司法独立程度

中央(或联邦)层面的政府部门之间的分权结构以及中央政府与地方政府之间的权力配置,直接影响着司法权力的效能和独立程度。在宪法关于政治分权结构的设计安排中,司法独立是一项重要的内容和制度安排。宪法通常会对司法权力和司法独立作出宪法性的原则规定,并提供立法指引,常常涉及法院的组织结构,法官遴选,法官薪水,法院财政保

---

① K. M. Holland (ed.), *Judicial Activism in Comparative Perspective*, Macmillan, 1991, p. 10.

障,法官权限等,以保障司法的权威与独立性。

司法独立首先要解决的问题是,法院的司法决定是否常常或者轻易地就会遭到了其他政府部门或行动者的否决、推翻或不予执行。如果司法不具有真正的独立性或者独立程度不高,那么很难想象司法会具有强势的权力,更不要说尝试能动的司法行为了。对于法院而言,如果要想能够做出能动的司法裁判,挑战、甚至是推翻其他政府部门的行为和决策,那么司法自身在政制结构中所具有的独立自主性是一项必要的条件。基于在立法权和行政权之间所处的相对独立位置,法院可以很便利地介入政治决策的过程当中,进而有可能作出能动的决定来抵制立法和行政部门的决策,或者是与它们发生政策竞争,而对抗、竞争的过程就是司法能动主义行为发生的过程。

司法独立的程度受到法院所处的政治环境影响,反过来司法独立又影响着政治环境和政制结构的形态。因此会发现即便拥有较高程度的司法独立,那些独立的法官也并非总是会选择以他们自己的政策判断来代替其他决策者的政策决定。比如,在英国,法官任期是终身的,并且薪水也受到高度保障,然而长期以来英国的法院和法官在司法能动性方面是受到严格约束的。由此可见,司法独立和形式上的司法权力安排并不能绝对地引起司法能动主义的发生,尽管它们确实能够促进司法能动性。所以,司法独立并不是司法能动主义发生的充分条件,它更多地是为司法能动主义的发生提供了一种制度上的可能。

(二) 司法审查

法院拒绝顺从其他政府部门的决定,是司法能动主义比较常见的形态。这里面暗含的一个前提就是法院享有"司法审查"(judicial review)的权力,所谓司法审查,简单讲,是指法院推翻或撤销违反宪法的立法或行政行为的权力与实践。司法审查始于美国,是美国宪政秩序的一项创造,是美国对现代宪政制度最突出的贡献,如今在西方的法律体系中存在两种比较普遍的司法审查模式[①]:一种是各级法院都可以实施、以"分散审查"为核心特征的美国模式;另一种是设置一个特别的机构——通常是宪法法院,单独排他地负责宪法审查事项、以"集中审查"为核心特征的欧洲模式,其典型代表是德国的宪法法院。

司法能动主义是美国宪政的一个突出现象。在美国,"任何一个法院,任何一名法官,任何时候,在任何一件案件中,基于任何诉讼一方的请求,都有权力宣布某项法律违反宪法"。[②]但美国宪法文本中并没有明确规定司法审查,法院的司法审查权,最初是由最高法院的首席大法官约

---

① 本文对司法审查(judicial review)、违宪审查或(constitutional review)或宪法审查不做区分,统一使用"司法审查"概指普遍的司法审查制度与实践。

② M. Shapiro & A. Stone, "The New Constitutional Politics of Europe", in 26 *Comp. Pol. Stud.*, 1994, p. 400.

翰·马歇尔在"马布里诉麦迪逊"[①]一案中推导出来的,在日后的司法实践中不断壮大起来。美国模式的司法审查,其运作的一个基本前提条件就是:必须有具体诉讼案件和争议的发生,诉讼当事人一方主张因为"违宪"的法律或政府行为,自己遭受到了侵害。

欧洲模式的司法审查,通常会包含四项基本要素:第一,设置一个特别的宪法法院,由其单独地享有对宪法性问题审查的权力,其他普通法院(即非宪法法院)的法官不享有这种司法审查权,不能依据宪法来推翻或撤销某项法案或政府行为。第二,宪法法院的司法管辖权限定于解决宪法争端事项上,提交到宪法法院的诉讼争议是围绕宪法发生的争议,是与宪法紧密相关的"宪法问题"。第三,宪法法院拥有自己独特的"宪法"空间,既是政治性的,又是司法性的,它与普通的司法机构有联系,但它们之间同时又是分离的。第四,宪法法院对法律或行政行为合宪性的审查,不必顾及法律或政策是否已经生效与应用,即可以在制定法或政府政策决定生效之前对其审查进而决定其合宪性。所以,在欧洲模式的司法审查体制中,是由"宪法法院保障着宪法在全部法律规范之中的至上性"[②]。

司法审查是法院发挥权力的一个重要途径,无论哪种审查模式,法院基于宪法进行司法审查的过程中,都可能会引发司法能动主义的行为。当法院推翻或撤销其他政府部门的法律政策与行为决定时,引发的一个直接结果就是法院对其他政府部门的不顺从,此时法院会被认为是在实施司法能动主义,并且是一种高强度的司法能动主义。不过在此需要强调一点,司法能动主义是区别于司法审查的一种现象,只不过司法能动主义本能地会蕴含在司法审查的实践之中,但是具备司法审查制度安排,并不意味着一定会出现司法能动主义。例如,司法审查在瑞典和日本都是受到法律明确规定的,但是瑞典的最高法院却几乎从来没有认定过国会的立法是同宪法相矛盾或违背的。同样,日本最高法院几乎也很少发挥司法审查权,推翻、撤销国会的立法,尽管"二战"后日本的新宪法明确接受了宪法审查制度。从权力对抗角度看,这些法院的司法能动性并不高。

(三)选举政治与政党竞争制度

选举与政党竞争,是现代民主政治的核心特征。民主意味着选举,选举意味着竞争,竞争意味着政治的不确定性。在缺乏有效的其他政治参与的情况下,司法/法院此时就成为政治上的少数派与多数派、在野党与执政党等各派力量之间相互角逐的场域。当立法机构存在着高度的党派竞争时,会带来党派权力的分散化、碎片化;同时如果行政机构也被多数派占据着,那些自身利益和主张无法通过立法机构或行政机构得到表达和实现的少数派或弱势党派,则很可能会选择新的渠道与平台来发出他

---

① Marbury v. Madison, 5 U.S. (1 Cranch) 137 (1803).
② A. S. Sweet, "Why Europe Rejected American Judicial Review -and Why it May Not Matter", in 101 *Mich. L. Rev.*, 2003, p. 2770.

们的声音、主张他们的诉求,无疑,法院此时成为一个不错的选择。反对派或持不同意见的一方可以将相关的立法或行政政策决定提交到法院,以"司法挑战"的方式来寻求合乎自己期待的结果,而不是简单地接受立法上的失败,这种做法和实践在近些年越来越普遍。因此,选举政治与政党竞争所激发的"司法挑战",使得法院可以插手到政府政策的形成阶段,而不仅仅只是在事后驳回、否决相关的立法或政策,这一过程大大地强化了司法的影响力,并不自觉地驱动了法院的司法能动性。

"选举政治、政党竞争的缺乏,会妨碍甚至是限制强势并且能动的司法权威的形成和发展"①。因为在缺乏竞争的政党体制中,法官不可避免地会归属于行政首领所属的党派一方,或者归属于立法部门占多数的党派一方,那么这些法官很可能会追随、分享党派领导的政策、观点和看法,此时司法与行政或立法的对抗会大大降低,随之司法能动性也会下降。所以,选举政治、政党竞争的程度影响着司法能动主义的潜能与程度。

(四)权利法案与诉诸法院的程序

"权利法案"(Bill of Rights)的存在,以文字的形式表述和支持了这样一种宪政理念与司法行为角色,即个人享有根本性的权利(人权),而法院在保障和实施这些权利方面发挥着特殊的作用。权利法案在宪法和国家政制中的地位与状态,为法官的司法管辖权和司法裁判行为提供了更强的正当性与法律依据,据此法院可能会变得更加能动。② 例如,加拿大1982年的《权利和自由宪章》,将加拿大最高法院从一个被动的法院拉回到一个积极能动的法院,不断展现出其在加拿大政治体制向所发挥的重要角色。③ 法院"有权"进行裁判只是司法活动进行的一方面,同时法院"有案件"可以进行裁判则是司法行为可以继续的另一方面,这首先就涉及诉诸法院的诉讼程序问题。

法院的核心工作是裁判,而裁判的前提是有诉讼案件和争议。没有当事人的诉讼裁决申请,通常情况下法院是不可以自我启动审判程序的。法院不能依据自我的目的选择和动机考虑,来主动出手解决问题、提供救济。如果当事人诉诸法院的途径和程序是相对便捷且成本低廉的话,那么法院就会有较多的案件等候司法处理,这样司法潜在的能动性就会提高。假如法院,特别是像最高法院或宪法法院接触到案件的途径和机会比较少,以至于日常中基本没有什么案件可以审理、裁决的话,那么所谓能动的司法行为也就不太可能发生。实践中,那些能动的法官通常会采取广义的诉讼资格标准或狭义的案件不可诉性,向诉讼当事人开启法院的大门。因此,诉诸法院的程序设置,也会影响到法院的司法能动性。

---

① K. M. Holland, *Judicial Activism in Comparative Perspective*, p. 9.
② C. N. Tate & T. Vallinder (eds.), *The Global Expansion of Judicial Power*, p. 30.
③ K. Roach, "Judicial Activism in the Supreme Court of Canada", in B. Dickson (ed.), *Judicial Activism in Common Law Supreme* Court, pp. 69-119.

二、理论观念性要素

(一) 公众对待司法的态度与公民权利意识

公众针对行政、立法和司法的态度会影响到司法能动主义的发生。在具备了便捷的诉诸法院程序的同时,如果公众对司法具有较高的信赖度的话,乐于将其面对的问题提交给司法部门解决,这将会进一步促进司法能动主义的发生。西方许多国家自20世纪60年代开始兴起的司法能动主义,多多少少都跟"合法化危机"有关。① 立法机构、行政机构、公职人员、政党等统治合法性权威的不断下降,势必对政府的治理带来繁重的压力。比起行政和立法部门而言,司法所享有的公正清廉、专业特长、弱政治性等职业声誉,无形之中就赋予了法院和法官更高的正当性和被接受性。"当法院比起其他部门相对获得更多的公众支持和认可时,法院会表现得更加自信和坚定"②,此时"人们可以期待出现更高水平的能动司法作为与司法能动主义"③。

20世纪六七十年代西方司法能动主义高涨的时期,也是公民权利运动蓬勃发展的时代。根据埃皮(Epp)关于"权利革命"的研究,④公民权利意识的增强常常会增进民众对司法的诉求,要求或驱使法院积极作为,回应民众的权利主张。再者,公众权利意识的增强会引发"法律动员"⑤(legal mobilization),法律动员的过程不可避免地会把司法卷入进来,期待着一个公正独立有效的司法积极作为,因而在权利诉求高涨时期,常常可以发现法院高度能动的司法裁判行为。综上所述,公民权利意识的强弱,也会影响到司法能动主义的发生。

(二) 后实证法律主义

在对待法律的态度或看法上,长期以来存在着两股强劲甚至针锋相对的思想传统,即自然法思想与法律实证主义。虽然在立场上相反,但它们在功能上有时却又是互为补充的:一方面,法律要具有确定性和客观性;另一方面,法律又不能丧失正当性和正义。新的需求带来新的发展,自然法思想和法律实证主义出现了一定程度的融合,其表现就是"后实证

---

① 关于"合法化危机"的论述详见[德]尤尔根·哈贝马斯:《合法化危机》,刘北成、曹卫东译,上海,上海人民出版社,2009年。

② D. Easton, "A Re-Assessment of the Concept of Political Support", in 5 *British J. of Political Science*, 1975, pp. 435-457.

③ S. I. Smithey & J. Ishiyama, "Judicial Activism in Post-Communist Politics", p. 727.

④ C. R. Epp, *The Rights Revolutions: Lawyers, Activists and Supreme Courts in Comparative Perspective*, pp. 1-10.

⑤ 所谓法律动员是指将愿望或需求转化为权利主张或法律主张,它涉及人们的法律意识,即人们在什么程度上、如何运用法律来界定和反映日常生活的经验与诉求,或者人们认识、评价及使用法律的方式。参见 F. K. Zemans, "Legal Mobilization: The Neglected Role of the Law in the Political System", in 77 *The American Political Science Review*, 1983, pp. 690-703.

法律主义"(post-positivism),它是介于法律实证主义与自然法传统之间的第三条道路。① 后实证法律主义一方面不赞同法律实证主义将法律、道德和政治相互分离的做法,同时又不否认在这些领域中每一种情形都具有独特的品质。在后实证法律主义者看来,不能忽略法律外在的清晰性、确定性和客观性要求,但其也不认为法律的内涵同道德和政治哲学是毫无关联的,因此还要重视"法律形而上"的价值。将法律、道德、政治看作是彼此截然不同的"空间"、并且认为它们相互之间不会发生互相影响的看法,在实践中是不可能的,根本不具有实际操作性。

普通法传统下,"司法造法"比较常见,然而对于一个大陆法系的法官来说,面对宪法文本或法律条文对有关法律问题完全没有任何规定,却要尝试着从中"发现"解决法律问题的一词半句,无疑是一种非常能动、打破常规的举动。后实证法律主义思想的注入,对通常的宪法解释问题、法律解释问题造成了重大影响,特别是关于宪法法律规范中文本的角色与文本解释者的角色这一议题。作为"二战"后法律思想改革的重要步骤,"政策分析"与"权衡冲突"被植入法律论证和司法裁判中,②成为后实证法律主义的典型做法。"政策分析方法不再坚持古典法律思想中对理性和科学的自然确信"③,不再固守法律的"确定性"而回避法律的"灵活性"。同时,法律人——不仅仅是法官——越来越多地运用权衡冲突的"比例原则"方法来迎接更加复杂的法律问题,"比例原则"的壮大为法官能动的裁判留下了空间,为司法能动主义的扩散提供了契机。④ 在新的法律思想与法律思维模式引导下,法官被置于创造和建构一个具体的规则来解决案件和争议的位置上,司法的能动性与创造性在这一过程中被激发出来。

(三) 新宪政主义理念

"二战"结束后,全球掀起了宪政革新的运动,随后的六十多年间,"新宪政主义"(new constitutionalism)席卷了全球不同的国家和地区,⑤"一

---

① L. R. Barroso, "The Americanization of Constitutional Law and Its Paradoxes: Constitutional Theory and Constitutional Jurisdiction in the Contemporary World", 16 *ILSA J. Int'l & Comp. L.*, 2010, pp. 585-587.

② [美]邓肯·肯尼迪:《法律与法律思想的三次全球化:1850-2000》,高鸿钧译,载《清华法治论衡》,第12辑,2009,106页。

③ 同上文,106页。

④ A. S. Sweet & J. Mathews, "Proportionality Balancing and Global Constitutionalism", in 47 *Columbia Journal of Transnational Law*, 2008, p. 78.

⑤ 关于"新宪政主义"发展的论述,可参见 S. Gardbaum, "The New Commonwealth Model of Constitutionalism", in 49 *Am. J. Comp. L.*, 2001, pp. 714-715; D. S. Law, "Generic Constitutional Law", in 89 *Minn. L. Rev.*, 2005, pp. 727-742; L. Hilbink, "Beyond Manicheism: Assessing the New Constitutionalism", in 65 *Md. L. Rev.*, 2006, pp. 101-115; R. Hirschl, *Towards Juristocracy: The Origins and Consequences of the New Constitutionalism*。

个立基于人权的宪政主义时代诞生了"①。新宪政主义,在价值追求上可归结为对人权的认可与保障,以宪法的形式明确赋予司法更重要的角色,强调司法机制/法院在捍卫和保障人之尊严方面的突出作用;在规范要求上可归结为宪法至上,政治治理的合法性建立在对宪法的绝对服从之上。在这一脉络下,对"议会主权"或"立法至上"教条的拒绝成为新宪政主义的显著特征,"权利与有效的权利保障"是政府统治之民主正当性的最基本要求。② 在此,民主与人权勾连了起来,民主不再是终极目的,民主的实施最终是为了实现和保障人权。

在这一背景下,作为迈向新宪政主义运动的一个构成部分,"宪法秩序"发生了重要嬗变,③主要表现在:(1)对宪法之法律强制力与司法可诉性的认可;(2)宪法性的司法管辖权的扩张,尤其是司法审查权的扩张;(3)围绕宪法解释方法发展出来新的理念与知识。这些变化产生了深远影响,其中对于大陆法传统下的国家和地区而言,它们颠覆了人们关于宪法的司法应用的传统观念和见解,在某种程度上,新宪政主义意味着"非法典化的开始,民法典不能继续实行宪法的功能"④。如今,法律规范的有效性不仅仅只依赖于它们被制定的方式,更依赖于法律文本的内容与宪法规范的契合程度。如果法律政策与宪法及其精神相违背的话,那么这样的"法律"或政策将是无效的,缺乏可以被实施的效力。为了保障宪法的这种至上性与效力,新宪政主义理念主张由法院或一个特别的机构——宪法法院来审查政府立法与政策行为,判定它们是否符合宪法的规定。权力的扩充与角色的转变,使法院具有充分的利益关切和权限空间去实施司法能动主义行为。

第四节　司法能动主义的全球扩散

新宪政主义在全球范围内的兴起,引发了大规模的宪政革新,最为显著的就是有许多国家设立了宪法法院,或采纳了美国式的司法审查模式,

---

① V. C. Jackson, "Constitutional Comparisons: Convergence, Resistance, Engagement", in 119 Harv. L. Rev., 2005, p.111.

② A. S. Sweet, "Constitutions, Rights, and Judicial Power", in D. Caramani (ed.), Comparative Politics, Oxford University Press, 2011, pp.162-180.

③ L. R. Barroso, "The Americanization of Constitutional Law and Its Paradoxes: Constitutional Theory and Constitutional Jurisdiction in the Contemporary World", pp.584-596.

④ [美]约翰·亨利·梅利曼:《大陆法系》,顾培东、禄正平译,163页,北京,法律出版社,2004。

对立法与行政行为是否违宪的司法审查活动在20世纪得到了长足发展。① 司法审查或宪法法院的运作,一个基本要义就是宪法的可诉性与可裁判性,而宪法的可诉性又密切地关联着司法的能动与克制状态。法院能够基于宪法的至上性来裁判并挑战政府其他部门的行为,法院这种挑战其他政府部门的行为恰恰是司法能动主义的典型形态。所以当一个国家或政体中确立起司法审查机制或设置了一个独特的宪法法院的时候,就等于引入了司法能动主义的变量,实践表明"当其他要素或条件都相同的时候,一个具有宪法法院的国家,能动的司法审查行为将更加有可能发生"②。因此,当一个政体中存在宪法法院或司法审查的实际运作时,在政治-法律的图景中,就很容易出现司法能动主义的画面;伴随着"全球法院改革"进程的刺激,③司法能动主义在全球范围内不断扩散,从普通法国家到大陆法地区,从传统民主国家到新兴民主化国家,都不乏司法能动主义的形影。④

一、立法至上衰微与司法能动主义兴起

长期以来"议会主权"都被看作是民主实践的核心。⑤ 很多秉承欧陆传统的国家在政治社会治理中坚持的是"立法至上"或"议会至上"的原则与模式,这因循的是英国"议会主权"的教条,和法国法律是人民"公意"

---

① "二战"以"司法审查"为表现形式的司法权扩张波及的国家先后有:奥地利(1945年),意大利(1948年),德国(1949年),分别设立宪法法院,确立司法审查制度的国家,其中法国设立的是宪法委员会(1958年),塞浦路斯(1960年),土耳其(1961年);伴随着20世纪70年代的民主化浪潮,下述这些国家先后都设立了宪法法院:希腊(1975年),西班牙(1978年),葡萄牙(1982年)和比利时(1984年)。而在20世纪后期的十几年间,宪法法院制度又扩散到了东欧地区的国家,后共产主义国家也不断确立起宪法审查机制,如:波兰(1986年),匈牙利(1990年),俄罗斯(1991年),捷克共和国(1992年),罗马尼亚(1992年),斯洛伐克共和国(1992年)和斯洛文尼亚(1993年)。同样的情形也发生在非洲的一些国家,如阿尔及利亚(1989年)和南非(1996年)。拉美国家也不例外,如:尼加拉瓜(1987),巴西(1988),哥伦比亚(1991),秘鲁(1993),玻利维亚(1994),等等。越来越多的国家,设立起某种形式的司法审查制度,有学者统计分析指出:"在1946年,全世界所有国家中只有25%的国家在它们各自的宪法中以明确的方式确立了某种形式的司法审查机制;而截止到2006年,司法审查在全球的扩散达到新的峰值,这一比重当前已经上升到82%",参见 D. S. Law & M. Versteeg, "The Evolution and Ideology of Global Constitutionalism", in 99 *California Law Review*, 2011, pp. 1198-1199。
② V. F. Comella, "The Consequences of Centralizing Constitutional Review in a Special Court: Some Thoughts on Judicial Activism", in 82 *Tex. L. Rev.*, 2004, p. 1706。
③ 关于以法院为主体的全球司法改革,可参见:[葡]博温托·迪·苏萨·桑托斯:《迈向新的法律常识——法律、全球化和解放》,刘坤轮、叶传星译,386~432页,北京,中国人民大学出版社,2009。
④ 关于司法能动主义在普通法国家、大陆法国家或新兴民主国家兴起的有益研究,可参见 K. M. Holland, (ed.), *Judicial Activism in Comparative Perspective*; B. Dickson (ed.), *Judicial Activism in Common Law Supreme Courts*。
⑤ J. Goldswothy, *The Sovereignty of Parliament: History and Philosophy*, Oxford University Press, 1999.

(general will)之表达的观念。"人民的意志"被视为权力正当性的唯一来源,在理论上就很难证成对人民意志的限制与束缚。然而,随着民主实践的展开,新的威胁诞生了。尤其是"二战"时,民选出来的法西斯独裁政权带给世界的惨痛灾难,使人们认识到存在着对"人民"新的、潜在威胁。立法至上之宪政模式在阻止极权主义暴行上,表现出了明显的失败,通过立法,人权遭受的各种极端侵害常常被打上了"合法"的幌子。这促使人们反思旧有的观念并寻求新的治理方式,人们坚信没有任何机构、任何人——即便他们具有民主基础,可以侵犯、也不应当侵犯人之根本的权利与自由,立法至上模式逐渐衰微,并呈现出多元化趋势。"对于立法至上、分权原则以及有限的司法作用等观念,人们仅仅存有日渐淡漠的依恋之情"①。

"二战"后新宪法的起草者主要致力于两项追求:一是确立公民基本权利以界定个人自主的领域,对此国家不能侵蚀挤压。二是设置特别的宪法法院来捍卫这些权利,保障宪法的至上权威。来自美国的影响或压力又刺激了这一进程,一方面是美国有益宪政经验的启发,另一方面源于美国军事实力占领下的法律输出。② 于是"当某一个国家只是开始一种新颖的尝试、制定了一部新型的宪法时,这种偶尔的宪法星星之火,却如燎原般地燃起了人们建设新宪政模式的热情,新的宪政主义元素迅速就被采纳了"③。这其中,不仅仅是新制定的书面上的宪法,更重要的是还树立了一种迥异于议会至上风格的新宪政模式即宪法至上,人权成为宪法中的核心价值,而法院和法官被赋予更多的权力和威信,通过司法审查,宪法法院担当起人权最佳守护者的角色。像"二战"后没多久就设立起来的德国、意大利的宪法法院,被认为是"代表了整个大陆法系统宪法审查活动的现代发展方向"④。除了极个别的例外,现在几乎所有的欧洲国家都设立了宪法法院,确立起司法审查制度。⑤ 当今在欧洲的法律地图上,宪法法院在国家治理进程中逐渐承担起重要的角色,并引发和引导着司法能动主义的态势与方向。⑥ 除了德国——以宪法法院为主体——

---

① [美]约翰·亨利·梅利曼:《大陆法系》,顾培东、禄正平译,164页。
② "二战"后美国对其他国家宪政法律的影响,可参见高鸿钧:《美国法全球化:典型例证与法理反思》,载《中国法学》,2011(1),5~45页。
③ S. Gardbaum, "The New Commonwealth Model of Constitutionalism", p. 714.
④ [美]约翰·亨利·梅利曼:《大陆法系》,顾培东、禄正平译,145页。
⑤ V. F. Comella, *Constitutional Courts and Democratic Values: A European Perspective*, Yale University Press, 2009, pp. 1-10.
⑥ V. F. Comella, "The Consequences of Centralizing Constitutional Review in a Special Court: Some Thoughts on Judicial Activism", p. 1706.

所表现出的越来越强劲的司法能动主义趋势，①另外比较特别的国家如英国和法国，虽然一贯坚持议会至上或人民主权的传统，也出现了不同程度的司法能动主义态势。

众所周知，英国的司法机构一直享有保守主义的名声，通常不会被看成是一个喜欢激进变革的部门。然而现在英国的司法制度正在经历着转型，从其结构到风格都在经历着变革，对司法在英国政治中的角色产生了重大而深远的影响。② 事实上，英国从20世纪60年代开始加强对行政行为的司法审查，这意味着法院的决定比起以前能够更加广泛地影响到公共生活领域，也使得行政法首先成为司法能动主义在英国的发生之地。再者，英国1998年《人权法案》(*Human Rights Act*, 1998)的颁布实施，把司法机构的积极性与能动性推向了一个新台阶。2005年《宪政改革法》与2009年英国高等法院的设立则把英国宪政秩序的转变和司法的角色推向新的水平。上述种种变化，为英国司法能动主义的出现提供了可能条件。如今英国呈现出的司法能动主义趋向已经引起人们广泛的关注。③对此可以看作是司法能动主义实践在学术领域延展的一个缩影。

在法国延续二百多年的"人民主权"这一影响深远的政治传统，对于任何形式的由司法来控制政府其他部门的做法一直都抱有强烈的敌意。法国"反司法"的政治传统延续长久、影响深远，使法国法院的实践变得极其不同，以至于很长一段时期，司法审查几乎没有立足之地，司法能动主义也跟法国司法政治无缘。事情的转机始于法国1958年的第五共和国宪法，基于该宪法设立的"法国宪法委员会"(Constitutional Council)其首要功能就是审查议会的立法和行政机关的规章政策，保证它们符合宪法的规定。最初，法国宪法委员会在法国政制架构与政府运行中的角色并不是十分清晰，然而随着实践的发展，通过运用违宪审查权，评估甚至是挑战立法机构的行为，它却不断演绎出自己的特色，并越走越远，逐渐

---

① 参见 H. G. P. Wallach, "Judicial Activism in Germany", in K. M. Holland (ed.), *Judicial Activism in Comparative Perspective*, pp. 155-174; C. Landfried, "Judicial Policy-Making in Germany: The [*997] Federal Constitutional Court", in 15 *West European Politics*, 1992, pp. 50-67; G. Vanberg, *The Politics of Constitutional Review in Germany*, Cambridge University Press, 2005; E. L. Barnstedt, "Judicial Activism in the Practice of the German Federal Constitutional Court: Is the GFCC an Activist Court?" in XIII *Juridica International*, 2007, pp. 38-46。

② K. Malleson, *The New Judiciary: The Effects of Expansion and Activism*, Dartmouth Publishing Company, 1999, pp. 1-2.

③ 关于司法在英国宪制中的角色及其变化的讨论可参见 D. Robertson, *Judicial Discretion in the House of Lords*, Oxford University Press, 1998; K. Malleson, *The New Judiciary: The Effects of Expansion and Activism*; R. Stevens, *The English Judges: Their Role in the Changing Constitution*, Hart Publishing, 2002; D. Oliver, *Constitutional Reform in the UK*, Oxford University Press, 2003。

承担起新的功能即保障个人权利与自由。① 经过近六十年的发展,如今法国宪法委员会的地位和角色已经发生巨大的改变,从最初处于二等的、相对不重要的机构,逐渐演变为法国政治治理进程中的重要角色,迈上政治舞台的中心地带。② 尽管同其他国家,如美国和加拿大的最高法院的影响力相对比的话,法国宪法委员会所表现出来的司法能动主义程度是相对温和的,但是,把宪法委员会作为宪法价值和公民权利的捍卫者,以及对这种观念和实践的接受本身,就是对法国过去政治传统、历史习俗的变革性突破;过去那种不受束缚、无所不能的"议会至上"已经成为历史,已不再是法国司法的羁绊,这更是一种"革命"性的司法能动主义。

总之,在很多传统上坚持立法至上原则的国家,尤其是那些具有大陆法系传统的国家,"立法机关和法典的作用在日渐衰微,而将宪法视为最高法律渊源的实践则盛行不衰:可以对行政机关及行政行为进行违宪审查的事由范围较为广泛。"③这为司法能动主义的兴起,创造了巨大的制度条件与实践空间,而民主化进程则又为司法能动主义在新兴民主国家的突出提供了机遇。

二、民主化中司法能动主义的突出

在非民主政治中,司法系统常常是政府的附庸,要么处于低态势的运作状态,要么沦落为一种摆设、甚至与社会隔绝,独立的司法几乎没有什么空间,更不要谈与其他政府部门的对抗进而发生所谓的司法能动主义。在从独裁、专制或威权向民主转型的政体变革中,司法可能会充当起不同的角色:司法有时是过去利益的代言者,维持着某种程度的转型,或者甚至是保留专制政权的政策;司法有时是未来的代言者,协助推动政治进程的变革,激励并巩固民主成果;而有时,司法自身则成为民主化的发动者,直接推动着民主化进程;最后,司法只不过是个边缘化的角色,无足轻重,既不促进、也不阻碍民主转型进程。④ 然而对于经历着民主转型的国家与社会而言,存在着众多的转型难题,其中需要突出解决的就是转型正义的问题。尤其是长期以来这些国家在财富和权力分配上存在的极度扭曲,公平正义的严重缺失,迫使新的执政者寻求突破困境的路径。因此,面对转型正义等政治转型过程中的诸多特殊难题,司法/法院的平衡与独立作用获得了优先追求,诉求通过司法的途径来逐步清理历史遗留

---

① F. L. Morton, "Judicial Activism in France", in Holland, K. M. (eds.), *Judicial Activism in Comparative Perspective*, pp. 133-154.

② A. S. Sweet "The Politics of Constitutional Review in France and Europe", in 5 *Int. J. Constitutional Law*, 2007, pp. 69-92.

③ [美]约翰·亨利·梅利曼:《大陆法系》,顾培东、禄正平译,163页。

④ T. Ginsburg: "The Politics in Democratization", in J. J. Heckman & R. L. Nelson (eds.), *Global Perspectives on the Rule of Law*, Routledge, 2009, pp. 175-191.

的"旧秩序";民主化中富有争议的政治难题被转换成法律问题来对待,法院和法官被推到解决这些复杂问题的前台,司法的角色突显出来。

司法审查在全球的扩散和运作,既涵盖由普通法院实施审查的分散式审查模式,也有设立特别的宪法法院来集中实施司法审查的情形。"二战"之后伴随着政治转型开始于欧洲的"司法转向"[①],现在几乎已经扩散至全球的每一个角落,不管是在那些早已确立的传统民主国家,还是新近出现的新兴民主国家,司法权的扩张已成为普遍现象。比如,20世纪70年代中期南欧一些国家的民主转型,80年代后期、90年代初,中欧和东欧一些国家民主化进程的加快,各国政府展开了大规模的司法制度变革,法院在社会转型与政府治理过程中的作用越来越加强。如今遍及欧洲,许多国家的宪法法院都或多或少地呈现出司法能动的态势,特别是那些后共产主义国家,法院较之以前则呈现出更明显的能动性。[②] 又如在拉美地区,许多国家都采纳了司法审查制度,法院在实践中发挥着司法审查的功能,这就为司法能动主义的出现和兴起提供了最有力的制度条件。如今司法能动主义也是拉美正在出现的一种宪政趋势,成为全球司法权扩张与司法能动主义兴起的一个构成部分。[③] 非洲也没有闲着,司法权扩张与运用司法审查的情形也发生在非洲的一些国家,如阿尔及利亚和南非。南非宪法法院确立于普通法传统与议会主权传统共存的社会环境中,面临着种族冲突、社会分化等众多问题,然而南非宪法法院自成立以来在塑造社会共识,维持社会共识,整合社会、推动民主进程方面所发挥的作用和取得的成就,获得了广泛的认可,被誉为继德国宪法法院之后当

---

① 关于"司法转向"(judicial turn)这一论题参见 L. Hilbink, "Beyond Manicheism: Assessing the New Constitutionalism", in 65 *Md. L. Rev.*, 2006, pp. 101-115; N. J. Brown, "Judicial Review and the Arab World", in 9 *Journal of Democracy*, 1998, pp. 85-99; S. Gardbaum, "The New Commonwealth Model of Constitutionalism", pp. 715-716。

② 关于欧洲的情形可参见 K. M. Holland, "Judicial activism in Western Europe", in S. S. Nagel (ed.), *Handbook of Global Legal Policy*, Marcel Dekker, 2000, pp. 179-208; A. S. Sweet, *Governing with Judges: Constitutional Politics in Europe*; H. Schwartz, *The Struggle for Constitutional Justice in Post-Communist Europe*, University of Chicago Press, 2002; W. Sadurski, et al. (eds.), *Constitutional Justice, East and West: Democratic Legitimacy and Constitutional Courts in Post-Communist Europe in a Comparative Perspective*, Kluwer Law International, 2003; V. F. Comella, *Constitutional Courts and Democratic Values: A European Perspective*; S. I. Smithey & J. Ishiyama, "Judicial Activism in Post-Communist Politics", pp. 719-742。

③ C. Rodriguez-Garavito, "Beyond the Courtroom: The Impact of Judicial Activism on Socioeconomic Rights in Latin America", in 89 *Tex. L. Rev.*, 2011, p. 167. 有关拉美的情形还可参见 P. Domingo, "Judicialization of Politics or Politicization of the Judiciary? Recent Trends in Latina America", in 11 *Democratization*, 2004, pp. 104-126; A. Angell, et al. (eds.), *The Judicialization of Politics in Latin America*; L. Hilbink, *Judges Beyond Politics in Democracy and Dictatorship Lessons from Chile*, Cambridge University Press, 2007; J. S. Finkel, *Judicial Reform as Political Insurance: Argentina, Peru, and Mexico in the 1990s*, University of Notre Dame Press, 2008; J. Couso & A. Huneeus (eds.), *Cultures of Legality: Judicialization and Political Activism in Latin America*, Cambridge University Press, 2010。

代宪政发展的又一榜样。① 同样,司法能动主义在一些国家与地区的法律土壤中也找到了立足之地,②这方面的典型有:印度、埃及、韩国、蒙古、印尼、孟加拉国以及中国台湾地区等。

正是宪法法院或司法审查制度在新兴民主国家和地区的确立,为司法能动主义的突起奠定了极为有利的制度条件,当然其还受到其他因素的影响。法院——尤其是宪法法院——逐渐变成解决大的政治争议和道德困境的重要决策机构,争端与难题凭借着宪法语言被置换成了宪法议题,随之很快就找到了通向法院的道路,司法被推向高强度的能动主义态势。总之,民主政治转型中的种种状况成就了新兴民主国家中司法能动主义的突出形态即司法决策,成为司法能动主义全球扩散中一个重要的部分。

三、跨国治理中的司法能动主义趋向

跨国治理中法律——司法机制的运作,③使传统的法律制度遭遇挑战,这也引发了司法能动主义的新趋向,使得它的扩散并非只限于民族国家。具体而言就是国际机构、跨国区域机制中准司法审查机制的运作,或强或弱地引发的司法能动主义现象,这一新趋势的例证有:欧盟及其欧洲法院(ECJ),欧洲人权公约机制及其欧洲人权法院(ECHR),以及WTO。④下面就以欧洲法院和欧洲人权法院进行例证分析。

在任何司法制度中,法院享有一定水平的司法裁量权是制度运作不可缺少的一部分,欧洲法院与欧洲人权法院在这方面也不例外。欧洲法院,是欧盟机构中的一个重要部门,它有权审查成员国的国内立法是否符合高一级的"欧盟法",并有权撤销与欧盟法冲突的成员国的国内立法,这是一种跨国式的"司法审查"。正是欧洲法院所享有的这项重要权力,首

---

① H. Klug, *Constituting Democracy: Law, Globalism, and South Africa's Political Reconstruction*, Cambridge University Press, 2000, pp.1-10.

② 关于亚洲司法权扩张与司法能动主义兴起的情形可参见 T. Ginsburg, *Jurdicial Review in New Democracies: Constitutional Courts in Asian Cases*; S. P. Sathe, *Judicial Activism in India: Transgressing Borders and Enforcing Limits*, Oxford University Press, 2003; T. Ginsburg & A. H. Y. Chen (eds.), *Administrative Law and Governance in Asia: Comparative Perspectives*, Routledge, 2008; T. Moustafa, *The Struggle for Constitutional Power: Law, Politics, and Economic Development in Egypt*, Cambridge University Press, 2009; R. Hoque, *Judicial Activism in Bangladesh: A Golden Mean Approach*, Cambridge Scholars Publishing, 2011; B. Dressel (ed.), *The Judicialization of Politics in Asia*, Routledge Press, 2012。

③ A. M. Slaughter, "A Global Community of Courts", in 44 *Harv. Int'l. L. J.*, 2003, pp.192-204.

④ A. S. Sweet & T. L. Brunell, "Trustee Courts and the Judicialization of International Regimes: The Politics of Majoritarian Activism in the European Convention on Human Rights, the European Union, and the World Trade Organization", 1/1 *Journal of Law and Courts*, 2013, pp.61-88.

先为司法能动主义的发生创造了权能条件,"激活了欧盟的法律秩序",压制住了成员国政府在法律政策上的不服从,让它在"同欧盟成员国的对抗中取得了决定性的胜利"[①]。其次,欧盟条约并不是通常意义上的立法的产物,而是国家之间进行国际谈判协商的结果,作为跨国的框架性条约,其不可避免地具有模糊性、宽泛性和开放性。欧洲法院被赋予权力去填平欧洲条约中所存在的缺口,通过解释欧盟相关的法律规定,弥补欧盟与成员国之间在法律政策上可能存在的差距,以促进欧盟法律体系在欧盟成员国之间的和谐统一与有效运作,这为欧盟层面司法能动主义的兴起提供了机会。[②]最后,在欧盟的制度结构中,"法律与政治处于一种失衡的状态",政治推动在先,法律实施在后,欧盟层面法院与立法部门之间的制度性对话并不像国内层面那样活跃,这为欧洲法院的创造性司法活动提供了便利,司法能动主义在欧盟的兴起成为不可避免之事。[③] 作为欧洲委员会(Council of Europe)的一个内部组成机构,欧洲人权法院,在人权保障方面表现出了明显的积极能动性。能动的司法行为往往蕴含在法院的法律解释过程中,《欧洲人权公约》赋予欧洲人权法院作为其相关法律规定解释者的角色,它所采用的各种法律解释方法强烈地表明,在欧洲法人权法院的司法裁判与司法哲学之中,司法能动主义已经超过了司法克制而变得更加流行。[④] 并且近二十多年的案例显示,欧洲人权法院现在越来越倾向于司法能动主义。[⑤]

如今在欧洲的跨国治理中,司法能动主义与司法克制的发展并不是等同的,二者已不是欧洲一体化刚开始时那种处于均衡的态势,其中以欧洲法院和欧洲人权法院为代表所表现出来的司法能动主义越来越明显。据此人们越来越多地认识到,跨国治理中出现的司法能动主义趋向已是不容忽视的现象。

[①] A. S. Sweet & T. L. Brunell, "The European Court of Justice, State Noncompliance, and the Politics of Override", in 106 *American Political Science Review*, 2012, pp. 204-213.

[②] A. S. Sweet, "The European Court of Justice and the Judicialization of EU Governance", in 5/2 *Living Reviews in European Governance*, 2010, pp. 1-50.

[③] M. Dawson, "The Political Face of Judicial Activism: Europe's Law-Politics Imbalance", Maastricht Faculty of Law Working Paper, No. 2012-1. at: http://ssrn.com/abstract=1984636(最后访问日期:2014.11.07).

[④] D. Popovic, "Prevailing of judicial activism over self-restraint in the jurisprudence of the European Court of Human Rights", in 42 *Creighton L. Rev.*, 2009, pp. 361-369.

[⑤] Ibid., p. 369.

思考题

1. 是否存在衡量司法能动主义的统一标准？抛开文中的论述,如何看待和评价司法能动主义？
2. 除了文中提到的内容,还有哪些因素可能会促进司法能动主义的兴起？
3. 如何看待司法独立、司法审查与司法能动主义三者之间的关系？
4. 司法能动主义有利于保障公民权利吗？它同强化人权保障有必然联系吗？
5. 坚持政治自由主义立场的法官是否一定会倾向于司法能动主义,而坚持政治保守主义立场的法官则会倾向于司法克制？
6. 在宪政民主中,司法的职责和角色是什么？
7. 你是否认同"司法能动主义在全球扩散"这一命题？

阅读文献

1. [美]本杰明·卡多佐：《司法过程的性质》,苏力译,北京,商务印书馆,2009。
2. [美]亚历山大·M. 比克尔：《最小危险部门》,姚中秋译,北京,北京大学出版社,2007。
3. [美]约翰·哈特·伊利：《民主与不信任》,张卓明译,北京,法律出版社,2011。
4. [以]阿哈龙·巴拉克：《民主国家的法官》,毕洪海译,北京,法律出版社,2011。
5. 李辉：《论司法能动主义》,北京,中国法制出版社,2012。
6. B. C. Canon, "A Framework for the Analysis of Judicial Activism", in S. C. Halpern & C. M. Lamb(eds.), *Supreme Court Activism and Restraint*, Lexington Books, 1982.
7. K. M. Holland (eds.), *Judicial Activism in Comparative Perspective*, Macmillan, 1991.
8. C. N. Tate & T. Vallinder (eds.), *The Global Expansion of Judicial Power*, New York University Press, 1995.

9. E. A. Young, "Judicial Activism and Conservative Politics", in 73 *U. Colo. L. Rev.*, 2002, pp. 1139-1216.

10. K. D. Kmiec, "The Origin and Current Meanings of 'Judicial Activism'", 92 *California Law Review*, 2004, pp. 1441-1477.

11. M. Cohn & M. Kremnitzer, "Judicial Activism: A Multidimensional Model", in 18 *Can. J. L. & Juris*, 2005, pp. 333-356.

12. B. Dickson (ed.), *Judicial Activism in Common Law Supreme Court*, Oxford University Press, 2007.

13. C. Green, "An Intellectual History of Judicial Activism", in 58 *Emory Law Journal*, 2009, pp. 1196-1264.

第十九章 法律多元论

第一节 导言

法律多元广义上指两种或多种法律规范或法律秩序共存于同一社会领域中的现象;关于法律多元研究的各种理论被称为法律多元论。西语中的"legal pluralism"或"pluralisme juridique"既指法律多元现象,也指作为理论的法律多元论。

中古时代的西欧,教会与各种世俗权威的并存为法律规范、法律秩序、司法权威的多元提供了基础,自治市镇、行业共同体,尤其是商人团体的形成促进了这种多元化趋势。《威斯特伐利亚和约》标志着领土主权的确立,主权的统一要求其内部的法律统一,但在殖民扩张之下法律多元生根发芽于"未开化"的世界。民族国家建构的过程中,"社会的"思潮随之而来,在国家与社会之间,外来法与本土法、传统法与现代法、国家法与非国家法的共存和竞争形成了特殊的法律多元状况。晚近以来,全球化浪潮席卷各民族国家,法律多元"游走"于地方、国家与全球三个层面,并与全球经济网络、跨国法、全球治理、新社会运动紧密联系。

19世纪末、20世纪初社会科学与反实证主义法学思潮兴起,一些朴素的法律多元观念相继出现。法社会学与法人类学研究者描绘出一幅多元的法律图景:在国家法之外,存在着大量"社会中的法"、"作为事实的法"、"作为过程的法"。韦伯、埃利希、马林诺夫斯基,以及稍晚一些的古尔维奇(Gurvitch)等学者作为这一时期的代表,其卓越的研究成果为现代法律多元论的建立奠定了基础。1969年布鲁塞尔自由大学法律史与民族学中心的"法律多元"讨论会及其《法律多元》(*Pluralisme Juridique*)论文集(1971年)的出版通常被认为是现代法律多元论确立的标志。在该文集中范德林登(Vanderlinden)的论文第一次系统阐述了法律多元的概念以及法律多元论的重要性。① 创立之初,法律多元论主要是关于殖民社会与后殖民社会的研究,尤其是非国家法规范或制度在国家法范围内的承认与整合的问题,以及国家法与固有法共存的问题。20世纪80年代末法律多元论的重心转移至社会—法律研究,并且成为"对社会—法律关系加以再概念化的核心主题",自此,法律多元论的影响力逐步进入比较法、法哲学、国际法、政治学等众多领域。②

一般而言,法律多元论有四种研究路径:第一,哲学路径,即借助哲学上的多元论来研究法律多元。差异性是事物之根本,世界是由差异与多元的要素构成的,法律本身就是多元的存在。但随着哲学领域的研究重心从本体论转向认识论,尤其在语言学转向出现之后,鲜有学者在这一路径中有所斩获。第二,政治理论与传统公法理论的路径,即以主权多元论或政治多元论来研究法律多元。法律多元被视为政治权威的多元或主权多元的产物,这种从政治思想的脉络中探讨法律多元观念的进路以基尔克(Otto von Gierke)、狄骥(L. Duiguit)、拉斯基(H. J. Laski)等人为代表。第三,"正统"法学路径。部分正统法学家把法律多元理解为规范多元的一种,或者将法律多元论看作是理解与国家无关联的法律规范与制度的方法,他们往往将一种规范性内涵赋予法律多元,并严格区分法律与其他社会规范之间的界限,该路径注重概念的界定和一般理论的建构。第四,法社会学与法人类学路径。社会学家与人类学家从田野调查与事实分析中寻求多种规范性秩序并存与竞争的根据,反对国家中心主义法律观,强调法律秩序的地方性及其相对于国家法秩序的自治性。穆尔(S. F. Moore)、梅丽(S. E. Merry)、格里菲斯(J. Griffith)、伍德曼(G. Woodmann)、贝克曼(K. Benda-Beckmann)等学者为此类研究的代表。就当前研究成果而言,前两类研究对学术界的实质性贡献并不多,其影响主要体现在一般观念层面,而后两类研究被认为是当今法律多元论的真正论域。无论是法社会学家、法人类学家,还是"正统"法学家,他们都是立足社会与法律之间来看待法律多元,只不过其中有些学者侧重描述性,而另一些法学家侧重规范性。法律多元论的跨学科性质决定了研究者在方法上和概念上的相互借鉴和吸收。

本章集中讨论后两类研究,内容由以下几部分组成:第二、三节分别简述"社会科学视角"法律多元论与"法学视角"法律多元论的发展历程和基本主张;第四节介绍晚近出现的全球法律多元论;最后,评价法律多元论得失。

---

① J. Vanderlinden, "Return to Legal Pluralism: Twenty Years Later", 28 *Journal of Legal Pluralism*, 1989, pp.149-157.

② S. E. Merry, "Legal Pluralism", 22 *Law & Society Review*, 1988, p. 869.

第二节 "社会科学视角"的法律多元论

一、萌芽

19世纪末至20世纪初,一些法律多元观念开始浮现于法律社会学领域。欧根·埃利希在《法社会学原理》中讲述的就是法律多元的"故事"。埃利希认为,一切法律团体与法律规范在根本上来源于社会,法的本质上是社会团体之秩序的调整者和承担者,社会之法、法学家法与国法在同一社会领域之中形成了互动关系:共存、合作,或者竞争(取决于国家与社会之间关系),整个法的领域由国法秩序与非国家法秩序共同构成。"活法"作为法社会学的核心概念,借助于社会之法、法学家法、国法三种法律秩序的互动(即法律多元),及其自身的普遍性与易变性,穿梭于整个社会领域,深入社会生活。① 在马克斯·韦伯看来,现代社会的法律总体上趋向于"国家官僚体制下的形式理性法",这一判断为大部分西方学者所接受,但在具体社会的分析中,韦伯也指出,在社会学意义上,除了国家法规范,还存在大量的非国家法规范和超国家法规范。② 马林诺夫斯基认为,在互惠为基础的社会结构中,能够成为"法律"的东西和所谓"特定的具有约束力的社会机制"并不具有唯一性,功能替代物(多元的法律、法律秩序、纠纷解决机制)始终可能出现。③ 在古尔维奇(Gurvitch)的法社会学中,自治的社会法(social law)秩序的产生及其冲突将导致社会多元与"法的多元"(jural pluralism)的出现。④ 简而言之,这一时期的著作主要以社会团体的秩序相对自治作为出发点,并以此探讨法律规范来源的多元与法律秩序的多元,其理论资源主要来源于逐步兴起的社会科学、法律史和经济史。

二、诞生

20世纪五十、六十年代,由西方国家发起的"法律与发展运动"对亚非拉各国展开大规模的法律输出。在殖民与后殖民社会中,原有法律多元状况为新一轮的"法律殖民"所改变;没有殖民历史的国家或社会的法

---

① [奥]尤根·埃利希:《法社会学原理》,舒国滢译,北京,中国大百科全书出版社,2008。
② [德]韦伯:《经济与社会》,第1卷,阎克文译,430~443页,上海,上海世纪出版集团,2010。
③ [英]马林诺夫斯基:《原始社会的犯罪与习俗》,夏建中译,47页,台北,桂冠图书股份有限公司,1994。
④ G. Gurvitch, *Sociology of Law*, Transaction Publishers, 2001, pp. 148-156.

律,在引入"欧美先进法律"的过程中或多或少都呈现出多元趋势。法人类学家与法社会学家的研究对象主要是殖民、后殖民社会,以及西方"文明世界"之外的法律及其体制。范德林登于1969年首次较为系统地阐述了法律多元的概念。他认为,人类社会的存续必然包含着各种(最小程度)规制性的社会网络(social networks),而社会中存在着多样的和多重的规制性秩序,如果在规制秩序中存在不止一种"法律"秩序,那么这种状况就是"法律多元"。这一概念的重点在于,权利主体(sujet de droit)作为多个社会网络成员的个人可以服从于多种法律秩序。① 简言之,范德林登的法律多元论包含三个要点:法律只存在于社会的框架之中;法律由各种规制性机制构成;法律多元的存在所必需的是一种以上的法律秩序在权利主体层面的相遇。

以"法律多元"为名第一本专著于 1975 年出版,胡克(M. B. Hooker)通过对东南亚殖民社会的长期考察,提出"文化差异中的法律多元"。法律是对于全体居民有效,且具有约束力的一套原则,法律多元是国家范围内的多重法律义务体系的存在。胡克认为,国家法律体系在政治上具有较高地位,它能够废除本土法或固有法;在多重义务出现冲突时,国家法律体系往往胜出,对本土法的承认是以国家法的预设及其要求的形式为基础的;国家法体系的分类是描述与分析本土法的基础;国家法与其他法律实际上是一种"支配法"与"从属法"的关系。② 1977 年桑托斯的《被压迫者的法:帕萨嘎达法制的建构与再生产》一文发表,作者基于对巴西的一个贫民区的实地考察,提出"阶级间的法律多元"与"居间法制"(inter-legality)的概念,即围绕当地的非正式、非官方的修辞性法律所形成的法制与国家官方法律体系之间的多元状况。③ 帕萨嘎达法在一定程度上保障了被压迫者的利益,维护当地的一般秩序,其力量归根结底来源于国家法体系,而在桑托斯看来,该法律具有"解放的潜力",而且以法律秩序多元性为核心内容的法律多元论可以成为压迫者进行反抗的武器。④

从 20 世纪 60 年代末至 80 年代初,法律多元论主要是针对欧美以外的"不发达"社会的考察。以波斯皮赛尔(L. Posipisil)、穆尔(S. F. Moore)、贝克曼(K. von Benda-Beckmann)、伍德曼(G. Woodman)为代表的一批优秀学者在非洲、美洲、澳大利亚等地,就习惯法、纠纷解决机制

---

① J. Vanderlinden, "Return to Legal Pluralism: Twenty Years Later", 28 *Journal of Legal Pluralism*, 1989, pp. 155-157.

② M. B. Hooker, *Legal Pluralism*, Clarendon Press, 1975.

③ See B. de S. Santos, "The Law of the Oppressed: The Construction and Reproduction of Legality in Pasargada", 12 *Law & Society Review*, 1977, p. 89; B. de S. Santos, *Toward a New Common Sense: Law, Science, and Politics in the Paradigmatic Transition*, New Routledge, 1995.

④ 参见杨静哲:《桑托斯的法律多元论:解读、溯源与批判》,载《清华法治论衡》,第 15 辑,2012,84~108 页。

第十九章 法律多元论

以及法律多元问题展开大量经验研究。这些学者批判地借鉴马林诺夫斯基(Malinowski)、格拉克曼(Gluckmann)、霍贝尔(Hoebel)等人的早期人类学研究成果,创造出一些更具适应性和解释力的概念和研究方法。

其中,穆尔从社会人类学视角提出的"半自治社会领域"(semi-autonomous social field)为法律多元论的发展提供了强有力的支撑。穆尔认为,半自治社会领域是一种小规模社会领域,该领域能够在内部生成规则、习俗和符号,即具有创制规则能力,而且能够引导或迫使人们服从规则;但它也受其周围的大规模社会领域的规则、决策和强制力的影响,这个大规模社会领域能够根据半自治社会内部成员的状况对其内部施加影响。① 她强调,对于半自治社会领域的观察表明,那些"使内部生成的规则有效的不同过程,通常也是决定国家制定的法律规范之服从或不服从模式的直接力量"②。"半自治社会领域"概念作为一种界定研究问题的方式改变了法律多元的性质。无论是限于权利主体层面的法律秩序多元(范德林登)、文化差异下的多重法律义务体系(胡克),还是具有斗争性质"阶级间法律多元"(桑托斯),这些研究中的小规模的、非正式的、非官方的法制在根本上都受制于大规模的、官方或国家的法律体系,并且前者几乎无法对后者产生实质性影响。但穆尔的研究结果表明,非国家法制与官方或国家的法制之间是一种竞争与互动的关系,在不同领域中这种关系也会呈现出不同的面向,无论在非洲社会还是在现代社会,在一些特定领域中,前者也可能决定后者。

围绕"半自治社会领域"概念的各种研究的另一个重要贡献在于,学者们由此开始认真对待欧美发达国家自身的法律多元状况,而不局限于殖民后、殖民社会或"未开化"社会的研究。正如马克·格兰特(M. Galanter)在美国司法与印度司法的比较研究中所发现的那样:"在不断地探索法律世界其他领域的过程中(会发现),实际上,现代社会的法律是多元,而非一元的;公法与私法在性质上都是如此。"③另外,最重要的法律多元论交流平台——20世纪60年代创刊的《非洲法律研究》,于1981年更名为《法律多元杂志》,这不仅表明法律多元研究领域的拓展,而且也表明其研究路径的转型。

三、转型

人们通常认为,格里菲斯(J. Griffiths)的经典论文《法律多元是什么?》是现代法律多元论的纲领。格里菲斯认为,过去的研究虽然都以"法

---

① S. F. Moore, *Law as Process: An Anthropological Approach*, Routledge & K. Paul, 1978, p. 55-56.
② Ibid., pp. 57-58.
③ M. Galanter, "Justice in Many Rooms: Courts, Private Ordering, and Indigenous Law", 19 *Journal of Legal Pluralism*, 1981, p. 20.

423

律多元"为名,但实际的研究内容没有实现一般化或常规化。在现代民族国家建立和法律实证主义兴起的过程中,法律中心主义(legal centralism)或国家中心主义的意识形态因素主导着法律思想与社会科学的法律研究,原本内涵丰富的法律逐渐化约为国家垄断的规则体系。"法律多元是不争的事实",但它深受"化约"过程的侵害。格里菲斯将法律多元论分为两类:"强势"法律多元论与"弱势"法律多元论。以法律中心主义为前提的法律多元论均为"弱势"法律多元论,胡克、范德林登等人属于此类。而"强势"法律多元论应当从根本上挑战法律中心主义,因此它必须建立一种描述性法律多元概念:"法律多元是社会领域,而非'法律'或'法律体系'的一种属性,法律多元的描述性理论所涉及的是:各种来源(provenance)的法律可以在任何社会领域中运行。当人们在社会领域中观察到不止一种'法律'来源和'法律秩序'时,这一社会领域的社会秩序就能够被称为法律多元。"①

这一概念很大程度上得益于穆尔的成果,当然,就注重法律多元的"社会之维"、"事实之维"而言,埃利希的思想仍在这一概念中得到延续。格里菲斯认为,"半自治社会领域的概念,为我们把法律多元定位于社会结构之中提供了充分的描述性工具……穆尔的分析对我们关注的描述性法律多元理论具有重要意义。在她看来,描述性法律多元理论是一种规范的异质性理论,这种规范的异质性由'社会空间是充满规范而非真空的'这一事实产生;这是一种规则运作的复杂性理论,异质性产生了这种复杂性。"由此可见,法律多元是基于以下事实而呈现出"规范的异质性":即社会行动总是在复合的、重叠的"半自治社会领域"的背景下产生,而且这一过程也是法律多元在实践中的动态条件。②

如果说格里菲斯的描述性法律多元概念推动了法律多元论在研究内容和理论界定方面的一般化与常规化,梅丽(S. E. Merry)的研究和综述则在一般化的基础上呈现出法律多元论的内在复杂性。她认为,经过近30年发展的法律多元论表现出传统法律多元论与新法律多元论并存的局面,前者指对本土法律和欧洲法律形成的交集的研究,后者指非殖民社会特别是欧美发达资本主义国家的法律多元研究。传统法律多元论以其完善的理论传统与丰富的民族志,做出了巨大贡献:"第一,对基本概念结构中存在根本差异的规范性秩序之间的互动分析,第二,对作为历史产物的习惯法详尽细节的关注,第三,对规范性秩序之间的辩证关系的描述"③。新法律多元论的贡献在于,将研究重心转向"国家法和其他规范性秩序之间的辩证的、相互建构的关系",而且法律的社会研究日益成熟,新方法的采纳与新议题的出现使法律多元论较之从前更具复杂性。

---

① J. Griffiths, "What is Legal Pluralism?", p. 38.
② Ibid., pp. 34-38.
③ S. E. Merry, "Legal Pluralism", 22 *Law & Society Review*, 1988, pp. 872-873.

此外，基于当时的经验研究与理论建构，针对可能出现的发展趋势，梅丽提出了法律多元论研究框架。第一，要摆脱法律中心主义意识形态，关注其他秩序形式及其与国家法之间的互动，强调竞争、论辩的非国家法秩序及其与国家法相互建构的关系；第二，要从法的本质主义界定转向一种历史的理解，从法律多元的情境出发，借助法律体系之间的辩证关系，建立一种相互建构与重构的关系；第三，视不同情境为法律多元，促成对于法律文化或意识形态性质，以及规范性秩序体系的研究；第四，检视法律情境的多元性，有助于实现从只关注纠纷的情境而不及其他，转向对非纠纷情境中的秩序的分析；第五，对规范性秩序之间关系的辩证分析，提供了一个理解法律强制性移植以及抗拒法律的动力机制的框架；[1]最后，梅丽强调，既要在整体系统的分析中关注特定地方中的变异情形，也要在理解小情境的特殊性的同时关注其与大系统之间的互动。

法律多元论自始是由西方学者主导的，在"转型"阶段，随着理论和议题的发展变化，学者的构成也不再局限于西方。日本学者千叶正士，根据当时法律多元论的发展状况，以及对日本本土法律文化的分析，尝试提出法律多元的一般理论。该理论在一定程度上避免了法律多元论中的"西方中心—优越论"，强调本土法中的文化因素，提供了可供参考的操作性法律多元定义，以及卓有成效的经验分析。[2]

四、小结

综上所述，"社会科学视角"的法律多元论主要有以下几方面特点：

第一，经验研究主导。法律多元论的大部分成果都建立在经验研究的基础上，其基本概念和理论预设主要依赖早期人类学与经典社会学。侧重事实观察，一方面是由社会科学本身的性质所决定；另一方面，在社会科学家看来，所考察的异质性社会，包括欧美国家的一些特定的领域或区域在内，还不具备法治所需经济、政治和社会基础，西方传统法学的规范主义进路并不适用于此类社会，要切实了解异质性法制状况，就必须在经验层面考察"情境中的法制"。

第二，议题复杂各异。在"法律多元"旗帜下的研究，具体研究内容涉及法律义务的多重性、规则多元、规范多元、法律秩序多元性、规范性秩序多元、司法或纠纷解决的多元，等等。法律多元论并未形成较为统一的主题，尽管不少学者也曾尝试在经验分析的基础上进行理论的一般化，但复

---

[1] S. E. Merry, "Legal Pluralism", 22 *Law & Society Review*, 1988, pp. 889-891.

[2] 参见[日]千叶正士：《法律多元——从日本法律文化迈向一般理论》，强世功等译，北京，中国政法大学出版社，1997；M. Chiba, "Other Phases of Legal Pluralism in the Contemporary World", 11 *Ratio Juris*, 1998, pp. 228-245.

杂的"多元"内容很难被完全统摄在单一的一般性理论框架之内。

第三,功能分析本位。功能主义源于涂尔干的经典社会学,经马林诺夫斯基、布朗等人的社会人类学的改造,在帕森斯时代达到顶峰。西方学者在异质性社会中发现的法,不是在内容或形式意义上,而是在功能意义上与西方的法观念类似,因此法的功能分析使比较视野下的法律多元论成为可能。

第四,民族国家为限。20世纪90年代之前的法律多元论,其研究范围基本限于民族国家之内。不少早期研究都是以国家法体系作为衡量标准,来分析异质性社会的法律多元状况。"转型"时期,虽然学者们更多关注非国家规范性秩序与国家法秩序之间的互动,但民族国家始终是核心参照系。

第三节 "法学视角"的法律多元论

自20世纪90年代以来,法律多元论涉及的问题越来越广,在经验分析基础上形成的理论话语不断拓展其影响力,商法、国际法、人权、国际政治等领域的学者纷纷参与其中。一些分析法学家和社会—法律研究背景的"正统"法学家也参与到关于法律多元的各种讨论和争论中。正统法学家的讨论往往以批判"社会科学视角"作为切入点,强调国家法的整合、概念的界定以及法的规范性之维。

一、"非本质主义"的法律多元论

1993年,塔马纳哈(B. Tamanaha)以一篇标题极具讽刺意味的论文对"社会科学视角"的法律多元论展开批判,其核心观点是,社会科学的法律多元概念建立在一种不稳固的分析基础上,这将最终导致法律多元论走向"灭亡"①。塔马纳哈认为,法律多元论者在提及"法律"时,意指的是完全不同的两种现象:规范的确认、实施与社会安排(social ordering)的具体类型。在前一种情形下,法律多元论者要表明的是,这些规范和制度与国家法规范及其制度化实施机构的并行关系,这一类规则和制度属于"法律"范畴;而在后一种情形下,社会安排的具体类型只不过是对规范性秩序的描述,它们不能被冠以"法律"之名,"法"与"非法"之间界限必须

---

① B. Tamanaha, "The Folly of the Social Scientific Concept of Legal Pluralism", 20 *Journal of Law and Society*, 1993, pp. 192-217.

划定。①

在他看来,法律多元论始终为两个问题困扰:分析层面的问题与工具层面的问题。前者主要涉及"法律是什么"的问题,而与此密切相关的是法律多元论的信条:即与国家没有关联的各种规范性秩序仍然是法律,即"一切社会控制的形式都是法律"。塔马纳哈认为,这种观点是对法律与社会生活、法律规范与社会规范的混淆。如果在"法律是什么"上没有达成共识,就无法区分法律规范与社会规范,那么对法律与社会之间关系进行再概念化会非常困难。因此,工具层面问题涉及的是,对于描绘社会现象的基本概念没有共识的情况下,难以产生有效的观察和数据收集。②

问题产生的原因在于,法律理论家和社会科学家一直都以"法律是……"的方式对法律进行制度化的、立足于功能的抽象化,这种方法预设了一种本质主义法律观。实际上,每一种试图界定法律或抽象表达法律的尝试都创造出一种功能导向的范畴,"定义"问题被转化为"范畴"问题,而每一种范畴都包含着国家法。更重要的是,功能术语的法律定义往往不是太过宽泛就是太过狭隘,"宽泛"可能导致无法区分法律与其他社会规范,"狭隘"可能导致某一特定功能掩盖了其他功能。③ 面对以上重重难题,塔马纳哈认为,如果要获得适当的法律多元概念,必须建立一种非本质主义法律观,即法律是"人们在其社会实践过程中视为'法律'的东西",换言之,"什么是法律"这一问题是由人们在社会领域中的共同惯例(common usages)决定的,而不是由社会科学家或社会理论家决定。④

塔马纳哈认为,立足于非本质主义法律观的法律多元论是一种研究法律与法律理论的方法,这一方法为我们理解"与国家没有关联的"多样性规范体制的作用,以及不以国家作为标准的话语来构建这种多样性规范体制,提供了最大程度上的信心。⑤

二、作为规范多元的法律多元

另一类具有代表性的"法学视角"的研究来源于退宁(W. Twining)。他指出,法律多元现象的存在的确是事实,但关于法律多元的研究存在以下几方面问题:第一,在如何划定法律现象与非法律现象之间的区分上,

---

① Ibid., pp. 211-212.
② B. Tamanaha,"A Non-Essentialist Version of Legal Pluralism", 27 *Journal of Law and Society*, 2000, pp. 289-299.
③ Ibid., p. 312.
④ B. Tamanaha,"A Non-Essentialist Version of Legal Pluralism", p. 320.
⑤ Ibid.,也见 R. Macdonald, "Metaphors of Multiplicity: Civil Society, Regimes and Legal Pluralism" 15 *Arizona J. of International and Comparative Law*, 1998, pp. 69, 91.

以及在划定不同法律秩序、体系、传统和文化之间的区分上,都存在概念界定的难题,尽管承认这一困难并不能否认多重规范和法律秩序共存这一基本事实;第二,完全自足的规范秩序或体系是极其稀少的,很多规范秩序都是动态的而非静态的;第三,共存的规范秩序和法律秩序以复杂的方式相互作用,这种作用是双向的,而不是单向的;第四,人们不应把指称共存的规则或规范秩序或体系的"规范多元",混同为对某一现象的多元研究方法或多重观察视角;第五,法律多元研究已经不再限于少数人类学家,在法学家看来,其概念上的缺陷始终难以克服。①

退宁在其晚近论文中的批判立场则更加明确。他指出,法律多元只是"去国家中心"的规范多元(normative pluralism)的一种,以法人类学家为代表的学者所进行的研究,旨在建立一种"社会事实法律多元"的理想类型,而这种社会事实的法律多元论对于国家政策与制度设计几乎没有起到指导作用。在退宁眼中,概念界定的缺陷是"社会事实"法律多元论的根本症结,人们应站在分析法学或一般法理学的立场,采用一种宽泛的、实证主义的法概念,才能创造出有意义的、制度化的规范秩序、规范体系、规则体。退宁的法律多元论可以归结为如下五方面:

第一,法律多元主要是在法律散播或法律移植的情境下产生,规范多元、法律多元与法律散播之间存在着紧密联系;第二,社会事实只能作为规范多元的构成要素,"法律多元"是规范多元的一种;第三,应当在国家法律多元(state legal pluralism)、法律的多中心性(legal polycentricity)以及法律多元三者之间作出区分。作为理性类型的法律多元通常被用来指称两种或两种以上的自治或半自治法律秩序在同一时空背景中的共存,这一界定过于模糊;第四,作为事实的法律多元暗含着国家的非中心地位,甚至是"国家是不重要的"命题,这一判断并不恰当;②第五,居间法制(inter-legality)以及与之类似概念试图反映共存法律秩序之间的冲突与竞争,但实际上非官方的和平秩序关系与纠纷解决方式可能更大程度上是对官方的秩序模式进行补充,而非提出挑战。③

三、小结

法律多元论,特别是"社会科学视角"法律多元研究的出现,其本身就是对传统西方法学的挑战,它强调情境中的法,地方法制的相对自治,而不是国家法体系的统一建构,这也在一定程度上对法律教义学与西方法

---

① [英]威廉·退宁:《全球化与法律理论》,钱向阳译,100～113页,北京,中国大百科全书出版社,2009。

② W. Twning, "Normative and Legal Pluralism: A Global Perspective", 20 *Duke Journal of Comparative and International Law*, 2010, pp. 488-489.

③ [英]威廉·退宁:《法律散播:一个全球的视角》,魏磊杰译,载《清华法治论衡》,第14辑,2011,38页。

治理想产生了冲击。因此,大部分正统法学家往往对法律多元论敬而远之,在很长一段时间内法律多元论都被置于主流法学之外,尤其在自由主义政治—法律理论支配整个学术界的年代里。但随着国家法体系内部的异质性所产生的矛盾日益明显,以及法律多元论的影响力不断扩大,正统法学家不得不认真对待法律多元。无论是批判或是修正,他们的研究都构成当今法律多元论不可或缺的一部分,这些研究在总体上表现出以下几个特征。

第一,以概念分析为方法。法学家往往站在分析实证主义法学的立场来看待法律多元,以概念分析和逻辑演绎为主要方法,强调法律概念的明确界定和一般法学理论体系的建构。无论他们坚持本质主义法律观还是坚持非本质主义法律观,"法律是什么"的问题始终是法学家思考的出发点。

第二,以国家法体系为核心。西方法律传统之下,那些形式理性的、制度化的、由国家强制力保障的国家法才被认为是真正的"法律",法治是法学家心中不可撼动的理念。因此,以民族国家为中心的法律概念、法律体系和法律话语是其研究"情境中的法制"、习惯法、本土法等非国家法规范的"标准类型"。

第三,以规范主义为基础。传统法学的规范主义进路是"法学视角"的基础,正统法学家认为,法律多元论应当是一种具有规范性内涵的方法或理论,它必须建立在一种适当的、较为明确的法律概念的基础之上,而且必须考虑到以教义学为基础的法律适用体系。在事实中得到遵守的规范,只有经过概念化和制度化才能融入可供适用的法律规范体系,法律的核心在于规范性,而不是事实上的有效性。

第四节 全球法律多元论

一、法律全球化与法律多元论

全球化有广义与狭义之分,广义全球化是指与现代化同步发生的现象,主要涉及时间、空间、经济和科技四个维度的全球化;狭义全球化则指 20 世纪 90 年代以来经济、技术和法律的全球流动和传播,法律领域的全球化一般指法律在世界范围内的传播和流动。①

从广义全球化的视角出发,邓肯·肯尼迪认为,1850—2000 年间法律领域先后经历了三次全球化,每一次法律全球化背后都有一种法律思想作为支撑,而法律多元论是第二次法律全球化(1900—1968 年)背后的

---

① 参见高鸿钧:《美国法全球化:典型例证与法理反思》,载《中国法学》,2011(1),1-50 页。

一种法哲学理念,它推动了"社会法"思潮在全球范围的传播。[①] 换言之,法律多元论的发展为法律全球化提供了思想上的支撑和动力。大部分学者从狭义全球化视角来讨论"法律全球化"[②],塔马纳哈认为,法律全球化使人们将全球的或跨国的层面作为分析的起点,从而关注其中的多样性与冲突,全球层面的讨论产生了大量的非国家法形式和法律秩序,这一过程本身就生产众多法律多元的因素。[③] 结合这两类观点,我们能够发现法律多元论与法律全球化之间的一种双向互动关系:法律多元论被认为是法律全球化进程的"推进器",而法律全球化研究也为法律多元论提供了有力的分析框架和广阔的发展空间。

二、全球法律多元论

如上文所述,20世纪90年代以来,"社会科学视角"的法律多元论经历过"转型期",其理论话语的影响力不断扩大,很多领域的学者都开始关注法律多元论。在全球化背景下,法人类学家、法社会学家的视野从地方性研究转向地方、国家与全球三个层面,在此过程中,他们借鉴和吸收了众多其他领域的成果。分析法学、国际法、国际经济法、环境法、知识产权、人权、政治理论、宗教等领域的学者也从全球视角深入讨论法律多元问题,并且贡献出丰富的理论资源和研究成果。

20世纪90年代中后期,桑托斯已经开始关注全球化时代法律多元问题。他将全球化定义为"一种将特定的地方性状况和存在成功地扩展到全球范围的过程,该过程同时也发展出一种把竞争的社会状况和存在标示为地方性的能力"[④],并区分出以次范式解读而行动的霸权性全球化(自上而下的全球化)和范式性解读与次范式共存的反霸权全球化(自下而上的全球化),前者以全球化的地方主义和地方化的全球主义为其形式,后者包含了次级世界主义和人类共同遗产。[⑤] 桑托斯倡导范式性解读与次范式解读结合的反霸权性全球化,在其总体理论构想中,法律多元论与反霸权的法律全球化理论之间是一种辩证关系。一方面,现代法律的危机表现为霸权性自由主义理论和法律实证主义所导致的法律国家主义。借助于一种宽泛的法概念,法律多元论能够恢复法律的地方和全球

---

① [美]邓肯·肯尼迪:《法律与法律思想的三次全球化:1850~2000》,高鸿钧译,载《清华法治论衡》,2009,第12辑,48~50页。

② M. Shapiro, "The Globalization of Law", 1 *Global Legal Studies Journal*, 1993, p. 37.

③ B. Tamanaha, "Understanding Legal Pluralism: Past to Present, Local to Global", 30 *Sydney Law Review*, 2008, pp. 375-411.

④ [葡]博温托·迪·苏萨·桑托斯:《迈向新法律常识:法律、全球化和解放》,刘坤轮、叶传星译,213~216页,北京,中国人民大学出版社,2009。译文参考英文本B. de S. Santos, *Toward A New Legal Common Sense: Law, Globalization, and Emancipation*.

⑤ [葡]博温托·迪·苏萨·桑托斯:《迈向新法律常识:法律、全球化和解放》,刘坤轮、叶传星译,225页。

时空,从而恢复法律中规制与解放之间的张力。由此,法律从民族国家的宰制中得到解救,从而能够在地方、国家和全球三个时空中游走。另一方面,唯有范式性解读与次范式解读的结合,才能更全面地理解法律全球化,一种自下而上的反霸权全球化理论能够为法律多元论提供更好的分析框架。简言之,站在左翼批判立场的桑托斯试图构造一个旨在挑战自由主义政治—法律理论的体系,以恢复法律领域中规制与解放之间的张力,从而应对现代法律的危机。法律多元论在该体系中是一种解放的力量,其担纲者是民族国家中的"边缘人"、世界体系中的边缘国家以及边缘群体,其目标是打破民族国家以及核心国家对法律秩序诸构成性要素的宰制。

托依布纳在改造埃利希的"活法"和鲁曼系统论思想的基础上,将全球化时代的法律多元论看作是解释以新商人法为代表的全球法形式的理论资源,并提出"世界社会的法律多元论"。他认为,"只有法律多元主义理论[法律多元论]才能适当解释全球法,这种法律多元论新近已经成功地从殖民社会的法律中演变而来,它们是现代民族国家中不同伦理、文化和宗教共同体的法律……正在涌现的全球(不是国家内部!)法律本身就是一种法律秩序,不应以国家法律制度的标准衡量之。"①在他看来,全球法主要来自社会外缘,而不是从民族国家和国际体制的政治中心发展而来,一种源自片断化社会体制的"活法"是全球法的主要形式。法律的政治理论或自主法的制度理论均不合时宜,一种新的世界法律多元论应运而生。这种世界社会的法律多元论应当将重心从团体和共同体转向话语和沟通网络,法律秩序的核心要素则应当由规则转向表述、沟通事件和法律行为。②

1999年,在一篇关于经济全球化与欧盟法的论文中,斯奈德(F. Snyder)第一次使用"全球法律多元"(Global Legal Pluralism)这一术语,该术语很大程度上受益于托依布纳的"全球法"(global law)和"无国家法"(law without state)构想。斯奈德认为,全球经济网络是在全球竞争领域中建立起来的,该领域在一定程度上是由全球法律多元所组织和构成的,全球法律多元论不仅仅提供"游戏规则",更重要的是,它构成游戏本身,包括参与者。③ 虽然其讨论主要限于全球经济领域的分析,但"全球法律多元论"作为一种超越民族国家视角的研究被学术界广泛接受,而且在此之后,以"全球法律多元"为名的研究如雨后春笋般出现于各个领域。例如,梅丽、贝克曼、格里菲斯(A. Griffith)等人的空间全球法

---

① [德]贡特尔·托依布纳:《"全球的布科维纳":世界社会的法律多元主义》,高鸿钧译,载《清华法治论衡》,2008,第10辑,243~244页。
② 同上文,248、256页。
③ F. Snyder, "Governing Econimic Globalisation: Global Economic Networks and Global Legal Pluralism", 4 *European Law Journal*, 1999, pp. 334-374.

律多元论(Spatial Global Legal Pluralism)和治理之法(Laws of Ruling)的研究;① 迈克尔斯(R. Michaels)和伯尔曼(P. Berman)等人的跨国法研究;② 佩雷斯(O. Perez)的"全球生态与贸易"研究;约翰斯通(Naomi Johnstone)的环境法研究;以及康维(D. M. Conway)的知识产权本土化研究,等等。③ 这一批学者的研究被认为是当今最具代表性的、最前沿的全球法律多元论成果。

鉴于当下全球化时代法律多元的特点,任何形态单一的理论都难以涵盖整个研究领域,因此,有学者试图提出一种跨学科的多重研究框架。塔马纳哈指出,"社会领域"(social arena)已经由原来较为狭小的范围扩展至民族国家、地方社群与跨国网络三个层面,一种较为复杂的多重研究框架才适合于全球法律多元现象的分析。第一,辨识出社会领域中的六种规范性秩序:官方或实证法体系、习惯法规范体系、宗教规范体系、经济/资本规范体系、功能或团体规范体系。第二,研究各种规范体系之间的冲突。第三,重视规范体系之间的权力差异。第四,关注社会—政治异质性的两种基本形式(团体与个人)。第五,探讨在冲突情形下各种规范体系之间的关系和策略。第六,分析冲突产生的倾向类型(自由主义 vs. 非自由主义;资本/市场规范 vs. 习惯、宗教和社群规范;公/私领域的分离 vs. 混合;规则导向的体系 vs. 共识导向的体系)。④

三、小结

综上所述,全球法律多元论表现出以下几方面特征。

首先,跨越学科界限。随着全球化议题的渗入,众多不同领域的学者

---

① 他们主要从法与空间的关系或法的空间性来探讨全球多元法律秩序共存的问题,以及在法治与治理之法的比较中研究全球治理问题,参见 S. E. Merry, "International Law and Sociolegal Schoparship: Toward a Spatial Global Legal Pluralism", 41 *Law, Politics, and Society*, 2008, pp. 149-168; F. von Benda-Beckmann, et al., *Spatializing Law: An Anthropological Geography of Law in Society*, Ashgate, 2009, chap. 1, 7; F. von Benda-Beckmann, et al., *Rules of Law and Laws of Ruling: On the Governance of Law*, Ashgate, 2009, chap. 1, 2。

② 这类研究主要从全球法层面探讨国际法中的国家法与非国家法、主权与法律冲突等问题,参见 P. Berman, "Global Legal Pluralism", 80 *Southern California Law Review*, (2006-2007), pp. 1155-1237. R. Michaels, "Global Legal Pluralism", 5 *Annual Review of Law and Social Science*, 2009, pp. 243-262。

③ O. Perez, *Ecological Sensitivity and Global Legal Pluralism: Rethinking the Trade and Environment Conflict*, Hart Publishing, 2004; N. Johnstone, "Indonesia in the 'REDD': Climate Change, Indigenous Peoples and Global Legal Pluralism", 12 *Asian-Pacifica Law & Policy Journal*, 2010, pp. 93-123; D. M. Conway, "Indigenizing Intellectual Property Law", 15 *Texas Wesleyan Law Review*, 2009, pp. 207-256. 值得注意的是,在佩雷斯的研究中,卢曼和托依布纳的法律自创生理论得到较好的阐释。

④ B. Tamanaha,"Understanding Legal Pluralism: Past to Present, Local to Global", 30 *Sydney Law Review*, 2008, pp. 397-409。

参与其中,法律多元论本身的跨学科性质得到进一步凸显,全球法律多元论主要以问题为核心,问题的研究不再受制于学科之间的界限。任何学科都不可能单独处理全球法律多元问题,问题的复杂性导致各个学科之间的理论议题和研究方法的交错与融合。

其次,超越民族国家。全球法律多元论之前的研究基本上都是以民族国家及其法律体系为核心参照点。而在全球化进程中,民族国家的核心地位受到来自地方和全球的两方面力量的挑战。借助于世界体系等理论资源,全球法律多元论不是以民族国家为中心,而是强调从地方、国家、全球三个层面的互动来看待法律多元现象。

再次,内容纷繁多样。从早期关注地方性的习惯法、本土法,到强调非国家法秩序与国家法秩序的互动,法律多元论主要关注内容是义务的多重性、规范多元、法律秩序多元性等等,在经研究中它往往更为侧重司法多元或纠纷解决的多元。而全球法律多元论的内容除前述内容之外,更多涉及全球经济网络、全球治理、生态环境、国际法院、人权、新社会运动等问题,内容和视野的拓展是全球法律多元论的重要贡献。

最后,事实与规范之间。伴随着以上变化,侧重经验事实的研究与侧重理论规范性的研究在一定程度上开始寻求某种平衡。无论从何种视角出发、应用何种方法,法律多元研究最终要回到实践中,在此过程中,法律的事实性与规范性之间的张力始终是不可回避的问题。已有部分学者开始改变只强调事实性,或只强调规范性的立场,试图在事实与规范之间的张力中寻求全球法律多元论发展的动力。

第五节 评价

最初,在社会科学的影响下,法律多元论作为法人类学、法社会学的一个分支而出现,它的确立对西方传统法学构成了挑战,而且在一定程度上改变人们看待法律的方式,在全球化时代,所谓"现代社会的法律"及其秩序远远不是人们想象中的"普遍同质"和"整齐划一"的形象,法律多元无处不在。当今的法律多元论所形成的一套颇具影响力的理论话语已经深入社会生活的方方面面:关于原住民、少数族裔、"移民中的人"等边缘群体的习惯法、本土法、跨国法研究,关于民族国家内部的非国家法秩序、地方法秩序与国家法秩序之间竞争与互动的研究,关于全球生态与环境保护的研究,关于宗教法与国家法冲突的研究,等等。

在理论上,法律多元论始终保持着"自我更新",在原初理论基础上,不断借鉴和吸收各个学科的新观点和新方法,紧跟人文社会科学发展的前沿。在借鉴与吸收的同时,法律多元论也将新议题和新成果反馈给各个学科,从而在理论研究中形成较为良好的学科间互动。在实践中,法律多元论强调差异性,反对民族国家对法律和法律话语的垄断,维护少数人的权益,从另一个视角来看,这也是对民族国家法律系统的"刺激",使其在自我运行时不得不考虑多元性与差异性,为国家治理提供了可供观察的视角;在全球层面,法律多元论反对霸权国家对法律话语的垄断,其研究成果为边缘、半边缘,以及后发国家提供了可供参考的法制建设路径。

然而,我们也应清醒认识法律多元论的不足之处。首先,在很长一段时间内,法律多元论强调一般事实分析与描述,但忽视了权力分析或者政治性分析。[①] 其次,由于方法的多样性和议题的复杂性,法律多元论始终未能形成令人满意的理论分析框架,而且学者们大多各自为战,这状况难以形成良好的理论传统。再次,部分法律多元论者过分强调地方自治,国际组织、非政府组织的力量,而忽视民族国家的作用。当今民族国家在世界经济、政治和文化体系中仍占据十分重要的地位,部分国家仍未形成较为稳固的民族国家之社会基础,在此情况下,国家治理与全球治理的重心仍然不能离开国家。最后,法律多元论对法治既有积极作用,也有消极作用。[②] 在没有具备法治条件,或者形成法治理念、法治传统的国家里,法律多元论在有效解决实际法律问题的同时,也可能对整体法律体系的运转造成危害。

总之,法律多元论作为当今西方法学研究中的重要理论,为我们提供了可借鉴的实践经验和理论资源,为我们重新审视现代社会中的法律与法治提供了多元的和批判的视角。

思考题

1. 法律多元论为我们观察现代社会中的法律提供了哪些洞见?
2. 法律多元论与法律全球化之间是何种关系?
3. 全球法律多元论的特征有哪些?

[①] G. Barzilai, "Beyond Relativism: Where Is Political Power in Legal Pluralism?", 9 *Theoretical Inquiries in Law*, 2008, pp. 395-416.

[②] B. Tamanaha, "The Rule of Law and Legal Pluralism in Development", 3 *Hague Journal on the Rule of Law*, 2011, pp. 1-17.

阅读文献

1. M. B. Hooker, *Legal Pluralism*, Clarendon Press, 1975.

2. J. Griffiths, "What is Legal Pluralism?" 24 *Journal of Legal Pluralism*, 1986, pp. 1-55.

3. S. E. Merry, "Legal Pluralism", 22 *Law & Society Review*, 1988, p. 869-896. 译文参见[美]S. 梅丽:《法律多元论》,毕向阳译,111~141页,载苏国勋主编:《社会理论》第5辑,北京,社会科学文献出版社,2009。

4. [日]千叶正士:《法律多元——从日本法律文化迈向一般理论》,强世功、赵晓力等译,北京,中国政法大学出版社,1997。

5. [葡]博温托·迪·苏萨·桑托斯:《迈向新法律常识:法律、全球化和解放》,刘坤轮、叶传星译,北京,中国人民大学出版社,2009。

6. A. Griffiths, "Legal Pluralism", in R. Banakar & M. Travers (eds.), *An Introduction to Law and Social Theory*, Hart Publishing, 2002, pp. 289-310.

7. B. Tamanaha, "Understanding Legal Pluralism: Past to Present, Local to Global", 30 *Sydney Law Review*, 2008, pp. 375-411.

8. [奥]尤根·埃利希:《法社会学原理》,舒国滢译,北京,中国大百科全书出版社,2008。

第二十章 弗里德曼的法律文化思想

关于法律文化的学理思考,源于西方。法国思想家托克维尔对美国民主和法治的考察中使用的"民情"(法语 mœurs/拉丁语 mores)[①]一词,就包含了法律文化的意蕴,只不过其含义更广泛一些。美国社会学家贝拉等人沿循托克维尔的足迹对当代美国文化进行调查研究,用以指称民情的词语"心灵的习性"(habits of the heart)[②],也涵括了法律文化的精神,虽然其并未特意论及法律话题。法学家关于法律文化理论的学术研究,主要始于 20 世纪后半叶。美国法律史学家及法律社会学家劳伦斯·迈尔·弗里德曼(Lawrence Meir Friedman),最先提出了"法律文化"(legal culture)的概念。他在托克维尔和贝拉等人的研究基础上,主要以美国为观察范本,对法律文化进行了长达半个世纪的持续思考。经过长期研究,弗里德曼明确界定了法律文化概念的含义,区分了法律文化的两种基本类型,探讨了法律文化与法律制度的关系,指出了法律文化在法律与社会之间的媒介作用,阐述了现代法律文化的基本精神及其发展趋势,从而创建了一套比较完整的法律文化思想理论体系。他关于法律文化的研究,在国际上引起很大反响,对于思考法律制度与法律观念之间的联系,协调传统法律与现代法律、本土法律与外来法律之间的关系,建构现代法律文化及法律制度,具有重要的理论意义和实践价值。

第一节 学术背景与主要著述

弗里德曼,1930 年诞生于美国芝加哥,在芝加哥大学获文学学士、法学硕士和法学博士学位,并拥有两个荣誉博士学位(柏捷生大学;纽约州

[①] [法]托克维尔:《论美国的民主》,上卷,董果良译,332 页,北京,商务印书馆,1988。
[②] [美]罗伯特·N. 贝拉等:《心灵的习性》,周穗明等译,北京,中国社会科学出版社,2011;Robert N. Bellah et al. , *Habits of the Heart*, University of California Press, 1985。

立大学)。1951年获得律师资格,曾在法律事务所从事过两年实务工作。1957年转入学界,先后在圣路易斯大学(1957—1960)、威斯康星大学(1961—1968)就职,自1968年起执教斯坦福大学至今。现任斯坦福大学法学院Marion Rice Kirkwood教授、历史系及政治学系礼任教授,美国人文与科学院院士,同时兼任斯坦福大学行为科学研究中心、耶路撒冷凡里尔学院,以及柏林高级研究院的研究员等职。曾任美国法律史学会会长,法律社会学国际社会协会研究委员会会长,美国法律社会学会会长。荣获象征美国法学界最高荣誉的the Order of the Coif学术奖等多种奖项。在威斯康星大学期间,弗里德曼深受美国法律史及法律社会学研究的先驱詹姆斯·维拉德·赫斯特(James Willard Hurst)的影响,并被视为该领域"威斯康星学派"的当今代表人物之一,成为继赫斯特之后,美国最有影响力的法律史学家和法律社会学家。

弗里德曼研究领域广泛,成果丰硕,著作等身。据不完全统计,他著有学术书著30余部(专著20多部、合著或合编10多部),学术论文200余篇。其中至少有8部专著集中阐述了其法律文化思想:《法律制度》(1975),《法律与社会》(1977),这两部专著是弗里德曼关于法律文化与法律社会学的一般理论研究,基本涵括了法律文化的概念及类型、法律制度、法律与社会等法律文化基本理论的主体内容;《选择的共和国》(1990),《完全正义》(1985,1994),《扁平社会》(1999),《私域生活》(2004),《守护生活的黑暗秘密》(2007),《人权文化》(2011),这六部著作均涉及现代法律文化及其普遍趋势的思考,其中《选择的共和国》以美国的法律文化作为典型,对现代法律文化进行了较为全备的阐释;另五部作品分别从某一特定领域对现代法律文化进行了拓展性研究。此外,弗里德曼还有其他一些著作,诸如关于美国法及其法律史的一般研究、美国某些部门法问题的专门研究等,也不同程度地涉及法律文化论题,在此不一一枚举。①

---

① 有关弗里德曼的学术背景及主要著述,参见斯坦福大学官网:(网址参见 https://www.law.stanford.edu/profile/lawrence-m-friedman,最近访问时间:2014-08-27) R. W. Gordon & M. J. Horwitz(eds.), *Law, Society, and History: Themes in the Legal Sociology and Legal History of Lawrence M. Friedman*, Cambridge University Press, 2011, pp. 1-2;[美]傅利曼:《法律与社会》,吴锡堂、杨满郁译,作者简历,台北,巨流图书公司,1991;[美]劳伦斯·M.弗里德曼:《法律制度》,修订版,季卫东代译序,李琼英、林欣译,北京,中国政法大学出版社,2004; L. M. Friedman, *The Human Rights Culture*, Quid Pro Books, 2011, p. 165. 出于观点准确性考虑,本章内容笔者尽可能参考弗里德曼专著、专论,他与别人的诸多合著尽管涉及法律文化,一般不作引述。

第二节 法律文化基本理论

弗里德曼的法律文化概念及其理论,是在参与美国"法律与发展"运动研究[①]的过程中逐步建构的。"法律与发展"是 20 世纪 50 年代起,美国以帮助发展中国家迅速实现现代化的名义,而发起的一项法律及其文化输出运动。由美国国际开发署及福特基金会等赞助,包括前后两轮大规模输出活动,向第三世界推行美国式法律教育、法学观念、法律职业模式,以及司法制度等。美国大学及学者自 20 世纪 60 年代起广泛参与该运动的实践与研究,并承担了第一轮法律输出的骨干角色。弗里德曼在此研究过程发现了法律中影响社会发展的关键变量——文化,首创了"法律文化"一词,并对法律文化的含义及相关主题陆续进行了思考与阐述。他的法律文化基本理论,可以概括为法律文化的概念、法律文化的基本类型、法律文化与法律制度的关系,以及法律文化对于法律和社会间的作用四个主要方面。

一、法律文化的概念

(一)弗里德曼的定义

在 1969 年《法律文化与社会发展》一文,弗里德曼首次提出了法律文化的概念。在他看来,法律制度中的文化要素是将整个法律制度系结起来的价值和态度,决定法律制度在整个社会文化中的地位,这种文化便是"法律文化"。他将法律文化初步界定为"有关法律的价值与态度的网络",它决定人们"何时、为何及在何种情况下求助于或回避法律"[②]。这种"价值与态度"涉及的问题是:律师和法官的训练与习惯是怎样的?人们对法律有何看法?团体或个人是否愿意诉诸法院?人们基于什么目的求助于法律职业者、其他官员或仲裁者?人们是否尊重法律、政府和传统?阶级结构和法律规则的运用之间存在着怎样的关系?正式社会控制之外,存在什么样的非正式或替代性社会控制机制?哪些人偏好哪些控

---

① 参见[美]戴维·杜鲁贝克:《论当代美国的法律与发展运动》(上),王力威译,载《比较法研究》,1990(2),47~50 页;高鸿钧:《美国法全球化:典型例证与法理反思》,载《中国法学》,2011(1),6~10、33~36 页;J. H. Merryman, et al. , *Law and Social Change in Mediterranean Europe and Latin America*, Stanford Law School, 1979, pp. 1-19。

② 参见 L. M. Friedman, "Legal Culture and Social Development", 4/1 *Law and Society Review*, 1969, p. 34。

制机制,为什么?① 归纳起来,这些问题主要涉及两类观念性内容,一类是法律职业者或法律人的思维方式和职业惯习;另一类是普通大众对法律的看法、态度、诉诸意向等。

从上述阐释看,弗里德曼的"法律文化",可能受到阿尔蒙德、维尔巴"政治文化"概念的启发。他后来也解释过,法律文化这个词大致描述了关于法律的态度,和政治文化多少有些相似,阿尔蒙德和维尔巴曾将政治文化解释为"表现在人们认识、感情和评价中的政治制度"②。此后弗里德曼又屡次对法律文化的含义予以重申和拓展,表述时而有所变通,如个别场合将举动模式或社会力量也纳入了法律文化的外延;③但其他大多著述中,法律文化仅指称观念要素,核心意思总体上坚持了1969年这一概念的基本内涵。综合其各时期的表述,我们将弗里德曼的"法律文化"概念定义如下:

法律文化是法律制度④中的文化要素和观念之维,意指特定社会中的人们对法律所持有的看法、期待、信念、意见及意向等,它是价值和态度的网络,决定着法律人的法律作为方式,即如何制定、执行或适用法律,也决定着普通人的法律行为模式,即何时、为何及在何种情况下求助于或回避法律,⑤它是推动法律变化的直接源泉,是连接法律与社会的桥梁。⑥

总之,弗里德曼的法律文化概念具有以下几层含义:第一,法律文化是指社会成员对法律的态度、观念,不包括法律的器物和制度之维。第

---

① 参见 L. M. Friedman, "Legal Culture and Social Development", 4/1 *Law and Society Review*, 1969, p. 34。

② 参见[美]劳伦斯·M. 弗里德曼:《法律制度》,修订版,李琼英、林欣译,17~18页;阿尔蒙德和维尔巴认为"政治文化"是"某种特定政治倾向——对政治制度及其各部分的态度,以及对自我在政治制度中之角色的态度"。参见 G. A. Almond & S. Verba, *The Civic Culture*, Princeton University Press, 1963, p. 12。

③ 参见[美]劳伦斯·M. 弗里德曼:《法律制度》,修订版,李琼英、林欣译,17、226页。

④ 弗里德曼所说的法律"制度",为广义用语,不仅包括法律规则及其运行机制,还包含观念维度的法律文化,其他学者大多采用"制度"的狭义用语,仅指称规则及其运行机制,不含观念文化。详解见本节"三、法律文化与法律制度"。如无特别注明,以下均同。

⑤ 弗里德曼用两个词区分法律人的专业活动及相对人的反应行为,前者用"legal act"表述,指任何掌权者在法律制度范围内采取的任何有关作为;后者使用"legal behavior",指人们对前述掌权者法律作为所作出的直接反应。对此二者目前中译文不尽一致。根据学界用语习惯,笔者在此将 legal act 译为"法律作为",legal behavior 译为"法律行为",两者统称时则用法律"举动"。参见上书 4~5、29 页;[美]傅利曼:《法律与社会》,吴锡堂、杨满郁译,163~164、168~169 页;L. M. Friedman, *The Legal System: A Social Science Perspective*, Russell Sage Foundation, 1975, pp. 4-5, 25; L. M. Friedman, *Law and Society: An Introduction*, Prentice-Hall, Inc., 1977, pp. 111-112, 115-116。

⑥ 关于法律文化的定义,综合参见 L. M. Friedman, "Legal Culture and Social Development", p. 34;[美]劳伦斯·M. 弗里德曼:《法律制度》,修订版,李琼英、林欣译,17~18、226~227 页;[美]弗里德曼:《选择的共和国》,高鸿钧等译,251~252 页,北京,清华大学出版社,2005;[美]傅利曼:《法律与社会》,吴锡堂、杨满郁译,114 页;L. M. Friedman, *Total Justice*, Russell Sage Foundation, 1994, pp. 31-32;高鸿钧:《法律文化的语义、语境及其中国问题》,载《中国法学》,2007(4),23 页。

二,法律文化受特定历史传统和现实社会条件的制约,不同的族群、民族、国家或跨越国家的法律制度,具有不同的法律文化。第三,法律文化决定着特定社会中的人们与法律有关的举动模式。第四,法律文化是法律制度的组成要素,与法律制度整体是一种互动关系。第五,法律文化受到社会的影响,也影响社会的变化。

(二) 法律文化类似用语

弗里德曼的"法律文化"概念,在法学界引起了较大反响。但在他之前和之后,也有一些学者使用了其他词语表达相似的意涵,其中比较有影响力的有法律传统、法律意识形态、法律心智、法律意识等。

1. 法律传统

美国法学者梅里曼提出了法律传统(legal tradition)的概念,认为法律传统是这样一套"植根深远、并为历史条件所制约的观念":它关涉"法律的性质、法律在社会与政治体中的地位、法律制度的专有组织和运作,以及法律实际或应该被如何制定、适用、研究、完善及传授";它将法律制度与它作为其中一部分的文化联系起来,从而"将法律制度置于文化视域之下"[①]。法律传统和弗里德曼的法律文化概念相似性在于,两者均指称关于法律的观念因素,均关照历史维度。其不同之处主要有两点:第一,两者与文化和法律制度的关系不同,梅里曼的法律传统是文化的一部分,却不属于法律制度的组成要素;弗里德曼的法律文化既属于文化的组成部分,也是法律制度的构成要素。第二,两者对历史因素的注重程度不同,法律传统单一强调历史向度,法律文化则给予历史和现实同等关注。

有学者认为,梅里曼对法律传统概念的理解有些过窄,广义上的法律传统除了法律观念之外实际上还应包括法律制度,而且还可以指称跨越国别和民族界限的有共同特征的法律制度。[②] 另外加拿大比较法学者 H. 帕特里克·格伦也从观念维度论及法律传统,将其视为一种"高度自觉"的"长久的规范性信息体",很难将其物化为某些"外在于我们"的事物。[③]

2. 法律意识形态

英国法学者科特雷尔认为,"法律文化"一词过于模糊,不易把握;法律文化所能涵盖的大多数内容都可以依据"法律意识形态"(legal ideology)来加以考虑。所谓法律意识形态,"是对实践所包含、表达以及塑造的流行的观念、信仰价值和态度的一种概括"[④],较之法律文化,法律意识形态具有以下几个特征:第一,与法律文化概念相比,法律意识形态

---

① 参见 J. H. Merryman et al., The Civil Law Tradition, The Michie Co., 1994, pp. 3-4。
② 高鸿钧:《法律文化的语义、语境及其中国问题》,24~26 页。
③ 参见[加]H. 帕特里克·格伦:《比-较》,鲁楠译,载[英]埃辛·奥赫绪、[意]戴维·奈尔肯编:《比较法新论》,马剑银等译,115 页,北京,清华大学出版社,2012;[意]戴维·奈尔肯:《法律文化概念的界定与使用》,鲁楠译,载同上书,129 页。
④ 参见[英]罗杰·科特雷尔:《法律文化的概念》,沈明译,载[意]D. 奈尔肯编:《比较法律文化论》,高鸿钧等译,35~36 页,北京,清华大学出版社,2003。

概念更强调法律的专业智识和制度之维;第二,法律意识形态更关注法律原则与系统化的法律学理;第三,法律意识形态的范围更具体一些,并在分析上更具有可操作性;第四,法律意识形态具有整体性和统一性的特征,其内容更确定和更明晰。①

针对科特雷尔的批评,弗里德曼予以了回应。他认为,首先,法律文化概念与法律意识形态概念的侧重点不同,前者侧重非正式的法律观念、期待和态度对于制度性机制的影响,而后者则看重职业化的机制对于大众法律观念的影响。其次,法律意识形态的概念隐含着制造假象和蒙骗公众的潜台词。最后,法律意识形态的含义也同样存在模糊、笼统之处。②

3. 法律心智

以法国皮埃尔·罗格朗为代表的一些学者用"心智"(mentalité)一词来指称法律文化的含义。罗格朗认为,心智是一种"集合性的思想程序",一套描述形塑行动方式的信念及阐释性观念,包含有"假设、态度、期望和反感",而这些提供着法律推理的深层结构。③ 罗格朗通过分析普通法法系和民法法系间的差异,解释了"心智"对于法系的塑造作用,认为正是一种特殊的心智在普通法法系和民法法系之间,建立了一道屏障,这使得两大法系的法律人想法很难达成一致。较之法律文化,法律心智的概念亦更为偏重法律职业思维及观念。

4. 法律意识

新中国成立后受苏联学者影响,我国学界主流一直使用"法律意识"表达与弗里德曼的法律文化相似的语义,认为法律意识是法律的观念形态,是人们关于法律现象的心理、观点、思想体系和法律知识的总称。按照认识阶段可以将其分为法律心理和法律思想体系两个层次;按照主体则可分为个体、群体以及社会的法律意识等。④ 20 世纪 80 年代中期,弗里德曼的"法律文化"概念开始引起我国法学界关注,⑤但相当一部分学者对法律文化的理解比弗里德曼广义得多,不仅仅以其指称法律的观念

---

① 高鸿钧:《法律文化的语义、语境及其中国问题》,28 页。
② 参见[美]劳伦斯·M. 弗里德曼:《法律文化的概念:一个答复》,沈明译,载[意]D. 奈尔肯编:《比较法律文化论》,高鸿钧等译,51~62 页,北京,清华大学出版社,2003。
③ 参见[英]约翰·贝尔:《法国法律文化》,康家昕等译,25~28 页,北京,清华大学出版社,2012。P. Legrand, "European Legal Systems are not Converging", 45 *International and Comparative Law Quarterly*, 1996, pp. 60-61.
④ 综合参见孙国华主编:《法学基础理论教程》,184~189 页,北京,人民法院出版社,1988;沈宗灵:《法学基础理论》,265~268 页,北京,北京大学出版社,1988;曾庆敏主编:《法学大辞典》,1119~1121 页,上海,上海辞书出版社,1998;中国社会科学院法学研究所法律辞典编委会编:《法律词典》,313~314 页,北京,法律出版社,2003;刘旺洪:《法律意识论》,北京,法律出版社,2001。
⑤ 参见刘作翔:《法律文化论》,29~30 页,西安,陕西人民出版社,1992;刘作翔:《法律文化理论》,32 页,北京,商务印书馆,1999。

形态,还将法律的制度之维也涵括在内,而法律意识则被视同为法律文化的观念部分。① 也有学者认为,即使同为观念之维,弗里德曼的狭义法律文化与法律意识亦有所差异:一是从主体而言,法律文化是个集合概念,通常指群体的法律价值与态度等,而法律意识可以指个体的、零散的法律观念;二是从表现形态看,法律文化通常有特定的形态或符号(如西方教堂的婚礼、印度寡妇的殉葬仪式),而法律意识很可能处于隐蔽状态,不易发现。② 与其他类似概念相比,弗里德曼的"法律文化"目前仍是同领域研究中传播范围最广、国际认同度最高的范畴。

二、法律文化的类型

据弗里德曼考察,法律文化有两个不同的层次或基本类型,即内行法律文化和外行法律文化。但这一分殊主要是针对现代社会,并不适于解释传统社会。对于前者,弗里德曼主要从法律职业及法律方法的角度进行描述;对于后者,主要从现代大众法律文化的视域予以观察。

(一)内行法律文化与法律职业

内行法律文化是法律职业者或法律人的思维方式、职业惯习以及对法律的态度和价值观念。弗里德曼认为,每个社会都有法律文化,但只有存在法律专家的现代社会,才有内行法律文化。故研究内行法律文化,须从观察作为专家的法律人及其专业思维方法入手。

1. 内行法律文化与法律人

弗里德曼认为,内行法律文化与现代法律职业的专业化密切关联。其中律师和法官是主要的法律职业人士,必须经过专门的法律学习、培训和考试,并取得职业资格证书,才能从事相关工作;其职业技巧具有独占性和专业性。这两类法律人的职业思维与观念是内行法律文化的典型代表。

一方面,尽管律师职业的兴起始于古罗马时期,但只有进入现代工业社会,法律事务变得频繁、复杂和费解,律师内行化的职业技巧才变得不可或缺,并由此催生了现代职业律师思维观念的新特点,主要体现在:首先,现代律师对职业的态度不同以往,不再将其视为展示雄辩力的免费业余爱好或绅士的无偿荣誉事业,而是把职业当作谋生手段,向当事人索取高额费用,并认为报酬的收取与其职业的专业复杂程度相当。其次,现代律师通过法律专业学习和训练,享有了共同的经验和情感,使用共同的专业术语作为职业技巧和行内交流工具,从而使律师职业群体得以标示,区别于非法律人士。再次,现代律师的语言风格有故意使用含混、冗赘和煽

---

① 诸多国内学者编著的《法理学》教材采用了此观点。如参见沈宗灵主编:《法理学》,245~250页,北京,高等教育出版社,1994;张文显主编:《法理学》(第4版),324~329页,北京,高等教育出版社、北京大学出版社,2011;高其才:《法理学》,237~248页,北京,清华大学出版社,2011。
② 高鸿钧:《法律文化的语义、语境及其中国问题》,26页。

情措辞的倾向,以此向外行当事人显示其专业性,还可以掩盖或转嫁代理中的难题,并作为灵活应对法庭辩护的策略。最后,现代律师以法律命题(而不是常识、伦理等非法律命题)为前提,运用形式逻辑进行"法律推理"论证,力图以专业方式回答法律问题,说服法官或其他权威。①

另一方面,法官虽然比律师的历史更长、更普遍化,但法官的职业化,是现代政府权力分立后的产物。在具体文化形式上,不同社会的专业法官审判风格尽管有所不同,但现代法官有一些共同的职业特质,区别于传统司法者:第一,所有现代法官都须接受专门的法律训练,具备内行法律技术和思维方法。第二,现代法官对自身的角色定位,总体上倾向于作为被动的司法者,希望自己所为看起来没有逾越既存法律规则的应用。第三,法官审理案件事实上受到情感、良知和社会压力的影响,但在形式上他们要对此加以掩饰,通过运用专业化的法律语言、逻辑和思维方式,进行法律解释、法律推理和论证,使其作出的决断看上去是严格依照法律进行的。相应地,现代职业法院也呈现出新的特色:其审判正式化,重视技术性;审判过程复杂、缓慢且费用昂贵;与民众保持距离等。②

2. 内行法律文化与法律思维

内行法律文化,突出体现在法律职业者的特殊思维方法中,包括特别的法律语言、法律逻辑、法律解释和法律推理等。弗里德曼主要透过法律推理(legal reasoning)的例解,对此进行了讨论。在弗里德曼看来,所谓法律推理,是为特定法律作为作"正式的"理由阐述,并且必须具备权威性的论证过程。作为内行法律文化的法律推理,具有以下特点:其一,并非所有法律人都有推理的职责和职能,其主体须具备权威性,比如法官,而律师和法学家的"推理"不是正式意义的法律推理。其二,现代法律推理中,作为前提的命题只能是法律命题,且该法律在总体上须为规则封闭、但接纳革新的体系。其三,现代法律除了终极权力的合法性不需作推理外,其他所有的法律作为必须通过法律推理进行合法性检验。因此,法律推理就像制服与徽章一样,是为特定合法性所设计的标识,那些有推理义

---

① 关于律师职业内行法律文化,综合参见[美]傅利曼:《法律与社会》,吴锡堂、杨满郁译,31~42、132~134 页;[美]劳伦斯·M.弗里德曼:《法律制度》,李琼英、林欣译,286~288、306~313 页;[美]劳伦斯·M.弗里德曼:《美国法律史》,苏彦新等译,322~352、705~725、765~773 页,北京,中国社会科学出版社,2007;[美]劳伦斯·傅利曼:《二十世纪美国法律史》,吴懿婷译,32~36、488~506、512~519 页,台北,商周出版社,2005;[美]劳伦斯·傅利曼:《美国法导论》,杨佳陵译,316~345 页,台北,商周出版社,2004。

② 关于司法职业内行法律文化,综合参见[美]傅利曼:《法律与社会》,吴锡堂、杨满郁译,42~52、128~136 页;[美]劳伦斯·M.弗里德曼:《法律制度》,李琼英、林欣译,198~208、274~306 页;[美]劳伦斯·M.弗里德曼:《美国法律史》,苏彦新等译,765~773 页;[美]劳伦斯·傅利曼:《二十世纪美国法律史》,吴懿婷译,45~47、274~303、488~519 页;[美]劳伦斯·傅利曼:《美国法导论》,杨佳陵译,98~130 页。

务的法律人面临合法性要求时,只有通过法律推理论证,才能使其法律作为与规则之间的联系获得正当性。而这些合法性要求,是经由外行法律文化提出的。外行法律文化通过对内行法律文化的影响,发挥着检验法律合法性的功能。①

(二) 外行法律文化与大众法律文化

外行法律文化与内行法律文化相对,是法律职业者之外的普通大众对法律的看法、期望、态度和价值观念。鉴于外行法律文化涉及的社会领域极广,弗里德曼的研究主要集中于外行法律文化的现代典型样态——大众法律文化,即大众文化中的法律文化。故大众文化、大众法律文化是理解外行法律文化的两个关键范畴。

首先大众文化中的"大众",并非包括所有人,而是主要指"中产阶级及其之上阶层的那部分人"②,这些人的态度、价值观念之聚合力量,便代表大众文化,会形成塑造法律的强势社会力量。弗里德曼指出"大众文化"③有两层含义:从广义上说,是知识分子或权贵精英文化以外的普通人文化;在此弗里德曼使用了一般文化学术界对这一概念的"剩余"式界定。④ 从狭义上说,大众文化是指自工业革命以后,以书籍、歌曲、电影、戏剧、电视节目等现代大众传媒为载体,以一般公众而非专业知识精英为目标受众的流行文化,"是猫王而不是玛丽莲·霍恩的作品"⑤;较之广义概念,弗里德曼在此强调了时间—现代,以及"流行"、"大众传媒"等要素。

当大众文化与法律文化交汇,便形成了大众法律文化。与大众文化的广、狭含义相对应,弗里德曼认为大众法律文化亦有两种意义和语境:一种为广义用法,与外行法律文化为同义语;另一种是其狭义界定,指涉以一般公众为目标受众,以书籍、歌曲、电影、戏剧及电视节目等现代大众传媒为表达、传播介质,关于法律及法律人的文字或艺术法律表达;⑥此时大众法律文化只是外行法律文化的其中一部分,但却是外行法律文化的主要组成部分。

---

① 参见[美]傅利曼:《法律与社会》,吴锡堂、杨满郁译,117~128页;[美]劳伦斯·M.弗里德曼:《法律制度》,李琼英、林欣译,274~288页。
② [美]弗里德曼:《选择的共和国》,高鸿钧等译,10页。
③ 现代英语用以指称"大众文化"的主要有两个词组:"mass culture"、"popular culture",两者产生时间及初始含义有所差别,但现代学者包括弗里德曼在内,作一般使用时大多不进行区分,笔者在此亦将二者作同义解。
④ 关于文化学术界对大众文化的定义,可参见[英]约翰·斯道雷:《文化理论与大众文化导论》,常江译,6~18页,北京,北京大学出版社,2010。
⑤ 参见 Lawrence M. Friedman, "Law, Lawyers, and Popular Culture", 98/8 *the Yale Law Journal*, 1989, p. 1579。猫王即维斯·普雷斯利(Elvis Aron Presley, 1935-1977),美国20世纪流行乐坛的重要明星,被誉为摇滚乐之王。玛丽莲·霍恩 Marilyn Horne (1934),美国当代女中音歌唱家,在歌剧界很有影响力。
⑥ Ibid., pp. 1580, 1587-1592.

大众法律文化与外行法律文化存在以下关联：第一，在时间上，两者均为近代法律职业化分工以后的产物。第二，广义的大众法律文化与外行法律文化为同义语，均指称法律职业者之外的普通人对法律的态度、价值等观念。第三，狭义的大众法律文化，在两个方面体现外行法律文化的内容，一方面是由于大众文化以法律为表达客体而产生的大众法律文化，直接反映了外行关于法律的观念；另一方面是由于大众文化中的名人文化与现代形式理性法相结合，形成的新权威类型——平行权威，是现代外行法律文化的重要组成元素。①

但弗里德曼的大众法律文化用语，在大多数场合并不严格区分广义和狭义，且时常与外行法律文化混同使用，从其诸多表述看，他主要采纳大众法律文化的狭义用法，以其作为分析现代法律文化的主要模型。在他看来，这种大众法律文化不断创造、传播以律师、法官及法庭诉讼为娱乐消费对象的产品，对内行法律文化产生了不容忽视的影响。②

（三）内行法律文化与外行法律文化

据弗里德曼分析，内行法律文化与外行法律文化之间并非泾渭分明，而是存在以下关联：首先，内行法律文化在很多方面是外行法律文化的"镜像"③，反映了后者的主要特质。其次，外行法律文化制约着内行法律文化，使后者在专业性、一贯性的背后，不致偏离社会太远。再次，外行法律文化要将外界社会力量的要求转变为法律，须通过内行法律文化的过滤、确认和改造。"空气中的社会压力不是对法律制度的要求"，除非传达给法官、议员或律师等法律作为和行为者。④ 最后，外行法律文化集聚了社会变迁过程所释放出来的力量，并以某种方式和强度对法律制度施加影响和压力，内行法律文化控制着法律制度在何种程度接受这种影响和压力，从而把握着法律制度的发展方向。⑤

同时，内行法律文化与外行法律文化亦存在某些冲突。第一，现实社会中，这两种法律文化往往对法律制度的价值认同程度不一，从而存在距离；在其他条件相同的情况下，两者差距越大，法律运行的成本越高。第

---

① 参见［美］弗里德曼：《选择的共和国》，高鸿钧等译，136~151页。
② 关于外行法律文化与大众法律文化，参见 Lawrence M. Friedman, "Law, Lawyers, and Popular Culture", pp. 1579-1606; J. Carrillo, "To Influence, Shape, and Globalize: Popular Legal Culture and Law", in R. W. Gordon, M. J. Horwitz (eds.), *Law, Society and History: Themes in the Legal Sociology and Legal History of Lawrence M. Friedman*, pp. 69-89;［美］劳伦斯·傅利曼：《二十世纪美国法律史》，吴懿婷译，504~507、630~632页。
③ L. M. Friedman, *Total Justice*, p. 119.
④ 参见［美］劳伦斯·M. 弗里德曼：《法律制度》，李琼英、林欣译，261页。
⑤ 参见 J. H. 梅里曼等：《"法律与发展研究"的特性》，俗僧译，载《比较法研究》，1990(2)，60页。该文虽为合撰，但对弗里德曼的内行与外行法律文化思想概括精准、凝练，故引用之。

二,一般说来,内行法律文化包含较多理性的成分和普遍化的追求,而外行法律文化则羼杂较多具体的公平情感和个别化的正义直觉。第三,作为内行的法律职业者往往扮演法律制度代言人的角色,而普通大众则是外行法律文化的承载主体,这两类人群对法律的态度和价值分歧,经常会以法律文化冲突的形式显现,并常会导致大众与书面法律之间的隔膜。另外,两种法律文化各自内部的多元形态间也会发生冲突,影响法律的整体社会效果。为此,许多社会都尝试通过某种方式对两种法律文化进行整合,以期减少差异和冲突,使法律制度获得较高的全体社会成员认同度。①

三、法律文化与法律制度

弗里德曼的法律文化概念始终与法律制度(legal system)②密切关联。首先须指出的是,在弗里德曼的著述中,法律制度有四种观察视角和使用语境:第一种是从历时性角度描述,将某地区法律制度置于长时段的历史,观察其在社会变迁中的演变、呈现的不同样态,这种语境的法律制度,是指广义上的法律传统。③ 第二种是共时性观察,对一国某时段或现行法律制度进行探讨,辨析与政治体制相联系的中央及地方法律,法律部门组成等,此语境下的法律制度,大约相当于"法律体制"或"法律体系",但后两者的一般法理学分析基本不涉及法律文化维度。第三种是历时与共时相结合,根据法律内容和风格的亲本关系,分析不同时空法律制度的异同,这种视角的法律制度大体等同于"法系"。第四种是从法律制度"内部"解剖其构造,即对法律制度组成要素及运作予以阐析,此种法律制度,有些类似于德国社会学家鲁曼、托依布纳的"法律系统"概念④,但并非像后者那样仅指涉内部封闭自主运作、自我创生的现代法,而是涵括各种类型的法律。⑤ 关于法律制度概念,弗里德曼运用最为频繁的是第四种观察视角。

其次,弗里德曼倾向于将法律制度视同为法律本身。在他看来,所谓

---

① 参见[美]劳伦斯·M.弗里德曼:《法律制度》,李琼英、林欣译,261~266页;[美]傅利曼:《法律与社会》,吴锡堂、杨满郁译,114~115页;高鸿钧:《法律文化的语义、语境及中国问题》,29~30页。
② 目前对弗里德曼的这一概念中文翻译并不统一,有"法律制度"、"法律体系"、"法律体制"等。笔者在此译为"法律制度",以照应弗里德曼与其他一些学者的对比及对话关系。
③ 此处为法律传统的一般广义用语,外延大于梅里曼的"法律传统"概念,不仅指法律观念,也包括法律规则和器物等。
④ 关于鲁曼、托依布纳的法律系统论,参见[德]尼可拉斯·鲁曼:《社会中的法》,"国立编译馆"主译,李君韬译,台北,五南图书出版有限公司,2009;[德]尼可拉斯·鲁曼:《法社会学》,宾凯、赵春燕译,上海,世纪出版集团、上海人民出版社,2013;[德]贡塔·托依布纳:《法律:一个自创生系统》,张骐译,北京,北京大学出版社,2004;[德]贡塔·托依布纳:《魔阵·剥削·异化》,泮伟江等译,北京,清华大学出版社,2012。
⑤ 参见[美]劳伦斯·M.弗里德曼:《法律制度》,李琼英、林欣译,277~288页。

的法律并不是一堆抽象的纸面规范,而是一套动态的程序、一个活生生的运作有机体。① 因此他的法律制度概念,虽用语和其他学者相同,但外延更为广泛。他主张,每种法律制度,无论是特定民族、国家还是世界性的法律制度,都由结构、实体和文化三部分组成:第一部分结构(structure),是法律规则得以运作的架构,如政治体制、司法机构的组成形式、司法方针、组织图表等;第二部分实体(substance),即法律规则体系本身,包括实体及程序规则;第三部分文化(culture),即法律文化,是人们关于法律的价值和态度等。② 其他学者使用的法律制度语义,大多仅指法律规则及其运行机制,亦即弗里德曼所说的"结构"与"实体"部分。甚至与弗里德曼有过合作的梅里曼也持狭义的法律制度观,他曾指出,所谓法律制度是"一套运作的机制(institutions)、程序(procedures)和规则(rules)",排除了观念要素。③ 弗里德曼认为,很多美国法学者由于受实证分析法学的影响,片面重视法律制度前两部分内容,忽视法律文化之维,以致将书本之法与行动之法割裂开来。他的法律制度观主要就是针对这种倾向,采取广义的视角,强调观念之法的重要性。此外,还有学者对弗里德曼的法律制度作更为广义的解释,使之涵括了作为器物形态的相关法律设施(如监狱、法袍等),从而在最广泛的意义上,将法律制度理解为包含器物、制度与观念三个维度全部法律现象的综合体。④

再次,法律制度的运行处于法律文化导控之下,由输入、加工与输出三道程序完成。首先是输入,从制度一端进来的"原料",即通常是以需求方式涌入制定法律的社会力量;继而是法律产品本身,即法律机构及其法律人对输入的材料进行加工,将社会需求转化成法律规则;然后是输出,如法院交付司法裁决,是法律对外部世界产生影响的阶段。其中形塑法律制度的关键是第一道程序,这是法律文化筛选决定社会力量能否进入法律的过程。

最后,法律文化与法律制度存在以下联系:第一,法律文化不但是法

---

① 参见[美]劳伦斯·M. 弗里德曼:《法律制度》李琼英、林欣译,1~2、5~12页;[美]傅利曼:《法律与社会》,吴锡堂、杨满郁译,7~11页;[美]劳伦斯·傅利曼:《美国法导论》,杨佳陵译,34~38页。

② Lawrence M. Friedman,"Legal Culture and Social Development", p. 34;[美]劳伦斯·M. 弗里德曼:《法律制度》,[美]劳伦斯·M. 弗里德曼:《法律制度》李琼英、林欣译,14~19页;[美]傅利曼:《法律与社会》,吴锡堂、杨满郁译,12~13页;[美]劳伦斯·傅利曼:《美国法导论》,杨佳陵译,38~41页。

③ J. H. Merryman, *The Civil Law Tradition*, p. 3. 在弗里德曼与梅里曼、克拉克的合撰文章中,"法律制度"亦不包含文化观念,似为梅里曼的观点,参见 J. H. 梅里曼、D. S. 克拉克、L. M. 弗里德曼:《"法律与发展研究"的特性》,55~61页;John Henry Merryman, David S. Clark & Lawrence M. Friedman, *Law and Social Change in Mediterranean Europe and Latin America*, pp. 21-29;John Henry Merryman,"SLADE: A Memoir", in Lawrence M. Friedman & Rogelio Pérez-Perdomo (eds.), *Legal Culture in the Age of Globalization*, Stanford University Press, 2003, pp. 499-513。

④ 高鸿钧:《法律文化的语义、语境及其中国问题》,24页。

律制度的组成要素之一,而且是其中最主要的构成部分,起着核心作用。第二,法律文化是促进法律规则及整个法律制度变迁的直接源泉,非但不是静态、被动的因素,且是至为活跃的力量。第三,法律文化促使社会对法律的要求变成立法或诉讼请求,从而启动法律结构和实体规则的运行。法律文化相当于法律制度的引擎,有了它,结构与实体才有了生命,整个法律制度才"如时钟上紧发条或机器接上电源"①运转起来。第四,法律制度与社会开放、动态的联系,主要得力于法律文化。故法律文化通过推动法律制度的运作,在法律与社会之间起到了媒介或桥梁的作用。②

四、法律文化与法律——社会

弗里德曼对法律文化的观察,始终保持了法律社会学的基本立场。关于法律与社会的研究,弗里德曼批判了两种偏颇倾向和两种误区。一种偏颇以实证分析法学派为代表,纯粹从内部视角考察法律制度,将法律仅视为封闭的书面规则,认为法律制度独立于外部社会,罔顾社会力量对法律制度的影响;另一种偏颇是法律社会学的极端形态,过度夸大社会对法律的形塑作用,将法律仅仅看作导管、渗透膜甚至木偶,社会力量产生的要求从一端流入,经过此"导管"或薄膜,在另一端以法律行为的形式流出来,期间法律只是提供被动的中介服务,不能自力运动,从而忽略了法律制度本身的能动力量。③ 两种误区一是片面专注轰动性案例的偏好,二是通过法官个体主观状况研究司法的方法。④ 弗里德曼在这四者间进行了折中。一方面,他认为除了书面上的法,还有行动中的法——鉴于美国法学界过度偏好书面规则的倾向更明显,他更强调行动中的"活法";同时他认为,社会要求经由法律文化输入法律,并非直接原样输出,而是要经过法律制度的能动形塑和改造,其间法律文化(内行法律文化)是起塑造作用的动态力量。另一方面,他亦关注司法案例和法官,但聚焦点转向大量常规的法律实践和法官置身其内的客观生活世界。弗里德曼的这番折中是借助法律文化实现的。正是通过对法律文化的描述,从中研究宏观趋势,他发现了行动中的活法和法律对社会的能动作用,洞悉了独立司法的表象背后,那些借助法律文化将所有法官驱往同一走向的社

---

① [美]傅利曼:《法律与社会》,吴锡堂、杨满郁译,114页。
② 法律制度与法律文化部分,综合参见 Lawrence M. Friedman, "Legal Culture and Social Development", pp. 29-44;[美]劳伦斯·M. 弗里德曼:《法律制度》,李琼英、林欣译,1~28、229~238页;[美]傅利曼:《法律与社会》,11~16、105~115页;[美]劳伦斯·傅利曼:《美国法导论》,杨佳陵译,38~41页。
③ 参见[美]劳伦斯·M. 弗里德曼:《法律制度》,161~164、182页;[美]傅利曼:《法律与社会》,吴锡堂、杨满郁译,138~145、231~232页;[美]劳伦斯·傅利曼:《美国法导论》,杨佳陵译,349页。
④ 参见[美]劳伦斯·M. 弗里德曼:《法律制度》,李琼英、林欣译,164-165、201-205页;[美]傅利曼:《法律与社会》,吴锡堂、杨满郁译,137~45、160~162页。

会力量,从而揭示了法律与社会的勾连关系。据其分析,法律文化对于法律—社会间的媒介作用,主要体现在以下几方面。①

首先,法律的规则内容,是经法律文化过滤的强势社会力量的利益和要求。弗里德曼指出,法律制度历来不是自行决定当前法律的内容。在某方面法律制度"像是倒过来的棱镜"②,它为集中起来的利益提供结构,表达要求,并把要求转变为规则。但并非所有社会力量均能折射到法律中来,主要是有权力和财富者,才会将其利益主张和需求转换成法律。这个过程是在法律文化主导下进行的,由法律文化来平衡社会力量的博弈,筛选并确认可以变成法律的要求。

其次,社会中实际运行的法律,是由法律文化支配的"活法"。弗里德曼认为,行动中的法律结果常与其许诺和包装的差别很大,这是由于作为法律制度动态要素的法律文化受到现实社会的左右,从而对法律的运行进行了掣制、变通和改造。以号称"独立"的美国司法为例。由于诉讼案件来自法官生活于其中的社会,法官实际上不可能蒙起眼睛,无视公众的价值和态度,完全独立裁判。法官如何解释法律文本,受到法律文化的无形导控。外界社会力量作用于大众、支配其对法律的态度和看法,形成外行法律文化,后者借助诉讼过程、社会舆论和大众传媒等,进而对法官的司法观念即内行法律文化产生影响。于是由美国法律史可发现,虽然短期、个别的案例可能难以察见社会力量在运转,但从长期看,司法的"眼睛朝一个方向斜视"③;逆法律文化及社会潮流而行的个别判决,其生命力不会维持太久。

最后,法律与社会的变迁或发展,通过法律文化形成互动和彼此制约关系。一方面,社会的变迁会影响人们的态度和价值观念,进而左右人们的举动;当这种观念和举动成为一股强势的社会力量,就有可能以法律文化的面目渗入到法律制度中,引起法律的变化。另一方面,法律通过法律文化,可以促进或制约社会的发展。在社会急剧变迁中,法律经由法律文化背后的强势社会力量导控,常被作为变革的工具。有时社会力量则会以法律文化的面目掣肘法律变革,这使人们误以为法律文化是抗拒社会变迁的"落后"因素。弗里德曼认为,那些抱持法律文化"落后"观者,是将法律仅看作纸面规则。纸上的法律必然有"落后",在许多法律制度中,很容易找到名存实亡的遗留物,人们之所以没有将其从书本上搬走,是因为这种遗留物牵扯到法律文化背后的抵制力量。只要反对力量消失,法律、法律文化抗拒社会变迁的表象,便会"像黄油一样溶化掉"④。

---

① 关于法律文化与法律——社会,综合参见 L. M. Friedman, "Legal Culture and Social Development", pp. 29-44;[美]劳伦斯·M. 弗里德曼:《法律制度》,李琼英、林欣译,160~194、205~208、314~361页;[美]傅利曼:《法律与社会》,吴锡堂、杨满郁译,64~90、155~162、229~246页;[美]劳伦斯·傅利曼:《美国法导论》,杨佳陵译,348~379页。

② [美]劳伦斯·M. 弗里德曼:《法律制度》,李琼英、林欣译,183页。

③ 同上书,214页。

④ 同上书,182页。

总之,社会通过法律文化塑造着法律的面目;法律经由法律文化反作用于社会,影响着社会的变迁与发展。只有透过法律文化,才能够有效观察社会力量、社会变迁与法律制度之间的关系,发现法律不是孤立于社会的自洽王国,不是法律家独居的规则领地,而是由法律文化映照的"社会镜像"①。

第三节 现代法律文化

19世纪早期,托克维尔考察美国民主制度时,曾对形塑民主的美国文化进行了探讨。他认为美国的民主之所以获得成功,主要归功于三项因素:地理环境,法制和民情,其中民情是最主要的原因。他将民情界定为"在一定的社会情况下拥有的理智资质和道德资质的总和",包括独特的心理习惯、各种见解和社会流行观点,以及"生活习俗所遵循的全部思想",反映了"一个民族的整个道德和精神面貌"②。从其释义看,民情事实上即作为观念之维的文化。托克维尔指出身份平等是美国文化最突出的特点,③并盛赞这种平等;而对从平等衍生出来的"个人主义"则颇有微词,认为其乃一种"只顾自己而又心安理得的情感",使得个人与他人及社会隔离、孤立开来,最终有沦为利己主义的危险。④ 但此后,美国文化逐渐发生了现代转向,托克维尔对当时美国民情的解释已无法涵括新的情况。于是罗伯特·贝拉等社会学家重新行走美国实地调查,以"心灵的习性"将民情进行了演绎,对当代美国文化的核心特征——个人主义作出了丰富的阐释和续写。弗里德曼则从法律文化的角度,为前两者的美国文化研究再度撰写了"续集"。弗里德曼认为,自步入现代工业革命以后,以美国为代表的现代法律文化,外在表征展现为"选择的共和国";精神实质是"表现型个人主义"。这种新型法律文化以社会现代化为根本动因,在20世纪以后变得尤为明显,并且通过法律移植而得到横向传播,随着法律现代化及全球化运动,日益呈现出全球扩展的趋势。

一、现代法律文化的表征:选择的共和国

关于现代法律文化,弗里德曼在许多著述有所阐释,其中集大成之作

---

① 参见 L. M. Friedman, *A History of American Law*, Simon & Schuster, Inc., 1985, pp. 12, 695.
② 参见[法]托克维尔:《论美国的民主》,上卷,董果良译,320、332、354~359页。
③ 同上书,4页。
④ 参见[法]托克维尔:《论美国的民主》,下卷,董果良译,625~627页。

当属《选择的共和国——法律、权威与文化》。该书全面描述了现代法律文化的表征与意象。就总体而言,现代法律文化展现为一个"选择的共和国",其个人主义、权利、自由等文化价值内涵都发生了嬗变。①

(一)选择至上与自由优先

在弗里德曼看来,选择是现代法律文化的核心概念。"选择共和国"的隐喻是,人们就如同置身于一个巨大的自由超级市场,推着巨大的购物车,在琳琅满目的货架上随心所欲选取商品,像选购不同品牌的汤料和肥皂一样。这种"超市"不仅可以陈列于传统政治、经济的领地,还可展示于个人事务领域,表现为一种性别"商店",一个宗教"购物中心",甚至还会体现为一种人民法院。② 超市购物隐喻了个人选择的自由与普遍意蕴。选择的具体范围,除了天生不可改变的事实诸如种族、性别、年龄、出身及基于遗传的身体特质之外,人们似乎可随心所欲。

选择有三条原则,一是在人可以控制的情形中,法律应允许、提供和授予一个广泛的选择空间;二是在可选择的空间中,所有选择都应作为具有同等价值和同等资格的选择来对待;三是针对无选择的情况,人们不该由于他们无法真正控制的事件、特征和身份而遭受伤害,即一个人只应承受其自由选择所产生的不利后果。③ 这三条原则是观念上的选择变为现实中的选择之保证。当然人们在选择过程中,事实上是受限制的,只能在既定的社会及文化模式框架内进行有限选择。

选择意味着有"自由"进行选择。弗里德曼阐释了现代自由含义的转变。19世纪前期,古典自由主要限于经济领域的市场自由和政治领域的选举自由,不涉及私人生活,且漠视弱势群体,抑制个人独特的生活方式。此后,自由与选择相联系,有选择即有自由,无选择则无自由。而且现代自由不再完全排斥国家的干预,认可政府基于责任在某种程度上对个体自由所做的限制,以便使个人自由得到更为真实和普遍的保障。当然,弗里德曼认为,选择自由更多是观念上的存在,并不依赖于是否能够真正兑现选择,人们"相信自己是自由的"就足够了。④ 这种自由与选择在法律

---

① 关于现代法律文化的表征,综合参见[美]弗里德曼:《选择的共和国》,高鸿钧等译;L. M. Friedman 以下专著:*The Human Rights Culture*;*The Horizontal Society*;*Total Justice*;*Private Lives*, Harvard University Press, 2004;*Guarding Life's Dark Secrets: Legal and Social Controls over Reputation, Propriety, and Privacy*, Stanford University Press, 2007. 又见 L. M. Friedman, "Is There a Modern Legal Culture?", 7/2 *Ratio Juris.*, 1994, pp. 117-131; L. M. Friedman, "American Legal Culture: The Last Thirty-Five Years", 35/3 *Saint Louis University Law Journal*, 1991, pp. 529-537; L. M. Friedman, *Crime and Punishment in American History*, BasicBooks, 1993, pp. 435-448。[美]傅利曼:《法律与社会》,吴锡堂、杨满郁译,73～90页;[美]劳伦斯·M.弗里德曼:《美国法律史》,苏彦新等译,731～773页;[美]劳伦斯·傅利曼:《二十世纪美国法律史》,吴懿婷译,487～644页;[美]劳伦斯·傅利曼:《美国法导论》,杨佳陵译,382～395页;高鸿钧:《法律文化的语义、语境及中国问题》,32～33页。
② 参见[美]弗里德曼:《选择的共和国》,高鸿钧等译,228～229页。
③ 同上书,110～111页。
④ 同上书,70页。

上被赋予了权利的形式。

（二）权利本位与人权首位

选择意味着应然"有权"，故选择几乎成为权利的同义语。强健的权利意识仍是当代美国法律文化的重要特征，但其突出特色不在于重复权利的话语本身，而在于新型权利、特殊权利的崛起：如流浪汉主张露宿街头的权利，残疾人要求如健康人般便利生活的权利，患者要求知情同意的权利，怀孕少女要求合法堕胎的权利，性少数派要求公开生活不受歧视的权利，女权主义者要求摆脱附属地位选择自己道路的权利，服刑犯人要求自选餐后甜点品种的权利，等等。因此弗里德曼认为，当代美国已出现"权利爆炸"的局面。

现代权利体系中有一支异军突起，其重要性位居各类权利之首，这便是人权。在弗里德曼看来，人权是一束富有吸引力的法律权利丛集。人权的概念是现代社会特有的产物。最近几十年，人们逐渐普遍确信存在人权，这种权利与卖掉一辆旧车或取消抵押有所不同，它有几个特点：第一，人权是人之所以为人的基本权利，神圣不可侵犯、不可转让和剥夺；第二，人权的数量在理论上是无限的，永不枯竭和灭失；第三，人权是"多元平等"的权利，所有人不分种族、宗教信仰、语言、年龄、政治信念、性取向、多数与少数，其基本权利在法律上、尊严上一律平等。人权意识及运动兴起的原因，一方面在于资本主义的发展，另一方面在于表现型个人主义现代文化的广泛流行。当代社会，人权文化正由理想逐渐向实体规则渗透，这恰与"法律爆炸"的全球趋势相吻合。①

（三）法律"爆炸"与福利国家

伴随权利的扩张，现代法律的领地急剧扩展，法律数量迅速膨胀，有关于权利的法律、关于责任的制度、关于程序的规则，等等，除了国内法还有国际条约和规则，不受法律调控的领域所剩无几。与"法律爆炸"伴生的是"诉讼爆炸"。在现代美国，几乎所有法律事务都可诉诸司法，每一纠纷最终都有可能诉诸法院。雇员诉雇主，学生诉老师，子女诉父母，公民诉政府等司空见惯，一些奇特的诉讼也相继出现，例如一个小女孩起诉父母，诉因是在一盒蘸糖爆米花中没有发现奖品；一位男士起诉他的前女友，试图迫使她赔偿因爽约而造成的时间和金钱损失。特别是自司法审查制度确立以来，人们甚至能够依据宪法对立法机关的立法进行挑战。诉讼爆炸的副产品便是律师人数剧增、法院不堪重负以及司法权迅速扩张等。②

随着法律与诉讼的激增，现代国家也被要求承担更多的法律义务和责任。20世纪的西方是福利——管理型国家兴起的时代。人们不再对

---

① 参见 L. M. Friedman, *the Human Rights Culture*。
② 参见［美］劳伦斯·傅利曼：《美国法导论》，杨佳陵译，384～391 页；［美］弗里德曼：《选择的共和国》，译者导言 10～11 页，15～20 页；L. M. Friedman, *Total Justice*, pp. 6-23, 76。

第二十章 弗里德曼的法律文化思想

守夜人式的小政府抱持艰深信念,而是期待政府越来越多地有所作为。以往人们对瘟疫、地震、洪水,或其他"天灾"的唯一共同反应,是斋戒、祈祷和认命。今日的国家却有责任为其国民提供各种灾难救济和社会福利。在弗里德曼看来,福利国家对弱势群体的特殊关照具有正当性,因为其宗旨在于保障自由和维护自治。政府向其公民提供基本生活补贴和其他社会保障,是政府的责任而不是慈善施舍;公民获得这种资助和优待是其权利而不是接受恩赐。因此福利国家及其法律的种种限制、干预,虽然在某种程度上限制了个人自由,却为个人自由提供了可供缓冲的"大本营"、"安全网",使真正的自由和广泛选择成为可能。①

(四)平行权威与扁平社会

与福利国家的转型相应,现代权威模式也发生了改变。平行、开放的现代理性——法律型权威取代了传统垂直型权威。传统权威往往须刻意与公众拉开距离,通过空间的阻隔来保持神秘感,以便维护其高高在上的地位。现代新型权威有两个特点:一是采用科层制和程序技术进行国家管理和社会治理,"程序自身什么都不是,但它是确定、权衡和集结个人选择的工具,就此而言它又是一切"②,通过程序,现代权威看起来是一种选择的权威,并因为选择而获得了正当性。二是权威首领的人选和产生都与个人选择相关,是基于同等身份群体选举产生的"名人"。名人是伴随大众文化而产生的现象,名人是大众通过传媒间接认识的人,是在银屏上出现的熟悉形象,他们一方面是令人羡慕的精英,另一方面又是在空间和情感上非常接近大众的普通人。名人作为新型权威,体现在社会政治、经济、文化各领域。弗里德曼尤其强调,现代国家政治领袖的权威与领导力,不同于马克斯·韦伯所谓的克里斯玛型人物,大部分来源于其"名人效应",以及与其身份平行的普通人的选择。③

随着平行权威的伸延,现代社会结构日趋扁平化,因为名人文化附随的模仿效果意味着社会界限的模糊或消解,社会不同等级之间具有了流动性,阶级等传统的固化联合形式重要性显著下降。以某种身份认同自由组合、重构的社会扁平团体有更多的存在空间,其成员方以类聚、同气相求,倾向于通过现代通讯技术,非面对面进行交流。但与此同时,强烈的甚至极端的民族主义设置边界、排除异己的倾向,也更加明显。社会结构的扁平化,为个人生活的自主选择提供了场域和可能。④

(五)生活自选与精神自主

现代私人生活世界较之公共事务领域,展现出更为明显的选择共和国表征。其一,年龄不再是生活方式的限制标签,领取养老金的老年人可

---

① 参见[美]弗里德曼:《选择的共和国》,高鸿钧等译,68~69、114、122页。
② 同上书,46~47页。
③ 关于平行权威,参见[美]弗里德曼:《选择的共和国》,高鸿钧等译,5、130~152页;Lawrence M. Friedman, *The Horizontal Society*, Yale University Press, 1999, pp. 15,27-28。
④ 关于扁平社会,参见 Lawrence M. Friedman, *The Horizontal Society* 全书。

453

以像青年一样去工作、冒险,不只躺在摇椅上一种选择。其二家庭生活,也因个人选择自由而变动不居,婚姻早已不再是固定身份和永久结合,毋宁是一种搭伙、持续的契约,是自我实现的方式,如不能满足个人需求,每一方都有权选择离婚,解除"契约";生育也成为个人的选择,就像决定选购一台冰箱或一次旅行那样。其三,个人隐私受到高度珍视,隐私的含义发生了变换。由于现代科技发展,个人很难完全保持生活私密,于是隐私的经典表述从"不关你的事、你不可以知道"变为"你可以知道,但不可以干涉我"。现代隐私权更多意味着保护个人的生活选择,使之不受公共控制和社会羞辱;其核心是不干涉,尤其是不受政府和某些强权大型组织干预。由此出现一个对抗公权力的"忘却权"①,据此游行者有权要求不被正式记录在案,被国家集体记忆"遗忘"②。其四,甚至以往严遭法律控制、伦理谴责的性少数派、性越轨者的行为,也逐渐进入个人选择的领域,成为隐私权的内容。③

私人生活的多元选择,带来了精神观念的开放、自主。伦理道德和公共舆论对个人的束缚日益松弛;荣誉和尊严成为由个人自行选择和界定的价值。精神领域自主最突出的体现是宗教信仰自由的新发展。宗教信仰在过去往往基于传统和类似血统,具有不可改变的终极性质。但现在这种情况发生质的变化。人们逐渐把宗教看作是个人事务,而非自出生或皈依就被注定的归属。因此,宗教信仰变成了可以由个人自愿进行选择和自由更换的事项。在决定宗教取舍时,人们主要考量的是宗教能给自己带来什么,而不是把宗教作为献身的神圣事业。于是宗教"信仰"实际上成为个人心理治疗的变通方法,成为"私人精神消费"的对象。④

(六) 完全正义与走向宽容

法律作为公平与善良的艺术,在理论上最终以实现正义为依归。现代社会更多强调法律对于社会正义的捍卫作用,正义的内涵也更加丰富。弗里德曼指出,现代人们对正义的需求与期待,体现为"完全正义"(total justice)。完全正义包括两类正义期待和两条正义理念,并与宽容原则密不可分。

首先,存在两类正义期待:(1)对正义的一般期待,即公民在任何情境下都应受公正对待的预期。此处的公正不仅限于法庭程序,也适用于医院、监狱、学校、职场、公寓、街头及家庭等各种场合,既包含实体也关涉程序。由这种一般期待,衍生出对平等权利和非歧视的期待及要求。为实现这类正义期待,往往需要一些集体性的安排,于是国家和法律被期待有更多的作为。现代法律和政府的职责,就是消除各种非正义,如不能做

---

① [美]弗里德曼:《选择的共和国》,高鸿钧等译,215页。
② 关于私人生活、隐私权,参见上书,155~222页; L. M. Friedman, *Private Lives*, pp. 1-16, 44-189; L. M. Friedman, *Guarding Life's Dark Secrets*, pp. 1-21, 175-272.
③ 参见[美]弗里德曼:《选择的共和国》,高鸿钧等译,155~189页。
④ 参见同上书,193~199页。

到这一点,就须提供金钱或金钱替代物,予以补救。因此,政府要为残疾人生活提供特殊便利,以保障其机会平等化;要给予少数派群体同等的权利待遇;要对强势的既得利益集团施加更多限制,使他们承担更多责任。(2)对救济的一般期待,即人们可以预期,假如受到不公正的对待或伤害,如果不是(至少不全是)由于受害人自己的过错,则均应当获得救济、赔偿或补偿。这与19世纪早期的法律文化有很大差异,当时人们若是受到伤害,会无奈地接受,认为是命运或自己的失误所致,很少寻求法律救济。现代人如果因食用有毒罐头而受害,因飓风而受损,或为车祸所伤,甚至有天生缺陷而导致各种不利境况,都可能会要求补偿,并能够获得补偿。正是这样的期待和需求,刺激了无过错责任原则和侵权法、产品责任法等现代法律的兴起,并促动了保险业和社会福利制度的发展。

其次,由完全正义观衍生出两条正义理念,即"第二次机会"①和"失败者的正义"②。"第二次机会"主要表现在两方面:第一,现代法律文化反对不可改变的选择和安排,比如禁止出卖自己的身体或生命,因为这剥夺了未来进行再次选择的机会;第二,人们即使选择错误,也应有第二次机会重新选择和再次尝试,像破产法、婚姻法、青少年犯罪不入档案的刑事法以及再教育制度等,均包含了这样的正义理念。"失败者的正义"主要体现在,人们即使竞争或挑战失败,也不应当因此承担后续更多不利后果和风险。比如选举中的失败者,挑战学校的学生,反对雇主的员工,以及抨击政府的抗议者,这些人在过去往往被当作"麻烦制造者"而受到歧视或迫害;现在的法律则保护他们提出异议和抗争的权利,并禁止其因此可能遭到的惩罚和报复。这两条正义理念表明,现代法律文化倾向于对人的过错和失利予以宽宥,而这是法律文化走向宽容的体现。

最后,与完全正义紧密相连的宽容原则。正是基于宽容原则,才会出现第二次机会、失败者的正义,对正义和救济的一般期待也才成为可能。但现代宽容理念远不止于完全正义的一般期待。前述婚育、隐私、宗教等个人生活领域,以及有关种族、性少数派、"越轨"行为等方面的法律及文化现象,也均体现了现代法律文化的宽容精神。可以说,宽容为怀是选择的共和国之基石,是选择和完全正义得以实现的观念基础,是表现型个人主义得以表现的文化背景。③

二、现代法律文化的实质:表现型个人主义

上述选择的共和国所展示的现代法律文化,究竟是怎样的一种文化

---

① [美]弗里德曼:《选择的共和国》,高鸿钧等译,116页。
② 同上书,121页。
③ 关于完全正义与走向宽容,参见同上书,译者导言20~22页,116~129、155~189页;L. M. Friedman, *Total Justice*。

样态？根据弗里德曼的分析，特定的文化样式始终与特定的人格类型相连。如当人们品评某些法律文化中的人好讼时，其实是在谈论这些人的人格类型。人格如同高矮的程度，文化则好比人们高矮差异的允许范围。各种具体法律文化差异的表象，实际反映的是法律人格的不同。① 在现代社会，个人主义的人格类型和个人选择的文化类型，是绝大多数试图提炼现代化本质的理论家著作的核心议题。② 弗里德曼认为，现代法律文化以个人选择为核心的表征背后，实质上隐含着一种新型的个人主义人格："表现型个人主义"(expressive individualism)。③

弗里德曼的表现型个人主义用语及观点，援用了贝拉等人的理论。个人主义在西方社会一直是一种薪火相传的哲学，后成为美国文化的核心理念，在美国人民族认同中扮演着重要角色。④ 据贝拉等调查分析，个人主义——而不是托克维尔所说的平等——乃美国人心灵的习性中的第一语言，遍及私人生活和公共事务，是美国人的核心价值观和整体文化特征。⑤ 美国的个人主义呈现出多种样式，如功利型个人主义、表现型个人主义、公民的个人主义、宗教的个人主义等。托克维尔只观察到了功利型个人主义，事实上这四种个人主义在美国文化历史及现实中并行存在。他们均追求成功、自由和公正的幸福生活，但对这些概念的理解各不相同；前两种主要关心私人生活，后两种则更注重公共生活。⑥ 其中功利型和表现型个人主义是两种相对应的典型样式，前者在工作领域大行其道，后者主要在生活圈子施展身手。⑦

弗里德曼在托克维尔和贝拉等人的基础上，主要把握私人生活领域的两种个人主义典型——功利型和表现型个人主义，将其与法律文化连结起来，进行了拓展性诠释。据他阐释，功利型个人主义和表现型个人主义，在美国文化历史中并非一直平行发展，而是有时间上的前后相继关系；并且这两种人格类型的展示空间都不限于私人生活，而是扩展到社会各个领域。

弗里德曼认为，19世纪(早期)美国奉行的个人主义类型主要是功利型个人主义(utilitarian individualism)，⑧其特征是：在经济领域突出强调自由市场中的个人博弈，以求利益最大化的人人共赢；政治领域突出强调对政府的控权与限权，以求小政府、大社会的个人自治；而私人生活领域则突出强调传统伦理和团体规范价值，注重自我控制和纪律约束，推

---

① 参见[美]弗里德曼：《选择的共和国》，高鸿钧等译，48~56、251~252页。
② 参见同上书，27页。
③ 同上书，50页。
④ 参见[英]史蒂文·卢克斯：《个人主义》，阎克文译，24~28页，南京，江苏人民出版社，2001。
⑤ 参见[美]罗伯特·N.贝拉等：《心灵的习性》，周穗明等译，前言59页，24、190页。
⑥ 参见同上书，3~63、190页。
⑦ 参见同上书，24~26、33~43页。
⑧ [美]弗里德曼：《选择的共和国》，高鸿钧等译，50页。

崇沉湎于勤奋工作、抑制欲望与癖好，以求由社会及他人给予荣誉和尊严的个人成功。托克维尔在《论美国的民主》中所描述的正是这种类型的个人主义。此后，个人主义开始转变形态。

到了20世纪，美国占主导地位的人格类型，由功利型个人主义转变为表现型个人主义。表现型个人主义之"表现"，并非特指（虽不排斥）略带贬义的对自我的展现或炫耀，而是泛指用身体、行为、语言等方式对内心想法的"表达"与显露，其表现（或表达）方式本身不是重点，要义和目的是要通过这些表现，传达个人内心的声音，展示自己独特的生活方式。表现型个人主义是一种以多彩的生活风格和方式来彰显自我的强烈人格主义，其基本含义强调，每个人发展他/她自己作为个人的权利，尽可能自由选择一种合适和满意的生活方式。与功利型个人主义相对照，这种新型个人主义的特点是：推崇自我表现而不是自我控制；推崇自己喜欢的生活方式而不是经济领域的成功；衡量成就的标准是主观的和个人的快乐，而不是客观的、社会的评价；看重的是具体的选择而不是抽象的自由。在这种个人主义的人格支配下，人们随心所欲地选择自己的生活形式（forms）、模式（models）和方式（ways），淋漓尽致地体验独特的生活，发挥自我的个性、享受此在的生命。就其终极意义而言，表现型个人主义体现的是追求差异和彰显个性的审美满足，隐含的是一种表现本真和实现自我的价值理念，鼓励的是一种特立独行和率性任情的行为模式，形塑的是一种多姿多彩和轻松快乐的生活方式。根据这种理念，生活的意义在于"自己成为自己"，生命的价值在于"自己创造自己"①。

当然，上述只是表现型个人主义的理想形态，现实中表现型个人主义呈现出多样性。在最低层次上，表现型个人主义甚至"可以降至只是细琐的、自我陶醉式的日常生活的决定，所涉及的不过是衣服、假期和唱片专辑等之类的东西"②。这进一步印证了：选择共和国的种种面相，无论是高级或低级层次的个人选择，还是自由、权利、正义等价值的内涵革新，无论是私人生活的多元自主，还是公共领域法律、国家与权威的相应转变，均为表现型个人主义在法律文化领域的具体展示和实现。由此，以选择的共和国为表征的现代法律文化，便与表现型个人主义的人格类型有机融为了一体。

三、现代法律文化的成因：社会现代化

在弗里德曼看来，现代法律文化主要是社会现代化及其所导致的社会变迁的产物。"现代化"体现在科技革新、社会变革、高度流动性和陌生

---

① 参见[美]弗里德曼：《选择的共和国》，高鸿钧等译，译者导言13页，8～10、42～56、70～74页；L. M. Friedman, *The Human Rights Culture*, pp. 157-159。

② ibid, p. 151.

人社会等方面。

首先,科学技术的创新是现代化过程中驾驭物质世界、促进社会变革的关键力量。新的通讯技术改变了人们交流的方式,从而改变了家庭关系甚至所有人际关系;新的交通工具使人们可以方便快捷地远距离迁移,从而加速了社会的流动和陌生化;电视、冰箱、空调等各种机器设备,为人民提供了便利和娱乐。这些变化对社会产生了深远的影响,并塑造了人们新的生活方式和价值观念。

其次,科技革新促进了现代社会的急遽变革。弗里德曼认为,进入现代以后,人类社会的进化过程一直在加速度前进,好比一个人从爬行、直行再到奔跑,随后到乘超音速飞机飞行。现代社会在形式、结构和文化方面,从表面看虽然表现出一定的连续性,但其内涵已发生了根本改变。法律结构、政治权威和生活方式的转变,均显示了社会对变革所作出的回应。

再次,交通和通讯技术的变革,促成了社会的快速流动。这种流动不仅仅指人员和有形物的位移,还包括社会阶层之间的对流,传媒及通讯信息的更新,以及生活样态和思维方式的转换等。值得注意的是,现代社会的流动不再表现为传统部族那样的集体迁徙,而是主要以个人为载体。流动或许是个人到异地去迁居、求职、访友或旅行,或许是个人由社会底层摇身为富豪权贵或相反,或许是个人改变宗教信仰等。

最后,现代化过程的城市化、商业化及流动性导致了陌生人的社会。人们的命运开始操控于陌生人手中:我们的健康、生活以及财富受到陌生人的支配,我们与他们从未相识,也许永远不会谋面。我们打开包装和罐子,吃下陌生人在远方制造和加工的食品,搬进陌生人建造的房子,被陌生人制造和操控的各种机器束缚着,却不知道这些食品、建筑和机器是否安全可靠。于是,为了应对流动性和陌生化带来的风险,成千上万的技术性规则被以法律的名义制定出来,以确保陌生人的罐装汤不会毒害我们,电梯不会骤然跌落摔死我们,建筑物不会倒塌压扁我们,等等。法律的变化相应牵动了人们的行为模式及司法方式,进而改变了法律文化。①

现代化导致社会诸方面的变迁,经济、一般社会结构和一般文化等发生了深层次的变革,这些均对现代法律文化起到了塑造作用。尤其是经济方面的发展——自工业革命以后,以市场经济为基础的资本主义经济日趋加速前进,带来了物质的富庶和时间的闲暇,以及通过各种消费满足自我欲求的生活观念。这使普通人在解决基本生存之余,得以追求个人需求和梦想,选择并创造自己想要的多元生活方式与风格。②

---

① 关于社会现代化的集中阐释,主要参见[美]弗里德曼:《选择的共和国》,高鸿钧等译,21~31、60~83 页; L. M. Friedman, *The Horizontal Society*, pp. 19-21。

② ibid., p. 66; L. M. Friedman, *The Human Rights Culture*, pp. 15, 46-54; L. M. Friedman, *Total Justice*, pp. 30-34, 38-43.

四、现代法律文化的传播：法律"借用"

与法律现代化同步兴起的一种法律运动是法律移植，或用弗里德曼的词语——法律"借用"（borrowing），①即法律跨越国家、民族和文化疆域进行迁移和"借用"的现象。根据弗里德曼的阐释，一般而言法律会随着社会的现代化变迁，自然演进到现代法律及其法律文化状态；但在某些社会情境下，某些国家和地区的法律及法律文化现代化，也可以通过"借用"的横向传播实现。首先，从借用原因看，弗里德曼认为一个社会之所以借用或移植其他社会的法律，主要是出于便利的考虑。一个社会自己制定法律如同"量体做衣"，从国外移植法律则好比"按体借衣"，"借衣"显然比"做衣"要便利、简单得多。他断言特定的社会条件必然会有相应的法律，相同的社会条件需要相同的法律，至于这种法律是由社会内部产生还是由外部引进，无关宏旨。其次，从借用可能性看，在现代社会，不同国家和地区的社会环境、条件和文化日渐趋同，这有助于法律的移植。尤其有些现代法不具有文化独特性，毋宁是不含价值的技术性工具，就像"喷气机、计算机硬件或杂交玉米"②，可以相对容易地在不同国家之间借用。且现实中法律借用现象屡见不鲜，如一些原被殖民地保留了殖民者留下的法典，其他很多国家和地区出于某种原因，也大量借用了外国法典。至于借用的法典和规则有没有在借用地的国民行动中真正扎下根，则是另外一个问题，它取决于法律移植地与被移植地法律文化的相似程度。最后，从借用内容看，不仅有书面法律的官方移植，而且现代法律文化本身在一定程度上亦可移植，当今世界不同地区的法律文化出现了汇合或融合，弗里德曼认为这当中有些借用的原因。③

对于法律及法律文化可否借用、横向传播的问题，其他学者与弗里德曼的见解不尽一致。比较有代表性的有几组对立论争④：(1)文化进化论与文化传播论之争。前者根据进化论，主张法律及其他社会制度是社会内在演进的产品，无需也不可能移植；后者认为文化和传播是普遍存在的现象，法律传播不过是一般文化传播的特例，这种传播不仅存在而且构成不同社会法律发展的主要途径。⑤ (2)法律自治论与法律镜像论之辩。两者分歧的焦点在于对法律规则可否与文化相分离、法律可否移植的问

---

① [美]劳伦斯·M. 弗里德曼：《法律制度》，李琼英、林欣译，228页。
② 同上。
③ 参见同上书，228～229，258～260页；Lawrence M. Friedman, *the Horizontal Society*, pp. ,62-63；[美]博利曼：《法律与社会》，吴锡堂、杨满郁译，70～72页；高鸿钧：《文化与法律移植：理论之争与范式重构》，载《环球法律评论》，2008(5)，8页。
④ 关于法律借用(移植)的诸种论争，参见高鸿钧：《文化与法律移植：理论之争与范式重构》，6～11页。
⑤ 参见 E. M. Wise, "The Transplant of Legal Patterns", 38/1, *The American Journal of Comparative Law*, 1990, pp. 16-20。

题回答不同。前者以首度创用"法律移植"一词的英国学者沃森为代表，认为法律移植只是规则的迁移，规则具有自治的属性，因而法律文化及社会一般文化对于法律移植并不构成障碍；① 后者以罗格朗的观点最为系统和典型，他认为法律是文化不可分割的组成部分，法律规则离开文化难以生存；规则的文本语式虽可迁移，但其内在意义是特定文化的产物，不可移植，故实际上法律不可移植。② （3）法律实效论与法律符号论之歧。两者均将法律可否移植与移植成功与否相关联，却对何谓成功观点有分歧。实效论以美国学者赛德曼夫妇的观点为代表，他们通过研究非洲等第三世界国家的实践，断言移植之法受制于法律文化及社会，很难再借用地发挥母国那样的效能，故提出了"法律不可移植的规律"③。符号论则主张法律不仅仅作为一种具有行动力量的制度而运作，还作为某种价值符号而存在；在法律移植领域，许多国家移植的法律具有象征性符号意义，反映了某些重要的考虑，而不仅仅是适用过程的实用性智慧。④

弗里德曼的法律借用观，避免了上述论争各执一端的偏颇，事实上与这几组对立观点均有交叉、折中。他既肯定法律及文化的自然进化，亦赞同法律及文化的横向传播；既断言法律可以移植，又主张法律是社会的镜像；既看重法律动态运行的实效，亦承认纸面规则作为符号的"象征性价值"⑤。另有学者对前论进行折中、综合，提出了关于法律移植的新范式，主张根据人类社会不同历史阶段和文化模式区别对待：初民社会，法律与文化不可分割，不可能有法律移植；进入国家之后的传统社会，法律移植受政治和文化双重决定，文化影响仍然不可低估；近现代民族国家，法律移植主要取决于政治权威，文化力量日趋式微；全球化时代，民族国家的主权受到限制，文化趋于多元且影响力继续减弱，决定法律移植的因素包括经济的需要、政治的决断和人类的共同价值。⑥ 该范式将弗里德曼的法律借用观又推进了一步，具有较强的解释力。

---

① 参见 A. Watson, *Legal Transplants: An Approach to Comparative Law*, The University of Georgia Press, 1993, pp. 95-101.
② 参见[法]P. 罗格朗：《何谓"法律移植"》，马剑银译，载[意]D. 奈尔肯、[英]J. 菲斯特：《法律移植与法律文化》，高鸿钧等译，75~94 页，北京，清华大学出版社，2006。
③ 参见[美]安·塞德曼、罗伯特·塞德曼：《发展进程中的国家与法律：第三世界问题的解决和制度变革》，冯玉军、俞飞译，50~52 页，北京，法律出版社，2006。
④ 参见[美]伊丽莎白·海格尔·波义耳、约翰·W. 迈耶尔：《作为世俗化和全球化模式的现代法：法律社会学的诸内涵》，赵明译，载[美]伊夫斯·德扎雷、布赖恩特·加思主编：《全球性解决方案：新法律正统性的产生、输出与输入》，陆幸福等译，71~76 页，北京，法律出版社，2006。
⑤ [美]劳伦斯·M. 弗里德曼：《法律制度》，李琼英、林欣译，258 页。
⑥ 参见高鸿钧：《文化与法律移植：理论之争与范式重构》，12~13 页。

五、现代法律文化的趋势：全球化

弗里德曼对现代法律文化的分析，是以美国为模板的，但其视野却覆盖了整个西方世界。他注意到法律文化作为生活中的"活法"，通常难以进行定量分析，只能对其总体趋向进行描述。据其阐释，现代法律文化表现出异质化与同质化的双重动向；但总体方向是趋于全球化。

一方面，现代法律文化异质化动向主要体现在，其发展呈现不平衡和多元样态。第一，即便在美国，这种法律文化也只是大众法律文化体现出的主流趋势，并非普遍存在和全民认同，其主要在中产阶级及以上的社会阶层中展现和流行；功利型及其他类型个人主义虽不占主导地位，但并未销声匿迹，而是与表现型个人主义法律文化竞相存在。迄今仍有人宁愿固守传统生活，支持规训与家长式权威，或者在同一个人身上存在既喜欢自由又想被领导的矛盾状态。第二，这种法律文化内部存在分歧，对于选择、自由、权利等价值，人们理解和需求不一，如有人认为选择在街头流浪是个人的自由，而有人认为接受国家福利保障或社会救助才是个人应有的权利；选择、表现型个人主义不仅有高下层次之分，且其本身并非普适真理，在现代世界里将自由选择看作超越所有问题的至善或绝对美德，恰恰是违背选择共和国精神的。第三，这种法律文化趋势并非线性发展、一成不变，而是充满曲折，甚至存在相反的趋向；虽潜含了诸多正面的解放征象，也强化了负面的规制隐忧，如在滋育平等身份认同的同时，也助长了极端的排异势头。①

另一方面，现代法律文化同质化趋向主要在于，随着法律现代化和全球化运动的推进，该法律文化显现出全球化的趋势。其一，世界各地的法律及法律文化通过自然演进或法律借用途径，或早或迟地加入了全球性的法律连带其文化现代化进程。其二，承载现代法律文化内容的好莱坞式大众法律影视、通俗小说等跨越国界，借助大众传媒在全球流播与消费，使得权利、人权、自由、选择等现代法律价值理念，逐渐成为世界性话语，塑造着不同国家和地区人们的法律观与生活观。其三，前述现代法律文化的异质化趋向，也成为其同质化的一个面向，全球不同地区的现代法律文化，均不同程度地存在着多元、不平衡的异质现象。总之现代法律文化随着大众文化四处游走，已成为"麦当劳化"②的全球精神快餐，并呈现出对各"部落文化"进行剿杀的同化态势。③

需要指出的是，虽然现实情境中现代美国法律文化趋势代表了西方

---

① ［美］弗里德曼：《选择的共和国》，高鸿钧等译，53、55～56、218 页；Lawrence M. Friedman, *The Horizontal Society*, pp. 120-126。
② Lawrence M. Friedman, *The Horizontal Society*, preface, p. viii.
③ 参见［美］弗里德曼：《选择的共和国》，高鸿钧等译，241～243 页。

法律文化的发展潮流,而当代西方法律文化主导着世界法律现代化的总体方向,但弗里德曼特意声明,他所宣称的现代法律文化全球化并非"美国化",这种法律文化不是美国独有的特产,而是"现代化"的产物;现代化只是率先侵入并征服了美国,继而波及其他西方国家,随后向全球挺进。①

总之,随着法律及整个社会的现代化变迁,现代法律文化会或同步或迟延地与之相适应,从而使表现型个人主义的选择共和国"疆域"扩展到全世界。②

第四节 影响与评价

弗里德曼在法律文化研究领域,做出了重要贡献,产生了广泛影响。

第一,弗里德曼最先提出了法律文化的概念,并系统阐释了法律文化的含义及其与法律制度的关系。他的研究为后来的法律文化研究奠定了重要基础,引领了世界范围关于法律文化的讨论。所有关于法律文化的探讨,都围绕弗里德曼的法律文化理论展开。2005年10月,美国斯坦福大学专门举行了一场关于弗里德曼思想研究的学术会议;同年11月,一群来自不同国家的学者,在美国俄亥俄州辛辛那提市荟萃一堂召开法律史年会,设专场对"弗里德曼作品在美国社会"议题进行了集中研讨。这两场会议的成果及其后一些评述弗里德曼法律文化思想的论文,被辑录成书,正式出版。③ 近几十年来,在美国及国际上历届比较法和法律社会学会议中,关于法律文化的议题越来越多。在这个领域,弗里德曼的著作成为当代引用率最高的文献之一,他的许多著作被译成了各种语言。这从一个侧面例证了他的法律文化理论所产生的广泛影响。近二十多年来,中国也开始了法律文化的各种讨论,并举行许多专题性全国学术研讨会。弗里德曼的很多著述被译成中文。在中国学者各种关于法律的著作中,常常引用弗里德曼的观点。凡此种种,都表明了弗里德曼法律文化思

---

① 参见[美]弗里德曼:《选择的共和国》,高鸿钧等译,242页。
② 关于现代法律文化的全球化趋势,综合参见[美]弗里德曼:《选择的共和国》,高鸿钧等译,译者导言23页,56~59、83~89、236~245页;[美]劳伦斯·M. 弗里德曼:《法律制度》,李琼英、林欣译,227~233、255~260页;[美]劳伦斯·M. 弗里德曼:《美国法律史》,苏彦新等译,731~742页;L. M. Friedman, *The Horizontal Society*, pp. 21-27,131-134, 214-216, 242; L. M. Friedman, *The Human Rights Culture*, pp. 126-132; L. M. Friedman, *Total Justice*, pp. 153-156; L. M. Friedman, "Erewhon: the Coming Global Legal Order", 37/2 Stanford Journal of International Law, 2001, pp. 347-364。
③ 参见 R. W. Gordon & M. J. Horwitz(eds.), *Law, Society and History: Themes in the Legal Sociology and Legal History of Lawrence M. Friedman*, Introduction, pp. 1-2。

想影响之广。

第二,弗里德曼运用法律社会学的方法,观察和描述法律现象,从而揭示了法律文化与法律制度的关系,法律与社会的关系,以及法律文化与一般文化的关系。这一研究对于我们超越书本之法,探索生活中的"活法";超越法律现象,探索影响法律的各种社会因素;超越法律文化,关注法律文化与一般文化的互动关系,具有重要的启示。

第三,弗里德曼关于现代法律文化的研究,揭示了现代法律文化主要特征和一般趋势。他的理论对于协调传统法律文化与现代法律文化的冲突,协调现代法律制度与现代法律文化的冲突,协调本土法律文化与外来法律制度和法律文化之间的冲突,具有重要的理论意义和实践价值。

第四,弗里德曼从文化之维研究法律,探索法律的文化意蕴,有助于人们避免把法律等同于统治者的意志、阶级压迫的工具以及政治意识形态。法律文化的概念提示我们关注历史传统和文化内涵,重视法律演进的一般规律和独特的语境,从而构建既具有本土特征又具有普世精神的现代法治。

第五,弗里德曼观察敏锐,语言生动,文字平实,行文娓娓道来,善于从现实生活中捕捉法律文化的意象。他所运用的许多隐喻,给人留下了鲜明的印象,如"选择的共和国"、"第二次机会"以及"失败者的正义"等。这种风格有助于其法律文化理论的传播。

当然,与其他理论一样,弗里德曼的法律文化理论也存在某些不足。首先,"法律文化"概念,作为法律的观念形态,不易把握。他的研究主要得自对法律文化现象的一般观察,缺乏实证性调查,因而一些结论感性色彩明显,欠缺严谨。其次,弗里德曼关于现代法律文化的论述,主要基于美国法律文化。美国法律文化无论如何具有典型性,也不能反映世界现代法律文化的整体形象和多样形态。最后,他在纵向的法律变革和横向的法律移植方面,持论过于乐观,对于其中的复杂性和曲折性估计不足。

弗里德曼的法律文化理论尽管存在上述不足,但对于他的法律文化体系和关于法律文化的许多洞见,这些不足并无大碍。他的法律文化理论是西方乃至世界法律思想中一份珍贵的财富。最后值得一提的是,弗里德曼近些年连续发表了多部法律类悬疑小说,①跻身美国法律小说家之林,从而现身说法地为多元选择的共和国、创造自我、实现自我的表现型个人主义现代法律文化做出了进一步诠释与论证。

---

① 弗里德曼小说成名作是"弗兰克·枚律师纪事"系列小说(The Frank May Chronicles),如 Who Killed Maggie Swift? (2014), Death of a One-Sided Man (2013), An Unnatural Death (2012), The Book Club Murder (2012), Death of a Wannabe (2011), The Corpse in the Road (2008)等。关于弗里德曼小说的情况参见斯坦福大学官网(https://www.law.stanford.edu/profile/lawrence-m-friedman/publications,最近访问时间:2014-08-27)。

思考题

1. 什么是法律文化?
2. 在弗里德曼看来,法律文化和法律制度有什么关系?
3. 弗里德曼所说的"选择的共和国"是什么样子?
4. 如何理解表现型个人主义与当代法律文化的关系?

阅读文献

1. [美]弗里德曼:《选择的共和国——法律、权威与文化》,高鸿钧等译,北京,清华大学出版社,2005。
2. [美]劳伦斯·M. 弗里德曼:《法律制度——从社会科学角度观察》,修订版,李琼英、林欣译,北京,中国政法大学出版社,2004。
3. [美]傅利曼:《法律与社会》,吴锡堂、杨满郁译,台北,巨流图书公司,1991。
4. [美]劳伦斯·M. 弗里德曼:《美国法律史》,苏彦新等译,北京,中国社会科学出版社,2007。
5. [美]劳伦斯·傅利曼:《二十世纪美国法律史》,吴懿婷译,台北,商周出版社,2005。
6. L. M. Friedman, "Legal Culture and Social Development", 4/1 *Law and Society Review*, 1969, pp. 29-44.
7. L. M. Friedman, *Total Justice*, Russell Sage Foundation, 1994.
8. L. M. Friedman, *The Human Rights Culture: A Study in History and Context*, Quid Pro Books, 2011.
9. [法]托克维尔:《论美国的民主》,上、下卷,董果良译,北京,商务印书馆,1988。
10. [美]罗伯特·N. 贝拉等:《心灵的习性——美国人生活中的个人主义和公共责任》,周穗明等译,北京,中国社会科学出版社,2011。

第二十一章 桑托斯的法律现代性和法律全球化理论

桑托斯是当代西方著名社会学家和法律社会学家。他从社会学、政治学和法学等多维视角,对现代社会、资本主义和法律全球化等重大问题,进行了系统研究、激进反思和深刻批判,并构想了民主与法治的新图景。他的法律全球化理论,揭示了当代世界法律体制和格局的新变化,指出了法律全球化过程中,霸权主义与反霸权主义的冲突,并尝试在规制的现实中,重新激活解放的动力。桑托斯的理论具有哲学的深度、历史的厚度和全球的广度,深刻揭示了现代法律的内在冲突和发展趋势,在当今世界产生了广泛的影响。

第一节 经历与著作

博温托·德·苏萨·桑托斯(Boaventura de Sousa Santos,1940.11.15—),生于葡萄牙的科英布拉市,1963年毕业于科英布拉大学法学专业;1963—1964年,在德国自由大学攻读法哲学硕士;1964—1965年,在科英布拉大学攻读刑法硕士;1964—1969年,在科英布拉大学法学院担任助教;1969—1975年,在美国耶鲁大学取得法律硕士(L.L.M)和法律社会学博士(J.S.D)学位。1975—1986年,他在科英布拉大学法学院任讲师,开设法律社会学讲座课;1983年,在美国威斯康星大学麦迪逊法学院,作为访问教授;1987年起,开始担任科英布拉大学社会学系教授;著名社会学家、法学家和政治学家,精通多种语言,著作数十部,分别以葡萄牙语、英语、法语、意大利以及西班牙语出版;研究成果多次获奖;主要著作有《迈向新法律常识——法律、全球化和解放》(2002),《自下而上的法律与全球化——世界主义法制》(英文版,2005)以及《全球左翼之兴起》(2012)等。

《迈向新法律常识——法律、全球化和解放》①一书,集中反映了他的主要观点。在该书中,桑托斯考察了现代社会关于解放承诺的基本内容,分析了解放坍塌成规制或服从于规制的过程和原因,探讨了现代科学对法律和政治的影响,指出了现代法律的基本特征及其主要缺陷。然后,他尝试运用地方法、国家法和全球法三重法律空间,超越现代社会的国家法与国际法二元主义,并指出了全球法的主要形式和法律全球化的基本路径。他试图激活文艺复兴的共和主义国家概念,重构当代社会的结构空间,指出与之相对应的六重权力形式、法律形式和知识形式,并以参与式民主和多元法制来整合这些空间,从而超越现代社会的国家与市民社会二元主义及其由此衍生的公法与私法二元主义。他主张恢复法律与革命之间的张力,既防止法律吸收革命,又避免革命吞噬法律,从而超越现代社会的两种变迁模式和三种路径。最后,他尝试重新绘制当代世界的法律地图,并指出了现代社会从规制走向解放的基本方向和主要途径。

第二节 现代承诺与失望:历史的回顾

一、现代性承诺:平等、自由、和平与控制自然

西方的文艺复兴,吹响了现代解放的多重号角。人们不再敬畏神灵、屈从权威和压制欲望,而开始张扬人性之力,主张民主之治,讴歌肉体之美,顺应欲望之需。随后,现代社会带着四项解放承诺,隆重登场:平等、自由、和平与控制自然。② 为了实现这些美好的承诺,现代解放的三大支柱,也就是韦伯所概括的三大理性逻辑,遂即得以确立:科学和技术的认知工具理性,伦理和法律的道德实践理性,以及文学和艺术的审美表现理性。③

桑托斯认为,为了兑现解放的承诺,现代西方的政治哲学以社会契约

---

① [葡]博温托·迪·苏萨·桑托斯:《迈向新法律常识——法律、全球化和解放》,刘坤轮、叶传星译,北京,中国人民大学出版社,2009。作者为葡萄牙科英布拉大学经济学院社会学教授(Professor of Sociology at the School of Economics, University of Coimbra),中译本把作者国籍标注为"英"有误,特作更正。本书以英文撰写,中译本对于研究桑托斯有关现代性和法律全球化的理论,提供了很大便利,但由于翻译难度较大等原因,中译本一些地方尚须改进,因而本文在引用此书时,有时参照了英文本 Boaventura de Sousa Santos, *Toward a New Legal Common Sense*, 2nd ed., Buterworths, 2002。

② [葡]博温托·迪·苏萨·桑托斯:《迈向新法律常识——法律、全球化和解放》,刘坤轮,叶传星译,9~11页。

③ 同上书,4页。

论为基础,探索现代秩序的基本原则。在各种关于现代秩序原则的学说中,三种秩序原则成为了主导范式。它们是国家原则、共同体原则和市场原则。在上述三种秩序原则中,第一种秩序原则的设计师是霍布斯,代码是秩序,基础是政府与人民之约,区分是战争/和平,要旨是人权完全服从主权,核心是国家;第二种秩序原则的设计师是卢梭,代码是平等,区分是平等/特权,基础是人民之约,要旨是人权与主权同构,核心是共同体;第三种范式的设计师是洛克,代码是自由,区分是自由/专制,基础是人民之约和政府与人民之约,要旨是一般人权转让给政府,基本人权由公民保留,核心是市场。桑托斯认为,在西方现代社会的不同时期,上述秩序原则具有不同的地位;与之相应,社会基本结构、民主和法律也具有不同的气质和价值取向。①

二、对现代社会的失望

桑托斯认为,在现代性的三大支柱中,理性成为统驭一切的源代码,而科技理性成为了万流归宗的新上帝。政治科学化与理性化,虽然获得了新的正当性基础,却打造出科技官僚的铁笼,致使政府变成了衙门,选举变成了选主,公仆变成了主人;法律科学化和理性化,虽然增加了确定性,却结出了法律形式主义的苦果,法律运作无视内在精神和情境差异;生活世界科学化和理性化,虽然祛除了各种灵魅和斩断了家族羁绊,却导致了目的理性宰制生活常识,生产范式统驭生活范式,效率、权力和金钱奴役心性;文学艺术的科学化和理性化,虽然摆脱了传统的束缚和御用的宿命,却陷入了标准化和形式化的误区,艺术的个性化、多元性和想象力,并没有得到应有的发挥。简言之,科技理性主宰的现代化,并没有兑现原初承诺。特权制不平等变成了契约式不平等,后者所具有的只是形式平等的外观;集权制不自由变成了分散式不自由,后者所具有的只是个人选择的面向。现代化没有带来和平,科技理性却为军备竞赛和世界大战推波助澜。现代人类控制自然的能力空前提高,但主要目的并非合理利用自然,摆脱宿命,而是为了更强有力地征服和控制同类。人类对于由此而带来的全球性生态风险和自然灾难,或者无暇顾及,或者由于人类控制自然能力过度,而预见此种后果的能力不足,结果是"现代科学并没有根除与前现代性相关联的风险,没有消除不透明性、暴力和无知,而是以一种超越现代的形式重新创造了它们"②。

桑托斯认为,现代社会源自西方,恰与资本主义相耦合。资本主义社会的发展经历了三个阶段,即自由资本主义时期、组织化资本主义时期和

---

① [葡]博温托·迪·苏萨·桑托斯:《迈向新法律常识——法律、全球化和解放》,刘坤轮、叶传星译,36~48页。

② 同上书,13页。

去组织化资本主义时期。它们大体对应于自由放任时期、福利国家时期以及后福利国家或新自由主义时期。

他认为,在第一个阶段,为了放任自由和强化竞争,主导秩序原则是市场原则,社会结构的特征是国家与市民社会相分离。民主以代议制为特色,完全服从市场的需要。法律的特征是科学化和实证化,从而具有了去政治化和去道德化的气质;公法与私法的二元划分,主要维护消极自由。这个阶段的结局是解放坍塌成规制,即市场主导的经济规制,造成了富人对穷人的压迫。

在第二个阶段,资本主义国家为了调控市场,矫正社会不平等,防止社会冲突演变成阶级冲突,政府出场进行干预,因而主导范式是市场原则与国家原则并驾齐驱。在社会结构上,国家与市民社会的界线开始弥合。民主扩大了参与范围,工人阶级开始参与企业管理和国家管理;福利制度的实施减少了社会不平等,缓和了阶级冲突;法律的实质化打破了公法与私法的严格界域,法律能动主义占据上风,由此导致了法律的再政治化。这一时期,共同体原则虽然得到了加强,但其仍然服从市场和国家的控制;法律的政治性虽然得到了重新确认,但这种政治性源自政府的导控,缺乏民主的基础;工人阶级的民主虽然得到加强,但仍然服从资本主义体制。从总体上看,在第二个阶段,资本主义社会虽然重启了解放之维,但远不是解放与规制的真正结合与良性互动,而是"解放事业对于规制事业的完全服从"①。

在第三个阶段,福利国家模式导致了国家原则与市场原则相冲突,行政权的膨胀带来了新专制主义的危险;法律开始实质化,并渗透到社会各个领域,具有家长主义的气质。有鉴于此,从20世纪70年代开始,西方国家开始转向,市场原则重新具有了主导地位,国家原则相对弱化。去规制化、私有化和契约化,成为主要潮流,由此,国家从市场和社会中抽身而退,国家与市民社会再度分离,公法与私法之间重新划界,民主再次受到市场大潮的冲击。

这个阶段似乎是对第一阶段的回归,但与之有诸多区别。第一,这个阶段与全球化相耦合,因而强化市场原则和弱化国家原则,对于处在世界体系不同位置的各国,明显具有不同的后果。核心国家原本国家权力十分强大,这转向对它们来说不过是"胖人减肥",而对于某些控制能力本来就很弱的边缘国家来说,这种转向几乎意味着"瘦人瘦身",国家对秩序的控制能力进一步弱化,甚至出现政治动乱和社会失序。第二,在法律上,与第一个阶段立法主导的治理模式不同,这个阶段是司法主导的法治。核心国家把这种司法治理模式予以全球化。第三,这个阶段全球化的去规制化,导致了全球化的竞争失序,对于跨国公司等全球性组织,国家法

---

① [葡]博温托·迪·苏萨·桑托斯:《迈向新法律常识——法律、全球化和解放》,刘坤轮、叶传星译,75页。

鞭长莫及,而国际或全球治理的管制措施显得软弱无力。因而,这个阶段的危险是规制面临坍塌之险。① 总之,在桑托斯看来,现代社会虽然超越了传统的宗教、血缘关系和专制特权的束缚,但同时带来了许多新的问题和冲突,解放的承诺却变成规制无所不在的现实。

三、现代承诺落空的原因

桑托斯认为,在上述三个阶段,现代解放的承诺之所以没有得到兑现,主要原因有三。

(1) 科学主义的泛化及其早期科学范式存有缺陷。在他看来,国家科学化和法律科学化,导致了对共同体经验常识的排斥,而从自然科学的事实及其规律中,无法推导和建构出正当和良好的社会秩序。同时,现代早期以确定性和线性为特征的科学范式,不具有普适性,当代科学的发展,则揭示了与之相反的一些法则。

(2) 国家主义及其国家法霸权。桑托斯认为,国家主义是对现代社会复杂结构的化约,并不符合事实,因为在现代国家之上,一直存在世界体系;在国家之下,始终存在其他权力结构。因此,国家主义及其法律霸权,是对其他权力结构的排斥,其结果是国家失去了同其他权力结构进行互动和互补的机会。同样,法律的国家化,导致了国家法独占和霸权,由此排斥了实际存在的其他法律形式,也失去了与它们保持互动和互补的机会。国家为市场保驾护航,但对于社会共同体,则挥动着主权的法宝,征服了不同社群,宰制了生活世界。由此,个体的心性成了国家理性的祭品,日常生活成了国家意志专政的对象,经验常识成了国家科技横扫的尘埃,社群精神成了国家学说占领的阵地,民歌乡曲成为了国家颂辞传播的载体。

(3) 现代社会除了过分科学化之外,还过分市场化。过分市场化导致了经济主宰政治,效率成为压倒一切的价值,平等变成了平等的经济博弈,自由变成了自由的策略设局。相形之下,民主势单力薄,人权声音微弱。至于正义,只能在诗性的愤怒和侠士的壮举中,偶尔灵光一现,几如天上的流星;而美德也似久旱中的几滴甘雨,不过是道德沙漠中的一泉清水。②

在桑托斯看来,凡此种种都似乎表明,科技的发展并没有把人对人的统治,转成人对物的管理,从而带来人的解放,而是强化了人对人的控制,甚至导致了物对人的支配。市场没有带来普遍的自由平等,而是把人类带回到弱肉强食的丛林时代。代议制民主没有实现公民当家做主,而是公民定期选主,然后由精英为民做主。法律没有带来公平正义,而是成为自由市场博弈之则,官僚体制运转之器,以及政治国家驭民之具。一言以

---

① [葡]博温托·迪·苏萨·桑托斯:《迈向新法律常识——法律、全球化和解放》,刘坤轮、叶传星译,75页。

② 桑托斯关于资本主义三个阶段的论述,参见同上书 48~75 页。

蔽之,现代化的最初承诺没有兑现,解放的理想坍塌成规制的现实。

毫无疑问,桑托斯对现代性的反思和批判,颇具冲击力。但他显然忽略了以下几点:人文主义对现代性的期许过高,解放的承诺在短期内无法完全兑现;现代科学对于人类生活品质和生命质量的改进,做出了许多重要贡献;市场也具有积极效应,竞争提高了经济效率和增加了消费者选择的空间;现代国家的统一和主权至上,有助于维护国内秩序和整合复杂的社会结构;现代法律对于保护个人自由和权利,发挥了许多积极的作用。简言之,在秩序与自由的冲突中,在规制与解放的张力中,他忽视了社会现代化过程中自由与解放的成就。

第三节 法律全球化与法律多元

一、全球法的形式与法律全球化的路径

桑托斯认为,在现代社会,国家法具有了独霸的地位,不承认地方法的权威,并把国际法看作国家法的对外延伸。实际上,这是对真实"世界地图"的扭曲。但是,在当代法律全球化时代,地方法和全球法的地位得以突显,并有挑战国家法之势。桑托斯认为,就当代全球法的发展趋势和形态而言,存在七种主要法律形式。(1)民族国家治理的全球化;(2)以欧盟法为典型的跨国法;(3)伴随资本全球化和跨国公司而形成的新商人法;(4)由于移民全球化而产生的移民法;(5)经历殖民统治历史的原住民法;(6)以国际人权等为核心内容的次级世界主义(subaltern cosmopolitanism)之法;(7)全球公域中生长出的保护人类共同遗产的人类法。

桑托斯认为,在上述七种全球法中,大体可分为霸权主义的全球法与反霸权主义的全球法。判断标准取决于两个因素:一是看它们的形成是自上而下还是自下而上,二是看它们所代表的利益是核心国家还是边缘国家,是压迫者和排斥者还是被压迫者和被排斥者,以及是局部统治集团还是全人类。①

桑托斯指出,当代法律全球化有四种路径:(1)全球化的地方主义(globalized localism),如美国法的全球化;(2)地方化的全球主义(localized globalism),典型例子是联合国和其他国际组织的法律在全球范围传播,但其中许多内容都体现西方国家的价值和利益;(3)世界主义(cosmopolitanism),如推进世界和平、民族平等和文化宽容的全球法;

---

① 参见[葡]博温托·迪·苏萨·桑托斯:《迈向新的法律常识——法律、全球化和解放》,刘坤轮、叶传星译,433~511页。

(4)人类共同遗产(common heritage of humankind)的保护,如全球生态环境和珍贵文化遗产保护等全球公约。他认为,从目前的情势看,前两种进路是主要路径,后两种进路是次要路径;前两种是霸权主义的全球化,后两种是反霸权主义的全球化。①

二、地方法:"帕萨嘎达法"

"帕萨嘎达"(Pasagada)不是真实的地名,是桑托斯用来指巴西城市贫民区。在20世纪70年代,桑托斯曾经在巴西里约热内卢的贫民区进行过社会调查。他所使用的"帕萨嘎达法"有三层意思:(1)意指城市贫民区之法,与城市的"柏油路法"相对照;(2)意指民间法,与国家法相对照;(3)意指反霸权主义的全球法,与霸权主义的全球法相对照。

"帕萨嘎达法"作为被压迫者之法的典型,主要特色是:(1)采取社区内部视角,而不是把国家法生硬地适用于贫民社区;(2)社区司法易于接近,而不像官方司法程序那样复杂,不易接近;(3)司法采取参与性机制,法官和当事人地位平等,并致力于通过协商和调解机制解决纠纷,而不是采取官方司法那种对抗和博弈的方式;(4)与官方司法相比,这种司法具有灵活、快捷、成本低廉等优点;(5)这种司法主要适用于平民区内的一般民商纠纷,涉及刑事问题,国家法会介入,因此社区法与国家法相交叠。由上述可见,桑托斯的"地方法"不是指国家法在地方的延伸或变通形式,而是指国家法之外自发形成的法律秩序。在地方法中,桑托斯更看重其中的社区法。他认为,"帕萨嘎达"贫民区,并不代表田园诗般的和谐世界,而是工业化野蛮征地之结果,也是世界体系和国际分工的结果。"帕萨嘎达"所在的国家是第三世界,深受第一世界的剥削和压迫,而贫民区则是第三世界的"第三世界"。

三、三重法律空间与"居间法制"

就法律的结构性要素而言,这种地方法,取向于说服和商谈性修辞,而不是暴力和官僚制,因而优于职业化、形式性和难以接近的国家法,因为后者包含着更多暴力和官僚制要素。他认为,这种基于常识的法律实践具有解放的潜能,可以对国家法施加影响,抵制和改变其中的规制性因素。②

桑托斯还主张,在现代社会和法律全球化时代,国家法虽然具有核心地位,但不应把国家作为唯一有效之法,而应承认全球法和地方法的地位和效力。"帕萨嘎达法"作为地方法的理想类型,它与国家法存在交集之

---

① 参见[葡]博温托·迪·苏萨·桑托斯:《迈向新的法律常识——法律、全球化和解放》,刘坤轮、叶传星译,220~225页。
② 同上书,121~199页。

处,并受到全球法的某种影响,因为第三世界贫民区的形成,不仅源自本国发展不平等和分配不公平的背景,而且源自世界弱肉强食的经济体系。他主张,现代社会应承认地方法、国家法和全球法,走向"居间法制"(interlegality),从而使这三重法律空间实现多元法制交叠互动,尤其应释放地方法的解放潜能。①

四、法律地图对现实的扭曲与重构

桑托斯认为,对法律的确认和描述,与确认地理空间位置和方向的地图绘制,具有相似性。地图是现实的压缩或抽象表述,因而任何地图都不可避免地扭曲现实。同样,任何"法律地图"也不可避免地扭曲现实。但是,不同视角"法律地图"对现实的扭曲,背后却有着不同用意。绘制地图涉及比例尺、投影和符号三个要素,"法律地图"也涉及这三个要素。

(一) 法律与比例尺

在绘制地图中,比例尺的大小,突出或忽略的重点大不一样。在一定规模的纸上,与小比例尺的地图相比,大比例尺的地图代表较小的面积。小比例尺突出的是宏观图形,关注整体,提供方向感;大比例尺则相反,突出的则是微观图形,关注部分,提供位置感。在法律上,小比例尺的法律地图,突出的是国家法或全球法,大比例尺突出的是地方法。然而,现代"法律地图"则采取小比例尺,只承认国家法,而忽略了地方法。实际上,这种比例尺的"法律地图"严重扭曲了法律现实。例如,跨国公司在一个第三世界国家开设工厂,工厂纪律涉及的则是地方法,工厂的政治活动等服从国家法,但工厂的一些经济活动和工人的权利与义务等,则同时受到国家法和全球法的影响。在这种类型的工厂中,三重"居间法制"相交叠,因而任何一种比例尺的"法律地图",都无法反映这种法律多元状态。与此同时,不同比例尺的"法律地图",涉及对现实法律范围的界定。例如,在小比例尺的"法律地图"中,地方法被排斥在法律范围之外,而这对于当事人的行为具有重要的后果,例如某些行为符合地方法,却要受到国家法的制裁。由此,小比例尺下的国家法,表现出战略性、工具性和侵略性导向,而大比例尺下的地方法,尤其是处于边缘和弱势的地方法,则表现出战术性、教化性和保护性导向。

(二) 法律与投影

像绘制普通地图一样,绘制法律地图,也要采用投影法。但是,任何投影法下的"法律地图",都不是中性的设计,而是反映一种解释标准或视角。任何法律秩序都有中心和边缘的差异。在现代国家法"地图"中,中心是法律资源(正规法律制度、法院和律师等)集中的区域,而边缘则是法律资源贫弱的区域,例如"帕萨嘎达"贫民区。在中心区域,法律制度和思

---

① "interlegality"在中译本中译作"合法律间性",这个译名生硬费解,参见[葡]博温托·迪·苏萨·桑托斯:《迈向新的法律常识——法律、全球化和解放》,刘坤轮、叶传星译,119页。

想占据统治地位,而在边缘区域,非正式地方法较为发达。在边缘区域,不同法律秩序的阴影相互重叠,存在的是居间法制,而不是国家法的延伸形态。这意味着,"投影法的中心/边缘效果表明","社会现实的法律地图不是同样被扭曲",而是在"边缘"区域出现了"更大扭曲"①。此外,随着跨国公司的发展,超越国家法的新商人法得到了迅速发展。这种法律跟随跨国公司到处游走,具有了属人法的特征。与属地法不同,这种属人法注重的是事实而不是规范。然而,在现代国家法"地图"投影中,属地法处于中心地位,新型属人法则没有得到反映。

(三)法律与符号

地图中采用符号指代某些实物,如用线形符号指代道路,用同心圆指代城市等。与此相似,法律地图也被符号化。在欧洲,有两种对立的法律符号化理性类型。一种是荷马型法律,另一种是圣经型法律。前者是指如同荷马史诗《奥德赛》所代表的那种风格:关注的是英雄生活的悲剧与崇高,其具有充分外部化的、统一的、不间断的和不容置疑的特征;后者是指《圣经》所代表的风格,关注的日常生活的悲剧与崇高,反映的是人类问题的多层性和含义的多重性。荷马型法以工具性为特点,其典型是国家法;圣经型法以互动、情感和信任为特点,其典型代表是国际协会制定的道德法典。在时间上,后者比前者更古老。但不管哪种类型占据主导地位,它们都同时存在并形成互动的张力。然而,现代国家法的"符号制图学",所使用的符号是荷马型法,没有反映两种法律类型之间的张力。

总之,桑托斯通过"法律是地图"的隐喻,指出以下几点:第一,任何法律地图都是对法律现实的扭曲,但是,现代法律地图所反映的是国家法独占地位,是对法律多元现实的人为且严重的扭曲,是对法律发展方向的误导。第二,法律地图涉及的是想象和隐喻,但在这种想象和隐喻中,选择的标准确认了法律的效力范围,并拒斥了一些事实性法律,由此建构和强化了扭曲的规制现实,压制了法律中的解放力量。第三,为了维持法律的规制和解放之间的张力,必须重新绘制法律地图。②

第四节 六种权力空间与社会治理

一、司法治理的得与失

桑托斯回顾了西方现代社会治理的主要历程。他认为,在资本主义社会发展的三个阶段,法治的范式分别是立法主导模式、行政主导模式和

---

① [葡]博温托·迪·苏萨·桑托斯:《迈向新的法律常识——法律、全球化和解放》,刘坤轮、叶传星译,529页。
② 同上书,512~538页。

司法主导模式。他认为,与立法治理和行政治理相比,司法治理具有以下优点。

(1) 司法借助于专业技术性,具有去政治化的效果,有助于减少和弱化政治冲突。

(2) 司法机构的中立性和解决纠纷的程序性,有助于当事人和社会公众对于裁决结果的接受和认可,从而可防止纠纷扩大和冲突激化。

(3) 司法机构通过具体诉讼可以把许多群体之间的冲突分解为不同的单个纠纷,而这有助于防止纠纷群体化和冲突组织化。

(4) 司法机构在解决纠纷的过程中,借助时间的冷却效应,可以缓解当事人和公众的情绪。

(5) 在推进社会和政治改革的过程中,诉诸司法判决比通过立法和行政决策更隐蔽,从而有助于减少改革的阻力和对抗。有鉴于此,在无法实行直接民主制或民主参与不充分的现代多元社会,司法治理有助于缓解立法机构和行政机构的政治负担,并可逐渐扩展社会公众对争议问题的宽容度。①

在他看来,这种"司法共和国"②的司法治理进路,虽然有助于人权的宪法化和宪法的司法化,但对于追求解放的目标而言,还远远不够,因而"并不优先考虑司法斗争"③。因为这种法治模式仍然具有资本主义社会的性质,仍是政治国家与市民社会和公法与私法二元主义的产物,仍是法律去政治化的进路,仍没有把法律置于充分的民主基础之上。此外,这种模式仅仅承认一维结构空间,即国家权力及其国家法。④

二、六重结构空间:权力形式

桑托斯认为,现代社会存在六重结构空间,即家庭、工作、市场、社区、市民社会和世界空间,与之相应的有六重权力形式、法律形式和知识形式。在家庭空间中,权力形式是家父,法律形式是家内法,知识形式是家庭主义;在工作空间,权力形式是剥削,法律形式是生产法,知识形式是生产主义;在市场空间,权力形式是消费身份,法律形式是交易法,知识形式是消费主义;在社区空间,权力形式是不平等的区别,法律形式是社区法,知识形式是地方性知识;在市民空间,权力形式是统治,法律形式是国家法,知识形式是民族主义与公民文化;在世界空间,权力形式是不平等的交易,法律形式是世界体系法,知识形式是科学关于普遍进步的预设和由此预设而支配的全球文化。在桑托斯看来,在上述权力形式中,不

---

① [葡]博温托·迪·苏萨·桑托斯:《迈向新的法律常识——法律、全球化和解放》,刘坤轮、叶传星译,423页。
② 同上书,393页。
③ 同上书,23页。
④ 同上书,386~432页。

惟国家权力是政治权力,其他五种权力也具有政治性质,将它们去政治化只不过是一种掩盖策略;在上述法律形式中,不惟国家法具有法律性质,其他五种法律形式都具有法律功能,把它们去法律化也是一种掩饰策略;在上述知识形式中,不惟官方知识具有意识形态的特征,其他知识也渗透着意识形态,将它们去意识形态不过是一种迷惑策略。这些策略在表明,"权力集合体中的统治、法律集合体中的国家法和认识论集合体中的科学"①,各自在现代社会中取得了中心地位,且它们三位一体,打造出现代社会权力、法律和知识具有普遍性的客观形象。同时,这些策略也意在将市民空间的"政治的化约转化为一种政治常识,将国家法律的化约转化为一种法律常识,将科学的化约转化为一种认识论常识"②,由此,其他权力、法律和知识形式就被排除在"常识"之外,而任何对"常识"的反对都显得有悖常理,因而变得极其困难。

桑托斯认为,上述策略的一个附带效应是,那些更专制的权力、法律和知识形式就逃脱了国家和市民社会的视野之外。就法律而言,由于国家法毕竟具有某种程度的民主基础,因而总体上比其他法律形式拥有较少专制因素。当然,有些非国家性质的法律形式,源自弱势群体和边缘人群的生活经验和基本常识,来自社群互动中的修辞性对话与商谈,在气质上与暴力和官僚制之法截然对立,因而其中潜藏着某些反规制和反霸权的解放潜能。

三、民主与权利

桑托斯注意到,在政治领域,现代西方的主要民主范式是代议制民主。他认为,核心国家中的福利措施,缓和了阶级对立;代议制民主的改进,增强了政治的合法性。尽管这些改革"暗示了解放的理想化约为现实的比例均衡,暗示了原则性的选择化约为暂时性的妥协"③,但毕竟包括了趋向平等和民主的解放诉求,并意味着"改革战胜了革命"。关于后一点,欧洲"社会主义政党向社会民主党的转变"④就是典型例证。在桑托斯看来,社会福利的资源逐渐减少,无法满足民众不断增加的福利诉求;民主化仅限于公民社会空间,而没有触及其他结构空间,故而上述两种改革思路难以持续。因此,西方在福利国家模式面临巨大危机之时,不得不放弃这种模式进入新自由主义阶段。在这个阶段,原先的福利分配制度被经济效率的考量所压倒,逐渐扩大的民主参与机制被自由市场的竞争

---

① [葡]博温托·迪·苏萨·桑托斯:《迈向新的法律常识——法律、全球化和解放》,刘坤轮、叶传星译,510页。
② 同上。
③ 同上书,58页。
④ 同上。

所淹没。①

他承认,在人类历史上,宪政的理论与实践具有重要意义,由此,国家首次不再成为一家一姓的独占私产,而真正成为了具有公共性的公民国家。但他同时认为,宪政要获得充分的民主基础,必须把代议制民主转向参与式民主。参与式民主不是简单地意味着公民选举精英和实行民主代议制,还重视公民直接参与民主的实践。在这种参与式民主中,公民通过互动协商和说理论辩,对于经济、政治、社会和文化等领域的重大问题,达成基本共识,并作出决定。他特别强调指出,西方和非西方国家要走出现代性困境,就必须作出重大调整:针对市场而言,民主必须处于优先地位;就民主自身而言,参与式民主应优先于代议制民主。

与许多后现代多元主义者不同,桑托斯没有陷入相对主义的多元价值观,而是确认并维护人类的普世价值。他特别强调人权在现代社会的重要性和普适性,主张人类法作为人类共同体的基本原则,必须以人权作为基础。他虽然认为,西方人权观并不完全具有普世价值,因而反对把西方人权理论和实践全球化,但并没由此而走向相对主义人权论。他强调指出,作为反抗规制的利器和解放的精神追求,普遍人权尽管受到了市场原则的压制,但一直存在并且不断发展。在国际层面,人权作为全球解放对话的代码,是一种政治世界语;在国内层面,国家既是人权的保护者,也是人权的侵犯者,②因此,需要确认人权对主权的优先性,国家主权不应以侵犯人权作为维护统治的代价。他主张通过跨文化对话来建构世界的普遍人权,然后将其全球化,用以反对全球的霸权主义和地方的专制主义,维护人类的整体利益和捍卫人类的个体尊严。在权利体系和内容上,他主张财产权不应导向占有性个人主义,而应有助于社会团结;权利应赋予自然和后代,强调人类对自然及其后代的责任与义务;民主自决权应得到强化,公民应享有对抗性人权,即公民对体制的激扰权(destabilization right);③创制权利之权应得到确认和拓展,由此公民可以随时实现权利的自我赋予。他的权利主张中,不仅吸收了绿党的生态观,还明显融入了当代生命政治学与权利政治学的一些晚近思考。

关于权利领域,桑托斯提出的民主自决权、创制权和对抗权,都颇具意义。权利政治和生命政治成为当代许多政治哲学、社会学和法学努力的新方向。但当他强调团结取向的财产权和赋予自然物以及后代以权利时,就显得过于理想化。作为"理想权利"模式,这两种权利主张立意高远。但在经济全球化的激烈竞争中,人类争夺自然资源的角逐更加激烈,而透支后代利益的"超前消费"也会愈演愈烈。因此这种"理想权利"无法

---

① [葡]博温托·迪·苏萨·桑托斯:《迈向新的法律常识——法律、全球化和解放》,刘坤轮、叶传星译,63~64页。
② 同上书,358页。
③ 此种权利由昂格尔所主张,中译本译成"不安定权",桑托斯在更广意义上使用这个概念,参见同上书373页。

得到普遍确认和落实。显然,这位社会学家眼中取向于未来的"权利",同他所使用的"法律"概念一样,也具有宽泛的特点。

第五节 法律改革与革命:现代化模式

一、现代社会两种制度模式和路径分化

(一)民主自由主义制度模式

桑托斯认为,在西方的现代社会中,最初奉行的是民主自由主义制度模式。这种模式分为两种路径:(1)市场自由主义体制,其主张自由优先,市场至上,实行代议制民主,并采取尽可能低的社会福利制度。(2)民主社会主义体制,其主张自由与平等兼顾,市场与民主并重,工人阶级通过议会道路参政议政,并强调实行尽可能高的社会福利制度,这种模式后来转变成为社会民主主义体制,其典型是西欧社会民主党执政的国家。

在时间上,作为右翼的第一种路径首先出场,但人们不久就发现,这种模式导致了贫富分化和阶级冲突,于是作为左翼主张的第二种路径占据了主导地位。在空间上,美国的发展代表第一种路径,西欧(特别是西北欧)国家的发展代表了第二种路径。

(二)激进社会主义制度模式

在民主自由主义体制模式之外,又产生了第二种模式,即以苏联为典型的激进社会主义试验。这种模式主张以革命和暴力手段夺取政权,实行无产阶级专政,消灭私有制,实行计划经济,采取以配给制为特色的分配制度。在上述两种现代化的模式中,第一种模式采取法治形式,自由主义的右翼认为自由本身就包含着解放,强调市场的力量;其左翼认为平等不断扩大才是走向解放,强调福利制度的重要性。同第一种模式相反,第二种模式反对实行法治,主张以激烈的手段打碎资产阶级的国家机器,无产阶级首先在一个或几个国家夺取政权,然后在全世界取得胜利;经过社会主义的短暂过渡之后,人类将进入彻底解放的共产主义时代;在这个过渡阶段,法律与国家一样,都是实现终极目标的工具或手段。简言之,现代化的两种模式截然对立,①前一种模式是改革进路,其进路是以法律吸收革命;后一种模式是革命路径,其方式是以革命替代法律。

---

① 显然,桑托斯与沃勒斯坦一样,认为资本主义和社会主义是现代性的对立两极,现代性发轫于西方,社会主义是反西方体系的西方体系。

二、两种模式的比较分析

历史实践表明,第一种模式的右翼进路遇到了巨大危机,不得不进行调整,采取诸多福利措施,以限制和减少形式平等所导致的实际不平等后果。但正如波兰尼所言,人们"一旦依赖救济,就永远依赖救济"[①],随着救济范围和强度的不断增加,用于福利救济的资源会日益显得捉襟见肘。因此,面对福利国家的巨大负担和各种负面效应,这种模式中的左翼路径遭遇挫折,福利国家模式也不得不进行调整,减少福利措施、解除规制和强化竞争机制。在全球化时代,自由主义的左翼也不得不对新自由主义作出巨大让步,其政策逐渐向右翼靠拢,英国工党政策近几十年的巨大变化,就是最佳例证。与此同时,第二种模式在实践中受到了重创,苏联和东欧发生了巨变,其他主要社会主义国家也进行了重大改革,放弃了过去的教条和做法,从计划经济转向市场经济,从人治模式转向法治模式,不再以革命代替法律,而是以法律吸收革命。[②]

在桑托斯看来,上述两种模式分别代表了现代化的两种基本范式,即改革范式和革命范式。时至今日,这两种范式似乎都已经耗尽能量。在核心国家,法国大革命后,革命就被法律所吸收,由此改革范式压倒了革命范式,而改革的目标也不再是走向民主社会主义,而是实现资本主义的社会民主。在边缘或半边缘国家,20世纪前期和中期,革命范式占据了主导地位,法律被革命所吞噬,但到20世纪后期,革命范式遭遇巨大危机,多数国家不得不放弃革命范式,采取改革范式,步入民主和法治之路。[③]桑托斯对现代化主要模式和基本路径的上述考察和分析,对于认知和反思现代化过程的经验和教训,颇有价值。

桑托斯认为,值得注意的是,在20世纪后期,面对福利国家的巨大压力和重重危机,乘世界"冷战"格局结束之机,以美国和英国为代表的西方国家,断然选择了新自由主义之路。新自由主义不是对民主自由主义右翼的简单回归,而是具有许多新的旨向和命意。它的纲领集中体现在《华盛顿共识》中,其具体反映在下述四项共识中:(1)新自由主义的经济共识,其要义是全球市场化、市场自由化、财产私有化和交易合同化,为了市场有序,必须对全球经济进行法律规制,民族国家必须服从世界贸易组织和国际金融机构的规制和协调;(2)弱国家共识,其主旨是,国家权力强大,市场无法健康发展,公民自治无法壮大,为此必须弱化国家权力,以使公民社会迅速成长壮大;(3)自由主义的民主政治共识,其核心是个人主

---

① [英]卡尔·波兰尼:《大转型:我们时代的政治与起源》,冯钢、刘阳译,70页,杭州,浙江人民出版社,2007。
② [葡]博温托·迪·苏萨·桑托斯:《迈向新法律常识——法律、全球化和解放》,刘坤轮、叶传星译,540~544页。
③ 同上书,64页。

义的选举权、参政权、表达权、结社权以及对抗政府的权利;(4)以司法为核心的法治共识,主要内容是司法独立和司法公正,强化司法效能,尤其是强化刑事司法在打击犯罪和控制社会秩序方面的效能。① 显然,以司法治理为特色的法治,既不是民主自由主义的法治模式,也不是民主社会主义的法治模式,而属于新自由主义的法治模式。在全球化时代,这种法治模式也出现了全球化趋势。因此,法律和解放之间的关系变成了全球问题,更具体言之,"法律在社会解放中发挥的作用问题,乃是一个全球体系范围内反对新自由主义霸权全球化的社会力量所追求的反霸权问题"②。

桑托斯认为,资本主义和社会主义都属于现代社会的不同模式,实际上是两种对立的模式。鉴于资本主义的种种弊端,社会主义社会尝试超越并替代资本主义社会。但欧洲的经验表明,社会主义思潮刺激了资本主义的改良,由此,欧洲社会主义政党逐渐放弃了过去的激进纲领,而纷纷演变成为社会民主党,由暴力反抗转向合法斗争,由革命转向改良,由取而代之转向了联合执政或在野监督。20世纪末,苏联社会主义的模式由于其内在缺陷和外部环境,走向了解体。这导致了原来两极的世界体系失去平衡,资本主义在世界变得一股独大。这种巨变也对世界后发国家产生了巨大冲击,各国不得不对自己的现代化路径进行反思,对所选择的社会模式进行调整,以适合新的世界体系格局。世界少数"反潮流"国家,自然成为全球化共识的"另类"或"乱码",轻则遭到经济制裁,重则受到军事占领。于是,这种新自由主义乘机疯狂地将自己的模式全球化,金融资本家驾着新自由主义的经济战车,而国际金融机构为之鸣锣开道,霸主国家为之保驾护航,似乎所向披靡,无坚不摧。但历史的发展往往出现自我颠覆的吊诡,巨大危机通常不是来自"外鬼",而是源于内部"家贼"。果然,核心国家正在欢呼资本主义征服世界的胜利之时,一场经济危机悄然降临。先是金融巨头在各种衍生产品的疯狂游戏中,导演了的美国式次贷危机。然后,美国的金融危机、欧洲的欧债危机以及全球的经济危机接踵而至。桑托斯本书问世之时,这场经济危机尚未来临,但他已敏感地预见到这场危机及其严重后果。

面对全球化时代的新情势,桑托斯在讨论解放问题时,没有重提马克思那个著名的命题,即无产阶级只有解放全人类才能解放自己。在他看来,当代世界情势和格局已然发生了重大变化。作为无产阶级的工人阶级没有成为自为阶级,却沦为了自在阶级,而资产阶级却成为全球的自为阶级。当代的工人阶级及其工会组织以祖国为保护屏障,与别国的工人兄弟或组织拼力争夺市场和工作机会,而资产阶级却没有祖国,在全世界实现了联合。③ 在核心国家,除了国家的福利"招安"和跻身中产阶级的消费主义诱惑,阶级冲突已被转化为经济斗争和法律权利的诉求,司法机

---

① [葡]博温托·迪·苏萨·桑托斯:《迈向新法律常识——法律、全球化和解放》,刘坤轮、叶传星译,387~391页。
② 同上书,547页。
③ 同上书,226页。

构通过个案解决,把冲突个别化和分散化,由此很少出现大规模的政治冲突和社会运动。在边缘国家或半边缘的所谓工人阶级国家,政府(尤其是地方政府)为了吸引外资和从中渔利,竟然同国外的资本家狼狈为奸,"领导阶级"的"公仆"让自己的"主人"享受着"血汗工厂"的特殊待遇。

桑托斯受到了普利高津宇宙分叉理论①的影响,认为当代科学范式发生了转换,现代性也处在新的十字路口,人类社会的发展和世界格局,正处在一个大转型时期。在转型期,各国应避免选择不可逆的体制,以防止误入歧途而一意孤行,应进行包容性试验,②以便在试验的实践中发现具有优势的体制模式。在桑托斯看来,以往的现代化替代方案一旦实施,就比原来的模式制造了更多的问题,带来了更多的弊端;革命一旦成功,执政者就运用法律制止革命;当代社会的主要模式不是革命颠覆法律,而是法律吸收革命。有鉴于此,遭受压迫的弱势群体和边缘人群,既不应幻想整体的解放超越,即通过一次或几次革命而彻底实现解放,也不应默认规制的现实,放弃解放理想;既不应走议会道路与权贵精英共享权力;也不应简单地夺取政权并取而代之。他认为,无论是规制抑或是解放,都不会是零和博弈,解放不会一劳永逸而是内生于不平等的权力关系中,权力场域也是抵制的场域,压迫的地方也是反抗的地方,规制的场所也是解放的场所。在当代,新自由主义的全球化,已经为全球大多数贫困国家反霸权力量、组织和运动创造了条件,使得它们能够超越诸多差异来看待共同利益,并联合在一起,进行独立但相互关联的社会运动的反霸权斗争。③ 换言之,当霸权主义的规制全球化之时,反霸权斗争的解放也随之全球化。

第六节　否思与欢聚:对抗式后现代主义与世界主义法制

一、现代社会的出路

桑托斯从社会学的视角,借助于法律的载体,通过规制与解放之间的辩证关系,对发源于西方并扩展到全球的现代性进行了反思。对于对现

---

① 诺奖得主普利高津通过自己的科学研究,解构了现代早期的确定性世界观,认为人类生活在一个概率世界,生命和物质在这个世界里沿时间方向不断演化,确定性本身是一个错觉。他指出,"人类正处于一个转折点上,正处于一种新理性的开端。在这种新理性中,科学不再等同于确定性,概率不再等同于无知"。[美]伊利亚·普利高津:《确定性的终结——时间、混沌与自然法则》,湛敏译,5页,上海,上海科技教育出版社,1998。
② [葡]博温托·迪·苏萨·桑托斯:《迈向新法律常识——法律、全球化和解放》,刘坤轮、叶传星译,600页。
③ 同上书,547页。

代性转型期的不同立场和观点,他认为有四种理论范式最具代表性:(1)以福山为代表的乐观现代主义,主张现代西方的自由和民主追求是"历史的终结",其后不再有超越这种追求的历史。① (2)以哈贝马斯为代表的改进型现代主义,主张现代性是一项"未竟的事业",只有通过交往理性和商谈进路的激进民主重构,才能走出迄今为止的国家合法性危机和现代性困境。② (3)以利奥塔为代表的赞美式(celebratory)后现代主义,主张后现代社会已经降临,其主要标志是"宏大叙事"的解体和知识生产方式的转换。③ (4)桑托斯自己所主张的对抗式后现代主义(oppositional postmodernism)。④

二、对抗式后现代主义

桑托斯所主张的对抗式后现代主义,既不同于现代主义,也不同于后现代主义。他认为,现代社会正处在转型期,当代处在现代与后现代之间,故而他的对抗式后现代主义,既有现代的立场,又有后现代的视角,前者如对解放目标的坚持和对人权普遍性的捍卫,后者如对现代性的批判和对多元和边缘的偏爱。因此,有人认为他属于现代主义阵营,有人则认为他已经加入了后现代主义的行列,⑤还有人认为他摇摆于"想象的后现代主义"与"非理性的后现代主义之间"⑥。

桑托斯认为,在这个转型期,未来的方向并不确定,因为超越现代性的条件尚未具备,对现代性的诊断和处方都不成熟,因而明智的选择不是设计整体的超越方案,而是发掘和拓展现存的解放潜能,同现代性的规制进行对抗。鉴于科学和法律是西方现代性的核心,因而桑托斯"对抗"的重点便主要指向这两个领域。

(一)"对抗"意味着否思

否思(unthinking)主要是从认识论之维反思和质疑现代性的基本范式,在此基础上推动范式转换。首先,在科学之维,否思意味着质疑现代早期的科学范式,并质疑科学对于政治和法律领域的霸权地位,从而根据

---

① 参见[美]弗朗西斯·福山:《历史终结及最后之人》,黄胜强、许铭原译,北京,中国社会科学出版社,2003。
② 参见[德]尤尔根·哈贝马斯、米夏尔·哈勒,《作为未来的过去——与著名哲学家哈贝马斯对话》,章国锋译,第95页,杭州,浙江人民出版社,2001;[德]哈贝马斯:《论现代性》,严平译,载王岳川、尚水编:《后现代主义文化与美学》,9~24页,北京,北京大学出版社,1992;[德]哈贝马斯:《在事实与规范之间——关于法律和民主法治国的商谈理论》,童世骏译,北京,生活·读书·新知三联书店,2003。
③ 参见[法]让-弗朗索瓦·利奥塔:《后现代状况——关于知识的报告》,岛子译,长沙,湖南美术出版社,1996。
④ [葡]博温托·迪·苏萨·桑托斯:《迈向新法律常识——法律、全球化和解放》,刘坤轮、叶传星译,14~24页。
⑤ 同上书,17页。
⑥ 同上书,20页。

当代科学研究的最新成果,以不确定性和多种可能性代替早期科学所揭示的确定性和线性逻辑。在政治之维,质疑国家主义的霸权地位,认识到现代国家活动一直受到世界体系的影响,并受到国内地方势力的制约。

在法律之维,桑托斯坚持三重否思:(1)现代以来,国家这个人为建造物逐渐取得了自然实体般的独立地位,"国家的自然化导致了现代法作为国家法的自然化",而"法的自然化是客观化的一个条件",由此导致了社会的自然化,正如马克思所言的商品化导致了人的物化。① 这里所谓的"自然化",是指人为的安排变得如同自然规律一样理所当然和不容置疑。桑托斯认为,自进入现代以来,一直存在国家之上的世界体系和国家之下的地方体系,与之相应也一直存在超国家之法和次国家之法,国家法从来也没有实现事实性垄断。然而,"对于法律秩序多重性的武断否认,排除了或者大大削弱了现代法的解放潜能"②。因此,桑托斯主张,必须否思国家法的霸权地位和法律与国家密不可分的命题。(2)国家与市民社会的二元主义是一种曲解,市民社会是国家的另一面,反之亦然。国家以市民社会的形式再生产自身,而市民社会也以国家形式再生产自身。③在核心国家,其逻辑是市民社会建造国家,而在边缘或半边缘国家,其逻辑则是国家建造市民社会。同时,在一国之内,公法与私法的划分掩饰了私法的公共性;在世界体系中,核心国家以市民社会的形式进行全球扩张,背后则隐含着帝国主义的逻辑。因此,桑托斯认为必须拒斥国家与市民社会、公法与私法的二元主义,并承认多重社会结构和法律形式及它们的政治性。④(3)在社会变迁过程中,原本存在改革与革命两种范式,但在核心国家,改革主义占据了支配地位,并将这种范式在全球推广,由此革命范式受到排斥。在当代转型期,改革已经无法应对风险和危机,世界体系的不平等日趋严重,而核心国家也正在陷入萧条和衰退,由此,规制和解放之间的张力面临双重崩溃之险,因此必须引入革命范式。⑤

桑托斯所使用的否思概念,借自沃勒斯坦。⑥ 他认为,否思的认识论具有复杂性,不同于解构,"目的在于将范式从其自身的束缚中解放出来,也就是说,从遵守主流现实观念的倾向中解放出来"⑦。法律否思不仅意味着对现代认识论予以质疑和拒斥,而且意味着对现代法律进行重构,即

---

① [葡]博温托·迪·苏萨·桑托斯:《迈向新法律常识——法律、全球化和解放》,刘坤轮、叶传星译,82、466~467 页。
② 同上书,83 页。
③ 同上书,86 页。
④ 同上书,85~87 页。
⑤ 同上书,88~95 页。
⑥ 参见[美]伊曼纽尔·沃勒斯坦:《否思社会科学——19 世纪范式的局限》,刘琦岩、叶萌芽译,北京,生活·读书·新知三联书店,2008。
⑦ [葡]博温托·迪·苏萨·桑托斯:《迈向新法律常识——法律、全球化和解放》,刘坤轮、叶传星译,602 页。

寻求现代性的替代性路径,从而形成"一种新的文化的综合"①。他认为,在当代世界的范式转换时期,任何微小的变革都会产生重大的系统性波动,②因此,需要一种质疑和对抗现代法学范式的"震荡法学"(legal science of turbulence),③推动"现代科学认识论的瓦解",并"将带来一场文明的变革"④。

(二)"对抗"意味着抗争

对抗性现代主义的主要方式是,边缘人群和弱势群体致力于进行自下而上的呐喊、激扰、监督和抗争,使高高在上的霸权体系和强权体制感到麻烦、焦虑和惊恐,从而被迫作出调整和改进,使社会秩序的解放之维得以维持和拓展,从而兑现现代性的解放承诺。在国内层面,桑托斯的对抗式后现代主义尝试超越现代化的三种路径。他既不认同民主自由主义,也不认同民主社会主义,还不认同激进社会主义,而是向往"生态社会主义"(eco socialism)⑤。在世界范围,桑托斯反对霸权式主流世界主义,而拥戴次级世界主义及其法制。他对南南合作以对抗北方强权,阿雷格里港论坛对抗达沃斯论坛,以及新型解放组织萨帕塔主义的目标,深表同情、支持,并给予厚望。这里需要解释的是,在桑托斯看来,萨帕塔主义者的经验具有以下新颖之处:(1)斗争的中心不再是被剥削者,而是被排斥者;不是阶级,而是人性和人权;(2)平等和差别原则具有同等地位,且通过民主来决定其内容;(3)重点并非破坏既存状况,而在于尝试其他选择。内部民主以共享权威替代权利关系;(4)反抗而不是革命才是关键问题,因而不是旨在夺取政权和执政,而是通过游击战的激扰和抗争,寻求一个新世界。⑥

(三)对抗意味着扩展解放之法

在桑托斯看来,主流的世界主义是核心国家主张的霸权世界主义,次级世界主义才是人权世界主义,即真正的世界主义。前者所代表的是经济强势、政治强权和文化霸权,后者所代表的则是弱势群体和边缘人群的道义与尊严;前者是现代性的规制符号,后者象征着现代性的解放精神。他认为,现代法有三大支柱,即以科学名义建构和维系国家法独霸;国家与市民社会和公法与私法的二元主义;法律为政治上合法的社会变迁提

---

① 〔葡〕博温托·迪·苏萨·桑托斯:《迈向新法律常识——法律、全球化和解放》,刘坤轮、叶传星译,100页。
② 同上书,79页。
③ 同上书,100页。
④ 同上书,80页。
⑤ "eco socialism"在中译本译成"新社会主义",疑为笔误。同上书,79页,英文本,p.63。
⑥ 同上书,第565~566页。萨帕塔主义者(Zapatistas)源自萨帕塔运动。该运动于1994年发生在墨西哥东南部的恰帕斯州,失地农民成立了武装组织,即萨帕塔民族解放军,反抗政府签订《北美自由贸易协定》和推行新自由主义政策,在全球引起很大反响。对于萨帕塔主义者及其运动,学界有不同看法。参见王衬平:《墨西哥萨帕塔运动的自治实践研究》,载《国外理论动态》,2011(4),24~31页。

供原则和工具。① 桑托斯认为,鉴于这三大支柱主要趋向于规制且深陷危机,因而应该寻找新的法律支柱,这就是构成行动中世界主义法制的五大支柱。它们是:(1)不同族群接触与交汇的接触区之法,通过相互对抗、排斥、同化、模仿和颠覆的复杂过程,产生具有包容性的混合型法律体制;(2)体现民主精神的劳动法,防止血汗工厂和契约法西斯主义;(3)非资本主义生产性质之法,如爱心生产、公平交易和非商品化,以及其他遏制贪婪和剥削的替代性生产制度等;(4)保护原始居民和无地农民等非公民身份者权益之法,使他们享有公民权;(5)作为最新社会运动的国家法,即维护全球公共领域和民主参与之法,防止社会法西斯主义。② 桑托斯强调指出,这种体现人权精神的真正世界主义之法,是走向解放的新型法律支柱,应贯穿于地方法、国家法和全球法三重法律空间。

三、生态社会主义和世界主义法制

桑托斯所主张的对抗式后现代主义,具体内容是生态社会主义和世界主义法制。

(1) 反对人类中心主义和掠夺自然,赋予自然物以权利,保护人类的生态环境和共同遗产,维持可持续发展。

(2) 以参与式民主导控市场,平等与自由并重,民主优先于市场,增进社会团结。

(3) 重视人权的普遍价值,强化对话和协商机制,突出保护弱势群体和边缘人群。

(4) 采取居间法制,实行法律多元性互动,激活和发挥其中的解放力量。

(5) 推进世界主义法制,维护世界和平,减少国际竞争,强化国际合作,反对全球霸权,增进人类的包容、和解和欢聚。桑托斯认为,法律有四种社会属性:以压制为取向的暴力,允许不同文化和平共处的共存,旨在修复过去的伤痛的和解,以及取向未来和解的欢聚(conviviality)。他认为,民主自由主义法范式首先支持和解,其次是实现共存,再次诉诸暴力。世界主义支配的法范式则与之不同,它旨在使世界不同文化的人们彼此包容和相互理解,并在此基础上达成欢聚。③

简言之,桑托斯所主张的世界主义法制,其核心在于摒弃法的暴力性,弱化法的官僚性,强化法的修辞性,从而超越现代法的共存与和解,走向后现代法的包容与欢聚。

---

① [葡]博温托·迪·苏萨·桑托斯:《迈向新法律常识——法律、全球化和解放》,刘坤轮、叶传星译,19~22页。
② 同上书,576~601页。
③ 同上书,579、582页。

他主张,为了实现人类欢聚,世界主义可以利用民主自由主义,多元法律可以利用国家法,反霸权活动可以使用霸权工具。在他看来,"世界主义斗争仍可能将世界主义法律战略和民主自由主义战略有利地联合起来,并产生不同类型的政治法律混合体"①。

他认为,要达成欢聚的目标,必须把革命这种对抗性因素植入法律之中。西方自古以来,法律虽然维持现存秩序,但其中一直包含着革命之维,由此在法律内部,维持了规制与解放之间的张力。法律与革命的冲突,是"维持秩序和追求正义之间"的冲突,实际上,法国大革命就是"由法律和革命所共同完成的最后一场革命"②。然而自此之后,改革范式在核心国家占据了主导地位,法律排斥革命,而革命完全成为法律的附属品。与伯尔曼的主张不同,桑托斯认为,苏联革命不是西方革命传统的延续,③而是一种变异,其特点是法律完全服从革命,并被革命所吸收。当现代法律的解放潜能耗尽之时,必须重新引入革命,但并不是用革命取代法律,而是维持法律与革命之间的动态张力。

在西方,关于解放的理想由来已久。古希腊摆脱洞穴之见的隐喻,暗示了从习俗和成见中解放出来;在古罗马,解放不仅意指奴隶摆脱奴隶主的统治,而且意指家庭成员挣脱家父的束缚;在中世纪后期,解放具有多重意象:农奴挣脱奴役枷锁,获得自由;封臣摆脱对领主依附,获得独立;商人摆脱教俗势力的控制,获得自治;以及人们在精神上挣脱信仰枷锁,获得思想和言论自由。进入现代社会之后,现代性就建立在规制支柱与解放支柱之间的动态张力上,规制保障着社会秩序,解放则是对未来美好社会秩序的向往。科学期许把人类从自然统驭中解放出来,民主期许把人们从压迫的权威中解放出来,自由期许把人们从团体的羁束中解放出来,人权期许把人性从神权的压抑下解放出来。为了解放的理想,世界进行了各种实验,积累了许多经验,但也为之付出了沉重的代价。晚近关于解放的集体记忆,则与反殖民主义有关。但是,殖民地从西方殖民统治中获得独立之后,解放的目标并没有实现,某些后殖民国家不仅容忍奴隶制,并对原始居民进行种族屠杀。与此同时,在西方世界,直到20世纪中后期,还出现德、意、日法西斯暴政和葡萄牙、西班牙与希腊的独裁统治,而在一些非西方国家,许多以解放名义进行反抗斗争的解放组织,一旦夺取政权之后,就宣布自己的统治即是解放,实际上是以新的规制代替旧的规制。桑托斯明确认识到,规制和解放之间不可能实现最终和解,因

---

① [葡]博温托·迪·苏萨·桑托斯:《迈向新法律常识——法律、全球化和解放》,刘坤轮、叶传星译,575页。
② 同上书,97、98页。
③ 同上书,96~98页。伯尔曼关于西方法律与革命的关系,以及俄国革命与其他五次革命的关系的论述,参见[美]伯尔曼:《法律与革命——西方法律传统的形成》,贺卫方等译,21~27页,北京,中国大百科全书出版社,1993。

为经验与期待之间的鸿沟不可能彻底填平,理想与现实的差距不可能消失。① 因此,解放是人类走向自由的渐进过程,永无止境。

第七节 影响与评价

综上所述,在这部著作中,桑托斯汇聚了数十年的思考结晶和研究成果。他理论深厚、知识丰富、视野开阔,观察敏锐、分析犀利、批判尖锐,并极富原创性和想象力。在反体系、重解构和碎片化的当代西方学术潮流下,这种博大精深的力作,在西方学界并不多见。笔者以为,这部著作的主要贡献在于以下几点。

第一,桑托斯以社会理论的视野,从规制与解放之间的张力出发,系统考察了西方现代社会发展的历程,深刻反思了现代性的路径选择、内在冲突和主要问题,指出了现代性最初的解放承诺没有得到兑现,要么解放坍塌成规制,要么是解放服从规制,要么是解放与规制双重崩解。他发现,在现代化的两种主要制度模式中,不是法律消解革命,就是革命吞噬法律,其结果都无法实现真正的自由、平等与和平。作为社会学学者的桑托斯,敏锐地认识到,在现代社会,同科学一道,法律具有独特的重要性,既是规制的工具,又是解放的载体。因此,他从法律的视点观察现代社会的认识论结构,透视了现代社会的政治原则、制度的价值取向以及体制的运作机制,分析了现代社会治理的基本模式和主要路径,并指出其中的经验和教训。凡此种种都表明,桑托斯的研究既区别于社会科学领域关于现代性的一般研究,也区别于一般的法律社会学研究。同时,他运用社会理论的手眼对现代法律进行了深度考察,发现了法律学者通常所忽视的许多重大问题,并尝试借助于法律这个支点,诉诸对抗性后现代主义的内在力量,撬动现代性的重力系统,改变现代性运行轨道和历史惯性,从而反转现代性的规制局面,使人类社会走向解放。置身碎片化和娱乐化的所谓后现代,桑托斯仍然坚守现代社会的基本承诺,重提革命话语和解放目标,其理论勇气、反抗精神和超越追求,既区别于乐观的现代主义,也却别于悲观的后现代主义,尤其是与玩世不恭的反讽性后现代主义形成了鲜明对照。

第二,桑托斯回顾了西方现代性"病菌"在世界传播的历程,分析了世界体系的形成、发展及其当代特征,指出了经济全球化和法律全球化对于世界各国的不同意义和后果,批判了全球霸权主义和本土专制主义,描述

---

① [葡]博温托·迪·苏萨·桑托斯:《迈向新法律常识——法律、全球化和解放》,刘坤轮、叶传星译,544~547 页。

了世界趋向解放的主要路径,突出强调了基本人权、保护人类共同遗产和维护世界和平的重要性。在当代关于法律全球化的众多研究中,独树一帜。相比之下,退宁的研究虽然具有全球视野,并指出了英美法理学在适用范围的局限,因而主张构建全球的"一般法理学"[①],但他关于法律全球化的研究,仍然主要囿于全球化与英美法理学的关系,而很少从更广泛的视角触及政治哲学和社会理论,因而他的分析和阐释显得精致有余而厚重不足,缺乏反思的深度和批判的冲击力。肯尼迪对于法律全球化的研究,比退宁的研究更加深入。他反思了法律全球化的历史过程及其在不同阶段的主要特征,从中提炼出了法律全球化的理论范式,揭露了法律全球化背后所隐含的西方帝国主义和霸权主义意图。他对于法律全球化的研究,阐释具有系统性,分析具有穿透力,解构具有彻底性,但与桑托斯的研究相比,肯尼迪的研究仍显得不够厚重,且缺乏建构性方案,最终走向了相对主义。[②] 桑托斯对于法律全球化的研究,不仅提炼出理论范式和实践类型,而且充分阐释了其多元性和复杂性。此外,桑托斯在解构现代性的同时,还提出了摆脱现代性困境和全球化危机的替代路径。值得注意的是,他所提出的替代性路径不是从整体上超越资本主义和现代社会,从而实现人类的彻底解放,而是通过对抗的机制和行动,逐渐接近解放的目标。这种对抗机制的主要载体是法律,内在动力是规制与解放的张力,解放的核心要素是否思、激扰、抗争和革命,行动主体主要是被压迫者和被排斥者,方向是全人类的自由、平等和欢聚。

第三,桑托斯虽然是西方学者,却秉持反西方中心主义的反思立场和批判意识;他虽然具有核心国家公民的身份,却对于边缘国家的悲惨境地身怀同情;他虽然具有社会主流人群的地位,却同边缘人群和弱势群体站在一起,为他们呼喊,替他们鸣不平,并号召他们奋起反抗,争取真正的自由和平等。这不仅体现了知识分子本应秉具的内在良知和浩然之气,而且反映了正义之士的普世主义情怀和世界主义精神。桑托斯虽然坚持西方左翼的立场,但对左翼的历史遗产进行了扬弃,对其教训进行了反思,从而避免了传统左翼所恪守的许多教条和空想,指出的解放路径更具有现实性。

在自由主义得势的当代西方,鉴于苏联激进社会主义的教训,左翼势力受到重挫,其内部开始分化,许多政党和人士开始调整或改变立场,甚至加入右翼阵营,因而西方乃至全球都开始"向右转",世界几乎成为了右翼势力的一统天下。面对右翼统治的铁幕,桑托斯的反思和批判就显得弥足珍贵。在桑托斯看来,右翼独霸世界对其自身也并非幸事,因为现代

---

① [英]威廉·退宁:《全球化与法律理论》,钱向阳译,北京,中国大百科全书出版社,2009。

② 参见[美]邓肯·肯尼迪:《法律与法律思想的三次全球化:1850—2000》,高鸿钧译,载《清华法治论衡》,第12辑,2009,47~117页。

社会的政治、法律和知识,一旦失去解放之维,规制也会随之崩溃。同样,右翼的理论主张和实践模式,一旦失去反思和批判,就会走火入魔,趋向极端,并最终走向崩溃。这是否暗示了一个悖论,即右翼和左翼象征着现代社会的一体两面神:一面是规制,另一面是解放?如果这样的说法成立,那么左翼既是右翼的敌人,也是右翼的盟友,正如解放是规制的对抗力量,也是规制存在的前提。由此可见,桑托斯对西方的批判并非意在否定西方文明,而是反对其霸权主义和帝国主义,代之以体现人类公平正义的世界主义;桑托斯所主张的对抗性后现代主义并非解构现代性,而是要激活其解放潜能,兑现现代性最初的承诺;桑托斯所坚持的世界主义并非想象的乌托邦和精神的理想国,而是立足于当代的人权价值、民主追求和世界主义法制实践。

第四,桑托斯反思了民主自由主义的弊端,民主社会主义的局限,以及激进社会主义的教训,进而倡导非资本主义性质的生产,体现公民自决精神的参与式民主,多元互动的居间法制,以及世界主义的人权,从而避免贪婪的商品拜物教和市场博弈,弥补代议制民主的精英主义缺陷,纠正国家法独断的负面效应,抵制全球化霸权主义的种种规制。桑托斯的这些观点,对于西方世界反思现代社会的利弊得失,走出现代性困境,具有重要的启示;对于非西方国家避免现代化过程中的教训,也颇具启发意义。

总之,桑托斯所主张的对抗性后现代主义,其核心在于用多元对抗一元,用边缘对抗中心,用抗争对抗压迫,用民主对抗市场,用经验常识对抗意识形态,用反霸权对抗霸权,用世界主义对抗帝国主义。在他看来,通过这样的对抗和抗争,人类有可能反省现代社会的问题,反思科学主义、理性主义以及国家主义的理论偏颇和实践误区,从而调整现代性方向,使现代政治和法律的解放潜能发挥出来,使人类和自然的关系更协调,使世界更和平、更平等和更正义,使社会秩序变得更宽容、更民主和更符合人性,使人们生活得更自由、更富裕和更富有尊严。

然而,像许多原创性理论主张一样,桑托斯的许多主张也引发了诸多疑问。首先,桑托斯认为,现代性与资本主义耦合是误入歧途,但他没有注意到,在中世纪后期和现代早期,与人文主义并驾齐驱的还有重商主义。商人精神及其市场机制,在颠覆教会和封建统治的过程中,在推动传统社会转向现代社会的进程中,与人文主义同样发挥了十分重要的作用。实际上,"重商主义思想不仅是文艺复兴在经济领域结出的累累果实,同时,它也是启蒙运动在该领域衍生出的奇异花卉"[①]。另外,"重商主义被视为君主专制兴起以及获得中央集权与实现经济现代化不可分割的重要

---

① 王根蓓:《译者的话》,载[瑞典]拉尔斯·马格努松主编:《重商主义经济学》,王根蓓、陈雷译,序言4页,上海,上海财经大学出版社,2001。

部分"①。因此,现代市场经济及其资本主义生发于中世纪后期,并非与现代社会耦合,而是内在于现代性之中。换言之,历史上,现代社会与资本主义社会相交叠有其必然性。

同时,桑托斯所忽略的重要一点是,现代社会是与广义的全球化同步,即现代社会开始之日,人类已然进入了广义全球化的时期。这意味着,自人类不同国家、民族和族群在进入现代时段,彼此之间的竞争非但没有减弱,反而更趋激烈。这包括西方世界内部的激烈争斗,西方列强争夺和瓜分整个世界的残酷角逐,以及非西方国家之间的生存竞争。西方各国在国内似乎通过"社会契约"而跨入了公民社会,但它们彼此之间的关系,却成为新的"自然状态",主要诉诸的是物竞天择和优胜劣汰的"自然法"。在宗教的统一权威失落之后,西方各国之间失去了超越的制约和协调机制,因而争斗比中世纪更加激烈。在这种格局中,一个国家是否有坚船利炮,往往决定着它的生死存亡,而能否做到船坚炮利,则主要取决于科学水平和经济实力。桑托斯如果顾及这种历史背景,那么他就可能发现,科学和经济在现代社会中取得支配地位并非偶然,而是有其内在逻辑。另外,桑托斯从人文主义关于现代性的承诺出发,认为现代性误入歧途,也会引发一些存疑问。例如,他对现代性的这种理解是否失之片面?现代性的承诺没有实现是源于现代化的路径陷入了误区,还是由于这种承诺本身过于乐观和理想化,而对现代社会的长期性和复杂性估计不足?

其次,桑托斯所主张的生态社会主义模式,强调参与式民主,主张公民和被排斥于公民之外的所有民众,都能实行政治自治和民主自决;强调多元法制互动,并有意使用"法制"(legality)而避开"法治"(rule of law)。这种修辞策略的选择暗示,"法治"是民主自由主义或民主社会主义的话语,其取向于规制,内含国家和市场的官僚制和暴力这类结构性要素,而"法制"则来自底层、边缘和互动,特征是参与性、可接近、非职业化,以及调解式。在他看来,"法制"在结构上取向于"修辞",与官僚制和暴力截然相对,内含商谈和对话的解放力量。桑托斯的上述主张,显然忽视了现代社会的复杂性,忽视了法治的积极功能。他没有认识到,在缺乏法治牢固基础性结构的条件下,参与式激进民主有可能蜕变为他所谓的"社会法西斯主义";在缺乏宪政结构性基础的条件下,人权无法得到法律的可靠保障;在缺乏独立和专业化司法的条件下,各种权利无法得到具体实现,多元化的道德歧见无法协调,各种社会冲突无法得到具体解决。另外,桑托斯对现代法律的去政治化深表不满,并极力主张法律的再政治化,但他应该意识到,法律的政治化应以政治的充分民主化作为前提,而后者又以生活世界的理性化和公民具备积极参与公共事务的意识和能力为前提。在缺乏这些前提条件的情况下,法律的政治化会导致法律成为

---

① 王根蓓:《译者的话》,载[瑞典]拉尔斯·马格努松主编:《重商主义经济学》,王根蓓、陈雷译,2页。

政治的附庸和工具。这样说来,桑托斯关于共同体美德的共和主义追求,法律政治化的主张,偏爱非正式法制的情怀,尤其是对"爱心法庭"和"啤酒法官"①的向往,就显得过于理想化,甚至有些轻佻,正如他赋予自然物以权利的主张失之浪漫。

同哈贝马斯关于走出现代性困境的方案相比,桑托斯的主张显然更为激进。哈贝马斯早期曾经坚持左翼立场,但后来认识到了现代社会的高度复杂性和长期性,认识到许多左翼的现代性替代方案过于理想化,便开始调整立场,从民主社会主义转向社会民主主义。他批判自由主义的偏颇,反对共和主义的单纯,主张现代社会应将两者结合起来,实行以宪政为核心的法治,而宪政必须以基本人权作为基础;然后,激活革命的交往理性和公共参与意识,通过公共领域联通系统与生活世界,实现公共自主与私人自主互动,参与式民主与代议制民主互动,以及民主与法治互动,从而发挥生活世界的解放潜能,驱除权力和金钱的宰制,增加社会的聚合力和生活的意义性,从而走出现代性困境,完成这项"未竟的事业"②。在哈贝马斯所描绘的理想蓝图中,法治是基础架构,宪政是核心体制,人权是基本价值,民主是发展动力,公共领域是民主的主要发源地。与桑托斯的立场相比,哈贝马斯摆脱了姓"社"姓"资"的本质主义情节,其主张较为温和、理性,并且更具有现实的可操作性。

最后,如上所述,桑托斯认为,现代性的"主流"、"核心"和"上层"更多意味着规制,而"次级"、"边缘"和"底层"则更多意味着解放,因而只要把蕴藏在深受压迫和排斥的"次级"、"边缘"和"底层"之中的解放潜能发挥出来,至今"尚未出现的良好秩序和良好社会"③就会到来。但他可能是高估了"次级"、"边缘"和"底层"的解放潜能,高估了"次级"、"边缘"和"底层"人群之间合作和联合的潜力,而对于其分化、分歧及其相互冲突的倾向,则明显估计不足。

思考题

1. 桑托斯法律全球化理论的主要内容是什么?
2. 什么是三重法律空间与"居间法制"?

---

① [葡]博温托·迪·苏萨·桑托斯:《迈向新法律常识——法律、全球化和解放》,刘坤轮、叶传星译,123页。
② 参见[德]哈贝马斯:《在事实与规范之间——关于法律和民主法治国的商谈理论》,童世骏译。
③ [葡]博温托·迪·苏萨·桑托斯:《迈向新法律常识——法律、全球化和解放》,刘坤轮、叶传星译,548页。

3. 桑托斯的民主观与权利观具有什么特点?

4. 桑托斯所主张的生态社会主义和世界主义法制,核心内容是什么?

阅读文献

1. [葡]博温托·迪·苏萨·桑托斯:《迈向新法律常识——法律、全球化和解放》,刘坤轮、叶传星译,北京,中国人民大学出版社,2009。

2. Boaventura de Sousa Santos, *Law and Globalization from Below: Towards a Cosmopolitan Legality*, Cambridge University Press, 2005.

3. [葡]鲍温图拉·德·苏萨·桑托斯:《全球左翼之兴起》,彭学农等译,上海,上海人民出版社,2013。

4. 高鸿钧主编:《清华法治论衡》,第15辑("全球化时代的自由与秩序"专号),2012。

5. [英]威廉·退宁:《全球化与法律理论》,钱向阳译,北京,中国大百科全书出版社,2009。

6. [美]邓肯·肯尼迪:《法律与法律思想的三次全球化:1850—2000》,高鸿钧译,载《清华法治论衡》,第12辑,2009,47~117页。

后 记

究竟是读原著还是读教材？对于讲授与学习《西方法律思想史》这门课的教师和学生来说，这从来就是一个两难的问题。面对从古希腊到当代西方那么多的思想家及其著作，在有限的一个学期课时里，很难有两全其美的解决方案。有的老师奉行"一本书主义"，一学期可能只读一本原著，这样做，可以让学生受到很好的经典阅读的训练，但却很难使学生对西方思想古往今来的历史脉络有一个整体的把握；有的老师会选择对西方思想史上的重要人物和思想进行串讲，这样做，对学生知识结构的全面性很有好处，但实际效果却可能是，学生一学期只是记住了一些人名和书名，却没有深入任何一个人、一本书或一个思想的内部，最后至多只不过像子贡所说的那样："譬之宫墙，赐之墙也及肩，窥见室家之好。夫子之墙数仞，不得其门而入，不见宗庙之美，百官之富。"（《论语·子张》）

我们编这部教材的初衷，就是试图解决这个矛盾。一方面，学生绝对不要想用浏览本教材代替原著的阅读。这本教材仅仅是一个西方法律思想众多人物、著作和思潮的导读，就像一本导游手册，它能够让你"窥见室家之好"；"导游"们自然是到过那名胜的，但如果你觉得导游手册能够让你身临其境，那你就错了。相反，如果你从这本手册中获得入门的提示，手册中的某些描述激发了你阅读原著的兴趣，甚至在一些章节里还获得了有用的"攻略"，那么正确的做法就是在阅读这本手册后，直接登堂入室，直入那些思想的堂奥。我们在每一章节的后面，都推荐了一些经过挑选的原著或其译本，以及一些有用的二手研究著作，就想起到这个作用。另一方面，如果你只是对某些思想家和著作有浓厚的兴趣，那么在读这些思想家的著作之余，对于其他思想家或著作，则阅读教材中的相关部分，至少可以补充初学者某些知识上的欠缺，获得一些"上下文"的帮助，最终构建你自己版本的"思想地图"。

对于教师来说，我们也希望大家能够创造性地使用这部教材。我们之所以在这部教材中放入了这么大的容量，初衷正是让大家有选择的余地。一学期讲完教材所有内容，不是我们推荐的方案。面对低年级学生和高年级学生，本科生和研究生，授课内容应该有所侧重。我们的建议是，对于本科生，尤其是低年级本科生，授课和阅读最好侧重在古代、中世纪和近代部分，这些时代的思想家，他们的法律思想和他们的哲学、政治、宗教、伦理思想很难截然分开，我们不推荐根据现代法制的部门和分类，去这些思想家的文本中寻章摘句，给现代人的流行法律观念找一些古典的或经典的依据，那往往似是而非。换言之，我们推荐用一种通识教育的理念和方法，教授本教材古代、中世纪和近代部分的内容。而对于高年级本科生或研究生，他们已经具备了一些现代法学的知识，这时候给他们讲授现代、当代西方法律思想应该不存在多少障碍，因为现代、当代西方法律思想本来就是和现代、当代法制同步发展的，不管某种具体的思潮是维护现代、当代法制还是批判之，它们所针对的问题域至少是重合或类似的。

  本书各章的风格并不相同，有全面概述某人的法律思想的，有重点解读某人的某本重要著作的，有对一个流派或学派进行综合描述的，也有对某个国家的宪政思想进行历史考察的。除了作者们术业有专攻，我们希望能够发挥他们的专长这样的考虑外，另外一个考虑，就是尽量照顾教和学的实际需要。本书各章作者除了是该领域的专家，他们大多也同时是教授《西方法律思想史》或相关课程的教师，在教学上有自己的经验和体会。读者有心的话，应该能够看到，这部教材并不是给学术界的同行写的，而是给大学里学习与讲授这门课的学生与老师写的。之所以写法各有千秋，恰恰是因为目前学生对西方法律思想的了解和理解存在这样那样的薄厚、深浅的差别——有时候甚至是偏颇。

  我们不敢说自己对这些思想家的转述完全准确，也不敢断定自己对读者的知识结构和思想地图有全面的了解。所以，如果您在使用这部教材的时候，发现有任何错失或可改进之处，都请您不吝提出，以利于我们再版时改正。在此先谢谢大家。本书正、副主编的电子邮箱附在下面：

高鸿钧：gaohj@mail.tsinghua.edu.cn

赵晓力：zhaoxiaoli@mail.tsinghua.edu.cn

马剑银：majy@bnu.edu.cn